A ORIGEM DO LAICISMO

(V. 1)

Editora Appris Ltda.
1.ª Edição - Copyright© 2022 do autor
Direitos de Edição Reservados à Editora Appris Ltda.

Nenhuma parte desta obra poderá ser utilizada indevidamente, sem estar de acordo com a Lei nº 9.610/98. Se incorreções forem encontradas, serão de exclusiva responsabilidade de seus organizadores. Foi realizado o Depósito Legal na Fundação Biblioteca Nacional, de acordo com as Leis nos 10.994, de 14/12/2004, e 12.192, de 14/01/2010.

Catalogação na Fonte
Elaborado por: Josefina A. S. Guedes
Bibliotecária CRB 9/870

A345o 2022	Albuquerque, Mário Pimentel 　A origem do laicismo : v.1 / Mário Pimentel Albuquerque. - 1. ed. - Curitiba : Appris, 2022. 　442 p. ; 27 cm. 　Inclui referências. 　ISBN 978-65-250-3513-0 　1. Religião e civilização. 2. Cristianismo. 3. Paganismo. I. Título. 　　　　　　　　　　　　　　　　　　　　　　　CDD – 209

Appris editora

Editora e Livraria Appris Ltda.
Av. Manoel Ribas, 2265 – Mercês
Curitiba/PR – CEP: 80810-002
Tel. (41) 3156 - 4731
www.editoraappris.com.br

Printed in Brazil
Impresso no Brasil

Mário Pimentel Albuquerque

A ORIGEM DO LAICISMO

(V. 1)

FICHA TÉCNICA

EDITORIAL	Augusto V. de A. Coelho
	Marli Caetano
	Sara C. de Andrade Coelho
COMITÊ EDITORIAL	Andréa Barbosa Gouveia - UFPR
	Edmeire C. Pereira - UFPR
	Iraneide da Silva - UFC
	Jacques de Lima Ferreira - UP
SUPERVISOR DA PRODUÇÃO	Renata Cristina Lopes Miccelli
ASSESSORIA EDITORIAL	Lucas Casarini
REVISÃO	Bruna Fernanda Martins
PRODUÇÃO EDITORIAL	William Rodrigues
DIAGRAMAÇÃO	Bruno Ferreira Nascimento
REVISÃO DE PROVA	Stephanie Lima
	Bárbara Obinger
CAPA	Mateus de Andrade Porfirio
COMUNICAÇÃO	Carlos Eduardo Pereira
	Karla Pipolo Olegário
	Kananda Maria Costa Ferreira
	Cristiane Santos Gomes
LANÇAMENTOS E EVENTOS	Sara B. Santos Ribeiro Alves
LIVRARIAS	Estevão Misael
	Mateus Mariano Bandeira
GERÊNCIA DE FINANÇAS	Selma Maria Fernandes do Valle

À minha esposa, Luciana, como reconhecimento e gratidão pela paciência e colaboração demonstradas durante toda a execução deste trabalho.

Da mihi, Domini, sedium tuarum assistricem sapientiam et noli nec reprobare a pueris tuis; quoniam servus tuus sum ego, et filius ancillae tuae, homo infirmus et exigui temporis; mitte illam de coelis sanctis tuis, et a sede magnitudinis tuae, ut mecum sit et mecum laboret, ut sciam quid acceptum sit apud te. Scit enin illa omnia, et intelliget, et ducet me in operibus meis sobrie, et custodiet me in sua potentia, et erunt accepta opera mea.

SUMÁRIO

INTRODUÇÃO 13

CAPÍTULO 1.
OS PRIMEIROS TEMPOS 19

CAPÍTULO 2
A CIVILIZAÇÃO PAGÃ 35
  2.1. A Religião Romana 37
    2.1.1. Os Pontífices 39
    2.1.2. Os Feciais 40
    2.1.3. Os Áugures e os Arúspices 41
    2.1.4. Os Quindecênviros 44
    2.1.5. As Vestais 45
    2.1.6. O Caráter Estatal da Religião Romana durante a República. Sua Privatização no Império 46
  2.2. A Filosofia em Roma 54
    2.2.1. O Estoicismo 55
    2.2.2. O Epicurismo 58
  2.3. O Ensino e a Literatura na Roma Imperial 63
    2.3.1. Virgílio 72
    2.3.2. Horácio 74
    2.3.3. Ovídio 76
    2.3.4. Sêneca 77
    2.3.5. Lucano 79
    2.3.6. Petrônio 80
    2.3.7. Estácio 82
    2.3.8. Marcial 83
    2.3.9. Juvenal 84
    2.3.10. Tácito 87
    2.3.11. Plínio, o Moço 90
    2.3.12. Apuleio 91
    2.3.13. Luciano 94
  2.4. Os Espetáculos na Roma Pagã 100
    2.4.1. O Circo 108
    2.4.2. O Anfiteatro 114
    2.4.3. O Teatro 120
  2.5. O Direito Romano 124
    2.5.1. Dos Delitos e das Penas em Roma 137
      2.5.1.1. Crimes contra a pessoa 140
      2.5.1.2. Crimes contra a família 142
      2.5.1.3. Crimes contra a propriedade 144
      2.5.1.4. Crime contra a existência política do Estado Lesa-majestade ... 146

2.5.2. Os Jurisconsultos Romanos... 148
    2.5.2.1. O colégio dos pontífices.. 149
    2.5.2.2. Os casuístas 149
    2.5.2.3. Os fundadores da ciência do direito 150
    2.5.2.4. Os jurisconsultos clássicos 151
    2.5.2.5. Os práticos do baixo-império... 155
2.5.3. A Influência do Cristianismo sobre o Direito Romano.......................... 156
    2.5.3.1. O período aristocrático do direito romano............................... 157
    2.5.3.2. Período filosófico do direito romano.. 161
    2.5.3.3. Período cristão do direito romano.. 167

CAPÍTULO 3.
O DECLÍNIO DO PAGANISMO E A ASCENSÃO DO CRISTIANISMO.
A PLENITUDE DOS TEMPOS...171

CAPÍTULO 4
O DECLÍNIO DO PAGANISMO E A ASCENSÃO DO CRISTIANISMO.
O DOGMA DA ENCARNAÇÃO.. 181

CAPÍTULO 5
O CRISTIANISMO.. 191
5.1. As Perseguições.. 201
    5.1.1. Mauritânia, Mumídia e África Proconsular.. 261
    5.1.2. Egito e Tebaida.. 264
    5.1.3. Palestina, Fenícia e Síria.. 266
    5.1.4. Ásia Menor... 271
    5.1.5. Macedônia, Trácia, o Ilírico e Récia.. 272
    5.1.5. Itália e o resto da Europa Ocidental.. 275

CAPÍTULO 6
A LITERATURA CRISTÃ..283
6.1. Os Evangelhos.. 286
    6.1.1. O colorido Local das Tradições Evangélicas...................................... 287
    6.1.2. O Evangelho de Marcos.. 290
    6.1.3. O Evangelho de Mateus.. 292
    6.1.4. O Evangelho de Lucas... 293
    6.1.5. O Evangelho de João... 295
6.2. Atos dos Apóstolos... 296
6.3. As Cartas de Paulo.. 298
    6.3.1. Epístolas aos Tessalonicenses... 298
    6.3.2. Epístola aos Gálatas.. 300
    6.3.3. Epístolas aos Coríntios.. 300
    6.3.4. Epístola aos Romanos... 302
    6.3.5. Epístola aos Filipenses.. 303

6.3.6. Epístola aos Colossenses.. 305
6.3.7. Epístola aos Efésios... 306
6.3.8. Epístola aos Hebreus... 307
6.3.9. Epístola a Filemon.. 308
6.3.10. Epístolas Pastorais.. 309
6.3.11. As Epístolas de Pedro... 310
    6.3.12. A Epístola de Judas.. 311
    6.3.13. Epístola de Tiago.. 312
    6.3.14. Epístolas de João.. 313

6.4. O Apocalipse de São João... 314
6.5. A Apologética Cristã.. 315
    6.5.1. Quadrato... 316
    6.5.2. Aristides... 316
    6.5.3. São Justino.. 316
    6.5.4. Taciano.. 317
    6.5.5. Atenágoras.. 317
    6.5.6. Teófilo.. 318
    6.5.7. Clemente de Alexandria... 318
    6.5.8. Orígenes.. 319
    6.5.9. Dionísio de Alexandria... 320

6.6. A Literatura Latina Cristã.. 321
    6.6.1. Tertuliano... 323
    6.6.2. Minúcio Félix.. 326
    6.6.3. São Cipriano.. 328
    6.6.4. Comodiano... 330
    6.6.5. Arnóbio... 333
    6.6.6. Lactâncio... 335
    6.6.7. Santo Ambrósio.. 337
    6.6.8. Santo Agostinho... 342
    6.6.9. Prudêncio... 350

CAPÍTULO 7
HERESIAS..357
7.1. Antecedentes Históricos.. 362
7.2. Heresias do Século I... 365
7.3. Heresias do Século II.. 366
7.4. Heresias do Século III.. 368
7.5. Heresias do Século IV.. 370
7.6. Heresias do Século V.. 372

CAPÍTULO 8
A ORIGEM DA CIVILIZAÇÃO OCIDENTAL 375
8.1. A Destruição do Império Romano do Ocidente 375
8.2. A República 377
8.2.1. Consulado 378
8.2.2. Pretura 382
8.2.3. Censura 384
8.2.4. Edilidade 385
8.2.5. Questura 386
8.2.6. Senado 387
8.2.6.1. Direito de Conselho 388
8.2.6.2. Competência Própria 389
8.2.7. Tribunato 391
8.3. O Império 396
8.3.1. O Imperador 397
8.3.2. As Magistraturas Imperiais 398
8.4. A Crise do Paganismo 404
8.5. A Consolidação do Cristianismo 407
8.6. O Elemento Bárbaro e a Civilização Cristã 419

INTRODUÇÃO

O que vai ser abordado neste trabalho não tem a pretensão de ser um ensaio de cunho político nem teológico. Não se defendem aqui ideologias partidárias nem se faz obra de proselitismo religioso. Persegue-se apenas um objetivo determinado: contribuir para a percepção da verdade, relativamente a um tema que, de tão mal estudado quanto insuficientemente ensinado, acaba por ser mais alvo de opinião do que objeto de ciência.

Mas, precisamente por perseguir a verdade, temermos pela compreensão equivocada que esse objetivo possa ensejar. Afinal, vivemos numa época em que falar a verdade nada mais é do que falar bem, de modo que o nosso objetivo poderia ser interpretado como presunção.

Por outro lado, muitos são aqueles que nem sequer admitem que se possa falar em nome da verdade, simplesmente porque a verdade, enquanto tal, não existe. De fato, nosso século, indeciso e cético acima de tudo, não ama as pessoas que afirmam; não tem em boa conta quem quer que diga algo com a pretensão de ser veraz. Nosso século, conquanto não confesse uma preferência pelo falso, parece, entretanto, acomodar-se bem ao superficial e ao confuso. Flutua magnificamente acima das ideias, das tradições e do bom senso, contemplando-os do alto com uma certa curiosidade desdenhosa, não sendo em favor deste ou daquelas, para ser inteiramente fiel à confortável e filosófica imparcialidade que lhe permite tudo ver, tudo escutar, tudo dizer, mas nada concluir.

Com efeito, o pensamento contemporâneo, que desliza sobre a realidade sem tocá-la, é como o aço polido, mas embotado, ao qual não falta o brilho, mas falta o fio; que brilha, mas não corta. Quando o pensamento deixa de se guiar pelo real; quando ao pensamento extraviado corresponde a necessidade de encobrir a verdade, seja pelo motivo que for, então sobrevém um dos piores flagelos que pode afligir um povo: o abuso da palavra.

O pensamento moderno, como se disse, é um aço que brilha, mas não corta. E como brilham as instituições democráticas, onde as palavras substituem as ações. Não há país no mundo, totalitário ou democrático, cujo governo não esteja apoiado: o primeiro, sobre o fio da espada que corta tudo; o segundo, sobre o fio da palavra que não corta nada. Neste último, o abuso da palavra constitui uma virtude. Fala-se em gabinetes, em corredores, em tribunas, palanques, palcos, em suma, em qualquer elevação ou proeminência natural; fala-se em inauguração, banquete, evento musical ou esportivo; fala-se sem limite em comício, posse, aposentadoria e funeral; fala-se, sobretudo, por ocasião de escândalo público e eleição, acontecimentos cuja periodicidade não logra mudar nada, visto que ao final de cada ano, quando se recapitula tudo o que foi feito, é de rigor constatar que se falou muito não somente para não se dizer nada, mas também para não se fazer coisa alguma, pois a palavra, muitas vezes, cria invencíveis obstáculos à ação.

Esse gosto pela palavra, que é nobre quando não é leviano, é também o pior de todos os vícios políticos. É por ele, pela abundância dos discursos e pelo efeito das palavras, que o cidadão está habituado a medir os homens públicos, seus representantes; hábito que é duplamente funesto, pois, de uma parte, estimula a eclosão crescente e espontânea de falastrões, sem ideias e sem vergonha, que muito falam para dissimular a própria incompetência; de outra parte, afasta da vida pública ou reduz à inação homens eminentes, espíritos superiores, devotados ao estudo dos grandes problemas humanos e sociais e à meditação das respectivas soluções, tão capazes de as conceber, como de realizá-las, mas incapazes, porém, de mentir e de exagerar, como o fazem, com frequência e desembaraço, os políticos profissionais.

Não é por outra coisa que se fala hoje da crise dos parlamentos. Essas casas veneráveis, a cujos membros estavam encomendados objetivos eminentes que já não se perseguem mais, passaram a ser o ponto de encontro de celebridades, algumas delas inteiramente despreocupadas com a defesa dos interesses daqueles que as puseram lá. Nos parlamentos, não existem mais ideias em liça, nem mesmo confrontos de opiniões entre partidos, mas o que aí se vê é o mais grosseiro pugilato político entre bandos que, nesse recinto excelso, recebem o pomposo nome de coalizão partidária, nome bárbaro e desacreditado que significa, na prática, a exploração de todas as impurezas que a disputa política pode transportar do *bas-fond* social à superfície da vida pública. Regime de rixa, de intriga, de conspiração, de barganha, de regateio, que faz daquele espaço público, sempre, um teatro e, frequentemente, um mercado; que sacrifica os princípios às pessoas e o país às facções partidárias; que subordina os interesses gerais aos apetites individuais. Regime de política subalterna e de verborragia estéril, em relação ao qual as palavras de Shakespeare cabem como uma luva: "muito barulho por nada".

No passado, os arrivistas da política eram bem mais raros. E essa rareza tinha muito a ver com um honesto e patriótico pudor. Um parlamentar, por exemplo, não se aventurava à tribuna senão quando se convencia da justeza de sua contribuição oratória para a solução da questão aí tratada, Hoje, um bufão, disfarçado pela miséria do tempo em deputado ou senador, assoma à tribuna, para aí tratar de questões graves sem conhecê-las ou, pelo menos, sem tê-las aprofundado. É que a tribuna assume, muitas vezes, ares de palco de espetáculos, em que, entre a curiosidade e a estridência, o povo aplaude, com frequência, os que o perdem, e apupa, amiúde, os que poderiam salvá-lo.

Triste exemplo nos dão alguns países da Ásia, da África e da América Latina. Neles há uma forma de governo, mas não há a realidade. Toda autoridade está ali deturpada ou exercida contra quem deveria proteger. Os princípios dos quais ela deve emanar ou foram mortos ou estão proscritos, de modo que o poder político reside numa democracia nominal, sem direção, sem futuro e sem freio, votada, por uma enfermidade crônica – a corrupção –, a todas as sugestões do mal. Como seu chefe de governo não confessa nenhum princípio e não reconhece nenhuma regra superior aos interesses do próprio partido, é destes que ele deduz sua constituição política particular, uma espécie de *alter ego* da outra oficial, frequentemente invocada, mas igualmente posta de lado. Os poderes que essa constituição *ad hoc* cria, salvo honrosos exemplos, se encarnam em elementos pífios, grosseiros e malsãos, totalmente alheios aos verdadeiros interesses do povo, conquanto nenhuma outra época o tenha incensado tanto quanto esta em que vivemos, pois é mister adular o povo para se ter poder, ainda que isso signifique, invariavelmente, acariciar seus vícios.

Diante desse quadro nebuloso, volta à ordem do dia a interminável discussão sobre a ética na política. Em princípio, os consensualistas admitem que o domínio da política não está interditado à incursão de regras éticas, desde que, a ressalva é de rigor, estas últimas sejam concebidas do ponto de vista laico, depuradas de todo conteúdo estranho, e cuja força normativa derive exclusivamente da solidariedade e do consenso.

A solidariedade e a concórdia constituem, indisputavelmente, dois pilares de toda sociedade madura e sua conservação é desejável sob todos os aspectos. Mas, se os homens se sentissem naturalmente solidários e compelidos racionalmente para a celebração de pactos sociais de grande abrangência, eles realizariam o mais belo sonho de paz e de amor que jamais surgiu da imaginação dos filósofos ou dos versos utópicos de um poeta; far-se-ia inútil a sanção moral e o código penal poderia ser derrogado por falta de objeto. Acontece que esse sonho é irrealizável porque é uma rematada utopia. A solidariedade global, e a convergência de vontades que ela implica, é uma virtude sobre-humana, um ideal sempre por perseguir, inacessível, por consequência, à coletividade humana, pois a natureza fez o homem mais preocupado consigo mesmo, individualista, egoísta em muitos aspectos e, quanto a estes, indiferente à sorte dos outros. Não se diga, contudo, que é caluniar a humanidade pintá-la com essas cores. Ela é assim e parece que jamais será diferente.

É claro que pode convir ao sábio, encerrado em seu laboratório, ao intelectual, concentrado em suas especulações abstratas, participar de uma moral consensual, porque é uma prova de nobreza moral viver precisamente assim, ainda quando sejam ordinariamente tentados a viver de outro modo. Mas, ao lado desses *dilettanti* do espírito, ou melhor, abaixo deles, abaixo dos delicados, dos letrados, dos sábios, de todos aqueles que não têm o penoso cuidado da existência e que uma cultura superior proveu de uma moral amável e refinada, há um enorme rebanho de seres limitados, grosseiros, brutais, devorados de necessidades, sedentos de desejos, impacientes de gozos, inquietos, rancorosos, ávidos, invejosos, desesperados, turbulentos, doentes, numa palavra, miseráveis e que, no entanto, são homens e são também a maioria. Durante séculos foi-lhes dito e se habituaram a crer que há um Deus que os observa e os julga, que exige o bem e proíbe o mal e que dará a recompensa eterna pela prática deste ou daquele. É em razão dessa crença que se inscreveu nas suas almas a marca indelével da obrigação moral, que, enquanto permanece em vigor no refolho de seus peitos, constitui um instrumento de disciplina social incomparável.

Mas, a crença uma vez extinta, o que será da respectiva obrigação? É razoável supor que tanto apetites desencadeados e instintos por satisfazer, tanto mais ardentes quanto menor a esperança da recompensa eterna, vão se refrear, domados, respeitosos e submissos diante de um dever metafísico, abstrato e sem força normativa, que se convencionou chamar de dever sem sanção ou de moral laica?

Conta a história que Napoleão sugeriu a prisão, por incitamento à desordem, do físico Lalande, que, por aquela época, alardeava uma postura abertamente ateísta, a indicar tal impiedade, na visão do imperador, uma manifestação leviana e prejudicial à paz e à ordem pública. A carta que Napoleão endereçou, sobre o assunto, a seu Ministro do Interior merece referência, pois é uma lição eloquente, e sempre atual, de ética política. Ei-la:

> Sr. De Champagny, foi com um sentimento de dor que chegou ao meu conhecimento que um membro do Instituto, célebre por seus conhecimentos, mas mergulhado hoje na parvulez, não tem a sabedoria de se calar, e se expõe, intencionalmente, ao falatório público, ora por anúncios indignos de sua antiga reputação, ora professando abertamente o ateísmo, princípio destrutor de toda organização social e que retira ao homem todas as suas consolações e todas as suas esperanças.

Meu desejo é que V.Sa. dê conhecimento ao Presidente e ao Secretário do Instituto, do qual me orgulho de pertencer, do assunto aqui tratado e os incumba de determinar ao Sr. Lalande, em nome do corpo, de nada mais imprimir e de não mais obscurecer, na sua velhice, tudo o que fez outrora, com vigor juvenil, para obter a estima dos sábios. Mas, se estas fraternais advertências forem insuficientes, eu serei obrigado a me lembrar também que meu primeiro dever é de impedir que se perverta a moral do meu povo, pois o ateísmo é destrutor de toda moral, se não nos indivíduos, ao menos nas nações.

É bem verdade que a reação de Napoleão foi muito firme e pareceria intolerável à nossa geração. Mas a vista apurada e a inquestionável capacidade de diagnosticar um mal social são virtudes que não se encontram senão em grandes estadistas. De que pigmeu poder-se-ia esperar, nos dias que correm, uma atuação sequer parecida em defesa da integridade moral de seu povo?

Este modesto trabalho pretende ser uma contribuição ao debate sobre a reformulação da ética política. Conhecer a origem do laicismo pode ajudar a compreender melhor a sua maioridade e seus frutos modernos, que aparecem aos nossos olhos como conquistas arrancadas ao poder divino ou o resultado do progresso científico que conduzirá inevitavelmente à emancipação do homem em relação a Deus.

Afinal, o que se quer precisamente dizer quando se afirma que um Estado é laico, que uma constituição é laica ou o ensino é laico? Indubitavelmente, se quer dar a entender que esses domínios são impermeáveis à interferência divina e à influência da religião. Se assim o é, caberia continuar perguntando agora sobre a natureza dessa afirmação: seria ela uma ficção, isto é, uma mentira? Seria apenas um ideal ético pregado por filósofos ingênuos, que acreditam que os homens são naturalmente bons e solidários, de forma que a autorreferência das normas éticas corresponderiam àquela bondade e àquela solidariedade? Ou seria, o que é grave, a manifestação isolada de um movimento geral, deflagrado no renascimento e reforçado na Revolução Francesa, dirigido contra o cristianismo, ao mesmo tempo que direcionado a restaurar a civilização pagã?

A tese defendida neste livro nada mais é do que uma tentativa de dar respostas convincentes a tais indagações. Conscientes de que respondê-las exigiria mais do que a simples formulação de hipóteses, começamos por investigar fatos históricos que proporcionassem um testemunho vivo acerca da realidade social que viu nascer o espírito laico: seus personagens, seus hábitos, suas convicções, suas ideias, de sorte que, esgotando o estudo dessa sociedade, julgávamos que isso seria suficiente para compreender bem o laicismo dentre os seus numerosos fenômenos culturais. Estávamos equivocados. Cumpria-nos aprofundar mais a pesquisa dos fatos. Fazê-lo significava retroceder até o berço das civilizações que disputavam entre si a hegemonia no curso do processo histórico do Ocidente. Era preciso examinar o papel do império romano na história, as características de sua civilização, sua religião, sua filosofia, sua literatura, seu direito, seus hábitos e sua queda. Da mesma forma, urgia conhecer outro tanto a respeito do cristianismo, sua recepção no seio do império, seu apogeu na idade média, suas obras e suas vicissitudes no período pré-renascentista.

Guiou-nos, ademais, na realização desta exposição histórica um princípio unificador, sem o qual o presente trabalho perderia o sentido que precisamente ditou a sua elaboração: a inelutável expansão do cristianismo ao longo dos tempos, malgrado o concerto de forças que recorrentemente atenta contra esse desígnio da providência. Não há nada de pessoal nem de individual na consecução desse plano divino; nem a psicologia humana nem o gênio dos povos intervêm mais que como simples colaboradores, muitas vezes inconscientes, na realização dessa grande obra. Esse movimento inexorável da humanidade, arrastada por várias convulsões sociais, pode ser tanto mais nitidamente lido nos fatos, quanto menos ela própria percebia o seu papel nele. À medida que se amplia e se aprofunda, esse princípio que parecia não ser mais que uma intenção, entre os apóstolos, aparece com toda sua força depois, e se transforma em razão de ser, em pano de fundo da própria história; deixa de referir-se a uma psicologia ou a uma sociologia, quaisquer que fossem elas, para se acomodar melhor às profecias, estabelecendo, por cima dos atores e sem que estes o saibam, relações íntimas entre os fatos. Essa tendência à unidade da obra de Deus, em favor da divulgação do Evangelho, proporciona aos encadeamentos particulares o rigor de um mecanismo infalível. Além disso, permite discernir, sob os atos individuais, a existência de tendências, razões e ligações cada vez mais profundas e remotas, cuja verossimilhança assume assim um caráter mais abstrato, mais independente das pessoas e das circunstâncias.

Por fim, a disposição dos Capítulos obedece, *mutatis mutandis*, o desenrolar histórico desses assuntos, os quais, de um modo geral, seguem uma ordem cronológica, que tem início com o império de Nero e termina com o pensamento de Guilherme de Ockham, no século XIV.

Pensado com vagar e escrito com mais vagar ainda, este livro não se dirige ao leitor impaciente e ávido por soluções, mas se destina àquele que aceita caminhar lentamente, detendo-se aqui e ali todas as vezes que a referência a um fato possa levar à compreensão mais exata do que vem à frente ou do que ficou para trás. Como tudo que implica alusão à antiguidade e à idade média se oferece à análise do estudioso carregado de ideologias, toda prudência aqui é recomendável, sendo certo que deixar-se guiar pelo que os fatos dizem é sempre o melhor método tanto para os que leem com seriedade quanto para os que escrevem com isenção sobre aqueles temas.

De resto, cumpre-nos agradecer a todos os que nos ajudaram neste trabalho com suas obras e seus conselhos. "Um livro tem sempre muitos autores", diz Paul Sabatier. A todos eles quero expressar aqui minha gratidão e minha amizade.

O autor

CAPÍTULO 1.

OS PRIMEIROS TEMPOS

Com o reinado de Nero se abre uma época que merece ser considerada pela história da cultura ocidental. O que vamos examinar agora são fatos históricos que, se bem possam ser apreciados pela ótica da fé, podem, enquanto fatos, ser também aferidos pelo crivo da ciência. É verdade que quando pronunciamos certas palavras, algumas delas podem parecer, ao temperamento moderno, suspeitas; outras, sem sentido. O vocábulo *profecia* é daqueles que podem ser incluídos em ambas as categorias, consoante a inclinação intelectual, religiosa e ideológica de cada um, conquanto existam muitos que o tomam como objeto de estudo científico, como é o caso, p.ex., dos católicos, a respeito das profecias bíblicas, e dos marxistas, relativamente aos vaticínios de Marx. Damo-nos por satisfeitos se o leitor tomá-lo, ao menos por suspeito, ou seja, como relativo a proposições suscetíveis de confirmação. Já é um bom começo.

Essa época tem isto de particular: ela foi não somente o alvo da atenção das gerações que a seguiram, mas também dos pressentimentos da geração que a precedeu; ela foi não somente esperada, mas celebrada. Tácito começa o relato dela com as formas solenes da epopeia; mas, antes de Tácito e antes mesmo dos acontecimentos que ele narra, o conteúdo profético desses acontecimentos já se achava no pensamento dos homens que os aguardavam.

Essa espera se manifestou inicialmente entre os primitivos cristãos. Todo mundo conhece as profecias do Evangelho, algumas das quais merecem aqui citação, justamente porque sua realização ajuda a compreender o curso das vicissitudes históricas decorrentes das relações entre o Estado romano e a Igreja católica.

Nenhum acontecimento foi mais claramente anunciado ao mundo do que a queda de Jerusalém. Uma primeira vez, Jesus, vendo a cidade santa, lançou um grito de dor verdadeiramente maternal: "Jerusalém, Jerusalém, que matas os profetas e apedrejas os que te foram enviados! Quantas vezes eu quis reunir teus filhos, como a galinha reúne os pintinhos debaixo das asas, mas não quiseste! Vede, vossa casa ficará abandonada".[1] Pela segunda vez, estando Jesus perto de Jerusalém, do alto do monte das Oliveiras, donde podia vê-la de cima, chorou sobre ela dizendo: "Se tu também compreendesses hoje o que te pode trazer a paz! Agora, porém, está escondido aos teus olhos! Dias virão em que os inimigos farão trincheiras, te sitiarão e te apertarão de todos os lados. Esmagarão a ti e a teus filhos e não deixarão em ti pedra sobre pedra, porque não reconheceste o tempo em que foste visitada".[2]

De forma mais simbólica, mas não menos enfática, profetiza Isaías para um povo que fecha os olhos para não ver e os ouvidos para não escutar:

---

[1] Lucas, 13, 34.
[2] Lucas, 19, 42, 43, 44.

> Até quando, Senhor! – Até que as cidades estejam desoladas e sem habitantes; até que a casa fique sem um único homem e que a terra se torne um deserto [...] Eu vos contarei com a ponta da espada e todos vós perecereis no massacre, porque eu chamei e vós não respondestes; eu falei e vós não ouvistes.[3]

Daniel, por sua vez, anuncia, no termo de setenta semanas, a morte do Messias, o repúdio do povo que não quis reconhecê-lo, a cessação dos sacrifícios, um chefe que viria de longe devastar a cidade e o templo; uma destruição semelhante a um segundo dilúvio e, após a guerra, uma desolação sem fim.[4]

Segundo um livro judeu, o rabino Abba ouviu um dia uma voz que lhe dizia:

> Abba, Abba! De quem é esta voz? perguntou ele. — Eu sou Elias, o profeta e venho te anunciar o que depois de longo tempo tu desejas saber. Tu procuras os signos que anunciarão a vinda do Messias. Ei-los: toda terra obedecerá os romanos; a antiga religião cairá em ruínas; os povos se sublevarão contra os reis, os ignorantes contra os sábios, os réus contra seus juízes, os malvados contra os bons e os filhos contra os pais. O Messias será inicialmente desconhecido, depois, sofrerá muito e então o matarão.[5]

Outra categoria de profecias, relacionadas a intempéries e catástrofes naturais, encontrou cumprimento no império romano, na época que vai de Augusto até a morte de Nero, ou seja, por ocasião do advento da era messiânica.[6] Delas se pode dizer que constituíram os primeiros sinais da crise.

Assim, é que nos sete últimos anos de Nero, o solo, pode-se dizer, literalmente, tremeu por toda parte. Nos anos 61 e 62 da era vulgar, os tremores de terra abalaram a Ásia, a Acaia, a Macedônia. As cidades de Hierápolis, Laodiceia e Colossos sentiram, de modo particular, seus efeitos devastadores.[7] Em 63, as convulsões da natureza atingiram a Itália. A região rural de Nápoles abrigava já, em seu subsolo, o fogo terrível, que seis anos mais tarde, o Vesúvio despejaria em sua superfície. Sua erupção foi precedida de abalos subterrâneos que sacudiram Nápoles e Lucéria e foram também, para Herculano e Pompeia, o prelúdio da imensa destruição causada pelas lavas vulcânicas, pouco tempo depois. O terror foi geral em toda a Campânia; homens enlouqueceram de pavor.[8] O chão se abria por onde quer que se o pisasse; o céu se cobria de cinzas. Então, os cristãos se lembravam das palavras do salvador: "Nesse tempo a terra tremerá em diversos lugares".

Como se não bastassem tantas calamidades, o ano 66 conheceu outro gênero de infortúnio: "Esse ano que Nero já havia sujado com tantos crimes, os deuses, diz Tácito, quiseram marcá-lo por intempéries e enfermidades".[9] A infeliz Campânia foi atacada dessa vez por ciclones que devastavam as casas, as árvores, as colheitas. Essas tempestades chegaram bem próximas de

---

[3] Isaias, 6, 11 / 65, 1-12.
[4] Daniel, 9, 24-27.
[5] *Apud* De Champagny, *Rome et la Judée*, Tomo 1, p. 37, Paris, 1876.
[6] Lucas, 21, 11.
[7] Sêneca, *Questions Naturelles*, Tomo 2, 6, 1, 13, Paris, 1961; Tácito, *Anais*, 14, 27, Paris, 1830.
[8] Tácito, *Anais*, 15, 22.
[9] Tácito, *Anais*, 16, 13.

Roma, para a qual, entretanto, estava reservada outra espécie de flagelo: sem nenhuma perturbação visível da atmosfera, uma moléstia pestilencial despovoou todas as classes da sociedade. As casas ficaram cheias de cadáveres, as ruas, de comboios fúnebres. Homens e mulheres, crianças e velhos, escravos e livres pereceram igualmente. Em um só outono, o tesouro de Vênus Libitina registrou trinta mil mortos.[10]

Juntamente ao signo profetizado das catástrofes naturais, deu-se cumprimento também às profecias igualmente anunciadas das perseguições contra a igreja.

> "Antes disso tudo, porém, sereis presos e perseguidos; sereis entregues às sinagogas e jogados na prisão; sereis levados diante de reis e governadores por causa do meu nome... Sereis entregues até mesmo pelos próprios pais, irmãos, parentes e amigos. A alguns de vós matarão. Sereis odiados por todos, por causa do meu nome".[11]

É bem verdade que antes que os imperadores romanos tomassem a iniciativa da perseguição, muitos cristãos foram cruelmente perseguidos, martirizados e mortos por judeus, pagãos e sectários da idolatria. Quando estes não os atacavam pela violência, faziam-no, entretanto, pela calúnia. É interessante, contudo, notar que os poderes públicos não tinham ainda tomado o mesmo partido; pelo contrário, defendiam algumas vezes, contra o furor desenfreado de seus inimigos, os seguidores de Cristo, a quem Tibério quis elevar à condição de Deus dos romanos. A perseguição então era ainda ilegal. Foi ao arrepio da lei do império e da *pax romana* que a sedição farisaica arrancara de Pilatos a sentença do Calvário; foi também por uma violação flagrante da lei romana, que tinha privado os judeus do direito de vida e de morte, que santo Estêvão fora lapidado, que Saulo ia promover a perseguição em Damasco, que são Tiago Maior foi imolado e Pedro lançado no cárcere. Foi após a morte do procurador Festus e antes da chegada de seu sucessor que são Tiago Menor foi vitimado por sediciosos, por isso que o grande sacerdote, autor do crime, foi severamente repreendido pelo magistrado romano".[12] Paulo é libertado por Agrippa, que diz: "Este homem não fez nada que mereça a morte ou os ferros. Ele poderia ser posto em liberdade, ainda que não houvesse apelado para César".[13] O próprio Nero, perante o qual Paulo compareceu duas vezes, por duas vezes decidiu que o apóstolo não merecia nem a morte nem a prisão. Da mesma forma, Cláudio, já impaciente, pôs termo aos tumultuosos debates dos judeus de Roma, a respeito do Cristo, decidindo que não havia motivos para coibir a prática da nova fé.[14]

A justiça romana reconhecia, portanto, a inocuidade penal do cristianismo; se necessário, protegia-o contra os abusos e rancores de seus inimigos e perseguidores. Nada é mais fácil de se explicar que essa tolerância religiosa. Roma, até então, não era sistematicamente resistente às inovações religiosas. Ela deixava aos povos vencidos a liberdade de suas respectivas práticas de devoção. O princípio geral que a consagra se encontra, mesmo após as perseguições dos cristãos, nos textos dos seus mais célebres jurisconsultos.[15] Ademais, Roma amava a ordem e a paz.

---

[10] Tácito, *Anais,* 16, 13; Suetônio, *Los Doce Césares*, Nero, 39, Buenos Aires, 1951.
[11] Lucas, 21, 12-17.
[12] De Champagny, *op. cit.*, p. 56.
[13] Atos dos Apóstolos, 26, 31-32.
[14] De Champagny, *op. cit.*, p. 58; Dion Cássio, *Histoire Romaine*, LX, Paris, 1865; Suetônio, *op. cit.*, Cláudio, 25.
[15] *Religionis causa coire non prohibentur*. Digesto, I, *Apud* De Champagny, *op. cit.*, p. 59.

O cristianismo, por sua vez, representava, naquele contexto de permanente convulsão social, a realização, em toda sua plenitude, dos imperativos da ordem e da paz.

Assim, abrigado, ao menos pela indiferença do poder político e por sua isonomia, o cristianismo conquistava o mundo romano: ao cabo de três anos chegou a Antioquia; depois de nove, à Roma; de 16, à Cirene; de 18, à Atenas; de 19, a Corinto; de 21, a Éfeso, onde toda a Ásia, pela boca de São Paulo, ouviu a mensagem do Evangelho. A fé cristã percorrera já todas as grandes cidades do império, antes que se notasse contra ela a fúria dos príncipes, o prejuízo dos filósofos e a ira do populacho romano.[16]

Quanto tempo essa liberdade, essa tolerância, poderia durar? Teria sido possível que o cristianismo e o império romano vivessem tanto tempo, lado a lado, sem se combaterem? Por outras palavras, a magnânima tolerância romana que abrigava em seus templos todos os deuses poderia, da mesma forma e por tanto tempo, acolher também o verdadeiro Deus?

Quaisquer que tenham sido as respostas às aludidas questões,

> [...] nós sabemos em que época e de que maneira o poder político romano saiu de sua imparcialidade ou de sua indiferença. É claro que não o fez através de uma decisão política; fê-lo fundamentalmente pela mentira e por conta do medo. O ato de Nero foi, como o ato de Pilatos, uma concessão, mesquinha e covarde, feita às paixões populares.[17]

Por essa época, a comunidade cristã era numerosa em Roma (*multitudo ingens*), diz Tácito.[18] Havia cristãos nas grandes casas de Roma; havia vários deles até mesmo no palácio de César. O povo os conhecia e chamava-os pelo nome que os distinguia dos judeus (*vulgus Christianos*). Também os detestava por causa de seu isolamento, por causa de sua convivência, por causa de sua unidade, por causa de suas virtudes. E porque os detestava, inventava também contra eles mil acusações infames e caluniosas, que o faziam detestá-los mais ainda.[19]

Assim, quando o incêndio de Roma ameaçou Nero de uma perigosa impopularidade, este logrou desviar a cólera popular contra aqueles que o povo desprezava. Os imperadores, em geral, tinham um grande temor do povo: Nero, especialmente, que subia ao palco e se embriagava com aplausos (tal como os políticos modernos); Nero, histrião incorrigível e pusilânime, tinha necessidade do apoio do povo, na exata medida em que convinha temê-lo. Sua impopularidade o incomodava, a ponto de não recuar ante um expediente sórdido: declarou os cristãos culpados pelo incêndio e decretou o primeiro ato de proscrição contra o cristianismo.[20] Com isso, Nero fundou o direito público da perseguição. Ele o fez entrar na legislação do império como um princípio constitucional, que, severamente observado pelo fanatismo da multidão, se tornou conveniente e intocável para os demais imperadores. Sob os príncipes mais sábios e mais moderados, houve tréguas antes que paz; a perseguição foi suspensa, jamais abolida. O cristianismo anistiado, nunca autorizado. Foi precisamente assim que em um dia incômodo para o imperador,

---

[16] De Champagny, *op. cit.*, p. 60-61.
[17] De Champagny, *op. cit.*, p. 65.
[18] Tácito, *Anais*, 15, 43.
[19] Tácito, *Anais*, 15, 44; Suetônio, *op. cit.*, Nero, 16.
[20] De Champagny, *op. cit.*, p. 66.

sem uma deliberação séria, sem uma visão mais ampla do problema que se lhe apresentava, Nero começou um duelo de três séculos entre o império romano e a igreja, pelo qual o império devia perecer, à força de matar; a igreja, triunfar, à força de sofrer.[21]

Não obstante, um duelo só pode se travar entre partes presentes, frente a frente uma da outra. Roma e a Igreja, para duelarem por tanto tempo, tinham que se implicar, tinham que disputar um espaço comum, tinham, numa palavra, que conviver segundo regras cujo significado escapa à interpretação de qualquer historiador, porque é um mistério, um mistério do qual só a providência guarda o segredo. Uma coisa, porém, é certa: Roma estava em seus planos. As profecias mostram, à evidência, que era no império romano e por ele que o cristianismo deveria crescer e amadurecer, à condição de, por sua vez, transmitir-lhe o conjunto de ensinamentos que, recolhidos pelos apóstolos diretamente do Mestre, haveriam de transformar Roma e o império romano, porque Roma se tornara efetivamente o centro necessário do mundo e o império romano, a forma necessária das coisas humanas. Daí a impossibilidade, óbvia para a época, de se compreender o mundo sem Roma como também Roma sem o mundo.[22] Nesse sentido, deve ser entendido o seguinte trecho da carta de Barnabé:

> O templo será reconstruído por aqueles mesmos que o destruíram; os gentios que destruíram Jerusalém vão, por sua vez, elevar a Deus seu verdadeiro templo, o templo espiritual.[23]

Por isso Tito, vendo Jerusalém destruída, teve consciência de que a obra realizada estava além das forças humanas.

> Não seria possível que os meus bravos soldados cedessem diante dos judeus, sendo certo que Deus nos assiste e que nossa força e o desespero deles é também obra divina.[24]

Afinal, onde buscar o reino de Deus, visto que em Jerusalém não mais estava? Quem herdou as promessas depois que Judá foi desertado? Em que canto do mundo se reunem os restos da nação eleita e os oriundos de nações malogradas, chamados, por sua vez, para ocuparem o lugar daqueles que tão impudentemente soçobraram? A verdadeira sinagoga é imortal, onde, pois, podia ela estar? A lei de Moisés fora abolida? Onde vigia agora a lei de Deus? O templo destruído, onde encontrá-lo agora?

Não é difícil perceber que Roma, predestinada pela providência, colaborou decisivamente com a Igreja primitiva na reconstrução da Jerusalém celeste, ela que pelas legiões de Tito, seu general, havia destruído a Jerusalém terrestre. O judeu que Deus esclareceu com a sua luz encontrou aí então tudo o que havia perdido. Desolado com a perda de sua Jerusalém natal, ele encontrou uma nova celestial. Encontrou aí também a sinagoga, o lugar da assembleia, a Igreja (pois todas estas palavras exprimem a mesma coisa), na qual a oração, a leitura e interpretação dos livros

---

[21] De Champagny, *op. cit.*, p. 67.
[22] De Champagny, *op. cit.*, *Tomo 2*, p. 235.
[23] Ep. Barnabé, 16.
[24] F. Josefo, *La Guerre des Juifs contre les Romains*, VI, 4, Paris, 1968.

santos, o ensino da lei, se faziam como no tempo das sinagogas do judaísmo. Ele aí encontrou bem mais: encontrou seu templo reconstruído, pois, pela nova aliança, todo lugar de assembleia era um templo.[25] Isso foi profetizado alguns anos antes a uma samaritana.

> Mulher acredita-me: vem a hora em que nem nesta montanha, nem em Jerusalém adorareis o Pai. Vós adorais o que não conheceis. Nós adoramos o que conhecemos, pois a salvação vem dos judeus. Mas vem a hora, e é agora, em que os verdadeiros adoradores adorarão o Pai em espírito e verdade.[26]

Não se entenderia completamente o papel do império romano na economia da revelação cristã, se fossem omitidas algumas palavras tomadas do Evangelho de Lucas. Ei-las:

> Como alguns estavam dizendo a respeito do templo que era ornado de belas pedras e de ofertas votivas, ele disse: Estais contemplando estas coisas... Dias virão em que não ficará pedra sobre pedra que não seja demolida! Perguntaram-lhe então: "Quando será isso, Mestre e qual o sinal de que estas coisas estarão por acontecer?" Respondeu: "Atenção para não serdes enganados, pois muitos virão em meu nome, dizendo: 'Sou eu!' e ainda: 'O tempo está próximo!' Não os sigais! Quando ouvirdes falar de guerras e subversões, não vos atemorizeis; pois é preciso que primeiro aconteça isso, mas não será logo o fim. Disse-lhes então: Levantar-se-á nação contra nação e reino contra reino. E haverá grandes terremotos e pestes e fomes em todos lugares; aparecerão fenômenos pavorosos e grandes sinais vindos do céu... Quando virdes Jerusalém cercada de exércitos sabei que está próxima a sua desolação. Então, os que estiverem na Judéia fujam para os montes, os que estiverem nos campos não entrem nela, porque serão dias de punição, nos quais deverá cumprir-se tudo o que foi escrito.[27]

Aqui, nessa profecia, Jesus adverte seus apóstolos sobre dois acontecimentos que em breve deveriam ocorrer: um na Judeia; o outro, no centro nervoso do império. Na primeira, a destruição da cidade e do templo; no segundo, a guerra entre reinos e nações. Ambos, se prestariam, pois, como marcos divisórios entre duas épocas: a do judaísmo agonizante, na qual Deus era adorado em Jerusalém; e a do cristianismo em ascensão, em que Deus será adorado em espírito no âmbito do império romano, ou seja, em toda parte. Embora a destruição da cidade e do templo de Jerusalém faça parte de um relato plenamente inteligível, não suscitando, portanto, dificuldade de interpretação, o mesmo já não ocorre com a outra parte que trata dos enfrentamentos de reinos contra reinos e de nações contra nações. Aqui se impõe, preliminarmente, uma breve alusão sobre a organização política do império romano e de seu poderoso exército.

Uma primeira observação a ser feita é que, na linguagem do tempo, o Estado romano sempre se chamou *res publica*, da mesma forma que todos aqueles que lhe pertenciam como súditos se chamavam *cives romani*. O termo *res publica* é utilizado várias vezes em documentos; os prínci-

---

[25] De Champagny, *op. cit.*, 305-306.
[26] João, 4, 23.
[27] Lucas, 21, 5-22.

pes o empregavam frequentemente em seus atos legislativos e os súditos, em seus discursos aos príncipes, nos seus relatos históricos ou em suas cartas íntimas; ele pertence, portanto, ao mesmo tempo, à língua oficial e à língua ordinária.[28] O emprego tão frequente desse termo dá a pensar que o Estado era coisa de todos, no sentido de que a vontade de todos deveria ser levada em consideração no momento de se tomar decisões relevantes atinentes à existência da *res publica* ou à defesa, à conservação e à recuperação da liberdade dos cidadãos. Contudo, as coisas não funcionavam bem assim. Conquanto houvesse a ideia de um vasto estado em todas as mentes, e em todos os corações um acendrado orgulho de ostentar a cidadania romana, jamais se chegou a conceber que a coisa pública fosse administrada por todos, segundo o estágio da consciência política da época, que, frise-se, era bem incipiente.

> A opinião universalmente admitida era que o povo, verdadeiro soberano, delegava sua soberania ao imperador, da forma mais plena e radical. Gaio no século II e Ulpiano no III exprimem claramente essa teoria, que o próprio Justiano a recorda no prefácio do Digesto. Um escritor bizantino, Laurentio Lido, professava abertamente que o império não é nem uma realeza nem uma tirania, mas é somente um poder encarregado de reger "a comunidade" e de afastar os perigos que poderiam comprometê-la. Esta associação da ideia de comunidade e de coisa pública com aquela outra de poder absoluto é o que caracteriza as concepções políticas dessa época. Ela as distingue tanto das teorias republicanas das idades anteriores, como dos princípios de direito pessoal da idade média e do direito divino das épocas mais recentes.[29]

Jamais se vê, ensina Fustel de Coulanges, durante os cinco séculos que durou o império, que alguém tenha tido sequer o pensamento de lutar contra o poder público ou contra o governo imperial. Houve, é certo, guerras civis, mas somente para substituir um príncipe por outro, nunca para estabelecer outra forma de governo. Quando se lê os escritores do século IV e do V, fica-se impressionado com a liberdade de linguagem de muitos dentre eles. Lactâncio, Sulpício Severo, Salviano, Amiano, Zósimo, têm mais do que independência, eles dão mostra, frequentemente, de um invencível ódio.[30] Mas é preciso ter cautela no julgamento dessa literatura, que não é, como poderia parecer à primeira vista, nem panfletária nem subversiva:

> O escritor cristão odiava o príncipe perseguidor, o escritor pagão detestava o imperador cristão, o escritor católico detestava o imperador ariano; nenhum deles, porém, detestava a autoridade imperial. Eram disputas religiosas, jamais chegaram a ser oposição política. O imperador, como homem, podia ser impunemente muito desprezado; mas, enquanto imperador, era quase ou inteiramente um Deus.[31]

---

[28] Fustel de Coulanges, *Histoire des Institutions Politiques, L'invasion Germanique*, p. 4, Paris, 1891.
[29] Fustel de Coulanges, *op. cit.*, p. 6.
[30] Fustel de Coulanges, *op. cit.*, p. 8.
[31] Fustel de Coulanges, *op. cit.*, p. 9.

Toda autoridade pública residia na pessoa do imperador. Não havia comícios. Quanto ao senado, subsistia ainda sempre cercado de honra. O próprio príncipe afetava conceder-lhe honrarias e algum respeito. Em teoria, a cúria dividia a soberania com o imperador; na prática, estava reduzida a algumas funções judiciárias e ao registro das leis.

O imperador exercia exclusivamente o direito de paz e de guerra, as relações exteriores, a administração interior. Quase toda atividade judicial emanava dele; podia julgar pessoalmente ou por delegatários. Instituía impostos e lhes fixava o montante a arrecadar; a receita e a despesa constituíam matéria privativa sua, como também a mobilização da tropa e o comando do exército. O césar possuía também autoridade legislativa. É bem verdade que, teoricamente, as verdadeiras leis eram aquelas que emanavam do senado, daí porque os códigos de Teodósio II e de Justiniano tenham sido submetidos aos senadores; mas, na prática, tudo o que o príncipe ditava ou prescrevia tinha a mesma força, como se lei fora. Que se tratasse de éditos, decretos, simples rescrito ou carta, todas essas constituições tinham a eficácia e valor de atos legislativos. Os imperadores possuíam ainda uma grande autoridade religiosa. Não fossem eles os pontífices máximos da religião pagã, múnus que lhes outorgava grande poder sobre os cultos e os sacerdotes.[32]

Essa autoridade tão absoluta e tão universal era exercida por duas instâncias administrativas: no centro, o palácio; nas províncias, a hierarquia administrativa.

O palácio sagrado, *sacrum palatium* ou *sacrarium*, não era apenas o edifício onde vivia o imperador e sua família: na linguagem do tempo, essas palavras designavam o conjunto de homens que o serviam e que viviam e trabalhavam com ele. Esse corpo de funcionários imperiais era chamado de *palatini* ou *ministri aulici* ou *officia palatina*, seu número variava de imperador para imperador, mas suas funções eram razoavelmente estáveis, podendo ser divididas, *grosso modo*, em duas espécies: a criadagem, que servia a pessoa do imperador, e os auxiliares deste, ou seja, funcionários que o assistiam no exercício de suas funções. Eram criados do imperador: os camareiros (*cubicularii*), os vigilantes (*silentiarii*), os roupeiros (*sacrae vestis*), os escriturários *celarii*), os mensageiros (*mensores*), os pagens (*paedagogium*), todos sob o comando do grande camareiro *praepositus sacri cubiculi*).[33]

Podem ser considerados auxiliares do príncipe: os assessores (*auditores*). O *auditorium palatii* era composto de grandes figuras do império, que os textos designam pelo nome de *proceres*, espécie de consultores jurídicos que auxiliavam o césar na administração da Justiça. O mesmo ocorria quando este fazia as leis. Cercava-se então de um grupo de notáveis, espécie de Conselho de Estado, chamado de *conssistorium*, que se reunia periodicamente com um número variável de membros (*proceres*), chamados também *comites consistoriani* ou conselheiros (*conssiliarii*). Assim, o príncipe, quando julgava ou legislava, não estava nunca só: cercava-se sempre dos "grandes do palácio", os quais eram admitidos ou demitidos ao alvedrio do imperador.[34]

O palácio compreendia também, além de funções administrativas subordinadas, como as de *notarii*, *referendarii* e *cancelarii* (espécies de escreventes), algumas outras com certa importância política, algo assemelhadas com os nossos modernos ministros. O ministro mais importante era o *magister officiorum*, ao qual incumbia o governo do palácio e a manutenção da ordem pala-

---

[32] Fustel de Coulanges, *op. cit.*, p. 10-11.
[33] Fustel de Coulanges, *op. cit.*, p. 12-13.
[34] Fustel de Coulanges, *op. cit.*, p. 13.

ciana, frequentemente ameaçada por um ajuntamento incontrolável de homens turbulentos que aí viviam ou trabalhavam.[35]

Outra fonte de poder imperial era constituída pela administração das províncias. Esta, na lição sábia de Marquardt, estava animada de alguns princípios gerais, cuja aplicação

> [...] teve por resultado a fusão, sob a influência de uma administração, de uma legislação e de costumes romanos, de províncias inteiramente dessemelhantes em suas origens, em um corpo uno, tanto no fundo como na forma, no qual vieram se misturar, mais ou menos, as diversas nacionalidades, com suas particularidades políticas, jurídicas e sociais.[36]

Todo o império estava dividido em seis prefeituras; as duas capitais, Roma e Constantinopla, com seus arredores, formavam duas delas. Quatro prefeitos do pretório administravam: um, o oriente, isto é, as províncias da Ásia, do Egito e da Trácia; o outro, a Ilíria com a Macedônia e a Grécia; um terceiro, a Itália com a África; o quarto, as Gálias com a Espanha e a Bretanha. Cada prefeitura se dividia em dioceses. A diocese, por sua vez, se dividia em províncias e a província, em cidade.[37]

Para dar um exemplo concreto de como funcionava a administração provincial, passamos a descrever a organização da prefeitura das Gálias, no que ela tinha de mais exterior, de mais aparente: seu governo, suas instituições, sua vida administrativa.

A prefeitura das Gálias compreendia três dioceses: as Gálias, a Espanha e a Bretanha. À testa da prefeitura estava um prefeito do pretório; à frente de cada diocese, um vice-prefeito. O prefeito da prefeitura das Gálias residia em Treves. A extensão desta compreendia dezessete províncias, administradas, cada uma, por um governador particular, sob as ordens do aludido prefeito, superior a todos em hierarquia. Dessas províncias, seis eram governadas por consulares; as onze outras, por presidentes. Não havia, quanto ao modo de administração, nenhuma diferença importante entre essas duas classes de governadores; eles não diferiam senão pelo título e pela classe a que pertenciam, mas no fundo o poder de ambos era idêntico.[38]

Nas Gálias, como em todas as demais províncias, aos governadores incumbiam duas ordens de atribuições delegadas do centro: eram os homens de negócio do imperador, sua *longa manus*. Estavam encarregados de satisfazer completamente os interesses do governo central, da percepção de impostos, da defesa do domínio público, da administração dos correios, do recrutamento da tropa, numa palavra, de todas as relações que o imperador podia ter com os súditos.[39] Aos governadores cabia também velar pela administração da justiça. Toda jurisdição civil e criminal lhes competia, salvo em dois casos expressos: quando se tratava do *jus italicum* e na hipótese de ser competente o *defensor*. À parte essas duas exceções, os governadores julgavam todos os processos, civis ou criminais, sem nenhum outro recurso que não o eventual apelo ao imperador.[40]

---

[35] Fustel de Coulanges, *op. cit.*, p. 15.
[36] Joachim Marquardt, *Organisation de L'Empire Romain*, Tomo 2, p. 498, Paris, 1892.
[37] Fustel de Coulanges, *op. cit.*, p. 18.
[38] M. Guizot, *Histoire de la Civilisation en France*, Tomo 1, p. 36-37, Paris, 1862.
[39] M. Guizot, *op. cit.*, p. 39.
[40] M. Guizot, *op. cit.*, p. 38.

Cumpre agora investigar a organização do exército romano, de modo a destacar o papel aglutinador das armas dentro da obra homogeneizadora de raças e povos, confiada ao império de Roma.

As forças do império se compunham, meio a meio, de legiões romanas e de tropas auxiliares. As primeiras eram formadas, exclusivamente, de cidadãos romanos; as outras, como se dizia então, de provinciais, de tributários, de súditos do império. A estrutura da tropa era dividida em infantaria e cavalaria. No que se refere à primeira, seu poder aumentou progressivamente, em relação à cavalaria, da qual os efetivos diminuíram ano a ano.[41] A legião se tornou um corpo formado por 5.000, até mesmo de 6.000 homens, toda ela constituída de dez cohortes, divididas por sua vez em seis centúrias cada uma, de mais ou menos, oitenta unidades. Cada centúria era comandada por um centurião e o grupo constituído pela centúria era dividido em oito linhas de dez, a *contubernia*, ou grupo de legionários, que dividiam o mesmo alojamento ou a mesma tenda. Os tribunos eram sempre em número de seis, assistidos de um legado senatorial, que tinha um papel de coordenação entre os comandos.[42]

Ao contrário da falange republicana, inspirada nos hoplitas gregos, a infantaria republicana se coordenava numa vasta muralha, capaz de sustentar não importa que tipo de ataque ou de enfrentamento:

> Ela se expande em quadrado para compor uma defesa compacta sobre todas as frentes, ensina Silvano Mattesini, e crava seus flancos nas linhas inimigas. Ela se alinha em vários compartimentos para modificar o rumo da batalha. Em suma, à medida que se desenrola o combate, a infantaria romana "inventa" uma estrutura tão complexa e articulada que não conheceu precedente na história militar do mundo conhecido.[43]

Pouco há que se dizer da cavalaria romana. Os romanos, à exceção de alguns casos raros, jamais foram bons cavaleiros, se se entende por tal, ao mesmo tempo, a capacidade de bem montar e a de adaptar essa aptidão às necessidades imediatas, bem como a de improvisar ante situações imprevistas. O exército romano era, na sua origem, uma infantaria pesada, e continuou sendo assim, daí a razão pela qual seus generais, pendendo uma batalha, elaboravam sempre suas táticas em função da infantaria.

Durante as guerras púnicas, a turma de trinta cavaleiros era a unidade básica de combate e cada legião possuía uma unidade básica de trezentos cavaleiros que constituíam a sua força equestre. O fim da segunda guerra púnica deu lugar a um novo sistema de recrutamento na cavalaria, que não incidiu mais somente sobre os cidadãos romanos que até aí a compunham, graças à sua posição social, patrimonial ou às suas qualidades específicas. Com efeito, a medíocre cavalaria romana, mesmo quando apoiada por forças aliadas, teve sempre que superar sérias dificuldades, a exemplo do que sucedeu frente à cavalaria cartaginesa. A partir de então, decidiu-se alistar

---

[41] Kate Gilliver, *Auf dem weg zum Imperium*, p. 26, Hamburgo, 2007.

[42] Silvano Mattesini, *Les Légions Romaines*, p. 120, Roma, 2006; J. Marquardt, de *L'Organisation Militaire chez les Romains*, p. 363, Paris, 1891. Causa espanto, ainda hoje, o extermínio de três legiões, sediadas na Germânia, pela imprudência de seu comandante, Quintílio Varo, que, oportunamente avisado, não dispôs suas tropas sequer para morrerem lutando. Sua cabeça foi cortada e enviada a Augusto. Veleio Patérculo, *Histoire Romaine*, II, 119, p. 249, Paris, 1932.

[43] *Op. cit.*, p. 120.

unidades de cavalarias, recrutadas entre populações experientes nesse domínio, quais foram os númidas, os etólios e os trácios.[44]

Tanto as legiões como as tropas auxiliares estavam ligadas, por laços muito estreitos, às províncias do império ocupadas por elas. Os acampamentos das legiões eram permanentes. Suas guarnições em tempos de paz não se alteravam. Com o tempo, o acampamento se tornava uma cidade e os legionários veteranos formavam uma colônia. O recrutamento se fazia na província, dentre os cidadãos romanos, é verdade, mas dentre cidadãos nativos e habitantes da província, os quais, pelo casamento e por demonstrações oficiais de amizade, mantinham-se estreitamente unidos à terra natal.[45]

Com mais forte razão, outro tanto ocorria com os auxiliares, súditos de Roma, mas não--romanos, estrangeiros, aliados, até mesmo com os bárbaros. Estes conservavam oficialmente suas línguas, seus costumes, seus emblemas e seus caracteres nacionais. Roma temia pouco a nacionalidade dos povos vencidos; tinha, por outro lado, uma tal confiança na superioridade do seu nome, que guarnecia cada província, em grande parte, com soldados nativos desta. O império romano, convém lembrar, não era outra coisa que uma confederação de povos sob o domínio absoluto de um só homem. Daí resultava que, numa certa medida, cada corpo do exército romano representava um povo. Os pretorianos, que ocupavam Roma e que eram os privilegiados do exército, eram a Itália; as legiões eram as províncias; o exército do Reno era a Gália; o exército do Eufrates era a Síria.[46] Todas as querelas de caserna eram, portanto, querelas de nações, donde o acerto formal da profecia: "Ouvireis também falar de guerras e de rumores de guerras. Cuidado, não vos alarmeis! Porque isso é necessário que suceda, mas não é ainda o fim. Pois se levantará nação contra nação e reino contra reino".[47] Examinemos agora a certeza material da profecia, ou seja, a verificação de seu cumprimento, relativamente à época que imediatamente precedeu e à que testemunhou a destruição, pelas legiões de Vespasiano e de Tito, do templo e da cidade de Jerusalém (70 d.C.).

Não se deve, porém, apressadamente concluir que, para cada nação-exército, se tratava de romper os laços com o império e recobrar a sua independência. Não. O laço era muito poderoso e, podemos dizê-lo, muito respeitado. Houve, sem dúvidas, veleidades de emancipação. Mas nada que se assemelhasse ao movimento geral de povos que deveria irromper no terceiro século, depois no quinto, quando então, abandonadas do auxílio de Roma, as nações tiveram que supri-lo de alguma maneira. Durante o século I d.C. nada ocorreu, do ponto de vista militar e político, que pudesse ser comparado às invasões bárbaras. O que as nações se disputavam então, falamos de nações em armas, era uma certa liberdade interior, uma certa igualdade diante de Roma, a alegria de diminuí-la, o orgulho de lhe dar e de se dar déspotas, o prazer de fazer imperadores de sua escolha, não dizemos, ainda, de seu sangue. O prestígio do nome de Roma era bastante grande então para que a ambição local, ainda que armada, fosse mais longe.

Tal era, pois, o duplo sentimento nacional e supersticioso que ia agitar os povos e exércitos, sempre às vésperas, *et pour cause*, do advento de um novo imperador.[48]

---

[44] Silvano Mattesini, *op. cit.*, p. 134.
[45] Joachim Marquardt, *De L'Organisation Militaire chez les Romains*, p. 278 e segs.
[46] Joachim Marquardt, *op. cit.*, p. 272 e segs; De Champagny, *op. cit.*, Tomo 1, p. 259-260.
[47] Lucas, 21, 9.
[48] Tácito observa que, por aquela época, a ansiedade pública aumentava a superstição. Histórias, I, 86, Buenos Aires, 1944.

Vemos doravante sucederem-se no trono do mundo alguns imperadores, em razão de guerras entre reinos e nações. Nero se suicida antes de ser morto por tropas gaulesas, espanholas, lusas e africanas, que se sublevaram não contra Roma, mais contra Nero, esse césar malvado, histrião e matricida.[49] Era, indubitavelmente, um primeiro triunfo conquistado pelas províncias. Elas acabavam de derrubar um imperador e fazer outro. Essa conquista provincial foi celebrada, cunhando-se moedas com a efígie de Galiba, o novo imperador. Após alguns meses de governo, Galba parecia um exilado em seu próprio palácio. Sequestrado por seus três *pedagogos*[50] e entorpecido pela idade avançada, estranho ao império e a todos os súditos, sem amigos e sem prestígio, Galba pensou se fortificar escolhendo um sucessor, Piso Frugi Liciniano, que pertencia às estirpes ilustres dos Crassos e dos Escribônios. Era conhecido por sua virtude, seus méritos e pela rigidez de seus costumes.[51] A imprudência de Galba e a probidade de Piso; a biografia deste e a fama daquele, em suma, a camaradagem de ambos perdeu o primeiro e comprometeu o segundo. Dizia-se então: "Após a velhice indolente de Galba, teremos que suportar o governo inteiro de um homem de bem? É preciso se resignar a uma vida servil, mas sem festas, sem prazeres, sem espetáculos, sem prodigalidades, sem orgias?" Isso foi o golpe fatal que Galba pretendia desviar com a adoção de Piso. Seis dias após a consumação desta, a revolução eclodiu. Oto é nomeado imperador pela legião da Ilíria e por um destacamento da Germânia, acampados em Roma, que puseram fim a um breve reinado, ao qual sucedeu um outro ainda menor.[52]

Mal havia transcorrido meio-século, já os imperadores sabiam que a força é um apoio precário. Até Galba, os imperadores não subiam ao trono senão pelo favor e pelas armas dos pretorianos: Tibério, Calígula, Cláudio e Nero foram suas criaturas. Oto renovou a tradição rompida com Galba, que fora o eco da estridência das legiões.

> "A figura de Oto, ensina M. Beulé, doce, efeminada, sedutora e infame, lembra as imagens de Vênus que as velhas religiões cobriam com uma armadura. Efêmero, apagado, incapaz de desempenhar qualquer papel, nos escapa como uma sombra após um reino de oitenta e cinco dias".[53]

Exatamente após esse período se confirmava mais uma vez o que Tácito deixou escrito: "o segredo do império vinha de ser revelado: que um imperador poderia ser feito tanto em Roma como fora dela".[54] Roma e seus pretorianos teriam de assistir a mais uma imposição das legiões, a das Germânias inferior e superior, que no lugar de Oto agora impunham Vitélio.

Mas, é bom que se diga, Vitélio não era melhor que Oto. Este fora escolhido pelos pretorianos porque estava à disposição deles; o exército da Germânia havia optado por Vitélio, porque Vitélio o comandava e o agradava com uma familiaridade vulgar. Todos dois tinham sido escolhidos, porque prometiam dinheiro, licença e impunidade. A guerra não era entre eles; era entre os pretorianos e os legionários, entre a guarda e a tropa de linha, entre os privilegiados e a plebe do exército.[55]

---

[49] De Champagny, *op. cit.*, p. 261.
[50] M. Beulé, *Titus et sa Dynastie*, p. 28, Paris, 1870.
[51] M. Beulé, *op. cit.*, p. 28.
[52] Beulé, *op. cit.*, p. 28-29.
[53] *Op. cit.*, p. 38. Beulé diz ainda que Oto "É um dos exemplos significativos do que pode em política uma corrupção precoce, o esquecimento de todos os deveres, a destruição da consciência e a serenidade do egoísmo", p. 44.
[54] Histórias, 1, 4.
[55] É curioso que Plutarco julga Oto um espírito elevado, notadamente por ter tido a coragem de se suicidar. *Les Vies des Hommes Illustres*, Tomo 3, p. 537-551, Paris, 1838.

A guerra era também, até um certo ponto, entre Roma e as províncias, estas personificadas nas legiões germânicas, comandadas por Valente e Cecina, atrás das quais marchavam os germânicos, com sua estatura colossal, com suas caras horrendas, seu costume selvagem, sem couraças e sem capacetes, arrostando de peito aberto o perigo, como se fossem invulneráveis. Eram, ao todo, cento e dez mil homens contra quarenta mil de Oto. A essa insurreição provincial, militar e bárbara do Ocidente; a esse exército que encerrava os auxiliares menos policiados e os legionários mais aguerridos do império, o que podiam opor Roma, a Itália e o Oriente?[56]

Oto caiu. Em seu lugar Vitélio foi proclamado imperador. Seu reinado também foi efêmero e marcado por excentricidades que, ainda hoje, nos causam indignação. O vício maior de Vitélio era a gula. Tinha um tamanho considerável e, dizia-se, que se empanturrava em banquetes extravagantes até quatro vezes por dia.[57] Não é, porém, tudo. Nesse temperamento frívolo, a glutonaria não excluía a crueldade refinada. Vitélio, que tinha todas as paixões romanas, que nutria o gosto pelo teatro, o gosto pela dança, o gosto pelas pantomimas, o gosto pelo circo, tinha também, já não dizemos o gosto, mas o prazer de ver o sangue correr. Se não lhe convinha proscrever, envenenava. Saboreou com delícias a podridão dos campos de Bedriaco e refestelou-se com a agonia lenta de Júnio Bleso, culpado por ter convidado amigos para um jantar, à mesma época em que o imperador se achava enfermo.[58] Segundo Suetônio, nem sua própria família escapava à sua avidez brutal. Suspeitava-se, então, de que tinha mandado matar seu próprio filho para herdar-lhe os bens; de que tirara a vida à sua mãe, porque uma maga lhe havia profetizado um largo reinado se ele conseguisse sobreviver a ela.[59] Costumes do tempo, de um tempo do qual, sem augúrios e sem prognósticos, se poderia dizer que a guerra civil não terminaria tão cedo. Um primeiro impulso tinha sido dado; com ele muitas ambições postas em movimento, muita cupidez soldadesca atraída ao banquete da guerra civil, muitas nações tocadas da ambição gloriosa de fazer um imperador, muitos obstáculos, em suma, para que o império voltasse à paz no curto espaço de um ano e sob o comando de mãos tão malvadas quanto incapazes. Tudo fazia crer que a situação em Roma não podia acabar senão em esgotamento e fadiga. Mas as paixões não se cansam, as forças revolucionárias jamais se exaurem, quando são alimentadas pela ambição e pelo ressentimento: um, aguilhão político, o outro, psicológico, ambos poderosíssimos para fazer e desfazer governos. Roma devia, portanto, se resignar com outras crises, com outras invasões, com outras servidões, com outras manifestações de sua impotência. Somente o Ocidente, o Norte e a África tinham tido seus pretendentes. Cumpria, agora, que o Egito, o Oriente, a Grécia, a Ilíria, a Mésia falassem, por sua vez, e, por sua vez, também dessem senhor ao mundo. Era preciso que a nova insurreição provincial e militar cruzasse o mediterrâneo, congregando várias legiões, para que, ao mesmo tempo que assediando Roma de Vitélio, proclamasse Vespasiano seu novo imperador.[60]

Uma coalizão enorme havia se formado em torno de Vespasiano: o Egito, a Ásia Menor, a Grécia, a Mésia e todo o Oriente. Os reis vassalos, Agrippa da Traconite, Soheme da Emésia, Antíoco de Comagenda, lhe enviaram reforços. O rei parto, o inimigo habitual de Roma, seduzido pela boa fortuna de Vespasiano, prometeu-lhe quarenta mil cavaleiros. A judia Berenice, apaixonada

---

[56] "A Gália está paralisada de terror. Não se pensa senão em apaziguar estes homens à força de se humilhar diante deles. Os magistrados das cidades vão ao seu encontro; as populações abrem alas em seu caminho; mulheres e crianças se prosternam sob os pés deste exército indisciplinado, o qual comanda um general corrupto". Tácito, *Histórias*, I, 63-66.

[57] Beulé, *op. cit.*, p. 101.

[58] De Champagny, *op. cit.*, p. 328-329.

[59] Suetônio, *op. cit.*, Vitélio, 14.

[60] Suetônio, *op. cit.*, Vespasiano, 6, 8; Tácito, *Histórias*, II, 85.

por Tito, filho do futuro imperador, abriu, em seu favor, os tesouros da audaciosa, mas sempre opulenta família Herodes.[61] A causa de Vespasiano conquistava aliados até mesmo do lado do Ocidente. As legiões da Ilíria, da Bretanha e da Espanha não tardaram em lhe testemunhar simpatia e prestar adesão. Essa causa, aliás, era a mesma das províncias, mas das províncias amigas da civilização e do repouso; era a mesma de Roma, mas da Roma austera e pacífica; era a mesma do exército, mas do exército patriótico e obediente. A causa de Vitélio, ao contrário, indiferente às províncias, pouco estimada em Roma, estranha à maior parte das legiões, não era mais que a causa de seu próprio exército.[62] Este era bravo sempre, mas amolecido, seus soldados aceitavam bem o perigo, mas não aceitavam a fadiga. Eles se punham em marcha, sem ordem, sem disciplina, suas armas amarradas nas selas dos cavalos, seus cabelos engordurados e pesados como eles.[63] Que poderiam fazer contra as tropas da Mésia e da Panônia, habituadas a guerrear todos os invernos; contra os dácios, os sármatas e outros povos guerreiros da mesma região glacial?

Quanto a seus generais, nenhum foi superior a Vitélio. Fabio Valente, fiel soldado, mas desregrado, não marchava sem um cortejo de cortesãos e histriões. Cecina, general atinado, mas mais atinado ainda para trair, negociava em segredo com o inimigo, com o qual, para não se comprometerem com o futuro césar, todos acabavam por se compor, à exceção dos pretorianos em Roma, notoriamente mais vitelianos do que o próprio Vitélio. Para a infelicidade deste, ele era amado por seus soldados. Esse general, tão pouco militar, tinha inspirado em seus pretorianos uma verdadeira paixão, que acabou por perdê-lo, malgrado sua intenção de abdicar. As legiões de Vespasiano assediaram e terminaram por invadir Roma. A atrocidade dos combates se misturava com cenas de desordem, de indiferença, de curiosidade, que caracterizam as sedições no seio das grandes cidades. O povo, que inicialmente tomara o partido de Vitélio, ao vê-lo meio-vencido, ora tomou o partido contrário, ora se fez mero expectador. Muitos corriam às janelas, alguns, aos tetos das casas. Como se estivessem num anfiteatro, aplaudiam as escaramuças, zombavam dos vencidos, denunciavam os fugitivos, despojavam os mortos: era ao mesmo tempo uma batalha e uma orgia em Roma, no mesmo dia em que Vitélio foi morto e Vespasiano, proclamado imperador.[64]

Nessa mesma época em que nações se levantavam contra nações e reinos contra reinos, o novo imperador não havia chegado ainda em Roma. Voltava vitorioso da Judeia, não sem antes conceber a construção do famoso muro, cujo circuito Josefo descreve com minúcias[65], mais tarde concluído e utilizado por Tito para sitiar Jerusalém. Bastaram três dias para concluir a obra dessa muralha de terra, pedra e relva. Como se tivessem consciência da profecia que cumpriam, os soldados romanos trabalharam nesse muro com insólita disposição a ponto de suscitar assombro em Josefo: "Levaram maravilhosamente a peito, em três dias, esta tarefa".[66] A muralha atravessava o Monte das Oliveiras, nesse mesmo lugar, marcado pela tradição cristã, onde Jesus Cristo, contemplando Jerusalém, havia dito:

> Sim, dias virão em que teus inimigos estabelecerão contra ti obras de assédio: eles te cercarão e te apertarão de todos os lados...[67]

---

[61] De Champagny, *op. cit.*, Tomo 1, p. 340.
[62] De Champagny, *op. cit.*, Tomo 1, p. 351-352.
[63] De Champagny, *op. cit.*, Tomo 1, p. 355.
[64] "Não era mais a guerra, não era ainda a paz: eram outros homens, não outros costumes". Tácito, *Histórias*, II, 95.
[65] *Op. cit.*, 5, 13, p. 359-360-361.
[66] *Op. cit.*, 5, 13, p. 360.
[67] Lucas, 19, 43; Pompeu havia conquistado a Judéia, atacado Jerusalém, que foi reconstruída, e novamente destruída por Vespasiano e Adriano. Apiano, *Roman History*, Tomo 2, XI, 8, 50, Londres, 1968.

De fato, a forma clara e incontestável como Roma entra na economia da revelação divina é pasmosamente surpreendente.

> Não havia ela sido chamada a refazer o que Babilônia tinha destruído? Não estava em suas mãos a missão de renovar a unidade do gênero humano pela unidade de seu poder; a unidade das línguas humanas pela unidade de sua língua; a unidade das religiões pela revelação desta grande verdade que se manifestava profeticamente em seu seio?[68]

Por outro lado, Roma havia fundado uma unidade tão vasta, que a ideia de sua ruína inquietava tanto como a ideia de um incalculável desastre. Os povos, mesmo quando se rebelavam contra os imperadores, não se revoltavam contra Roma. Fora dela, era difícil conceber a paz, a liberdade, o bem-estar das nações, por isso que "o retorno destas à antiga liberdade, não era visto senão como o retorno à mais primitiva barbárie".[69] A proteção de Roma, em suma, era conhecida e acatada como a única proteção possível.

Roma é, na história, o símbolo da unidade, como seu nome é o signo, dizem uns, da maternidade; dizem outros, da força e da coragem. É dela a força que devia unir o mundo e o robusto seio que deveria aleitá-lo. Se há, na história das civilizações, um desígnio marcado da providência divina, não pode ser senão aquele que devia fazer de Roma a soberana do mundo, sua soberana temporal por quatro séculos, sua soberana religiosa e moral para sempre.[70]

> Esta pequena tribo composta de aventureiros de diversas raças, reunida por acaso entre o Aventino e o Quirinal; dotada do mais grandioso espírito nacional que o mundo já viu; patriótica, austera, religiosa como nenhum outro povo pagão o foi, pelo que soube se preservar, durante séculos, do culto impuro dos ídolos, para que foi ela eleita, entre tantas nações poderosas, se não foi para ser na ordem temporal a pioneira e a preparadora do cristianismo, assim como Israel, numa ordem mais elevada, foi dele o precursor e o profeta? Roma foi marcada na fronte para ser, não tanto pela força, mas pelo gênio, a capital, já não dizemos de uma república ou de um império, mas do mundo.[71]

De resto, esse império universal e eterno, obra visível da mão do Altíssimo, não poderia ser mais bem conhecido se não fosse a partir da interpretação das próprias palavras de seu Criador, tal como as recolhemos do Livro do Apocalipse.

> Então, um dos sete anjos das sete taças convidou-me: vem! Vou mostrar-te a condenação da grande prostituta, que está sentada à beira de águas abundantes.[72]

---

[68] De Champagny, *Études sur L'Empire Romain*, Tomo 3, p. 151.
[69] De Champagny, *op. cit.*, p. 150.
[70] De Champagny, *op. cit.*, p. 152.
[71] De Champagny, *op. cit.*, p. 152-153.
[72] Apocalipse, 17, 1.

> E o anjo me levou em espírito ao deserto, e eu vi uma mulher montada numa fera de cor escarlate, cheia de nomes blasfemos.[73] A fera tinha sete cabeças e dez chifres.[74]
>
> A mulher estava vestida de púrpura e escarlate, e toda enfeitada de ouro, pedras preciosas e pérolas.[75] Tinha em suas mãos um vaso de ouro cheio de abominações, as imundícies de sua prostituição.[76]
>
> E este nome estava escrito em sua fronte: Mistério...[77]
>
> E vi que a mulher se embriagava com o sangue dos santos e com o sangue dos mártires de Jesus.[78]
>
> O anjo me disse então: por que te assustas? Eu vou te explicar o segredo da mulher e da fera, com sete cabeças e dez chifres, que a carrega...
>
> As sete cabeças são sete montanhas sobre as quais a mulher está sentada.[79]
>
> As águas que viste, onde está sentada a prostituta, são povos e multidões, nações e línguas.[80]
>
> E a mulher que viste é a grande cidade, que exerce a realeza sobre os reis da terra.[81]
>
> Pois ela embriagou todas as nações com o furor da sua prostituição.[82]
>
> Os comerciantes da terra se enriqueceram com o seu luxo desenfreado.[83]
>
> Os reis da terra, que se prostituíram com ela, aqueles que participavam do seu luxo, ao enxergarem a fumaça ou incêndio vão chorar e bater no peito. Vão ficar longe dela com medo de seus tormentos, e dirão: Ai! Ai!, ó grande cidade! Babilônia, cidade poderosa, uma hora bastou para o teu julgamento.[84]

A riqueza, as crenças, os costumes, a voluptuosidade e a corrupção de Roma, eis o que resta, ainda, por conhecer.

---

[73] Divindade dos imperadores e de Roma.
[74] Apocalipse, 17, 3.
[75] Escarlate, púrpura e ouro, que representavam a pompa dos imperadores.
[76] Apocalipse, 17, 4.
[77] Apocalipse, 17, 5. O outro nome de Roma estava envolto por um grande mistério. "As leis misteriosas da religião nos proíbem de revelar o segundo nome de Roma, daí porque Valério Sorano, por ter pronunciado este nome que um salutar e religioso silêncio tinha feito cair no esquecimento, não tardou em ser punido por sua falta". Plínio, *Histoire Naturelle*, III, 5, Paris, 1947.
[78] Apocalipse, 17, 6. Referência às perseguições que os cristãos sofreram sob vários imperadores.
[79] Apocalipse, 17, 9. Referência expressa / Sete Colinas de Roma.
[80] Apocalipse, 17, 15. Referência ao poder que Roma exerce sobre esses povos e nações.
[81] Apocalipse, 17, 18. Referência à submissão de todos os reis ao poder de Roma.
[82] Apocalipse, 18, 3. Roma, centro do mundo, é designada aqui como o fim de todas as ambições.
[83] Apocalipse, 18, 3. Enriquecimento das nações, graças ao comércio com Roma.
[84] Apocalipse, 18, 9, 10.

CAPÍTULO 2

A CIVILIZAÇÃO PAGÃ

Quando o cristianismo chega em Roma, encontra aí algo parecido com o que se vê hoje no terceiro mundo: riqueza desmesurada ao lado da pobreza extrema, violência, decadência dos costumes, desordem moral, indiferença pelo crime e pela corrupção, aviltamento do trabalho, estimulado pelo *pão e circo*, espécie de bolsa família distribuída ao povo pelo imperador; numa palavra, Roma e o império romano estavam amadurecidos para o mais degradante servilismo. "Tudo isto solapava as tradições de Augusto, mas não as paralisava ainda; tudo isto preparava, do ponto de vista político, uma decadência já visível, mas ainda pouco avançada". O césar governava o mundo mais livre e sossegadamente do que se governasse um só povo. Aqui as palavras do retórico não têm nada de exageradas:

> Parece que, como um só país ou uma só nação, o mundo obedecia em silêncio, tão dócil como podem ser as cordas da lira sob os dedos do artista. Tal o poder do imperador que governa todas as coisas, que conhece nossas ações melhor do que nós próprios as conhecemos... Uma simples carta governa o mundo.[85]

Entretanto, as tradições políticas de Augusto começaram logo a se debilitar. Assim, não se via mais, nas conquistas romanas, a antiga sabedoria e moderação:

> A da Bretanha foi sem motivo e sem medida, cheia de ultrajes e de violência. Surpreendia também a falta de prudência na criação das colônias: Cláudio fundou algumas delas, mas os colonos já carregados dos vícios urbanos, eram mais expeditos em construir teatros do que muralhas, davam preferência aos lugares mais aprazíveis do que aos mais seguros.[86]

A colônia deixara de ser aquela solene instalação da legião romana com seus estandartes, seus chefes e suas coortes, para se transformar numa barafunda, diz Tácito[87], sem organização e sem planejamento. Os soldados eram escolhidos ao acaso, sem unidade e sem vínculos, mais tarde, até mesmo os libertos do palácio foram chamados a se fixar em algumas colônias, que, frequentemente, o enfado lhes fazia prontamente abandonar. Logo, o nome glorioso de colônia romana se tornou um título vão, dado ou retirado, segundo o arbítrio do imperador.

Por sua vez, os reis não eram mais feudatários, isto é, governados pelo império, mas eram apenas protegidos por um poder supremo; não eram mais, como outrora sob Augusto, membros de

---

[85] De Champagny, *op. cit.*, p. 144.
[86] De Champagny, *op. cit.*, p. 144.
[87] *Anais*, 14, 27.

uma mesma família, ligados estreitamente por uma autoridade quase paternal. Eram pouco mais que escravos[88], algumas vezes poderosos ou ricos, por isso mesmo suspeitos, como também predestinados a ser alvo da rapacidade do príncipe de Roma. Este dava e retomava as coroas, aumentava ou reduzia os reinos[89], intimava qualquer deles a comparecer perante sua presença, retinha-os indefinidamente em Roma, bem como atribuía ao pretor, vizinho de seus reinos, o dever de governá-los.[90]

A própria independência das cidades livres e dos municípios restou severamente ameaçada. O arbítrio dos governadores, as usurpações da administração imperial, o poder supremo do césar, que se proclamava *duumvir* do município, enviando-lhe um preposto para governá-lo em seu nome, tudo isso fazia a cidade romana descer ao nível de cidade estrangeira. A força de sua legislação particular se extinguia pouco a pouco, semelhantemente ao que ocorria entre as palavras *município* e *colônia*, cujos sentidos passaram a se confundir, à medida que esta ganhava em população e aquele perdia em autonomia.[91]

Por fim, as instituições militares, acompanhando o ritmo das sociais e políticas, começavam também a degenerar. O enfraquecimento físico e moral da população itálica impunha o recrutamento de legiões, inicialmente, entre os romanos das províncias, depois, entre os não-romanos, algumas vezes, até mesmo entre os libertos e escravos.[92] A política desconfiada dos imperadores, por sua vez, favorecia a tendência amesquinhadora das armas, tanto pela redução da tropa quanto pelo relaxamento da disciplina.

Assim, tudo declinava, mas declinava lentamente, porque a tradição antiga era poderosa, porque a grandeza do nome de Roma não podia se apagar de um dia para outro. Tudo declinava, sem que o império, entretanto, ministrasse a prova evidente e inelutável de sua decadência física, de seu abatimento moral. Havia aí algo que salvava as aparências e protelava, apesar de tudo, o desastre final, que alguns espíritos finos, àquela altura, já conseguiam antecipar. "O império romano era, em suma, um edifício que permanecia em pé somente pela sua massa, mesmo depois de minados seus fundamentos".[93]

Uma grande comoção, que ainda não era o fim, o aguardava. Como um moribundo, movido por uma ideia ou por um desejo, anseia pela vida e agarra-se a ela, empregando para isso todas as forças que pareciam já ter-lhe abandonado, assim também Roma, agarrando-se às suas tradições, conseguiu sobreviver à tirania de seus primeiros imperadores.[94] A morte de Nero e as perturbações subsequentes foram um claro sinal da crise que então eclodia e da qual resultou, como manifestação de um instinto de conservação social, tudo o que restava de lembranças nacionais

---

[88] "Reges inservientes", diz Tácito, *Histórias*, II, 81.
[89] Assim, Tibério retirou a corda dos reis da Capadócia, da Armênia e de Comagena etc... Tácito, *Anais*, 2, 40, 42, 56; Dion Cássio, *op. cit.*, LVII; F. Josefo, *Histoire Ancienne des Juifs*, XIX, 7, Paris, 1968.
[90] Suetônio, *op. cit.*, Tibério, 37; Tácito, *Anais*, 2, 42.
[91] Aulo Gélio faz a seguinte distinção: "As palavras munícipes e município são fáceis de pronunciar e de uso corrente. Não se poderia encontrar uma só pessoa que, pronunciando-as, confessasse não tê-las compreendido. Mas, uma coisa é a realidade, outra, o que se afirma. Quantos entre nós, se são originários de uma colônia romana, hesitarão em se proclamar munícipes, eles e seus compatriotas? Contudo, nada é mais desprovido de razão, nada é mais afastado da verdade. Nós ignoramos totalmente o que é um município, qual estatuto lhe corresponde, em que ele se distingue de colônia". *Les Nuits Attiques*, Tomo 3, 16, 13, p. 133-135, Paris, s.d.
[92] Tácito, *Anais*, 3, 40: "Desta maneira, os gauleses diziam que se não podia dar melhor ocasião para recobrar a liberdade, se, por uma parte, todos se lembrassem do estado florescente em que se achavam, e por outra, da miséria da Itália, da fraqueza da população de Roma, e de que toda a força dos exércitos romanos se compunha de estrangeiros".
[93] De Champagny, *op. cit.*, p. 147.
[94] "Em Roma, se acreditou mesmo, durante muito tempo, que Nero não havia morrido e que voltaria um dia para punir seus inimigos. Seu nome infundia pavor entre os cristãos, muitos dos quais acreditaram ver nele o Anticristo, nome maldito para sempre, que se tornou, segundo a bela expressão de Racine, "para os mais cruéis tiranos, a mais cruel injúria". A.M., *Rome sous Néron*, p. 237, Tours, 1868.

revivescidas no mundo romano: a religião, a filosofia, a literatura, os espetáculos e o direito, que tinham em comum a característica de serem, todos eles, inimigos encarniçados do cristianismo.

2.1. A Religião Romana

Coisa notável é o instinto entre os animais, pois não satisfeito em lhes dirigir o impulso, determina-lhes também o objeto. Assim é que o pássaro não tem o instinto de fazer qualquer ninho, mas tal ninho; não tem o instinto de cantar, mas de cantar tal canto. A abelha, por sua vez, não é levada instintivamente a construir uma célula em geral, mas uma particular: a hexagonal.

O homem, porém, embora sujeito ao mesmo impulso que move o animal, apresenta, em relação a ele, uma diferença marcante: pode fazer variar, para o bem ou para o mal, o objeto de seus instintos. Daí procede a diversidade das reações humanas em face de idênticos estímulos; daí vem também a infinita variedade de formas pelas quais o coração do homem, nas belas palavras de Santo Agostinho, busca o repouso em seu Criador.

Esse não é o lugar indicado para se fazer a demonstração da existência de Deus. Essa demonstração, aliás, é duplamente inútil: a uma, porque o número dos realmente ateus é bastante restrito; a duas, porque os próprios ateus não podem negar a realidade da devoção, ou espírito religioso, considerado como fato psicológico.[95]

Ora, grande parte das almas, que possuem verdadeiramente o amor divino, ama em Deus um ser perfeito e infinito, de cujo poder e bondade recebemos tudo o que temos e de que precisamos. Que se suprima a ideia de perfeição infinita, e ver-se-á que a ideia de Deus desaparece e com ela se desvanece também o amor divino. Donde pode nos vir uma tal ideia? Seria, porventura, do finito e do imperfeito? Mas, a diferença entre o finito e o infinito, entre o imperfeito e o perfeito, não é uma simples diferença de quantidade, é uma diferença de natureza. Em vão se colocaria indefinidamente um ser finito ao lado de outros seres finitos: eles se tornariam mais numerosos, sem deixar de serem o que são, ou seja, meros indivíduos justapostos. Assim, a ideia de infinito, isto é, a ideia de Deus, não pode vir senão de Deus mesmo, e tão inexorável é que não ficaria mal chamá-la de instinto e, como tal, imperativa na determinação do impulso, mas indeterminada na eleição do objeto. Por essa razão, todos os homens buscam instintivamente a interação com o sobrenatural, embora o façam de formas diversas, segundo a cultura, o caráter e o temperamento de cada povo em particular.

Com efeito, a antiguidade conheceu diferentes espécies de seitas, ritos e sacrifícios, mas não se vê que os antigos tenham adotado, quer no âmbito de uma nação, quer na vastidão de um império, uma organização política que excluísse, por princípio, o culto à divindade. Não se conhecia, então, o que chamamos hoje de Estado laico, o que não quer dizer, porém, que não existissem, pela mesma época, governantes e magistrados céticos e até mesmo ateus. Havia-os, sem dúvida, no recesso de suas vidas privadas, conquanto devessem afetar ser devotos na condução dos rituais inerentes a seus cargos públicos.[96]

---

[95] "Não nos esqueçamos, observa William James, de que nada é mais estúpido que tratar um fato psicológico como se ele não existisse, simplesmente porque somos, nós próprios, incapazes de experimentá-lo. Tal preconceito me parece sobretudo perigoso nos espíritos de cultura clássica e de formação acadêmica; para eles tudo o que está fora de ordem, fora da ciência oficial, é um nada, é considerado nulo. Guardemo-nos de cair nesta armadilha". *L'Experience Religieuse*, p. 92, Paris, 1906.

[96] "Assim, em tempo de paz e em tempo de guerra, a religião intervinha em todos os atos. Estava em toda parte, dominava o homem. A alma, o corpo, a vida privada, a vida pública, os repastos, as festas, as assembleias, os tribunais, os combates, tudo estava sob o império da religião da cidade. Ela regulava todas as ações do homem, dispunha de todos os instantes da sua vida, determinava todos os seus hábitos. Governava com uma autoridade tão absoluta, que coisa nenhuma ficava fora dela". Fustel de Coulanges, *A Cidade Antiga*, Tomo 1, p. 263, Lisboa, 1937.

Quando se observa de perto o funcionamento das civilizações antigas, é impossível não se surpreender com a unidade que aí reinava. Elas pareciam emanar de um só fato, de uma só ideia. Dir-se-ia que cada sociedade pertencia a um princípio único que a dominava, determinando, ao mesmo tempo, sua instituições, seus costumes, suas crenças.

Seja na Assíria, Babilônia, Egito, Palestina, seja até mesmo na Grécia e em Roma, o mesmo princípio possuía a sociedade inteira, se reproduzindo, de época para época, em seus costumes, seus monumentos, sua literatura, sua arte, em tudo enfim que nos resta da antiguidade. Esse princípio, que, à falta de outro melhor, merece o nome de teocrático, indica a tendência geral seguida então de se convocar, em qualquer âmbito da vida, o concurso dos deuses, para mediante sacrifícios propiciatórios, aliciá-los e se obter deles inúmeros favores. Daí procede o costume universal de se divinizar a realeza[97], de se consultar oráculos[98], de se celebrar rituais em ação de graças por favores obtidos[99], de se elevar súplicas públicas para remediar calamidades[100], ou para repelir um ataque injusto ou inimigo.[101]

Em Roma não era diferente. Se fosse lícito medir a piedade dos romanos pela quantidade de deuses de seu Panteão, não haveria sobre a terra, cremos, povo mais religioso. Tinham deuses para todas as idades, para todas as paixões, para todos os sentimentos, para toda atividade, para toda circunstância da vida. Em Roma havia-os tantos, que seria mais fácil encontrar aí, diz-nos Petrônio, um Deus do que um homem.[102]

Além de vários pequenos deuses, havia outros de maior hierarquia. No alto da escala hierárquica constavam os doze grandes, chamados *Consentes*: Júpiter, rei do céu; Juno, rainha, sua esposa; Minerva, deusa da sabedoria; Vesta, deusa do fogo; Ceres, deusa da colheita; Netuno, deus do mar; Vênus, deusa do amor e da beleza; Vulcano, deus do fogo; Marte, deus da guerra; Mercúrio, deus da eloquência e do comércio; Apolo, deus da poesia, da música e da medicina e Diana, deusa da caça.

Logo abaixo desses vinham os deuses *escolhidos*, em número de oito: Saturno, deus do tempo; Janus, deus do ano; Rhea, esposa de Saturno e deusa da terra; Plutão, rei dos infernos; Baco, deus do vinho; o Sol, a Lua e o Gênio.

Os deuses de ordem inferior, *dii minorum gentium*, se dividiam em *Indigetes*, que são homens divinizados, e em *Semones*, meio-homens. Os principais *Indigetes* são: Hércules, Castor, Pólux, Enéias, sob o nome de *Jupiter indiges*, e Rômulo, sob o de *Quirino*.

Os principais *Semones* são: Pan, Fauno e Silvano, deuses dos pastores; Pales, deusa dos rebanhos; Vertumnos, deus das estações; Pomone, deusa dos jardins; Flora e Cloris, deusa das

---

[97] "Como no Egito, e talvez sob sua influência, se difundiu a ideia de que certas almas são mais divinas que outras. Daí à afirmação de que elas se encarnam num monarca para vir realizar uma missão determinada na terra, não é senão um passo". L. Cerfaux e J. Tondriau, *Le Culte des Souverains*, p. 111, Tournai, 1957.

[98] Em toda parte os oráculos eram consultados e venerados como emanações dos deuses. Entre os povos antigos, no Egito, na Grécia, na Itália, em qualquer lugar, os soberanos, as repúblicas, recorriam ao oráculo em nome do interesse público, e os particulares, em satisfação do interesse privado. "O oráculo de Vênus *Aphacitis* tinha lugar quando se lançavam num lago sagrado presentes para a deusa. Se estes lhe fossem agradáveis, submergiam, se não fossem, flutuavam e eram rejeitados". Zósimo, *Histoire des Cesars*, I, 58, 1990.

[99] Dion Cássio conta que se fez um grande sacrifício no Capitólio em ação de graças, em razão de que o imperador Augusto escapara de uma conspiração tramada contra o soberano por Cornélio Gallo, prefeito do Egito. *Op. cit.*, LIII, 23.

[100] As suplicações eram preces públicas, seguidas de sacrifícios, que eram feitas aos deuses para apaziguá-los ou abrandar sua cólera, a qual se manifestava por qualquer prodígio ou por algum flagelo. Tito Lívio, *História de Roma*, XXI, 17; XXXI, 8, São Paulo, 1995.

[101] Antes de partir para a guerra, o general, sob cujo comando estavam as legiões romanas, comparecia ao *pomerium*, numa região elevada que tinha o nome de cidadela para obter dos áugures as previsões relativas às futuras batalhas. Aulo Gélio, *op. cit.*, Tomo 1, 3, 2.

[102] Petrônio, *Satíricon*, 17, p. 30, São Paulo, 2008.

flores; Termo, deus dos limites; Robigo, deus da ferrugem; Fascinos, deus do sortilégio; Averruncus, que afasta a calamidade; Vacuna, deusa das férias e do repouso; Laverna, deusa dos ladrões; Mephitis, deusa dos maus odores; Cloacina, deusa das cloacas e Hímen, deus do matrimônio.

Convém advertir que essa enumeração não corresponde à exata variedade dos deuses conhecidos. O número das divindades de todos os gêneros ascendia a seis mil, mais ou menos, entre as quais se contavam trezentas personificações somente de Júpiter. Algumas palavras agora sobre os ministros dessa imponente religião.

Em tempos remotos, Numa instituiu sacrifícios para cada divindade.[103] Essa espécie de culto necessitava de duas classes bem distintas de sacerdotes: uns encarregados das cerimônias rituais, outros, simplesmente, da interpretação das vontades divinas, manifestadas por toda sorte de presságios.

A primeira classe compreendia os *Pontífices*, os *Flamines* e as *Vestais*. A segunda se compunha de *Áugures*, *Arúspices* e *Quindecênviros*.

2.1.1. Os Pontífices

O colégio pontifical era composto de nove membros, inclusive o presidente que recebia o nome de grande pontífice ou de soberano pontífice. Era atribuição do colegiado apreciar todas as demandas religiosas; fazer leis sobre as cerimônias sagradas; inspecionar magistrados sobre cerimônias rituais; instruir o povo sobre o culto dos diversos deuses e mandar publicar os direitos, usos e costumes referentes aos funerais.[104]

Ao soberano pontífice cabia responder a consultas sobre todos os prodígios, quaisquer que fossem eles, e declarava os que se deviam desprezar e os que mereciam expiação.[105] Da mesma forma, era de sua competência realizar os principais e mais importantes sacrifícios, bem como presidir a todos os votos religiosos convenientes à prosperidade da república ou interdizê-los, se não os achasse oportunos.[106]

> O grande pontífice possuía em Roma, ensina G. Boissier, prerrogativas muito importantes: chefe de um colégio de sacerdotes, estabelecido para manter a religião nacional na sua integridade, cabendo-lhe o direito de velar por todas as cerimônias do culto. Este direito lhe permitia intervir quando quisesse na vida pública, onde nada se fazia que não fosse precedido de preces e sacrifícios [...]. Vê-se que os pretextos não faltavam à autoridade pontifical para se imiscuir em toda parte e atrair para ela o poder.[107]

O cargo de grande pontífice, ordinariamente confiado a cidadãos recomendados pela idade avançada e pela experiência, dava direito de ingresso no senado, era eterno e inamovível.[108]

---

[103] Cícero, De La Nature des Dieux, III, 2, Paris, s.d.
[104] Plutarco. *Les Vies des Hommes Illustres*, Numa, Tomo I, XII, p. 194-195.
[105] Tito Lívio. *A História de Roma*, I, 20.
[106] Valério Máximo, *Faits e Parales Memorables*, Tomo 2, VIII, 13, Paris, s.d.
[107] G. Boissier, *La Religion Romaine*, Tomo 1, p. 95, Paris, s.d.
[108] Apiano, *The Civil Wars*, V, 131, Londres, 1968.

2.1.2. Os Feciais

Os feciais eram os ministros da guerra e da paz. Sua função era a de velar para que os romanos não fizessem, contra uma nação ou cidades aliadas, uma guerra injusta. Mas, se qualquer dessas violasse o respectivo tratado de aliança, os feciais eram enviados em embaixada até a cidade recalcitrante, em ordem a impetrar a paz junto às autoridades locais, declarando incontinenti a guerra, caso não fossem ouvidos.[109]

Da mesma forma, se as hostilidades iniciais eram da iniciativa dos romanos, os feciais ouviam as queixas da nação ou cidade aliada, cabendo a eles, se fossem justas, entregar os culpados às reclamantes.[110]

O código dos feciais foi redigido pelo rei Anco Márcio, em cujo corpo de normas sobressaíam as relativas ao procedimento observado na hipótese de Roma sofrer a agressão. Assim, por uma reclamação, o colégio dos feciais designava um de seus membros, ao qual se conferia o nome de *Pai Patrat*.[111] Este, vestido de um hábito magnífico[112], tendo a fronte coroada de verbena, erva colhida no próprio entorno do Capitólio, que tinha a virtude de tornar sua pessoa sagrada, entrava no território do povo, do qual os romanos se queixavam, e aí, a cabeça coberta com um véu de lã, dizia em alta voz: "Escuta-me, Júpiter, escuta-me cidade (dava-lhe o nome), e tu também religião santa. Eu sou o enviado do povo romano; encarregado de uma missão justa e piedosa, eu venho cumpri-la: que se dê fé às minhas palavras". Então o sacerdote pronunciava as acusações contra a mesma cidade e, tomando Júpiter como testemunha, continuava: "Se eu infrinjo as leis da justiça e da religião, exigindo que tais homens, que tais coisas, me sejam entregues, a mim, enviado do povo romano, não seja jamais permitido tornar a rever a minha pátria".[113]

Tais eram as palavras que dizia ao pisar naquele território. Em seguida repetia-as ao primeiro habitante que encontrava, para fazer, logo depois, outro tanto na praça pública da cidade mais próxima. E como dizia tudo em alta e inteligível voz, deu-se a essa cerimônia, o nome de *clarigatio*.[114]

Se no período de trinta dias, prazo solenemente prescrito, não lhe era dada qualquer satisfação, a guerra era declarada nestes termos: "

> Escuta-me, Júpiter, e tu, Juno; Quirino, vós todos, deuses do céu, da terra e dos infernos, escutem-me. Eu vos tomo por testemunha que este povo (dava-lhe o nome) é injusto e se recusa a dar equitativas satisfações. Mas o senado da minha pátria, legalmente convocado, saberá tomar as providências que o caso exige".

---

[109] Dionísio de Halicarnasso, *Roman Antiquities*, II, 72, Londres, 1990.

[110] Tito Lívio, *op. cit.*, XV; Valério Máximo, *op. cit.*, VI, 3, 5.

[111] Tito Lívio, *op. cit.*, XV.

[112] Dionísio de Halicarnasso, *op. cit.*, II, 72.

[113] "Consta que todas as cidades eram tuteladas por algum Deus; e foi um costume secreto dos romanos, quando estavam a ponto de tomar uma cidade, invocar, por meio de uma certa prece, os deuses tutelares desta cidade. Pois, ou eles pensavam que sem isto não poderiam tomá-la, ou que se fariam culpados, caso a tomassem sem invocá-los, de tê-los feito seus prisioneiros. É precisamente por isso que os romanos mantinham em segredo tanto o nome do Deus tutelar de Roma quanto o nome latino desta cidade." Macróbio, Les Saturnales, Tomo 1, III, 9, p. 547, Paris, 1937. A respeito deste procedimento, Dion Cássio conta que Augusto, antes de declarar guerra à Cleópatra, foi ao templo de Belona, acompanhado de um fecial, para que este "realizasse as cerimônias prescritas pelas leis antes da guerra". *Op. cit.*, L, 4, p. 15.

[114] Plínio, *Histoire Naturelle*, XXII, Paris, 1947.

O *Pai Patrat* retornava então à Roma, fazia seu relato ao senado e declarava que nada, da parte dos deuses, obstava à declaração de guerra. Se a maioria dos senadores concordasse, o sacerdote era enviado aos confins do território inimigo, onde, com a lança na mão, dizia: "Pois que tal povo se permitiu fazer injustas agressões contra Roma dos Quirites, eu e o povo romano declaramos a guerra a tal povo, pelo que dou começo às hostilidades". Ao mesmo tempo, arremessava a lança sobre o território inimigo, com o que se tinha a guerra por declarada.[115]

Os feciais eram patrícios; seu cargo era vitalício e faziam parte de um colégio composto de vinte membros.

2.1.3. Os Áugures e os Arúspices

Não se realizava nenhum ato público de alguma importância, sem que previamente fosse consultada a vontade dos deuses, por meio de certas práticas sagradas, que se denominavam de *Augúrios* e *Auspícios*. Os primeiros eram revelados a partir do canto dos pássaros, *ar avium garritu*[116]; os últimos, conforme a observação de seu voo, *ab ave spicienda*.[117] Havia também um terceiro modo de se consultar a vontade celeste, chamado, por extensão, auspício ou augúrio, que consistia na inspeção das entranhas do animal imolado ou na interpretação de prodígios e fenômenos naturais.[118]

Essas consultas divinatórias, tão antigas quanto Roma, eram feitas por duas ordens de sacerdotes chamados áugures e arúspices. Os áugures foram instituídos por Rômulo, que estabeleceu apenas um para cada uma das três tribos, das quais se compunha seu povo.[119] Numa elevou esse número para cinco, depois para nove.[120] Durante o império, o colégio augural abrigava quinze membros.[121] O modo de eleição destes era previsto na lei *Domitia*, que regulava também a escolha dos pontífices e de todos os sacerdotes em geral.[122]

Não é de admirar que o augurato tenha sido submetido às mesmas condições de elegibilidade que o pontificado, em razão do imenso poder de que, tal como os pontífices, estavam investidos também os áugures e os arúspices.

Quando se considera que a guerra, a paz, a eleição de todos os magistrados, as leis e frequentemente a administração da justiça, dependiam, durante a república, dos comícios do povo, e se pensa que os áugures tinham direito de impedir ou de interromper essas assembleias populares, declarando que elas não eram agradáveis aos deuses, pode-se afirmar, sem temor de errar, que os áugures eram os "reis" da república romana, e seguiram sendo assim até o advento do império, quando então sua influência ficou bastante reduzida, tal como aconteceu com a participação popular, em virtude da extinção dos comícios por Augusto.

---

[115] Tito Lívio, *op. cit.*, I, 52; Aulo Gélio, *op. cit.*, Tomo 3, 16, 4.

[116] Pacúvio, *Apud* Cícero, *De la Divination*, I, 57.

[117] Lucano, La Farsalia, Tomo 1, 587, p. 33, Barcelona, 1967.

[118] "Os romanos, como os gregos da idade homérica, pareciam ter-se contentado longo tempo com esta adivinhação rudimentar, que lhes permitia saber, conforme o aspecto das entranhas, se o sacrifício era agradável (*litare-perlitare*) e, por consequência, a prece acolhida. Mas, não havia nenhuma razão para restringir a resposta dos deuses a uma simples afirmação ou negação. Eles podiam aceitar ou recusar sem condições, pedir outra coisa, ou enfim e sobretudo, por iniciativa própria, dar avisos, sugerir algo, fazer promessas, ameaças, reproches, etc. Esta porta, uma vez aberta, por ela passava a adivinhação inteira. Bastava para isso que a linguagem dos signos convencionados fosse muito rica e de uma interpretação segura". Ch. Daremberg e Edm. Saglio, *Dictionnaire des Antiquités Grecques et Romaines*, Tomo 3, p. 23, Paris, 1900.

[119] Cícero, *Da República*, II, 9, São Paulo, 2011.

[120] Tito Lívio, *op. cit.*, X, 6, 9.

[121] Tito Lívio, *op. cit.*, LXXXIX.

[122] Valério Máximo, *op. cit.*, I, 1, 1.

Em Roma, o procedimento relacionado aos auspícios era solene. Realizava-se fora da cidade, na região do *Pomaerium*, à frente de uma tenda[123], disposta sobre um local elevado, que recebia o nome de *Arx*, cidadela.[124] Que fosse para um comício ou para uma guerra próxima ou ainda para uma batalha a ser travada, eis como se procedia: o general encarregado do comando, ou o magistrado que devia presidir o comício, se colocava desde logo[125] num local determinado, acompanhado de um membro do colégio augural, a caráter, isto é, vestido com uma toga pretexta de púrpura[126].

Aquele que devia iniciar a cerimônia se mantinha à esquerda, tendo na mão direita[127] um bastão curto e sem nós, que se chamava *Lituus*[128], pela sua semelhança com um clarão.[129] Após ter percorrido com a vista o firmamento e o espaço à sua volta, arremessava uma pedra aos deuses[130], voltava-se para o Oriente[131], ocasião em que dividia, com seu *Lituus*[132], nunca com a mão, o que lhe era proibido, todo o céu em diversas regiões, que recebiam o nome de *Templos*[133], tendo cuidado de determinar à frente um ponto fixo, tão distante quanto a vista poderia alcançar. Após o ritual inicial, o sacerdote passava o bastão augural para a mão esquerda, pondo a direita sobre a cabeça do magistrado ou do general, e dizia: "Júpiter, se assim é a tua vontade, que este comício do povo seja realizado". Ou então: "Que tal cidadão possa comandar com êxito os exércitos do povo romano. Faz-nos pronto conhecer por signos certos tua vontade, nos templos que eu fixei".[134] Se transcorressem vinte e quatro horas sem que se manifestasse a vontade dos deuses, a cerimônia era transferida para o dia seguinte, com a cautela de se mudar de tenda, sob pena de nulidade do auspício[135]. Em caso de auspício desfavorável, o áugure dizia simplesmente: "para um outro dia", com o que se adiava o comício para uma data mais favorável.[136]

Chamavam-se *Proepetes* os pássaros que ministravam presságios positivos, voando muito alto[137], e *Inferae*, os agourentos que voavam muito baixo, quase ao nível do chão.[138]

No que toca ao augúrio, o canto dos pássaros era interpretado conforme o lado em que se fazia ouvir. Assim, o canto de um corvo à direita ou de uma coruja ou de um pica-pau à esquerda, confirmava a intenção daquilo que se pretendia fazer.[139] Entretanto, o tisnado de um mocho era sempre um mau presságio[140], caso em que se reconhecia o *obscaenum*, ou seja, a declaração de que o signo era desfavorável, com o consequente adiamento de *uma assembleia* popular ou a anulação de uma medida legal".[141]

---

[123] Cícero, *De la Divination*, I, 17; Paris, s.d.
[124] Tito Lívio, *op. cit.*, X, 7.
[125] Tito Lívio, *op. cit.*, XXXIV, 14; Aulo Gélio, *op. cit.*, 3, 2.
[126] Cícero – *Carta a Ático*, II, 9.
[127] Tito Lívio, *op. cit.*, I, 18.
[128] Tito Lívio, *op. cit.*, I, 18; Plutarco, *op. cit.*, *Camilo*, 55.
[129] Aulo Gélio, *op. cit.*, Tomo 1, 5, 8.
[130] Tito Lívio, *op. cit.*, I, 18.
[131] Tito Lívio, *op. cit.*, VIII, 23.
[132] Cícero, *De la Divination*, I, 17.
[133] Tito Lívio, *op. cit.*, VIII, 23.
[134] Tito Lívio, *op. cit.* I, 18; Plutarco, *op. cit.*, *Numa*, II; Varrão, de Língua Latina, VI, 53-54, Barcelona, 1990.
[135] Cícero, *De la Divination*, I, 17; Valério Máximo, *op. cit.*, I, I, 3.
[136] Cícero, *Das Leis*, 11, 12.
[137] Cícero, *De la Divination*, I, 48; Aulo Gélio, *op. cit.*, 6, 6.
[138] Aulo Gélio, *op. cit.*, Tomo 2, 6, 6.
[139] Cícero, *De la Divination*, I, 39.
[140] Lucano, *op. cit.*, Tomo 2, V, 396.
[141] Varrão, de Língua Latina, VII, 97, Barcelona, 1990; J.J. Döllinger, *Paganisme et Judaïsme*, Tomo 3, p. 106, Paris, 1858.

Cumpre agora dedicar algumas linhas aos arúspices, que são os intérpretes dos prodígios. Um prodígio é um mau presságio, ou seja, é algo que é preciso expurgar ou evitar. Poder-se-ia, ainda, definir os prodígios como acontecimentos extraordinários, incríveis, frequentemente absurdos e impossíveis. A história romana está cheia deles: ora são chuvas de sangue[142], de ferro[143], de pedra[144], de terra[145], ora é sangue que corre em residências[146], rios ou fontes com águas de sangue[147], estátuas de deuses que suam[148] ou que vertem lágrimas[149], nascimentos monstruosos[150], animais disformes[151], que falam[152], que sobem no teto da casa[153], que se transformam em outros animais[154]. Muitos são também os fenômenos celestes: o céu parecendo arder em chamas[155], o sol com cor de sangue[156], trevas em pleno dia[157], clarões súbitos durante a noite[158], e principalmente raios, trovões, relâmpagos e muitos fenômenos semelhantes[159].

Os áugures podiam observar os raios e relâmpagos, a exemplo do que faziam os arúspices, mas só a estes incumbia fazer predições a partir de inspeções nas vísceras dos animais. Essas predições derivavam do estado mais ou menos normal dos órgãos internos da vítima imolada. As partes que se examinavam eram o pulmão, o fígado, o coração e o fel. Um pulmão fissurado indicava que o adiamento se impunha, mesmo que os demais órgãos estivessem em perfeitas condições[160]. Um fígado sem lobo é um mau presságio[161], mas outro com dois, um excelente.[162] Quando um fígado estava dobrado para dentro, a partir da base do órgão, os mais hábeis intérpretes viam nisso um presságio de uma redobrada grandeza e prosperidade.[163] Em geral, para que as vísceras estivessem bem dispostas, era preciso que contivessem uma certa quantidade de gordura[164], que não sangrassem a ponto de impedir a inspeção de todas as partes[165], que palpitassem docemente; que as veias não fossem flácidas, nem tensionadas; que cada parte estivesse exatamente em seu lugar[166].

---

[142] Tito Lívio, *op. cit.*, XLIII, 13.
[143] Plínio, *op. cit.*, II, 56.
[144] Tito Lívio, I, 31.
[145] Tito Lívio, *op. cit.*, XXXIV, 45.
[146] Tito Lívio, *op. cit.*, XLV, 16.
[147] Tito Lívio, *op. cit.*, XXII, 1; Valério Máximo, *op. cit.*, I, 6, 5.
[148] Cícero, *De la Divination*, I, 39.
[149] Tito Lívio, *op. cit.*, XL, 19.
[150] Tito Lívio, *op. cit.*, XXXI, 12; Valério Máximo, *op. cit.*, I, 6, 5.
[151] Tito Lívio, *op. cit.*, XXXII, 9.
[152] Tito Lívio, *op. cit.*, XXI, 62.
[153] Tito Lívio, *op. cit.*, XXI, 62.
[154] Tito Lívio, *op. cit.*, XXII, 1.
[155] Tito Lívio, *op. cit.*, XXX, 2.
[156] Tito Lívio, *op. cit.*, XXXI, 12.
[157] Tito Lívio, *op. cit.*, VII, 28.
[158] Tito Lívio, *op. cit.*, XXVIII, 11.
[159] "Que os raios eram enviados pelos deuses não havia porque demonstrar. Este postulado, comum a todos os métodos adivinhatórios, tirava sua força singular do embaraço em que se encontravam os físicos em explicar como o fogo, que tende por natureza a subir, podia se precipitar com uma tal violência na direção oposta". Ch. Daremberg e Edm. Saglio, *op. cit.*, p. 20. Cf. também Tito Lívio, *op. cit.*, XXVIII, 11.
[160] Cícero, *De la Divination*, I, 39.
[161] Cícero, *op. cit.*, 11, 13; Tito Lívio, *op. cit.*, XVIII, 9; Valério Máximo, *op. cit.*, 1, 6, 9.
[162] Valério Máximo, *op. cit.*, Tomo 1, I, 6, 9.
[163] Suetônio, *op. cit. Augusto*, 95; Plínio, *op. cit.*, XI, 71, § 186.
[164] Plínio, *op. cit.*, XI, 71, § 186.
[165] Dion Cássio, *op. cit.*, XLVI, p. 356.
[166] Sêneca, *Tragédias*, Édipo, II, 355 e segs., p. 110, Madri, 1980.

2.1.4. Os Quindecênviros

> "No ano 535, no início da segunda guerra púnica, com Aníbal às portas de Roma, prodígios se manifestaram em diferentes regiões, ao mesmo tempo, nas várias cidades da Itália. Testemunhas vieram certificá-los no senado... Decidiu-se, dentre outras coisas, que os *Decênviros* consultariam os livros sibilinos e far-se-ia tudo o que fosse prescrito pelo oráculo que eles aí encontrassem".[167]

Esse excerto de Tito Lívio deixa clara a importância que os romanos sempre atribuíram à interpretação e à expiação dos prodígios, pois não contentes de já terem, para esse fim, os arúspices, criaram ainda mais uma categoria de sacerdotes, chamados então *Decênviros*, depois *Quindecênviros*, oportunidade em que o número de seus membros passou de dez para quinze. Entretanto, estes últimos não interpretavam prodígios, era-lhe reservada uma função nobilíssima em Roma: consultar os livros sibilinos, todas as vezes que se manifestava algum prodígio ou quando algum oráculo fosse do interesse da república.[168]

Eis, sobre esses livros singulares, o que nos diz o célebre historiador:

> "No reinado de Tarquínio o soberbo, a república romana teve uma grande felicidade, que não foi passageira... Uma certa mulher, estrangeira, veio procurar o tirano para lhe vender nove livros de oráculos. À vista da recusa de Tarquínio, que considerou o preço elevado, ela se retirou, queimou três, voltou e ofereceu os outros seis pelo mesmo valor. Pensando tratar-se de uma louca, visto pretender por seis livros, o que lhe fora recusado por nove, o rei recusou a oferta novamente. Mais uma vez a mulher se retirou, queimou três livros, voltou ao rei e ofereceu-lhe os três restantes, sempre pelo mesmo preço. Tarquínio, espantado com o procedimento da mulher, contou aos áugures o que havia ocorrido, ao mesmo tempo em que lhes pedia uma solução para o insólito caso. Estes responderam que fora um grande erro não ter comprado os nove livros e que Tarquínio se apressasse em adquirir os restantes, ainda que pelo preço pedido pela mulher. Concluído o negócio, esta recomendou grande cuidado na sua guarda, depois desapareceu e nunca mais foi vista".[169]

Os livros sibilinos eram cercados de muitos mistérios. Compunham-se de versos gregos, cujas letras iniciais, desde que lidas na ordem perpendicular, formavam um sentido.[170] Seu texto era permanentemente mantido em segredo, sobre o qual os *Decênviros* deviam se empenhar, sob as penas mais severas, em nada revelar, quer de ofício, quer provocados por quem quer que fosse.[171] Deviam somente consultá-los quando houvesse prévia autorização de um senatus-consulto[172], o

---

[167] Tito Lívio, *op. cit.*, XXII, 1.
[168] Varrão, *De re Rustica, Das Coisas do Campo*, I, 1, Campinas, 2012.
[169] Dionísio de Halicarnasso, *op. cit.*, IV, 62.
[170] Dionísio de Halicarnasso, *op. cit.*, IV, 62.
[171] Dionísio de Halicarnasso, *op. cit.*, IV, 62; Plutarco, *op. cit.*, *Fábio Máximo*, 10.
[172] Tito Lívio, *op. cit.*, V, 13; VII, 27.

qual, se fosse o caso, poderia permitir que o respectivo oráculo fosse revelado ao povo.[173] Conforme fosse o oráculo, assim seria a expiação religiosa necessária para aplacar a cólera dos deuses.

A ambiguidade dessa poesia sagrada, de resto inacessível a quem não fosse iniciado nos seus mistérios, deixava aos sacerdotes um imenso poder, cujo monopólio e temor que inspiravam faziam com que se terminasse por crer mais no intérprete do que no Deus.[174] Os *quindecênviros* tinham efetivamente muito cuidado em dar uma resposta apropriada às circunstâncias e aos acontecimentos, em virtude dos quais se faziam as consultas, sendo comum que prescrevessem cerimônias religiosas a Marte, para o caso de uma guerra[175], a Apolo, quando da irrupção de uma peste[176], e a todos os deuses, pela superveniência de calamidades públicas.[177]

2.1.5. As Vestais

O culto de Vesta, deusa do fogo, é um dos mais respeitáveis dentre os muitos que se celebravam em Roma. Ele está ligado à origem do povo romano e à fundação de Roma. Trazido para a Itália por Enéias, foi cultivado inicialmente pelos albanos, originando a lenda segundo a qual Rômulo e Remo foram amparados por uma vestal albana.[178]

No templo de Vesta era mantido um fogo perpétuo, cuja guarda era confiada a virgens, a fim de que as mulheres aprendessem a suportar o máximo de abstinência que a condição feminina pudesse aguentar[179], porque, dizia-se, existe uma grande similitude entre a virgindade e o fogo, cuja natureza estéril não produz nada.[180] Essa chama sagrada brilhava ininterruptamente no centro de um templo redondo, imagem da forma do mundo.[181] De resto, não havia nenhuma estátua, nenhum simulacro da deusa: somente o fogo a representava.[182]

Muitos fiéis acreditavam que não se guardava nada no templo da deusa que não fosse a inextinguível chama que ali ardia e que se podia ver. Outros, porém, afirmavam que lá eram guardadas várias coisas sagradas, escondidas do vulgo e conhecidas apenas pelo pontífice e pelas virgens.[183] No número dessas coisas santas, uma opinião largamente difundida colocava o *Palladium*[184], estátua de Pallas, tida como uma garantia infalível do bem-estar do império[185], como também *ex votos* de deuses particulares do povo romano.[186]

A bem da verdade, não se tratava de um templo dedicado à Vesta, mas simplesmente de uma casa, *aedes*, pelo que jamais se lhe dava qualquer outro nome.[187] O povo não era aí admitido,

---

[173] Dion Cássio, *op. cit.*, XXXIX, p. 109.
[174] Cícero, *De la Divination*, II, 54.
[175] Tito Lívio, *op. cit.*, XXII, 9.
[176] Tito Lívio, *op. cit.*, IV, 25.
[177] Tito Lívio, *op. cit.*, IV, 25, V, 13, VII, 27.
[178] Tito Lívio, *op. cit.*, I, 5, 20.
[179] Cícero, Das Leis, II, 12.
[180] Plutarco, *op. cit.*, Rômulo, 34.
[181] Plutarco, *op. cit.*, Numa, 17; Ovídio, Fastos, VI, vs. 295-298, Madri, 1988.
[182] Ovídio, *op. cit.*, VI, 291-292.
[183] Plutarco, *op. cit.*, Numa, 17.
[184] Ovídio, *op. cit.*, VI, v. 425; Valério Máximo, *op. cit.*, I, 4, 4; Lucano, *op. cit.*, IX, 993.
[185] Tito Lívio, *op. cit.*, XXVI, 27.
[186] Tácito, Anais, 15, 41; Apiano, The Civil Wars, v. 73.
[187] Aulo Gélio, *op. cit.*, 14, 7.

a não ser, e só até à noite, na parte em que as vestais mantinham o fogo eterno.[188] Esse fogo que os romanos viam como uma chama tutelar, sempre ardendo pela segurança do Estado[189], era renovado periodicamente durante as calendas de março[190], a revelar a supersticiosa preocupação daquele povo não só pela constância do fogo eterno, mas também, visto representarem a mesma coisa, pela castidade das vestais, para cuja violação havia penas horríveis.[191]

O colégio das vestais era composto de seis sacerdotisas.[192] Seu código sagrado mandava que fossem consagradas desde a mais tenra idade, de seis a dez anos, e deviam servir a Vesta por trinta anos, ao término dos quais podiam casar-se.[193]

Uma lei, chamada *Papia*, confiava ao grande pontífice a escolha das vestais.[194] A indicação recaía sobre uma jovem escolhida dentre vinte romanas, por ocasião da realização de um comício, oportunidade em que o grande pontífice proferia as seguintes palavras:

> Amata, eu te escolho para ser vestal, para cuidar das coisas sagradas e, em tua qualidade e em teu direito de vestal, velar pelo povo romano e pelos Quirites: que isto se cumpra segundo as leis divinas e que tudo permaneça na prosperidade.

O pontífice, consagrando a jovem, dava-lhe o nome de Amata, porque se tinha por certo que assim se chamava também a primeira, dentre todas as virgens consagradas à Vesta, que foi precocemente tirada de sua família.[195]

2.1.6. O Caráter Estatal da Religião Romana durante a República. Sua Privatização no Império

A religião romana não tinha um fundamento filosófico, nem um corpo de doutrina, em torno do qual se sustentassem proposições dogmáticas, como entendemos hoje ser da essência de qualquer confissão religiosa. Suas fábulas, por terem sido menos poéticas, não foram menos absurdas que as da Grécia, mas com uma grande diferença em relação às desta:

> Elas foram impostas por uma tradição política que exigia seriedade e respeito. Sua liturgia era grave, precisa e minuciosa. Era uma lei estatal, à qual o Estado exigia estrita obediência; era uma ciência reservada aos pontífices e solenemente conservada por eles.[196]

---

[188] Dionísio de Halicarnasso, *op. cit.*, II, 65.
[189] Floro, *Histoire Romaine*, I, 2, Paris, 1932.
[190] Plutarco, *op. cit.*, *Numa*, 18.
[191] "Do ponto de vista jurídico, a falta constituía a mais grave variedade de incesto, porque a sua prática revelava impiedade, a atrair, por isso, todos os infortúnios sobre o corpo social inteiro... A culpada, logo condenada, era arrastada até uma cova, toda murada, onde era enterrada viva, com poucos alimentos e uma lâmpada". Edm. Saglio, *op. cit.*, Tomo 5, p. 755/755.
[192] Dionísio de Halicarnasso, *op. cit.*, II, 67.
[193] Plutarco, *op. cit.*, *Numa*, 18; Prudêncio, *Contre Symmaque*, II, 1081 e segs., Paris, 1948.
[194] Aulo Gélio, *op. cit.*, Tomo 1, I, 12.
[195] Aulo Gélio, *op. cit.*, Tomo 1, I, 12.
[196] De Champagny, *op. cit.*, p. 202.

Ademais, a religião romana, como toda religião, tinha também uma moral, conquanto mais positiva e mais formal que a de qualquer outro culto pagão. Não era, porém, a moral do homem individual: a dita neste mundo, a felicidade no outro, a satisfação da consciência, o sentimento do dever, não eram seu objetivo. Era uma moral da família e da cidade; seu fim último era o bem-estar, o engrandecimento e a glória da coisa pública. As virtudes romanas, isto é, a coragem na guerra, a moderação na paz, a economia no lar, a fidelidade no casamento, eram virtudes patrióticas, ensinadas e praticadas como tais. Elas eram no fundo a causa principal do poderio romano.[197]

Se havia algo de positivo e cogente nessa religião, e havia-o muito, era justamente o que diz a respeito à ordem política. Em toda parte, a pátria era o grande Deus e o patriotismo, a única moral.[198] A religião era poderosa, não pelo que ela podia ter de filosófico ou de absoluto, mas, ao revés, pelo que ela tinha de local, de nacional e de relativo.[199] Nos ritos solenes, também, era a cidade, antes que o homem, que adorava, que rogava, que sacrificava, que expiava, que era protegida. A prece comum, então, era uma prece inteiramente política. É nesse sentido que devemos entender a sábia lição de R. Niebuhr:

> A superstição, os prodígios, os fenômenos, foram, por muito tempo, um poderoso meio de governo; os auspícios, reservados exclusivamente aos patrícios, serviram para manter os plebeus afastados do poder – sob pretexto de festas religiosas, os negócios eram sustados por vários dias.[200]

Por outro lado, não se podia esperar dos sacerdotes de uma religião como a romana, toda ela voltada para a glorificação da pátria comum, senão o comportamento de funcionários do Estado, encarregados por isso de manter a paz, a segurança e a ordem dentro de seus limites, pelo que se lhes exigiam somente instrução religiosa e vigilância constante. Eles não tinham verdadeiramente um caráter religioso, no sentido que atribuímos modernamente a essa palavra, de modo que o povo por quem se faziam respeitar, não os respeitava porque possuíssem qualidades morais ou virtudes notórias, atributos que nos parecem necessários para desempenhar na atualidade a mesma função. Admitia-se, sem dúvida, que uma certa gravidade de conduta era conveniente, mas não se acreditava que ela fosse menos útil, também, para ser cônsul ou pretor. Quando o candidato ao sacerdócio era agradável a um partido político, nunca ocorria a este perquirir nem a sua vida nem as suas opiniões antes de nomeá-lo. Muito ao contrário. Não era raro acontecer que a escolha política traduzisse uma violência moral. Tito Lívio conta que à época das guerras púnicas, ou seja, no tempo em que os costumes eram ainda severos e as tradições respeitadas, o pontífice P. Licinius escolheu para *Flamine* de Júpiter C. Valerius Flaccus "porque ele tinha levado uma juventude dissipada e leviana".[201] Mais tarde, não se teve mais escrúpulo em nomear César grande pontífice e Cícero áugure, mesmo sabendo-se que o primeiro desprezava os deuses e o segundo zombava deles.[202] Afinal, sua incredulidade não devia embaraçá-los, tanto quanto poderíamos supor hoje, no exercício de funções sagradas na Roma antiga. Não se ministrava

---

[197] De Champagny, *op. cit.*, p. 202.
[198] De Champagny, *op. cit.*, p. 203.
[199] De Champagny, *op. cit.*, p. 203.
[200] R. Niebuhr, *Histoire Romaine*, Tomo III, p. 201, Paris.
[201] G. Boissier, *La Religion Romaine*, Tomo I, p. 355.
[202] G. Boissier, *La Religion Romaine*, Tomo I, p. 355.

nos templos romanos nenhum ensinamento dogmático, nem se faziam ali exortações morais, de modo que um pontífice, oficiando um culto, ficava menos exposto a dizer algo contraditório com seus princípios ou incompatível com sua conduta.

Mas, mesmo nessa época recuada de Roma, o homem não continuava sendo sempre o mesmo? Não abrigava, também, em seu coração, temores, esperanças, sonhos e desejos pessoais? Não pedia para si próprio o consolo para seus males, o alívio para suas penas, a expiação para suas faltas? Podia o romano de antanho consentir, sem reservas, em alienar seu ser no ser comum da cidade, como o oriental consentia em se deixar absorver no ser universal de Deus?

Não, o homem e a individualidade protestavam, e protestavam por meio dos mistérios. Os mistérios eram a parte devota do paganismo. Por eles, o interesse individual se antepunha ao social, ou seja: pela utilização de um ritual determinado, era lícito ao indivíduo pensar mais na purgação de sua alma do que na redenção de sua pátria.[203]

Convém lembrar que a conquista da Itália teve por efeito atrair para Roma uma multidão originária de diversas províncias da península. Samnitas, etruscos, úmbrios, campânios, chegaram aí, ora como prisioneiros, ora como artesãos livres, ora, também, como refugiados despojados de seus bens, em busca de asilo e sustento na nova capital.[204] A segunda guerra púnica multiplicou além de toda medida o afluxo dessa última categoria. Logo que Aníbal se afastou de Roma, o senado determinou que esses infelizes retornassem às suas respectivas pátrias, mas o decreto de expulsão só foi parcialmente cumprido, pelo que, desde então, à plebe romana veio juntar-se uma torrente cada vez mais densa de provincianos, a revelar, nessa confusão de povos, um intercâmbio de ideias constante e prolongado, cujo efeito principal foi a recrudescência da superstição.[205]

A autoridade do senado podia reprimir os extravios de manifestações religiosas de crenças estranhas às romanas tradicionais. Cumpria-lhe, entretanto, levar em conta a inquietação religiosa que se apoderava da multidão.

O crédito dos antigos deuses se tinha exaurido. Afinal, eles não tiveram o poder suficiente para proteger Roma da ameaça inimiga, que parecia acampar às suas portas. A virtude dos ritos tradicionais, portanto, não tinha mais ressonância no espírito do povo. Demasiadamente abstrata e exclusivamente formalista, a velha religião não dava mais respostas nem ao sentimento nem à imaginação daquele povo ávido de sobrenatural.[206] A inação imposta pela guerra, a angústia do perigo, a mistura dos povos, os ecos da poesia, a discussão filosófica, tudo isso incutia na massa, como uma fermentação, novas preocupações relativas à realidade humana. De onde vem o homem? De que essência é ele feito? Para onde vai? Essas questões, naturais à inteligência que desperta, o povo romano devia naturalmente suscitá-las, mas a religião de seus pontífices e áugures nunca pôde respondê-las.[207]

O senado, entretanto, queria ter pulso forte sobre assuntos religiosos, de modo que não permitiu outra religião além dos cultos oficiais. Estes poderiam ser ampliados para admitir alguns deuses segundo as circunstâncias, mas somente sob certas condições que foram fixadas pelo pró-

---

[203] De Champagny, *op. cit.*, p. 205.
[204] G. Boissier, *op. cit.*, Tomo 1, p. 343 e segs.
[205] Sobre a superstição em Roma, ver Gaston Boissier, *op. cit.*, Tomo 2, p. 161 e segs.
[206] "Tudo era bom para saciar a sede pelo sobrenatural. Cultos estrangeiros, mistérios, superstições, ciências ocultas". De Champagny, *op. cit.*, Tomo 3, p. 245.
[207] O descrédito da religião pode ser medido pela pouca conta em que são tidos os deuses nos relatos de Ovídio, em que são objetos mais de riso do que de devoção. *Les Métamorphoses*, Tomo 2, XII, 583; X, 533; XIV, 639, Paris, 1953.

prio senado. Nenhum culto, então, foi permitido que não tivesse por objeto o interesse público. Ficavam proibidas, também, as celebrações clandestinas, como também as manifestações exaltadas de fé religiosa.[208] Em sua qualidade de instituição nacional, diz Döllinger, a religião se achava colocada sob a proteção do imperador.[209] Radicalmente particular e individual, porém, o misticismo escapa, por sua essência e pelo mistério que o envolve, a todo patrulhamento ideológico, a toda ação das autoridades constituídas. Independentemente dessa razão geral, os plebeus tinham motivos especiais para desconfiar dos deuses da cidade. Não podiam esquecer que essas mesmas divindades se fizeram cúmplices da nobreza na longa luta que eles travaram contra ela. Menos ligada, por suas recordações políticas, à religião nacional, vivendo no meio de estrangeiros que praticavam outros cultos, mais volúveis e mais dispostos aos arrebatamentos das novas devoções, os plebeus foram os primeiros a aderir às religiões forâneas, cujas cerimônias, conforme o relato dos historiadores, tiveram início nos bairros mais populares da cidade.[210]

    Se era da natureza do povo aceitar passivamente as novas religiões, para a autoridade pública, ao contrário, constituía um dever de ofício reprimi-las. Uma passagem de Cícero deixa claro que não era mais permitido erigir-lhes altares nas casas, bem como dedicar-lhes templos nas ruas e nas praças.[211] Tito Lívio, ao revés, limita a proibição aos terrenos sagrados dos públicos.[212] Somente aí, segundo o historiador romano, era proibido sacrificar consoante os ritos estrangeiros. Não se pode explicar essa oposição entre dois escritores, de ordinários muito bem informados, senão supondo que a lei não fora então executada com todo rigor de sua letra. Cícero nos diz o que se tinha legalmente o direito de fazer; Tito Lívio descreve o que ordinariamente se fazia. Os romanos, de fato, eram tão religiosos, tão timoratos, que hesitavam em proscrever o culto de qualquer Deus. "Quando um crime é cometido em nome dos deuses, teme-se em geral violar certos direitos da divindade, castigando os delitos dos homens".[213] Punindo a sociedade secreta das Bacanais, o senado não se atreveu, porém, a proibir inteiramente o culto de Baco, limitou-se apenas a regulá-lo. Essa característica dos romanos explica a causa pela qual as leis contra os cultos estrangeiros foram tão pouco eficazes entre eles. Tinha-se, sem dúvida, o direito de perseguir os cultos até mesmo no recesso das residências particulares[214], mas é muito provável que estas já não eram mais suficientes para comportá-los. Haviam se espalhado por toda parte, desde as vias públicas, praças e jardins, até no interior das capelas das mais antigas divindades.[215] As do Egito ousaram até mesmo, no fim da república, penetrar na morada do rei dos deuses, no templo que

---

[208] "Uma religião que não reconhece dogmas precisos, deixa uma grande liberdade aos seus adoradores e permite, entre eles diferenças infinitas". G. Boissier, *El fin del Paganismo*, Tomo 2, p. 206, Madri.

[209] *Paganisme et Judaïsme*, Tomo 3, p. 50, Bruxelles, 1858; G. Boissier, *La Religion Romaine*, Tomo 1, p. 346.

[210] De Champagny, *op. cit.*, p. 251 e segs. Como acontece também hoje, graças à credulidade e à ignorância do povo, em Roma, não só os políticos demagogos, mas ainda os impostores da religião fizeram fortunas imensas. "Um dos meios mais seguros, para eles, de obter sucesso era propagar cultos novos, dos quais se intitulavam sacerdotes. Sua fortuna estava assegurada se chegavam a inspirar nos tolos uma confiança cega em deuses que a fraude fabricava e os fazia falar de acordo com as circunstâncias... Todas às vezes que um culto novo aparecia em Roma, era introduzido por um personagem que reunia as duas qualidades de sacrificador e profeta... A devoção sendo de todos os sentimentos da alma o menos suscetível à reflexão, o desejo de agradar um Deus poderoso que pode garantir o êxito em qualquer empreendimento, o que promete a cura de um ente querido, inspirava liberalidades insensatas, que, invariavelmente, beneficiavam mais o padre que o Deus. Tito Lívio afirma também, sem hesitar, que todos aqueles que se dizem introdutores de religiões novas não obedecem senão a motivos egoístas; não são fanáticos convictos, que desejam convencer os outros, são pessoas hábeis que não excitam as almas senão para obter vantagem própria". Gastón Boissier, *op. cit.*, Tomo 1, p. 344-345.

[211] Das Leis, 11, 8.

[212] *Op. cit.*, XXV, 1.

[213] G. Boissier, *La Religion Romaine*, Tomo 1, p. 347-348.

[214] G. Boissier, *op. cit.*, Tomo 1, p. 348.

[215] G. Boissier, *op. cit.*, Tomo 1, p. 349.

era o centro da religião romana, nada menos que no Capitólio, tal era a certeza da impunidade. Uma só vez, a propósito das bacanais, a repressão foi terrível. Mas se tratava então de crimes espantosos, de assassinatos, de incestos, de fraudes, de lesões, mais do que de sacrifícios ou de ritos novos. Em todas as outras ocasiões, a lei foi aplicada tão brandamente que não logrou intimidar ninguém, de modo que se voltava a fazer tudo de novo e com maior atrevimento.[216]

À medida que se enfraquecia a autoridade das leis e o respeito pelas tradições antigas, era natural que o prestígio das religiões novas, junto ao povo, aumentasse. Os triúnviros, às vésperas do império, pareceram mesmo lhes dar uma consagração legal, a exemplo do que fizera o senado anteriormente, quando erguera um templo a *Ísis* e a *Serapis*, após a morte de J. Cesar. Augusto, porém, quando se tornou amo, voltou a abraçar as tradições antigas da república, a despeito de continuar mantendo um aparente respeito por todas as religiões existentes em seu império. Até mesmo a dos judeus, malgrado o ódio e o desprezo que se nutria normalmente por ela, não constituiu exceção: o imperador enviou presentes ao templo de Jerusalém, mandando, ao mesmo tempo, que aí se celebrassem sacrifícios em seu nome.[217] No entanto, a nenhuma delas permitiu que se estabelecessem abertamente em Roma, de modo que não usurpassem o prestígio do culto nacional. Depois de ter tomado Alexandria, Augusto declarou que a perdoava em honra de seu deus *Serapis*, o que não o impediu de, retornando a Roma, determinar a destruição dos templos que aí se tinham erigido em honra do deus egípcio.[218]

Era tudo feito nos moldes da antiga política romana, que por ser essencialmente prática, reclamava sempre resultados da mesma natureza. A bem da verdade, a severidade do imperador, como o zelo do senado, não provinha de motivos religiosos. Augusto não perseguia somente os cultos novos no interesse dos deuses antigos, mas sobretudo "porque a introdução de divindades estrangeiras dava lugar a reuniões secretas, a ententes e a complôs, todas essas coisas que são perigosas para o governo de um só".[219] Essa estratégia política, que foi amplamente aprovada na época, trazia em si um erro capital: constituía o vício de ser contraditória, e portanto incompatível, com o princípio que era a razão de ser do próprio império. Este trabalhava, como se viu anteriormente, para congregar os povos que viviam sob a dominação romana, mas essa congregação se faria impossível, a menos que fosse acompanhada de uma mistura de nações e religiões heterogêneas. Era inevitável, portanto, que a obra de Augusto tivesse por resultado o sincretismo no plano religioso, como devia conduzir, também, à centralização do domínio político.

Quando a casa de Augusto se extinguiu, a dinastia que a substituiu experimentou o desejo de maravilhar os súditos com ostentações religiosas. Os césares que se ufanavam de descender dos deuses da antiga Roma souberam, como ninguém, se utilizar deles quando tiveram que justificar seu ilimitado poder. Vespasiano recebeu uma ajuda semelhante dos cultos do oriente. Um judeu lhe havia predito que seria imperador[220], *Serapis* anunciou a vitória de suas legiões em Cremona; por fim, os deuses do Egito, para mostrar ao mundo quem era o seu favorito, outorgaram-lhe o dom de fazer milagres: Vespasiano teria curado um cego e um paralítico em Alexandria.[221] "É assim, diz Suetônio, que este príncipe, que chegou tão bruscamente ao poder, adquiriu, desde o seu advento, a majestade e a autoridade que lhe faltavam".[222]

---

[216] G. Boissier, *op. cit.*, Tomo 1, p. 349.
[217] G. Boissier, *op. cit.*, Tomo 1, p. 350.
[218] Dion Cássio, *op. cit.*, LIII, 2.
[219] Dion Cássio, *op. cit.*, LII, 36.
[220] Josefo, *op. cit.*, III, 27.
[221] Suetônio, *op. cit.*, Vespasiano, 7; Tácito, Histórias, IV, 82.
[222] *Op. cit.*, Vespasiano, 7.

Desde então, nada mais se opôs ao sucesso e à propagação das religiões do oriente. Favoravelmente tratadas pelos flávios, aos quais não tinham sido inúteis, cada vez mais poderosas ao declinar os antoninos, com Marco Aurélio e Cômodo, terminaram por triunfar, definitivamente, com a dinastia dos severos.

Nesse período de sua história (séc. II d.C.), Roma já conhecia e praticava todos os cultos que acolhera até então em seu seio. Uns chegaram sob a república, outros no primeiro século do império.

Uma coisa havia nesse movimento espiritual desordenado, nessa sofreguidão espantosa pelo maravilhoso, que não tinha nenhuma familiaridade com a antiga fé. Era, ou parecia ser, a lembrança obscura, mas universal, de uma condenação primitiva ou de uma remota maldição lançada contra a humanidade, o que pressupunha a presença interiormente sentida de um poder exterior, hostil, sinistro, que teria as almas em seu poder e cuja cólera era preciso, de algum modo, aplacar. Daí um estado de permanente temor e sofrimento, de mal-estar e de terror, essencialmente estranho ao cristianismo, que não era jamais completamente sufocado. Daí também mil esforços para se evadir desse anátema, para conjurar essa maldição e fazer as pazes, assim, com esse implacável fantasma. Mil feitiços absurdos, mil superstições, magias, sacrifícios imundos, sanguinários, tudo isso para contentar um deus inimigo e comprar dele uma paz furtiva, um efêmero repouso.[223] Eis o que teve de enfrentar a Igreja nascente, nos cinco primeiros séculos que sucederam a vinda do Cristo.

Com as religiões orientais, vieram também os mistérios da superstição.

> Sob esta designação, esclarece L. Friedländer, se compreendia todo erro de fé, repousando principalmente sobre um temor exagerado de Deus, mais notadamente sobre a idolatria e a veneração de divindades estrangeiras, não reconhecidas pelo Estado, como sendo reputadas indignas dessa honra.[224]

Tais mistérios sepultavam o homem, ainda mais profundamente, nas trevas do desconhecido, no mais vil e hediondo báratro da crença supersticiosa. Os mistérios não se escondiam mais no recesso dos templos; eles corriam as ruas, se abriam diretamente ao povo em cada esquina, onde havia sempre um impostor a iniciar um incauto com mil cerimônias revoltantes.[225] O lacrimoso *Adônis*, o efeminado *Atis*, os *Cabiras*, de enormes ventres, todos esses deuses, objetos de adoração secreta, tinham seus sacerdotes mendicantes que, por meio de promessas vãs, aliciavam iniciados incautos nas ruas de Roma.[226]

Essa superstição não era exclusivamente popular. Os mais elevados em dignidade, os mais expostos, portanto, eram frequentemente mais supersticiosos. Nero, "cheio de uma paixão ator-

---

[223] "[...] o povo toma as fábulas ao pé da letra, porque a explicação lhe parece, não muito profunda, mas muito banal. Ele toma seus deuses, numa palavra, por miseráveis patifes, mas patifes cujas aventuras o agradam, tais como os bufões de nossos teatros, os Falstaff e os Crispins, que se desprezam, mas que divertem". De Champagny, *op. cit.*, p. 235. O desprezo pelos próprios deuses foi o salvo-conduto que possibilitou a disseminação desenfreada de cultos exóticos no império romano.

[224] L. Friedlaender, *Civilisation e Moeurs Romaines du Regne D'Auguste a la Fin des Antonins*, Tomo 4, p. 192, Paris, 1874.

[225] A nefasta influência das religiões pagãs sobre os povos do império romano pode ser sintetizada por meio das palavras de Dionísio de Halicarnasso: "Eu sei bem que vários filósofos explicam pela alegoria a maior parte das fábulas mais impuras. A multidão, o vulgo sem filosofia, toma sempre as fábulas no sentido mais vulgar; e assim, ou ele despreza os deuses por sua conduta depravada, ou então os toma como exemplo, não recuando diante das ações mais reprováveis". *Roman Antiquities*, II, 20.

[226] De Champagny, *op. cit.*, p. 262.

mentada de glória e imortalidade", se entregava à magia[227], Augusto era supersticioso[228], César acreditava em presságios[229], Plínio, o jovem, em sonhos[230], Tibério, em astrólogos.[231]

Mas, naqueles tempos, quem não acreditava na astrologia, a menos religiosa das superstições e a cujo império todos, ricos ou pobres, se submetiam docilmente? Assim, sendo o fanatismo o seu dogma, a astrologia só podia ser o seu culto. Os astrólogos em Roma eram eternos. O poder os bania, mas também os consultava. Vitelius expulsou-os de Roma, mas reservou alguns para si no palácio Imperial. Recém-chegado do exílio, Vespasiano enxotou-os mais uma vez, o que não quer dizer que os desacreditasse.[232] Os astrólogos eram os grandes políticos da época: determinavam as ocasiões de guerras, de traições, de complôs, de perseguições. O mundo era governado menos pelo cetro e pela espada, do que por um simples astrolábio.

Em que consistia, pois, essa extravagante religião pagã? Normalmente em fraqueza e em medo; às vezes em expectativas egoístas e sensuais; raramente, em alguma coisa que pudesse ajudar o bem das almas. O homem sabia, ainda que indistintamente, que sua origem o condenava; a voz de um Deus irritado ressoava ainda em seu ouvido; a lembrança da cólera divina perseguia-o por toda parte; a fatalidade de Édipo, das Eumênides, eram, sob uma outra forma, as espadas flamejantes dos anjos que guardam o Paraíso. O homem sabia, por intuição, que estava condenado à morte, mas a ideia da morte sem uma noção certa da vida futura, o obsedava.[233]

Arrefecer o furor divino e afastar a morte, tais eram os objetivos dominantes da devoção pagã. Eis a razão pela qual o devoto orava, pela qual sacrificava e fazia oferendas. Os deuses de quem esperava proteção eram os mesmos que neutralizavam os presságios, eram todos que velavam por tudo quanto existia. Mas os deuses que ele mais adorava eram aqueles que ele mais temia: deuses terríveis, deuses malvados, deuses do inferno, a *Febre*, a *Vingança*, a *Palidez*, as *Parcas*, os *Destinos*. Era a esses que ele oferecia as grandes hecatombes, lhes tributando sangue por sangue, vida por vida, muitas vezes humana, naturalmente. O derramamento de sangue humano é a característica irrecusável do paganismo. Não dizemos "*foi*", porque, ao longo dos tempos, todas as vezes que aflora o espírito pagão, seja nos movimentos políticos, seja nos sociais, ele é acompanhado, invariavelmente, de carnificinas, execuções e torturas.

Tocamos aqui o último grau da corrupção dos cultos pagãos, impondo-se demonstrar como o mal escutado, justificado, protegido e encorajado pelos deuses, era ainda exigido por eles. É

---

[227] Suetônio, *op. cit.*, *Nero*, 55.

[228] "Augusto atribuiu uma revolta de seu exército à imprudência de calçar primeiro o pé esquerdo". Suetônio, *op. cit.*, *Augusto*, 90-97.

[229] Um prodígio teria anunciado sua vitória em Farsália: "No templo da Vitória, em Trales, havia uma palmeira que, enraizada na calçada, de repente irrompeu através do teto, perfurando as junturas de pedra". César, *Comentarios de la Guerra Civil*, III, 105, p. 480, Buenos Aires, 1951.

[230] "O sonho, com efeito, vem de Júpiter". Epístola a Suetônio, I, 18.

[231] Suetônio, *op. cit.*, Tibério, 69.

[232] Tácito, *Histórias*, II, 78; Suetônio, *op. cit.*, *Vespasiano*, 5, 8.

[233] De Champagny, Études sur L'Empire Romain, Tomo 3, p. 293; interessante observar que a preocupação com uma vida futura estava ausente da religiosidade pagã. Tomemos um exemplo extraído dos versos de Juvenal. O poeta descreve um homem desonesto e supersticioso, que se esforça por conciliar seus interesses com sua religião. "Ísis fará de mim o que ela desejar; com um só golpe de sua matraca, se quiser, me tornará cego: ainda que cego, poderei tatear minhas moedas. Meu ganho desonesto vale bem uma tísica, um abscesso ou a perda da metade da perna. Além do mais, a cólera dos deuses, embora temível, é muitas vezes tardia. Se eles deverão punir todos os criminosos, será que a minha vez chegará logo? Pode ser mesmo que eu desperte neles alguma compaixão. Ora, muitos homens cometem o mesmo crime e têm destinos diferentes: este recebe a cruz, aquele um diadema". Juvenal, XIII. Como se vê nenhuma palavra sobre a outra vida. Uma interpretação forçada poderia indicar o contrário nas metamorfoses, quando Lúcio diz: "Eu me aproximei dos limites da morte; pus os pés no vestíbulo de Proserpina e retornei levado através dos elementos; no meio da noite, vi o sol brilhar com um clarão ofuscante: aproximei-me dos deuses do inferno, dos deuses do céu; eu os vi face a face e os adorei de perto". Apuleio, *El Asno de Oro*, XI, 3, p. 241, Barcelona, 1955. Ainda que ambíguo, o texto em referência está longe de fazer supor a eternidade tal como a concebe o cristianismo.

preciso aqui remontar à origem. Quando a alma humana, em meio a suas adorações errantes que de tudo fazia divindades, tomou consciência dessa dupla lei da natureza, lei de nascimento e de morte, pela qual as criaturas, sem cessar morrendo, sem cessar reproduzindo, renovam a face do mundo, percebeu também que, nessa luta da natureza contra ela mesma, todas as contradições e todos os antagonismos se resumiam e se explicavam por si mesmos. E como tudo que era grande, universal e ignoto se chamava deus, os povos acabaram por divinizar a geração e a morte.[234]

> "Há mais (pois a ciência seria bastante tola se se obstinasse em não ver aqui senão abstrações e alegorias filosóficas): todas as inclinações da natureza corrompida, inclinações impuras e cruéis, têm aqui sua parte. Aquele "por quem a morte entrou no mundo" e que "foi homicida desde o começo", fazia de seus adoradores homicidas; aquele que sabia que um filho da mulher devia esmagá-lo, queria corromper irreversivelmente a geração humana. Assim, o culto da geração foi impuro, o culto da morte foi sanguinário. O homem, para agradar os deuses, devia ser imolado e corrompido. Cumpria, pois, degolar sobre os altares legiões de homens e eludir, pela lascívia e a fraude, gerações deles ainda por nascer".[235]

Quem eram esses deuses, essas poderosas forças ocultas, que exigiam sacrifícios humanos e a prostituição, o holocausto e a desonra, como ainda o fazem hoje, onde houver vida e virtude? As Escrituras respondem: todos os deuses das nações são demônios.[236]

> A idolatria não era somente um capricho do espírito humano, uma consequência natural ou fortuita do extravio da inteligência e do coração. Ela tinha uma causa exterior, ativa, tirânica, reinando nas almas, adorada nos templos e temida no mundo: "Todos os reinos da terra me pertencem e os dou a quem eu quiser".[237]

Com o advento do cristianismo, se iniciaria uma luta encarniçada entre duas religiões que tenazmente se disputavam a alma do homem, mobilizando a energia de toda a população do império, em que o espírito político havia dado lugar ao espírito religioso.

Fustel de Coulanges descreve com minúcias esse fenômeno:

> Tudo o que os homens tinham então de energia foi canalizado para a religião. Pagãos e cristãos, quase que em igual medida, direcionaram para ela todas as forças de suas almas. Ela foi o centro de seus zelos e de suas paixões, de seu trabalho de espírito, de seus deveres, de suas virtudes, de seu devotamento, não lhes restava vigor para a vida política. Não nutriam senão total indiferença pelos interesses puramente terrestres, pela forma de governo, pelos destinos do Estado. [...] Não é somente entre os cristãos que este espírito religioso domina toda a alma. A mesma disposição, a mesma preocupação existe também entre os pagãos. A religião é

---

[234] De Champagny, *op. cit.*, p. 299.
[235] De Champagny, *op. cit.*, p. 299-300.
[236] Salmo 95.
[237] De Champagny, *op. cit.*, p. 307.

outra, a religiosidade é a mesma. A maior parte dos pensamentos têm o caráter de crenças religiosas e as paixões mais fortes se inclinam pelo triunfo de uma ou de outra das causas religiosas [...]. Não há mais comícios, mas há procissões nos templos e assembleias na igreja. A multidão é indiferente às magistraturas políticas, mas tem seus comícios para eleição dos sacerdotes e dos bispos e as lutas aí são ardentes [...]. Os livros que se lêem são livros de polêmica religiosa. Toda atividade, todo ardor, toda vontade, toda alma destas gerações estão aí. Os homens não se dividem em dois sistemas políticos, se dividem em duas religiões.[238]

2.2. A Filosofia em Roma

O gênio político e militar dos romanos, assim como o respeito que tinham pela tradição, pela sabedoria dos ancestrais, *sapientia majorum*, tornou-os pouco propensos para as puras especulações do espírito: não chegaram a produzir uma filosofia de primeira ordem, nenhum sistema, nenhuma escola. A própria filosofia grega, tão celebrada na época, não penetrou em Roma senão muito mais tarde, por volta do segundo século antes da era cristã. O orgulho nacional dos romanos, justificado pelo sucesso de suas armas e pelo poder de suas instituições, não podia predispô-los a aceitar facilmente ideias e hábitos estrangeiros. Mas as grandes questões que incessantemente agitaram as escolas, depois de Tales e Pitágoras, terminaram sempre por triunfar sobre os preconceitos e as paixões de cada idade e de cada povo. Assim aconteceu também com esse povo tão austero e orgulhoso. Quando Atenas enviou, junto ao senado romano, uma embaixada composta de três renomados filósofos, Diógenes, o estoico, o peripatético Arquelau e Carnéades, o sofista, a juventude romana acorreu em massa às suas lições. Ouviu, com uma curiosidade ardente, os debates, ora graves, ora sutis, que mostravam a seus olhos um mundo inteiramente novo. Carnéades, sobretudo, conseguiu cativá-la pela maleabilidade de suas palavras e pela fineza de sua dialética,

> [...] como convinha a um filósofo que era, segundo Ampère, um orador, ou antes um retórico, o retórico por excelência, pois, vindo a Roma, um dia falou em favor da Justiça, no dia seguinte, refutando todos os argumentos da véspera, se esforçou por demonstrar sua inexistência.[239]

Em vão, Catão, horrorizado, fez partir, à disparada, esses hóspedes tão perigosos. O mal, porém, já estava feito. Carnéades já havia seduzido a juventude romana com sua doutrina do provável.[240]

A despeito de se terem tornado discípulos dos gregos, os romanos permaneceram fiéis ao seu temperamento. As doutrinas de Platão e de Aristóteles não lograram fazer, entre eles, senão raros e obscuros partidários. O ceticismo absoluto de Pirro encontrou neles também muita resistência. Parece que mostravam mais inclinação para o ceticismo moderado ou para o proba-

---

[238] *Histoire des Institutions Politiques de L'Ancienne France, L'Invasion Germanique*, p. 220.

[239] *L'Histoire Romaine*, Tomo 3, p. 550, Paris, 1880; "Carnéades, contra todos os filósofos, estabelece a não-existência absoluta de qualquer critério de verdade; dito de outro modo, ao lado das representações verdadeiras, existem sempre as falsas que, mesmo sendo tais, não possuem sinais especiais que as distingam das primeiras". *Sexto Empírico, contra os Matemáticos*, VII, 411 e segs.

[240] "É razoável (*Eulogon*) um juízo que tem várias possibilidades de ser verdadeiro. Exemplo: amanhã estarei vivo". Diógenes Laércio, *Vidas, Opiniones y Sentencias de los Filósofos más Ilustres*, VII, 76, Buenos Aires, 1945.

bilismo da nova Academia, sendo certo que a essa preferência juntavam sempre os ensinamentos mais elevados e mais varonis do Pórtico. Eram pelos sistemas que mais se preocupavam com a moral; que perseguiam mais diretamente o fim prático da vida, que os romanos mostravam maior interesse.[241] Numa palavra: era ao estoicismo e ao epicurismo que aderiam de preferência. À primeira dessas escolas pertencia, além dos discípulos de Panécio, tudo o que Roma, no ocaso da república, encerrava de corações generosos e de verdadeiros cidadãos: o segundo Bruto, o sábio Varrão, Catão, que se matou para não sobreviver à liberdade de sua pátria, como também os últimos pilares do nome romano sob a tirania dos imperadores, aqueles que se pode chamar de mártires da filosofia estoica: Canio Júlio, Traseas Peto, Helvídio Prisco e, sobre todos, Sêneca. O estoicismo não agia somente sobre as ideias e os sentimentos dos romanos, ele, juntamente ao cristianismo, exerceu uma benéfica influência sobre a legislação e, lado a lado com a piedade cristã, regenerou a jurisprudência do império, para abrandar-lhe a interpretação, em que ela era rigorosa na observância da letra da norma.[242] É por isso mesmo que o direito romano foi definido como a razão escrita, *ratio scripta*.[243] Desde o primeiro contato do espírito romano com a filosofia grega, vemos Múcio Scevola, aluno de Panécio, fundar uma escola de jovens jurisconsultos, aos quais ensinava os princípios do estoicismo, e à qual pertenciam Aquilio Galo e Sulpício Rufo, todos dois contemporâneos de Cícero.[244] Não foi exatamente essa mesma escola, continuada e desenvolvida por Servio Sulpício Rufo, o discípulo de Posidônio, que se prolongou até Gaio, Ulpiano e Paulo?

Com efeito, as três grandes escolas permanentes de Zenon, de Carnéades e de Epicuro, se entendiam muito bem para enfraquecer a fé religiosa. Isso feito, nada de comum restava entre elas. O epicurista tinha por princípio não se envolver com a coisa pública, de não devotar-lhe nem seu tempo nem sua inteligência. O acadêmico, como Carnéades, arredondava seus períodos, discutia os prós e os contras, mas nada concluía. Aí, certamente, não estava a salvação do império.

2.2.1. O Estoicismo

Felizmente, Roma recebeu também dos gregos o estoicismo, que parecia feito para ela. Mas o estoicismo, nobre excesso de virtude, nobre inconsequência do fatalismo, não podia ser senão a lei do pequeno número, que defendia a energia individual contra a influência paralisante do regime imperial, assim como a moralidade humana contra a corrupção que esse regime de servidão propagava. O epicurismo tinha dissolvido as almas no fim da república; o estoicismo as tinha retemperado e fortalecido no começo do império.[245]

---

[241] Não se dava grande importância à filosofia. As grandes e sérias escolas haviam declinado. O dogmatismo de Platão tinha fracassado diante do ceticismo de Carnéade; Carnéade, por sua vez, também sucumbira. Não havia no tempo de Sêneca; nem pirrônicos nem pitagóricos. Sêneca, *Questions Naturelles*, VII, *in fine*.

[242] "Sabe-se, de uma forma positiva, que vários dos grandes jurisconsultos do século VII estudaram as doutrinas estóicas na escola de Panécio. À filosofia grega, os jurisconsultos pediram emprestado a arte de apresentar as regras de direito numa forma sistemática e de desenvolver suas ideias numa ordem lógica; à retórica, novos princípios de interpretação das leis e dos atos jurídicos". Ch. Daremberg e Edm. Saglio, *op. cit.*, Tomo 3, p. 718.

[243] Cícero, *Sobre el Orador*, I, 43, p. 164-165-166, Madri, 2002.

[244] O primeiro que aplicou no direito a filosofia grega foi Mucius Scevela. Suas obras principais foram o *Juris Civilis Lib*. XVIII e *Liber Singularis*. Na primeira, fez, pela primeira vez, uma exposição sistemática do direito civil; na última, reuniu um certo número de definições destinadas a explicar os termos jurídicos obscuros dos equívocos. Aquílio Galo, autor da estipulação aquiliana (*stipulatio*), foi pretor em 688. Sulpício Rufo, que esteve em Rodes, estudando a filosofia estoica com Apolônio e Posidônio, continuou a obra de Mucius Scevola. Daremberg e Saglio, *op. cit.*, Tomo 3, p. 718.

[245] "A doutrina prática dominava a especulativa; ela atraía para o pórtico as almas mais elevadas, ao passo que o vulgo recorria a Epicuro". De Champagny, *op. cit.*, Tomo 3, p. 226.

O estoicismo exibia, é certo, pretensões mais dogmáticas e uma moral mais grave. Natureza inteligente e natureza corporal, alma e corpo, homens e deuses, tudo, diziam os estóicos, faz parte de um único ser que se encaixa num sistema harmonioso. A glória de cada porção é a de não perturbar essa harmonia e de caminhar de acordo com o todo. A natureza material age sem responsabilidade e sem mérito, visto não possuir nem pensamento que discerne, nem vontade que resiste.[246] Outro tanto fazem os deuses também sem mérito, porque nessa harmonia eles encontram sua felicidade atual, sensível e permanente. Mas o homem que não pode cumprir essa lei senão com o trabalho, ao cumpri-la, fá-lo também com glória, posto que, com o cumprimento dela, faz-se igual aos deuses. Ele pode ser, pela força de sua alma, exatamente a mesma coisa que são os deuses pela beatitude de sua condição, ou seja, impassível, imperturbável, superior à dor e ao temor. Mas é preciso, nessa empreitada, que ele escute a voz da razão, órgão da lei universal, que o ensinará que nada é bom, a menos que seja justo, que nada é mau, a menos que seja vergonhoso: que não tema nem o sofrimento, nem a miséria, nem a morte.[247]

Convém, entretanto, deixar claro que a escola da qual saiu essa doutrina moral, malgrado fosse uma admirável escola, era, contudo, uma escola de decadência. Ora, a nota comum de todas as decadências é que nelas não se encontra mais nada de verdadeiramente simples e grande. Tudo nelas é excessivo, factício e artificial, e por causa delas, o amor desregrado de uma perfeição falsa, porque é desmesurada e impossível, substitui o sentimento e o gosto da perfeição verdadeira.

Assim é que os estoicos admitiam na origem de tudo o que existe um princípio do qual todas as coisas derivam e para onde todas devem voltar: Deus. Deus é essencialmente inteligente e racional. Os estoicos chamam-no inteligência, razão, logos, que contém em si todas as sementes e todas as razões particulares de todos os seres da natureza.[248] A esse título, ele governa e dispõe de todas as coisas, atribui a cada parte do mundo sua natureza própria, seu papel distinto, seu fim preciso. O lado bom da filosofia estoica se resume ao que ficou dito. Convém, entretanto, não se deixar seduzir pelas aparências, principalmente em filosofia. É preciso ir ao fundo das coisas, espremer o princípio fundamental dessa especiosa doutrina, deduzir suas consequências, para se pôr em evidência o seu outro lado.

Assim, convém inicialmente indagar: o deus dos estoicos é uma verdadeira providência, no sentido de que é uma consciência distinta, autoconsciente e independente do mundo, que nele livremente cria e no qual distribui a razão e a vida? De modo algum. Esse deus é um germe, uma semente, que se desenvolve, é verdade, mas por uma lei necessária e em virtude de uma fatalidade absoluta. E qual é o resultado desse desenvolvimento eterno? É o mundo, com a sua variedade infinita de seres. Deus se desenvolve necessariamente na natureza, ou melhor, deus se faz natureza, o infinito se torna finito, o indeterminado se determina.

---

[246] A doutrina estoica leva à atribuição de uma alma e a divindade ao universo, que a providência dos deuses governa. Que são os deuses? Tudo; os astros, o céu, o próprio mundo, a natureza inteira. Tudo agindo harmonicamente segundo um fim. "O Deus estóico, na lógica do sistema, à medida que se identifica com a natureza, não pode ser pessoal. De resto, é destino fatal do panteísmo o fato de não poder manter em justo equilíbrio a identificação de Deus e Natureza, e tender a dissolver-se, em última análise, no ateísmo ou no teísmo". Giovanni Reale, *História da Filosofia Antiga*, Tomo 3, p. 310-311, São Paulo, 1994.

[247] Viver segundo a natureza ou viver segundo os ditames da natureza, eis aí condensada a definição da ética. "A virtude é uma disposição para viver segundo a natureza; ela é desejável por si mesma, não por algum temor ou esperança ou por algo externo; nela reside a felicidade, pois ela é como uma alma feita para harmonizar toda a vida". Diógenes Laércio, *op. cit.*, VII, 89.

[248] "Essa concepção panteísta-materialista de Deus não exclui o politeísmo. Também para os estóicos, de fato, como para todos os gregos, as concepções de Deus uno e de Deus múltiplo não se excluem mutuamente, e monoteísmo e politeísmo não parecem posições antitéticas". Giovanni Reale, *op. cit.*, Tomo 3, p. 309. "Entretanto, Deus e a matéria se identificam na realidade, de modo que a doutrina estóica não é senão um panteísmo hylozoístico. Deus é a unidade da força que envolve, penetrando e revestindo todas as formas". J. J. Döllinger, *Paganismo et Judaïsme*, Tomo 2, p. 135, Bruxelas, 1858.

Estamos aqui, evidentemente, em pleno panteísmo, aliás bastante grosseiro, visto que os estoicos, querendo caracterizar e definir o primeiro princípio das coisas, após tê-lo chamado *semente*, *sopro*, *pneuma*, acabaram por assimilá-lo ao fogo.[249]

Compreende-se, à vista da cosmologia estoica, que com esse panteísmo materialista e fatalista, os estoicos não tivessem nenhuma dificuldade em admitir a teologia do paganismo: bastou transformar o panteísmo natural em teofania mítica.[250]

Cumpre, agora, dizer algumas palavras sobre as consequências práticas da doutrina estoica, e vejamos como o problema moral foi aí tratado.

O princípio moral proclamado por toda escola estoica é de que o homem é o resultado de uma composição entre o corpo e a alma, sendo que esta governa aquele, visto que a matéria é um princípio passivo, inerte, cego e inferior. A alma é essencialmente ativa, fecunda, racional e dominadora do universo, o que é o mesmo dizer que o homem deve, antes de tudo, subordinar sua parte inferior à superior, submeter o corpo ao império da alma, governar seu ser como o próprio Deus governa o dele, numa palavra, deve seguir a natureza e a razão.[251]

Até aqui, a doutrina moral dos estoicos nos parece irreprochável. É verdade que os princípios muito gerais, em moral, são quase sempre muito vagos, ficando para a aplicação sua determinação, oportunidade em que expressam seu verdadeiro alcance normativo. O que era, portanto, para os estoicos a vida humana, especialmente quando ela é regulada pela natureza e pela razão? Os estoicos, em geral, representavam a vida como uma luta entre dois inimigos encarniçados e irreconciliáveis: a paixão e a liberdade. Nessa luta, é preciso que a liberdade seja a vencedora, mas ela só poderá sê-lo pela diminuição, pelo enfraquecimento, mais ainda, pela absoluta destruição das paixões. Eis a nota distintiva da ideia estoica da vida.[252] Antes de Crisipo, antes de Cleanto, antes de Zenão, vários filósofos, Pitágoras, Sócrates e Platão, tinham demonstrado a conveniência de se reprimir a brutalidade dos apetites, de se sufocar as paixões más, de se estabelecer, na alma, o governo da razão. Mas o que Pitágoras, Sócrates e Platão jamais ensinaram é que o próprio princípio das paixões, isto é, a sensibilidade, devesse ser, não já subordinado e contido, mas definitivamente cortado pela raiz. O sábio e profundo Platão fazia distinção entre as paixões, sendo certo que reputava algumas mais nobres e generosas e, longe de proscrevê-las com as outras menos honestas, queria servir-se delas para governar estas últimas. Com efeito, Platão não mutilava a natureza humana, apenas desejava educá-la. A perfeição da virtude não estava, em sua visão, na destruição de uma parte de nossa natureza, mas na harmonia de todas as partes.[253] Havia um exagero nessa ideia, nobre e forte sem dúvida, mas no fundo estreita e

---

[249] Cícero, *Da Natureza dos Deuses*, II, 9, 23 e segs.; Diógenes Laércio, *op. cit.*, 7, 137, 148, 156.

[250] Os deuses são o mundo; as querelas dos deuses são as lutas dos elementos naturais; seus adultérios não são senão fenômenos físicos. Ver Varrão, *Apud* Santo Agostinho, *A Cidade de Deus*, IV, 31-32; VI, 3-5; VII, 5-6-23; VIII, 5.

[251] Sêneca, *Da Felicidade*, V-VIII, p. 99-102, Porto Alegre, 2009.

[252] "Assim, o estóico torna-se, pela virtude, perfeitamente autárquico: não tem necessidade de prazeres, que não aperfeiçoam a sua natureza de homem, não tem necessidade nem mesmo de uma vida futura que acrescente algo à perfeição já possuída com a virtude". Giovanni Reale, *op. cit.*, Tomo 3, p. 340. "Para nada a felicidade de Zeus é preferível, mais bela ou mais apreciável que a dos sábios". Estobeu, *Antologia*, II, 98, 20; "O sábio nega às paixões seu assentimento". M. F. Sciacca, *Historia de la Filosofia*, p. 139, Barcelona, 1954.

[253] Essa mutilação da natureza humana é que levou o sábio estoico a considerar o suicídio como um ato heroico. Diógenes Laércio, *op. cit.*, VII, 77, p. 75.

incompleta, de que a vida é uma luta entre a paixão e a liberdade; que a paixão é o mal; que a paixão deve não somente obedecer e curvar-se, mas se anular e sucumbir.[254]

Tudo o que entrava ou diminui a liberdade é absolutamente mau; tudo o que a favorece ou acrescenta é absolutamente bom; tudo o que não exerce efeitos sobre ela é absolutamente indiferente. Daí, várias consequências que os estoicos não tiveram o cuidado de evitar, deixando exposto, ora de uma forma ridícula, ora vergonhosa, os vícios de sua doutrina. Crisipo não via na poligamia e no horrível uso de se nutrir de carne humana senão manifestações de costumes e de práticas locais, absolutamente indiferentes ao homem sábio.[255] O sábio, o homem livre, não deve, senão a si próprio, o seu bem, a sua felicidade, pelo que não depende, para alcançá-los, nem da família, nem de amigos, nem do Estado. Ao abrigo dos golpes da sorte, insensível a todas as coisas, senhor de si, ele encontra em si mesmo a serenidade, a paz, a felicidade sem limites. A liberdade, uma vez conquistada em sua plenitude, não pode encontrar limites nem malograr. O sábio, o homem verdadeiramente livre, pode fazer o que quiser, sem olhar as consequências, porque nada pode prejudicá-lo, nem ameaçar sua condição de homem livre; caminha voluntariamente para onde o mau é arrastado pela força.[256] Alguns ousaram pretender que o sábio pode impunemente praticar as ações mais hediondas e as mais criminosas, macular seu corpo com práticas abomináveis, sem que a pureza inalterável de sua alma sofra por isso a menor redução. Nesse ponto, vemos desembocar nos mesmos excessos tanto o estoicismo como o misticismo dos neoplatônicos. Uma vez arrebatado das misérias da vida corporal pelo esforço supremo do êxtase, o místico não é mais deste mundo. Seu corpo, seus sentidos, sua vontade não lhe pertencem mais, seus últimos desregramentos são anônimos, porque são para sua alma, doravante ausente, como se não existissem.

Situado fora do alcance do ser humano normal, bom talvez para algum espírito de elite, moral incompleta, exagerada, quimérica, o estoicismo devia dar lugar a uma outra moral, mais profunda, mais humana, mais verdadeira. A moral fundada no amor de Deus e do próximo, a moral do Evangelho.

2.2.2. O Epicurismo

O gênero humano, que acabava de atravessar duas guerras civis, testemunha de tantos crimes e desastres, assustado, desorientado, mal instruído, se lançava, como um perseguido, em

---

[254] "A verdadeira liberdade do sábio está em conformar os próprios quereres aos do destino, em querer com o destino o que o destino quer. De fato, o destino é o *logos* e, por isso, querer os quereres do destino é querer os quereres do *logos*. Liberdade, portanto, é levar a vida em total sintonia com o *logos*". Giovanni Reale, *op. cit.*, Tomo 3, p. 319; "A ataraxia é a maior virtude". J. J. Döllinger, *op. cit.*, Tomo 2, p. 145.

[255] "[...] indiferentes são todas as coisas que não trazem nem vantagem nem dano, por exemplo: vida, saúde, prazer, beleza, força, riqueza, boa reputação, nobreza de estirpe, e os seus contrários, morte, enfermidade, pena, fealdade, fraqueza, pobreza, ignomínia, humilde estirpe e semelhantes...". Diógenes Laércio, *op. cit.*, VII, 102. Entretanto a indiferença estoica comportava, consequências morais muito perigosas para o grupo social: "A mentira, a pederastia, a impudicícia, os atos que fazem tremer a natureza, os crimes de Édipo e de Tieste, tudo lhe era permitido. A pederastia é um ato indiferente em si mesmo: eis o que com a escola cínica proclamaram os três mestres do Pórtico. O próprio Zenão, usou desta liberdade sem o menor escrúpulo. Crísipo não tinha senão elogios para as impudências de Diógenes. A escola inteira baseou sua moral sobre a necessidade de seguir a natureza. Os fatos provam quanto este princípio era elástico; o casamento, o comércio carnal entre o pai e a filha, entre a mãe e o filho eram declarados conforme à natureza". J. J. Döllinger, *op. cit.*, Tomo 2, p. 146.

[256] Émile Bréhier, *Histoire de la Philosophie*, Tomo I, p. 326, Paris, 1955. "O sábio não pode perder coisa alguma, porque as tem todas depositadas em si mesmo, sem ter deixado nenhuma à fortuna, mantendo seus bens em lugar firme, e contentando-se com a virtude, que não necessita das coisas fortuitas; e assim, não precisa crescer nem pode minguar, porque o que chegou ao cume não pode subir mais, de modo que a fortuna não tira senão o que ela deu; e como não deu a virtude, não pode tirá-la: esta é livre, inviolável, firme, contrastável, e de tal maneira fortalecida contra os acontecimentos, que não só não pode ser vencida, mas nem ainda ameaçada". Sêneca, *op. cit.*, *De la Constancia del Sabio*, p. 184-185.

busca de asilo ao pé dos altares de todos os deuses. A filosofia tinha mostrado, nesse período escabroso, todas as suas contradições, toda sua impotência. "Honrar os deuses porque eles são romanos, temer os filósofos porque eles são gregos. Tal foi a tradição política que Augusto legou aos seus sucessores".[257]

O estoicismo, comprometido nas guerras civis, era suspeito, para o príncipe, de sedição, para a massa, de pendor aristocrático. Só o epicurismo podia ostentar a pretensão de ter uma escola. Nela, ainda se jurava pela palavra do mestre; dos seus apotegmas, ninguém se atrevia a acrescentar uma palavra sequer; traziam sua imagem no peito ou guardavam-na no quarto, como um talismã ou como um ídolo.[258]

Mas essa palavra do mestre, tão fielmente guardada, não era mais entendida como Epicuro a entendera. Epicuro, o predicador do prazer, que vivia só de água e legumes, acreditou ter fundado, sobre uma metafísica negativa, uma moral severa: identificava no prazer o fim do homem, mas, ao mesmo tempo, colocava o prazer entre as virtudes. A inconsequência era chocante. Os discípulos, mais lógicos que o mestre, conceberam uma doutrina, cuja moral estava apoiada sobre o prazer, não como a entendia Epicuro, mas na acepção vulgar, mais compatível com a sensualidade da época, de satisfação dos sentidos, pelo que não foi difícil ao povo romano entendê-lo e persegui-lo como fim último da vida.[259]

Na verdade, Epicuro era filho de uma civilização decadente e de uma geração angustiada. Depois de vinte anos e tormentos, a Grécia estava inteiramente arrasada. Da Índia à Macedônia, os capitães de Alexandre, suscitando uma verdadeira tempestade, disputavam, entre si, o império que este último havia conquistado. Mais segurança, mais liberdade, mais glória! Em meio a tantos desastres, Epicuro vinha revelar o segredo do mundo, ou melhor, de uma geração desmoralizada. Ele falava de prazer, de felicidade e conduzia tudo a esse fim supremo, cujo atingimento a moral epicurista prometia garantir. Essa era definida como a ciência dos meios que conduzem à felicidade. E que obstáculos impedem a realização desta? Nossas ilusões, nossos preconceitos, nossos temores, numa palavra: nossa ignorância das leis da natureza. Daí as crenças supersticiosas, as vãs preocupações e as falsas esperanças. O remédio para todos esses males está na física, mas numa física exata e verdadeira, auxiliada pelas leis da canônica (lógica), que nos proporciona os meios de evitar o erro e alcançar a verdade. Assim, a física é feita para a moral, e a lógica, para a moral e a física.[260]

---

[257] De Champagny, *op. cit.*, Tomo 3, p. 239.

[258] De Champagny, *op. cit.*, Tomo 3, p. 240; "Que eloquência tão hábil se abalance a urdir louvores ao varão ilustre, que tais riquezas nos doou; é sobre-humana tal empresa; foi um Deus que achou da vida, a razão, que sapiência os homens chamam". Lucrécio, *Da Natureza das Coisas*, V, 3 e segs., p. 213.

[259] "Epicuro, diz Cícero, tem muitos períodos brilhantes; mas não cuida absolutamente de se manter de acordo consigo mesmo". Tusculanes, V, XXVI, p. 399-400, Paris, sem data. "Epicuro via que as adversidades golpeavam sempre os bons: pobreza, trabalhos, exílio, perda dos parentes queridos; via que os maus são sempre felizes, tornam-se sempre mais poderosos, recebem encargos e honras; via que a morte fere sem levar em conta a conduta dos homens, sem ordem nem distinção de idade, que alguns chegam à velhice, outros são raptados à vida enquanto crianças, outros morrem adultos, outros na primeira floração da adolescência apagam-se pela morte prematura; via que nas guerras são, antes, os melhores a serem vencidos e perecerem. Mas, sobretudo, comovia o que os homens na verdade piedosos são afligidos pelos maiores males, enquanto os que são totalmente descuidados dos deuses e não lhes prestam o devido obséquio sofrem males menores ou não sofrem nenhum mal". Lactâncio, *Instituição Divina*, III, 17, 8. Epicuro admitia a existência de males e injustiças no mundo. Sua filosofia estava destinada a remediá-los.

[260] "É verdade que no poema lucreciano fala-se muito mais de física do que de ética, mas a extensão com a qual são discutidas as doutrinas físicas não deve esconder a sua qualidade, isto é, a sua natureza e o seu objetivo. As doutrinas físicas não são absolutamente fins em si, mas representavam o "verdadeiro" que deve afugentar os horrores e as angústias humanas, o "lume" que deve iluminar as trevas das mentes, a força que deve dispersar os fantasmas". Giovanni Reale, *op. cit.*, Tomo 3, p. 245; Diógenes Laércio, *op. cit.*, X, 22, p. 247; Émile Bréhier, *op. cit.*, Tomo 1, p. 360.

O objetivo de Epicuro era fazer da lógica uma arte simples e cômoda, mediante a substituição das complicadas teorias do *Organum* de Aristóteles por um pequeno número de regras claras e precisas. Não há, dizia o filósofo, senão três fontes possíveis de conhecimento ou, para falar a sua língua, três critérios da verdade: as sensações, as antecipações e as paixões.[261]

Os objetos exteriores emitem continuamente certas emanações ou eflúvios que, por meio dos nervos, chegam à alma e aí produzem a sensação. A sensação nunca erra, é portanto infalível. O que nos enganam, muitas vezes, são as nossas opiniões, quando são emitidas sob o império das paixões, de preconceitos ou de superstições, de modo que somente as opiniões podem falhar, nunca as sensações.[262]

A antecipação, afirmam os epicuristas, é a opinião verdadeira, o pensamento, a ideia geral que se acha em nós, isto é, a lembrança do objeto exterior que se oferece frequentemente à sensação, de modo a ser esta a razão de ser da antecipação. Assim, por exemplo, quando dizemos que o homem é mortal, mal pronunciamos a palavra homem, por meio da ideia antecipada dada pelos sentidos, nos representamos a forma humana.[263]

Restam as impressões da alma, os prazeres e as penas, ou seja, as paixões. As paixões nos indicam o que devemos fazer ou evitar ou, para falar como Epicuro, como procurar o bem e prevenir o mal. Essa distinção do bem e do mal, nascida da paixão, é a única fonte da moral epicurista.

Toda a canônica de Epicuro está, pois, contida nestas duas proposições: é pela sensação que conhecemos a nós mesmos; toda certeza está na sensação, ela também é objeto da física.[264]

Vimos que as sensações são produzidas por emanações ou eflúvios que partem dos objetos. Pois bem. Essas emanações ou eflúvios são partículas da matéria, como Demócrito já os descrevera em sua famosa doutrina dos átomos. Limitemo-nos, porém, a indicar brevemente o que essa doutrina se tornou nas mãos de Epicuro.

Demócrito atribuiu aos átomos três tipos de movimento: o oscilatório, o retilíneo e o circular. Mas, com tais elementos, como explicar a formação do mundo? Para resolver o problema, Demócrito recorreu à *ultima ratio* dos físicos e dos poetas, a saber, à fatalidade. Essa intervenção de uma fatalidade terrível, misteriosa, inevitável, não era apta a dissipar as inquietações dos mortais. Epicuro quis escapar dela a qualquer custo, e propôs que à forma e à solidez, qualidades essenciais dos átomos, viesse somar-se também o peso. Essa simples adição redundou numa mudança radical. Se os átomos são dotados de peso, além dos três tipos de movimento, concebidos por Demócrito, era preciso reconhecer um quarto, que envolve e absorve o outros três e que explica a queda dos átomos. De toda a eternidade, os átomos caem no vazio, com velocidade igual e paralelamente uns aos outros. Ora, se é sempre assim, o choque entre eles é impossível e para explicar o mundo, ter-se-ia que recorrer ou à intervenção da Providência ou ao casuísmo do destino. Nenhuma coisa nem outra admitiu Epicuro. Apenas introduziu um novo elemento em seu sistema, por meio do qual os átomos poderiam se encontrar, se combinar e formar o mundo com tudo o que nele se contém: um pequeno desvio no movimento vertical. O mundo assim formado se mantém pelos mesmos meios. Os átomos, em virtude da força que lhes é inerente, agem uns sobre os outros, se atraindo e repelindo mutuamente. Daí as formas variadas da natu-

---

[261] Diógenes Laércio, *op. cit.*, X, 23, p. 248; Lucrécio, *op. cit.*, IV, 915 e segs.
[262] Diógenes Laércio, *op. cit.*, X, 23, p. 248; Lucrécio, *op. cit.*, IV, 56 e segs.
[263] Diógenes Laércio, *op. cit.*, X, 24, p. 249; X, 33, p. 249.
[264] Diógenes Laércio, *op. cit.*, X, 28, p. 251; Lucrécio, *op. cit.*, IV, 950 e segs.

reza e as inumeráveis transformações que sofrem os corpos. Para explicar todos os fenômenos, inclusive os relativos ao conhecimento, são suficientes o vazio, os átomos e seus movimentos.[265]

Mas, se os átomos são as causas, as causas primeiras de tudo o que é, não é somente a ideia do destino, é a crença em toda divindade que é preciso abolir, com o que se erige o ateísmo em verdade filosófica. Conquanto não admitisse um Deus, Epicuro postulava vários, todos eles eternos, imutáveis, indiferentes a todos os negócios humanos, inteiramente ociosos, ou seja, perfeitamente felizes. Por consequência, é absolutamente inútil endereçar-lhes preces, sacrifícios e procissões, visto que não são corpos, melhor dizendo, não são seres. Quem jamais viu um corpo do qual se pudesse deduzir legitimamente a divindade? Entretanto, é preciso que eles sejam qualquer coisa. São imagens, diziam os epicuristas, que se formam no ar, como aquelas que nos aparecem nos sonhos, são fantasmas com forma humana, mas de grandeza colossal.[266]

Essa física epicurista é, ao menos, o que ela pretendeu ser, isto é, uma preparação para a felicidade? Que se a julgue. Para libertar o homem de todo temor religioso, Epicuro suprimiu a providência. Para preveni-lo das decepções, retirou-lhe a esperança da outra vida. Para consolá-lo dos sofrimentos desta, deu-lhe o prazer. Eis o que o fundador do epicurismo concebia como a paz da alma.[267]

Toda moral de Epicuro está contida em um pequeno número de proposições estreitamente ligadas entre si. Todas elas derivam de um único princípio, a saber, que o fim do homem, o soberano bem do homem, é a felicidade. O elemento constitutivo da felicidade, dizia o filósofo, é o prazer. Dava como prova desse apotegma fundamental a mesma que os cirenaicos produziam para iludir seus adversários: o exemplo dos animais, pois todos, pelo só impulso de sua natureza, buscam o prazer e fogem da dor. Mas entre o destino do homem e o do broto há diferença, diferença que Epicuro vê na superioridade humana, posto que o homem não deve procurar o prazer pelo prazer, mas como meio para alcançar a felicidade. Há, portanto, uma escolha a ser feita entre os diversos prazeres, uma escolha que reflete uma organização hierárquica, em que o superior em importância será aquele que dê lugar à maior felicidade possível.[268]

Todos os prazeres estão agrupados em duas grandes categorias. Há um prazer agitado, que decorre de um elevado esforço de atividade física, cujo gozo é inquieto e as consequências frequentemente amargas. Epicuro dava a estes o nome de prazer no movimento. Há também um outro tipo de prazer, mais doce e mais íntimo, que se insinua em meio à paz da alma e à calmaria das paixões, cujo nome é o prazer no repouso. O prazer dos sentidos, Epicuro não o rejeitava, ao contrário, ele o buscava, se dele dependesse a fruição de um momento feliz ou a apropriação de um bem que pudesse trazer felicidade. Epicuro, no entanto, preferia o prazer no repouso, o praxe da alma, o gozo calmo e tranquilo do objeto prazeroso. Antes de louvarmos Epicuro por essa preferência, é bom sabermos em que consistia, para ele, o prazer da alma.[269]

---

[265] Diógenes Laércio, *op. cit.*, X, 32, p. 253; Lucrécio, *op. cit.*, I, 265-328. "Grandeza, forma e peso, tais são as três propriedades inerentes a cada massa atômica... Tal é a célebre inclinação dos átomos, que tanto excitou a zombaria dos adversários de Epicuro". Émile Bréhier, *op. cit.*, Tomo 1, p. 347.

[266] Diógenes Laércio, *op. cit.*, X, 91, p. 287-288; Lucrécio, *Da Natureza das Coisas*, I, 430-448.

[267] De Champagny, *op. cit.*, Tomo 3, p. 211; Émile Bréhier, *op. cit.*, p. 357; "É inútil pedir aos deuses o que temos capacidade de conseguir por nós mesmos". Epicuro, *Sentenças Vaticanas*, 65, p. 63, São Paulo, 2014.

[268] Lucrécio, *op. cit.*, V, 195-234; III, 932-945; Diógenes Laércio, *op. cit.*, 95, 96, p. 290.

[269] Diógenes Laércio, *op. cit.*, X, 101, p. 293.

Eu não conceberia o bem, dizia ele, se fizesse abstração dos prazeres do gosto, dos prazeres do amor, dos prazeres da vista que contempla as belas formas.

Em outro lugar disse: "O princípio e a raiz de todo bem é o estômago". O que caracteriza o prazer do movimento é o fato de ele não se reportar senão ao presente e de não durar senão um só instante. Mas o prazer que a memória lembra ou que o pensamento nos faz prever de uma maneira certa é um prazer da alma. Uma saúde perfeita, os gozos antecipados da carne, eis os prazeres da alma, segundo a doutrina epicurista.[270]

De todos os meios de prazer, o mais eficaz, o mais poderoso, é a virtude. A virtude por excelência é a prudência, não mais a prudência socrática, que coloca em todos os nossos atos a temperança e a medida, mas a prudência que calcula e sabe tirar, de uma determinada situação, o maior proveito possível. É pela prudência que o sábio se abstém de participar dos encargos públicos; que renuncia ao casamento e à paternidade; que observa as leis do seu país, não porque o cumprimento delas constitua uma condição para se alcançar felicidade, mas porque sua infringência, a inexistir impunidade, é causa certa de sofrimento. Enfim, é também pela prudência que o sábio amontoa, adula os poderosos e se entrega, antevendo o futuro, a todas as efusões de amor e cordialidade nos relacionamentos.[271]

As outras virtudes são a força, que consiste em se libertar, sempre por um motivo interessado, das vãs superstições e dos terrores imaginários; depois, a justiça, que é a adesão a um contrato social fundado também no interesse particular; por fim, a temperança, não aquela do homem honesto, *tout court*, mas a do comerciante que teme cair na pobreza. "

> Nossos desejos, dizia Epicuro são de três espécies: naturais e necessários, como a fome e a sede; naturais, mas não necessários, como o amor por coisas delicadas; factícios, como a paixão por licores fortes. O sábio abre mão destes últimos, contém prudentemente os segundos e satisfaz os outros".[272]

Apesar dos exageros de Epicuro e do epicurismo, "

> [...] outros motivos fizeram com que sua doutrina fosse funesta aos humanos. Primeiro, em razão do ateísmo grave, árido, científico, que substituiu a ação da Providência divina pelo encontro fortuito de átomos no espaço, onde todos se chocaram um dia para produzir o mundo. Depois, por esse princípio funesto que prega que o sábio deve se retirar da vida ativa, não deixar que sua alma seja turbada pelos interesses gerais e pelas paixões públicas. Espécie de quietismo egoísta que destrói o vigor cívico".[273]

O epicurismo não foi mais que um pretexto cômodo para todos os vícios. A obediência cega a Epicuro foi a obediência às próprias inclinações. O culto de Epicuro foi o culto das como-

---
[270] Diógenes Laércio, *op. cit.*, X, 7, p. 239; Émile Bréhier, *op. cit.*, p. 357.
[271] José Ferrater Mora, *Diccionário de Filosofia*, v. 1, p. 364, Madrid, 1983; M.F. Sciacca, *op. cit.*, p. 136; Epicuro, *Sentenças Vaticanas*, 5, p. 17.
[272] M.F. Sciacca, *op. cit.*, p. 135-136; Epicuro, *Sentenças Vaticanas*, 20, p. 28.
[273] "É melhor fugir da agitação da vida pública", M.F. Sciacca, *op. cit.*, p. 136.

didades e dos gozos arrebatados. O epicurismo, com seus milhares de sectários, era mais que um partido, era uma religião, não era mais uma escola.[274]

2.3. O Ensino e a Literatura na Roma Imperial

Não houve entre a literatura latina profana e literatura cristã o divórcio que, por tanto tempo, separou a filosofia cristã da filosofia pagã.

É lícito, mesmo, dizer que não poderíamos compreender Tertuliano, Cipriano e Arnóbio, se não dispuséssemos de conhecimentos, ainda que básicos, da literatura puramente laica de sua época. Não é por acaso que receberam a mesma educação que era regularmente ministrada a todos os romanos instruídos, sob o império, e custa crer que sua adesão ao cristianismo tenha modificado, profundamente, seus hábitos intelectuais.[275]

Foi a educação, acima de tudo, que fez o paganismo entrar na imaginação e no coração dos jovens cristãos das classes ilustradas, para daí, sem que o suspeitassem, determinar sua maneira de conceber e expressar suas crenças religiosas. Mas, para compreender seus efeitos e avaliar seu poder, principalmente sobre a literatura latina, convém precisar sua origem e acompanhar sua evolução nos dois níveis em que era prestada: primeiro, pelos gramáticos; depois, pelos retóricos.

Sabe-se que a partir das guerras púnicas, os gregos invadiram Roma. Entre aventureiros de toda espécie, que vinham oferecer seus serviços aos romanos, poderiam ser contados gramáticos, retóricos, filósofos, músicos, mestres em ciências e em artes em geral.[276] Nem todos foram acolhidos com as mesmas honrarias, nem com justa retribuição: havia ciências que os romanos de bom grado rejeitavam, assim como a filosofia, que passava por ser uma ocupação inútil. Até mesmo pela geometria e pela matemática, enquanto não apresentavam resultados práticos, mostravam alguma reserva: não eram, para eles, senão a arte de contar e de medir, em relação às quais, dizia Cícero, não pode haver outros interesses. A gramática e a retórica, pelo contrário, agradavam-nos mais. A primeira, sobretudo, não lhes parecia apresentar nenhum perigo, de modo que não viam razões sérias para fazer oposição ao seu ensino. A retórica lhes inspirava mais desconfiança ou melhor, suscitava algum temor nos mais escrupulosos, porque essa nova arte, a arte de bem falar, além de não contar com a adesão dos antigos, ensinava todos os artifícios da eloquência para agradar e embair o povo.[277] Era, contudo, difícil fechar-lhe, por completo, as portas da cidade. Se se proibia ao retórico manter escolas públicas, como se fez em 662, restava-lhe ainda o recurso de dar aulas no interior das casas de famílias, onde o alcance do poder de polícia dos magistrados era bem reduzido.[278]

---

[274] De Champagny, *op. cit.*, Tomo 3, p. 240.

[275] Que se havia de fazer para que o cristão fosse educado como todo mundo, sem correr o risco de perder sua fé? A indagação é de Tertuliano. *Da Idolatria, apud* G. Boissier, *El Fin del Paganismo,* Tomo 1, p. 205.

[276] Suetônio, *op. cit., Augusto,* 42; no tempo de Plauto já havia muitas escolas de retórica. Seus personagens falam delas como sendo estabelecimentos regulares, numerosos e conhecidos por todos. Passim, notadamente *O Comerciante,* v. 238.

[277] "Eles empurram a eloquência para pouquíssimas frases e estreitas sentenças, como se fora expulsa de seu reino. Assim, a outrora dona de todas as artes..., agora, reduzida e amputada, sem aparato, sem honra..., é aprendida como se fosse um dos mais desprezíveis ofícios". Tácito, *Diálogo dos Oradores,* XXXII, 4, p. 97, Belo Horizonte, 2014; "Pois, assim como os prestigitadores enganam os olhos dos espectadores com a velocidade das mãos, também os retóricos, tendo obscurecido com desonestidade a mente dos juízes para a lei, roubam os votos". *Sexto Empírico, contra os Retóricos,* 39-40, p. 19, São Paulo, 2013; idem, Petrônio, *op. cit.*, p. 13.

[278] Quintiliano, *Instituições Oratórias,* Tomo 1, I, 2, 1, Paris, 1836.

Em que pese um início bem conflituoso, no qual a gramática e a retórica disputavam entre si os alunos e a predominância do ensino, de forma a absorver uma o objeto da outra, os mestres de ambas as ciências terminaram por se compor, ficando decidido que a gramática e a retórica deviam se unir uma à outra para formar um curso completo de educação.

Assim sendo, cabia ao gramático dar o primeiro impulso, com vistas à instrução fundamental da criança, que para isso lhe era confiada desde a mais tenra idade. Sua tarefa consistia em ensiná-la a falar e a escrever corretamente, a partir do estudo de textos de autores famosos, tais como Homero, Menandro, Terêncio, Cícero, Horário e Virgílio, de modo a referendar o que recomendava Quintiliano: "A gramática compreende duas partes: a arte de falar corretamente e a explicação dos poetas".[279] Mas, o estudo completo da literatura parecia ser ainda insuficiente para ocupar o tempo dos gramáticos, que àquele agregavam outros que lhes pareciam indispensáveis à boa compreensão dos textos literários. É possível que os alunos conheçam a técnica da versificação, se ignoram a música? O gramático está, pois, encarregado de ensiná-la. Os poetas estão cheios de passagens que falam dos astros e de recantos pitorescos da terra: como se chegará a explicá-los se os gramáticos não ensinam a astronomia nem a geografia? Os poemas épicos e os panegíricos pintam com cores vivas os feitos de heróis, generais e estadistas célebres, como lê-los com proveito se o gramático não meter a história na cabeça dos discípulos? Finalmente, como há poemas inteiros, como o de Lucrécio por exemplo, que são destinados à exposição de uma doutrina filosófica, é bom que se saiba filosofia, como também geometria e matemática, suas ciências auxiliares, tudo isso de forma a fechar o círculo inteiro dos conhecimentos humanos, cuja extensão constitui o objeto de estudo da gramática. "Antes de passar às mãos do retórico, aduzia Quintiliano, a criança deve ter recebido o que os gregos chamam uma educação enciclopédica".[280] A educação geral, portanto, ia a reboque dessa exegese literária e sempre conforme a exigência que o estudo do texto parafraseado, em cada caso, dava lugar.

Mais tarde, o adolescente era confiado ao retórico, cuja função primordial era colocá-lo em condições de bem articular um discurso. Para que se entenda a importância que a retórica tinha então, é necessário que se tenha uma noção prévia do que significava ser um retórico.

Os retóricos não eram somente os assalariados e os favoritos do imperador, eles eram também os assalariados e os favoritos do povo. Os seis ou dez mil dracmas que a munificiência imperial podia lhes dar, não eram nada em comparação com a fortuna amontoada com a venda de palavreado oco e declamações pedantes: até mesmo os gestos do corpo e o movimento das mãos eram minuciosamente estudados e catalogados como elementos de persuasão não desprezíveis e, algumas vezes, tão importantes quanto a própria palavra falada.[281]

Além do dinheiro, que o gênio em geral não desdenha, os retóricos tinham também a glória. Na retórica, observa De Champagny, se refugiara toda atividade do espírito, toda a ambição intelectual da Grécia e do mundo romano. A juventude se apertava aos pés de sua tribuna, a tal

---

[279] *Op. cit.*, Livro I, passim; os mestres punham nas mãos dos discípulos Homero e Virgílio, como os dois poetas mais perfeitos das línguas gregas e latinas. Santo Agostinho, *La Cité de Dieu*, I, 3, Paris, 1855.

[280] Gaston Boissier, *El Fin del Paganismo*, Tomo 1, p. 162-163, Madri, 1908; Macróbio nos informa que essa educação incluía também a dança e a música; e para citar um exemplo ilustre, Sila sabia cantar perfeitamente. Macróbio, *Les Saturnales*, III, 14, p. 373.

[281] "O número dos movimentos dos quais as mãos são suscetíveis é infinito e quase igual ao das palavras, pois se as outras partes do corpo ajudam à palavra, as mãos fazem mais, elas falam. Elas pedem, prometem, chamam, despedem, ameaçam, suplicam, exprimem o horror, o temor, a alegria, a tristeza, a hesitação, a confissão, o arrependimento, a medida, a abundância, o número, o tempo. Não têm elas o poder de excitar, de acalmar, de suplicar, de aprovar, de testemunhar a admiração e o pudor? Não funcionam também como advérbios e pronomes para designar os lugares e as pessoas". Quintiliano, *Instituições Oratórias*, XI, 3, p. 83 e segs.

ponto que o titular da cátedra de Atenas se chamava presidente da juventude ateniense. Os discípulos se entusiasmavam pelos mestres até a paixão: os de Adriano agrediam furiosamente os admiradores de Cresto, e todos eles imitavam a voz, a postura e o visual do ídolo, de quem não podiam falar sem cair logo em prantos.[282]

A vida do retórico era dedicada ao trabalho. Se queriam chegar à perfeição, e todos aspiravam a ela, não podiam perder um momento do dia. A todo tempo se deixavam arrebatar por raptos de vaidade.

> Os aplausos que recebiam lhes faziam, por assim dizer, respeitáveis a si mesmos, por isso se consideravam os sacerdotes da eloquência e por seu amor abriam mão de tudo o que era indigno dela. Como viviam num mundo imaginário, refere Boissier, não tinham o menor sentido da realidade, não iam até o fundo das coisas e permaneciam de bom grado nas aparências. Os costumes que tinham de apoiar seus raciocínios nas opiniões que circulavam pelo mundo, tornava-os muito indulgentes para com os preconceitos, pelo que aceitavam-nos facilmente e os repetiam sem se darem conta das consequências.[283]

As escolas de retóricos conservavam religiosamente todas as velhas práticas, todas as antigas opiniões, até os erros mesmos eram tratados com consideração, se o tempo já os tivesse consagrado. Por isso, as escolas de Roma se mostraram tão rebeldes ao cristianismo. Não havia nelas, nem em qualquer outra instituição pagã, essas almas inquietas, atormentadas, intransigentes com o erro e enamoradas da verdade, cuja única veleidade era de servir aquele que disse de si mesmo: eu sou o caminho, a verdade e a vida. O retórico verdadeiro sentia uma tal admiração por sua arte, estava tão ocupado, tão possuído por ela, que não via nada além do objeto de sua adoração: palavras, palavras, sempre palavras. Tal era então o envilecimento do ensino e da literatura, que lhe era conexa. Provavelmente despercebido para os contemporâneos, demasiadamente claro para nós.[284]

A instrução na escola dos retóricos consistia principalmente em exercícios para apurar a arte de falar com eloquência, procedendo gradualmente do mais ao menos fácil, em ordem a dominar a faculdade inventiva. Os alunos começavam redigindo composições escritas sobre temas variados. Nas narrações de acontecimentos históricos, assunto sobre o qual eram obrigados a se exercitar, sua paixão consistia, tomando o exemplo da liberdade poética, em inserir toda espécie de descrições, superabundantemente desenvolvidas. Os temas seguintes eram dissertações sobre a

---

[282] De Champagny, *Les Antoninos*, Tomo 3, p. 253, Paris, 1875.

[283] *Op. cit.*, Tomo 1, p. 197-198.

[284] Respondendo aos críticos das escolas de retórica, segundo os quais a decadência da eloquência se devia ao envilecimento do ensino, Sêneca a atribui a causas mais remotas. Merece transcrição o argumento de Sêneca, visto que sua aplicação se acomoda também aos nossos tempos. "Tu perguntas, escreve ele a Lucílio, por que em certas épocas o estilo se corrompe, e por que os espíritos se inclinam, alternadamente, para os vícios opostos, de sorte que a frase é ora inchada e pedante, ora contida e arrastada, como numa recitação. Por que se apreciam os pensamentos ora atrevidos ou inverossímeis, ora curtos e cheios de subentendidos, dando-se-lhes sentidos diversos do que o tinham na origem? Por que tal época fez um uso exagerado da metáfora? Tudo isto se explica por uma razão bem simples, frequentemente repetida e que, entre os gregos, se tornou proverbial. "O estilo é o que são os homens"... Cada orador tem seus gestos próprios, pela mesma razão que o estilo reflete o costume do tempo que lhe viu nascer. Se este é relaxado, se a busca do prazer domina, os refinamentos de um povo voluptuoso se mostram pela moleza do estilo, que não é o caráter particular deste ou daquele escritor, mas é uma exigência, uma paixão da época. Não é possível, com efeito, que os hábitos dos espíritos estejam em contradição com os das almas. Quando estas são sãs, bem ordenadas, sérias, temperantes, aqueles se distinguem pelo bom senso e pelo bom gosto. Se as almas são corrompidas, a corrupção contagiosa contamina os espíritos... Em toda parte onde hás de ver a celebração de um estilo corrompido, podes ter certeza de que os espíritos estarão ali extraviados". Sêneca, *Carta a Lucílio*, 114, p. 742, Obras Completas de Sêneca, Madri, 1966.

verossimilhança de certos mitos e contos mitológicos, nas quais se examinava a fé que se poderia dar a algumas passagens destes. Assim, no combate, singular entre Valério e um gaulês, teria sido realmente possível que um corvo pousasse sobre a cabeça do guerreiro romano e, com o bico, arrancasse os olhos de seu adversário?[285]

Vinha em seguida o desenvolvimento de temas variados, como, por exemplo: o elogio ou a censura de homens célebres; os lugares comuns propriamente ditos, concernindo particularmente aos tipos de vícios e desvios humanos, como o adúltero, o jogador, o depravado, o proxeneta, o parasita, etc.; comparações entre a vida na cidade e a levada no campo, entre a profissão de jurisconsulto e a de soldado, do casamento com o celibato; dissertações sobre a origem de certos costumes e de certas ideias, como: por que os lacedemônios representavam Vênus armada, ou por que se figurava Cupido como uma criança com asas, assim também munido de arco, flecha e uma tocha?[286]

Após essa preparação de costume, os alunos passavam para as aulas práticas de exercícios oratórios, mais conhecidas como declamações, por meio das quais construíam monólogos, tomados da vida de algum personagem histórico, em que expunham as razões que militavam a favor ou contra determinada resolução importante e decisiva. Agamenon, por exemplo, decidiu refletidamente, quando mandou sacrificar Efigênia? Anibal, quando se propôs a atacar Roma? Syla, quando abdicou da ditadura? Cícero, quando se retratou a Antônio, para salvar sua vida?

De todos os exercícios requeridos para o cultivo da retórica, sem sombra de dúvida o mais difícil, e por isso mesmo o mais ambicionado pelos melhores, era a *controvérsia*, espécie de disputa na qual os alunos tomavam a palavra, seja para acusar, seja para defender, mas sempre tendo como tema fatos históricos conhecidos ou casos da vida real, como os dois seguintes relatados por Suetônio. Vários jovens, tendo feito uma excursão de Roma a Ostia, encontraram alguns pescadores que lançavam a rede no mar. Aproximaram-se desses e propuseram a compra do conteúdo da rede, pelo qual pagaram antecipadamente. Após uma longa espera, a rede veio à superfície da água, sem peixes, mas com um cesto bem costurado e entupido de ouro. Daí se estabeleceu uma contenda entre as partes, cada uma pretendendo a propriedade exclusiva do tesouro.[287] No segundo caso, mercadores de escravos desembarcaram sua carga humana perto de Brindisi, tiveram a ideia de, fraudulentamente e sob os olhos dos funcionários da aduana, introduzir um escravo de grande valor. Para isso, vestiram-no com uma toga bordada de púrpura e, no pescoço, colocaram-lhe um camafeu de ouro, costume e ornamento distintivos dos jovens de nascimento livre. Em Roma, a fraude foi descoberta, oportunidade em que se pediu a alforria do escravo, ao argumento de que, ao vesti-lo assim, seu senhor implicitamente renunciou ao seu direito de propriedade.[288]

Uma mudança acentuada, porém, não se fez esperar, tanto na seleção dos casos, passou-se a dar preferência aos criminais, quanto na escolha do gênero literário, optou-se decididamente pela ficção, quando não pelo próprio absurdo. Os mestres mais razoáveis pediam aos discípulos que a

---

[285] "Consistiam em ampliações e desenvolvimentos de lugares comuns, emprestados da fábula ou da história, ou da ficção combinada com a realidade. Tiravam-se da história assuntos de discussões políticas, de discursos deliberativos, a *persuasão*". Victor Cucheval, *Histoire de L'Éloquence Romaine*, Tomo 1, p. 227, Paris, 1893.

[286] "Não há nada mais comum que encontrar provérbios que se contradigam, sem que se possa afirmar que algum deles seja de todo falso ou inteiramente verdadeiro. Segue-se que muitas vezes pode-se sustentar o pró ou o contra nos assuntos humanos, com uma aparência de verdade, a demonstrar que é fácil, quando se quer, encontrar razões verdadeiras para causas opostas". G. Boissier, *op. cit.*, Tomo 1, p. 194-195.

[287] Suetônio, *O Retórico, Apud* Friedlaender, *op. cit.*, Tomo 4, p. 25.

[288] Suetônio, *O Retórico*, C.I., *Apud* W. Friedlaender, *op. cit.*, Tomo 4, p. 26.

ficção não se afastasse muito da realidade, que se mantivesse algum respeito pela verossimilhança, mas em que pese essa tênue oposição, o bom senso não logrou refrear essa universal predileção pela irrealidade, operando-se então uma verdadeira invasão do absurdo nas escolas de retórica.[289]

As controvérsias se afastavam muito da realidade; muitas vezes eram conduzidas em verdadeiro contraste com ela. O método, comumente empregado, era o de se forjar uma regra do que poderia ser, quando muito, uma exceção, em ordem a exercitar a habilidade retórica dos candidatos à tribuna. Com o tempo, a escola dos retóricos criou um mundo de fantasia, separado da vida real por um largo abismo, cujo acesso somente se tinha por meio dos famosos repositórios de controvérsias dos mestres da retórica, como o de Sêneca, o velho. Aí pululavam situações inverossímeis, direitos utópicos, leis imaginárias, costumes exóticos e personagens caricatos. Um desses, muito em voga na época, era o pirata malvado. Esses monstros tinham, muitas vezes, filhas afáveis e delicadas, como no caso descrito por Sêneca.[290]

> Um jovem, tendo caído em poder de piratas, suplica em vão ao pai, por carta, que pague o resgate. A filha do chefe dos piratas, porém, promete-lhe a liberdade, se ele jurar desposá-la. O jovem jura e ambos fogem. De retorno à casa, celebram-se as núpcias. Nesse meio tempo, sobrevém uma oferta ao pai do jovem de casar o filho com uma rica órfã. Não obtendo o consentimento do filho, o pai o renega.

Ademais, era de unânime agrado colocar em jogo, na alma dos discípulos, os mais penosos conflitos, ou mais pungentes dramas de consciência que se pode imaginar entre deveres igualmente sagrados, entre inclinações naturais ou sentimentos igualmente vivos e legítimos, de modo a suscitar reações espontâneas de parte a parte.

> Um doente pediu veneno a seu escravo, que se recusou fazê-lo. O senhor deste vindo a morrer, ordenou, por testamento, que se crucificasse o escravo. Este, então, apela para os tribunos suplicando ajuda.[291]

Em outros contextos, havia o mesmo esforço de multiplicar os contrastes e acrescentar a bizarria, da forma mais exaustiva possível. Entre as figuras estereotipadas, convém assinalar também o pobre e o rico, vivendo ambos numa inimizade constante.

> Porque as abelhas do pobre invadem o jardim do rico, este envenena suas flores, ocasionando a morte de todo o enxame, mas nem por isso os filhos de ambos deixam de se amar entre si ternamente.[292]

> A sacerdotisa impudica lançada da rocha tarpéia.[293]

---

[289] "Escolhia-se-as expressamente fora da realidade e da vida para excitar a curiosidade dos jovens e dar-lhes uma ocasião de manifestar seu espírito; as mais ridículas eram precisamente as que mais agradavam, porque havia mais mérito pelo aplauso recebido". G. Boissier, *op. cit.*, Tomo 1, p. 195.
[290] Sêneca, *Controverses et Suasoires*, Tomo 1, p. 117, Paris, 1932.
[291] Sêneca, *Controverses*, Tomo 1, p. 363.
[292] Sêneca, *Controverses*, Tomo 1, p. 407.
[293] Sêneca, *Controverses*, Tomo 1, p. 77.

O jovem, vestido com roupas femininas, que foi violado.[294]

O tirano que disputa uma magistratura, após ter obtido anistia pelos crimes do passado.[295]

Espantosos golpes do destino ferem indivíduos e países inteiros. Estragos enormes eram provocados por terríveis epidemias, que só deviam cessar, conforme o oráculo, após a consumação de sacrifícios de algumas virgens; um país era de tal forma assolado pela fome que os sobreviventes foram obrigados a se alimentar com a carne dos que morreram por inanição. Enfermidades excepcionais do corpo e do espírito, como a cegueira e a loucura, eram curadas miraculosamente; fatos extraordinários, como o da mulher acusada de adultério, porque deu à luz uma criança negra; suplícios cruéis, como o do infeliz que é precipitado do alto de um rochedo, a tortura, o assassinato e o suicídio, sobretudo pela corda e pelo veneno, tais eram os motivos sobre os quais discorriam os exercícios. Some-se a isso crimes bárbaros, como o parricídio, torturas horrendas, como a mutilação de crianças, a fim de fazê-las mendigar, mas, sobretudo, infâmias praticadas no seio das famílias, em que as madrastas aparecem sempre, piores ainda que nas tragédias, e então se poderá ter uma pálida noção dos ingredientes que entravam na composição da mistura que tanto embriagou o povo romano, a controvérsia, cuja declamação provocava, incessantemente nas escolas, uma torrente de aplausos.[296]

Também na controvérsia havia um objetivo considerado ainda mais nobre, ao mesmo tempo que o mais vantajoso, assim para os alunos, como também para os próprios mestres. Era o que dispunha a língua ora para ferir, ora para convencer ou dissuadir, ora para demonstrar. O aluno que se aprimorava nesse tipo de exercício se fazia quase um semideus, tal o poder oratório que podia esgrimir em qualquer circunstância e lugar, num mundo onde a eloquência era tudo. Munido com as armas dos sofistas, desprovido de escrúpulos e de vergonha, nada podia resistir-lhe, tudo lhe era concedido, porque tudo podia afirmar.[297]

> "As cabeças superiormente dotadas e lúcidas, observa Friedländer, conseguiam se premunir contra os perigos, as seduções e os extravios deste ensino de retórica. Na maior parte dos alunos, a mania, adquirida na escola, de visar continuamente o efeito, o hábito de se embriagar com frases e de se embarcar num *pathos* sem fim, fazia passar ao estado de segunda natureza uma afetação de bem falar, no fundo da qual não havia mais nada de verdadeiro: tanto mais que, precisamente aí, o que era artificial e rebuscado, de forma a surpreender e a encantar, por mais aventurado e mesmo monstruoso que fosse, podia contar, antecipadamente, com ruidosos aplausos".[298]

---

[294] Sêneca, *Controverses*, Tomo 1, p. 417.
[295] Sêneca, *Controverses*, Tomo 1, p. 421.
[296] L. Friedlaender, *op. cit.*, Tomo 4, p. 31.
[297] "As escolas de retórica eram, em certa medida, o refúgio da liberdade sob Augusto. A eloquência policiada no fórum e no senado elevava uma voz independente nas escolas. A liberdade de pensar e de falar, em toda parte sufocada, punida com o exílio, com a morte ou com o confisco, reinava aí ainda impunemente. Aí se falava da velha república e se pronunciavam palavras ásperas." Victor Cucheval, *op. cit.*, Tomo 1, p. 234.
[298] *Op. cit.*, Tomo 4, p. 34-35.

A gramática, tomada na sua acepção antiga, ou seja, como uma disciplina que estudava, conjuntamente, a filosofia, a história, a música, a geometria, a astronomia, a matemática, nada mais era do que a serva da retórica. Todas essas ciências que constituíam então o objeto da gramática, se aspiravam ao desenvolvimento sistemático e à aplicação prática, deviam ser tratadas de maneira séria e desinteressada. Subordinadas à eloquência, limitadas em seu livre desenvolvimento, não servindo senão para fornecer ao orador argumentos e pérolas para seus discursos, se tornavam estéreis. As escolas romanas jamais ministraram ensino científico à população, e a causa disso foi a importância dada à retórica.

A retórica, quando tem a preeminência na educação da juventude e nada existe para limitar seu exercício ou corrigir seus efeitos, pode apresentar muitos inconvenientes graves. É inútil indicá-los todos, mas convém insistir na descrição dos efeitos de um deles, que é o quanto basta para se mensurar a extensão do estrago feito pela retórica na formação da juventude romana[299]: a relativização da verdade.

Aristóteles deixou claro, no Organon, que o raciocínio retórico não se baseia na verdade absoluta, mas na verossimilhança, assim como os argumentos dos oradores não são obrigados a ser tão rigorosos como os dos filósofos, posto que, ao contrário desses que trabalham com silogismos analíticos, em que as premissas são necessárias, os primeiros fazem outro tanto, mas com premissas plausíveis, em que as conclusões são contingentes. Quando se trata de arrastar uma multidão ignorante e fanática, um silogismo tem pouco valor e préstimo. Para se fazer escutar e compreender, o orador deve apoiar-se nas opiniões que têm livre curso na sociedade e que são suficientes na prática da vida ordinária, sem ficar adstrito, como os adeptos das ciências exatas, à estrita correlação entre premissas e conclusão necessárias. Similarmente à que deriva desta, a *opinio* é chamada também verdade, mas só o é em parte, no sentido débil do termo, visto que pode-se-lhe opor uma verdade contrária, sendo lícito, portanto, vacilar entre uma e outra, de modo que não é raro encontrar provérbios e tópicos que se contradigam, sem que se possa afirmar que nenhum deles seja de todo falso ou completamente verdadeiro. Daí que, muitas vezes, seja possível sustentar-se, com iguais razões nas relações humanas, a favor ou contra o mérito de causas opostas.

Eis aqui o que ensinava, em resumo, a retórica. Tanto pelo que ela produziu, como pelo que impediu que se fizesse pelo povo romano, pode-se compreender o quanto é perigosa uma arte que descansa em probabilidades e se contenta com verossimilhanças, principalmente quando é estudada com exclusividade. Se a juventude, que se entregava a esse estudo, não dispunha, por outro lado, de um estudo corretivo que a conduzisse à verdade, é claro que corria o risco de perder pouco a pouco o sentimento e o gosto. "Por este declive, diz Boissier, se precipitou a educação romana, terminando por despencar ladeira abaixo até o fundo do abismo".[300]

A despeito dos retóricos mais avisados, que pediam que a ficção não se afastasse muito da realidade, a época reclamava temas extravagantes. Tomava-os invariavelmente fora da realidade e da vida, para estimular a curiosidade dos jovens e dar-lhes ocasião de manifestar seu talento. As mais ridículas eram precisamente as que mais agradavam, porque havia mais mérito em sustentá-las. Assim, de excesso em excesso, já não se deixavam os discípulos viver senão num mundo

---

[299] "O jovem, a quem não se ensinou seriamente senão a retórica, se habitua a pôr a retórica em tudo". G. Boissier, *op. cit.*, Tomo 1, p. 196.
[300] *Op. cit.*, Tomo 1, p. 195.

de fantasia, onde nada era real, onde se inventavam incidentes novelescos, onde se discutiam leis imaginárias, onde personagens de convenção só expressavam sentimentos de teatros.[301]

Os efeitos desse método de ensino, comum a toda a gente instruída da época, apareciam em todas as manifestações culturais da *urbe*, mas, principalmente, em sua literatura.

A batalha de Actium e a morte de Marco Antônio puseram fim às guerras civis. O poder supremo quedou, portanto, incontestado, nas mãos de Otávio. A morte tinha feito uma enorme ceifa entre os adversários deste, e aqueles que sobreviveram, fracos e desencorajados, não encontraram mais apoio num povo fatigado de lutas contínuas. Foi assim que todos, um após outro, vieram fazer ato de submissão ao imperador, que não rompera abertamente com a república, mas deixou subsistir exteriormente suas instituições, para fazer delas instrumentos de sua dominação.[302] A hipocrisia oficial, que deixava às instituições suas antigas formas e seus antigos nomes, mas cujo fundo tinha sido totalmente mudado, difundiu um espírito de falsidade nas classes elevadas e daí, pelo efeito do exemplo e por motivo de medo, se irradiou por todas as manifestações culturais da sociedade. A literatura, como não poderia deixar de ser, sofreu também essa influência, que se caracterizou principalmente pelo estilo declamatório e empolado. "Desde então, observa W. Teuffel, a literatura vê, de uma parte, seu domínio se encolher, enquanto que, de outra, sofre a humilhação de ser empregada como *instrumentum regni*".[303]

A arte oratória foi a que mais sofreu com a nova ordem de coisas. A vida pública se apagou, a atividade política se concentrou nas mãos do soberano, as assembleias populares se tornaram cada vez mais raras e mais insignificantes e os tribunais perderam a sua independência, para, submissos à vontade do imperador nas questões de vulto, somente decidirem livremente sobre assuntos pífios. "Quem quer que não quisesse permanecer mudo, devia se acomodar à nova moda, ao discurso refinado e sem objetivo sério, numa palavra, à declamação".[304]

Os romanos não se permitiam, até então, o desfrute de uma atividade literária senão como uma ocupação secundária, um modo de preencher o tempo livre. Agora, ao contrário, que os negócios e as oportunidades, notadamente no domínio público, tinham sofrido uma tão grande restrição, muitos enxergaram uma saída vantajosa e lucrativa na literatura.[305] A poesia, em particular, foi tratada como uma arte e se tornou o objeto de estudos sérios.

A identidade das causas que agiam sobre todos os escritores do século de Augusto, e dos posteriores também, deu lugar a uma certa uniformidade de mentalidade. Existia, na verdade,

---

[301] L. Friedlaender, *op. cit.*, Tomo 4, p. 26-27.

[302] "Foi assim que o poder do povo e do senado passou inteiramente para Augusto, de modo que a partir desta época se instaurou uma monarquia pura... As magistraturas regularmente estabelecidas conforme as leis subsistem ainda hoje, exceto a de censor, o que não impede que tudo se regule, tudo se administre ao bel-prazer daquele que exerce o poder. Contudo, em ordem a fazer crer que tal privilégio não derivava senão das leis, eles se apoderaram, conservando os mesmos nomes, de todas as dignidades, que, sob a república, gozavam de grande autoridade. Assim, estando o governo do Estado nas mãos do imperador, é impossível que os romanos não sejam considerados súditos de uma autoridade real". Dion Cássio, *op. cit.*, LIII, 17.

[303] W.S. Teuffel, *Geschichte der Römischen Literatur*, Tomo 2, Leipzig, 1910.

[304] "Se se considera enfim o estilo empregado nas escolas, pode-se constatar, ao lado de qualidades incontestáveis, defeitos sensíveis, evidentes e, de certa maneira, necessários. Eles não pertencem exclusivamente à escola, são vícios inerentes à uma época de decadência, em que a liberdade cessou de existir. Desde que a língua não se forma mais na vida pública, na tribuna, no tribunal, mas à porta fechada, em pequenos recintos ela se altera e se refina". Victor Cucheval, *op. cit.*, Tomo 1, p. 258.

[305] "Refugiaram-se na poesia..., porque lhes parecia mais fácil fazer versos do que produzir controvérsias esmaltadas com belas sentenças." W. Friedlaender, *op. cit.*, Tomo 4, p. 37; "No momento mesmo em que a eloquência, do ponto de vista de sua importância literária e política, decai e enlouquece, como todos os outros ramos das belas artes, florescentes em outro tempo sob a inspiração e a vida nacional, aparece um novo gênero, a eloquência forense, gênero singular e comumente estranho à política. Até então não se tinha pensado que os discursos dos advogados pudessem ter outros destinatários que os juízes e as partes e que devessem aspirar à educação. À educação literária dos contemporâneos e da posteridade". T. Mommsen, *Figuras de la História de Roma*, Cícero, p. 154, Madri, 1944.

nos primeiros tempos, uma diferença entre a antiga geração, que passou a juventude na república, e a nova, que foi inteiramente educada sob a monarquia, diferença que não pôde se manter por muito tempo, ou porque o *far niente* sufoca o talento individual, ou porque a servidão nivela os homens invariavelmente por baixo. O certo é que a paz e a doçura do despotismo exercem sua influência paralisante sobre todos indistintamente,

> [...] jovens e velhos celebram à porfia a felicidade de uma *iners vita*, de um repouso a bordo de uma onda murmurante. Blasés, eles aspiram à pura simplicidade da natureza e procuram sufocar o sentimento da perda da liberdade e da própria estima, proclamando pomposamente sua imortalidade.[306]

É o que procuraremos mostrar a seguir.

Primeiro Período. Augusto, Tibério, Calígula, Cláudio e Nero

Essa mentalidade nova, tão cara aos adeptos da escola Alexandrina, acabou por prevalecer num segundo momento, deixando mais ou menos intactos a energia e o vigor do primeiro período, este ainda tributário da austeridade da república, mas imbuído de um sentimento profundo de paz, "de uma paz desesperadamente suspirada, buscada, invocada entre trabalhosos tormentos, depois saudada e festejada com universal satisfação"[307], não fosse essa precisamente a época, a da *pax romana*, na qual deveria vir ao mundo o Messias esperado, conforme a profecia de Isaías.[308] E o sentido da paz é largamente difundido em toda a literatura daquele tempo, à qual imprime um peculiar aspecto de equilíbrio, de serenidade, de compostura, que não se encontrava na produção da idade anterior.[309] Os maiores escritores da era augusta, Virgílio, Horácio, Tito Lívio, nascidos respectivamente em 70, 65 e 59 a.C., passaram, por assim dizer, a galope entre as duas idades, a cesariana e a augusta, e compartilharam delas os afetos e dissabores.

> E não só estes, esclarece A. Rostagni, mas ainda todos os outros que são eminentemente celebrados e dignos de relevo, conceberam o melhor de suas obras, não nos últimos, mas nos primeiros anos de governo de Augusto, quando, à completa satisfação da segurança e ao convívio pacífico, veio juntar-se, ainda vivíssimos, os ensinos, as recordações, as impressões e os espasmos do passado laborioso e fecundo.[310]

---

[306] W. Teuffel, *op. cit.*, Tomo 2, p. 9.
[307] A. Rostagni, *La Letteratura di Roma Repubblicana ed Augustea*, p. 275, Bolonha, 1949.
[308] "Tudo o que os homens podem pedir aos deuses e os deuses conceder aos homens, tudo o que os desejos podem aspirar, tudo o que pode dar o máximo de felicidade, Augusto, após seu retorno à Roma, proporcionou ao Estado, ao povo romano, ao mundo inteiro. Viu-se, após vinte anos, o fim das guerras civis, o desaparecimento das guerras externas, o retorno da paz. Em toda parte o furor das armas se apaziguou, em toda parte as leis recobraram sua força, os julgamentos sua autoridade, o senado sua majestade. As magistraturas reconquistaram o poder que tinham antes, criaram-se mais dois cargos de pretor, de modo que restituiu-se ao Estado a antiga organização que os antigos lhe haviam dado. A cultura ressurgiu nos campos, o respeito foi assegurado à religião, aos homens a segurança, a cada um a posse tranquila de seus bens". Veleio Patérculo, *op. cit.*, II, 89, p. 197-198.
[309] A. Rostagni, *op. cit.*, p. 276.
[310] *Op. cit.*, p. 276-277.

O verdadeiro esplendor da literatura augusta pertence, portanto, àquela primeira fase, que se concentra entre 40 e 15 a.C., que vai da composição das *bucólicas* virgilianas até o *Carme Secolare* de Horácio e todas as *Elegias romanas* de Propércio.

> Sua característica e sua função é de acompanhar, direta ou indiretamente, a formação do principado, a nova ordem de coisas, como aquilo que, dissipando a tempestade da discórdia, se mostrava prenunciador de um luminoso bem-estar. Conquanto seja certo recalcar o sentido difuso da paz, como benesse suprema, convém deixar registrado que a *pax augusta* era aliada à força, vale dizer, à vontade e à ação restauradora do domínio de Roma. Não significava isso unicamente repouso das facções nem segurança interna, mas antes consolidação e engrandecimento exterior: coincidia com o ressurgimento do espírito imperialístico, ou melhor, com a convicção de que se levava a cabo, por meio do "*imperium populi romani*, uma missão conferida pelo destino, missão de civilidade para se propagar e impor aos gentios.[311]

A literatura imperial pode ser dividida em dois períodos: o que corresponde ao tempo de Augusto, quando se escrevia para ocultar o pensamento, e a época seguinte, em que se continuava escrevendo, mas para esconder a ausência de ideias, exceção feita à dinastia dos Antoninos, quando houve uma discreta produção literária. Faremos a seguir um resumo histórico da literatura romana do império, procurando enfatizar, em cada autor, o que nele havia de mais comum com a mentalidade geral da época em que viveu, tendo sempre presente que os escritores, a exemplo do artista plástico, reproduzem a realidade que os envolve, não de forma arbitrária, mas recebendo dela os ingredientes, que, somados ao talento individual, dão vida aos esquemas e aos movimentos sociais, tão meridianamente inteligíveis para quem sabe lê-los.

2.3.1. Virgílio

P. Virgílio Maro nasceu em 70 a.C. na cidade de Mântua. Sua família, ainda que de condição modesta, proporcionou ao poeta uma excelente educação. Viveu alternadamente em Nápoles e em Roma, vindo a morrer nesta última (19 a.C.), após um breve retiro em Atenas.

Virgílio era de uma natureza doce, cândida, amável, benevolente e pacífica. Bom filho, amigo fiel e de caráter honesto, demonstrava para com todo mundo muita paciência e um interesse sem limites. Obteve êxito em todos os gêneros, sobretudo na pintura de assuntos que falam de perto aos sentimentos mais elevados, como a natureza, a pátria, a família e o amor. Não tinha, entretanto, energia e "carecia do gênio que lhe teria sido necessário para reinar sobre domínios que respondiam tão bem ao seu humor".[312] Realizou, também, esforços a fim de alcançar objetivos que não correspondiam ao seu talento,

> [...] para cujo atingimento acumulou material com um zelo de erudito e paciência de artista, não logrando substituir, todavia, por este trabalho ingente de

---

[311] A. Rostagni, *op. cit.*, p. 278.
[312] W. Teuffel, *op. cit.*, Tomo 2, p. 25.

polimento da forma, a força criadora, a imaginação, a energia, a originalidade, a claridade e a vida.[313]

Que têm mais a ver com o conteúdo da obra do que com a forma que ela eventualmente apresenta.

Obras: As *Bucólicas*, dez églogas compostas entre 41 e 39 a.C., constituem poesias campestres, em que o autor, a despeito de ter imitado e, muitas vezes, traduzido Teócrito, soube inserir com arte personagens e fatos de seu tempo.[314] As *Geórgicas*, quatro livros compostos entre 37 e 30 a.C. O primeiro trata da agricultura, o segundo, da arboricultura, o terceiro, da pecuária; e o quarto, da apicultura. É um poema de forma didática, dedicado a Mecenas, que o havia inspirado, sem que se possa negar à tendência e à erudição do autor a responsabilidade integral pela obra. O assunto, tanto quanto sua natureza o permite, é tratado de forma elevada e espiritualizada, não havendo distinção, nem no ritmo nem no tom, entre a parte didática e a propriamente poética da obra.[315] Pela sua forma magistral, as *Geórgicas* são a produção mais perfeita da poesia didática dos romanos.[316] A *Eneida*, em 12 livros, obra começada em 29 a.C., permaneceu inacabada por ocasião da morte do autor em 19 a.C. Enéias, criando na cidade de Roma uma nova Tróia e se tornando o fundador da família Júlia, tal é o assunto dessa famosa epopeia.[317] Para executar seu plano, Virgílio se inspirou nos poetas épicos gregos e fez, por outro lado, estudos profundos sobre lendas da Itália, sua história e sua geografia, misturando, assim, em detrimento da verdade, elementos gregos e itálicos.[318] A lenda que dava aos romanos por ancestrais os troianos, e os fazia descender de uma colônia fundada por Enéas no Lácio, inspirada talvez pelo orgulho e vaidade de raça, era já, na época da primeira guerra púnica, explorada oficialmente em Roma. Essa origem se tornou, desde então, um artigo de fé para todos os historiadores romanos, prosadores ou poetas. Antes de Virgílio, nenhum escritor havia tratado o assunto de forma especial e exaustiva.

---

[313] W. Teuffel, *op. cit.*, Tomo 2, p. 25.

[314] Mesmo imitando Teócrito, Virgílio procedeu livremente. Há nas Bucólicas tanta poesia, sensibilidade e talento, que, ainda que tivesse se limitado a escrevê-las, Virgílio mereceria um lugar de honra entre os poetas latinos. Cf. *Les Bucoliques*, Paris, 1953. Sobre a criança misteriosa da IV Écloga: Virgílio prediz o retorno de uma idade de ouro, porque nascerá um menino, ao qual corresponderá o estabelecimento da paz entre os homens e o advento de um novo tempo, de uma nova terra, de uma outra humanidade. Quem será esse herói predestinado? Lactâncio e Santo Agostinho, assim como todos os autores medievais, viram na criança cantada pelo poeta a personificação do Messias. Eis, numa tradução livre, os aludidos versos: (*Les Bucoliques*, IV, 5-25, p. 25)
"Eis que chega a época da cumeana predição; eis que recomeça a grande ordem dos séculos. Retorna também a Virgem, retorna o reino de Saturno. Já desce do alto dos céus uma nova raça. Esta criança, cujo nascimento encerra a idade de ferro e conduz à idade de ouro no mundo inteiro, vem protegê-la casta Lucina: já reina teu caro Apolo. É sob teu consulado, Polião, que este século glorioso terá início, e que os grandes meses seguirão seu curso; sob teus auspícios, aos últimos rastros de nossos crimes, se existem ainda, para sempre apagados, se seguirá a alforria terrena do horror perpétuo. Este menino terá vida divina e verá os deuses, que o verão também. Ele governará o mundo pacificado pelas virtudes de seu pai... Por si mesmas, as cabras levarão seus cabritos nutridos de leite ao curral e os rebanhos não temerão mais os leões poderosos. Por si mesmo teu berço se cobrirá de perfumosas flores; não mais serpentes, não mais venenosas ervas; por toda parte nascerá a amoma assíria."

[315] W. Teuffel, *op. cit.*, Tomo 2, p. 30.

[316] "Ao lado do sábio, do pintor, do estilista, do versificador, há um poeta lírico, que empresta sua alma às coisas e dá livre curso a uma sensibilidade, a uma humanidade comoventes. Foi a este poeta lírico que a compaixão pelos camponeses ignaros inspirou as Geórgicas... Foi ele que, pela primeira vez, descreveu a ternura dos corvos pelos seus ninhos, o luto do rouxinol privado de seus filhotes, a aflição do touro que perdeu o irmão; ele que, pela primeira vez ainda, e sem vã metafísica, mas com um frescor e uma ingenuidade de sensações maravilhosas, falou das próprias plantas como de criaturas vivas e sofredoras". Maurice Rat, *Introduction Aux Bucoliques et Georgiques*, p. VII-VIII.

[317] A opinião segundo a qual Virgílio teria tido a intenção de estender o relato poético além da morte de Turno até o estabelecimento de Enéias no Lácio é refutada por muitos autores que dizem que a Eneida não está inacabada senão do ponto de vista da forma, como se vê de alusões precisas do próprio poema. Cf. W. Teuffel, *op. cit.*, Tomo 2, Nota 3, p. 34.

[318] W. Teuffel, *op. cit.*, Tomo 2, p. 32.

Sob Augusto, à razão de Estado veio se juntar o interesse dinástico, visto que Enéas devia ser, por seu filho Julius = Ascânio, o ancestral da Gens Julia, a casa de Augusto.[319]

Por tudo isso, Virgílio pode ser considerado, por excelência, o primeiro poeta do império. Compreendeu, como nenhum outro, que a perda da liberdade era a condição inafastável do fortalecimento do Estado, naquela conjuntura; soube imprimir na sua obra o selo da romanidade: quis que a sua *Eneida* fosse o poema nacional e o instrumento da restauração religiosa e moral defendida por Augusto, em que se reconsagravam os templos dos deuses e se revalorizavam as virtudes do passado e as glórias dos ancestrais.[320]

Em suma, não obstante a evidente analogia com Homero, Virgílio é um poeta originalíssimo, sobretudo é um poeta do próprio tempo, porque, forçado pela circunstância política da época, esquadrinhava mais os fenômenos da alma do que se deixava atrair pelos encantos do mundo. A diferença do modelo homérico não poderia ser mais profunda. Homero visava, mais que qualquer outro, as representações dos fatos externos, iluminando-os com um patético sentido de humanidade; Virgílio, ao contrário, voltava a atenção para o momento psicológico, para o trabalho espiritual, para as leis eternas que governam os fatos e o devir da história, tal como uma representação de ideias e sentimentos religiosos, fundados sobre o conceito de providência divina.[321]

> A heroicidade não é aqui percebida segundo os aspectos materiais e horrendos da guerra, da conquista, mas sob a feição sublime dos objetivos morais, ideais e civis. A *Eneida*, portanto, está articulada em torno de duas ideias fundamentais: a da grandeza de Roma e de seu imperador e a da sua predestinação ao governo civil dos povos.[322]

2.3.2. Horácio

Nascido em 65 a.C. em Venósia, nos confins da Apúlia e da Lucânia, Horácio era filho de um liberto, simples coletor de receitas públicas, mas de quem recebeu uma educação esmerada, à qual deveu um espírito justo, um caráter firme e uma alma sã, virtudes que preservaram sua adolescência de todo contágio.[323]

---

[319] W. Teuffel, *op. cit.*, Tomo 2, p. 35.

[320] "A Eneida, evidentemente, foi composta sob a inspiração de Augusto... Ovídio a chamava 'vossa Eneida', quando escrevia ao imperador... Mas Virgílio ajudou sobretudo Augusto nos esforços que este fez para restaurar a religião romana. A Eneida é antes de tudo um poema religioso... Realmente, o objetivo que seu herói persegue é inteiramente religioso. A cidade que ele vai fundar é menos uma morada para si mesmo que um asilo para seus Penates Errantes (Eneida, VII, 229)". G. Boissier, *La Religion Romaine*, Tomo 1, p. 230-234.

[321] "A diferença a respeito do modelo homérico não poderia ser mais profunda. Homero visava, mais que tudo, a representação do fato externo; Virgílio, ao contrário, dá mais atenção ao momento psicológico, ao trabalho espiritual, às leis eternas que governam ou fatos e o devir da história. Um exemplo em mil. O escudo de Enéias, construído à semelhança do de Aquiles, e representando cenas da história de Roma até Augusto, a que fins serve no entendimento do poeta latino? Serve para depositar nas costas do fundador todo o peso dos tempos futuros e a grande glória da Itália: *dos seus glória e destino ao ombro leva*." (Eneida, VIII, 728). Augusto Rostagni, *op. cit.*, p. 312-313.

[322] Esse fim moral que a Eneida persegue, somado ao sabor cristão da IV égloga das Bucólicas, tudo isso persuadiu os cristãos de que Virgílio, ainda que inconscientemente, mas por uma especial sugestão divina, teria anunciado a vinda do Cristo. "A quem mais, senão a um cristão, indaga Santo Agostinho, alguém poderia endereçar estas palavras: *sob teus auspícios os últimos rastros de nossos crimes se apagarão e a terra será libertada de seus eternos sobressaltos?*" (Epístola, 258). Conta-se também que durante a fase mais violenta da perseguição de Décio, três pagãos do sul da Itália foram convertidos pelos versos de Virgílio, a ponto de se oferecerem espontaneamente ao martírio (Tillemont, Hist. Eccles., III, 331). Dante, também, dá-nos conta de que Estácio se converteu pela leitura da quarta égloga. O poeta da *Tebaida*, ao encontrar Virgílio no purgatório, o agradece por tê-lo feito conhecer a verdade e o saúde, dizendo: *Por ti, poeta fui; por ti, cristão*.

[323] A. Rostagni, *op. cit.*, p. 323.

Animado das mais nobres ambições, chegou a ser nomeado tribuno militar no exército que, mais tarde em Actium, iria sucumbir com a liberdade.[324]

Despojado de seu patrimônio, reduzido a um modesto emprego de escriba, descontente consigo mesmo e com os outros, Horácio se fez poeta e, sob o aguilhão da cólera, empolgou o látego da sátira. Se temeu Augusto, não poupou, porém, seus cortesãos, justamente num tempo em que não se falava mais, mas ainda assim seus epigramas eram cortantes e despertavam candentes rumores na sociedade.[325] Mas não era homem de se obstinar em murmurações

e rancores impotentes contra um poder hábil, que representava a paz restabelecida, a ordem vitoriosa, a Itália próspera, as províncias equitativamente governadas, os bárbaros contidos, a lei soberana, a autoridade clemente e compatível ainda com as aparências do regime republicano.[326]

Passados três anos da derrota de Filipes, por intermédio de Virgílio, Horácio foi apresentado a Mecenas, seu adversário da véspera. Com o grande amigo de Augusto se iniciou uma amizade que, pelo tempo que durou e pela reciprocidade do apreço, merece o respeito de todas as gerações. A conversão política nem sempre é um vício: começa-se pelo ideal, mas depois se acaba por sofrer o jugo da inexorável realidade. Traição! Apostasia! Diriam alguns. Não nos parece assim. Não podemos fazer uma acusação tão despropositada a um homem galante, que encontrou na gratidão e no patriotismo, dois bons motivos para celebrar os fatos de um governo que teve a sua grandeza e cuja consolidação lhe parecia inelutável.[327]

Horácio morreu pouco tempo após a morte de Mecenas, e foi sepultado ao lado de seu protetor, daquele que também fê-lo íntimo e muito querido pelo imperador.[328]

Obras: as *Odes* políticas e sociais. Vítima das guerras civis e dos males que elas acarretam, Horácio fez o que pôde, por meio de suas *Odes*, para propagar o respeito pelas antigas crenças e pelos velhos costumes, dois objetivos centrais da política de Augusto. Na verdade, não foi possível ao poeta se aventurar no terreno político, sem reabrir novas feridas e, assim, expor-se por nada. O escritor que tinha desempenhado um papel tão ativo no partido vencido não tinha que guardar senão o silêncio, agora, se desejava conservar sua própria existência.[329] *Sátiras e Epistolas*: obras também da juventude do autor, em que o mais sensato, o mais fino e o mais amável falastrão expõe tantas e tão profundas verdades, todas elas aprendidas no mais variado comércio da vida. Aqui, ao menos, seus conselhos têm a autoridade do exemplo, pois foi de si mesmo que extraiu as lições de vida, que, com idoneidade, ensinava aos seus contemporâneos, de modo que sua amena filosofia fez florescer qualidades privadas num meio social que carecia de virtudes públicas.[330]

---

[324] "Ah! Como é excelente o serviço militar"! Horácio, oeuvres complètes, *Sátira* I, 7-8, p. 3, Paris, 1950.

[325] "Esta cidade, somos nós, geração sacrílega, herdeiros de um sangue maldito, que a conduz; iremos à sua perda; e como antigamente, seu solo será o refúgio das bestas selvagens". Horácio, *Epodo* XVI, 9-11, *op. cit.*, p. 229.

[326] Nada mais representativo da adesão de Horácio ao governo de Augusto que a ode escrita em homenagem à obra histórica de Mecenas, em que este tecia louvores aos feitos bélicos do imperador: "Coube a ti contar em prosa, num livro de história, as guerras de Augusto, assim como foram os reis, antes ameaçadores, arrastados pelas ruas de Roma". Horácio, *op. cit.*, *Ode*, XII, 7-10.

[327] A amizade com os cortesãos de Augusto, seus inimigos da véspera, foi profunda e sincera, como se vê da Satira, 1, 5, 40 e segs., que conta a viagem que Horácio fez com Mecenas: "Encontramos sinuosa Plotius, Varius e Virgílio, as mais belas almas que a terra jamais produziu, meus melhores amigos. Que confraternização! Que alegria! Tanto tempo tenha eu razão, nada valerá mais para mim do que um amigo querido".

[328] "Estou pronto, sim, estou pronto, quando vier o momento de partir contigo para a última viagem." Horácio, *op. cit.*, Ode, 11, 17.

[329] W. Teuffel, *op. cit.*, Tomo 2, p. 58-59.

[330] "Toda a política de Horácio pode ser reduzida a poucas palavras: bendito seja Augusto que trouxe à Itália a paz, a prosperidade, a tranquilidade". François Richard, *Introduction Aux Oeuvres Complètes de Horácio*, Tomo 1, XV.

2.3.3. Ovídio

Ovídio (Públio Ovídio Naso) nasceu em Sulmona, em 43 a.C., numa velha família de cavaleiros romanos. Após os estudos, concluídos em Atenas, dedicou-se à tribuna, por obediência filial, e chegou a ser nomeado decênviro, centúnviro e triúnviro.[331] Mas, quando o acesso ao senado seria a consequência natural de uma brilhante carreira, Ovídio, cedendo aos apelos da *Musa*, abandonou o *Forum* e os tribunais, para se consagrar a uma vocação imperiosa como um instinto, pois "tudo o que planejava dizer ou escrever se transformava em verso".[332]

Malgrado a ilustre vizinhança de que era cercado, Ovídio não tardou em se tornar o favorito da sociedade romana, bem mais que Virgílio, Horácio ou Propércio, sendo certo que, por vinte e cinco anos, imerso em todos os prazeres de um mundo onde ninguém aborrecia o prazer, ele foi, tanto na cidade como na corte, o mais festejado, o mais promissor, o mais feliz dos radiosos espíritos da época.[333]

O poeta tocava aos quarenta anos, quando resolveu mudar o tom de sua obra e se fazer sério; mas, com sua metamorfose pessoal, se era possível pretender o esquecimento de sua forma leviana de ser, já não o era, porém, relativamente à mensagem divulgada em suas obras da juventude. Entre os que se obstinavam em não esquecê-las, havia o imperador, que, à vista de alguns avanços sugestivos de arrependimentos, manteve-se irredutível e não se dignou respondê-los. Um príncipe que se ufanava de ter reformado os costumes, não poderia deixar de nutrir muita reserva, para não dizer rancor, em relação a obras literárias que davam um flagrante desmentido ao seu zelo oficial. Chegou então o dia em que a frieza costumeira de Augusto se transformou em cólera. O infeliz Ovídio se tornou, então, o responsável pela crescente onda de corrupção que, aos poucos, ameaçava até mesmo o palácio de Augusto[334], e, mais cedo do que poderia esperar, foi exilado entre os getas, em Tomis, na extremidade do império.[335]

Em vão Ovídio, no exílio, rogou, implorou e pôs Augusto acima de todos os heróis antigos e dos próprios deuses do Olimpo; em vão construiu para o imperador uma capela, louvou sua clemência e sua bondade. Aquele que o poeta adulava e que chamava o homem celeste permaneceu

---

[331] W. Teuffel, *op. cit.*, Tomo 2, p. 93-94.

[332] Ovídio, *Tristes*, IV, 10, 26.

[333] Apesar de muito jovem, Ovídio já atraía a admiração dos grandes escritores da época e o próprio Horácio quis tê-lo por amigo. Quanto a Virgílio, parece que nenhum laço de amizade existiu entre ambos. Ovídio diz somente que o viu. *Tristes*, 1,4.

[334] Sabe-se que o motivo do exílio de Ovídio foi a publicação de sua obra erótica *A Arte de Amar*, cujo erotismo contrariava as medidas de moralização introduzidas pelo imperador. Desde o ano 18 a.C., três leis de Augusto objetivaram restaurar os costumes: a lei do luxo, que limitava o excesso na mesa e no vestuário; a lei que reprimia severamente o adultério e a lei que proibia o celibato aos homens, que tivessem entre vinte e cinco e sessenta anos, e às mulheres, entre vinte e cinquenta anos de idade. *A Arte de Amar*, segundo Ovídio, foi a causa de sua desgraça, pois Augusto tomou-o como um "mestre do adultério obsceno, e isso foi o que o príncipe, restaurador da moralidade, quis castigar" (*Tristes*, II, 212). No entanto, muito tempo havia transcorrido entre a publicação da obra, no ano 1 a.C., e a data da punição, no ano 8 d.C., a demonstrar que *A Arte de Amar* não era senão um pretexto e que a verdadeira causa tinha a ver com a honra, se não do imperador, ao menos de um de seus parentes. "Era necessária uma decisiva cartada. Augusto encontrou-a oportunamente na aludida obra, deixando para a história, diz Jérôme Carcopino, a difícil tarefa de descobrir o único *crime* realmente imputável ao poeta". Contactos entre la historia y la literatura romanas, *El Destierro de Ovídio*, p. 73, Madri, 1965.

[335] Os críticos são unânimes em admitir que o desterro se deveu à inoportunidade do poeta, que teria estado no lugar errado e na hora imprópria para uma visita ao palácio imperial. "Ah! porque, diz ele, fui a testemunha indiscreta do que não me era permitido ver? Foram meus olhos que me fizeram culpado: sim, meus olhos temerários viram o que jamais deveriam ter visto". *Tristes*, II. Ovídio jamais revelou o fato que o incriminou sobre o qual a história estendeu o impenetrável véu do silêncio.

surdo às suas lisonjas humilhantes, sem jamais voltar atrás para acolher as súplicas de Ovídio.[336] Com a morte de Augusto e o advento de Tibério, o brilho de uma nova esperança despontou no coração de Ovídio, para se apagar logo em seguida: ficou claro para ele que não podia esperar, por clemência, do ressentido Tibério, o que não obtivera, por justiça, do benevolente Augusto.[337]

Obras: os *Fastos*. Comentário engenhoso do calendário reformado por César e Augusto. Os Fastos resumem as lendas da mitologia romana, relacionando os usos da vida civil e as cerimônias do culto oficial às antigas tradições e crenças do Lácio.[338] *As metamorfoses*. Os quinze livros que compõem esta obra singular descrevem com graça e maestria situações que não são senão paródias das velhas crenças ou um panorama fantástico de divertidos relatos. Para se tornar épico, esse estudo de erudição e de arqueologia teria exigido a fé de um crente. Ora, o pitagórico Ovídio usa de um procedimento totalmente diverso. Aqui tudo é cálculo e artifício. O autor vê o passado por intermédio do presente, impondo àquele as cores deste. Não cessa de modernizar as idades primitivas, sem esforço, mas com uma espécie de ingenuidade involuntária e descompromissada. Sob sua mão, as mais nobres aventuras se tornam contos, adornados com as mais finas antíteses e perfumados com um espírito gracioso. Mas, a despeito de uma língua sã e de um estilo puro, esse romano amaneirado inaugura uma era de decadência.[339] *Arte de Amar*. Obra interessante e delicada, em cujos dois primeiros livros, destinados aos homens, são ensinados os modos de procurar, de conquistar, e de conservar o amor, visto que a eles incumbe a iniciativa na arte da conquista. O sucesso alcançado com os dois primeiros, levou o autor a escrever um terceiro livro, para a correspondente instrução do público feminino.[340]

Ovídio morreu no exílio aos cinquenta e três anos de idade.

2.3.4. Sêneca

Nascido na Espanha, em Córdova, no seio de uma família equestre, Lúcio Aneo Sêneca teve por principal mestre o próprio pai, que tinha em Roma uma célebre escola de retórica. As marcas dessa primeira educação não se apagaram jamais. Foi preparado para a eloquência, mas suas preferências o levaram para a filosofia, que, desde a juventude, exerceu sobre Sêneca uma notável atração. Iniciou-se no pitagorismo, sob Socião, mas foi o estoicismo que marcou, para

---

[336] Vários autores acusaram Augusto de demasiado rigor e até de desumanidade. Nenhum, porém, se exprimiu com mais indignada eloquência que M. de Lingendes:
"Ovídio, erradamente, queres pôr Augusto ao lado dos imortais, conquanto o teu exílio injusto mostra quão indigno ele é de merecer um altar".

[337] "Ovídio não cessou de implorar a clemência de Augusto, depois a de Tibério. Contudo, se se poderia esperar algo da benignidade de Augusto, nenhuma esperança haveria em relação a Tibério, que, crendo cegamente na astrologia, somente alterou as disposições de Augusto no ano 17, para agravar-lhes os rigores". Jérôme Carcopino, *op. cit.*, p. 124.

[338] Na opinião de vários críticos, é nos Fastos, e somente neles, que o autor parece superior a si mesmo. Ovídio sabe, como Horácio, zombar graciosamente dos deuses, aos quais atribui as mesmas maneiras de pensar e agir dos homens.

[339] Ou por ressentimento, ou, como o autor diz, porque não deu a última mão, Ovídio lançou às chamas o manuscrito das metamorfoses, juntamente a outras poesias (*Tristes*, I, I). Mas sua precaução foi inútil, pois havia cópias da obra e assim ela chegou até nós.

[340] Sidônio Apolinário pensa que Júlia, filha de Augusto, teria sido a amante de Ovídio, e que é ela a Corina da Arte de Amar. Não se pode negar que a leitura dessa obra tenha dado à Julia a vontade e a ocasião de praticar os atos abomináveis que provocaram a sua perda (XXIII, 158-160). Contudo, o poeta não era lascivo senão nas palavras. Além do mais, Ovídio não é mencionado na longa lista de amantes que Veleio Patérculo atribuiu à Júlia. *Histoire Romaine*, II, 100, p. 215. Boissier é da opinião de que Augusto, não podendo vingar na sociedade "os excessos incríveis da impudência" de Júlia, exerceu sua vingança contra aqueles que representavam com mais brilho e com os quais ela mais prazerosamente se identificava. Se Augusto desejou "encontrar um culpado a punir e lançar sobre qualquer um a falta de todos, sua cólera devia recair de preferência sobre aquele que tinha tantas vezes glorificado os costumes de seu tempo". *L'Opposition sous les Césars*, p. 136, Paris, 1909.

sempre, a sua vida, chegando mesmo, nos albores desta, a se submeter a duras privações.[341] Seu talento oratório fê-lo cair nas boas graças de Tibério, mas por pouco não se tornou a causa de sua perda, sob Calígula.[342]

Culpado por ter talento, por ser notado, por ser ouvido, quando falava, por ser lido, quando escrevia, não podia deixar de suscitar inveja em Cláudio, que o baniu de Roma. Sêneca suportou o exílio com paciência, como faz crer o estilo pungente da carta endereçada à sua mãe, sob o título de Consolação a Hélvia.[343] Oito anos após, morto Cláudio, Sêneca voltou a Roma, chamado por Agripina, mãe de Nero, cuja intenção era, fazendo-o preceptor do filho, satisfazer seu ambicioso propósito de poder, não fosse ele, ainda que exilado, um homem de tão grande e bela reputação.

Passando assim, bruscamente, do exílio ao poder, o proscrito da véspera, de repente se fez ministro de Nero: prova perigosa que, entretanto, não o impediu de continuar filosofando, não mais no gabinete e com livros, mas em pleno dia, em meio aos cuidados de uma responsabilidade cheia de riscos, sobre a qual estavam fixos os olhos do mundo.

Se sua vida privada mostra-o temperante, humano, preocupado com a própria perfeição, numa palavra, estoico, é preciso reconhecer que sua vida pública não estava isenta de reproches. Parece que o destino lhe havia reservado uma dura prova, da qual só se safou ou por medo ou pela certeza da impunidade, mas, em qualquer caso, por um desmentido às suas convicções estoicas. Falamos de sua cumplicidade no maior crime de Nero.[344]

Preceptor, ele teve, num instante, a esperança de educar um príncipe para a felicidade do império. Mas, essa ilusão não durou muito. Após dois anos de calmaria na corte, milagre que foi atribuído à sua participação no governo, Britânico, filho de Cláudio, foi morto, morte que surpreendeu até a Agripina[345], mas que abriu definitivamente os olhos de quem não queria ver. Foi a primeira irrupção da besta feroz, que Sêneca se gabava de ter domesticado.[346]

No dia seguinte ao do aludido atentado, era de rigor que Sêneca abandonasse o imperador depravado, que a cada dia se separava mais do mestre e cujo extravio, por essa razão, se fazia cada vez mais evidente. Mas ele se sentiu, pelo reconhecimento e por um quimérico sentimento de honra, obrigado a permanecer no cargo, a revelar sua formação estoica que lhe impunha o dever, como sendo o melhor para o Estado, de não abandonar um monstro aos seus próprios instintos selvagens, principalmente quando tal monstro era o soberano incontestável do império. Sêneca se condenou, portanto, a viver, no relacionamento com Nero, numa situação falsa e incômoda, que acabaria, a despeito de sua prudência, por expô-lo como cúmplice de um crime horrível.[347]

---

[341] Sob a influência do mestre Socião, e para escândalo do próprio pai, Sêneca se tornou vegetariano. N. Terzaghi, *Storia della Letteratura Latina*, Tomo 2, p. 36, Torino, 1944.

[342] Embora condenado por Calígula à pena capital, Sêneca logrou esquivar-se da morte em razão de um artifício: uma amiga comum a ambos convenceu o imperador de que a condenação seria inútil, visto que Sêneca iria morrer inevitavelmente por força da tísica.

[343] Para se desembaraçar de tudo que pudesse recordar o antecessor de Cláudio, Messalina acusou Giulia Livila, irmã de Calígula, de manter relação adulterina com Sêneca. Esta a razão do desterro de ambos. N. Terzaghi, *op. cit.*, Tomo 2, p. 37-38.

[344] Terzaghi afirma que "a vida de Sêneca é um complexo de contradições: rico e ávido por dinheiro, predicava a virtude, a abstinência, a modéstia; entre o mal, que via na sociedade romana de seu tempo, e o bem, ao qual tendia seu espírito e sua educação, foi sempre oscilante, expondo o flanco às críticas fáceis dos modernos, os quais se dividem em duas categorias opostas: a dos detratores irreconciliáveis e a dos apologistas irracionais". *Op. cit.*, Tomo 2, p. 41. A participação de Sêneca no matricídio praticado por Nero consistiu na elaboração da carta, com a qual o imperador fez sua defesa perante o senado.

[345] Com a morte de Messalina, Cláudio se casou com Agripina, Mãe de Nero (ano 48 d.C.).

[346] Tácito diz que a bebida envenenada provocou convulsões em britânico, as quais Nero atribuiu a uma crise de epilepsia. A expressão de horror em Agripina, diante do crime do filho, inocentou-a frente aos demais convivas. *Anais*, XIII, 15, 16.

[347] Após ter escapado do naufrágio provocado pelo próprio filho, Agripina foi cercada pelos sicários de Nero. Expondo o abdômen para o soldado que ia feri-la, disse: "acerte aqui", mostrando o útero que havia abrigado o filho matricida.

É exato que esse escândalo pesa sobre a sua memória? Tácito o insinua[348], Quintiliano afirma-o.[349] Ao menos, é certo que ele expiou cruelmente as faltas, às quais, friamente, não se deve recusar toda escusa, considerando os tempos infaustos, nos quais foram praticadas. Forçado a permanecer, malgrado sua delicadeza de espírito, no auge da grandeza e do poder, que constituíam para ele um suplício, Sêneca deveu suportar, sem se queixar, as angústias de um infortúnio, contra o qual não teve sequer o recurso do confinamento voluntário.[350]

Depois de tantos contratempos, refere N. Terzaghi, "viveu na sombra, exclusivamente para si e para os estudos, longe dos amigos e dos conhecidos, recusando as homenagens dos clientes, evitando mostrar-se na cidade, fingindo estar doente e ter necessidade de tranquilidade e de cuidados".[351]

As principais obras filosóficas de Sêneca são: *Da Clemência, Da Brevidade da Vida, Questões Naturais, Cartas a Lucílio, Da Tranquilidade da Alma*. Outras obras literárias: As Tragédias *Medea, Édipo, Fedra, Tiestes, Agamenón* e as *Troianas*. Obras apócrifas: por sua luta contra a superstição e o aprofundamento das questões morais, Sêneca se aproximava do cristianismo. Por essa razão, chegou-se a pensar que era cristão e que com São Paulo havia mantido uma farta comunicação epistolar, cujo acervo era conhecido por São Jerônimo, que o tinha como autêntico.[352]

Ao incorrer na cólera de Nero, Sêneca foi compelido a se suicidar, o que fez com serenidade estoica e sem desfalecimento. Afinal não era seu projeto pessoal morrer como o imperturbável Sócrates?[353]

2.3.5. Lucano

Originário de Córdova, filho de Aneo Mela e sobrinho de Sêneca, Lucano recebeu o nome de seu avô materno. A essa origem o autor deveu algo que é muito peculiar ao poeta espanhol, notadamente o oriundo de sua região natal, a Andaluzia: um ar de jactância, o gosto da hipérbole e o verdor de uma imaginação colorida.

Trazido à Roma com oito meses de vida, teve aí como tutor seu tio Sêneca, que se havia tornado, sob os auspícios de Agripina, preceptor do filho desta e do adotivo de Cláudio, Domício Nero, então com treze anos de idade.

Aos dezoito anos de idade, um elogio de Nero, que era ainda o ídolo dos romanos, lhe valeu a questura e, logo depois, o sacerdócio dos áugures. Cumulado de benesses, Lucano se tornou rapidamente uma celebridade. Ardente, como um espanhol, disseminou o encanto de sua verve no teatro, na tribuna, nas leituras públicas, nas tragédias, em arengas judiciárias, em cantatas oficiais, em mil ensaios ruidosamente aplaudidos.[354]

Invejoso do talento, cuja superioridade o importunava, Nero, o histrião coroado, que alardeava possuir talento artístico[355], sentia uma alegria maldosa em ofender o rival, que não podia vencer.

---

[348] *Anais*, XIV, 7.
[349] *Op. cit.*, VIII, 5, 18.
[350] Aurelio Amatucci, *La Letteratura di Roma Imperiale*, p. 49, Bolonha, 1947.
[351] *Storia della Letteratura Latina*, p. 71, Milão, 1934.
[352] W. Teuffel, *op. cit.*, Tomo 2, p. 229.
[353] Aurelio Amatucci, *op. cit.*, p. 56.
[354] N. Terzaghi, *op. cit.*, p. 144.
[355] L. Friedlaender, *op. cit.*, Tomo 4, p. 59.

Um dia, entre muitos, assistindo a uma apresentação de Lucano, em que este prometia um grande triunfo, Nero se retirou tão bruscamente que roubou à cena o efeito pretendido. Foi uma declaração de guerra, logo seguida de uma revanche. Tendo o imperador anunciado que apresentaria a tragédia de Níobe, no grande teatro de Pompeu, Lucano ousou se medir com Nero, apresentando, por sua vez, um poema improvisado, que versava sobre a descida de Orfeu ao inferno. Surpreendentemente, os juízes do concurso tiveram a coragem de outorgar o prêmio a Lucano. Exasperado com a derrota, Nero respondeu ao audacioso com a incondicional proibição de se apresentar no teatro, nas salas de leitura e nos tribunais: suplício cruel para um poeta enamorado de popularidade.[356]

A despeito do poder de seu opositor, Lucano não se deu por vencido. Procurou a vingança em algo que a cólera imperial não poderia ter acesso imediato nem jurisdição plena: sua imaginação, em ordem a ferir na sombra, para ferir melhor. Foi assim que, numa obra que escrevia em segredo, Lucano, modificando-a, semeou mil alusões amargas contra um poder odioso. César pagou por Nero.[357] O ódio do imperador tornou-o, para sempre, um alvo fácil dos caprichos da corte, mas, fê-lo também republicano, sempre pronto a imitar o exemplo de Bruto.[358]

Tal como Sêneca, foi condenado a se matar, abrindo as próprias veias.[359]

Obra: chegou até nós a *Farsália*, obra em dez livros, epopeia inacabada sobre a guerra civil entre Pompeu e César, em que a história é respeitada, mas na qual o autor se declara partidário de Pompeu, que, a seus olhos, representa a grandeza e a liberdade romanas.

2.3.6. Petrônio

Muitos anos há que se arrefeceu a discussão em torno da personalidade daquele que escreveu o *Satirícon*, sem que, todavia, se possa afirmar muita coisa a seu respeito. Que se chamava Petrônio Arbiter parece certo, embora haja dúvidas quanto ao prenome: Tito ou Públio. De qualquer modo, hoje todos estão de acordo em identificar Petrônio, autor da sobredita obra, com Petrônio, *Elegantiae Arbiter* de Nero, de quem é feita menção, longa e notável, por Tácito, em três célebres capítulos de seus *Anais*.[360]

> "Era este homem, ao que parece, um *gran signore*, a quem aprazia o mostrar-se mais vicioso do que realmente era, de modo a chamar a atenção sobre seus hábitos muito pouco convencionais. Daí que trocava a noite pelo dia e o dia pela noite; procurava a glória, não pelo trabalho, mas antes por abster-se dele; não era, porém, nem um crápula nem um dissipador, mas um amante de todo luxo e de toda espécie de delicadeza. Exerceu cargo público (foi Procônsul na Bitínia) e o administrou com energia, coisa que era bem rara então em Roma, onde a sua fama fê-lo cair nas graças de Nero, a quem era simpático e de quem foi íntimo e conselheiro favorito".[361]

---

[356] L. Friedlaender, *op. cit.*, Tomo 4, p. 59.
[357] Na sua obra *Farsália*, Lucano ataca Nero na pessoa de Júlio Cesar e exalta a república romana.
[358] "Fato é que a partir deste momento as relações entre os dois mudaram radicalmente, e Lucano se tornou um dos piores inimigos do príncipe". Terzaghi, *op. cit.*, p. 145.
[359] Conta-se que Lucano, denunciado por conspiração e condenado à morte, humilhou-se diante do imperador, suplicando por sua vida, a ponto de, negado o perdão, denunciar os nomes dos cúmplices. Terzaghi, *op. cit.*, p. 145.
[360] *Anais*, XVI, 18, 19, 20.
[361] N. Terzaghi, *op. cit.*, p. 162.

No entanto, ninguém podia ser amigo de Nero, e ao mesmo tempo gozar de tranquilidade. E o momento terrível chegou, em que Petrônio se fez odioso a Tigelino, o lacaio do imperador, sendo por isso acusado de participação na conjuração de Pisão, sem qualquer outra prova, sem qualquer outra evidência que o testemunho de um escravo, subornado por Tigelino. Petrônio acompanhava Nero na Campânia, quando recebeu a ordem de permanecer em Cumas. Compreendeu prontamente que estava perdido e, antes que resistir ou esperar uma condenação, da qual não se podia duvidar, preferiu suicidar-se, pelo mesmo meio que o fizeram, também, Sêneca e Lucano. Isso ocorreu em 66 d.C.[362]

Obra: *Satiricon* é uma obra narrativa, composta de vários episódios, cada um dos quais se desenvolvendo em torno de situações grotescas, que ora atingem o ápice da dramaticidade, ora chegam ao nível mais baixo da obscenidade. Nenhuma obra antiga é tão representativa, nem descreve melhor a realidade do paganismo. Os caracteres deste se manifestam naturalmente a partir do comportamento dos personagens, principalmente dos dois centrais e mais importantes: *Encólpio* e *Trimalquião*. Antes de fazer uma superficial apreciação da personalidade de ambos, é de rigor deixar claro que, com *Satiricon*, Petrônio tinha em mente censurar, e até mesmo escarnecer, determinadas condutas, que eram frequentes em Roma de seu tempo. Para isso se valeu muito da paródia, o que pode ser constatado, exemplificadamente, em relação às famosas passagens concernentes ao Livro IV da *Eneida*, o *ilius halosis* de Nero e a *Farsália* de Lucano.[363]

Encólpio: é um homem depravado. Não se pode esperar de sua parte qualquer coisa de nobre ou de belo: toda sua natureza é centrada e concentrada no sentido de sua virilidade. É totalmente privado de escrúpulos e de exigências morais e faz consistir a sua felicidade, o seu bem, a sua própria vida, em sua força física. É acompanhado por um amigo, tanto ou mais depravado que ele, e por um adolescente, que é o seu amante: Ascilto e Gitão.

O amor que tem por este último é motivo frequente de altercações com o primeiro, de modo que o movimento cênico transcorre sempre em torno de paixões rasteiras, como a ira, o ciúme, a inveja, a torpeza. Fora da satisfação dos sentidos, Encólpio não vê e não deseja nada. Vicioso *ad extremo*, corrompido e sem escrúpulos, mas cheio de recursos e atitudes engenhosas, cheio de bom gosto na vida e na arte, amante do que é belo e produz uma delicada reação estética, é e permanece sendo, em qualquer circunstância da vida, insensível à estrita moralidade do homem médio.[364]

Trimalquião: um personagem verdadeiramente imortal é Trimalquião. É o tipo eterno do novo rico, que acumulou uma riqueza incalculável, a ponto de ignorar o quanto possui e de precisar de um empregado só para lhe dar ciência, durante o jantar, de todos os acontecimentos ocorridos, dia após dia, em seus imensos domínios. "Se a fortuna lhe assiste, concedendo bens, não lhe dotou, porém, de bom gosto. O que oferece, o que mostra, o que faz e pretende que os outros façam, tudo é a suprema demonstração de seu péssimo gosto".[365]

---

[362] N. Terzaghi, *op. cit.*, p. 162-163.

[363] "Malgrado as passagens obscenas que esta obra contém, ela é não somente de capital importância para a história dos costumes, da língua e sobretudo da linguagem popular, mas é ainda, em seu gênero, uma obra prima cheia de originalidade que denota no autor um espírito refinado e um conhecimento profundo do coração humano". Teuffel, *op. cit.*, Tomo 2, p. 274. "A objetividade confere à narração petroniana uma vida que nenhum outro escritor latino, nem mesmo Plauto, soube dar aos fatos e aos personagens que representava, e faz de Petrônio um narrador e um pintor de caracteres de primeiríssima ordem". Aurelio Amatucci, *op. cit.*, p. 63.

[364] Satiricon, *Assim a Vida Passa*, 9, 10, 11, p. 21-24.

[365] N. Terzaghi, *op. cit.*, p. 170.

Na longa cena, passada na casa de Trimalquião, à qual não é estranho o ridículo significado simbólico, tomam parte muitíssimos convidados, muitos mais que os usos e costumes permitem. Alguns falam sobre os fatos do dia, outros dos próprios negócios, todos da grandeza de Trimalquião. É verdade que se trata de uma sociedade de segunda classe: gente disposta a acorrer onde quer que se possa obter um jantar, praticar a maledicência ou mostrar, sem escrúpulo e sem pudor, a própria natureza bestial e a própria ignorância.[366]

Sucedem-se, então, as cenas, cada qual disputando com as demais em bizarria, patetismo e ridículo. Trimalquião se ausenta para satisfazer uma necessidade corporal, ao voltar convida os demais a fazerem o mesmo, se disso necessitarem;[367] depois, põe-se a realizar o que será o seu funeral; segue-se uma vulgaríssima discussão entre ele e a esposa Fortunata.

> Dir-se-ia que Petrônio, o *arbiter elegantiae* da corte de Nero, se comprazia em elaborar pacientemente esta criação do seu espírito, a fim de demonstrar o que se pode, mas não se deve ser, plasmando-a sabiamente com os traços mais minuciosos, de modo a criar uma figura poderosa e inesquecível, como para fazê-la ressaltar, com um extraordinário relevo, sobre o fundo formado por todos os outros personagens.[368]

É difícil negar que, pelas características conferidas ao célebre personagem, Petrônio não tenha tido em mente o próprio Nero. Todas se encaixam tão bem neste último, que seria uma grande ingenuidade atribuí-las ao acaso.[369]

Segundo Período. Vespasiano, Tito e Domiciano

2.3.7. Estácio

Com Nero se extinguiu a dinastia que remontava a Augusto. A anarquia que se seguiu teve por resultado guerras intestinas que desolaram, por mais de um ano, todas as partes do império e consumiram as últimas forças dos romanos, não deixando de repercutir negativamente, também, sobre a produção literária. Com Vespasiano, o despotismo de um só amo e a exploração do Estado em proveito do soberano, deram lugar a um regime de ordem e de economia. O império esgotado pela agitação dos últimos tempos, podia respirar novamente. Tito, seu filho, sucedeu-o sem contestação e, durante a curta duração de seu reinado (79-81), soube aliar a doçura a uma boa administração.[370] Mas, as coisas haveriam de mudar, após a morte de Tito e a ascensão do malvado Domiciano, seu irmão e rival de Tibério, Calígula e Nero em monstruosidades.

---

[366] Satiricon, *O Banquete de Trimalquião*, p. 41-106.
[367] Satiricon, 47, p. 65: "Por isso, se alguém quiser fazer suas necessidades, não há porque se acanhar. Nenhum de nós nasceu tampado. Eu acho que não existe tormento tão grande como a gente segurar. Isso é a única coisa que Júpiter não pode impedir".
[368] N. Terzaghi, *op. cit.*, p. 170.
[369] Terzaghi dá como exemplo o fato de que ambos, Trimalquião e Nero, desejavam ser grandes latifundiários na África. *Op. cit.*, p. 171. "Agora quero juntar a Sicília às minhas terrinhas, para quando eu entender de ir à África eu navegue pelos meus domínios". Satiricon, 48, p. 67.
[370] W. Teuffel, *op. cit.*, Tomo 2, p. 284-285.

O interesse superficial, que durante a vida de seu pai, Domiciano tinha mostrado pela literatura desapareceu inteiramente com o seu advento ao trono. É verdade que os jogos capitolinos e os albinos se estenderam também à poesia, mas eles não tinham senão um objetivo: a glorificação do vaidoso imperador, que fez sentir o peso de seu despotismo sobre toda a vida espiritual da época, notadamente sobre os relatos históricos.[371] O único gênero de eloquência que florescia então era a delação.[372] Quanto às almas honestas, ciosas, ao mesmo tempo, de sua existência e de sua felicidade, não lhes restava senão um partido a tomar: permanecerem caladas. Foi o que fizeram Juvenal, Tácito e Plínio durante todo o reinado de Domiciano. Entre aqueles que escreveram, uns o fizeram, como Josefo e Marcial, por ambição, observando um servilismo calculado[373], outros, por fraqueza para adular o monstro coroado. Tal foi o caso de Estácio.

Estácio nasceu em Nápoles (45 d.C.), viveu e escreveu no entardecer da dinastia Flávia. Era um homem de bem. Fugia das disputas, silenciava quando convinha e era dotado de um espírito de gratidão proverbial. Instruído, cheio de recursos poéticos, suscetível de sentimentos elevados, Estácio, entretanto, choca mais do que cativa, quando se considera a inverossimilhança que preside seus escritos. Não exprime somente pensamentos e sentimentos reais, mas expõe frequentemente os fingidos e inexistentes, não para parodiar, o que se compreenderia, mas para enaltecer amigos e adular o poder. Utilizou esse recurso na sua principal obra, *Selva*, que é um repositório de elogios, louvaminhas e panegíricos, endereçados aos seus patronos e ao imperador. Essa coletânea poética nos dá a conhecer o que era, em seu tempo, a poesia de circunstância, quais eram seus assuntos ordinários e que ocasiões a determinavam. Dos três gêneros que tratava, relativos a casamentos, nascimentos e falecimentos, o último era aquele em que mais se destacava o poeta. Estácio se autonomeava "o doce consolador dos aflitos, dos quais secava as lágrimas".[374]

Obras: *Selvas*. Seleção de um grande número de situações ocasionais, que Estácio devia vir escrevendo desde épocas anteriores. A amizade respeitosa, mas talvez sincera, é o vínculo que o autor proclama. As *Selvas* são documentos de grande valor social, pois revelam muitas coisas sobre as ideias e os interesses de seus influentes personagens.[375] *Tebaida*. Obra em doze livros, cujo argumento é a luta fratricida entre Eteocles e Polinice. *Aquileida*. Obra inacabada e, como a *Tebaida*, também, dedicada a Domiciano. Versa sobre os fatos ocorridos desde que Páris e Helena fugiram, até a partida de Aquiles de Sciro.

2.3.8. Marcial

Foi, igualmente, sob o reinado de Domiciano, que Valerio Marcial, de Bilbilis, na Espanha, desenvolveu a maior parte de sua atividade literária. Possuímos dele quinze livros de epigramas, nos quais o poeta descreve a vida social de Roma Imperial, com toda sua corrupção, com sua extraordinária baixeza. "

---

[371] W. Teuffel, *op. cit.*, Tomo 2, p. 303.
[372] W. Teuffel, *op. cit.*, Tomo 2, p. 303.
[373] W. Teuffel, *op. cit.*, Tomo 2, p. 303.
[374] L. Friedlaender, *op. cit.*, Tomo 4, p. 113-114. Estácio consolava não somente as famílias enlutadas, mas também os proprietários de escravos queridos e até mesmo de animais de estimação. Assim é que, na *Selvas*, canta a virtude falante, de um papagaio de Atedio Melior, como também a força de um leão do imperador, que foi trucidado na arena por outra besta feroz. *Selvas*, II, 4 e 5.
[375] Em ocasiões concorridas, a poesia de circunstância exercia a função do jornalismo, que não existia então. As famílias abastadas recorriam a esse gênero de poesia para divulgar a grandeza de suas construções, de seus jardins, de suas conquistas e coleções de obra de arte. *Selvas*, IV, 3; I, 1; I, 3.

Marcial se mostra quase igual a Ovídio pela leveza e elegância da versificação, mas também pela falta de caráter e pela imoralidade. Como Juvenal, seu contemporâneo, nosso autor se compraz com a descrição das torpezas de seu século, mas não compartilha a sua indignação com o vício. Seu servilismo para com o soberano ultrapassa até mesmo o de Estácio, seu rival em baixeza, mas, ao contrário deste, malgrado um talento superior, Marcial desagrada pela ausência de sentimento moral e compatível com a dignidade humana".[376]

Poucos autores, talvez, tiveram a sensibilidade bastante para retratar o homem de seu tempo. O poeta o via na sua inteira nudez, sem o verniz dos cargos sociais, das riquezas e das honrarias; o via e descrevia tal como é sempre: débil e corrupto, ambicioso e vil, crápula e luxurioso, inútil, pérfido e falso.[377] Assim é Zoilo, seu célebre personagem, o tipo mais característico do liberto arrivista. Mais do que o Trimalquião de Petrônio, o Zoilo de Marcial é tipicamente mais vivo, mais natural, por isso mesmo mais simbólico, relativamente aos vícios da época, os mesmos que Marcial com tanto vigor descrevia.[378] Ao lado de Zoilo, estavam os ladrões, estelionatários, escroques e toda espécie de velhacos, todos eles capazes das mais sórdidas manobras para fazer dinheiro, a demonstrar, com seus crimes, a privação do mais elementar senso de dignidade humana.[379]

Obra: é constituída inteiramente de epigramas. Quinze livros, dos quais doze foram escritos em torno de temas variados e a propósito de pessoas e de coisas das quais é impossível dar o elenco ou fazer uma classificação completa. Os três outros livros estão induvidosamente fora da coleção e são: o *Liber Spectaculorum*, o *Xenia* e o *Apophoreta*, os quais consistiam em registro de mulheres que compareciam a determinados eventos.[380]

2.3.9. Juvenal

Junio Juvenal, nascido em Aquino em 47 d.C., é o mais notável dos poetas da época que vai de Domiciano até Trajano. Frequentou, diz Suetônio, até os quarenta anos de idade, a escola de retóricos, quando começou a publicar as suas primeiras sátiras. Possuímos dezesseis delas, divididas em cinco livros. Enquanto as últimas trazem a marca da senilidade, as mais importantes nos pintam um quadro eloquente e frequentemente assustador dos vícios da sociedade romana.[381]

Pela aspereza de suas palavras, é para crer que Juvenal guardava profundos rancores de um mundo orgulhoso que se recusava a acolhê-lo e celebrá-lo como merecia. À falta de coisa

---

[376] W. Teuffel, *op. cit.*, Tomo 2, p. 316.

[377] N. Terzaghi, *op. cit.*, p. 257.

[378] Marcial sabia também encontrar virtude onde ela não existia. Celebrava o imperador com os mais belos epítetos e resumia nele todas as qualidades do homem e do soberano. Os atos do cruel Domiciano, aos olhos do poeta, fornecem a prova da maior sabedoria e do valor inigualável de sua autoridade, de modo que quando ele está no comando do exército, Marcial não dispõe de palavras suficientes para exprimir o ardente desejo que Roma tem de ver entrando em seus muros esse príncipe tão clemente, esse pai da pátria, sob o qual ela é mais livre que nunca (V, 19, 6).

[379] É curioso notar que Marcial representa frequentemente um tipo de caráter por um nome: Fidentino, para o plagiário; Sélio, para o parasita; Ligurino, para o declamador; Póstumo, para o patrão, e Ceciliano, Gargiliano, Cândido, Classico, Pôntico, Zoilo, Flacco, Tucca etc., para todo mundo.

[380] Com muita finura e requinte na arte de resumir, Terzaghi assim se pronuncia sobre o homem e a obra: "Ninguém pense que a sua obra possa transitar impunemente entre as mãos de meninas de colégio: mas, que culpa tinha ele se seu tempo era exatamente como ele o descrevia? Apesar de tudo, o poeta se escusa afirmando solenemente: *Lasciva é a minha página, mas honesta a vida*" (I, 4, 8).

[381] W. Teuffel, *op. cit.*, Tomo 3, p. 22.

melhor, o poeta teve que se conformar com companhias pouco recomendáveis, em cujo convívio modelou seu talento e originalidade: poetas famintos, professores sem alunos, advogados sem causas, negociantes arruinados, clientes habituados à privação, batendo de dia à porta dos ricos, de noite à da taverna dos pobres, ao lado de marinheiros, escravos fugitivos e religiosos mendicantes. Juvenal se tornou assim o paladino dos pequeninos, de toda uma plebe necessitada, da qual ninguém tinha ainda se dignado tomar a defesa nas letras latinas. Foi em nome desses pobres diabos que ele julgou os grandes.[382]

Toda a obra de Juvenal é dirigida contra a corrupção dos costumes. Mas, falar abertamente dos abusos, da perversidade, da ruína moral de seu tempo, poderia ser perigoso para o poeta, que correria o risco de se indispor com muita gente influente e, assim, suscitar contra si resistências incômodas ou até mesmo represálias imprevisíveis. Preferiu endereçar suas sátiras aos mortos, aos homens do passado, frequentemente de um passado remoto, como aquele em que viveu Cícero e Lucílio. É, portanto, contra as sombras que combate o poeta satírico, mas contra sombras das quais se encontram, em sua época, reproduções fielmente materializadas.[383]

Amargo, por natureza, Juvenal frequentou por longo tempo as escolas de retórica, onde os falastrões se exercitavam na arte de descrever e polemizar paixões, costumes e acontecimentos inverossímeis. Quando abandonou esse mundo factício para lançar sobre o outro, real e verdadeiro, um olhar severo e recriminador, sua imaginação, cheia de imagens violentas, conservou o hábito de amplificar os objetos. Nosso autor não conseguiu se libertar totalmente dos lugares comuns, aos quais tinha dedicado os melhores anos de sua vida. O luxo do desenvolvimento, o gosto do paradoxo, o abuso da hipérbole são também a marca de sua origem.[384] Ademais, os ressentimentos de uma preterição injusta, deviam concorrer para exasperar uma alma naturalmente fogosa. Sua veemência procurou, pois, em toda parte, pretexto para se desatar e se fazer ouvir. Ela atacou a falsa virtude (sat. II), a arrogância dos patrões (sat. V), a corrupção da mulher (sat. VI) e a avidez do homem (sat. IX).

Mas, não se deve concluir que aqui tudo é declamação. Sem ver em Juvenal um cidadão de antiga cepa, não se pode deixar de enxergar em suas sátiras um protesto em favor da antiga simplicidade, um desprezo pela indolência e pelo aviltamento do homem, seu horror pelos escândalos da decadência do povo romano. Infelizmente, Juvenal não era um homem prático, conquanto não fosse, também, um autor utópico. "Suas sátiras, diz M. Schanz, deitam suas raízes

---

[382] "Pode-se dizer que quase toda a população de Roma era miserável. O povo romano, na sua totalidade, não vivia senão de liberalidades e de artifícios fraudulentos: era comum mutilarem-se crianças para excitar a compaixão pública e auferir esmolas. O governo se encarregava de satisfazer as necessidades básicas da população, fornecendo-lhe pão, festas e jogos. Todos os discursos sobre a desigualdade das condições, sobre a insensibilidade dos ricos e suas despesas extravagantes, os apelos à generosidade, o elogio do pobre, com o qual ninguém antes se preocupara, tudo isto nos adverte que o mundo pagão, esclarecido enfim pelo excesso de miséria, despertava para a caridade. O paganismo se curvava a favor dos miseráveis, pela ação enérgica de seus filósofos, de seus poetas e mesmo de seus retóricos, que faziam da piedade o texto de suas declamações. Não devemos desconsiderar estes protestos da consciência humana, que começava a entrever a justiça social e os deveres novos. Não eram ainda gritos de revolta, mas de dor. Luciano saberá, depois, misturar à forte voz de Juvenal sua zombaria lúcida e sua ironia penetrante, até o momento em que os oradores cristãos, perseguindo o mesmo fim, mas com linguagem diversa, acrescentarão a estas invectivas contra os ricos os acentos da ternura pelos pobres e farão da caridade um dever religioso". Constant Martha, *Les Moralistes sous L'Empire Romain*, p. 323-325, Paris, 1900.

[383] Esse pintor de fatos históricos descreve não o que ele vê, mas o que ele viu, o que ouviu dizer, o que se lembra. A lembrança, longe de apagar os objetos, os aumenta algumas vezes, de modo que é difícil não exagerar coisas quando se as tira da memória e se deixa à imaginação o cuidado de arranjá-las e embelecê-las. Constant Martha, *op. cit.*, p. 265.

[384] A obra de Juvenal é uma grande alegoria dirigida contra uma época, daí o esforço exigido para sua composição e o requerido para sua interpretação. Nesse sentido deve ser entendida a célebre frase contida na Sátira I, 79: "Se a natureza recusa o gênio, a indignação inspira o verso".

no passado, de modo que ele vive e se move no mundo das recordações. Sua indignação pode ser apenas uma excitação artística, visto que ela não recebe diretamente da vida seu alimento".[385]

Outro autor, Boissier, pensa diferente e inicia uma investigação profunda e imparcial sobre as razões que levaram Juvenal a ser tão duro para com seus contemporâneos e nos revela o método com que pretende investigá-las: todas as vezes que alguém se arroga o direito de instaurar um processo contra seu tempo, convém tratá-lo como se fosse uma testemunha em juízo: para se saber o valor de sua palavra, é preciso antes se saber o que foi a sua vida. Dito isso, o autor francês passa a levantar os dados concernentes às origens, aos costumes, à posição social, aos bens, aos amigos, aos recursos de Juvenal e, enfim, conclui:

> Esse manifesto mau humor, essas palavras amargas que lhe escapam sem cessar contra os declamadores e a declamação, parecem indicar uma esperança frustrada. Ele, por um erro, começou sua vida e, desde o início, se indispôs contra a sociedade que se recusava colocá-lo na categoria da qual ele se sentia digno.[386]

Há uma versão que atribui a morte de Juvenal a um exílio disfarçado: um comando militar numa região longínqua do império. Terzaghi rejeita essa hipótese, pois "a nenhum imperador, muito menos a Adriano, poderia ocorrer a possibilidade de conceder um comando militar a um octogenário."

Terceiro Período. Nerva, Trajano, Adriano, Antonino Pio, Marco Aurélio e Cômodo

Essa época apresenta uma diferença notável com a chamada idade de prata da literatura latina, concluída no reinado de Domiciano, que, por sua vez, sucedera a de ouro, na qual despontaram Virgílio e Horácio. A excitação febril dos dez últimos anos deu lugar a uma espécie de esgotamento espiritual, que se manifestou, no que diz respeito à literatura, pela ausência de obras independentes e originais. Com exceção de Tácito e Plínio, os autores desse período se limitavam a imitar. Alguns autores formados na escola de Quintiliano, como Suetônio, Floro e, até um certo ponto Justino, copiavam os melhores modelos; outros, que eram a maioria, por falta de gosto ou de energia, confundiam todos os estilos e, à força de tanto imitar, desaguavam no estranho e no bizarro. Essa decadência se fez sentir, sobretudo, quando Adriano, homem dissimulado e vaidoso, se tornou o árbitro supremo de tudo, inclusive de questões literárias, para o deslinde das quais conferiu ao seu mestre, Frontão, o poder de dar a última palavra.[387] Cada vez mais, a produção literária se afastava da originalidade e se abismava no pedantesco, por isso que se mostrava incapaz de tirar partido do passado, no que ele tinha de mais enérgico e criativo. Temperamentos frívolos e personalidades timoratas, adaptadas ao mais degradante servilismo, não podiam mostrar em suas obras senão o que prodigalizavam com a boca, ainda que não transitasse por seus corações: a adulação, a mentira, o empolamento e a submissão. Mais do que nunca, se sentia a necessidade de resumir, em quadros muito restritos, as riquezas das grandes épocas lite-

---

[385] *Geschichte der Römischen Literatur*, Tomo 2, p. 430.
[386] G. Boissier, *L'Opositions sous les Césars*, p. 308-309, Paris, 1909.
[387] W. Teuffel, *op. cit.*, Tomo 3, p. 26.

rárias, no mesmo momento em que a erudição corria as ruas e a ciência estava de moda. Mas a erudição e a ciência já não produziam os frutos, que, num ambiente mais austero, normalmente podem dar: a primeira, porque se traduziu em exercício de gramáticos e de retóricos; a segunda, porque se extraviou do caminho certo e se fez superstição. Esse exemplo desastroso foi seguido pela literatura, "que se colocou ao serviço de uma retórica frívola, sem compromisso com o estilo, errabunda, dissipadora de seus tesouros e que nada sabe dizer com gosto".[388]

Para se achar espíritos originais, era preciso se dirigir a especialistas. Dentre estes, merecem especial referência os juristas. Nesse tempo, tão parco em talentos, vicejou uma série de nomes ilustres, começando com o de Juliano, de Pompônio e de Gaio, e terminando com o de Papiniano, que foi superior a todos.[389] Todos tiveram uma grande influência sobre o desenvolvimento ulterior do Direito, seja escrevendo ou ensinando, seja redigindo os rescritos imperiais, que, depois da publicação do Édito Perpétuo de Juliano, se tornaram a única fonte do novo direito.[390] Pela dicção, é ainda entre os juristas que se encontram os representantes do bom gosto. "Quanto mais em alta estavam o direito e a eloquência, mais esquecida ficava a poesia, não sendo raro o caso de naturezas eminentemente poéticas, como a de Apuleio, se voltarem, por influência dos sofistas, de preferência para a prova".[391]

Como as preferências pessoais do soberano continuaram a exercer uma grande influência sobre a marcha da literatura, o caráter desta variava segundo o temperamento e o humor de cada imperador. De um modo geral, essa foi uma época de liberdade de expressão, que permitiu o surgimento de produções literárias de grande valor, notadamente no domínio da história e da jurisprudência. É o que veremos a seguir.

2.3.10. Tácito

Cornélio Tácito nasceu provavelmente em 50 d.C. numa cidade da Úmbria, Terni, que se gabava, sem provas, de ter sido seu torrão natal. Sua juventude, ao que tudo indica, transcorreu no seio de uma família austera, cujo chefe, cavaleiro romano e procurador da Bélgica, a tudo proveu para dar ao filho uma educação tradicional, em virtude da qual ficou preservada a integridade nativa de uma alma ávida de todos os belos conhecimentos.[392]

Tácito cultivou a poesia e a eloquência, a cujas lições deveu o brilho com que se houve perante o tribunal dos decênviros. Era preciso que sua reputação fosse realmente brilhante, para, por meio dela, receber como esposa a filha de um personagem consular, Agrícola, então governador da Bretanha. A amizade estreita com o sogro lhe abriu todas as portas de acesso aos cargos públicos: foi questor sob Vespasiano, edil com Tito, pretor e membro do colégio dos decênviros sob Domiciano.

Os quinze anos de um despotismo atroz submeteram a consciência de um homem de bem, Tácito o era sem dúvida, a uma dura provação. "É preciso, dizia ele, desejar os bons príncipes e

---

[388] W. Teuffel, *op. cit.*, Tomo 3, p. 29.

[389] W. Teuffel, *op. cit.*, Tomo 3, p. 31. "As suas *questiones*, suas *responsa* e suas *definitiones* serviram por longo tempo como texto de reconhecida e indiscutida autoridade, notadamente pela forma nobre e elegante com a qual redigia seus escritos". N. Terzaghi, *op. cit.*, p. 569.

[390] W. Teuffel, *op. cit.*, Tomo 3, p. 33.

[391] W. Teuffel, *op. cit.*, Tomo 3, p. 34.

[392] Todas as referências alusivas à origem, à infância e à família de Tácito devem ser recebidas com muita reserva. Assim é que uma parte da crítica tem como provável que Interamna, cidade natal de um imperador homônimo, teria sido seu lugar de nascimento.

se resignar a suportar os maus".[393] Essa lição, ele a tinha recebido de Agrícola, homem de fibra, paciente, moderado, inimigo das fanfarronadas, que sabia combinar o útil com o honesto e quem, envenenado por Domiciano, deixou a este uma parte de sua herança, de medo que o infame imperador a cobiçasse na sua integralidade.[394] Tácito, entretanto, conseguiu salvar a sua honra e a sua vida. Viu até mesmo sua credibilidade aumentar, juntamente ao seu honrado patrimônio, posto que foi sempre hábil em guardar um meio termo entre a complacência vergonhosa e a temeridade tão estéril quanto imprudente.

Nosso autor deve ser censurado por isso? Cabe a cada um julgar por si, ainda quando não seja justo, por meros escrúpulos de quem nunca viveu em tempos de terror, proferir um juízo de condenação contra um caráter de escol, que, pela superioridade de espírito, tem todo direito à nossa estima. Na verdade, deve-se lamentar, antes de mais nada, por Tácito ter sido condenado, pela miséria do tempo em que viveu, à aparente cumplicidade do silêncio. Sob tal regime de terror, a virtude de Tácito nos oferece, ao menos, o benefício da ira que ele reservou para a época posterior à morte do déspota, quando, sob Trajano, sua explosão foi a vingança das vítimas que ele não pôde salvar.

Ainda que esse grande espírito falasse pouco de si mesmo, podemos entrever o homem sob o escritor. Sem pertencer a nenhuma seita, suas preferências o inclinavam, mais por sentimento que por doutrina, para a elite estoica, da qual ele exaltava tanto as virtudes. Ainda que não se possa inferir de seus escritos nenhuma tendência política clara, podemos, contudo, afirmar que Tácito não tinha predileção nem pelo regime popular, do qual temia a inconstância[395], nem pelo poder monárquico, que encoraja o despotismo[396], nem por um sistema misto, tão favorável aos elogios fáceis como às acusações levianas.[397] Inclinava-se, porém, pela aristocracia conservadora[398], conquanto admitisse então o poder de um só como consequência necessária das faltas cometidas, o que, por outras palavras, dava a entender que aderia abertamente ao fato consumado, como se permitiu dizer no início de suas histórias.[399]

Longe de ter o temperamento de um faccioso, Tácito censurava os conspiradores que arriscavam suas próprias vidas pela liberdade. Disse ele em algum lugar:

> Que os admiradores das empresas ilegítimas saibam que se podem encontrar grandes homens até sob maus príncipes, posto que a obediência e a moderação, aliadas à força da alma e ao talento do homem prudente, levam-no mais longe no caminho da glória do que pode a maior parte daqueles que procuraram, por golpes atrevidos, uma morte brilhante, mas inútil ao Estado.[400]

Tácito não se enganou. A obra que deixou para a posteridade é a prova irrefragável do acerto de suas palavras, cujo valor eterno foi proclamado por Plínio, amigo íntimo do autor dos *Anais*.[401]

---

[393] *Histórias*, IV, 8, 74.

[394] Tácito, *Agrícola*, 43.

[395] *Anais*, III, 27.

[396] *Agrícola*, 3, Madri, 1999.

[397] *Anais*, IV, 33.

[398] Sobre o espírito aristocrático de Tácito, cf. *Anais*, III, 27. "Tácito distinguiu três formas de governo: a democracia, a aristocracia e a monarquia. Por conseguinte, é necessário escolher uma entre estas três formas. Tácito não o diz expressamente. Sem dúvida, pensou que suas obras haveriam de falar por ele". G. Boissier, Tácito, p. 175, Buenos Aires, 1944.

[399] *Histórias*, prólogo.

[400] Tácito, *Agrícola*, 42.

[401] Epístola VII, 33.

Não é necessário acrescentar que o historiador era também um poeta, se por tal reconhecemos todo aquele que possui, em grau eminente, a virtude criadora, o dom de fazer viver seus personagens e todos os objetos que evoca. O poeta ressuscita aos nossos olhos o mundo físico e moral. Sua sensibilidade é tão viva, e sua imaginação tão poderosa, que um só dado lhe basta para apreender a alma das pessoas e a essência das coisas. Tácito era definitivamente um poeta. "Ele resume tudo, porque vê tudo", disse Montesquieu. Ao colorido, ao relevo de suas narrativas, se associa o movimento de um drama, cujas peripécias e horrores, produzem, alternadamente, o terror e a piedade.

Com efeito, Tácito se sentia aprisionado nessa Roma imperial, onde se decidiam os destinos do mundo. Mas, esse sofrimento não foi de todo inútil, pois, obrigado como estava a viver nas trevas, onde os imperadores abusavam das atrocidades, o juiz desses celerados se tornou um psicólogo e um pintor, que nos encanta por sua intuição e por seu gênio dramático. Ninguém jamais teve talento igual na arte de extremar a verdade da mentira e de surpreender o lobo sob a pele do cordeiro. Não havia, para ele, recanto, por mais sombrio que fosse, que não o iluminasse com uma luz ofuscante e vingadora: Tibério em vão tentou se ocultar nas densas trevas do esquecimento. Tácito o arrastou para a luz da história, tal como igualmente o fez com Calígula, Cláudio, Nero e Domiciano.[402]

Longe de acusar seu humor negro, seria mais justo admirar o sangue frio e a imparcialidade solene de um relato que não degenera nunca em sátira, como as investidas de Juvenal, nem em equívoca curiosidade, como a crônica de Suetônio.

Tácito morreu por volta do ano 130 d.C., sob Adriano, com oitenta anos de idade.

Obras: *Agrícola*. Registro biográfico do sogro, em que se anunciam já a sensibilidade do pintor e a visão do psicólogo. Energia do pincel, ciência do coração humano, clarividência do homem público, veracidade dos retratos, relevo das descrições, interesse patético do relato: tais são os méritos desse panegírico inspirado no amor filial e no patriotismo. *Germania*. Pela mesma época da anterior, apareceu essa obra sobre os costumes dos germanos. Ao mesmo tempo, geográfica, política e histórica, ela era, para os romanos, uma advertência e uma lição, pois, submetendo ao conhecimento da opinião pública um inimigo tão temível, Tácito opunha a corrupção romana à inocente simplicidade da raça bárbara, da qual ele idealiza os caracteres sem os alterar. *O Diálogo dos Oradores*. É obra da juventude de Tácito, provavelmente escrita em razão da vizinhança com a tribuna. Trata de uma conversação entre quatro personagens célebres, Segundo, Materno, Aper e Messala, todos eles envolvidos numa ampla discussão acerca da querela entre antigos e modernos. Nela, podemos apreciar um espírito liberal, que soube conciliar as exigências da modernidade com o culto da tradição, mas também um crítico superior, que, pela primeira vez, explicou as vicissitudes da eloquência pelas transformações havidas nas instituições e nos costumes. *As Histórias e os Anais*. Desde 97 d.C., Tácito concebera a ideia de narrar todos os acontecimentos ocorridos nos vinte e oito anos compreendidos entre a morte de Nero e o fim do reinado de Domiciano. Esse foi o objeto das *Histórias*, que se compunham de quatorze ou vinte livros, dos quais somente os quatro primeiros chegaram até nós, com uma parte do quinto. A composição dos *Anais* tinha em vista outra época, mais precisamente a transcorrida entre a morte de Augusto e a queda de Nero. Nesses dois monumentos literários, em que a ordem cronológica dos fatos quadra bem com o encadeamento das ideias, a diferença dos títulos não implica mudança de

---

[402] Cf. os *Anais* e as *Histórias*.

métodos. Consagrados às recordações mais remotas, os *Anais* se distinguem por um ritmo mais rápido e mais sóbrio, enquanto as *Histórias* encerram a descrição de fatos contemporâneos, que, pela evocação de pruridos recentes, cheios de ingredientes sentimentais e passionais, se prestaram mais facilmente às construções dramáticas e ao brilho do desenvolvimento épico.

2.3.11. Plínio, o Moço

Caio Plínio Cecílio Segundo nasceu e morreu em Como (65-112 d.C.), numa rica região às margens do lago Lário. Pórticos, docas de mármore, amplas alamedas, bosques de Plátanos, magníficas residências, o luxo e a elegância de uma natureza artificial: eis os objetos que, desde a aurora da existência, já feriam os olhos de um menino educado numa família habituada ao bom gosto e aos prazeres do espírito. Órfão com oito anos, pupilo do grande Virgínio Rufo, condiscípulo e amigo de Tácito, Plínio contava entre seus mestres o celebrado Quintiliano e Plínio, o velho, que lhe deixou sua fortuna e seu nome.[403]

Maravilhosamente dotado de eloquência, muito ambicioso e sempre no encalço da fama, nosso autor não visava a nada menos que se igualar a Cícero, como advogado, orador e erudito. Tribuno militar na Síria, depois questor, tribuno do povo e pretor, por muito pouco seu talento não se tornou vítima de Domiciano. Tivesse se prolongado um pouco mais, esse reinado abominável tê-lo-ia certamente feito abortar. Mas, proclamado imperador Trajano, foi permitido a Plínio se expandir à vontade e com plena segurança.[404] Cumulado de dignidades por um príncipe que galardoava o mérito, nomeado sucessivamente cônsul, áugure e governador da Bitínia, Plínio, cheio de entusiasmo e de gratidão, celebrou esse renascimento do espírito com um panegírico, ao qual dedicou três anos de estudos.[405]

A despeito de alguns pecadilhos que acusavam uma vaidade, aliás, muito ingênua, cumpre tributar nossa admiração tanto ao homem como ao escritor. O homem é doce, bom e naturalmente virtuoso. Plínio era do pequeno número dos romanos, que, mesmo vivendo num século corrompido, nutriam um sincero respeito pelo pudor. Casado muito novo ainda, associava sua mulher Calpúrnia a seus trabalhos e lhe testemunhava uma ternura respeitosa, assim como a seu pai adotivo, por quem tinha uma deferência toda filial. No trato do mundo, sua benevolência igualava seu devotamento. Criou bibliotecas, fundou escolas e realizou obras filantrópicas. Para com os escravos, nenhum senhor se mostrou mais humano e compadecido. A essa benevolên-

---

[403] Plínio, o velho, tio do nosso autor, morreu por ocasião da erupção do Vesúvio, no ano 79 da nossa era, observando e descrevendo o fenômeno que iria dar-lhe a morte.

[404] "A nota dominante do caráter de Plínio é a bondade, direi mais, aquela bonomia que o levava a ver tudo belo e tudo bom e que o impedia de suscitar polêmica ou de dizer duras verdades a quem quer que seja". N. Terzaghi, *op. cit.*, p. 390.

[405] O *Panegírico de Trajano*, pronunciado no senado e destinado a exaltar esse imperador, exigiu de Plínio não só talento para a adulação, mas também falta de escrúpulos para censurar os antecessores de Trajano. Os novos príncipes, sucessores dos doze primeiros césares, guindados ao poder por meios pacíficos, e não por guerras civis ou revoluções sangrentas, tinham a pretensão de ser os restauradores da antiga liberdade. Como não tinham interesses dinásticos a defender nem solidariedade a prestar aos seus predecessores, os antoninos expunham deliberadamente estes últimos à maledicência e à indignação dos oradores e poetas. Daí que o discurso adulador de Plínio, na mesma medida em que é um elogio do atual soberano, seja também uma sátira, disfarçada ou violenta, contra os primeiros imperadores. "Antes de vós, os príncipes preferiam nos cidadãos o vício às virtudes" (*Panegírico*, XLV). Plínio chama Domiciano de "uma besta feroz encerrada em seu antro, onde se embriaga bebendo o sangue de seus súditos" (*Panegírico*, XLVIII). Plínio não prova somente pelo exemplo de seu discurso, cheio de elementos satíricos, que essa liberdade de linguagem é tolerada e que ela é agradável ao césar, mas constata formalmente, por declarações explícitas, o direito novo de desprezar os maus príncipes. "Podemos exercer hoje o direito de fazer justiça aos tiranos que não existem mais. Lembremo-nos que o mais belo elogio que se pode fazer ao imperador vivo, é de se poder recriminar aqueles que, antes dele, mereceram a censura" (*Panegírico*, LIII).

cia, que não tinha nada de artificial, se associava, em Plínio, uma coragem indignada contra os prevaricadores, dos quais acusava os crimes e vingava as vítimas.[406]

Quanto ao escritor, o amigo de Tácito, sem dúvida, era muito sensível à glaríola, bem como aos hábitos mesquinhos que a acompanham. Confessou, porém, essa fraqueza com uma tal candura, que desarmou antecipadamente o braço da maledicência e da ironia. Fino, espiritual, brilhante e pitoresco, seu estilo é erudito e gracioso. Havia poucos assuntos, para os quais não encontrasse pensamentos claros e palavras adequadas, residindo precisamente nisso o especial talento desse ilustre romano, contemporâneo do século de Trajano.[407]

Obras: *Cartas*, que são um quadro vivo e colorido dos costumes da época. Escritas com premeditação, editadas pelo próprio autor, arranjadas como as flores de um buquê, essa correspondência não tem a simplicidade, nem a franqueza, nem o abandono que convém ao gênero epistolar. Percebe-se nelas as gentilezas de uma pluma refinada que se deleita e as astúcias da coqueteria que quer agradar. *Panegírico de Trajano*. É uma longa antítese que opõe os crimes de Domiciliano às virtudes de Trajano, bem como as calamidades da véspera à felicidade presente. Todas as palavras, todas as *démarches*, todos os movimentos do novo imperador são o objeto de encômios. Se Trajano recusa um consulado, sua modéstia é heroica; se o aceita, seu devotamento se faz sublime. "

> Plínio, por delicadeza, conclui M. Durry, queria que, em qualquer dos dois campos literários, ou asiático ou aticista, ninguém se entristecesse escutando a louvação de um príncipe tão bom, feita por um orador que dominava plenamente os recursos de sua arte".[408]

2.3.12. Apuleio

O retórico Apuleio, filósofo platônico, nascido em Madaura, na África, viveu e escreveu durante os reinados de Antonino Pio e de Marco Aurélio, sendo certo que estudou e concluiu sua formação filosófica em Cartago e em Atenas.

> Sempre irrequieto na alma e no corpo, diz A. Amatucci, ardia do desejo de ver, conhecer, aprender, e não somente lia e estudava, mas também viajava: foi à Frígia, à Roma, e a muitos outros lugares. Sentia a necessidade de ensinar, dava

---

[406] Numa carta famosa, Plínio consultou o imperador Trajano sobre o tratamento a ser dispensado a uma categoria de infratores que começava a incomodar o poder político estabelecido: os cristãos. A resposta de Trajano foi clara e precisa, não obstante o parecer contrário de Tertuliano. Deviam ser punidos, respondeu o imperador, todos que confessassem o Cristo, exceção feita aos casos de denúncia anônima. Cf. N. Terzaghi, *op. cit.*, p. 396.

[407] "A gentileza de seu espírito e de seu coração tornavam Plínio mais propenso à comunicação epistolar". Marcel Durry, Panégyrique de Trajano, p. 69, Paris, 1938. "As suas cartas, exceto as oficiais, na sua maior parte são didáticas e, portanto, bem diversas das de Cícero. A pessoa a quem cada uma é dirigida não é senão o motivo da carta; quanto ao resto é quase estranha, porque o escritor quer falar a todo mundo. É natural, pois, que a sua própria pessoa seja o centro de todo o Epistolário. No fundo, Plínio não quer destruir nada, não quer renovar o mundo; quer favorecer o bem, do qual a manifestação mais significativa era o amor muito difundido pelas cartas". A. Amatucci, *La Letteratura di Roma Imperiale*, p. 119.

[408] *Op. cit.*, p. 72.

aulas e escrevia sobre a existência de seres intermediários entre os deuses e o homem, ou seja, dos demônios.[409]

Após ter exercido a profissão de advogado em Roma, foi para a África, onde dava conferências e cultivava a retórica, fazendo em latim o que os sofistas faziam em grego.[410]

"Todo este tempo de estudos deve ter sido bastante longo, observa P. Vallette. O desejo de saber e a insaciável curiosidade de Apuleio não podiam se satisfazer com a instrução básica e superficial, com a qual se contentavam os outros jovens de sua época, dos quais já se lamentara, no romance de Petrônio, o retórico Agamenon. À retórica, coroamento indispensável de toda educação, veio juntar-se a filosofia, a literatura, os estudos científicos e, como encontrasse tempo suficiente, fez-se iniciar, na Grécia, em vários cultos misteriosos".[411]

Essa prática supersticiosa, da qual fazia alarde com tanta ostentação, provinha, sem dúvida, de uma disposição natural ao misticismo e de uma pronunciada inclinação pela magia e pelo extraordinário, conquanto não se possa deixar de ver aí também um protesto contra a influência, então sempre crescente, do cristianismo, do qual Apuleio era inimigo declarado.[412]

Não há provas que façam crer peremptoriamente que Apuleio vivia da advocacia. Dessa atividade não nos chegou senão um só documento, qual seja, uma articulação de defesa, pronunciada em Sabrata, perante o procônsul Cláudio Mássimo, por meio da qual nosso autor se defendeu da acusação que se lhe imputava de, mediante o emprego de magia, conquistar e desposar Pudentila, mulher rica, viúva e bem mais velha que ele. A apologia, mais que uma arenga judicial, é uma dissertação cheia de vivacidade, na qual se fala de muitas coisas, até mesmo da higiene dos dentes, e da qual a parte mais interessante é aquela que trata das superstições e da magia.[413] Aí aparece, carregada de cores vivas, a tremenda diferença que existia entre o acusado, filósofo, e os acusadores, parentes de Pudentila. Os parentes dessa mulher, muito contrariados com seu casamento, intentaram contra Apuleio um processo por prática de magia, crime que, então, poderia ser apenado com a morte.[414] Acusavam-no de ter empregado a feitiçaria para seduzir Pudentila, aduzindo, preliminarmente que: a) Apuleio enviara a um tal Calpurniano um estranho pó para polir os dentes; b) escrevia versos de amor, que endereçava a jovens, sob pseudônimos; c) possuía um espelho, e d) sendo pobre, libertou num só dia três escravos. Acreditando estar provada a capacidade para delinquir, os demandantes articularam o mérito da acusação: Apuleio é um mago, porque: a) tem consigo peixes de várias espécies, que desossa e disseca; b) após ter pronunciado algumas palavras, duas pessoas caíram ao chão desacordadas; c) possuía alguns objetos sagrados, que ninguém podia mais ver, envoltos num pano de linho; d) tinha praticado, na casa de Crasso, atos de magia, por isso que o muro ficou enegrecido, sendo

---

[409] *Op. cit.*, p. 148.
[410] W. Teuffel, *op. cit.*, Tomo 3, p. (?).
[411] Paul Vallette, *L'Apologie D'Apulée*, p. 7, Paris, 1908.
[412] W. Teuffel, *op. cit.*, Tomo 3, p. 35.
[413] "Uma acusação de magia, repousando não sobre fatos, formulada perante os tribunais ou introduzida somente pela maledicência, era coisa corrente e podia contar com um acolhimento fácil. O processo de Apuleio não foi um caso isolado". P. Vallette, *L'Apologie*, p. 26.
[414] Paul Vallette, *L'Apologie*, p. 34.

possível ver-se penas de pássaro espalhadas no chão; e) guardava consigo um esqueleto feito de madeira nobre e, finalmente, f) a própria esposa, Pudentila, numa carta escrita ao filho Ponciano, reconhecia estar enfeitiçada, no sentido estrito do termo, pelo marido.[415]

Apuleio, opresso pela possibilidade de sofrer o máximo suplício, declara que está decidido a sustentar sua própria defesa e a tudo contestar: o silêncio poderia passar por uma confissão e um homem que se respeita, se inquieta à vista de uma acusação, ainda que falsa ou absurda.[416] Era do seu conhecimento que Ponciano, filho de Pudentila, tomou como mulher a filha de um tal Herênio Rufino, homem sem escrúpulos, ávido e corrupto, como corrupta era toda a sua família, da qual Apuleio nos pinta um quadro assustador.[417] Essa gente depravada, no temor de que os bens, que caberiam aos herdeiros de Podentila, passassem para o marido dela, arquitetaram toda a trama, acabando por induzir Ponciano a mover o processo contra Apuleio, seu antigo amigo e conselheiro.[418]

Era, na verdade, para a defesa um terreno muito perigoso, sobre o qual qualquer tropeço poderia significar uma perda irremediável. O advogado em causa própria sabia-o mito bem. Sabia mais, pois tinha conhecimento de que sua reputação de filósofo poderia ser explorada para incriminá-lo como mago. Não bastava, pois, elidir as acusações, *tout court*; cumpria, ademais, indispor a sensibilidade refinada do procônsul contra aquela gente desabusada e grosseira que o acusava. Assim, em vez de recorrer a argumentos peremptórios e à prova de fatos para refutar as acusações, Apuleio se serve de outras armas, menos probatórias, mas certamente muito mais eficazes sobre o ânimo dos presentes, particularmente sobre o de Claudio Mássimo: a descrição plástica do ambiente familiar de Rufino, a mesquinhez, o ridículo, bem como a intimidade que Apuleio afetava ter com o procônsul, em razão da erudição de ambos. Entre o filósofo e o magistrado, um e outro iniciados nas coisas do espírito, há comunidade de interesses, de gostos e de estudos. Exposto aos disparates e à grosseria, cercado de seres broncos e deseducados, Apuleio está convencido de que ao menos por Claudio Mássimo será compreendido.[419]

Foi assim que Apuleio aproveitou todas as circunstâncias para criar ou fortalecer no espírito do juiz uma presunção desfavorável à parte adversa.[420]

Obras: 1.ª) *Apologia*, a locução proferida para se defender da acusação da magia. Nesse discurso, o autor dá livre curso à sua eloquência prolixa e faz prova de um vivo sentimento de sua superioridade e de sua importância; 2.ª) *Florida*. Coletânea de seus melhores discursos e declamações sobre história, filosofia, natureza, sociedade e outros assuntos diversos; 3.ª) *Metamorfoses*. Romance de costumes, em onze livros, fantasista e satírico, narra as tribulações de um homem, Lúcio, que, tendo recorrido a um sortilégio, se encontra, por um singular equívoco, metamorfoseado em asno; 4.ª) *De Deo Socratis*, exposição da doutrina platônica sobre a divindade e os demônios.

---

[415] Paul Vallette, *L'Apologie*, p. 40 e segs.
[416] Paul Vallette, *L'Apologie*, p. 41.
[417] "Mas o desinteresse e a confiança são coisas raras nesta família". Paul Vallette, *L'Apologie*, p. 91.
[418] Paul Vallette, *L'Apologie*, p. 94 e segs.
[419] Paul Vallette, *L'Apologie*, p. 112.
[420] Paul Vallette, *L'Apologie*, p. 113.

2.3.13. Luciano

Luciano não era romano. Suas obras e seu estilo, porém, merecem uma especial referência neste capítulo, em que se procura demonstrar a correspondência entre a obra literária e os costumes gerais de uma época.

Além do mais, Luciano viveu nas Gálias e em Roma, onde observou, com horror, a rotina daquela população ociosa, depravada e órfã, que lhe forneceu, sem dúvida, muitos elementos para articular sua zombaria.

Para se compreender bem a importância de Luciano, sobretudo de seu estilo, em ordem a determinar seu verdadeiro lugar no conjunto da literatura romana, é preciso dizer algumas palavras sobre a religião e a filosofia.

Entre os antigos, a filosofia moral não era, como em nossos dias, uma simples análise do coração humano. Os filósofos, em particular os estoicos, que se dedicavam sobretudo à moral, agiam sobre os costumes por um ensino familiar, cuja gravidade tinha algo de religioso. Os sacerdotes do paganismo, que não eram senão os oficiais do culto, não ensinavam e se limitavam a presidir as cerimônias. Ademais, como poderiam eles, que cultuavam deuses belicosos e promíscuos, dar uma instrução moral sem renegar, ao mesmo tempo, Júpiter, Vênus e as outras divindades? Depois do estabelecimento do cristianismo, ao revés, a religião dirigiu-se exclusivamente às almas, enquanto a filosofia tinha apenas uma influência indireta sobre os costumes, penetrando pouco a pouco na política, na legislação e na formação do espírito público. Assim é que imperadores, generais e outras autoridades levavam com eles, nas viagens, nas campanhas militares e nas províncias, um filósofo que se tornava um amigo e quem, por seus conselhos, temperava a proverbial severidade romana.[421]

Esses filósofos se assemelhavam aos diretores de consciência que, até a véspera do século XX, assistiam as tradicionais famílias católicas, com vistas a conduzi-las ao caminho da perfeição. A corrupção e os desastres do império só fizeram aumentar mais sua autoridade. Todas as belas almas, desiludidas com a política, procuraram um refúgio na filosofia, em que elas protestavam em silêncio contra os costumes do século e o despotismo imperial. Elas se deixavam penetrar pelo espírito do estoicismo, que se traduz na especial aptidão de bem morrer e de enfrentar a morte com dignidade. Basta percorrer os *Anais* de Tácito, esse compêndio das belas mortes, para se dar conta de que a filosofia sustentava a coragem das mais nobres vítimas, algumas vezes de mulheres heroicas, que queriam, morrendo, se associar à glória de seus maridos.[422]

Os prosadores e poetas daquela época decadente não tinham outra alternativa: ou ensinavam a viver, com o cristianismo, ou a morrer, com a filosofia estoica. A originalidade de Luciano surge então precisamente nesse momento saturado de mau gosto e pobre de verdadeiros talentos literários. Desprezando os cristãos e odiando os filósofos, o poeta dirigiu contra ambos o rigor de suas sátiras e a acidez de suas zombarias. Mas o que moveu Luciano a empregar impiedosamente umas e outras? O que acontecia à sua volta, a ponto de suscitar uma tão grande indignação e, com ela, sua terrível cólera?

---

[421] "Em todas as partes do império, o clero estava mudo: os sacerdotes pagãos, desprovido de tradições, de doutrinas, não se ocupavam senão de cerimônias exteriores, enquanto que os filósofos exercem sobre o povo uma poderosa influência. Somente os filósofos possuíam um corpo de doutrina; só eles, exclusivamente, podiam, abandonando a esfera do ideal, se envolver na agitação da vida prática e social com seus conselhos, suas opiniões e suas interpretações". J.J. Döllinger, *Paganisme et Judaïsme*, Tomo 3, p. 219.

[422] Constant Martha, *op. cit.*, p. 3.

A sociedade romana estava ainda de pé, degenerada, sem dúvida, mas conservando sua língua, suas doutrinas, sua religião e alguma coisa de seu caráter e de seus costumes. À medida que se avança, porém, todas as coisas começam a se confundir. Em torno da instituição política, a única que permanece imóvel, tudo se degrada, se dissolve e se transforma. A literatura latina perece e dá lugar à renascença grega; a antiga religião se altera e se submete a superstições desconhecidas; a filosofia, esgotada, ou se desvanece em estéreis declamações ou tenta restaurar seu antigo prestígio por meio de dogmas misteriosos. Durante esse tempo, ideias novas, até então comprimidas, se expandem; crenças, por longo tempo contidas nas fronteiras do Oriente, se infiltram em todas as partes do império. Daí, uma mistura bizarra de pensamentos, de sentimentos, de opiniões, que se unem ou se combatem sem se compreenderem.[423]

De todos os escritores do segundo século, Luciano é, sem comparação, aquele que nos faz conhecer melhor as misérias daquela sociedade, envelhecida e enferma, que não conhecia a si mesma e tampouco sentia sua própria decadência. Com a sagacidade de um filósofo e a curiosidade, sempre aguçada, dos espíritos naturalmente mordazes, ele conseguiu captar e descrever todos os vícios e baixezas, dos quais seus contemporâneos parecem não ter tido consciência. Em grande parte de suas numerosas obras, Luciano deixa entrever sua intenção de legar à posteridade a verdade sobre os costumes e as crenças de seu tempo.

Para se apreciar o mérito singular de Luciano, é preciso compará-lo aos grandes escritores da época, cujas obras eram alheias ao seu tempo ou eram indiferentes ao meio que deveria nutri-las. Epíteto, conquanto talentoso e cáustico, permanece encerrado em sua escola e julga a vida como poderia julgá-la um monge do fundo de seu claustro; Marco-Aurélio, o imperador filósofo, não olha senão para dentro de si mesmo, não observa senão sua própria alma e ama desinteressadamente as alegrias morais do mais puro ascetismo insolente; Plutarco, que nos deixou uma biblioteca inteira de moral, que escreveu sobre assuntos tão diversos, pensa mais em repetir as opiniões dos autores antigos do que nos revelar a de seus contemporâneos.

Luciano, ao contrário, é o mais atrevido dos inovadores e o mais impertinente dos moralistas. Não vive alheio ao mundo, como Epíteto, nem se esconde dele como Marco-Aurélio.

> Não ama senão a sátira que sabe fazer temível, não somente por suas injúrias e seus sarcasmos, mas também pela verdade certeira de suas observações impiedosas. Pretende também dar conselhos, e os dá excelentes, mas, com que audácia de linguagem, com que desprezo pela decência, com que ironia mortal! Tudo o que atrai o respeito e a veneração dos homens se torna o objeto de seus epigramas. Se Luciano ataca as instituições, os costumes e as crenças, não é para beneficiar um partido ou justificar uma doutrina; nosso autor não pertence a nenhuma seita, não faz a guerra senão por sua conta, por diletantismo, para vingar a razão ofendida e satisfazer seu bom senso. Se Plutarco deve ser visto como o último dos antigos, Luciano deve sê-lo como o primeiro dos modernos.[424]

---

[423] Constant Martha, *op. cit.*, p. 334.
[424] Constant Martha, *op. cit.*, p. 338.

Com esse espírito contestador, Luciano investe contra os deuses e os filósofos, fazendo-os frequentemente dialogar com palavras, algumas vezes torpes, mas sempre irônicas, que depreciam a religião pela filosofia e a filosofia pela religião.

> Netuno. Eu poderia, Mercúrio, ver Júpiter agora?
>
> Mercúrio. Não, Netuno.
>
> Netuno. Eu insisto.
>
> Mercúrio. O momento é inoportuno.
>
> Netuno. Ganimedes está lá dentro?
>
> Mercúrio. Não é isto. Júpiter está extenuado.
>
> Netuno. De que, Mercúrio? Tu me espantas.
>
> Mercúrio. Tenho vergonha de dizer-te.
>
> Netuno. Dize-me, afinal sou teu tio.
>
> Mercúrio. Pois bem! Júpiter acabou de transar.[425]

O propósito de Luciano é precisamente de despojar os deuses do decoro e do respeito devidos e de fazê-los agir e falar aquém do que se espera das divindades, sem qualquer ênfase ou etiqueta. É o que o poeta fez também com Cristo e o cristianismo.[426]

Concebe-se que um Nero ou um Domiciano tenham perseguido os cristãos e feito tantos mártires. O que não se pode conceber, porém, é que espíritos de elite, avessos aliás às fábulas do paganismo, tenham menosprezado uma moral tão elevada; que governadores de províncias tenham ido ao encalço e trazido perante seus tribunais membros de uma religião tão inofensiva; que imperadores clementes não tenham contido a perseguição judicial de tantas vítimas inocentes, quando se sabe que o paganismo abria as portas de seus templos a todos os deuses e cultos estrangeiros. É verdade que havia uma lei em Roma que proibia o reconhecimento de algum deus sem a autorização do senado. Mas essa lei não teria sido sempre invocada, nem aplicada com tanta severidade, se não fosse pela pressão da opinião pública, suscitada então contra os cristãos. Estes eram perseguidos, não tanto porque se lhes atribuíssem algum vício ou crime, mas porque suas virtudes eram incompreendidas e odiadas. Os mais ilustres escritores, Tácito, Suetônio, Plínio e Luciano, fizeram eco dessa reprovação universal. Quem não conhece o belo relato de Tácito, que descreve o suplício dos cristãos, devorados por cães e ardendo como tochas vivas? Mas, ainda que tomando partido pelos supliciados, Tácito admite que são grandes culpados e os vê como inimigos do gênero humano. Se censura Nero, não é por tê-los mandado ao suplício, mas por ter acrescentado a um merecido castigo os refinamentos de sua engenhosa barbárie. Outro tanto fizeram e pensaram Suetônio e Plínio.[427]

Quão diferente é Luciano em relação ao inimigo comum dos letrados. Sem ser em nenhum momento por ele, nem por isso deixa de conhecer seus hábitos e suas intenções. Zomba dos cristãos

---

[425] Luciano, *Dialogue des Dieux*, VIII.
[426] Luciano chama Cristo de o "sofista crucificado" (*La Mort de Pérégrinus*, XIII).
[427] Constant Martha, *op. cit.*, p. 376.

com muito bom humor e indiferença, mas o riso que provoca, mais instrui do que ridiculariza, de modo que suas zombarias, ao versar sobre fatos verdadeiros, levavam à glória da religião nova antes que à sua execração. Luciano, inconscientemente e sem querê-lo, prestou ao cristianismo a mais preciosa homenagem, ou seja, a de um inimigo, cujas injúrias, ao mesmo tempo que suscitam a gargalhada, provam também a verdade do que se diz *animus ridendi*.[428]

Quarto Período. Da morte de Cômodo até a Queda do Império Romano

Atribui-se, geralmente, o enfraquecimento e, depois, a completa destruição das luzes e das letras pagãs, a duas causas fundamentais: a transferência da sede do império de Roma para Constantinopla e o triunfo definitivo do cristianismo.[429]

Contudo, é inegável que, antes mesmo de Constantino, a decadência era já sentida pelos contemporâneos da época dos severos, de modo que não constituiria exagero afirmar que, quando mesmo não sobreviessem as causas acima apontadas, a literatura romana não lograria escapar da ruína total e, com ela, da propagação da barbárie, mesmo sem a intervenção dos bárbaros.

Sob essa longa série de imperadores, que depois de Cômodo, indigno filho de Marco Aurélio, subiram ao trono e dele foram apeados, ao talante da soldadesca pretoriana, houve ainda muitos poetas, oradores e historiadores. As leituras, as recitações públicas no Ateneu de Roma, como também a celebração, sob Alexandre Severo, dos jogos do Capitólio, nos quais os oradores e os poetas disputavam prêmios e recebiam coroas, provam que a poesia atraía ainda a atenção dos romanos.[430] Mas, o que nos resta de tudo o que ela produzia então? Um poema didático de Martiale, ou melhor, uma coletânea de versos medíocres sobre história natural; um poema razoável de Nemésio sobre a caça, com suas quatro églogas; por fim, as sete églogas de Calpúrnio, amigo de Nemésio, a quem essas églogas foram dedicadas. Eis tudo o que nos resta de um tão longo espaço de tempo, no qual não se veem indícios de nenhuma outra obra cuja perda tenhamos que lamentar.[431]

Quanto à história, a obra escrita por seis autores, chamada de *História Augusta*, é tudo que nos resta em língua latina, de algum interesse, se bem que outras obras do gênero possam ter sido publicadas, em razão, principalmente, do sucesso alcançado por Suetônio. Depois que este deu o exemplo de transmitir à posteridade os pequenos detalhes da vida privada dos soberanos, era natural que aparecessem mais historiadores no mesmo estilo, ou, pelo menos, escritores que se achavam capazes de imitá-lo. O tempo, porém, não quis eternizar seus nomes nem as suas obras. Poupou, entretanto, historiadores gregos que escreveram na língua materna, mas em Roma, dos quais uns se dedicaram aos fatos da história grega, outros, da história romana, seja de épocas

---

[428] Cf. *A Morte de Peregrino*, em que Luciano, ainda que com propósito escarnecedor, e sem desejá-lo, dá testemunho das virtudes cristãs: "Faziam tudo para libertar peregrino... mandavam-lhe dinheiro (XII); estes infelizes pensam que são imortais, adoram o sofista crucificado e vivem como se fossem irmãos (XIII); daí que eles desprezem todos os bens e vivam em comunidade (XIII). Assim, graças a Luciano, nós conhecemos a situação da sociedade antiga no segundo século da era cristã".

[429] "A vitória do cristianismo realizou a ruptura com o mundo antigo, ao mesmo tempo em que salvou a civilização antiga que teria desaparecido, destruída impiedosamente pelos bárbaros, se o novo dogma não tivesse pacificado os vencedores". W. Teuffel, *op. cit.*, Tomo 3, p. 73.

[430] Numa época de decadência, em que nenhum autor se destaca, chama a atenção, "pelo frescor primaveril de seus versos", a obra intitulada *Pervigilium Veneris*, de autoria anônima. Trata-se da descrição de uma festa noturna em honra de Vênus e pelo retorno da primavera. Cf. N. Terzaghi, *op. cit.*, p. 501.

[431] Cf. N. Terzaghi, *op. cit.*, p. 498.

pretéritas, como Arriano[432] e Diógenes Laércio[433], seja de seu próprio tempo, a exemplo de Dion Cassius[434], Herodiano[435] e mais tarde, o romano Amiano Marcelino.[436]

A respeito dos filósofos, sabe-se que vários tinham escolas em Roma, ainda na época de Juliano[437], ocasião em que se afirmava o neoplatonismo e era criada, em Alexandria, a famosa escola dos ecléticos, fundada por Potamon e Ammônio, dos quais Porfírio e Plotino foram discípulos e em nome da qual se sacudiu o jugo de todas as antigas facções filosóficas, para se reter, de cada uma delas, aquilo que parecia ser mais conforme com a razão e com a verdade. Conquanto tudo o que se dizia ou fazia nessa escola repercutisse, com grande interesse, no império romano do Oriente, em Roma, pelo contrário, não se lhe prestava a mesma atenção, a revelar, na massa da população, uma notável indiferença por tudo o que não se relacionasse com a retórica e com o circo.[438]

Somente a jurisprudência continuava florescendo. Com a multiplicação das leis sob o império, a ciência, da qual elas eram o objeto, infelizmente se tornou uma técnica mais apropriada a exercitar o espírito. Entre os vários nomes que foram ilustres na época, e que ainda o são, se distinguem os de Papiniano e o de Ulpiano. O primeiro, como recompensa de seus trabalhos e, mais ainda, de suas virtudes, foi assassinado por ordem de Caracala[439], o segundo, exilado da corte por Heliogábalo, chamado por Alexandre Severo, admitido na sua confiança mais íntima, não pôde ser defendido por este da fúria dos soldados pretorianos, que o massacraram, sob os olhos do imperador ou, antes, sob a própria púrpura imperial, com a qual Alexandre se esforçou, em vão, por cobri-lo.[440]

Enfim, a decadência literária, que se fazia sentir desde o tempo dos antoninos, é confessada numa das obras mais festejadas entre muitas das que lograram desafiar os séculos: *As Noites Áticas* de Aulo Gélio.[441] À exceção do filósofo Favorino, seu mestre, autor de um belo discurso às mães romanas, de quem mais nos fala Aulo Gélio, senão de alguns autores obscuros, que, à falta de oradores e de poetas, brilhavam pelo hábito de imitar? Um Sulpício Apolinário, que ele exalta e que se exaltava a si mesmo por ser o único que podia entender a história de Salústio[442], deixa

---

[432] Escreveu uma obra sobre Alexandre Magno, intitulada *Itinerarium Alexandri*.

[433] Escreveu sobre as vidas, opiniões e sentenças dos filósofos mais ilustres.

[434] É autor da célebre História Romana, em oitenta livros.

[435] É de sua autoria uma história de seu tempo, em oito livros, escrita em grego.

[436] Insigne historiador romano, cujo estilo sofreu grande influência de Tácito. Mais do que conhecê-lo e estudá-lo, Amiano quis também continuá-lo, de modo que no ponto em que Tácito parou: no fim do reinado de Domiciano, Amiano prosseguiu com o imperador subsequente: Nerva. Amiano Marcelino se inspirou e até imitou Tácito, mas fê-lo, se podemos dizer assim, com muita originalidade. Dedicou sua obra ao imperador Constanço.

[437] Cf. G. Boissier, *El Fin del Paganismo*, Tomo 1, p. 87 e segs. É bom que se esclareça que essas escolas tinham de filosofia só o nome, porquanto seu objetivo era adestrar os discípulos na arte da retórica e dialética.

[438] A bem da verdade, as escolas filosóficas começaram a declinar no governo de Marco Aurélio. "Depois dele, todas as escolas fecharam as portas. Depois dele, não há mais epicuristas; a onda crescente da superstição politeísta os sufocou. Não há mais peripatéticos; desta escola polemista, não resta senão um instrumento de polêmica, a dialética. Não há mais cínicos, transformados, sem dúvida, em mendigos simplesmente. E sobretudo, não há mais estóicos: esta grande escola que se renovara sob a inspiração romana, que tinha tido, à falta de um dogma preciso, uma dignidade e uma autoridade moral incontestáveis, esta escola, que foi a escola de Marco Aurélio, teve nele seu último discípulo". De Champagny, *Les Antonins*, Tomo 3, p. 260.

[439] Papiniano foi executado, após o advento de Caracala, por se manter fiel a Geta, o irmão do imperador.

[440] Ulpiano conquistou grande poder sob Alexandre Severo. Alguns autores pensam que a sua morte violenta se deveu aos excessos que cometeu como prefeito do pretório.

[441] As *Noites Áticas*, obra em vinte livros, dos quais o oitavo se perdeu. "A importância maior da obra consiste no fato de que o autor não limitou sua investigação e suas notícias a um campo só da ciência antiquária, mas a quase todos os domínios do conhecimento humano". N. Terzaghi, *op. cit.*, p. 543.

[442] Aulo Gélio, *Noites Áticas*, Tomo 3, XVIII, IV, p. 227-231.

claro, por esse fato mesmo, o quanto os romanos haviam decaído de sua antiga glória literária e, o que é pior, do cultivo de sua própria língua. Aulo Gélio, frequentemente, deplora sua corrupção e decadência. De resto, todos os sábios que figuram nas *Noites Áticas*, fossem eles então célebres ou não, parecem quase sempre ocupados com indagações estéreis ou sobre questões de pouca importância. Vê-se aí um certo espírito de pequenez, bem distante da maneira de pensar grande e sublime dos antigos romanos.[443]

Com efeito, a decadência literária era, ao mesmo tempo, causa e efeito de um mesmo mal: o servilismo ocioso em que mergulhou o povo romano, depois que o poder ilimitado de Augusto transformou o costume cívico de se participar de assembleias populares no mau hábito generalizado de se declamar sobre ninharias nas escolas de retórica. A literatura e, sobretudo, os poetas do império representavam um grande perigo social, quando se pensa que, durante longo tempo, foram o alimento da juventude romana, alimento, por assim dizer, exclusivo, pois, como se viu acima, o ensino da literatura pagã constituía o elemento básico do currículo escolar, observado tanto pelos mestres da gramática, como pelos da retórica. O efeito desse ensino sobre a moral social e sobre a política foi devastador.

Mesmo os autores da época de ouro da literatura romana, tão envolventes pela forma, pela perfeição do estilo, pela arte incomparável, dão a seus pensamentos muito mais graça do que força; se empenham mais em provocar suspiros do que elevação de sentimentos; são mais refinados do que criativos. Poder-se-ia compará-los aos ourives florentinos que aplicavam seus melhores cinzelados aos mais ínfimos objetos, cuja delicadeza graciosa ainda nos encanta; ainda quando cantam, esporadicamente com um tom mais sublime, se desmentem, invariavelmente, na página seguinte e não nos deixam jamais esquecer que não passam de meros imitadores.

Infelizmente, esses poetas do império eram, pela característica do tempo, os únicos que os jovens podiam ter nas mãos, porque seu estilo era mais puro, mais trabalhado e mais inteligível. Mas viria o tempo em que as poucas virtudes, que impeliam a mão do poeta, haveriam de dar lugar a interesses calculados, que, escusáveis ou não, são sempre incompatíveis com a espontaneidade poética. É certo que os satíricos da época flávia possuíam um apurado talento para pintar os vícios e profligá-los com atrevida indignação. Contudo, a indignação é uma virtude negativa, que encerra mais azedume do que força, que mais consola do que eleva, que, não sendo embora causa direta de abatimento, não é totalmente isenta de perigo para as almas pueris, às quais são necessárias, sobretudo, para se desenvolverem, a paz, as inspirações construtivas e o exemplo do bem. E era justamente do que carecia aquela época de decadência literária, quando abundavam as declamações, os panegíricos, as adulações e o plágio descarado; quando o povo era chamado aos recitais e ao circo, para deixar vazia a praça pública, onde outrora se realizavam os comícios populares. Inevitável consequência, sobretudo numa monarquia universal, em que todo sentimento nacional estava enfraquecido, todo patriotismo destruído, os deuses confundidos, as religiões misturadas, as crenças e as virtudes despojadas do caráter nacional, do qual a república recebia toda a sua força. De tudo o que, em idades viris, honra o serviço e coloca entre a obediência e o servilismo uma distância quase igual a que separa a escravidão de liberdade: honra cavaleiresca, independência feudal, devotamento monárquico, orgulho burguês e virtude cristã, nada disso era conhecido nem possível na antiguidade, porque nela o valor do homem, mesmo o do mais abonado e instruído, era essencialmente inferior à dignidade do ser humano, revelada e defendida pelo cristianismo.

---

[443] Favorino e Sulpício Apolinário, por exemplo, se envolvem em questiúnculas em torno do sentido de palavras, sobre a propriedade curativa de algumas substâncias, sobre a função de órgãos do corpo humano etc.

Com efeito, para o cristão, o título de cidadão, tão honorável em si mesmo, não é senão algo de importância relativa. A política nada mais é que um dado acessório em sua vida. A vida interior, a própria família, não é exagero afirmar, constituem bens mais valiosos do que o relativo ao exercício da vida pública, pelo que nada, nesse domínio, pode abalá-lo ou abater suas convicções: a dignidade do seu ser, a liberdade de sua consciência, a integridade de sua fé o sustentam e o consolam. O pagão, ao contrário, para quem a vida interior não existia e a vida doméstica era pouco atraente, vivia sobretudo para a vida pública. Seu valor, advinha do fato de ser membro da *cives* romana, seu maior orgulho era o de ser cidadão, ou seja, de participar da vida política da república romana. Se era restringido nesse direito; se a vida pública lhe era suprimida pela interdição ou restrição do exercício da cidadania, então, nada mais parecia capaz de substituí-la, seu abatimento era sem limites, sem remédio, sem consolação.[444]

Qual era, com efeito, a atmosfera social que envolvia os poetas, retóricos e declamadores contemporâneos dos imperadores? Era uma atmosfera de jeitos e trejeitos delicados, de altivez respeitosa, de refinamento do gosto, de mimo, de adulação e de renúncia pessoal, tudo a revelar uma molície extrema, um abandono epicurista, numa palavra, um servilismo obsequioso, ornado com os mais nobres disfarces e oculto sob a indumentária da pompa. Sentia-se, por toda parte, as consciências mudas, como contrapartida do esforço oficialmente empregado para afastar os cidadãos da vida pública, como também para inspirar-lhes a aversão por questões graves e transcendentes. Um cantava a tranquilidade dos campos e a doce indolência da vida campestre; outro celebrava o riso, as belas mulheres e a voluptuosidade; um terceiro, exaltava a sabedoria digna dos derviches e dos faquires, que consiste em tudo desprezar e de tudo se abster. Por fim, todos aconselhavam a abdicação de qualquer direito e encareciam a confiança cega na vontade de um só, assim como a submissão incondicional diante de um poder irresistível. "Os gênios não faltavam, disse Tácito, mas a adulação os enfraquecia".[445]

2.4. Os Espetáculos na Roma Pagã

Antes de entrarmos no exame, propriamente dito, dos espetáculos populares, em Roma, convém lembrar que ao sentimento religioso do paganismo, como de resto a qualquer sentimento ligado à moral pagã, faltava um dos grandes fundamentos da fé e da moralidade cristãs, qual seja: a fé certa e inabalável numa vida futura.[446] Esse *deficit* espiritual determinou a formação de uma mentalidade característica do paganismo, que imprimiu indelevelmente a sua marca no próprio relacionamento entre o indivíduo e seus deuses. Não se pedia a estes nem o aperfeiçoamento moral, nem as virtudes da alma, que para o cristão constituem o passaporte para a eternidade, precisamente porque, para o pagão, ou esta não existe, ou não constitui a sua prioridade. Daí que a realidade humano-natural fosse esmiuçada numa análise quase febril, no intento de proteger a mais mínima função da vida cotidiana mediante a presença de um Deus a ela vinculado e de um cerimonial capaz de aplacá-lo.[447]

---

[444] "Se a cidade antiga dedicava tanto espaço e consagrava tanto trabalho ao cultivo do prazer, isto se deve a que o prazer era o seu objetivo exclusivo. Se a cidade cristã, ao contrário, neste aspecto, é humilde, módica e parcimoniosa, é porque o prazer para ela deve ser apenas um elemento acessório da vida, de modo que há para o homem e para a cidade um fim mais importante, de cuidados mais digno, e destinatário dos deveres mais urgentes". De Champagny, *Les Césars*, Tomo 3, p. 193-194.

[445] *Anais*, I, 1.

[446] De Champagny, *op. cit.*, Tomo 3, p. 286.

[447] "À base de divindades naturais e de deuses protetores de todas as relações imagináveis da vida, havia se produzido um círculo admirável de figuras sobre-humanas, em cujo mito o homem antigo reconhecia em qualquer parte sua própria imagem. A relação da moral com esta religião era livre, endereçada ao sentimento de cada um. Os deuses deviam premiar o bem e castigar o mal, mas eram imaginados muito mais como doadores e protetores da existência e da fortuna do que como poderes morais superiores". J. Burckhardt, *Del Paganismo al Cristianismo*, p. 137, México, 1945.

Os eternos inimigos do cristianismo, ensina Burckhardt,

> [...] censuram-no constantemente por ser uma religião do outro mundo, que considera a vida neste mundo como uma estação de trânsito, turva e cheia de provas, para uma vida ultraterrena e eterna. Opõem-lhe a alegria da vida do paganismo, que ensinou o homem antigo a viver neste mundo na forma e pelas condições adequadas a cada um.[448]

Ninguém levou mais a sério essa recomendação do que a antiguidade pagã, personificada no populacho de Roma. Se a vida na terra é a única de que dispomos, diziam os epicuristas de ontem como os materialistas de hoje, então vivamo-la intensamente, segundo os apelos dos sentidos e na conformidade dos valores mundanos. Isso queria dizer, trocando em miúdos, que o prazer era erigido em fim da vida, de modo que tudo que o restringia era concebido como mau, tudo que o favorecia, como bem, estimativa da qual se serviram amplamente os imperadores para afirmar cada vez mais o jugo com que sujeitavam um povo aviltado e sempre sedento de espetáculos.[449]

Os espetáculos foram introduzidos ainda no tempo da monarquia, para serem realizados concomitantemente com as festas celebradas em honra dos deuses, sendo certo que algum tempo depois perderam quase inteiramente o caráter religioso, para se tornarem, já no fim da república, o meio mais seguro de captar o favor popular. Nenhum regime, nenhum governo, embora existam imitações modernas bem-sucedidas, soube tirar mais proveito do embrutecimento do povo do que o despotismo imperial. Dion Cássio conta que Augusto, tendo criticado, em razão de rivalidade artística, o pantomimo Pilade, este, sem refrear a ousadia, respondeu-lhe: "É do teu interesse, César, que o povo se ocupe conosco".[450] Na verdade, independentemente do interesse que tinham os imperadores em imprimir essa direção no espírito da massa, a magnificência dos espetáculos era para eles a melhor maneira de ganhar o coração da multidão, ávida por deleite e recreação. O próprio Calígula alcançou, por esse meio, imensa popularidade[451], para não se falar de Nero, cuja lembrança se conservou por muito tempo na memória do povo, que não quis sequer acreditar na sua morte, principalmente pela impressão que se tinha guardado da suntuosidade dos espetáculos dados por ele. Mas, logo depois, a realização destes não passou a depender mais da magnanimidade dos senhores do mundo e tornou-se absolutamente necessária à paz e à segurança de Roma, que abrigava então uma população heterogênea e colossal. Aí predominava a massa proletária, constituída por indivíduos

---

[448] *Op. cit.*, p. 179-180.

[449] "A impudência, a ironia, o sarcasmo acompanhavam sempre as festas, mesmo as mais santas, como as de Demeter e Eleusis; havia deuses os quais, segundo Aristóteles, a lei ordenava serem honrados com bufonarias... Luciano assinala um inoportuno elogio da pedofilia, por ocasião de um discurso que se fez ouvir numa festa religiosa". J.J. Döllinger, *op. cit.*, Tomo 3, p. 265. Transcrevemos a seguir, por uma tradução livre, um trecho do aludido discurso, de modo a pôr em evidência um dos efeitos mais devastadores de uma sociedade em decadência: tomar o vício por virtude e vice-versa. "Oponhamos agora à perversidade das mulheres os costumes inocentes de um jovem rapaz. Desde o alvorecer do dia, ele deixa seu leito, que não compartilha com ninguém; um banho de água pura lava seus olhos ainda sonolentos. Veste sua túnica e deixa a casa paterna, cabisbaixo, sem olhar ninguém nos olhos. Depois de ter fortificado sua alma pelos preceitos da filosofia, saciado seu espírito com conhecimentos, ele desenvolve seu corpo com nobres exercícios... Quem não seria o amante de um tal jovem? Quem seria bastante cego e insensato? Quem não amaria este Mercúrio, este Apolo dedilhando a lira, este Castor, domando corséis, este mortal que trilha os passos dos deuses?" Luciano, Oeuvres Complètes de Lucien de Samosate, *Les Amours*, Tomo 1, 44, 45, 46, p. 558-559.

[450] *Op. cit.* LIV, 17, p. 489. "Estas festas eram marcadas por excessos gritantes. Os impérios cuja ambição não encontrava mais um alimento na atividade política, procuravam conquistar o povo, multiplicando os jogos solenes que eram celebrados com um luxo inaudito. Realizavam-se combates de gladiadores, faziam-se grandes hecatombes, custeavam-se, por vários dias, os folguedos das populações de cidades inteiras, que não deixavam de eternizar seu reconhecimento nas inscrições". J.J. Döllinger, *op. cit.*, Tomo 3, p. 264.

[451] F. Josefo, *Histoire Ancienne des Juifs*, XIX, I, p. 590, Paris, 1968.

> [...] mais brutais, mais intratáveis, e mais corrompidos que os das grandes metrópolis dos tempos modernos, porque não houve jamais, em nenhum lugar, um ajuntamento de tantas nações como em Roma, onde a ociosidade, na qual chafurdava a massa, tornava-a duplamente perigosa".[452]

Caso se a privasse de seu alimento gratuito ou de sua regular diversão. O governo então compreendeu que para conservar o próprio poder e garantir a ordem seria necessário, primeiro, prover o sustento do povo, mediante a distribuição de grãos; depois, mantê-lo sorridente, levando a cabo a tarefa de diverti-lo frequentemente. Algum tempo depois, "o pão e o circo"[453] não foram vistos mais como uma dádiva do poder, mas como um direito do povo. Cada novo governo era, de bom ou de malgrado, obrigado a aceitar o encargo assumido tacitamente por seus antecessores, de modo que se via, então em Roma, "os melhores imperadores rivalizarem com os mais detestáveis na magnificência e grandiosidade das festas".[454] Constituía opinião geral que os melhores soberanos eram precisamente os mais pródigos na concessão e organização de festejos e jogos públicos, melhores mesmo do que outros que se destacaram pela prontidão na distribuição de alimentos e de dinheiro. Frontão, se referindo a Trajano, nos diz que

> [...] a excelência de um governo não se revela menos no zelo de ministrar passatempos, como no de prover necessidades sérias, sendo a negligência relativamente a tais encargos, prejudicial quando se trata destas, conquanto desagrade mais quando faltam aqueles. O povo é, considerando tudo, menos ávido por larguezas em dinheiros do que por espetáculos. As distribuições de dinheiro e de pão bastam para contentar os indivíduos, de per si, mas são necessários os espetáculos para o contentamento do povo em massa.[455]

Os espetáculos ganharam mais importância, sob o império, em razão de que passaram a desempenhar um papel sem paralelo na constituição republicana, consistente em oferecer ao povo a oportunidade única de se reunir em massa e de manifestar assim publicamente sua opinião, seu humor, suas simpatias e suas antipatias, seus rogos e suas queixas, na presença do soberano e de outras autoridades, celebridades e personalidades representativas da sociedade romana. A impossibilidade absoluta de qualquer outra manifestação pública, bem como a ausência de instituições oficiais que a comportassem, conferia um peso enorme a essas reuniões populares, pelas quais se nutria um certo respeito e muita tolerância, um e outra ausentes em qualquer outra parte. Sabe-se o valor que as autoridades e personalidades davam, já na república, ao acolhimento que lhes era prestado no teatro ou no circo. Grande foi a alegria de Cícero, por ocasião de uma homenagem de que foi alvo no teatro, uma "dessas tocantes manifestações de apreço, que todo

---

[452] L. Friedlaender, *op. cit.*, Tomo 2, p. 5.
[453] Essa expressão, encontrada em Juvenal (*Sátira* X, 81) e em dois outros autores do segundo século, se tornou proverbial em razão do uso que se fez desse expediente para conquistar o favor do povo.
[454] L. Friedlaender, *op. cit.*, Tomo 2, p. 5.
[455] *Les Principes de L'Histoire*, 5, 11.

homem público aspira"[456], aliás, muito semelhante a que experimentou Virgílio, diante da ovação que lhe foi tributada, no teatro, pelo povo.[457]

O povo reunido acolhia então ilustres e augustas personagens, ou se levantando em massa de seus assentos, ou batendo palmas ou, também, acenando lenços. Aureliano mimoseou com muitos destes ao povo, para tal efeito.[458] As aclamações consistiam em referências alusivas aos nomes ou aos apelidos honoríficos, como também em cumprimentos, em parte estereotipados, frequentemente repetidos, algumas vezes cantados segundo certas modulações, como era comum já nessa época.[459]

Como não poderia deixar de ser, os imperadores aproveitavam a excelente ocasião, para, seja pela concessão de favores, seja pelo testemunho de apreço, ganhar a confiança do povo e aumentar sua popularidade. Quanto mais zelo tinham por esta, mais se mostravam determinados a comparecer aos espetáculos, dados ou por eles mesmos, ou por algum outro poderoso de Roma. Nessas ocasiões era comum formularem-se pedidos acerca de situações muito variadas, merecendo registro, por serem os mais corriqueiros, os que se faziam para obter a liberação de um bravo gladiador[460], a alforria de um escravo ator ou condutor de carros[461], o perdão de um criminoso condenado a enfrentar animais ferozes, e assim por diante. Havia, também, solicitações de natureza social e econômica, que, não raras vezes, desafiavam a cólera dos soberanos. Nos jogos triunfais do ano 9 d.C., os cavaleiros solicitaram em vão de Augusto a revogação de uma lei severa, que acabara de ser editada sobre o casamento.[462] Tibério tendo feito transportar para seu palácio a estátua de Lisipo, atleta grego, que Agripa havia colocado frente às suas termas, tantos foram os protestos populares, feitos também no teatro, que Tibério restituiu a estátua ao seu antigo posto, ainda que ela o agradasse enormemente.[463] Calígula, intimado pelo povo no circo, poucos dias antes de seu assassinato, para que aliviasse a carga de impostos, entrou em tal crise de fúria, que mandou prender e executar os principais autores do clamor geral que o indignou.[464] O ex-senador Palfúrio Sura tendo obtido, no tempo de Domiciano, que o havia eliminado do senado, o prêmio do discurso no grande concurso do Capitólio, toda a plateia do teatro foi unânime em exigir a sua reintegração na Cúria, pedido que foi rotundamente negado.[465]

---

[456] *Cartas a Ático*, I, 16; II, 19; XIV, 2.

[457] Tácito, *Diálogo dos Oradores*, XIII, 2. Utilizavam-se os espetáculos como forma de manifestação política. Não era raro que o circo explodisse em injúrias e acusações contra os próprios imperadores. A dificuldade que havia em se descobrir os culpados, somada à consciência de sua força numérica, protegia a massa contra as consequências de uma tal temeridade. As manifestações que presenciamos em nosso país, no ano de 2013, não constituem um fato histórico isolado; Grote nos informa que a Grécia antiga já experimentava a força do clamor popular, quando "as grandes massas expressam, repentinamente, um destes espasmos que as levam, com uma força irresistível, a manifestações unânimes ou a uma ação coletiva" (*Histoire de la Grèce*, Tomo 5, p. 260). Essa explosão do sentimento popular ocorreu, por exemplo, em razão da escassez do ano 32, quando o povo, no teatro, se manifestou, com uma veemência insólita e por longos dias, contra o imperador (Tácito, *Anais*, VI, 13). Elas têm lugar ora sem preparação aparente, ora pelo efeito de um impulso inexplicável. Dion Cássio relata, como testemunha presencial do fato ocorrido no ano 196 de nossa era, durante a guerra civil, entre Sétimo Severo e Albino, com que espantosa unanimidade uma numerável multidão fazia estrondar o circo com protestos contra a guerra e votos pelo restabelecimento da paz. Esse historiador acreditou ver nisso o efeito de uma inspiração celeste, sem a qual, disse ele, "uma multidão de homens não poderia ter começado a proferir, todos ao mesmo tempo, o mesmo grito, como um coro bem ensaiado, e repetido exatamente as mesmas palavras, do início ao fim, como um discurso proferido de cor". *Op. cit.*, LXXV, 4.

[458] L. Friedlaender, *op. cit.*, Tomo 2, p. 8.

[459] Tácito, *Anais*, XVI, 4.

[460] Marcial, *Livre des Spetacles*, XXIX, 3.

[461] Frontão, *A Marco Aurélio*, II, 4.

[462] Dion Cassio, *op. cit.*, LVI, 1.

[463] Plínio, *Histoire Naturelle*, XXXIV, 62.

[464] F. Josefo, *op. cit.*, XIX, I, p. 590.

[465] Suetônio, *op. cit.*, *Domiciano*, XIII.

Com efeito, o vozerio da multidão presente ao espetáculo era tão bem reconhecido como a legítima expressão da vontade popular, que Tito, antes de ser imperador, mas enquanto possuía o governo militar de Roma, julgou prudente, para justificar a execução de pessoas suspeitas, introduzir agentes seus por entre o público do teatro, especificamente encarregados de reclamarem as suas mortes.[466] Sob Galba, o povo não cessou de pedir a mesma coisa, no circo e no teatro, em relação a Tigelino, até que o imperador pôs termo às manifestações por meio de um édito.[467] Foi, notoriamente, também no circo e no anfiteatro que eclodiu a onda de manifestações contra os cristãos nos séculos seguintes.

Cumpre registrar também que não eram unicamente as súplicas e as queixas do povo que se faziam ouvir nos espetáculos.

> Parece que uma certa latitude era deixada também à zombaria, livre, portanto, para ser dirigida não somente contra particulares conhecidos e impopulares, mas frequentemente também contra a pessoa do próprio imperador, até os últimos tempos da antiguidade.[468]

Além do mais, o circo era o lugar natural para se organizarem verdadeiras demonstrações políticas. A perda do grande camareiro Cleandro, todo poderoso na corte de Cômodo, foi tramada no circo. Um grupo de rapazes, chefiado por uma virago de larga estatura e de aspecto terrível, se precipitou na liça, durante o intervalo, chamando atrás de si uma multidão furiosa que pedia a cabeça do odioso camareiro. O cortejo sanguinário seguiu até a vila do imperador, vociferando imprecações contra Cleandro, onde permaneceu tumultuosamente até que o favorito de Cômodo lhe fosse entregue.[469] Durante o reinado deste, época em que Pertinax, que se tornaria mais tarde imperador, já gozava de excelente reputação, um cavalo de corrida com seu nome, do partido dos verdes, favorito de Cômodo, ganhou a prova do turfe romano. Os verdes então se puseram a gritar: É Pertinax! É Pertinax! Os azuis, oponentes dos verdes, responderam, ironicamente, fazendo alusão não ao cavalo, mas ao futuro imperador Pertinax: oxalá "que seja ele mesmo".[470]

Por fim, algumas palavras sobre o custo desses espetáculos. Já nos tempos antigos da república romana, conforme o erudito relato de Mommsen, as despesas com diversões públicas ascendiam a somas consideráveis.[471] Todos os jogos públicos eram, a princípio, custeados pelo Estado. Contudo, elevando-se com o tempo as exigências, cresceram também os gastos com o luxo, trabalho e construções que esse tipo de festa passou a exigir dos edis, cujos próprios bolsos tiveram que suportar parte dos custos, que, na sua totalidade, não podiam ser satisfeitos pelas dotações oficiais. No império, as despesas do consulado também se elevavam, em razão dos espetáculos agora obrigatórios, a mais de 2.000 libras de ouro, todos eles, em grande parte, financiados pelos imperadores, que procuraram transferir para a aristocracia o custo da diversão da massa popular.

---

[466] Suetônio, *op. cit.*, *Tito*, VI.
[467] Plutarco, *op. cit.*, *Galba*, XVII.
[468] L. Friedlaender, *op. cit.*, Tomo 2, p. 13-14. Cf. também Amiano Marcelino, *op. cit.*, XVI, 10; Cassiodoro (Var. I, 27): "Qualquer gracejo proferido no circo, não era considerado como injúria".
[469] Dion Cássio, *op. cit.*, LXXII, 13.
[470] Dion Cássio, *op. cit.*, LXXIII, 4.
[471] *Histoire Romaine*, I. 3.

> "À parte os espetáculos imperiais, ensina Friedlaender, cujo encargo era suportado pelas províncias, isto é, por todo o império, a esmagadora obrigação de propiciar ao povo romano esses dispendiosos divertimentos pesava quase inteiramente sobre a ordem senatorial, para a qual as subvenções oficiais não aliviavam essa carga senão numa medida relativamente muito fraca. Ela tinha o inteiro caráter de um imposto sobre a aristocracia, em favor do proletariado, que se elevou progressivamente até o limite máximo do que se podia exigir de uma classe, cujos membros eram obrigados a comprar posições, títulos e todo o brilho exterior que os cargos honoríficos impõem aos que os ocupam".[472]

Não é difícil tirar conclusões desse estado de coisas. Nos primeiros séculos, o brilho da dignidade senatorial compensava o ônus dramático de assumi-la. Pode-se dizer que poucos senadores, ou pessoas podendo chegar a sê-lo, procuravam se subtrair às penosas condições vinculadas à ordem senatorial. Depois, porém, o número de evasões cresceu, na medida em que os membros desta, ou os candidatos a ela, se conscientizaram de que não valia a pena exercer um ofício desprovido de todo poder, cuja única atribuição, a bem dizer, consistia em financiar espetáculos populares. Roma perdia gradativamente coesão social, pela ociosidade de muitos, pela ruína de alguns, pelo aviltamento de todos.

> "Nada poderia nos fazer penetrar mais fundo no caráter próprio de um indivíduo ou de uma nação, aduz J. Marquardt, do que a observação de sua atividade livre, que começa aí mesmo onde o trabalho termina. O esforço profissional, qualquer que ele seja, persegue em toda parte um objetivo idêntico: em qualquer lugar se encontrarão, pouco mais ou menos, as mesmas ações, os mesmos procedimentos. Quando o homem se diverte e brinca, é então que ele cede, sem sombra de constrangimento exterior, aos gostos e às tendências de sua natureza".[473]

De fato, se quisermos conhecer a fundo um romano do império, comecemos então por analisar de que modo ele empregava o tempo dedicado ao lazer. Assim fazendo, desfilarão ante os nossos olhos os mais variados tipos humanos, todos eles sem freios, desarmados de escrúpulos, permeáveis ao juízo dos tempos e expostos à luz de nosso crivo moral e intelectual. Contudo, para se apreciar o comportamento do povo romano na perspectiva que propõe Marquardt, é preciso, antes, ter-se em conta a magnitude dos espetáculos oferecidos, como também a frequência com que o eram, em ordem a determinar a base material sobre a qual se concentrava o interesse predominante de uma população, que se afastava cada vez mais e irreversivelmente dos valores morais e espirituais.

No portentoso quadro que Roma oferecia aos olhos de seus visitantes, em que esquisitamente se combinavam o magnífico com o sublime, nada podia se comparar ao grandioso espetáculo dos jogos públicos. Quando se assistiam essas solenidades, em que eram exibidos um cenário e uma pompa que roçavam com o prodígio, era impossível não ficar pasmado de admiração por uma nação que imprimia tanta grandeza em suas cerimônias públicas, tanta majestade em seus

---

[472] *Op. cit.*, Tomo 2, p. 22-23.
[473] *Das Privatleben der Römer*, Tomo 2, p. 834, Darmstadt, 1964.

divertimentos. Não eram certamente esses jogos que faziam a grandeza de Roma, nem mesmo é para crer que alguma coisa tenham acrescentado à sua glória. Entretanto, deve-se admitir, com base em relatos da época, que a cidade eterna aparecia mais poderosa ainda aos olhos do mundo, depois que se difundiram as atrações do circo e do anfiteatro. Em qualquer outra nação, espetáculos iguais constituiriam uma página notável de sua história. Em Roma, não passavam de eventos ordinários, raramente citados nos anais públicos, nada, enfim, que pudesse extasiar ou escandalizar aquele povo empedernido, que, embora saciado de espetáculos, parecia não guardá-los na lembrança senão para comparar o espetáculo que acabara de ver, com o que ser-lhe-ia mostrado no dia seguinte.[474]

O hábito dos espetáculos se tornou crônico em Roma, a ponto de ser consumido, entre jogos periódicos e votivos[475], quase um terço do período do ano, visto que a celebração destes tinha início na primavera e terminava antes do inverno.[476]

Para a realização de cada espetáculo, eram feitos preparativos que consistiam em anúncios antecipados[477], em vários pontos da cidade, onde se faziam constar a ordem e a sucessão das diferentes atrações[478], dia após dia. A fim de tornar mais interessante e atrativo o apelo ao público, inseriam-se nos anúncios pinturas, grosseiramente feitas[479], cujo tema encarecia o evento anunciado, bem como a participação de seus principais atores, a demonstrar a preocupação que se tinha pelo sucesso do espetáculo, de modo que cada um superasse seu precedente imediato, trazendo, consequentemente, para o seu organizador um reconhecimento popular superior ao deferido ao seu antecessor.

Os anúncios da véspera não deixavam de produzir seus efeitos no dia da realização do espetáculo. Uma multidão enorme se postava diante do portão de entrada, havendo, aliás, muita gente que chegava antes do amanhecer, enquanto muitos outros passavam a noite à frente da casa de espetáculos, confiando em que o sacrifício feito se traduziria em um bom lugar dentro dela. Havia também – o homem é o mesmo em todo tempo e lugar – os cambistas, que se apoderavam de um certo número de ingressos, para vendê-los, com um certo lucro, aos cidadãos mais ricos e menos diligentes.[480]

Finalmente, para completar a descrição do panorama lúdico do império, sem contudo esgotá-lo, convém ter em mente a colossal estrutura das construções dedicadas aos espetáculos, feita para suportar mais de duzentas mil pessoas[481], os espectadores, todos com trajes de festa brancos ou escarlates[482], a multidão imensa de mulheres jovens, alardeando graça e sensualidade[483], por fim, o movimento coordenado do público, mesmo nos breves momentos que precediam a abertura dos jogos, quando então o vozerio da massa mostrava seu amor ou seu ódio por certos personagens, com uma franqueza, uma liberdade, uma energia, que tangenciavam com a licença.

---

[474] Cícero, *Dos Deveres*, II, 16, p. 100-101, São Paulo, 2002.
[475] Tito Lívio, *op. cit.*, XXVII, 55.
[476] Ovídio, Tristes, III, 12; Tito Lívio, I, 35.
[477] Sêneca, *Da Brevidade da Vida*, 16, p. 276, obras completas.
[478] Sêneca, *Carta a Lucílio*, 117, obras completas.
[479] Horácio, II, Sat. 7, v. 94.
[480] Marcial, V, 25.
[481] Plínio, *Histoire Naturelle*, VIII, 7, 21.
[482] Marcial, V, 8; IV, 13 e 137.
[483] Ovídio, *Arte de Amar*, I, 97.

Como se divertiam os romanos? Quais eram as suas preferências lúdicas? Quanto tempo dispensavam à diversão? Essas perguntas deverão ser respondidas mais à frente, quando estudarmos os tipos concretos de espetáculos. Por ora será bastante dizer alguma coisa sobre o caráter moral do povo romano, quando os espetáculos passaram a ser para ele algo indispensável, assim como uma necessidade vital comparável aos mais radicais desejos instintivos, cuja fruição foi erigida à categoria de direito subjetivo público, correspondendo, portanto, ao Estado o dever de prestar a obrigação respectiva.

Quando se retiram ao homem moderno as disputas inerentes às intrigas políticas ou às rivalidades partidárias, ainda assim o ócio político não será determinante do ócio privado, porque permanece sempre, para aquele, a possibilidade de uma vida profissional intensa e abrangente, receptora da energia antes direcionada à vida pública. A ociosidade sem essa contrapartida, ou seja, quando se torna reflexiva, fazendo infletir sobre si mesma a energia e as preocupações que antes eram inerentes ao exercício da cidadania, foi, ao contrário, o caráter específico da sociedade romana dessa época. Na ausência das agitações do fórum, como também de toda vida política séria, a massa, sem outra alternativa, devia se refugiar nos divertimentos. Os ricos e os pobres tinham que desafogar muita energia reprimida: os primeiros, pelo incremento progressivo do luxo; os segundos, pela busca incessante de jogos e de espetáculos. Mas, quando a energia borrascosa, que pode ser salutar nas escaramuças políticas, suscita procelas em outros domínios, nada pode deter a onda pavorosa de desordem e destruição que arrebenta no seio da sociedade inerme, arrastando consigo, no leito lodoso que a correnteza improvisa, instituições, tradições, costumes, pudor e vergonha.

Roma havia se tornado, naqueles tempos, o ponto de encontro do mundo inteiro. Numa descrição poética dos espetáculos oferecidos por ocasião da festa de inauguração do anfiteatro Flávio por Domiciano, foi dito que não havia um povo, estrangeiro ou bárbaro, que não se fizesse representar por um contingente de espectadores. Seus idiomas tão diversos se confundiam na unanimidade do grito pelo qual todos saudavam o imperador como o pai da pátria.[484] Entretanto, o efeito produzido pelos espetáculos não alcançava exclusivamente a massa, à qual tinha, como objetivo principal, divertir. Afinal,

> [...] quem poderia resistir a impressões capazes de sobreexcitar, extraviar e embriagar os sentidos, assim como de soltar os freios às paixões em tão alto grau? Respirava-se o interesse apaixonado pelos jogos do circo, do teatro e da arena, de algum modo com o ar do meio em que se vivia.[485]

Era uma das doenças próprias da grande cidade, cujo princípio fora, por assim dizer, "inoculado nas crianças ainda no seio materno".[486] Cumpre, porém, mencionar aqui um fato que demonstra muito claramente até onde podia ir essa influência desmoralizante que percorria toda a sociedade, mas que se alimentava, pela força do exemplo, na própria corte do imperador. Falamos na participação direta, como atores, de homens e mesmo de mulheres da nobreza, assim como de vários imperadores nas apresentações do teatro, da arena e do circo. A parte ativa que

---

[484] Marcial, *Livre des Spetacles*, II.
[485] L. Friedlaender, *op. cit.*, Tomo 2, p. 37.
[486] Tácito, *Diálogo dos Oradores*, XXIX, 3.

alguns imperadores tomavam nas representações prova cabalmente que havia, até nas esferas mais elevadas da sociedade, uma paixão degenerada pelos jogos, que não se deixava deter por nenhuma das barreiras que lhe opunham os antigos costumes e as leis. Se Nero percorreu a Grécia como um artista de profissão; se Cômodo transferiu seu domicílio do palácio para a escola de gladiadores; se Caracala não teve vergonha de, publicamente, se fazer cocheiro no circo, não restava a menor dúvida de que as classes mais elevadas, pelo exemplo do imperador ou pressionadas por ele, terminariam por fazer as mesmas coisas. Na verdade, como adverte Friedlaender, é possível também que semelhante rebaixamento das classes superiores não fosse desagradável ao cesarismo, em razão de seu ódio pela aristocracia de sua política de nivelamento e de sua queda pelo populacho. Ora, nada devia contentar mais o espírito deste do que ver os descendentes das mais nobres estirpes se prostituírem, para a sua recreação, a exemplo dos criminosos, dos escravos e dos vis caserneiros.[487]

2.4.1. O Circo

O grande circo, depois que Julio César terminou sua construção, figurava entre as mais suntuosas edificações de Roma. Tinha, conforme a descrição de Dionísio de Halicarnasso, um comprimento de 645 metros e uma largura de 124 metros.[488] O hipódromo era cercado por um fosso de mais de 3 metros de largura, com igual profundidade. Circundava-o um conjunto de arcadas de três andares, no interior das quais as fileiras de assentos se elevavam em anfiteatro. Já no tempo de César havia lugares suficientes para 150.000 pessoas. O crescimento da população e a paixão sempre crescente pelos jogos do circo determinaram, por várias vezes, a realização de novas construções e o alargamento das antigas. Foi o que ocorreu nos dias de Nero, quando, após o terrível incêndio do ano 64 d.C., que destruiu o circo, esse imperador mandou aterrar o fosso que circundava o hipódromo, ganhando assim um enorme espaço, que aproveitou, segundo Plínio, para aumentar em mais 100.000 lugares, já na época de Tito.[489] Com as sucessivas reconstruções e restaurações realizadas por vários imperadores, chegou-se, no século IV, ao espantoso número de 385.000 lugares.[490]

Os assentos mais baixos, ou seja, mais próximos das contendas, eram reservados aos senadores, enquanto os do andar imediatamente superior, aos cavaleiros, ficando os demais à disposição da terceira classe de cidadãos. Exteriormente, todo o circo estava cercado por um vestíbulo de corredores, onde ficavam as portas de acesso, dispostas de tal modo que milhares de pessoas podiam entrar ou sair sem tumulto. No aludido vestíbulo havia lojas, salas de conversação e todo tipo de estabelecimentos de serviços. Durante todo o espetáculo, o movimento era intenso nos corredores, no interior dos quais, além dos vendedores dos mais variados produtos, podiam-se ver também mercadores e taberneiros[491], comediantes[492], astrólogos[493] e prostitutas, das quais havia sempre um grande número, dentre elas muitas sírias e outras orientais, com trajes de seus

---

[487] L. Friedlaender, *op. cit.*, Tomo 2, p. 39.
[488] *Roman Antiquities*, III, 68.
[489] Plínio, *Histoire Naturelle*, VIII, 7, 21; XXXVI, 24, 101.
[490] L. Friedlaender, *op. cit.*, Tomo 2, p. 45.
[491] Cícero, Pro Milone, XXIV.
[492] Suetônio, *op. cit.*, Augusto, LXXIV.
[493] Cícero, *De la Divination*, I, 58, 132.

países[494], que executavam danças lascivas, ao som do tamborim, dos címbalos e das castanholas.[495] "Nada do que acontecia ali, diz Friedlaender, se regulava pelos cânones da decência".[496]

Os jogos do circo começavam sempre pelas corridas de carro, precedidas, porém, do exame da idade dos animais que disputavam o prêmio. Todos deveriam ter, em regra, nem menos de cinco anos, nem mais de vinte.[497] O organizador atravessava o circo com seu carro e dava início aos jogos[498], lançando sobre a arena um pedaço de pano branco, chamado de *toalha*.[499] Arautos, vestidos de longa túnicas de púrpura,[500] com um caduceu na mão[501] e montados em cavalos, corriam por todos os lados para anunciar[502] que ia ter início a *Aurigatio*, ou corridas de carros.[503] Os olhares se voltavam impacientes para os *cárceres*[504], onde se concentravam os fogosos corredores.[505] As portas se abriam, saindo por elas as quadrigas competidoras[506], conduzidas por *agitadores*[507], todos vestidos com túnicas coloridas:[508] um com túnica verde[509], outro, com azul[510], o terceiro, com branco[511] e o quarto vestia amarelo.[512]

Enquanto isso, apostas temerárias eram feitas na plateia.[513] A multidão, com os olhos fixos nos carros, tomava partido pelas escuderias e pelos respectivos cocheiros.[514] A cor das túnicas servia de ponto de referência para os apostadores[515], já tão exaltados e ruidosos, que, com os olhos fechados, crer-se-ia ouvir os estrondos do mar em fúria.[516]

A corrida começa, os cavalos se tocam, os carros pelejam por um estreito pedaço de chão, os cocheiros se medem em audácia, o silêncio, porém, é absoluto na plateia. Nada mais divertido do que a figura dos fanáticos torcedores num tal momento: via-se ali, alternadamente, o temor, o abatimento, a tristeza, a esperança e a alegria. Poder-se-ia jurar que todos tremiam pela salvação da pátria em perigo.[517]

---

[494] Juvenal, VI, 588.
[495] L. Friedlaender, *op. cit.*, Tomo 2, p. 47.
[496] L. Friedlaender, *op. cit.*, Tomo 2, p. 46.
[497] Plínio, *op. cit.*, VIII, 42.
[498] Ovídio, *Do Amor*, III, 2; Tito Lívio, VIII, 40.
[499] Suetônio, *op. cit.*, *Nero*, 22; Juvenal, Sat. 1, 190.
[500] Plínio, *op. cit.*, XXXIII.
[501] Plutarco, *op. cit.*, *Tibério* e *Caio Graco*, 51.
[502] Cassiodoro, Variar, III, 51.
[503] Suetônio, *op. cit.*, *Nero*, 35.
[504] Cícero, *De la Divination*, I, 48.
[505] Ovídio, *Tristes*, V, 29.
[506] Virgílio, *Geórgicas*, III, 90.
[507] Ovídio, *Do Amor*, III, 2.
[508] Plínio, Ep. 6.
[509] Suetônio, *op. cit.*, *Nero*, 22.
[510] Suetônio, *op. cit.*, *Vitélio*, 14.
[511] Plínio, *op. cit.*, VIII, 42.
[512] Tertuliano, *Dos Espetáculos*, 9.
[513] Juvenal, Sat. XI, 199.
[514] Dion Cássio, *op. cit.*, LXXIII, 4.
[515] Símaco, X, Ep. 23.
[516] Tertuliano, *op. cit.*, 9.
[517] Cassiodoro, *op. cit.*, III, 51.

A corrida chegava ao fim, o organizador entregava então a palma ao vencedor[518] e lhe cingia a cabeça com uma coroa de folhas de ouro entrelaçadas[519], recompensa preliminar de um outro prêmio que o campeão receberia mais tarde em dinheiro.[520]

Mal se havia coroado o vencedor, já o povo, sempre impaciente, agitava as vestes[521] gritando: "As outras! As outras!", para pedir por novas corridas.[522]

A paixão por esse espetáculo, que exercia um fascínio tão grande sobre a massa, não derivava somente do interesse que se tinha pelos cavalos, em geral, nem pelos cocheiros, em particular, mas pela adesão que se prestava então às escuderias ou às facções, às quais cavalos e cocheiros pertenciam. Como havia ordinariamente quatro carros disputando os prêmios, formaram-se também quatro sociedades paralelas que forneciam carros para cada corrida, como também cocheiros para conduzi-los, uns e outros portando a cor da respectiva facção, que eram o branco, o vermelho, o verde e o azul. Tal como os clubes de hoje essas sociedades eram administradas por um ou mais diretores, tinham um quadro numeroso de empregados e movimentavam muito dinheiro, principalmente quando contavam entre seus aficionados os próprios imperadores.[523]

O fanatismo do espírito de partido pelas cores das facções do circo era um dos fenômenos mais significativos e mais curiosos da era imperial, cujo efeito principal foi o de dividir a população, a começar pelos senhores do mundo até os libertos e escravos, inicialmente em quatro e, mais tarde, em dois campos.

> Não havia nada mais característico, diz Friedlaender, relativamente ao estado anormal das relações políticas do tempo, que a concentração do interesse geral sobre semelhante miséria. Nada podia demonstrar mais claramente o progresso da decadência intelectual e moral de Roma. O governo via com bons olhos, sem dúvida, a agitação das facções desviar a atenção do povo da realidade política, como também não se incomodava de ver as paixões das massas irem à deriva, numa direção extraviada e incerta, mas sem perigo aparente para o trono. Na verdade, o devotamento extremo pelas cores das escuderias parece ter sido favorecido pelos melhores imperadores, não havendo registro, em relação a eles, de tentativas para remediar o mal.[524]

Muito ao contrário, muitos deles tomaram partido nessas querelas sórdidas, tão abertamente quanto permitia a decadência do tempo: assim, Vitélio[525] e Caracala[526], pelos azuis; Calígula[527],

---

[518] Cícero, *Brutus*, 47.
[519] Plínio, *op. cit.*, XXI, 5.
[520] Juvenal, Sat. VII, 243.
[521] Ovídio, *Do Amor*, III, 2, 73.
[522] Plutarco, *op. cit.*, Sila, 40.
[523] L. Friedlaender, *op. cit.*, Tomo 2, p. 57.
[524] L. Friedlaender, *op. cit.*, Tomo 2, p. 60-61. Alexander Demandt, *Das Privatleben der Römischen Kaiser*, p. 177, Munique, 1997.
[525] Suetônio, *op. cit.*, *Vitélio*, 7.
[526] Dion Cássio, *op. cit.*, LXXVII, 10 e LXXVIII, 8.
[527] Suetônio, *op. cit.*, *Calígula*, 55.

Nero[528], Lúcio Vero[529], Cômodo[530] e Heliogábalo[531], pelos verdes, partido que detinha as preferências nos primeiros tempos do império, conforme noticia Juvenal.[532] O poeta Marcial era também um ardente partidário dos verdes[533], sendo certo que, ainda no século V, Teodorico entendeu ser necessário tomá-los sob sua proteção, para superar os azuis.[534]

A bem da verdade, não havia senão poucos conhecedores de cavalos e da técnica da quadriga, mas que importava isso, as cores eram a paixão de todos. Cavalos e cocheiros mudavam, mas as cores permaneciam.

> Durante cinco séculos, o grito de guerra, com o qual elas exortavam seus partidários, se perpetuou por gerações, no seio de uma população que se embrutecia cada vez mais, a demonstrar que, embora os tumultos e excessos fossem o acompanhamento ordinário de qualquer espetáculo, o circo, principalmente, se tornara o teatro de cenas selvagens e, algumas vezes mesmo, sangrentas.[535]

Apesar dos sermões dos predicadores católicos, que condenavam incondicionalmente os jogos do circo, tal era o decaimento geral dos costumes, que até mesmo alguns cristãos se faziam aí presentes, arguindo, como escusa, texto das sagradas Escrituras, que dá conta de que Elias subiu ao céu num carro de fogo. Logo, a seu juízo, a *Aurigatio* não poderia ser pecado.[536] Leão, o Grande, se queixava ainda amargamente de que esses odiosos espetáculos atraíssem mais gente do que os sepulcros dos mártires, cuja proteção tinha salvado a cidade da horrível destruição que nela teria causado a incursão de Átila.[537]

Quando se considera o prestígio, não ficaria mal dizer, a quase adoração tributada aos jogos do circo, não surpreende que aos principais astros destes fossem prestadas homenagens, tão subidas e apaixonadas, que nos lembram as que dispensamos hoje às chamadas celebridades. Cocheiros e cavalos eram o assunto de todas as bocas. A paixão por estes últimos, além de determinar a elevação de preços dos bons corredores, suscitou o aparecimento de profissionais e amadores que se dedicavam ao estudo dos nomes, da procedência, da estirpe, da idade, das condições físicas e das proezas dos mais famosos cavalos do circo. Sabiam de cor a genealogia e a biografia de cada animal, da qual coletavam anedotas, que depois divulgavam para satisfazer a curiosidade da multidão imensa de interessados[538], que jamais se enganava sobre a identidade de seus ídolos no hipódromo.[539] Marcial, malgrado a fama que seus epigramas lhe carrearam, não tinha, em Roma, a notoriedade do cavalo *Andremon*. Existem, ainda, monumentos com a figura desse animal e de outros garanhões famosos. Frequentemente, a paixão pelos cavalos

---

[528] Suetônio, *op. cit.*, Nero, 23; Dion Cássio, *op. cit.*, LXIII, 6.

[529] História Augusta, *Caracala*, IV e V.

[530] Dion Cássio, *op. cit.*, LXXII, 17.

[531] Dion Cássio, *op. cit.*, LXXII, 14.

[532] Sat. XI, 97.

[533] VI, 46 e XI, 33.

[534] Cassiodoro, Var., I, 20 e 27.

[535] L. Friedlaender, *op. cit.*, Tomo 2, p. 62.

[536] L. Friedlaender, *op. cit.*, Tomo 2, p. 63.

[537] F. Gregorovius, *Histoire de Rome au Moyen Âge*, Tomo 1, Paris, p. 197.

[538] Estácio, Selva, V, 2.

[539] Malgrado a opinião de Ovídio, os espetáculos eram mais um favor feito ao povo do que um culto prestado aos deuses. Fastos, III, 784.

de raça degenerava em verdadeira mania, a ponto de Calígula conceber a disparatada ideia de nomear cônsul o seu próprio cavalo *Incitatus*.[540] Na véspera do dia em que este devia correr, dava-se ordem aos soldados para que coibissem qualquer ruído na vizinhança, de modo que seu repouso fosse assegurado.[541] Nero pensionou os cavalos de corrida eméritos, que abandonavam o hipódromo, em razão da idade.[542] Noticiam-se fatos semelhantes, relativamente a Lúcio Vero e a Cômodo. Já mencionamos a paixão de Calígula pelos verdes, paixão que foi levada a tal ponto, que esse imperador, a se dar fé no relato de Dion Cássio, mandou envenenar cavalos e cocheiros da facção adversária.[543] O fanatismo de Calígula pelos verdes era equivalente ao de Vitélio pelos azuis, aos quais servira como palafreneiro, antes de se tornar imperador. Elevado ao trono, perseguiu indignamente, no circo, a popularidade por meio de favores concedidos à escuderia mais em alta na avaliação popular[544], o que não o impediu, porém, de mandar matar gente dos verdes, que havia ofendido os azuis, porque Vitélio tomou as ofensas como testemunho do desdém pela sua autoridade e como prenúncio de uma próxima revolução.[545]

Se dos cavalos passamos aos cocheiros, nenhuma alteração essencial se verifica na conduta psicológica da massa, conquanto a histeria coletiva se dirija, agora, a um objeto mais apropriado para excitá-la e, desse modo, expandi-la pelo contágio de exaltação. Os cocheiros tinham consciência de seu alto valor social e tiravam partido disso. E por que haveria de ser diferente, quando o próprio imperador Caracala conduzia carros no hipódromo, sob o olhar entusiasmado do público?[546] Numa descrição de Roma, da lavra de um autor grego, habituado aos espetáculos, constam como traços característicos da cidade eterna, ainda no tempo dos antoninos, a agitação do circo, as estátuas erigidas em homenagem aos cocheiros, as conversações sobre corridas nas ruas e nas praças, assim como a propagação de uma verdadeira hipomania, que se apoderava inclusive de homens muito respeitáveis.[547] Pela extrema liberalidade dos organizadores de festas, somada à concorrência das facções, que buscavam atrair para si virtudes do gênero, os cocheiros chegavam frequentemente a fazer fortunas consideráveis. Scorpus, que era célebre sob Domiciano, ganhou certa vez, em apenas uma hora, o equivalente a uma bolsa cheia de duro, enquanto outra celebridade, da escuderia vermelha, auferia uma renda que igualava, segundo a estimativa de Juvenal, a de cem procuradores.[548] Mais tarde, a magnitude desses rendimentos, cresceu ainda mais, a tal ponto que, no quarto século, um autor pagão lamentava a prodigalidade do tempo, que fazia cair nas mãos dessas celebridades domínios inteiros.[549]

Vivia-se numa época de desordem sentimental, numa época em que a razão não tinha o menor controle sobre os sentimentos, de modo que sendo aquela impotente frente a estes, a moderação dava lugar ao excesso, o racional ao passional, a virtude ao vício. Amando, pode-se dar lugar ao vício, assim como pode-se odiar virtuosamente. O que não é natural é se dispensar uma paixão desordenada, ou de amor ou de ódio, a um objeto que, em mentes equilibradas psi-

---

[540] Suetônio, *op. cit.*, *Calígula*, LV.
[541] Suetônio, *op. cit.*, *Calígula*, LV.
[542] L. Friedlaender, *op. cit.*, Tomo 2, p. 57.
[543] Dion Cássio, *op. cit.*, LIX, 14.
[544] Tácito, *Histórias*, II, 19.
[545] Suetônio, *op. cit.*, *Vitélio*, XIV.
[546] Dion Cássio, *op. cit.*, LXXVII, 10.
[547] Luciano, *op. cit.*, *Nigrino*, 29.
[548] Sátira VII, 112.
[549] Libânio, II, 190, *Apud* Friedlaender, *op. cit.*, Tomo 2, p. 50.

cologicamente, poderia suscitar apenas um apreço relativo, no primeiro caso, ou uma antipatia superficial no segundo. Ninguém, como os partidos políticos modernos, sabe tirar mais proveito desse transtorno psicológico das massas. Em Roma, quem se beneficiou muito com esse delírio por corridas foram as escuderias, juntamente às celebridades das rédeas. Vitélio, que se vira frequentemente aparelhando cavalos na escuderia dos azuis, angariou as graças de Calígula e de Nero, por sua vigorosa condução da quadriga[550], arte que o primeiro exercia como amador e na qual o segundo procurava brilhar como virtuose.[551] Entre os favoritos de Calígula figurava o cocheiro Eutíquio, dos verdes, que ganhou do imperador, após uma orgia, a fabulosa quantia de 2 milhões de sestércios[552], tamanha era a admiração que se tinha pelos aurigas famosos e experientes. Entre estes, Heliogábalo escolheu muitos favoritos, chegando mesmo a elevar a mãe de um deles, Hierócles, da condição de escrava ao status consular.[553]

> "Não causa estranheza, mas, corresponde à natureza das coisas, que os cocheiros do circo, ao se tornarem o centro das atenções, reconhecidos e tratados, pois, como pessoas de importância, se fizessem notar pela impudência e pelo descaramento".[554]

Assim é que desde o início do império, uma prática havia se tornado abusiva: tolerava-se, provavelmente durante certos dias, que essas celebridades, apenas disfarçadas, tumultuassem a cidade com trapaças e roubos, o que foi posteriormente proibido por Nero.[555]

Além de empregá-los como meios de propaganda política, algumas autoridades fizeram outro tanto em relação à religião. Símaco, por exemplo, soube utilizar os espetáculos do circo como peso para inclinar a balança em favor do paganismo, do qual era um devoto tão fervoroso quanto era inimigo do cristianismo.

Quinto Aurélio Símaco, homem rico e poderoso, exerceu as mais altas funções do império e foi, sob todos os aspectos, um dos personagens mais eminentes do seu tempo. De concerto com alguns amigos, que comungavam de suas ideias, Símaco dirigiu todos os seus esforços em defesa da causa, já perdida, do paganismo contra o cristianismo vitorioso, esforços esses consistentes em fazer ressuscitar a literatura clássica, ao mesmo tempo que as crenças no politeísmo, com o qual os espetáculos tinham as ligações mais íntimas. Visto que estes eram odiosos aos cristãos, como uma abominação da idolatria, Símaco via como um dever sagrado manter viva e erguida, com todas as suas forças, uma instituição tão importante para a sua religião em perigo, tanto mais que pessoalmente estava investido de duas das mais altas funções sacerdotais.[556]

---

[550] Suetônio, *op. cit.*, *Vitélio*, IV.
[551] Dion Cássio, *op. cit.*, LIX, 5; LXI, 17.
[552] Suetônio, *op. cit.*, *Calígula*, LV.
[553] História Augusta, *Heliogábalo*, VI.
[554] L. Friedlaender, *op. cit.*, Tomo 2, p. 53.
[555] Suetônio, *op. cit.*, *Nero*, XVI.
[556] Símaco, Cartas, IV, 60; IX, 132; IV, 58-60; V, 82.

2.4.2. O Anfiteatro

Nos jogos do circo, o grande público de espectadores, inflamados pelo espírito de partido, manifestava um tão vivo interesse no espetáculo, do qual era parte integrante, que um luxo de meios comparativamente medíocre bastava para mantê-lo suspenso. Era bem difícil ocupar seu ócio e satisfazer sua curiosidade nos outros espetáculos, aos quais assistia numa atitude mais passiva. Era precisamente no anfiteatro que se faziam os maiores esforços para remediar um problema que o sucesso do circo só fazia aumentar.

> A despeito da excitação que na arena se pudesse encontrar, era mister recorrer a decorações de uma magnificência verdadeiramente feérica, a uma sucessão de surpresas e de transformações contínuas, assim como a toda sedução do infinito, do bizarro e do monstruoso, para saciar e superar a expectativa do público, numa capital tão exigente e tão *blasée*. Era na arena dos anfiteatros que tinham lugar, no império, para a celebração de cada festa, os famosos combates de gladiadores e de bestas ferozes, onde o sangue corria em borbotões, como também era na arena submersa que se realizavam, suntuosamente, as prodigiosas representações náuticas, conhecidas como naumaquias.[557]

Esse gênero de espetáculos foi introduzido igualmente em Atenas, porque os atenienses não admitiam ficar, em qualquer assunto que fosse, atrás do povo de Cotinto, cidade que recepcionou amplamente os jogos do Anfiteatro. É certo que, sob o cetro de Trajano, esses espetáculos não eram mais raros na Grécia, se bem que houvesse algumas localidades, como Rodes, por exemplo, que os rejeitassem ainda. Plutarco recomendava aos aspirantes de cargos públicos, nas respectivas cidades, o banimento dos combates de gladiadores ou, caso houvesse a impossibilidade de sua extinção completa, ao menos restringi-los, sem, contudo, se deixar vencerem por reivindicações despropositadas dos que ganham e dos que se divertem com essa arte sangrenta.[558] Da mesma forma que Plutarco, Dion Crisóstomo, Luciano e outros falam com horror da gladiatura, que apodavam de brutal, bestial, assassina e não menos detestável, na exata medida em que sua prática arrebata ao país os seus filhos mais valentes.[559]

Em Roma, os espetáculos do anfiteatro não aparecem pela primeira vez senão no limiar do século V a.C. Raros no início, foram se tornando cada vez mais frequentes com o passar do tempo, principalmente porque seus organizadores, a exemplo dos demagogos, perceberam as vantagens que podiam tirar da lucrativa ocupação de acariciar o monstro que existe no delírio da multidão estimulada pelos sentidos e sedenta de sangue.

Com o emprego de gladiadores provenientes das diversas nações, introduziu-se igualmente o uso de suas armas, de seus costumes e de suas variadas formas de combater, como, por exemplo, a utilização dos escudos pequenos e redondos dos trácios, dos escudos quadrados dos samnitas, das cotas de malhas dos partos[560] e os carros de combate dos bretões. Às especialidades de armamen-

---

[557] L. Friedlaender, *op. cit.*, Tomo 2, p. 88-89.
[558] *Apud* L. Friedlaender, *op. cit.*, Tomo 2, p. 95.
[559] Luciano, *op. cit.*, *Anacarsis*, XXXVII.
[560] Amiano Marcelino, XXIV, 4, 15; 6, 8.

tos e de combates, próprias de cada povo, a imaginação acrescentava novas modalidades de pura fantasia, para variar cada vez mais o espetáculo. Os gladiadores surgiam vestidos de armaduras e munidos de armas extravagantes, com as quais tinham que combater homem a homem ou em grupos. Outras vezes, travavam batalhas sangrentas, na terra ou no mar improvisado, findas as quais, a arena ficava entulhada de cadáveres.

Algum tempo depois,

> [...] nem a emoção produzida por esses combates sangrentos, nem mesmo a magnificência da encenação foram suficientes para excitar os nervos embotados de uma alta sociedade completamente envilecida e de um populacho abjeto. Foi preciso recorrer às invenções mais estranhas, mais extravagantes e mais monstruosas para tornar os espetáculos mais atraentes e mais dignos de um povo de canibais.[561]

Domiciano juntou as matanças de animais às lutas de gladiadores, realizadas à noite, ocasião em que as espadas brilhavam à luz das lâmpadas e dos candelabros.[562]

Os gladiadores eram criminosos condenados, prisioneiros de guerra e escravos, ou simplesmente voluntários. A condenação à morte pela espada de gladiadores ou pelos dentes das feras constituía uma agravação da pena capital[563], cuja aplicação, no segundo caso acima descrito, só era permitida quando não se tratasse de cidadão romano[564] ou, consoante a uma prática tardia, se o condenado pertencesse ao *bas fond* da sociedade.[565]

Outra pena que decorria da prática dos crimes de roubo, homicídio, incêndio, sacrilégio[566] e motim[567], era a internação numa escola de gladiatura, o que não significava ainda a morte, já que restava ao condenado a possibilidade de obter, depois de três anos de combates, com a vareta (rudis), a dispensa de reaparecer na arena e, depois de cinco, com o chapéu, sua liberação completa. O cumprimento desses prazos, entretanto, ficava ao sabor das necessidades de cada imperador, que não hesitava, dando-se o caso de escassez de gladiadores, em excedê-los numa medida verdadeiramente perversa. Por práticas semelhantes foram duramente censurados Calígula[568], Cláudio[569] e Nero[570]. De mais a mais, o número dos supostos criminosos que se apresentavam nas arenas da época era de tal modo exagerado, que não podia deixar de inspirar dúvidas sobre a justiça das decisões que os condenavam. Assim, Agripa, rei dos judeus, determinou que mil e quatrocentos infelizes se trucidassem na arena, todos eles, aos olhos do rei, merecedores da pena de morte.[571] Adriano, num só dia, fez outro tanto, relativamente a trezentos indivíduos, todos condenados como incursos nas penas previstas para vários crimes.[572]

---

[561] L. Friedlaender, *op. cit.*, Tomo 2, p. 102-103.
[562] Suetônio, *op. cit.*, *Domiciano*, IV; Dion Cássio, *op. cit.*, LXVII, 8.
[563] Ulpiano, XI, 7; Paulo, sent., V, 17.
[564] Dion Cássio, *op. cit.*, LX, 28.
[565] Paulo, sent., V, 23; Ulpiano, (Digesto, XLVIII, 8, § 12).
[566] Marcial, *Livro dos Espetáculos*, VII, 7-10.
[567] História Augusta, *Claudiano*, XI.
[568] Dion Cássio, *op. cit.*, LIX, 10.
[569] Suetônio, *op. cit.*, *Cláudio*, X.
[570] Suetônio, *op. cit.*, *Nero*, XXXI.
[571] Josefo, *Histoire Ancienne des Juifs*, XVII, 8.
[572] L. Friedlaender, *op. cit.*, Tomo 2, p. 104.

O mesmo acontecia com os prisioneiros de guerra. Vencida uma batalha, estes eram conduzidos em massa para a escola de gladiadores, vestíbulo horrendo do anfiteatro, em cuja arena não faltava oportunidade para se desembaraçar deles. Por esse modo os bretões foram exterminados, por ocasião dos jogos do ano 47 de nossa era[573], como também o que restou dos prisioneiros judeus (2.500, segundo Josefo), que foram imolados nos anfiteatros das províncias.[574] Os bructérios vencidos, mas cuja "perfídia não permitia empregá-los no serviço militar, nem sua selvageria, aproveitá-los como escravos", foram lançados às feras, em tão grande número, que estas se cansaram da carnificina.[575]

O prestígio da gladiatura repercutia também nas residências, onde se recrutavam escravos, com fins meramente lucrativos[576], sendo certo que até mesmo os libertos combateram frequentemente na arena, ou para agradar seus patrões, ou, o que era mais provável, porque o público fazia mais caso deles do que de escravos no manejo das armas dos gladiadores.[577] Não restam dúvidas também de que havia alistamento de homens livres para o exercício do mister sangrento, dentre os quais muitos jovens, que, ludibriados por empresários do negócio infame, iam engrossar as fileiras dos gladiadores, em detrimento de uma promissora carreira militar.[578]

É bem verdade que a gladiatura tinha seus atrativos, bem mais para aqueles que, com poucos escrúpulos e muita coragem, sabiam tirar proveito dela, servindo-a e vivendo conforme as suas regras. Os vencedores eram largamente recompensados[579], sobretudo os mais experimentados, a alguns dos quais Tibério chegou a pagar cem mil sestércios pela participação em um de seus espetáculos.[580]

Os heróis da arena não eram, em Roma, menos populares que os campeões do hipódromo. Como estes, não viviam apenas na boca do povo, mas tinham seus discípulos, seus admiradores e seus rivais nas classes mais altas da sociedade. Vários imperadores, como Tito[581], Adriano[582] e outros, se aprimoraram no manuseio de suas armas, cabendo a Cômodo o papel, ignominioso e único na história do império, de diletante da gladiatura, expondo-se publicamente nos combates da arena.[583]

Em relação às mulheres, o sucesso dos gladiadores não estava limitado somente àquelas da sua classe social. A espada do gladiador exercia sobre as damas das classes elevadas uma irresistível atração, que lhes fazia ver um Jacinto em cada combatente da arena.[584] Os gladiadores eram cantados pelos poetas[585] e viam cintilar seus retratos sobre vasos, lâmpadas, vidros[586], joias, como

---

[573] Dion Cássio, *op. cit.*, LX, 30.
[574] Josefo, *La Guerre des Juifs contre les Romains*, VII, 6.
[575] L. Friedlaender, *op. cit.*, Tomo 2, p. 105.
[576] Dion Cássio, *op. cit.*, XXXIX, 7.
[577] Petrônio, *op. cit.*, XLV: "Não vamos ter um combate, não de simples gladiadores, mas de libertos?"
[578] Sêneca, *Controversias*, V, 33.
[579] Suetônio, *op. cit.*, *Cláudio*, XII.
[580] Suetônio, *op. cit.*, *Tibério*, VII.
[581] Dion Cássio, *op. cit.*, LXVI, 15.
[582] História Augusta, *Adriano*, XIV, 10.
[583] História Augusta, *Cômodo*, VIII e IX. "O amor pela gladiatura, em Cômodo, assumia um aspecto doentio". Alexander Demandt, *Das Privatleben der Rômischens Kaiser*, p. 161.
[584] Juvenal, *Sátira* VI, 78-113; Petrônio, *op. cit.*, CXXVI: "Quanto ao que me dizes que és um humilde escravo, não te abatas, que sendo-o, acendes ainda mais os desejos de minha patroa. Há mulheres que se excitam com o cheiro de farrapos. Há outras que ardem de prazer só em ver um gladiador, um carregador cheio de poeira ou um histrião assalariado para agradar o público. Minha senhora é destas: seria capaz de saltar quatorze assentos do anfiteatro para ir em busca do objeto dos seus desejos na fileira da canalhada".
[585] Marcial, *Livro dos Espetáculos*, V. 24.
[586] Petrônio, *Satiricon*, LII.

também suas façanhas sobre todos os muros[587] e fachadas de palácios, túmulos e teatros, por meio de cujas inscrições foram transmitidos à posteridade os nomes de muitos deles[588].

O espetáculo começava com sua parada de gladiadores através da arena, os quais, segundo a tradição, saudavam o imperador com a fórmula verbal consagrada pelo uso: "Ave, César imperador, os que vão morrer te saúdam". Convidava-se, então, o organizador da festa para abri-la, não sem antes se examinarem as armas. Uma espécie de espada, com o fio muito cortante, levava o nome do filho de Tibério, Druso, o qual, seguindo uma tendência inata para a crueldade, tinha o hábito de realizar esse exame com um rigor extremo.[589] Marco Aurélio, pelo contrário, só permitia que se utilizassem armas sem fio.[590]

Depois dos combates simulados, o som lúgubre das trombetas anunciava o início dos combates com armas cortantes, cuja estridência dos choques era abafada pelo som das fanfarras e dos coros, assim como pelas modulações agudas dos pífanos e das flautas.[591]

Quando um dos combatentes, vencido, caía na arena à mercê do adversário, o organizador da festa deixava aos espectadores o encargo de decidir se convinha matar o infeliz. Este, às vezes, pedia por sua vida, levantando o dedo, mas, não era raro que alguns, mais intrépidos e orgulhosos, declinassem do favor do público com o gesto significativo de que suas feridas não eram graves.[592] De qualquer modo, havendo ou não rogativa do vencido, o polegar para baixo significava sempre uma autorização para se desferir o golpe mortal.[593]

Os desassombrados, dispostos igualmente a matar e a morrer, eram os que tinham a preferência do populacho, enquanto os timoratos provocavam a ira dos que se compraziam com carnificinas e que viam uma ofensa no temor da morte em um gladiador.[594]

Conquanto houvesse congregações de torcedores, que manifestavam apaixonada adesão por seus ídolos na arena, elas não chegaram jamais a ter, certamente porque lhes faltou a base organizacional, a magnitude e a importância das facções que predominavam no circo. Havia, assim, no anfiteatro partidos que correspondiam a armas específicas da gladiatura, ou seja, os que torciam pelos grandes escudos, mirmilões e samnitas, e os partidários dos escudos pequenos, os trácios. Essas facções tinham também ramificações em todas as classes sociais. Em Quintiliano consta que um professor de eloquência, ao ser indagado se era aficionado de Teodoro ou de Apolodoro, assim respondeu: "Eu torço pelos pequenos escudos".[595] Os próprios imperadores se envolviam nas disputas dessas facções, ora tomando partido pelos pequenos escudos, Calígula[596] e Tito[597], ora pelos escudos grandes, Domiciano.[598]

Se podemos qualificar de indiferente e mau o ser humano que se compraz com a morte do homem pelo homem, ainda que ambos lutem em pé de igualdade, como se poderá chamar a fero-

---

[587] Horácio, *Sátira*, II, 7, 96.
[588] L. Friedlaender, *op. cit.*, Tomo 2, p. 114.
[589] Dion Cássio, *op. cit.*, LVII, 13.
[590] Dion Cássio, *op. cit.*, LXXI, 29.
[591] Juvenal, *Sátira III*, 35.
[592] L. Friedlaender, *op. cit.*, Tomo 2, p. 133.
[593] L. Friedlaender, *op. cit.*, Tomo 2, p. 133.
[594] Sêneca, *Da Ira*, I, 2, 5.
[595] Instituições Oratórias, II, 11, 1.
[596] Suetônio, *op. cit.*, *Calígula*, XXXII.
[597] Suetônio, *op. cit.*, *Tito*, VIII.
[598] Suetônio, *op. cit.*, *Domiciano*, X.

cidade de um romano que se deleitava com o sangue humano vertido pelas garras e dentes de um animal, quando animal e homem se enfrentavam de igual para igual? A espada, matando, deixava intacto ainda um cadáver; cumpria agora matar, por assim dizer, sem deixar resto. A aniquilação humana, com seu viés satânico evidente, passava a ser a distração preferida do paganismo romano.

Com o crescimento territorial do império romano, a prática da caça havia aumentado sem cessar, à medida que cada país, mais recentemente conquistado, enviava à Roma seus animais mais raros e mais selvagens. Os relatos que dispomos dão conta dos números expressivos dos animais utilizados nesses espetáculos do anfiteatro, merecendo registro o dos adquiridos para a inauguração do Coliseu, no ano 80 de nossa era, oportunidade em que 5.000 animais selvagens, de todas as espécies, foram exibidos ao público em um só dia[599] e 9.000, tanto domesticados quanto selvagens, foram mortos no transcurso da festa.[600]

Durante o espetáculo, havia uma prodigiosa variedade de atrações, que só eram múltiplas quanto aos aspectos instrumentais, permanecendo, porém, sempre o mesmo propósito essencial de imolar o maior número possível de vítimas, consoante formas refinadas de matança, que só uma imaginação depravada, visto inexistir no Ocidente exemplos de tais aberrações, poderia conceber. Ora a organização do espetáculo se limitava a mostrar os animais, assim como se faz normalmente num zoológico, ora se os caçava e os matava, fazendo-os combater alternativamente entre eles ou com os homens. Estes, geralmente conhecidos pelo nome de bestiários, não eram somente os condenados por crimes ou prisioneiros de guerra, mas eram também os voluntários, homens livres seduzidos por uma arte que, se bem não fosse reputada menos infame que a gladiatura, tinha também o seu charme particular.[601] Vestidos, ordinariamente, com uma simples túnica, algumas vezes com uma faixa em torno do braço direito, ou com uma ligadura nas pernas, sem casco, sem escudo nem couraça, esses intrépidos combatentes não dispunham senão de uma lança com a ponta dentada e, raramente, de uma espada. Mesmo assim, ainda que deficientemente equipados para arrostar uma fera, viam-se, vez por outra, bestiários levarem a melhor em embates travados contra animais de grande porte.[602]

Essas proezas, porém, constituíam exceções. O que ordinariamente ocorria no anfiteatro eram cenas pavorosas de suplícios humanos, que se traduziam numa relação triangular, macabra e invariável: as bestas enfurecidas, as vítimas dilaceradas e o público ardendo de contentamento.[603] "Não havia forma de tortura e de flagelação, mencionada com horror pela história e pela literatura, que não fosse empregada para a recreação do povo nestas representações".[604] – Uma testemunha ocular conta, relativamente ao malfeitor Laurédlo, rasgado pelos dentes das feras, como seus membros caíam em pedaços do corpo estraçalhado, horrendo e disforme, uma cena horrorosa que suscitou na boca de quem a viu um desabafo sucinto e consolador: este devia ser um parricida, um incendiário ou um sacrílego.[605] No mesmo espetáculo, agora abrilhantado por

---

[599] Suetônio, *op. cit.*, Tito, VII.
[600] Dion Cássio, LXVI, 25.
[601] Ulpiano, *Digesto*, III, 1, § 6.
[602] Em sua época, Cassiodoro se admirava com a agilidade e destreza com que os bestiários se esquivavam dos ataques das feras. Var. *Cartas*, V, 42, *Apud* Friedlaender, *op. cit.*, p. 181.
[603] "Um bandido, Seluro, chamado o filho do Etna, porque este monte tinha sido o teatro de suas façanhas, foi condenado a morrer pelos dentes das feras. Para isto, tinha-se armado no Forum um cadafalso, sobre o qual se colocou o condenado. De repente, as pranchas que serviam de piso se separaram, e Seluro caiu na cova das bestas ferozes, que o fizeram em pedaços". Estrabão, *Geografia*, VI, 2, 6, Madri, 2002.
[604] L. Friedlaender, *op. cit.*, Tomo 2, p. 162.
[605] Marcial, *Livro dos Espetáculos*, VII.

um cenário suntuoso, um outro condenado saiu de uma caverna subterrânea, como Orfeu do inferno, rodeado por uma natureza irradiante de graça e beleza. Árvores e rochedos o circundavam graciosamente; sobre sua cabeça adejavam pássaros de penas multicoloridas; multidões de bichos esquisitos se agrupavam à sua frente. Quando tudo isso parecia monótono a um público ávido por novidades e sobressaltos, eis que de repente, do nada, surgiu um urso que pôs fim à cena, devorando o seu único personagem.[606]

As execuções e os suplícios, desacompanhados de cenas teatrais, eram muito frequentes no anfiteatro. Aí se queimavam na fogueira os condenados[607], se flagelavam delatores nos reinados de Tito[608] e de Trajano[609], assim como os falidos no de Adriano[610]. Nada, porém, era mais comovente do que ver um inocente, ou melhor, uma multidão de inocentes, inerme, jogada às feras, para deleite e recreação de uma besta ainda mais feroz e insaciável: o povo delirante no anfiteatro. Em Roma, em Alexandria, em Antioquia, em toda parte, como outrora em Jerusalém, havia sacerdotes pagãos para incitar o povo, havia um povo para pedir suplício, havia uma autoridade para ordenar, primeiro a flagelação, como primícias, depois a atração principal: a matança na arena, pela qual pagãos e cristãos ardentemente esperavam: os primeiros, para saciar sua sede de sangue; os últimos, para alcançar a glória pelo martírio. A fim de dar uma pálida noção do que se passava tanto na alma do mártir quanto na do carrasco, por ocasião do espetáculo na arena do anfiteatro, convém lembrar os acontecimentos que antecederam e acompanharam a execução de S. Inácio de Antioquia, condenado pelo próprio imperador a perecer na arena do anfiteatro, cujo relato será feito com base nos dados oficiais contidos na ata de martírio do santo.

Corria o ano 107 de nossa era, tempo em que Trajano amontoava vitórias sobre vitórias nos campos de batalha. Acompanhado de suas legiões, o imperador se deteve em Antioquia, preparando-se para uma expedição contra os partos. Nessa cidade, S. Inácio, acusado de impiedade por se negar a sacrificar aos deuses pagãos, foi conduzido à presença do imperador, que passou a interrogá-lo: quem és tu, demônio malvado, que transgrides nossas ordens e ensinas os outros a transgredi-las para se perderem? Ninguém, respondeu Inácio, pode chamar Teóforo de demônio malvado, mas, ao contrário, os demônios se afastam do servidor de Deus. E quem é Teóforo? perguntou Trajano. – Aquele que leva Deus em seu coração. – Não crês que também nós levamos os nossos, que nos ajudam a vencer, em nossos corações? – Não há senão um só Deus, que fez o céu, a terra e o mar e tudo o que neles se contêm. E não há senão um só Jesus Cristo, filho único de Deus, em cujo reino oxalá eu possa ter parte. – Aquele, queres dizer, que foi crucificado sob Pôncio Pilatos?

Após o interrogatório, Trajano pronunciou a sentença: "Nós ordenamos que Inácio, que pretende levar consigo o crucificado, seja preso e conduzido a Roma, onde será lançado às feras para a distração do povo romano". O fim dos abomináveis jogos estava próximo, o que fazia aumentar ainda mais a ansiedade popular em Roma, onde a notícia do futuro suplício havia chegado com a mesma expectativa que cerca todo evento destinado ao deleite da massa. A "pompa sangrenta", como um dia chamou Sêneca essa recreação popular, estava preparada para receber o venerável ancião. Este, acompanhado de uma escolta da guarda imperial, havia deixado apressadamente

---

[606] Marcial, *Livro dos Espetáculos*, XXI, 21.
[607] Suetônio, op. cit., *Calígula*, XXVII; *Tibério*, LXXV.
[608] Suetônio, op. cit., *Tito*, IX.
[609] Plínio, *Panegírico de Trajano*, XXXIV.
[610] História Augusta, *Adriano*, XVIII.

Antioquia, em ordem, como foi dito, a encontrar os jogos ainda em andamento. Alguns fiéis dessa cidade o precederam em Roma. O santo temia pela sua amizade; temia também a caridade dos cristãos de Roma. Não obterão eles do imperador a revogação da sentença? Não alcançarão de Deus que as feras, como já se vira anteriormente, não se animem a tocá-lo? "Deixai-me ser o alimento das bestas, suplicava Inácio, pelas quais ser-me-á permitido chegar a Deus. Eu sou o trigo de Deus, de modo que convém que eu seja triturado pelos dentes das feras, a fim de que me torne o pão imaculado do Cristo". E assim foi feito. Entre o alarido do público e o rugido medonho das feras, o ancião, levando consigo o crucificado, entrou no anfiteatro, onde dois leões devoraram o seu corpo, do qual os ossos mais resistentes foram levados para Antioquia: relíquias preciosas que os dentes das bestas haviam poupado. Isso aconteceu em 20 de dezembro de 107 d.C., dia do glorioso martírio de S. Inácio de Antioquia.[611]

2.4.3. O Teatro

Da mesma forma que as fortes emoções estimuladas pela efusão de sangue, constituíam a razão de ser do interesse pelo anfiteatro, a produção teatral, para se fazer interessante ao populacho, tinha que descer à trivialidade, prodigalizando atrações grosseiras e entretenimento vil, umas e outro recheados de voluptuosidade, de modo a excitar os sentidos com mais ou menos refinamento. Era assim, afirma Friedlaender, "que em lugar de contrabalançar a perniciosa influência dos outros espetáculos, o teatro não contribuiu escassamente para propagar a corrupção e a perda da sociedade em Roma".[612]

Dentre os gêneros dramáticos já existentes, foram os dois mais baixos, a comédia atelana e o mimo, que predominaram na cena teatral do império. A primeira, espécie de comédia de polichinelo, versava sobre temas bem populares, notadamente sobre figuras estereotipadas, extraídas de várias nações, regiões, classes sociais, profissões, relações familiares, sem falar na vida rústica com seus tipos característicos e respectivos animais. Não é preciso dizer que o motivo cômico dessa comédia era essencialmente grotesco, permeado de gracejos burdos e de referências indecentes.

A farsa mímica (*mimus*) era uma peça popular, entremeada de danças e brincadeiras, com fraca coesão interna, tomada da vida comum, curta como a atelana, mas sem as figuras estereotipadas. Era, entre todos os gêneros dramáticos, o que se manteve por mais tempo em evidência, pois sobreviveu até mesmo à queda do império romano do Ocidente. Versava, como a atelana, sobre os costumes urbanos, principalmente os das classes inferiores e os dos artesãos, além do que retratava a caricatura de nacionalidades estrangeiras, assim como, excepcionalmente, personagens dos contos mitológicos. Numa peça mímica apresentada na véspera do assassinato de Calígula, o tema foi a crucificação do famoso bandido Lauréolo, no suplício do qual se viu correr sangue artificialmente, tudo encenado por vários bufões que dividiram entre si a tarefa de parodiar essa horrível cena.[613] Numa outra cena mímica, exibida no teatro de Marcelo, na presença de Vespasiano, o papel principal coube a um cão, ao qual previamente se narcotizara, que sabia excitar a admiração da plateia pela maneira com que fingia adormecer pouco a pouco e despertar em seguida.[614] As fraudes e as chicanas eram recorrentes nesse gênero, bem como

---

[611] Ata de Santo Inácio, *Apud* De Champagny, *Os Antoninos*, Tomo 1, p. 333-343.
[612] *Op. cit.*, Tomo 2, p. 194.
[613] Suetônio, *op. cit.*, *Calígula*, LVII.
[614] Plutarco, *De Solert. Anim.*, XIX, 9, *Apud* L. Friedlaender, *op. cit.*, Tomo 2, p. 197.

as intrigas amorosas e as cenas de adultério, todas elas acompanhadas de linguajar grosseiro e gestos obscenos, em ordem a provocar, num público mesquinho, o estrépito de gargalhadas impudentes, tanto mais frequentes, quanto menos resistência se oferecia à superação dos limites da decência, incessantemente franqueados à vista da mais torpe bufonaria. O amante surpreendido se deixava ocultar num armário, para escapar à cólera do marido enganado. O marido, em outro mimo, enviava sua jovem e bela mulher aos braços do inimigo poderoso que ele temia, a fim de desarmá-lo pelo charme de sua cara metade e assim por diante.[615] Acontecimentos repentinos no destino dos personagens lembram certas farsas modernas, em que o maravilhoso e o inesperado alteram as relações humanas, dando lugar ao ressentimento, ao rancor e à vingança. Mendigos se tornam ricos de um dia para outro; ricos, compelidos a buscar a salvação na fuga, percorriam a cena cheios de angústia, a cabeça toda encoberta por um manto, à exceção das orelhas, com as quais pareciam espreitar a aproximação de seus perseguidores.[616] As injúrias agradavam sempre na peça mímica, assim como murros e tapas, mas nada que se igualasse, porém, em comicidade, ao ruído das bofetadas desferidas nas bochechas gordas dos saltimbancos, notadamente quando estes apresentavam alguma deformidade física. Em todos esses casos, a linguagem era cheia de expressões e giros tomados da fala rude das ruas[617], animada do espírito trivial e bufão, que incluía também quedas, tropeções, safanões, zombarias, caretas, gestos e danças grotescas, em suma, todos os expedientes teatrais que constituíam os recursos cênicos de um cômico grosseiro.

O mimo, não há dúvidas, suplantava em muito os outros tipos de farsas pelo descaramento com que se zombava dos bons costumes e pelos ditos e chistes obscenos que alardeava, sem equívocos e sem dissimulação. Compreende-se que Ovídio achasse injusto o reproche de imoralidade feito às suas poesias, quando o imperador e o senado, as mulheres, as moças e até mesmo as crianças se divertiam com as farsas mímicas, nas quais o marido era continuamente enganado pela mulher e pelo seu amante; em que também os ouvidos aprendiam a não mais se escandalizar com os propósitos mais indecentes e os olhos se habituavam às cenas de espetáculos revoltantes para o pudor.[618] Marcial dizia também que as mulheres, adeptas do mimo, não tinham nada que temer da leitura de suas poesias mais atrevidas.[619]

Não era raro que, por ocasião da representação dos mimos e das atelanas, fossem feitas alusões, principalmente críticas, aos assuntos públicos e à vida pública ou privada do próprio imperador. Permitiam-se, então, improvisações e manifestações circunstanciais, porque a certeza de agradar o público fazia esquecer o perigo do atrevimento, que, de outro modo e em outro lugar, redundaria certamente na morte do autor delas. Por conta de seu golpe de Estado, Júlio César foi objeto de um chiste, feito pelo mimo Labério, que teve um grande acolhimento junto à massa.[620] Com a frase: "Ó nosso doce e bom senhor", dita um dia por um mimo, Augusto se indignou, repudiando com um édito rigoroso, apesar do assentimento popular às palavras do mimo, uma prática inoportuna de um vil servilismo.[621] Durante a estadia de Tibério em Capri, uma passagem duma atelana, comportando uma alusão à sua depravação, foi acolhida com ruidosos aplausos.[622]

---

[615] Juvenal, *Sátira* VI, 45; I, 35; VIII, 185.
[616] Sêneca, *Cartas*, 114.
[617] Aulo Gélio, *op. cit.*, XVI, 7.
[618] L. Friedlaender, *op. cit.*, Tomo 2, p. 200.
[619] Epigrama, III, 86.
[620] Macróbio, Saturnália, II, 7.
[621] Suetônio, *op. cit.*, *Augusto*, XLIII.
[622] Suetônio, *op. cit.*, *Tibério*, XLV.

Em 22 ou 23 de nossa era, isto é, alguns anos antes de se afastar de Roma, Tibério, em razão de muitas queixas formuladas pelos pretores contra os atores, endereçou ao senado uma carta com censuras à insolência destes. Dizia, então, que a atelana, essa diversão mais frívola do populacho, tinha chegado a tão alto grau de infâmia e de licença desenfreada, que havia, para os senadores, urgência de intervir para fazer cessar o escândalo. Há uma passagem de Tácito que nos diz que por essa época os pantomimos foram expulsos da Itália.[623] Calígula, por sua vez, mandou arder na arena do anfiteatro um poeta de atelanas, em virtude de um gracejo suscetível de ser interpretado como uma alusão dirigida contra sua pessoa.[624] Após o matricídio cometido por Nero, um ator de atelana, Dato, pronunciou em público as seguintes palavras, acompanhadas de gestos significativos de quem bebe e de quem nada: "Salve pai! Salve mãe!", evocando com elas o envenenamento de Cláudio e o afogamento de Agripina. Nero se contentou com o seu banimento da Itália.[625] O mimo Helvídio Prisco foi executado, no tempo de Domiciano, por ter parodiado, numa atelana, *Páris* e *Enone*, o divórcio do imperador.[626] Um autor de peças mímicas, Marulo, zombou impunemente de Marco Aurélio e de Lúcio Vero.[627] Suas peças estavam cheias de referências, sem equívoco possível, aos amores extraconjugais da imperatriz Faustina, assim como à vida desregrada de Cômodo.[628]

A tragédia, bem mais que a comédia, não podia ser a preferência senão de uma pequena minoria de gente instruída. A multidão, que estava acostumada aos espetáculos da arena e cujos nervos tinham ficado insensíveis às impressões delicadas da beleza, não podia se interessar pela monótona encenação do teatro trágico, "onde não via senão sombras, intangíveis para ela, nas figuras do mundo ideal".[629] A consequência natural desse desinteresse pela arte dramática foi o desaparecimento total da tragédia. Se há lugar para crer que se representavam, ainda em Roma e nas províncias, nas gregas principalmente, tragédias genuínas e completas, é provável, porém, que isso deixou de ser assim depois do segundo século, visto que as cenas líricas e as pantomimas, desde então, tomaram o lugar da tragédia.[630] A decomposição desta em seus diversos elementos, finalmente se consumou pela separação do canto e da dança.[631] O arrefecimento do gosto pelo dramático, ensina Friedlaender, somado ao crescente interesse pelo canto e pela dança, operou o desmembramento, sendo certo que, desde os últimos tempos da república, as partes do cantor, do dançarino e do flautista, que os acompanhavam, eram executadas e percebidas como partes bem distintas, de modo que é lícito considerar a pantomima como um gênero ao qual coube o lugar da tragédia, que então morria.[632]

Sem a máscara trágica, que escondia as expressões faciais, a eloquência destas se fazia presente pelo semblante, tanto como pela dança se patenteava o significado intrínseco dos gestos, a demonstrar que o caráter inteligível da pantomima fez a diferença em favor de seu duradouro sucesso junto ao povo romano.

---

[623] *Anais*, IV, 14.
[624] Suetônio, *op. cit.*, *Calígula*, XXVII.
[625] Suetônio, *op. cit.*, *Nero*, XXXIX.
[626] Suetônio, *op. cit.*, *Domiciano*, X.
[627] História Augusta, *Marco Antonino*, VIII.
[628] História Augusta, *Marco Antonino*, XXIX; iid., *Cômodo*, III; Hildegard Temporini nos informa que corria um boato de que Cômodo não era filho de Marco Aurélio com Faustina, mas desta com um gladiador. *Die Kaiserinnen Roms, von Livia bis Theodora*, p. 249, Munique, 2002.
[629] L. Friedlaender, *op. cit.*, Tomo 2, p. 209.
[630] Dion Crisóstomo, Sermões XIX e XXXIII.
[631] Os efeitos desse fenômeno já se faziam sentir no fim da república. Cf. Theodor Mommsen, *Römische Geschichte*, Tomo 3, p. 589, Berlim, 1922.
[632] L. Friedlaender, *op. cit.*, Tomo 2, p. 216.

A dança das pantomimas não era uma dança na acepção moderna da palavra. Ela consistia principalmente em movimentos expressivos e cadenciados da cabeça e das mãos, assim como evoluções corporais, saltos, flexões e torções dos membros.[633] A linguagem das mãos, essa linguagem comum a todos os povos, que resgata, como dizia Quintiliano, a diversidade tão grande de seus idiomas, era evidentemente, na antiguidade, ainda mais rica em gestos significativos e inteligíveis do que é hoje, para os contemporâneos, a comunicação gestual moderna. Cada movimento da mão e dos dedos tinha a sua significação[634], como também a eloquência da dança foi desenvolvida, aperfeiçoada e refinada, cada vez mais por um longo e progressivo exercício de sua técnica.

Se bem que os melhores artistas, para alcançarem a glória e a fama, se aplicassem no exercício da profissão segundo os cânones da razão e conforme as regras da estética, a atração principal exercida pela pantomima sobre ambos os sexos, era de natureza concreta, de forma a atuar mais sobre os sentidos do que de propor, como fazia a tragédia, algo à inteligência. O apego excessivo pelo concreto estava na base da dupla função que tinha a pantomima no seio da sociedade romana, a saber: de ser um dos efeitos do embrutecimento do povo, e de ser uma das causas da corrupção dos costumes. O reproche que se endereçava, tanto às atelanas como aos mimos e sobretudo às pantomimas, de alardear imoralidade e de exercer uma influência corruptora, não podia ser infirmado sequer pelos seus mais ardorosos partidários.[635] Mesmo sem a excessiva crueza das tintas com que Juvenal carregava a descrição desses espetáculos[636], parece fora de dúvida que, acima de todos, a pantomima não contribuiu pouco para perverter as mulheres, que eram em geral suas entusiastas incondicionais. Um dos últimos historiadores pagãos do império via na introdução das pantomimas, por Augusto, o sintoma de uma desmoralização geral, que teria se iniciado a partir delas com a instituição do poder monárquico no mundo romano.[637]

Embora a paixão pelas pantomimas estivesse disseminada por todas as classes sociais, as mais inferiores partilhavam-na com reservas. Estas achavam mais prazer nas obscenidades e nas farsas grosseiras dos mimos, sobre as quais os aficionados das pantomimas não dirigiam seu olhar senão com desdém. Estas últimas, em razão de seu conteúdo mitológico, supunham já uma instrução mínima, bem mais necessária ainda para a compreensão das sutilezas implicadas no desenvolvimento do tema. A preferência pelas pantomimas (*histrionalis favor*), que Tácito chamava um dos flagelos endêmicos de Roma[638], não tardou a se difundir, como um mal contagioso, pelas esferas mais altas da sociedade.[639] Não havia, de resto, espetáculo cênico mais a propósito para reacender a excitação dos nervos, cujas fibras se embotavam, dia após dia, pelo excesso de sensualidade.

Os artistas mais festejados, em Roma, privavam da intimidade dos poderosos, adquiriam fortuna e crédito, faziam-se objeto da atenção de todos, a tal ponto que homens e mulheres de alta linhagem disputavam: estas seus favores, aqueles sua atenção. Pilades, por exemplo, era tão rico, que pôde na sua velhice dar espetáculos na cidade.[640] Os mais famosos, na sua maioria, pertenciam ao palácio imperial, onde desfrutaram de consideração geral. Tinham, os pantomi-

---

[633] Luciano, *op. cit.*, Le Salt, 71.
[634] Instituições Oratórias, XI, 3, 91.
[635] Plínio, *Cartas*, VII, 24.
[636] Sátira, VI, 63-66.
[637] Zósimo, *História*, I, 6.
[638] Diálogo dos Oradores, 39.
[639] Sêneca, *Controverses*, III.
[640] Dion Cássio, *op. cit.*, LV, 10.

mos sobretudo, a proteção dos imperadores e das imperatrizes, a exemplo do comediante Apolo que viveu, por algum tempo, sob a de Calígula. O pantomimo Mnester, ao qual esse imperador se afeiçoou muito, a conservou até a morte de seu amo, quando veio a se tornar o amante de Messalina, atrevimento que foi punido com a morte de ambos, em 48 d.C.[641] O pantomimo Páris, cúmplice dos desregramentos de Nero, gozava, junto a este, de um tão alto prestígio que não somente ousou dirigir uma acusação contra a imperatriz, mãe de seu amo, mas também escapou da punição, ao passo que os outros acusadores desta foram severamente punidos.[642] Onze anos mais tarde, Nero fê-lo perecer, porque, querendo brilhar sozinho na dança, o imperador via em Páris, seu mestre nessa arte, um rival muito perigoso.[643] Entre os favoritos de Domiciano figurava o mimo Latino. Entretanto, esse mesmo imperador mandou matar por inveja o mais célebre pantomimo da época, que caíra nas graças de sua mulher Domícia, cuja paixão, pela arte ou pelo artista, dizia-se então, teria sido a causa, mais tarde, do assassinato de seu próprio marido.[644] Entre as pessoas que os mexericos populares designavam como os amantes favoritos da imperatriz Faustina, havia alguns pantomimos.[645] E o dançarino Teócrito foi nomeado, por Caracala, comandante em chefe de um corpo de tropas na Armênia.[646]

> "O teatro era, portanto, uma escola de crueldade, de barbárie e de voluptuosidade: lá toda delicadeza do sentimento se esclerosava; tudo conspirava para incitar no coração humano os instintos degradados da besta. Não há nada mais funesto aos costumes, dizia Sêneca, do que assistir os espetáculos. O vício se insinua aí com tanto mais perfídia quanto ele se adorna com a aparência do prazer."

2.5. O Direito Romano

A antiguidade pagã exibia uma marca distintiva em todas as suas fases, em todos os seus ramos, em todas as suas vicissitudes: o sensualismo. Examinem-se as obras de seus filósofos, de seus oradores, de seus poetas e, também, de seus juristas, e ver-se-á, em todas elas, a presença iniludível dessa universal característica. Homero, o maior poeta da antiguidade e o seu mais celebrado teólogo, não manifesta, em nenhum fruto de sua fecunda imaginação, uma ideia, um pensamento, uma criação qualquer, por estupenda e grandiosa que seja do ponto de vista literário, em que não revele o sensualismo da religião que o inspira, em que não renda homenagem à participação dos sentidos.

Não havia, entre os antigos, um sistema filosófico em que imperasse um princípio espiritual, um princípio que, desprendendo-se do plano transitório e contingente das coisas humanas, elevasse a alma à contemplação das coisas do espírito, nem a fizesse experimentar o gozo antecipado de uma existência gloriosa, que principia com a morte e se estende, sem limites nem medida, para lá do sepulcro. Quando a filosofia falava do destino do ser humano, colocava, de acordo com o

---

[641] Dion Cássio, *op. cit.*, LXI, 31; Tácito, *Anais*, XI, 36.
[642] *Anais*, XIII, 19-22.
[643] Dion Cássio, LXIII, 19-22.
[644] L. Friedlaender, *op. cit.*, Tomo 2, p. 242-243.
[645] História Augusta, *Marco Antonino*, XXIII.
[646] Dion Cássio, *op. cit.*, LXXVII, 21.

ideal pagão de eternidade, a alma do homem num paraíso de delícias e lembranças grosseiras ou num inferno de tormentos físicos intermináveis. Uns filósofos admitiam como princípio universal a água, outros, o ar, alguns, o acaso, muitos, a satisfação dos sentidos. Sócrates, o fundador da filosofia moral entre os gregos, aquele gênio eminente que concebeu a unidade divina, não pagou, morrendo, um tributo de respeito e de veneração à idolatria, ou seja, às preocupações politeístas do paganismo grego? Os pensadores que mais avançaram no estudo dos problemas humanos e que mais se persuadiram da grosseira falsidade da mitologia, assim como do árido conteúdo das teogonias conhecidas, não tiveram nunca o valor de confessá-los e declará-los publicamente, muito ao contrário, se associavam à prática de sacrifícios e de rituais pagãos, ou por comodismo ou para conquistarem popularidade ou para não serem confundidos com "os inimigos do gênero humano".[647]

Platão, por exemplo, querendo confundir todos os sistemas até então conhecidos, reconheceu dois princípios fundamentais: Deus e a matéria. Só que, fiel às doutrinas do paganismo, concedeu à segunda a faculdade de rebelar-se e emancipar-se da ação do primeiro, de cuja emancipação deduziu a causa das imperfeições do mundo. Eis aqui, pois, como a ideia do materialismo dominava o pensamento do mais idealista dentre todos os filósofos antigos, a ponto de conceder a Deus o poder de organizar a matéria, mas não de criá-la.

As relações humanas se ressentiam naturalmente dessa influência do materialismo, que imprimia nelas um selo indelével. Nas intenções e nos fins que as dirigiam, em vão se buscava um traço sequer de compaixão e de solidariedade ou de qualquer outro sentimento que não estivesse a serviço do mais acendrado egoísmo ou desmesurada ambição. A bem da verdade, todas tendiam a consagrar o vício, porque o modelo de todos os vícios estava no Olimpo, nos deuses que o habitavam, cujo comportamento constituía o modelo e a regra com os quais devia se aferir a conduta dos seres inferiores que na terra peregrinam.

Baseadas nessas ideias e nesses sistemas, nesses princípios e depravados costumes, as legislações antigas lutavam inutilmente por governar os povos sob a égide de uma moral mais equitativa e civilizadora. Às suas noções escapavam muitos princípios fundamentais e à sua aplicação concorriam inúmeros absurdos. Umas deixavam impune o roubo praticado com astúcia, outras legitimavam a imolação de crianças disformes, aquelas autorizavam a prática da prostituição, estas desconheciam a natureza do matrimônio. A dignidade do homem era uma ideia ignorada e exótica. Seus direitos, em alguns casos, se ampliavam até a tirania e a crueldade, noutros, se conculcavam até a abjeção mais estúpida e a degradação mais repugnante.

Com efeito, sendo o direito romano, juntamente à filosofia grega, a construção intelectual mais elaborada do pensamento antigo, não é para admirar que, em sua manifestação positiva, o primeiro exibisse a mesma característica que a segunda alardeava por meio das doutrinas dos filósofos pagãos, a saber: o materialismo fatalista.

O Direito Civil da antiga Roma era despótico somente porque era exclusivamente romano. O quirite, o descendente de Rômulo, era um ser elevado a tais eminências, que tudo o que lhe era exterior devia curvar-se diante de sua presença. Curvando-se apenas diante de Roma, sua pátria deificada, obedecendo-a até a morte, mas livre frente aos seus pares, ele era um déspota diante do resto.[648] Tudo que não fosse cidadão romano era não um ser com dignidade humana, mas uma coisa

---

[647] De Champagny, *op. cit.*, Tomo 3, p. 286 e segs.
[648] H. Wallon. *Histoire de l'esclavage*. Tomo 2, p. 19-20, Paris, 1847.

suscetível de apropriação, precisamente porque a propriedade era o fundamento de todas as outras instituições jurídicas.[649] Em nenhum outro lugar o direito de propriedade foi mais energicamente compreendido, mais fortemente implantado, mais largamente aplicado que em Roma. A *proprietas*, do ponto de vista do direito civil estrito, era algo a tal ponto romano, que ninguém, a menos que fosse um quirite, poderia exercer a sua titularidade.[650] Os estrangeiros podiam possuir, mas só o romano era proprietário. Só uma mão romana podia operar essa apropriação toda poderosa que fazia de um homem um escravo (*mancipium, manu capere*) e de uma coisa um bem (*res mancipi, mancipatio*).

> "O Direito Civil, observa Troplong, quando se move na esfera distinta da equidade e quando se adorna com o título de direito estrito, não é senão um conjunto de criações artificiais e arbitrárias, cuja finalidade consiste em governar por representações materiais o espírito do homem, incapaz ainda de se deixar governar pela razão. O Direito Civil lhe fala, do alto, a linguagem severa da autoridade; quer que humilhe sua inteligência perante o arcano dos mitos religiosos, assim como ante as combinações fictícias de uma política áspera e feroz. Sabe que é ignorante, crédulo, que só adora a superstição e a força. Por isso, se põe ao nível de suas ideias para contê-lo; rege-o pela superstição e pela força".[651]

Essa rudeza do antigo direito civil romano não contribuiu escassamente para modelar, à sua semelhança, o caráter dos destinatários de suas normas. Tem razão E. Cuq quando afirma que "a virtude dos romanos tinha algo de feroz. Os robustos lavradores dos campos de Roma não tinham o humor fácil dos habitantes da Ática. Seu direito se ressentia da rudeza do seu caráter: ele tinha alguma coisa de cortante, de impiedoso".[652] Não poderia, na verdade, ser diferente, mormente se consideramos a que extremos os romanos levavam o exercício do direito de propriedade e que a esse direito se assimilavam todos os demais, que dele eram uma espécie de derivação lógico-jurídica. O romano livre, o pai de família, não era proprietário somente de sua casa ou de seu campo. Era ainda de seu escravo, a quem podia punir, vender, matar ou fazer cidadão como ele. Era proprietário da mulher que havia desposado, pois, segundo a expressão brutalmente pitoresca do direito, ele a tinha em sua mão (*in manu*).

> Por sua sentença ou por seu capricho, ensina E. Gibbon, a conduta dela resultava aprovada, censurada ou castigada. Exercia sua jurisdição de vida e de morte, sendo-lhe permitido, em caso de adultério ou embriaguez, executar privadamente a sentença. Ela adquiria ou herdava para o proveito exclusivo do marido e senhor. Assim, a mulher podia ser precisamente definida, não como uma pessoa, mas como uma coisa, podendo ser reclamada, assim como esta, havendo vício no direito de origem, pelo uso e posse de um ano completo.[653]

---

[649] Um jovem notável por sua beleza, instrução e talento decidiu seguir o bando criminoso de Catilina; sabendo disso, seu pai, o senador Fúlvio, mandou prendê-lo e matá-lo, dizendo-lhe: "Eu te dei a vida não para servir a Catilina contra a pátria, mas à pátria contra Catilina". Valério Máximo, *op. cit.*, v. 8.

[650] M. Troplong. *De l'influence du christianisme sur le droit civil des romains*, p. 30 e segs., Paris, 1843.

[651] M. Troplong, *op. cit.*, p. 19.

[652] Edouard Cuq. *Les institutions juridiques des romains*. Tomo I, p. 11, Paris, 1904.

[653] *Décadence et chute de l'empire romain*. Tomo 2, p. 185, Paris, s.d.

Em suma, quando se casava, a mulher se libertava do poder paterno, mas, concomitantemente, se submetia ao do marido. Ela passava a ser uma coisa deste, como havia sido uma coisa daquele, o que, evidentemente, não deixava de ter repercussões negativas no relacionamento dela com os filhos.[654]

Outro tanto cabe dizer dos filhos em relação ao *pater*. Este era também proprietário daqueles que se chamavam livres (*liberi*), porque eram, relativamente ao pai, sua propriedade de condição livre, assim como os escravos o eram de condição servil. O pai podia, pois, emancipá-los, vendê-los, dá-los e matá-los. Era senhor de seus filhos sempre; de suas filhas, antes e depois do casamento delas; dos filhos de seus filhos, mesmo que estes fossem vivos ou não. Assim, em nome do severo direito civil romano, se reduzia ao seu valor mais ínfimo a importância do estrangeiro diante do cidadão, do escravo diante do amo, do filho diante do pai, da esposa diante do marido, da mulher diante do homem, posto que a mulher, ainda que não tivesse nem pai nem marido, estava, entretanto, submetida a uma eterna tutela.[655] Este último era o juiz de sua mulher.

> Podia, sozinho, nos primeiros tempos, mais tarde ante um tribunal doméstico, condená-la a morte. Era o senhor de sua pessoa e de seus bens, mais ou menos como se o casamento a tivesse posto em suas mãos: terrível reminiscência do rapto das virgens sabinas. E posto que o poder fazia a família, a mulher deixava a família de seu pai e passava para a família do marido. Aí era recebida como filha, ou seja, seu *status* era de irmã consanguínea dos filhos que dera à luz.[656]

Entretanto, em nenhum lugar a crueza implacável do direito romano se destacava mais do que na instituição da escravidão. Nenhum povo da antiguidade teve mais escravos, nem reduziu a essa condição tantos seres humanos como o romano.

Os escravos, disse o imperador Justiniano, ou nascem ou se fazem[657], expressão com a qual se abrigavam todos os modos de escravizar que havia em Roma, desde tempos muito recuados. Tais foram, em suma: a) o pátrio poder; b) o nascimento; c) as dívidas; d) a prática de atos ilícitos; e) a guerra e f) o comércio, o plágio e a pirataria.

a) O pátrio poder

Tão imensos e terríveis foram os direitos que a lei romana concedeu ao pai sobre seus filhos, que podia, como foi dito, até matá-los. Por isso, disse Gaio que não havia outros homens com um igual poder, onde quer que houvesse família.[658]

Se o pai podia legitimamente matar o filho, com maior razão poderia vendê-lo e, consequentemente, torná-lo escravo. Esse direito existiu desde os tempos de Rômulo, sendo que Numa, o segundo rei de Roma, mitigou-o, proibindo ao pai que vendesse o filho casado, malgrado o

---

[654] "O pai é o proprietário de sua raça inteira. Todas as relações de família derivam do direito de propriedade. As mulheres estão em tutela perpétua, e não a deixam senão para se submeter à propriedade, *in manu*, do marido". Ch. Giraud. *Histoire du droit romain*, p. 80, Paris, 1844; Montesquieu. *O espírito das leis*, XXIII, 21, p. 451, São Paulo, 2000.

[655] Cf. Charles Mainz. *Cours de droit civil romain*. Tomo I, p. 390 e segs., Bruxelas, 1876.

[656] M. Tropiong, *op. cit.*, p. 24.

[657] Institutas, I, III, § 4.

[658] Institutas. Coment. I, § 55.

consentimento deste.⁶⁵⁹ Apesar do temperamento introduzido por Numa, a realidade jurídica daquele povo rude não assimilou a nova norma, dando ensejo à reintrodução, na quarta tábua, da terrível lei de Rômulo⁶⁶⁰, pelo que o pátrio poder, com toda sua extensão, recobrou a sua primitiva força.

Esse poder foi superior ao que o amo tinha sobre o escravo, pois uma manumissão bastava para que este alcançasse a liberdade, ao passo que o filho vendido duas vezes, e outras tantas libertado, voltava a cair sob a autoridade paterna, que só cessava, quanto a ele, se houvesse uma terceira venda e subsequente libertação.

Não só a matar nem a vender o filho, limitou-se o direito do pai, que podia também expô-lo na infância, para se eximir do ônus de sua manutenção: situação que, em certos casos, deu lugar à escravidão.⁶⁶¹

Se nos primeiros tempos de Roma, a superstição arrastou os pais a expor os filhos mal conformados ou enfermiços, a miséria forçou-os depois a reiterar a prática dessa crueldade. Com o fato material do abandono do filho, entendia-se que o pai renunciava ao pátrio poder. Mas, as crianças abandonadas à pública comiseração caíam sob o poder absoluto das pessoas que as recolhiam para livrá-las da morte? Sêneca, o velho, entendia que sim.⁶⁶² O mesmo se infere de uma passagem de Suetônio, em que consta que o exposto Antônio Gniphon foi libertado pelo homem que o recolheu.⁶⁶³ Sob o império, o jurisconsulto Paulo reconheceu ao pai o direito de tirar a vida de seu recém-nascido, sem a menor restrição.⁶⁶⁴ Por essa época, a exposição se tornou um fato cotidiano. Suetônio menciona que, por ocasião da morte de Germânico, em sinal de luto público, Roma expôs em massa todas as crianças vindas ao mundo no dia do funesto acontecimento.⁶⁶⁵ O próprio Augusto incansável no combate às causas do despovoamento, longe de se opor a um excesso tão vergonhoso quanto prejudicial, aprovou-o, porém, com o próprio exemplo: mandou expor a criança que Júlia dera à luz após seu banimento.⁶⁶⁶ Frequentemente, como atesta Tertuliano, o pai empregava esse recurso na esperança de que alguém, passando e vendo a criança, se compadecesse dela e a educasse.⁶⁶⁷ Acontece que, na grande maioria das vezes, os fatos não se passavam assim. Os lanistas, por exemplo, tinham o direito de tomar os meninos e exercitá-los no conhecimento das regras da gladiatura.⁶⁶⁸ A exposição das meninas era mais frequente, por isso que, por toda parte, havia mulheres dispostas a recolhê-las, para introduzi-las futuramente na prática da prostituição.⁶⁶⁹ "Justino observa que era a sorte ordinária, não só das meninas, mas também dos meninos, que homens cúpidos os recolhessem, em vista de fazê-los servir mais tarde aos infames propósitos de alguns ricaços".⁶⁷⁰ As coisas chegaram a tal ponto, segundo Minucius Felix, que os pais e as mães cometiam, conscientemente, verdadeiros incestos relativamente às

---

⁶⁵⁹ Valério Máximo, *op. cit.*, V, cap. 8.
⁶⁶⁰ Dionísio de Halicarnasso, *op. cit.*, II, 15.
⁶⁶¹ Dionísio de Halicarnasso, *op. cit.*, II, 26-27.
⁶⁶² Controverses, V, 33.
⁶⁶³ Suetônio, de Ilusttr. Gramm. Livro único, § 7.
⁶⁶⁴ Valério Máximo, *op. cit.*, V, 2; Plutarco diz que Bruto condenou seu filho não como cônsul, mas como pai, sem formas judiciais. *Op. cit.*, Publícola.
⁶⁶⁵ Suetônio, *op. cit.*, *Calígula*, V.
⁶⁶⁶ J.J. Döllinger, *op. cit.*, Tomo 4, p. 84.
⁶⁶⁷ Apologétique, IX.
⁶⁶⁸ J.J. Döllinger, *op. cit.*, Tomo 4, p. 84.
⁶⁶⁹ J.J. Döllinger, *op. cit.*, Tomo 4, p. 84.
⁶⁷⁰ *Apud* J.J. Döllinger, *op. cit.*, Tomo 4, p. 84.

pessoas de seus próprios filhos.⁶⁷¹ Não era raro que essas infelizes criaturinhas caíssem nas mãos de outra classe de especuladores, dos mendigos, que as mutilavam e as desfiguravam, para pô-las ao serviço de sua odiosa indústria.⁶⁷²

b) O nascimento

Sancionada em Roma a escravidão, nasciam escravos os filhos de pais ou somente de mãe escrava.⁶⁷³ *Vernae* chamaram-se os nascidos na casa do amo, palavra derivada do latim *ver* (primavera), por ser essa a estação em que mais nasciam.⁶⁷⁴ Varrão recomendou que se os gerassem nos campos, pois seu nascimento ligava os pais à fazenda em que habitavam.⁶⁷⁵ O mesmo pensou Columela, o qual, ainda, eximia de todo trabalho a escrava que tivesse três filhos e a que possuísse mais de três, premiava com a liberdade.⁶⁷⁶ Mas, tão bons conselhos e exemplos foram desatendidos pela generalidade dos romanos. Como o filho seguia a condição da mãe, ao amo desta pertencia àquele⁶⁷⁷, posto que sobre este último pesavam exclusivamente todos os encargos e inconvenientes da gravidez e da lactância, sem falar no maior de todos, isto é, na perda da escrava, em razão de morte superveniente ao parto.⁶⁷⁸

c) As dívidas

Esse poder absoluto que a lei das XII tábuas dava ao pai sobre os filhos, em virtude de um pretendido direito natural, ela o outorgava, também, ao credor sobre a pessoa do devedor, em razão de uma obrigação civil. Como consequência desta, o credor podia prender, flagelar e ainda vender o devedor.⁶⁷⁹ Quando este se obrigava a prestar serviços como pagamento do empréstimo, não era considerado escravo, mas comprometido ou ligado (*nexus*).⁶⁸⁰ Se não estava em poder do credor, no caso de ser demandado por ele, mas tendo reconhecido a dívida, dava-se-lhe o prazo de trinta dias para que a pagasse. Escoado o prazo sem o pagamento, o devedor era conduzido ao pretor, que o entregava ao credor, se aquele não pagasse a dívida, nem ninguém o fizesse por ele.⁶⁸¹ O credor mantinha-o, por sessenta dias, num cubículo, que todos os patrícios tinham em suas casas⁶⁸², ao qual o decêmviro Appio Cláudio dera o nome de "domicílio da plebe romana".⁶⁸³ Mas, este homem, reduzido a uma tão mísera situação, ainda não era escravo perante a lei. Era somente um cidadão adjudicado a outro, um *addictus*⁶⁸⁴, cuja liberdade, subsequente à extinção da obrigação, fazia-o recobrar o primitivo estado de ingênuo, com o exercício de todos os direitos civis e políticos.

---

⁶⁷¹ Otávio, 30-31.
⁶⁷² Controverses, 10, 4.
⁶⁷³ Justiniano, Institutas I, 3.
⁶⁷⁴ H. Wallon, *op. cit.*, Tomo 2, p. 18.
⁶⁷⁵ Varrão. *Das coisas do campo (de re rustica)*, I, 17.
⁶⁷⁶ Columela, Livro I, § 8.
⁶⁷⁷ Justiniano, Institutas, Liv. I, tit. III, § 4.
⁶⁷⁸ H. Wallon, *op. cit.*, Tomo 2, p. 204 e segs.
⁶⁷⁹ H. Wallon, *op. cit.*, Tomo 2, p. 22.
⁶⁸⁰ "Ao homem livre que trabalhava como escravo para pagar uma dívida, dava-se o nome de *nexus*". Varrão, *De lingua latina*, VII, 105.
⁶⁸¹ H. Wallon. *Histoire de l'esclavage*. Tomo 2, p. 22-23, Paris, 1847.
⁶⁸² Tito Lívio, *op. cit.*, VI, 36.
⁶⁸³ Tito Lívio, *op. cit.*, III, 57.
⁶⁸⁴ H. Wallon, *op. cit.*, Tomo 2, p. 24-25.

Jogado no calabouço, o devedor ainda podia satisfazer a obrigação. Em caso contrário, permanecia preso, por sessenta dias, à disposição do credor, prazo em que este devia apresentá-lo por três vezes ao magistrado no mercado público, onde era apregoado o valor da dívida. Se, ainda assim, não houvesse pagamento, nem do próprio devedor nem de alguém por ele, o credor então podia matá-lo ou vendê-lo do outro lado do Tibre, para que sua lembrança não suscitasse uma reação dos plebeus contra a opressão dos patrícios.[685]

Esse gênero de escravidão foi ocasião de graves turbulências em Roma. A servidão do cidadão abandonado à discrição do seu credor, do filho vendido pelo pai, foi uma realidade recorrente nessas épocas de miséria, quando a classe patrícia dominava pela posse quase exclusiva da fortuna e do poder do Estado.

> Arrebatado ao trabalho por sucessivas guerras, diz H. Wallon, o homem do povo ganhava menos em botim do que perdia em represálias, pois a guerra destrói mais do que produz e, ainda quando não seja pródiga em vicissitudes, ela reduz necessariamente à ruína não somente o vencido, como o vencedor.[686]

Com a família destroçada, sem bens e sem dinheiro, pois o soldo só começou a ser pago muito mais tarde, o pobre diabo tinha que pedir empréstimos para sobreviver, precisamente numa época em que a usura podia representar não só a insolvência absoluta do devedor, mas, em alguns casos, a escravidão e até mesmo a morte.

> Esses bravos indivíduos, relata Tito Lívio, que combatiam fora pela independência e dominação, não encontravam, no retorno à pátria, senão cativeiro e opressão. Sua liberdade corria menos perigo na guerra do que na paz, no meio dos inimigos do que entre seus concidadãos.[687]

Para fazer eclodir as mágoas reprimidas, bastou um acontecimento que, em outras circunstâncias, não acarretaria maiores consequências. Tal foi a comoção popular produzida, por ocasião da aproximação ameaçadora dos Volscos, pela presença de um ancião maltrapilho no foro, no meio da massa exaltada. Sua palidez e fraqueza, sua larga barba e cabeleira rebelde, davam a seu rosto uma expressão feroz. Não demorou muito para que naquela horrível figura se reconhecesse a pessoa de um centurião que havia derramado seu sangue pela pátria, oportunidade em que, como prova de seu valor, exibia orgulhosamente as profundas cicatrizes de seu peito. À multidão que o rodeava, falou assim:

> Enquanto eu servia na guerra contra os Sabinos, minha colheita foi destruída pelo inimigo, queimada minha casa e roubado o meu gado. Compelido a pagar o imposto em tão grande penúria, fui forçado a tomar dinheiro emprestado. Crescendo minhas dívidas com os juros da usura, privaram-me primeiro das terras que herdei de meu pai e de meu avô, depois, de tudo quanto possuía, por

---

[685] Aulo Gélio, *op. cit.*, XX, 1.
[686] *Op. cit.*, Tomo 2, p. 26-27.
[687] *Op. cit.*, II, 23.

fim, não sendo bastante o que me tiraram, se lançaram sobre o meu próprio corpo. Colhido, afinal, por meu credor, encontrei nele, não um amo, mas um carcereiro e um verdugo.⁶⁸⁸

Ao mesmo tempo que falava à massa que o rodeava, o ancião mostrava a ela também a costa despedaçada pelos açoites. A multidão horrorizada explodiu em fúria e um tumulto incontrolável se propagou do foro a toda cidade. Acudiram à rebelião os outros devedores, para os quais se pediam remédios para seu infortúnio, mas os patrícios opuseram-lhes uma tenaz resistência, que só cessou quando, aterrados de pavor com a aproximação dos Volscos, bem assim com a recusa dos plebeus em tomar as armas, o cônsul Servílio publicou um édito, em virtude do qual deu liberdade aos devedores e determinou que, enquanto o soldado estivesse em campanha, nem se vendessem seus bens, nem os credores se apoderassem de seus filhos e netos.⁶⁸⁹

Ainda que essas disposições tivessem conjurado então a tempestade, seu caráter transitório não dava garantias para o futuro. Não demorou muito, à vista da vitória sobre os Volscos, para que todas as promessas fossem esquecidas, todas as medidas opressivas retomadas. A plebe, então, enfurecida pela manobra mesquinha dos patrícios, se refugiou no Monte Sacro, de onde só retornou à sombra do tribunato.⁶⁹⁰

d) A prática de atos ilícitos

O cidadão que recusava inscrever-se no censo ou alistar-se na milícia era açoitado e vendido. O primeiro pela presunção de que renunciava ao direito de ser livre, o segundo porque era considerado indigno de gozar de uma liberdade que não queria defender.⁶⁹¹

Por uma norma das Doze Tábuas, o ladrão colhido em flagrante era flagelado e entregue à pessoa contra quem havia cometido o furto, para que esta o tomasse como escravo.⁶⁹² Nesse sentido é a lição de Mommsen:

> A adjudicação por furto manifesto privava efetivamente o réu de sua liberdade pessoal. Segregava-o do grupo dos cidadãos e o constituía formalmente em escravidão. Portanto, a pena que se impunha aos homens livres por furto grave era também uma pena capital.⁶⁹³

Houve um tempo em que nenhum romano podia vender sua liberdade e, se o fazia, era lícito recobrá-la, por si mesmo ou por seus parentes, ainda contra a vontade do vendido, pois para sua família constituía desonra ter um escravo entre os seus membros.⁶⁹⁴ Como ocorria, porém, que alguns jovens inescrupulosos se faziam vender por terceiros, com quem dividiam o

---

⁶⁸⁸ Tito Lívio, *op. cit.*, II, 23.
⁶⁸⁹ Tito Lívio, *op. cit.*, II, 24.
⁶⁹⁰ Tito Lívio, *op. cit.*, II, 27-32.
⁶⁹¹ Dionísio de Halicarnasso, *op. cit.*, IV, 15; Cícero, pro Caecina, 34; Tito Lívio, *op. cit.*, VII, 4; Valério Máximo, *op. cit.*, VI, 3.
⁶⁹² Aulo Gélio, *op. cit.*, XX, 1, 4.
⁶⁹³ Teodoro Mommsen. *El derecho penal romano*. Tomo 2, p. 212-213.
⁶⁹⁴ Digesto, XL, 12, 1.

produto da venda, para anular o negócio após terem recebido o preço, enganando o comprador, determinou-se que os maiores de vinte anos, que consentissem com tais vendas fraudulentas, permanecessem na escravidão.[695]

Os condenados por algum delito a trabalhar nas obras públicas, a combater na arena ou a morrer num patíbulo, eram também considerados escravos, não de pessoas, mas da pena (*servi poenae*).[696] Quando se impunha o último suplício, a vítima, antes de chegar às mãos do verdugo, perdia sua liberdade, transformando-se em escravos, pois a majestade ficaria ofendida no caso de que a um cidadão livre se impusesse um castigo tão infamante.

Um dos últimos modos de se escravizar em Roma foi o estabelecido por Cláudio, no senado-consulto que leva o seu nome. Por conselho do liberto Pallas, esse imperador condenou à escravidão a mulher livre que, conscientemente, tivesse comércio carnal com escravo alheio, sem o consentimento do amo.[697] Permanecia livre, porém, se o amante era escravo de seu filho ou de seu liberto.[698] Por outras palavras, parece que o objetivo daquele ato normativo foi, não tanto o de punir a imoralidade intrínseca da ação, mas o de preservar ilesos os interesses do amo, os quais não se consideravam lesados nos dois casos mencionados, porque sendo estreitos os vínculos entre mãe e filho, como também entre patroa e liberto, o contubérnio dela com o escravo de algum dos dois, poderia ser equiparado ao contraído com escravo próprio.

Finalmente, a insolência dos libertos com seus patronos chegou a tal ponto, que foi preciso refreá-la por meio de disposição legal que punia o liberto ingrato, impondo-lhe uma nova sujeição frente aos seus antigos amos. Essa sanção podia ser imposta até três vezes, se outras tantas tivesse o liberto incorrido em ingratidão, mas na quarta, a justiça não mais se pronunciava em favor do amo, fundando-se na consideração de que não devia imputar senão a este o mal a que tantas vezes havia dado causa.[699]

e) A guerra

O direito romano autorizava a morte ou a escravidão do vencido.[700] Daí que fosse chamado *servus*, isto é, guardado, o escravo, cuja vida era poupada no campo de batalha.

Desde cedo, começou em Roma a escravidão dos prisioneiros de guerra. Tarquínio vendeu todos os habitantes de Cornículo, cidade da Sabina.[701] Outro tanto fez Camilo com os Vejes. Igual sorte sofreram muitos etruscos, volscos e povos vizinhos. Quando o cônsul Cúrio Dentato se apoderou de Tarento, vendeu em leilão trinta mil de seus habitantes.[702] Até então, só tinham desfilado na marcha triunfal dos generais romanos os prisioneiros da Itália, situação que se modificou quando os tarentinos pediram socorro a Pirro, rei do Epiro, cujo exército vencido veio engrossar a fileira de escravos em solo romano. Viu-se, então, o carro do vencedor acompanhado, pela primeira vez, de cativos estrangeiros, filhos da Macedônia, da Tessália e de outras partes da Ásia menor.[703]

---

[695] Digesto, XL, 12, 7.
[696] Digesto, XXI 9, 2, 25.
[697] Paulo. *Sentenças*. II, 21, § 1-10.
[698] Paulo. *Sentenças*. II, 21, § 13 e 16.
[699] Valério Máximo, *op. cit.*, II, 6, 7.
[700] Digesto, XLI, 1, 5.
[701] Dionisio de Halicarnasso, *op. cit.*, III, 50.
[702] Tito Lívio, *op. cit.*, V, 22.
[703] Floro, *op. cit.*, I, 18.

A ambição romana já não cabia dentro da península itálica. A conquista da Sicília, origem da primeira guerra contra Cartago, aumentou o número de escravos em Roma, que, triunfante, estendeu o seu poder até a Sardenha. Privada esta, por seus novos dominadores, do comércio regular que tinha com Cartago, apelou para a insurreição, que, reprimida, constituiu uma fonte fértil de braços escravos para o inimigo.

Na segunda guerra púnica, o grande Aníbal levou suas armas ao coração da Itália. Triunfante em suas campanhas, era razoável que o peso da escravidão caísse menos sobre os seus do que sobre os malogrados soldados romanos. Certo número destes foi trocado por alguns guerreiros cartagineses, vendidos os restantes por duas libras e meia de prata, *per capita*, com recursos próprios do general romano Fábio, que os obteve com a venda de suas terras.[704]

Vencedor Aníbal na famosa batalha de Cannes, propôs ao senado de Roma que resgatasse por três minas a cada um dos oito mil prisioneiros que havia feito, proposta que aquela orgulhosa assembleia recusou com indignação, não obstante as súplicas e lágrimas das famílias dos cativos que já estavam prontas a pagar por seu resgate.[705] É que a lei e a disciplina militar de Roma não só eram severas com os soldados inimigos, mas o eram talvez mais com os próprios, ferindo-os com a morte civil enquanto perdurasse o cativeiro[706], de modo a incentivar, com esse tratamento severo, a bravura, que recomenda antes a glória de morrer lutando, do que a sobrevivência ignóbil que a escravidão consente. Assim é que, quando devolvidos à pátria, os prisioneiros romanos eram reintegrados no exército, mas em condição inferior à que desfrutavam anteriormente. Quando Pirro devolveu à Roma seus prisioneiros, o senado decretou que os que haviam servido na cavalaria fossem recrutados na infantaria; que os anteriormente alistados nesta última, passassem a servir como fundibulários auxiliares, sendo que, em qualquer caso, todos os reintegrados estavam proibidos de repousar em acampamento coberto e de fortificar com fossos ou paliçadas ou cobrir com peles o lugar destinado ao seu descanso. Para adquirir a reabilitação completa, não restava ao infeliz senão o recurso de apresentar os despojos de dois inimigos mortos em combate. "Tal foi o efeito deste castigo, noticia Valério Máximo, que estes soldados envilecidos, míseros presentes do rei do Epiro, se tornaram os mais temíveis inimigos de Pirro".[707]

A terceira e última guerra púnica terminou com a total destruição de Cartago, em cuja cidadela, onde seus habitantes buscaram refúgio, cento e cinquenta mil pessoas foram escravizadas por Cipião.[708] Não foi diferente a sorte de cimbros e teutões, nas campanhas das Gálias e da Itália, oportunidade em que Mário, destroçando-os nas batalhas de Aix e Verceil, reduziu à escravidão cerca de cento e cinquenta mil homens.[709] Nas Gálias também iniciou-se a era dos combates que se prolongou até o triunfo definitivo de César, triunfo comprado com o sangue e a liberdade de muitos gauleses, pois há quem diga que escravizou mais de quatrocentos mil[710], ou quase um milhão na opinião de outro historiador.[711]

Por onde quer que Roma estendesse seu poder, transformava em escravos uma vasta porção do gênero humano, pois sob suas águias sempre andaram juntas a vitória e a escravidão. Quem

---

[704] Tito Lívio, *op. cit.*, XXII, 13.
[705] Diodoro de Sicília, (?), V, 13.
[706] Digesto, XLIX, 15.
[707] *Op. cit.*, II, 7, 15.
[708] Apiano. *The fenician wars*.
[709] Plutarco, *op. cit.*, *Mário*, 21 e 28.
[710] Veleio Patérculo, *op. cit.*, II, 47.
[711] Apiano. *The civil wars*; Plutarco, *op. cit.*, *Júlio Cesar*.

poderá desconhecer o valor de Petrônio contra os etíopes[712], de Augusto, na Espanha[713], de Tito, em Jerusalém.[714] No entanto, em todos esses feitos, a glória efêmera de um general foi obtida ao preço de numerosas vidas humanas e pelo sacrifício da liberdade de uma multidão de homens. O exemplo de Jerusalém é bem a propósito para confirmar o que vem de ser dito. A Judeia havia caído sob a dominação romana. Insatisfeita com o jugo do César, lutou por sacudi-lo e se levantou contra Roma. Tito foi escolhido para sufocar a rebelião, contra a qual, inflamada, mas desordenada, conduziu um exército experiente e intrépido. Dos noventa e sete mil judeus escravizados após o assédio da cidade santa, os mais robustos foram mandados para as pedreiras do Egito, os mais novos foram vendidos e o maior número acabou perecendo nos combates do circo.[715]

f) O comércio, o plágio e a pirataria

Depois da guerra, foi o comércio a fonte mais abundante de escravidão em Roma.

Enquanto os romanos limitaram suas conquistas a povos pouco distantes de sua capital, facilmente podiam ser vendidos nela os prisioneiros de guerra. Quando, porém, as estenderam a pontos distantes, a dificuldade e o gasto de conduzi-los a Roma exigiu que o botim conquistado fosse vendido no próprio campo de batalha.[716] Essa venda era feita por questores militares[717], que tinham o dever, no caso de nações sublevadas, de vender os prisioneiros para regiões remotas, com a condição de que não fossem libertados antes do transcurso de vinte ou trinta anos da data da venda.[718]

Nenhum gênero de comércio foi honroso em Roma[719], onde eram abertamente estigmatizados os taberneiros, artesãos e todos os prestadores de serviços. Dessa mancha não estavam isentos, por maior que fosse a expressão financeira do negócio, os traficantes de escravos, aos quais se dava o nome de *venaliti*[720], homens de má fé e de duríssimo coração, segundo Plauto.[721]

A bem da verdade, o tráfico não se limitava apenas ao negócio da compra e venda de escravos, o que era permitido pelo direito, mas praticava, também, ao arrepio da lei, o plágio e a pirataria. O primeiro consistia no delito de ocultar, vender ou roubar pessoas livres, libertos ou escravos alheios[722], a segunda, mais grave que o plágio, porque empregava a força coletiva de bandos armados, consistia na pilhagem de portos, cidades e embarcações, com vistas à venda de pessoas, livres ou não, para serem utilizadas, alhures, como escravas.

Os tempos de turbulências políticas eram os mais apropriados para o surgimento e proliferação do plágio, porque, sob o pretexto de se defenderem, alguns homens andavam publicamente armados, espreitando a vítima certa e o momento oportuno para praticarem esse inominável delito. Para reprimir tais ações, Augusto determinou buscas nos ergástulos, ou prisões parti-

---

[712] Estrabão, *op. cit.*, XVII, 1, 22.
[713] Floro, *op. cit.*, IV, 12.
[714] Josefo, *op. cit.*, passim.
[715] Josefo, *op. cit.*, VI, 9, 2.
[716] Plutarco, *op. cit.*, *Lúculo*, 20; Dionísio de Halicarnasso, *op. cit.*, IV, 24.
[717] Plauto. *Los cativos*. Ato 1, 2, obras completas, Buenos Aires, 1947.
[718] Dion Cassio, *op. cit.*, LIII, 25.
[719] Cícero. *Dos deveres*, I, 42.
[720] Sêneca. *Dos benefícios*. IV, 13.
[721] Plauto. *Rudens*, II, 2.
[722] Deu-se também o nome de plágio ao furto de uma produção literária, e de plagiário ao autor deste furto. Marcial. *Epigramas*, I, epig. 53.

culares dos romanos[723], medida que foi repetida por Tibério, cedendo à opinião pública, que dizia acharem-se presos nelas não só cidadãos inocentes, mas também muita gente que desejava subtrair-se ao serviço militar.[724]

Diocleciano agravou as penas contra o plagiário, fosse livre ou escravo o sujeito passivo do crime.[725] Castigo mais cruel impôs Constantino, pois se o plagiário era livre, devia combater com os gladiadores na arena, se escravo, era lançado às feras do circo.[726]

São João Crisóstomo se queixava amargamente da frequência com que o plágio era cometido naqueles tempos.[727] Homens armados atacavam de preferência os campos e os caminhos, levando o pânico e a insegurança aos aldeões e aos viajantes. Como esses crimes eram praticados mais a cavalo do que a pé, os imperadores Valentiniano e Valente decretaram, em 364 e 365, várias medidas relativas aos indivíduos que podiam ter ou usar cavalos na Calábria, Lucânia, Samnio e outras províncias da Itália, permitindo-se o uso deles tão somente aos senadores e a demais pessoas consideradas insuspeitas daquela prática ignominiosa.[728] Acusados dela alguns pastores das regiões da Valéria e do Piceno, foi-lhes vedado, por ordem de Arcádio e Honório, em 399, o uso de cavalos, impondo-se, ao mesmo tempo, a pena de desterro aos amos e administradores das fazendas, que sabendo da prática do plágio por seus empregados, não a reprimiram.[729]

Mais temida que o plágio, porém, era a pirataria. Quando Roma consumou a destruição da esquadra de Cartago e, mais tarde, a de Antíoco, tornou-se, desde então, a senhora do mediterrâneo, em cujas águas não passou a navegar nenhum poder marítimo significativo. Pouco preocupada em se fazer potência naval, Roma não vigiava os mares como deveria, dando azo, pela própria negligência, à formação de quadrilhas embarcadas, que se tornaram cada dia mais fortes, à sombra das disputas internas provocadas pelas guerras civis em Roma.

Os piratas chegaram a ter um mercado próprio na ilha de Delos e outros entrepostos e sucursais na Cilícia e na Panfília, sobretudo em Side, cidade situada nesta última província, onde mantinham um estaleiro e um mercado principal, no qual se vendiam, escandalosamente, seres humanos, sem negar que fossem livres.[730]

Senhores do mediterrâneo, os piratas obstruíram o comércio, devastaram as ilhas, saquearam os templos, oprimiram as populações costeiras e exigiram resgates de mais de quatrocentas cidades que sitiaram. Quando interceptavam algum navio, e alguém dentre os capturados invocava o título de cidadão romano, aqueles mafiosos da antiguidade afetavam tremer de medo na sua presença, prostravam-se a seus pés, pediam-lhe perdão, punham-lhe os sapatos e a toga e, após o gracejo macabro, convidavam-no a abandonar o barco por uma escada externa, da qual era o infeliz precipitado se não o fazia imediatamente.[731] A tanto chegou a audácia da pirataria, que em pleno dia desembarcavam na própria costa da Itália, fazendo aí apreensões até mesmo de muita gente ilustre.

---

[723] Suetônio, *op. cit.*, *Augusto*, 32.
[724] Suetônio, *op. cit.*, *Tibério*, 8.
[725] Código Justin, IX, 20, 7 e 15.
[726] Código Teodosiano, IX, 18, 1.
[727] Sermão ao povo de Antioquia, XVI, 4.
[728] Código Teodosiano, IX, 30, 1, 2, 3, 4.
[729] Código Teodosiano, IX, 30, 1.
[730] Estrabão, *op. cit.*, XIV, 3.
[731] Plutarco, *op. cit.*, Pompeu, 23.

À vista de tantos excessos de uma parte e de tanta negligência de outra, Cícero finalmente se pronunciou. Fê-lo com a eloquência que lhe era costumeira[732] e, como sempre acontecia, Roma se deixou arrastar pelas razões do orador, que, como ninguém então, conseguia encarnar as necessidades do corpo social e indicar as soluções com palavras vibrantes, lúcidas e irrefutáveis. Roma, por fim, mostrou-se digna de seu poder e de sua fama: confiou a Pompeu a missão de purgar o mediterrâneo dos piratas, cujas naves, estaleiros e mercados foram destruídos, sendo que dos vinte mil que sobraram, todos foram feitos prisioneiros.[733]

Desde a época dos Gracos, a escravidão passou a exercer uma perniciosa influência tanto sobre a parte livre da população, como sobre os homens aptos para portar armas, assim em Roma quanto no resto da Itália. Os poderosos, com suas legiões de escravos agricultores, isentos do serviço militar, impunham um jugo opressor sobre os pequenos proprietários e sobre os artesãos. À medida que a propriedade se concentrava em imensos domínios, os quais só davam lugar a escravos, a população livre minguava a olhos vistos. O plebeu se tornou, de uma hora para outra, ou um proprietário expropriado de seu patrimônio, ou um arrendatário, expulso da gleba que cultivava com seu suor.[734] Proibia-se inclusive o trabalho avulso no campo, visto que este, pela comodidade e pela lucratividade, se convertera, de terra arável que era, em imensa região de pastagem, muito diferente daquela vastidão rural, onde se agitava antes uma população livre, ativa, laboriosa, no seio da qual cresciam heróis para as legiões romanas. Com efeito, nesses campos que Cincinato tinha lavrado com suas prodigiosas mãos, via-se hoje errar uma multidão de escravos, todos encurvados sob a descarga impiedosa do chicote e levando no rosto os dolorosos estigmas da servidão. O solo, segundo a expressão de Columela, foi abandonado à incúria dos escravos como uma vítima ao carrasco.[735]

A concorrência dos escravos era, para os homens livres, uma nova causa de repugnância pelo trabalho manual. Os ricos, possuidores de centenas e até mesmo de milhares de escravos, muitos deles dedicados aos trabalhos domésticos, podiam, sem inconveniente, passar sem o concurso dos homens livres e de seus produtos. Esse foi o golpe de misericórdia desferido contra a classe média de Roma, último asilo da família, da sobriedade e do trabalho. A consequência de tudo isso foi a quase imediata transformação da população livre numa chusma de proletários, que viviam, sob a república, da venalidade dos votos nos comícios populares; sob o império, das distribuições de trigo e de dinheiro, humilhantes dádivas que lhes concedia o príncipe. Raça envilecida, desmoralizada, desprezada pelos que a subjugavam, como também pelos que a admiravam outrora, sem valor e sem pejo, mergulhava cada vez mais numa escravidão mil vezes mais infamantes que aquela da qual surgiu.[736]

Não foram os latifúndios, como disse Plínio, que apressaram a ruína da Itália, mas foi a escravidão, com o seu imenso cortejo de depravações. Os escravos do campo expulsavam para a cidade a população livre, que, em lugar de constituir aí famílias, se extinguia rapidamente graças ao apego sempre crescente pelo celibato. Sob o reinado de Augusto, o número dos celibatários ultrapassava em muito o de indivíduos casados.[737] A marcha da população já registrara redução

---

[732] Cícero. *Pela lei Manília*, 12.
[733] Plutarco, *op. cit.*, *Pompeu*, 27 e 29.
[734] H. Wallon, *op. cit.*, Tomo 2, p. 348 e segs.
[735] Varrão. *Das coisas do campo*, I, 7.
[736] J.J. Döllinger, *op. cit.*, Tomo 4, p. 82.
[737] Dion Cássio, *op. cit.*, LVI, 1.

na sua curva ascendente, em razão da indiferença pelo casamento, mas se avizinhava agora da estagnação pelas frequentes exposições dos recém-nascidos. Era facultado ao pai, pela antiga legislação de Rômulo[738], educar, rejeitar ou mesmo matar o filho após o nascimento; sob o império, o jurisconsulto Paulo reconheceu ao pai o direito de dar a morte ao seu recém-nascido, sem a menor restrição.[739]

Quanto aos costumes, a escravidão não foi menos perniciosa. Estava reservada a ela a realização de tal desordem, frente à qual a dos gregos parecia virtude. Estes mesclavam quase sempre a lubricidade com elementos espirituais: coroavam o vício com flores, enfeitavam-no com a graça de uma imaginação brilhante, emprestavam-lhe uma delicadeza de sentimento que se elevava algumas vezes até o sacrifício. Os romanos, ao contrário, exibiam-no em toda sua nudez, sem utilizar disfarces ou eufemismos: a corrupção entre eles marchava sempre de cabeça erguida.[740]

Havia em Roma haréns masculinos, chamados *pedagogias*, onde se concentravam jovens escravos, os *exoleti*, votados à satisfação dos instintos lascivos dos respectivos amos, que os submetiam a uma mutilação cruel, destinada a conservá-los aptos ao seu odioso ofício.[741] Tinha-se o maior cuidado em retardar seu crescimento, sobretudo a passagem da adolescência à virilidade: ataviado como uma mulher, diz Sêneca, ele se nega a amadurecer; robusto, como um soldado, tem, porém, o queixo liso e o corpo depilado com extremo cuidado.[742] Se acompanhavam o mestre em viagens, deviam cobrir-se com uma máscara destinada a proteger o delicado frescor do rosto.[743] Além dos seus cortesãos, Clódio levava para as suas corridas um certo número de *exoleti*.[744] Tibério em Capri e o próprio Trajano tinham um séquito deles para acompanhá-los. Pela mesma época, viu-se em Roma casamentos de homens, cercados de todas as cerimônias das bodas ordinárias.[745]

2.5.1. Dos Delitos e das Penas em Roma

Os romanos conheceram duas classes de delitos: os públicos e os privados. Os primeiros ofendiam diretamente bens ou interesses da sociedade; os últimos infringiam normas que tutelavam bens ou interesses particulares. Por conseguinte, contra os primeiros se intentava ação pública, contra os últimos, ação privada. Entendia-se por ação pública a faculdade processual que se dava a qualquer cidadão de promover a punição de um delito público.[746] A ação privada, ao contrário, cabia à parte lesada intentá-la. Os romanos não chegaram a conceber uma espécie de instituição equivalente ao ministério público moderno, cuja missão é de promover, em nome da sociedade, a repressão dos delitos. Em Roma, eram os próprios cidadãos que se encarregavam da persecução penal: todos, se o delito era público; o lesado, se era privado.[747]

---

[738] Dionísio de Halicarnasso, *op. cit.*, II, 15.
[739] Digesto, XXVIII, 2, 11.
[740] J.J. Döllinger, *op. cit.*, Tomo 4, p. 88.
[741] Sêneca. *Controverses*, 10, 4.
[742] Sêneca. *Epíst. a Lucílio*, XLVII.
[743] Sêneca. Epístola a Lucílio.
[744] Cícero, pro Milone, 21.
[745] Juvenal, Sat. 2, 117.
[746] Institutas, IV, 18, 1.
[747] Pietro de Francisci. *Sintesis historica del derecho romano*, p. 585-591, Madri, 1954.

O procedimento penal, para os delitos privados, tinha início com o que se chamava via das ações, ou seja, a parte lesada se dirigia ao pretor para obter a ação que lhe outorgava a lei. Uma vez concedida a fórmula, a lide era levada ao juiz, com vistas à obtenção da reparação do dano causado pelo autor do crime.[748] Quanto à pena, sua imposição dependia de outra providência do lesado, vale dizer, era preciso que este instaurasse, para esse fim, um processo civil com objetivo penal.[749] Não era obrigado a fazê-lo, de modo que se a parte lesada se contentasse com a simples reparação civil, o delito permanecia sem pena corporal. É o que se vê claramente em Ulpiano.[750]

Para os delitos públicos, a persecução penal se iniciava por meio da acusação. Quem se dispusesse a fazê-lo, deveria se apresentar ao pretor em Roma, ou ao procônsul nas províncias, a cuja autoridade submetia os fatos incriminadores que embasavam a denúncia. Em seguida, o acusador afirmava, sob juramento, que não acusava caluniosamente, e, após ter assinado um termo que indicava o gênero do crime e determinava a citação do réu, o pretor enviava as partes perante um corpo de jurados, que, à vista dos fatos articulados pela acusação e pela defesa, devia condenar ou absolver.

Tomavam-se algumas precauções, de forma a evitar o abuso do direito de acusar. Assim, proibia-se o exercício deste às mulheres, aos pupilos, aos militares, aos processados judicialmente, às testemunhas convencidas de falsidade, a todos os indivíduos que não possuíssem pelo menos cinquenta peças de ouro.[751] Além do mais, o acusador se expunha a incorrer nas mesmas penas do crime imputado ao acusado, no caso de este ser absolvido, ou ainda se a acusação fosse considerada temerária. O acusador devia também apresentar uma espécie de fiador processual, sob penas bastante severas, para a hipótese de descumprimento da obrigação processual de prosseguir no feito até a sentença.[752]

Para os julgamentos públicos foram criados quatro tribunais permanentes e encarregados de reprimir: um, os crimes de majestade; outro, os de litígio; o terceiro, a concussão; e o quarto, o peculato.[753] Esses tribunais, aos quais se deu o nome de *questões perpétuas*, foram introduzidos em Roma no sétimo século.[754]

A corrupção sempre crescente em Roma multiplicou o número das questões perpétuas, sendo certo que, pouco tempo após o estabelecimento dos primeiros, Sila criou mais três para apreciarem e julgarem os assassinatos, os envenenamentos[755] e os falsos.[756] Criaram-se outros depois para a corrupção dos juízes, dos parricídios[757] e as violências públicas ou particulares.[758]

Cada questão, ou tribunal, tinha sua própria jurisprudência particular, regulada por sua lei instituidora que, ao mesmo tempo, fixava o número dos juízes[759], o das testemunhas[760], a duração

---

[748] Ferruccio Falchi ensina que a ação penal privada tinha natureza civil, de modo que a condenação visava sempre ao proveito do lesado, notadamente sob a forma pecuniária. G. Ferrucio Falchi. *Diritto penale romano*. Tomo 1, p. 96, Padova, 1932.

[749] Ferrucio Falchi, *op. cit.*, Tomo 1, p. 95-96.

[750] Digesto, XLVII. *Dos delitos privados*, 1.3.

[751] Digesto, XLVIII, 2. *Da acusação e da inscrição*, 1.8.9.10.

[752] Código, 9, 1, Da perempção da acusação, 1.3.

[753] Cícero, pro Murena, 20; pro Cluêncio, 53.

[754] Cícero, Bruto, 27; Verrina, IV, 25.

[755] Cícero, pro Cluêncio, 20.

[756] Verrina, I, 42.

[757] Digesto, XLVIII, 8.

[758] Cícero, Filípicas, I, 8, 9.

[759] Cícero, pro Murena, 20.

[760] Valério Máximo, *op. cit.*, VIII.

dos depoimentos[761], as penas[762], e até mesmo os meios de defesa permitidos aos acusados. Para citar um exemplo: uma norma permitia ao acusado indicar um acompanhante ao acusador, que deveria segui-lo para onde quer que ele fosse e observá-lo em todas as suas demarches, de modo a conhecer antecipadamente os meios dos quais ele se serviria na acusação.[763]

Nos julgamentos privados, o pretor constituía o eixo sobre o qual girava todo o procedimento. Ele indicava o tribunal para o julgamento de causas relacionadas a prescrição, tutela, família, aluviões e aterros, escravos, obrigações, servidões, goteiras, obrigações, disposições testamentárias e ainda muitas outras.[764] Os pretores, na condição de justiceiros do povo romano, eram encarregados não somente de aplicar as leis, mas de interpretá-las, suprindo-lhes o silêncio e preenchendo-lhes as lacunas. Faziam isso, por meio de um édito que obrigatoriamente publicavam, logo que providos no cargo, mediante o qual anunciavam o sentido que deveria ser seguido pela jurisprudência, durante a sua pretoria.[765]

As causas que o pretor conhecia diretamente eram chamadas de cognição.[766] Outras eram designadas pelo nome da espécie de magistrado, ao qual tocava seu conhecimento, na forma do decreto pretoriano de remessa. Esses delegados do pretor eram os *árbitros*, os *juízes* e os *recuperadores*.

O pretor enviava ao árbitro as causas ditas de boa-fé[767], ou seja, as que podiam ser decididas segundo a equidade natural. Nem fórmulas, nem leis, podiam restringir as decisões do árbitro. Seu convencimento era livre, sua consciência, soberana. Podia acrescentar ou retirar, estender ou limitar, não segundo a lei ou os princípios de uma justiça rigorosa, mas conforme os sentimentos de humanidade e de compaixão.[768]

O juiz, pelo contrário, decidia conforme o direito, sem ampliar ou restringir, sem inovar ou recorrer à equidade: competia-lhe limitar-se aos termos do acordo existente entre as partes e ao texto da fórmula que lhe deu o pretor.[769]

As questões que versavam sobre a posse e a propriedade estavam reservadas aos recuperadores. A propriedade se achava colocada, assim como era natural entre os romanos, no primeiro plano da ordem social, da qual formava indubitavelmente a base e o centro de toda vida econômica.[770]

Resumidamente, podemos concluir que: para todas as questões de fato e de direito, o pretor indicava um juiz; para as questões de boa-fé, um árbitro; para as questões relativas à posse e à propriedade, um só pareceu pouco, de modo que julgavam-nas um colegiado de recuperadores.[771]

---

[761] M. Zimmern. *Theorie de la procedure privée chez les romains*, p. 397 e segs., Paris, 1843.

[762] G. Ferrucio Falchi. *Diritto penale romano*, Tomo 1, p. 67 e segs., em que o autor esclarece que uma das características da legislação penal romana é a severidade, inadequada e desproporcional à entidade do crime.

[763] Plutarco, *op. cit.*, *Catão*, 33.

[764] Cícero. *Sobre el orador*, I, 38; Valério Máximo, *op. cit.*, VII, 7, 1.

[765] Sêneca. *Dos benefícios*, III, 7; Digesto, I, 1, 7 § 7.

[766] Suetônio, Cícero. *Dos deveres*, III, 16. *Cláudio*, 15.

[767] Cícero. *Dos deveres*, III, 16.

[768] Sêneca. *Da clemência*, II, 7; *Dos benefícios*, III, 7.

[769] Cícero, Verrina, II, 12; Sêneca. *Dos benefícios*, III, 7.

[770] "A sentença dos recuperadores tinha o mesmo valor que a decisão proferida por um *judex*. Eles não desapareceram senão quando se instaurou o sistema formulário." M. Zimmern, *op. cit.*, p. 399; Cícero. *Dos deveres*, III, 16. p. 51.

[771] Cícero, pro Cecina, I; Tito Lívio, XXVI, 48; Plauto, II, 3.

O decreto de remessa fixava a árbitros, juízes e recuperadores um prazo, no termo do qual esses magistrados deveriam decidir[772], ou, para falar mais exatamente, fazer um relatório da causa ao pretor, que, como representante do povo, prolatava a sentença e ordenava a execução.[773]

Vimos acima que a divisão dos crimes em públicos e privados não objetivava senão, dentre outros motivos eventuais, fixar a competência e determinar o procedimento para a apuração de todas as infrações penais. Examinaremos agora, muito resumidamente, como os romanos trataram os diferentes fatos com relevância penal e suas respectivas penas. Cremos que o melhor método para fazê-lo é o que se fundamenta na própria natureza das coisas, de sorte que, a exemplo do antiquário, empregaremos critérios modernos para analisar coisas antigas. Adotaremos, portanto, uma divisão sistemática, não segundo a visão romana de crimes privados, públicos e extraordinários, mas a moderna que leva em conta o bem jurídico ofendido. Assim, para maior facilidade de exposição, dividiremos os crimes em quatro categorias, elásticas o bastante para se acomodarem a objetos tão distanciados no tempo: crimes contra a pessoa, crimes contra a família, crimes contra a propriedade e crimes contra o Estado.

2.5.1.1. Crimes contra a pessoa

Homicídio e lesões corporais

Os romanos puniam o homicídio com a morte. Duas épocas principais devem ser consideradas em relação a esse crime: a das Leis das XII Tábuas e a da Lei Cornélia, promulgada por Sila durante a sua ditadura. A primeira previa a pena de Talião em caso de homicídio e de lesões corporais: "*Si membrum rupit, ni cum eo facit, talio est*".[774] Podia-se, contudo, evitar a pena corporal pelo pagamento de uma importância em dinheiro. A fratura de um osso, a um homem livre se pagava trezentos ás; a um escravo, cento e cinquenta ás.[775] Se o agente causador do dano fosse um animal, era de rigor a indenização ou o abandono do animal.[776]

A Lei Cornélia, por sua vez, se concentrava nos crimes de homicídio, envenenamento, etc. Quanto ao homicídio, a lei distinguia se o crime havia sido cometido dolosamente, *dolo malo*, ou, embora voluntariamente, mas sem intenção de matar. Havia, segundo a referida lei, homicídio cometido *dolo malo* todas as vezes que a ação criminosa era dirigida com o propósito de tirar a vida de alguém.[777] Pouco importa que o homicídio tenha sido consumado ou somente tentado, o crime e suas consequências penais eram sempre os mesmos.[778] A intenção se demonstrava frequentemente pelo concurso de circunstâncias exteriores: assim, aquele que tira a espada e fere outrem prova que agiu *necandi animus*, ainda que o golpe não tenha produzido a morte.[779] A pena que a Lei Cornélia previa nesse caso era inicialmente o confisco dos bens e a deportação;

---

[772] Aulo Gélio, *op. cit.*, XII, 13.
[773] Digesto, IV, 8; M. Zimmern, *op. cit.*, p. 47 e segs.
[774] Lei das XII Tábuas, VIII; Aulo Gélio, *op. cit.*, III, 16. XX, 1.
[775] Gaio, Com. 3, § 223. Aulo Gélio, *op. cit.*, XX, 1.
[776] Digesto, IX, 1.
[777] Digesto, XLVIII, 8; "A vontade de ferir ou de matar se inferia dos meios empregados". G. Ferruccio Falchi, *op. cit.*, Tomo 2, p. 152.
[778] Código, IX, 16; G. Ferruccio Falchi, *op. cit.*, Tomo 2, p. 152.
[779] Digesto, XLVIII, 8.

mais tarde, foi a morte para as pessoas de categoria inferior; não se conservou a deportação senão para as pessoas de *status* social elevado, *honestiores*.

Previa-se também o delito de castração, que parece ter sido bastante frequente em Roma.[780] A pena era o confisco da metade dos bens, se o autor do crime era um homem livre; se escravo, a morte. Adriano estendeu a mesma pena para quem voluntariamente se deixasse castrar.[781]

Sob a influência de ideias religiosas, puniu-se com penas exageradas a circuncisão, que não era permitida senão aos judeus. O cidadão romano que se deixava circuncidar ou que circuncidava um escravo, era punido com a relegação e confisco de todos os bens. Os médicos que realizavam a operação de circuncisão incorriam na pena capital.[782]

Quando o homicídio ou a lesão corporal eram cometidos sem vontade e sem intenção, mas por uma simples falta, a Lei Cornélia não se aplicava. O julgamento e a aplicação da pena se faziam *extra ordinem*. Assim, aquele que, podando uma árvore, inadvertidamente cortava um galho que vinha a cair sobre alguém que passava embaixo, matando-o ou ferindo-o, ainda que tenha sido negligente, não era julgado segundo a Lei Cornélia. O juiz determinava, *extra legem*, a pena a ser aplicada.[783]

Por fim, havia assassinato todas as vezes que o crime fosse cometido com premeditação. Era o mais alto grau de culpabilidade nesse crime. Havia homicídio simples quando esse crime, embora cometido voluntariamente, era concebido e executado num movimento de cólera e sem reflexão. O homicídio por imprudência tinha lugar sempre que era praticado involuntariamente, com a infração de alguma cautela de vida.

Envenenamento

A lei romana considerava esse crime como mais atroz que a morte produzida pela espada: *Plus est hominem extinguere quam occidere gladio*.[784] A Lei das XII Tábuas já o havia previsto. Só que essa lei, tal como a da idade média, não separava o envenenamento do crime de bruxaria. A pena nela prevista era a morte.

A Lei Cornélia *de sicaris et veneficiis* tratava especialmente desse crime[785], em cuja norma incriminadora o veneno significava toda substância capaz de produzir a morte. A lei acrescentava ainda, assim como o fizera a Lei das XII Tábuas, à palavra *venenum* o vocábulo *malum*, ou seja, mau veneno, a indicar que há venenos que não são maus e que são empregados para se obter a cura de algumas enfermidades, *ad sanandum*.[786] Essa distinção foi feita por Gaio.[787] Por meio dela, pretendia-se justificar que não se é envenenador pelo só fato de se ministrar veneno a alguém, senão que é mister que aquele o faz, faça-o também com o propósito de matar, não de curar.[788] Adriano, a partir de um rescrito, determinou que "*In maleficiis voluntas spectatur, non*

---

[780] Digesto, XLVIII, L. 5.
[781] Digesto, XLVIII, L. 5, 6; "A partir de Domiciano, proibiu-se a prática da castração". Teod. Mommsen, *op. cit.*, Tomo 2, p. 116.
[782] Digesto, I, 4 § 2.
[783] Digesto, I, 4, § 1; G. Ferruccio Falchi, *op. cit.*, Tomo 2, p. 152.
[784] Código, IX, 18.
[785] Digesto, XLVIII, 8.
[786] Digesto, XLVIII, L. 3 § 2; Teod. Mommsen, *op. cit.*, Tomo 2, p. 114-115.
[787] Digesto, L. 16.
[788] Digesto, XLVIII, 8.

exitus".⁷⁸⁹ Por outras palavras, não se pode punir só o fato consumado, mas também a intenção, quando ela constitui uma tentativa, isto é, quando ela se materializou num começo de execução.

A pena prevista para o envenenamento era a morte ou a deportação, segundo fosse o autor de baixa condição ou elevado em dignidade.⁷⁹⁰

2.5.1.2. Crimes contra a família

O parricídio

Os romanos, que, inicialmente, silenciaram sobre esse crime, puniram-no depois com grande severidade. A Lei das XII Tábuas foi o primeiro diploma legal que contemplou a pena do parricídio propriamente dito (Tab. IX). Entendia por esse termo todo crime cometido contra um ascendente, cuja pena era a seguinte: flagelava-se o condenado, que depois era encerrado num saco, acompanhado de um macaco, um cão, uma víbora e um galo; isso feito, jogava-se o saco nas águas do Tibre. A Lei Cornélia havia consagrado um de seus capítulos ao parricídio⁷⁹¹, mas foi a Lei Pompeia, promulgada por Pompeu, que se ocupou especialmente desse crime.⁷⁹² O texto legal compreendia sob o nome de parricídio não somente o homicídio praticado contra um ascendente, mas ainda contra um colateral em terceiro grau, afins em primeiro grau, patrões e patroas. Aplicava-se a mesma pena à mãe e aos avós pelo homicídio dos filhos e netos⁷⁹³, assim como a todo cúmplice do parricida.⁷⁹⁴ Não se mantinha o antigo suplício senão para os casos de morte produzida contra ascendente, enquanto aos demais se aplicava a pena capital.

Mais tarde, essa pena foi modificada, passando-se a enviar o condenado às chamas ou se lhe lançando às feras, onde não houvesse mar ou rio por perto.⁷⁹⁵

O infanticídio

A Lei das XII Tábuas reconhecia ao pai o direito de vida e de morte sobre os seus próprios filhos. O laço de família, civilmente falando, era tão estreito entre os romanos que o pai, que era o chefe, o caput de sua família, exercia, *ipso facto*, um direito de propriedade sobre todos os membros dela, um poder civil incontrastável, que não era modificado nem pela idade, nem pelo casamento dos filhos. Entretanto, não é para crer que, do fato de que o pai tinha o direito de vida e de morte sobre os seus filhos, podia ele, por isso, se tornar seu carrasco ou seu inimigo. Seu poder era o de um juiz soberano, justo e doce, de nenhum modo o de um tirano cruel, como dizia Marciano: "*Nam patria potestas in pietate debet, non atrocitate, consistere*".⁷⁹⁶ Durante longo

---

⁷⁸⁹ Digesto, XLVIII, 8.
⁷⁹⁰ XLVIII, 19, Das penas, L. 28 § 9.
⁷⁹¹ Digesto, XLVIII, 8.
⁷⁹² Digesto, XLVIII, 9; G/ Ferruccio Falchi, *op. cit.*, Tomo 2, p. 165.
⁷⁹³ Digesto, XLVIII, L. 1; Marciano; Teod. Mommsen, *op. cit.*, Tomo 2, p. 120.
⁷⁹⁴ Digesto, XLVIII, L. 9.
⁷⁹⁵ "No tempo de Modestino foi não só repristinada a antiga pena do *culleus*, mas ainda agravada, pois que o culpado antes de ser posto no saco, era flagelado com açoites". G. Ferruccio Falchi, *op. cit.*, Tomo 2, p. 166.
⁷⁹⁶ Digesto, XLVIII, 9, L. 5.

tempo, somente a mãe podia responder pelo crime de infanticídio. Seu crime era equiparado ao de parricídio e punido com a mesma pena deste[797], embora sem a terrível agravante, visto que a vítima não era seu ascendente.[798]

Os imperadores restringiram consideravelmente os direitos do pai de família. A pena de morte não podia ser aplicada pelo pai antes que o filho fosse ouvido pelo magistrado.[799] Adriano condenou ao banimento um pai que, numa caçada, matara o filho acusado de adultério com a própria madrasta.[800] Por fim, Constantino submeteu à pena do parricídio o pai assassino de seus filhos.[801] De tal modo a jurisprudência, influenciada pelas ideias estóicas e cristãs, evoluiu, que no último estágio do direito romano não era mais lícito ao pai matar o próprio filho.

O aborto

Entre os romanos, a seita dos estoicos tinha propagado a ideia de que a alma não entrava no corpo enquanto o ar exterior não entrasse nos pulmões. Até então o feto era apenas um ser inanimado que fazia parte integrante das entranhas da mãe. Essas ideias foram aceitas pelos jurisconsultos romanos. O feto, enquanto permanece no seio da mãe, não é um ser vivo, não é ainda um homem, como dizia Papiniano: "*Partus nondum editus, homo non recte fuisse dicitur*".[802] Ele é somente uma parte da mãe, *portio mulieris vel viscerum*, segundo a expressão de Ulpiano.[803] Como se vê, o crime de aborto não podia ser incluído na categoria dos homicídios, nem dos crimes ordinários: constituía simplesmente um delito extraordinário, que os juízes podiam apreciar livremente. Assim, a mulher que se submetia ao aborto não incorria nas penas da Lei Cornélia destinadas ao homicídio, mas podia ser punida extraordinariamente. Conforme um rescrito de Severo, a pena consistia num exílio determinado pelo presidente de província. A causa dessa punição, contudo, não era precisamente o infanticídio, mas a injúria, dizia o rescrito, que a mulher fazia ao marido ao frustrar sua expectativa de ser pai.[804]

O adultério

Para os romanos, o adultério constituía um delito privado. Só o marido tinha legitimidade para levar a mulher a juízo. Essa regra era boa em si mesma, visto que não permitia a estranhos, a pretexto de denunciarem um crime, promoverem a discórdia no seio das famílias. Mas, por outro lado, exagerava o poder tirânico do marido: parece que, conforme uma lei de Rômulo, o marido reunia o tribunal doméstico, julgava a esposa e aplicava a pena que melhor consultava os seus interesses ou o seu desejo de vingança.[805]

---

[797] Digesto, XLVIII, L. 1.
[798] Digesto, XLVIII, L. 9, § 1.
[799] Digesto, XLVIII, 6, L. 2.
[800] Digesto, XLVIII, 9, L. 5.
[801] G. Ferruccio Falchi, *op. cit.*, Tomo 2, p. 167.
[802] Digesto, XXXV, 2, Da lei Falcídia, L. 9.
[803] Digesto, XXV, 4.
[804] Digesto, XLVII, 11; "O aborto era permitido ao marido em relação à sua mulher". Teod. Mommsen, *op. cit.*, Tomo 2, p. 115.
[805] Dionísio de Halicarnasso, *op. cit.*, II, 95; Teod. Mommsen, *op. cit.*, Tomo 2, 160.

Esse estado de coisas durou, como se crê geralmente, até o governo de Augusto. Nessa época, em que a corrupção dos costumes era tão grande e o respeito pelo matrimônio, quase nulo, Augusto publicou uma lei, Júlia, *de adulteriis*, que declarou o adultério crime público e lhe fixou a pena.[806] Desde então, a mulher adúltera poderia ser demandada penalmente, não só por seu marido, mas também por seus parentes e ainda por estranhos.[807]

Convém esclarecer que essa lei não punia senão o adultério cometido pela mulher, não, porém, o cometido pelo marido, como assim dispôs um ato normativo de Severo.[808]

Mas para que a mulher fosse condenada por adultério exigiam-se três condições: que ela fosse casada[809], livre[810] e de condição honorável.[811] Era preciso ainda que o adultério tivesse sido cometido conscientemente: assim, a mulher que, com justas razões, se acreditasse viúva, não seria condenada por adultério, no caso de ter desposado outro homem.[812]

Quanto ao modo de acusação, cumpre advertir que a mulher e seu cúmplice não podiam ser julgados ao mesmo tempo, mas sucessivamente.[813]

A pena do adultério não consta do Digesto, conquanto possa ser encontrada nas *Sentenças* de Paulo: a mulher perdia a metade de seu dote e o terço de seus bens, com posterior relegação numa ilha. O cúmplice era condenado ao banimento e à perda da metade de seus bens.[814]

2.5.1.3. Crimes contra a propriedade

O furto

O tratamento desse crime, entre os romanos, variava bastante, segundo o furto fosse praticado clandestinamente ou não. Com efeito, conforme a Lei das XII Tábuas, o morador podia matar o ladrão noturno impunemente.[815] Durante o dia só poderia fazê-lo se o ladrão reagisse com o emprego de arma.[816] Além do mais, a mesma lei distinguia duas espécies de furto: o furto manifesto e o furto não manifesto. O primeiro tinha lugar quando o ladrão era surpreendido e preso de posse da coisa furtada e antes de chegar ao local para onde iria transportá-la. Em qualquer outra circunstância, o furto era não manifesto. A pena para o furto manifesto era a morte, mas com uma distinção: o homem livre após ter sido açoitado, era entregue como escravo ao proprietário da coisa roubada; o escravo era precipitado da rocha Tarpéia.[817] A pena do furto não manifesto era simplesmente a restituição em dobro do valor da coisa. A diferença entre esses dois tipos de pena era tanto maior quanto se fundava numa distinção muito arbitrária: do fato de

---

[806] Digesto, XLVIII, 5; Teod. Mommsen, *op. cit.*, Tomo 2, p. 166 e segs.
[807] Digesto, XLVIII, L. 4, § 8,9; Teod. Mommsen, *op. cit.*, Tomo 2, p. 166-167.
[808] Código, IX, 9, L. 1.
[809] Digesto, XLVIII, 5, Da lei Júlia, L. 13.
[810] Digesto, XLVIII, 5, Da lei Júlia, L. 6.
[811] Paulo. *Sentenças*, II, 26, § 11.
[812] Digesto, XLVIII, 5, Da lei Júlia, L. 13.
[813] Digesto, XLVIII, 5, L. 15 § 9.
[814] II, 26, § 14; Teod. Mommsen, *op. cit.*, Tomo 2, p. 169.
[815] Aulo Gélio, *op. cit.*, VIII, 1; Pietro de Francisci, *op. cit.*, p. 180-181.
[816] Digesto, XLVII, 2, Do furto, 54, § 2.
[817] Gaio, Com. III, 189; G. Ferruccio Falchi, Tomo 2, p. 28 e segs; Teod. Mommsen, *op. cit.*, p. 212.

que o ladrão se encontrasse ainda no cenário do crime e de posse da coisa, não se seguia, só por isso, que sua ação fosse mais reprovável e mais perigosa que a de um ladrão que desaparecesse ou escondesse o objeto furtado. O progresso posterior da legislação fez com que o pretor reduzisse a pena do furto manifesto, que passou a ser punido com a restituição do quádruplo, tanto para os homens livres como para os escravos. A do furto não manifesto permaneceu a mesma.[818] Assim, a distinção subsistiu, mas a grande desigualdade das penas desapareceu.

Quanto à natureza do furto e a seus elementos essenciais, os jurisconsultos romanos ofereceram, pela primeira vez, uma teoria completa.

Assim, para que houvesse furto, era necessário o arrebatamento da coisa, *contrectatio rei*.[819] Daí que só os móveis podem ser objeto do furto.[820] A pura intenção, sem o fato, não bastava para constituir o furto.[821] Mas, por outro lado e contrariamente às ideias modernas, o simples fato de desviar o destino de uma coisa da qual se tinha a posse, a qualquer título que não fosse a propriedade, ainda que não houvesse arrebatamento, constituía furto. O credor que se servia da coisa que recebera em garantia; o depositário que utilizava a que lhe havia sido confiada; ou mesmo o usuário que invertia o título da posse da coisa alheia, utilizando-a para fim diverso do acordado com o proprietário, a todos se imputava o crime de furto.

Um outro elemento essencial do furto era a intenção, o dolo. A lei romana havia adotado o princípio de que não há furto sem intenção de furtar: *furtum sine affectu furandi non committitur*.[822] Aquele que creu sinceramente que utilizava a coisa com o consentimento do proprietário não podia ser ladrão. Por isso o impúbere era incapaz de furtar, precisamente porque não podia agir *furandi animus*. Contra ele apenas podia ser intentada uma ação de reparação de danos, e mesmo assim com muita circunspeção: *sed modum esse adhibendum*.[823]

À intenção de furtar, os romanos acrescentavam ainda, como elemento constitutivo do furto, o dolo específico de tirar proveito do crime, *lucri faciendi causa*.[824] Assim, não bastava que alguém tivesse a intenção de furtar, era preciso ainda que quisesse auferir alguma vantagem para si ou para terceiros.[825]

Por fim, não podia haver furto dentro de uma mesma família. O pai não podia agir por meio de uma *actio furti* contra seu filho, contra seu escravo, nem contra sua esposa.[826]

O incêndio

Os romanos, ao contrário de outras legislações da antiguidade, fizeram do crime de incêndio um crime autônomo, ainda que suas leis tenham sido bastante reticentes sobre o mesmo. Eles se ocuparam de preferência do furto cometido em situações de incêndio do que sobre o próprio

---

[818] Institutas, IV, 1, § 5; Gaio, Com. III, 190; G. Ferruccio Falchi, *op. cit.*, Tomo 2, p. 29-30.
[819] Institutas, IV, 1, § 1; Paulo. *Sentenças*, II, 31, 1; G. Ferruccio Falchi, *op. cit.*, Tomo 2, p. 14.
[820] Digesto, XLVII, 2, De furtis, L. 25; G. Ferruccio Falchi, *op. cit.*, Tomo 2, p. 16-17.
[821] Digesto, XLVII, 2, De furtis, L. 1 § 1; 21, § 8.
[822] Institutas, IV, 1, § 7; 6; Ferruccio Falchi, *op. cit.*, Tomo 2, p. 24.
[823] Digesto, XLVII, 2, L. 23; Teod. Mommsen, *op. cit.*, Tomo 2, p. 217.
[824] Institutas, IV, 1, § 1; Teod. Mommsen, *op. cit.*, Tomo 2, p. 205-206.
[825] Digesto, XLVII, 2, L. 54.
[826] Digesto, XLVII, 2, De furtis, L. 16-17; Teod. Mommsen, *op. cit.*, Tomo 2, p. 220-221.

crime cuja prática se esgotasse na realização do dolo de atear fogo em propriedade alheia.[827] Em princípio, não se fez outra distinção senão a que remete às circunstâncias do incêndio: se o fogo foi provocado numa casa ou num celeiro de trigo contíguo a uma residência, conscientemente e com intenção, o responsável era preso, açoitado e queimado vivo, *victus, verberatus, igni necari jubetur*. Se, ao contrário, agiu sem intenção, por inadvertência, era obrigado a reparar o dano, salvo se fosse insolvente, caso em que se lhe aplicava uma pena leve.[828] Mais tarde se distinguiu entre a irrupção criminosa de incêndio no âmbito das cidades e nas regiões dos campos. Nas cidades, o responsável era punido com a morte. Frequentemente essa morte era simples, sem agravantes.[829] Outras vezes, porém, davam-se aquelas distinções aristocráticas, tão caras aos romanos: se o culpado era de condição social inferior, sua punição consistia em ser lançado às feras; se era de *status* elevado, *in aliquo gradu*, era punido com a morte simples ou com a relegação numa ilha.[830] Pelo incêndio nos campos, o incendiário era apenado menos severamente, *aliquo lenius*[831], conquanto não se saiba em que consistia esse abrandamento.

2.5.1.4. Crime contra a existência política do Estado Lesa-majestade

Os primeiros romanos, até a ditadura de Sila, tinham incluído o crime de lesa-majestade em limites razoáveis. Inicialmente, eles entendiam como tal as infrações contra a coisa pública, *res publica*. Conforme uma lei de Rômulo, todo aquele que traísse sua pátria, ou seus patrões ou seus clientes, era votado às fúrias infernais e qualquer cidadão podia matá-lo impunemente.[832] Segundo a Lei das XII Tábuas, aquele que suscitasse inimigos ao Estado, ou entregasse um cidadão ao inimigo, era punido com a morte.[833] Enfim, outras leis, como as leis Gabínia, Apuleia e Varia, consideraram como réus de lesa-majestade todos os indivíduos que ameaçassem a segurança pública por meio de ajuntamentos sediciosos e clandestinos e por inteligências secretas com os inimigos da república.[834]

A partir de Sila, o crime de lesa-majestade se tornou um pretexto para a tirania. Sua famosa Lei, chamada Cornélia, foi, sem a menor dúvida, a primeira e a grande violência feita contra a liberdade em Roma. Entre outras coisas, ela garantiu a impunidade aos caluniadores e promoveu a delação como virtude patriótica. Júlio César, com sua lei Júlia, Augusto, Tibério e outros imperadores romanos, por suas diversas constituições, levaram o despotismo aos últimos excessos.

Ulpiano dizia que o crime de lesa-majestade era equiparado ao sacrilégio.[835] Havia duas espécies dele: o que tinha por fim atacar os interesses do povo romano e aquele cujo bem diretamente tutelado era a pessoa ou a dignidade do imperador. Não é necessário dizer que era no segundo caso que se faziam ver os excessos da tirania, se bem que o primeiro, quando bem manipulado, produzia o mesmo efeito. Era réu de crime de lesa-majestade, da primeira espécie, quem, de má fé e sem a ordem do imperador, deixava escapar os reféns dados ao povo romano; quem

---

[827] Digesto, XLVII, 9, Do incêndio, ruína, naufrágio etc.
[828] Digesto, XLVII, 9, L.9; G. Ferruccio Falchi, *op. cit.*, Tomo 2, p. 159.
[829] Digesto, Das penas, L. 28, § 12; G. Ferruccio Falchi, *op. cit.*, Tomo 2, p. 159.
[830] Digesto, XLVII, 9, Do incêndio etc., L. 12, § 1.
[831] Digesto, De poenis, L. 28, § 12.
[832] Dionísio de Halicarnasso, *op. cit.*, II, 2.
[833] Digesto, Da lei Júlia Majestade, XLVIII, 4, L. 3, Marciano; G. Ferruccio Falchi, *op. cit.*, Tomo 2, p. 98.
[834] Cícero. *Sobre el orator*, II, 49; G. Ferruccio Falchi, *op. cit.*, Tomo 2, p. 97-98.
[835] Digesto. *Da lei Júlia Majestade*, L. 1.

promovia sedições contra a república; quem se levantava em armas contra ela; quem mantinha relações com o inimigo; quem suscitava motins no exército[836], quem passava para as fileiras do inimigo[837], quem, sem ordem do imperador e por capricho, entrava em batalha[838], quem, de má fé, entregava aos inimigos, com sua assistência ou seus conselhos, parte do território do império.[839]

Quanto ao crime de lesa-majestade praticado contra a pessoa do imperador ou as dos magistrados, o exagero não tinha limites. Durante a república, Sila puniu como crime de lesa-majestade não somente os ataques dirigidos contra sua pessoa, mas até mesmo a insubordinação em face de magistrados, no exercício de suas funções. Plutarco conta que um certo Vetúrio, de uma família Patrícia, foi condenado à morte por não ter dado passagem a um tribuno do povo, por ocasião de um passeio ao ar livre.[840] César, Augusto e Tibério, deram o nome de lesa-majestade às menores ações, às palavras, aos signos, às referências desairosas à pessoa do soberano. Augusto não se contentava em punir as ações; punia também as palavras. Foi ele que, segundo Tácito, incluiu pela primeira vez os escritos conhecidos como *libelli famosi* na categoria dos crimes de lesa-majestade.[841] Sob Tibério, vários cidadãos foram declarados como incursos nas penas atrozes desse crime só porque castigaram seus escravos diante da estátua de Augusto, por terem mudado a roupa diante dela, por terem deixado em latrinas ou em casas de prostituição uma moeda, um anel ou qualquer objeto com a figura desse imperador.[842] Tácito nos deixou relatos comoventes sobre as atrocidades que se cometiam sob pretexto de punição de crimes de lesa-majestade.[843]

Admitiu-se também que aqueles que não podiam acusar nos delitos ordinários, podiam fazê-lo relativamente ao crime de lesa-majestade: eram as pessoas infames, os militares, os escravos e os libertos, como também as mulheres.[844] Além disso, a morte do condenado não apagava seu crime. Perseguia-se a sua memória, promovia-se sua responsabilidade em juízo e confiscavam-se os bens deixados aos seus herdeiros.[845]

As penas com as quais se punia esse crime eram, sob Sila e César, a *interdição da água e do fogo*.[846] Depois, as pessoas notáveis foram condenadas à pena de morte simples, enquanto as socialmente inferiores eram destinadas às presas das feras ou às chamas das fogueiras.[847]

Enfim, os imperadores Honório e Arcádio levaram às últimas consequências a brutalidade das penas bárbaras infligidas ao povo romano até então. Lemos, com efeito, em suas constituições, que os filhos do condenado serão privados de sua sucessão; que serão incapazes de herdar de estranhos; que eles deverão ser sempre pobres ou indigentes; que eles serão, enquanto viverem,

---

[836] Digesto. *Da lei Júlia Majestade*, L. 1; G. Ferruccio Falchi, *op. cit.*, Tomo 2, p. 97-98.
[837] Digesto. *Da lei Júlia Majestade*, L. 2. G. Ferruccio Falchi, *op. cit.*, Tomo 1, p. 98.
[838] Digesto. *Da lei Júlia Majestade*, L. 1; G. Ferruccio Falchi, *op. cit.*, Tomo 2, p. 98.
[839] Digesto. *Da lei Júlia Majestade*, L. 10. G. Ferruccio Falchi, *op. cit.*, Tomo 2, p. 98-99.
[840] Plutarco, *op. cit.*, *Graco*; Ferruccio Falchi refere que a tipificação desse crime era passível de extensão analógica e eram punidos seus atos preparatórios. *Op. cit.*, Tomo 2, p. 97.
[841] *Anais*, I, 72.
[842] Suetônio, *op. cit.*, *Tibério*, 58; "Sob Augusto, permitiu-se a imposição da pena de morte ao condenado por crime sexual contra alguma mulher da família do imperador". Teod. Mommsen, *op. cit.*, Tomo 2, p. 71.
[843] Cf. *Anais*, I, 72 e segs.
[844] Digesto, XLVIII, 4, L. 7, 8.
[845] Digesto, XLVIII, 4, L. 11; G. Ferruccio Falchi, *op. cit.*, Tomo 2, p. 101.
[846] Cícero, *Filípicas*, I, 33; G. Ferruccio Falchi, *op. cit.*, Tomo 2, p. 106.
[847] Paulo. *Sentenças*, V, 29; G. Ferruccio Falchi, *op. cit.*, Tomo 2, p. 106.

marcados com a infâmia de seu pai; que jamais chegarão às honrarias nem a qualquer grau militar; que, por fim, serão tão infelizes que a morte será para eles uma consolação, e a vida um suplício.[848]

Eis a que extremidades chegaram os imperadores romanos para conservar um trono, invariavelmente usurpado, que, por isso mesmo, sentiam vacilar.

2.5.2. Os Jurisconsultos Romanos

Os jurisconsultos gozavam de grande prestígio em Roma, principalmente porque exerciam sobre a formação do direito uma influência relevante. Não era por outro motivo, senão pela paixão que os romanos em geral sentiam pelo direito, que a autoridade dos jurisconsultos era vista como parte integrante da ciência jurídica, que era o orgulho de toda a nação. Logo, os romanos compreenderam que o direito é um poder moral e que sua realização exige uma vontade firme e permanente.[849] Nenhum povo foi mais cioso de sua liberdade; nenhum se submeteu mais espontaneamente às disposições da lei. A incontrastável autoridade dos jurisconsultos tem muito a ver também com a separação precisa que existia em Roma entre o jurisconsulto e o advogado.[850] Estranho aos debates judiciais e às paixões que eles suscitavam, procurando somente fazerem-se úteis e não desejando por salário senão a estima de seus concidadãos[851], o jurisconsulto se movia num plano social muito alto e respeitável, suas respostas ofereciam mais garantias de imparcialidade. Isso não quer dizer, porém, que ele fosse um puro teórico. Os romanos não conheceram a distinção entre a teoria e a prática, que é tão familiar à modernidade. Eles souberam congregá-las numa justa medida, graças a uma particularidade de sua organização judiciária: os juízes eram simples particulares e não magistrados de carreira, versados no conhecimento do direito.[852]

A influência dos jurisconsultos sobre a formação do direito teve outra causa, mas para compreendê-la é necessário fazer abstração de nossas ideias modernas sobre o papel próprio do legislador e do intérprete. Enquanto o legislador moderno se esforça por regular nos seus mínimos detalhes as questões novas sugeridas pela prática, o legislador antigo se limitava a externar seu sentimento sobre o cerne da questão, deixando ao intérprete deduzir dele todas as consequências. Assim, na época em que a lei se submetia à aprovação popular, ela devia se reduzir a uma breve fórmula, fácil de ser compreendida por todos os cidadãos[853]: cabia ao jurisconsulto aperfeiçoá-la.[854]

Para realizar essa obra, os jurisconsultos empregaram, segundo as épocas, procedimentos e métodos diversos. Uns trataram as diretrizes do legislador como uma coleção de espécies ou de regras sem vínculos entre elas; outros, como elementos de uma ciência. Os primeiros foram os casuístas ou os práticos; os últimos, os jurisconsultos, no sentido elevado do termo.

Na história da jurisprudência romana, podem-se distinguir cinco períodos: o dos pontífices, dos casuístas, dos fundadores da ciência do direito, dos clássicos e dos práticos do baixo-império.

---

[848] Código. *Da lei Júlia Majestade*, L. 5. G. Ferruccio Falchi, *op. cit.*, Tomo 2, p. 102.

[849] Ulpiano, 1. Reg. Digesto, I, 1, 10; Valério Máximo, *op. cit.*, VI, 3. "Os romanos eram um povo favorecido pela natureza, mas com um caráter pouco amável, que tinha mais ordem que imaginação, mais solidez que gosto, mais apegado às tradições recebidas que aos sentimentos liberais. Destas qualidades derivavam sua pontualidade no serviço, sua fidelidade à palavra dada e sobretudo aos juramentos feitos". Gustav Hugo. *Histoire du droit romain*, p. 23, Bruxelas, 1840.

[850] Cícero. *Das leis*, I, 4.

[851] Cícero. *Sobre el orador*, 111, 33.

[852] M. Zimmern, *op. cit.*, p. 26 e segs.

[853] Edouard Cuq. *Les institutions juridiques des romains*, Tomo 1, p. 24-25.

[854] Cícero. *Das leis*, II, 17, 19.

2.5.2.1. O colégio dos pontífices

O conhecimento do direito foi durante longo tempo em Roma o monopólio do colégio dos pontífices.[855] Somente seus membros conheciam a arte de aplicar o direito, e o faziam de três maneiras: 1) interpretando a Lei das XII Tábuas; 2) determinando ora a solenidade de cada ato jurídico, de modo a conferir-lhe aptidão para ser postulado em juízo, ora os dias propícios para se demandar judicialmente; 3) redigindo os formulários dos atos jurídicos.

A interpretação das XII Tábuas pelos pontífices foi atestada por Pompônio[856], essa interpretação adquiriu prontamente força de lei. Numa época em que o direito era sob alguns aspectos dependente da religião, não é de admirar que as decisões dos pontífices, no âmbito do direito, tenham sido tão respeitosamente acatadas quanto o eram no domínio da religião, da qual sempre foram os intérpretes supremos.

Foram os pontífices que, segundo Pompônio, criaram as ações da lei e fixaram as formas dos atos jurídicos (*actiones, formae agendi*).[857] Umas e outras encerravam palavras solenes (*certa verba*), que não podiam ser alteradas nem substituídas, sob pena de nulidade.[858] Tinham força de lei e eram redigidos de forma a prevenir as dificuldades que a prática judiciária pudesse ocasionar, demonstrando sempre uma preocupação excessiva pelos detalhes a fim de evitar toda surpresa (*captio*).[859] Um dos meios empregados para alcançar tais objetivos consistiu em estender ou desviar o alcance normal das formas dos atos e das regras consagradas pela lei. Assim se explica a utilização dos atos imaginários, antinaturais e fictícios.[860]

Os privilégios de que desfrutavam os pontífices, quanto ao conhecimento e à interpretação do direito, sofreu um sério abalo na metade do século V de Roma, em virtude da divulgação dos arquivos pontifícios e da publicação dos formulários e do calendário por Gneo Flávio, liberto do censor Ápio Cláudio.[861]

Os principais jurisconsultos dessa época, segundo Pompônio, foram: Ápio Cláudio, Ápio Cláudio Ceco, Semprônio Sofo, Cipião Násica e Quinto Múcio.[862]

2.5.2.2. Os casuístas

No século VI, após a derrocada do colégio dos pontífices, seus discípulos, os prudentes, continuaram adotando o método formalista dos mestres. Sua atividade se limitava a três funções que Cícero deu os nomes de *respondere, cavere* e *agere*.[863]

---

[855] Edouard Cuq, *op. cit.*, p. 24-26; Valério Máximo, *op. cit.*, II, 5, 2; "Os pontífices eram considerados os guardiões eminentes do direito". Theodoro Marezoll. *Precis d'un cours sur l'ensemble du droit privé des romains*, p. 29, Paris, 1852.

[856] Pompônio, *Apud* Ulpiano, XLIX, Ed. Digesto, XXXVIII, 2, 6.

[857] Pompônio, *loc. cit.*; Ed. Cuq, *op. cit.*, p. 25.

[858] Ulpiano, XIX, 3; Gaio, I, 112, 149.

[859] Ed. Cuq, *op. cit.*, p. 137.

[860] R. von Jhering. *L'esprit du drot romain*, Tomo IV, p. 283. Ed. Cuq, *op. cit.*, Tomo 1, p. 163-164.

[861] Pompônio, *loc. cit.*, 2, 7; B.G. Niebuhr, *op. cit.*, Tomo 5, p. 434 e segs. E. Cuq, *op. cit.*, Tomo 1, p. 161.

[862] *Enchiridion*, Digesto, I, 2, 2, 35.

[863] Cícero. *Sobre el orador*, I, 46; Theodoro Marezzol, *op. cit.*, p. 59.

Respondere consistia em responder uma consulta[864], *cavere*, em redigir um ato jurídico; *agere*, em traçar a marcha a ser seguida, por ocasião da defesa de um direito em juízo.[865] A intervenção dos prudentes na redação dos atos jurídicos e na promoção das ações judiciais se devia ao rigor com o qual se devia observar as formas prescritas. Qualquer que fosse a forma de sua intervenção, porém, os prudentes jamais se arredavam dos casos particulares: por isso eram chamados de casuístas. Cícero os criticava, pois, segundo o grande orador, os casuístas se apegavam mais às pessoas que à substância jurídica da questão.[866] Uma passagem de Labeão, citada por Aulo Gélio, evidencia a distância que separava o casuísta do jurisconsulto.[867]

Como não tinham a autoridade do colégio pontifício para impor uma doutrina, as divergências se apresentaram inevitavelmente, a exigir de cada um a exposição de pontos de vista particulares sobre as mais variadas questões jurídicas. O primeiro em data desses comentários foi o de Élio Catão, o cônsul do ano 536.[868] Pompônio considera essa obra como o berço da ciência jurídica: *qui liber veluti cunabula juris continet*.[869] Pompônio cita ainda os comentários de Catão o Velho e o de seu filho Catão Luciniano[870], os escritos de M. Mânlio, de Júnio Bruto e de Múcio Escévola, os fundadores do *jus civile*.[871] Tratados que foram de muito préstimo para a jurisprudência posterior.

2.5.2.3. Os fundadores da ciência do direito

À medida que a casuística se desenvolvia e as respostas dos prudentes se multiplicavam, o conhecimento do direito se tornava mais elaborado. O método analítico tinha dado os resultados que dele se poderiam esperar. Chegara o momento de recorrer à síntese. Procurou-se remontar das noções gerais às decisões dadas para o caso concreto, vale dizer, classificá-las por gêneros (*generatim*).[872] Ao mesmo tempo, buscou-se agrupar sistematicamente as regras do direito, considerando-as como os elementos de um só todo. Cícero explica muito bem em que consiste a ciência jurídica.[873] Essa evolução se operou sob a dupla influência da filosofia e da retórica gregas. Sabe-se, de uma forma positiva, que muitos dos grandes jurisconsultos do século VII estudaram as doutrinas estoicas na escola de Panécio. À filosofia grega, os jurisconsultos tomaram emprestada a arte de dispor as regras jurídicas numa ordem sistemática e de elaborar suas ideias numa ordem lógica; à retórica, a técnica de construir princípios de interpretação das leis e dos atos jurídicos.

O primeiro que aplicou no direito os princípios da filosofia e da retórica gregas foi o grande Múcio Escévola, cônsul em 639. Suas principais obras foram *Juris civilis lib. XVIII* e *Liber singularis*.

---

[864] "Era prática constante, desde o imperador Tibério, que os juristas mais eminentes recebessem do imperador o *jus respondendi*, ou seja, o direito de emitir pareceres vinculantes para o juiz, para o *judex privatus* nomeado no processo, e para o magistrado. Sempre que o *responsum*, exibido por uma das partes, proviesse de um jurista autorizado, e nele se observassem as formas de rigor, o juiz tinha que respeitá-lo na sentença, a menos que se apresentasse outro, que reunisse as condições exigidas". Rodolfo Sohm. *Instituciones de derecho privado romano*; p. 83-84, Madri, 1928; Cf. também Theodoro Marezoll, *op. cit.*, p. 58.

[865] R. von Jhering, *op. cit.*, Tomo III, p. 102. Ed. Cuq, *op. cit.*, Tomo I, p. 161-162.

[866] Cícero. *Sobre el orador*, II, 33.

[867] *Op. cit.*, VII, 15.

[868] Ed. Cuq, *op. cit.*, Tomo I, p. 166.

[869] *Enchiridion*. Digesto I, 2, 2, 38.

[870] Cf. Aulo Gélio, *op. cit.*, XIII, 30; Ch. Giraud, *op. cit.*, p. 191 e segs.

[871] Pompônio, *loc. cit.*, 2, 39; Ch. Giraud, *op. cit.*, p. 191 e segs.

[872] Cícero. *Sobre el orador*, I, 42.

[873] Cícero. *Sobre el orador*, I, 42.

Na primeira, o autor apresentou, pela primeira vez, uma exposição sistemática do direito civil[874], na segunda, reuniu um certo número de definições destinadas a explicar os termos equívocos ou obscuros do direito[875], encontram-se aí também as regras de direito redigidas ou por ele ou por seus predecessores.[876] Por toda parte, em ambas as obras de Escévola, se manifestava a vontade de se elevar, acima das decisões casuísticas, e de sentar princípios gerais.[877]

Entre os discípulos de Múcio Escévola, o mais célebre foi Aquílio Galo, o autor da estipulação aquiliana, que teve por discípulo o não menos célebre Sulpício Rufo, amigo de Cícero.[878] Pompônio cita ainda os nomes de Aulo Ofílio e Alfeno Varo, ambos discípulos de Sérvio.[879]

2.5.2.4. Os jurisconsultos clássicos

As virtudes encontradas nos fundadores da ciência do direito no último século da república se desenvolveram nos três primeiros séculos do império: elas valeram aos jurisconsultos desse período o merecido epíteto de clássicos. Que é, em matéria de direito, o ideal clássico? A resposta que se dê a essa pergunta variará segundo a preferência de cada época por esta ou aquela dentre as qualidades que distinguiam os jurisconsultos.[880]

Leibniz elogiou sua dialética rigorosa, que ele comparou com a dos geômetras; a segurança matemática com a qual eles deduziam as consequências de seus princípios.[881] Outros enalteceram sua inteligência das causas, sua sagacidade para descobrir a verdadeira solução que elas comportam. Graças ao seu conhecimento perfeito das necessidades da vida real, os clássicos conseguiram sempre acomodar o direito às exigências da prática; a distinguir as questões de direito das questões de fato, o que era do âmbito do direito estrito e o que era do domínio da boa-fé. Outros sustentaram que os juristas dos primeiros séculos do império souberam dar ao direito romano um caráter universal[882], seja emprestando dos costumes locais o que eles tinham de melhor, seja acomodando os princípios do direito romano aos costumes e às exigências de situações novas, aos quais ele devia ser aplicado.[883] Outros, enfim, foram seduzidos pela elegância de seu método, elegância que se revela pelo sentimento das nuances[884], que lhes permitiu dar plena satisfação à equidade.[885] Troplong acrescenta ainda que os jurisconsultos clássicos souberam delimitar com rara precisão o limite que separa o direito da moral, sendo certo que quando estava em jogo uma questão de moralidade, suas decisões eram irrepreensíveis.[886]

---

[874] Ed. Cuq, *op. cit.*, Tomo I, p. 167.

[875] Digesto, L, 17, 73.

[876] Digesto, XLI, I, 64.

[877] Ed. Cuq, *op. cit.*, Tomo I, p. 167.

[878] Pompônio, *loc. cit.*, II, 43.

[879] *Enchiridion*. Digesto, I, 2, 2, 44; Theodoro Marezzol, *op. cit.*, p. 60.

[880] Theodoro Marezzol, *op. cit.*, p. 60: "Daí a denominação de *jus civile*, em sentido estrito, aplicada por excelência ao produto deste trabalho, aos *responsa prudentium*, considerado como uma fonte do direito das gentes".

[881] Ed. Cuq, *op. cit.*, Tomo I, Introdução, p. XVII.

[882] Ed. Cuq, *op. cit.*, Tomo I, Introdução, p. XXIV e XXV.

[883] Ed. Cuq, *op. cit.*, Tomo I, Introdução, p. XXVII.

[884] Exemplos de definições elegantes, segundo Ulpiano: Nerácio; Juliano, Digesto, XLIII; Marcelino, Digesto, VII. Distinções elegantes: Labeão, *Apud* Próculo, Epist. Digesto, XXXII, 86; Pompônio, Nerva etc.

[885] M. Troplong, *op. cit.*, p. 94-95.

[886] M. Troplong, *op. cit.*, p. 54-55. O prestígio dos jurisconsultos era tal que sequer necessitavam motivar seus pareceres. "A *auctoritas*, essencialmente o prestígio do jurista, e sobre ela, não sobre a motivação, descansa a validez de sua atividade". Luigi Raggi. *Il metodo della giurisprudenza romana*, p. 43, Turim, 2007.

Se os juristas clássicos podem ser reconhecidos por alguns traços comuns, isso não quer dizer que cada um não tivesse uma individualidade bem marcada. Convém fazer aqui uma distinção entre o período anterior e o posterior a Adriano.

1) O primeiro é caracterizado pela existência de duas escolas rivais: a dos sabinianos e a dos proculeanos.[887] De nada positivo dispomos, senão de simples conjecturas sobre a causa desta divisão: uns a atribuem a razões políticas[888], outros a razões teóricas.[889] Os proculeanos pareciam mais ligados às ideias romanas; os sabinianos aceitavam de bom grado as doutrinas forâneas: suas construções foram mais frequentemente adotadas pelos imperadores. A escola dos proculeanos teve por fundador Labeão; a escola dos sabinianos foi fundada por Capitão. Labeão e Capitão pertenciam a partidos políticos diversos: o primeiro era hostil ao novo regime; o segundo era partidário. Capitão foi cônsul em 758[890], Labeão recusou o consulado oferecido por Augusto.[891] Ainda que ambos, em vida, tivessem idêntica reputação, somente Labeão exerceu sobre a jurisprudência posterior uma influência duradoura.[892] Capitão é citado uma só vez no Digesto[893], enquanto há sobre a Lei das XII Tábuas[894], sobre o *jus civile*[895], sobre o édito do pretor[896], numerosos fragmentos de Labeão. Sua fecundidade é atestada por Pompônio: Labeão teria deixado mais de 400 livros. Não foi só a quantidade de suas obras que lhe assegurou um lugar eminente entre os jurisconsultos, foi também, sobretudo, seu espírito inovador.[897] Suas inovações consistiram não em introduzir concepções exóticas no direito romano, mas em vitalizá-lo, apresentando sob um novo aspecto a matéria jurídica. Sua preocupação constante era de se elevar do particular ao geral, de fixar por meio de definições[898] ou de classificações[899] as noções assim obtidas. Foram seus ilustres sucessores: Próculo, que deu seu nome à escola, Nerva, Longino, Pégaso, Celso e Nerácio.

O fundador da escola rival, Massúrio Sabino, não teve a mesma nomeada. Sua obra capital foi *libri tres juris civilis*, que tinha caráter didático. Seu sucessor, Cássio Longino, foi celebrado a tal ponto que os jurisconsultos de sua escola eram chamados muitas vezes de cassinianos em vez de sabinianos.[900] Outro nome importante dessa escola foi o de Aruleno Célio Sabino.[901]

---

[887] Pompônio. *Enchiridion*, Digesto, I, 2, 2, 47; Theodoro Marezzol, *op. cit.*, p. 77 e segs.

[888] Sohm se inclina pela causa política: *op. cit.*, p. 87; Marezzol também: "Estes dois professores, bastante opostos em suas convicções políticas, encararam, sob um aspecto diferente, o campo da jurisprudência". *Op. cit.*, p. 77-78.

[889] "Suas ideias eram invocadas para fundamentar sentenças opostas". E. Serafini, instituciones de derecho romano, Tomo I, p. 41, Barcelona, s.d. Uma terceira via foi aberta por Giraud, que admitia ambas as causas: "A política veio se misturar às divisões da teoria". *Op. cit.*, p. 316.

[890] Tácito, *Anais*, III, 73.

[891] Pompônio, I, 2, 2, 47.

[892] Ch. Giraud, *op. cit.*, p. 305; Ch. Maynz, *op. cit.*, Tomo I, p. 293.

[893] Próculo 2 Edist. Digesto, VIII, 2, 1, 13, J. Cf. por suas obras, Aulo gélio, *op. cit.*, IV, 14; 10; IV, 6, 10; IV, 10, 7.

[894] Aulo Gélio, *op. cit.*, I, 12, 18; IV, 15, I; XX, 1, 3.

[895] Theodoro Marezzol, *op. cit.*, p. 79.

[896] Aulo Gélio, *op. cit.*, XIII, 10, 3.

[897] Pompônio, loco cit.: *Plurimum innovare instituit*; Ch. Giraud, *op. cit.*, p. 316.

[898] Ch. Maynz, *op. cit.*, Tomo I, p. 291 era a *ars* no sentido ciceroniano, que consiste "precisamente na unificação de uma pluralidade de dados e de noções in una cognitione, isto é, numa visão unitária e orgânica". Luigi Raggi, *op. cit.*, p. 90.

[899] Gaio, I, 188; III, 183; Ch. Maynz, *op. cit.*, p. 291.

[900] Plínio. *Epístola*, VII, 24, 8.

[901] Ch. Giraud, *op. cit.*, p. 306.

Pela mesma época, surgiram talentos de grande valor, conquanto não se possa dizer com certeza a que escola pertenceram: Pláucio, autor de um tratado consagrado ao *jus honorarium*; Tício Aristo, o amigo de Trajano e de Plínio, o jovem[902] e L. Tavuleno Prisco que, malgrado um repente infeliz de Plínio[903], foi um jurista de grande mérito, a ponto de Juliano adotá-lo como mestre e decidir-se, nas questões duvidosas, consoante à sua opinião.[904] Sálvio Juliano merece o título de maior jurisconsulto provincial, quiçá de toda sua época. Foi discípulo de Javuleno e ocupou cargos importantes no império. Adriano designou-o para ordenar e redigir o *Édito perpétuo*, na mesma época que compôs, sob o nome de Digesto, uma obra sobre o conjunto do direito.[905] Sua autoridade foi tamanha, que depois dele a distinção entre as escolas, proculeana e sabiniana, desapareceu para sempre. Se havia ainda juristas que se diziam sabianos, como Pompônio e Gaio, não havia mais, porém, proculeanos. A reorganização do conselho imperial de Adriano deveu contribuir, em grande medida, para apressar sua extinção.

2) No período posterior a Adriano a ciência do direito permaneceu por algum tempo estacionária. Era a época dos vulgarizadores, mas também foi o início de um novo tempo, iniciado com Pompônio e Gaio, cujo período testemunhou a última grande apoteose do direito romano. Pompônio foi o autor mais fecundo do século II[906], Gaio se notabilizou por suas *Institutas*, que foram descobertas por Niebuhr num palimpsesto de Verona, obra que renovou o estudo do direito romano a partir de então.[907]

Nesse período surgiram também outros eminentes jurisconsultos: Cecílio Africano[908], Venuleio Saturnino[909], Volúsio Meciano, o professor de direito de Marco Aurélio.[910] No fim do século II, três nomes merecem menção especial: Úlpio Marcelo, Cervídio Escévola e Papiniano.

Marcelo deve sua reputação de grande jurisconsulto ao seu *Digesto* em trinta e um livros, que continha uma exposição sistemática do direito. Fez também anotações ao *Digesto* de Juliano e retificou e precisou as doutrinas desse jurisconsulto.

Escévola, o conselheiro de Marco Aurélio, desfrutou por longo tempo de uma merecida fama. Modestino citou-o entre os corifeus da ciência do direito.[911] Numa constituição do fim do século IV, ele foi chamado de *prudentíssimus jurisconsultorum*.[912] Deixou uma coletânea de

---

[902] Plínio. *Epístola*, I, 22; VIII, 14.

[903] Ch. Giraud, *op. cit.*, p. 306.

[904] Juliano, 42, I 278 Dig. Digesto, XL, 2, 3.

[905] "A subordinação de todos os poderes ad principado impedia que o pretor introduzisse no édito reformas essenciais sem consultar o imperador. Só faltava dar forma jurídica às relações deste com o pretor. Para esse fim, o imperador encomendou ao jurista Sálvio Juliano a definitiva redação do *Édito perpétuo*, ao qual deveriam sujeitar-se doravante os éditos pretorianos". Sohm, *op. cit.*, p. 77.

[906] Pompônio escreveu seu *Enchiridion*, na época de Adrinao; chama esse imperador de *optimus princeps* e não faz nenhuma referência ao Édito perpétuo. Seus 39 livros *ad Q. Mucium* são do reino de Antonino Pio. Seus 20 livros de *Epistulae* são posteriores a esse imperador, a quem chamava: *Divus Antoninos* (Digesto, L, 12, 14).

[907] Confuso com a sua grande descoberta, e inseguro por não ser jurista, Niebuhr chamou Savigny para confirmar a autoria da obra. Marezzol, porém, ensina que não se deve confundir a obra descoberta por Niebuhr, *Os Comentários de Gaio*, com suas *Institutas*, que foram conservadas, sob uma forma muito alterada, pelos visigodos, e que formam uma parte de sua *lex romana* (Breviário de Alarico). *Op. cit.*, p. 82. Fresquet nos informa que a Goeschen, professor em Berlim, foi confiada a missão de decifrar o palimpsesto. Traité Élémentaire de droit romain, Tomo I, p. 23, Paris, s.d.

[908] Cf. Aulo Gélio, *op. cit.*, XX, I.

[909] Digesto, XL, 14, 2.

[910] Prefeito do pretório, por volta do ano 130.

[911] Modestino 4 Excusat. Digesto, XXVII, I, 13, 2.

[912] Código Teodosiano, IV, 4, 3, 3.

Respostas em seis livros e outra de *Questões* em vinte livros. Seu *Digesto* em quarenta livros é um dos mais importantes da literatura jurídica.[913]

A celebridade de Escévola, nesse período, não encontraria outra à sua altura, não fosse o surgimento de um jurisconsulto ainda maior em mérito e em fecundidade: Papiniano.[914] Esse grande mestre do direito foi amigo de Sétimo Severo, do qual pode ter sido também parente por afinidade. Assessor dos prefeitos do pretório, depois prefeito do pretório de Severo, no início do século III, Emílio Papiniano foi executado, depois da morte de Geta, por ordem de Caracala.[915] Os antigos o consideravam como o mártir da ciência do direito. A obra de Papiniano consistia basicamente em duas coleções, uma de *Questões*, em trinta e sete livros, outra de *Respostas*, em dezenove livros. O que assegura a Papiniano a preeminência entre todos os jurisconsultos clássicos era a perfeição de seu método que referia, sem dificuldade, cada espécie, cada caso, à regra de direito que os presidia; era a sobriedade e a precisão de seu estilo, o rigor e a exatidão de seus raciocínios, a elevação de seu pensamento.[916]

Dois assessores de Papiniano, na prefeitura do pretório, Paulo e Ulpiano, são considerados também jurisconsultos clássicos de escol. Discípulo de Escévola, Paulo publicou um grande número de obras: umas, anotações sobre obras de jurisconsultos anteriores; outras, obras próprias. Além de um grande número de monografias, Paulo redigiu diversos manuais, entre os quais, em cinco livros, suas famosas *Sentenças*, que chegaram, em parte, até nós, graças a um excerto inserido na *Lex Romana Visigothorum*.

Originário de Tiro, na Fenícia, Domício Ulpiano exerceu, sob Alexandre Severo, os mais altos cargos do império. Morreu em 228, massacrado covardemente pelos pretorianos, quando ainda exercia a função de prefeito do pretório. Suas duas principais obras são: um comentário sobre o *Édito* em oitenta e um livros; um tratado de direito civil, em cinquenta e um livros, que permaneceu inacabado. Como seus predecessores, Ulpiano publicou uma coletânea de *Respostas*, dez livros de *Disputas* e seis de *Opiniões*. A primeira para o uso de seus alunos; os últimos para os práticos. Em todos esses trabalhos, Ulpiano dá prova de um grande talento de assimilação. Sabia expor com clareza e elegância as ideias de seus predecessores, às quais acrescentava observações pessoais judiciosas, o que o fez muito importante para o progresso da ciência jurídica.[917] Justiniano chamou-o de *Summi ingenii vir*.[918]

Resta-nos ainda saber como as obras dos jurisconsultos clássicos chegaram até aos nossos dias.

Esses escritos, ou pelo menos muitos deles, não teriam atravessado os séculos se não tivessem sido transmitidos, salvo os que nos chegaram isoladamente, pelo *Digesto* de Justiniano.[919] Essa coleção compreende unicamente fragmentos de suas obras. O *Digesto* foi composto de 530 a 533 por uma comissão de dezesseis membros, presidida por Triboniano, em que tinham assento dois

---

[913] P. de Francisci, *op. cit.*, p. 429-430.

[914] E. Serafini, *op. cit.*, Tomo 1, p. 46; "Este jurisconsulto, e só ele, forneceu a décima-oitava parte das pandetas". Gustav Hugo. *Histoire du droit romain*, p. 320, Bruxelas, 1840.

[915] Aulo Gélio, *op. cit.*, LXXI, 1 e 4.

[916] Papiniano não hesitava em se retratar quando reconhecia seus erros: 27 questões, Digesto, XVIII, 7, 6, 1.

[917] E. Serafini, *op. cit.*, Tomo 1, p. 47; "Domício Ulpiano é ainda hoje para nós, e sob mais de um aspecto, o mais importante de todos os jurisconsultos". Gustav Hugo, *op. cit.*, p. 321.

[918] Código, VI, 35, 10; VI, 51, 1, 9.

[919] E. Serafini, *op. cit.*, Tomo 1, p. 57 e segs. "É verdade que se perdeu uma massa enorme de obras: a maior parte dos textos que conhecemos nos chegaram através dos Digesta de Justiniano, onde foram frequentemente reformados". Pietro de Francisci. *Sintesis historica del derecho romano*, p. 415, Madri, 1954.

professores da escola de direito de Constantinopla, Teófilo e Cratino, e dois da escola de Berito, Doroteu e Anatólio.[920] Os fragmentos foram extraídos somente dos textos de jurisconsultos contemplados com o *jus respondendi*, à exceção de três autores do fim da República: Q. Múcio, Alfeno Varo e Élio Galo. A lista de todos os autores, cujas obras constavam da coletânea, aparecia no *Index Auctorum* no frontispício do *Digesto*. Justiniano diz que o número de livros utilizados foi aproximadamente de dois mil, contendo todos três milhões de linhas.[921]

Conforme as instruções que haviam recebido, os compiladores do *Digesto* não recolheram, em princípio, senão os textos que estavam de acordo com o direito em vigor no tempo de Justiniano, que, por consequência, poderiam sofrer correções. Essas correções poderiam incidir sobre a forma ou sobre o fundo do texto.[922]

As correções de forma consistiam na supressão de termos designativos de instituições obsoletas, como *in jure cessio, fidepromissio, vadimonium, vindex*, ou em substituí-los por termos emprestados de instituições análogas: *mancipare por tradere, fiducia* por *pignus*. Outras vezes os termos eram abreviados, quando se lhes davam um alcance maior do que tinham originariamente no pensamento do autor. As correções de fundo consistiam ordinariamente em adições ao texto: podemos reconhecê-las, seja pela língua que não é mais tão pura quanto a dos jurisconsultos clássicos, seja pela construção da frase que denuncia a influência da tradução grega, seja ainda pela contradição flagrante com o começo do texto.[923]

Se as interpolações de Triboniano tornaram, muitas vezes, difícil a interpretação do pensamento dos jurisconsultos clássicos, Justiniano prestou aos comentadores modernos um serviço inestimável, ao indicar no cabeçalho de cada fragmento o nome do autor e o título da obra dos quais se servira na composição do *Digesto*. Graça à inscrição que encabeça cada fragmento, pode-se hoje reconstituir, em certa medida, a obra pessoal dos diversos jurisconsultos, como também seguir a evolução da jurisprudência romana nos três primeiros séculos do império.[924]

2.5.2.5. Os práticos do baixo-império

Segundo a lei geral de tudo o que vive, a jurisprudência se esgotou depois do enorme esforço que fez até a metade do século III. Depois de então, a ciência do direito se esterilizou: o direito passou a ser aplicado burocraticamente por simples práticos. As teorias, apenas esboçadas pelos jurisconsultos clássicos, permaneceram inacabadas.[925] Durante algum tempo, ou seja, até Diocleciano, a jurisprudência resistiu pela força da inércia. Mas, no quarto século, a decadência foi rápida e devastadora. Constantino suprimiu as notas de Paulo e Ulpiano sobre Papiniano; fez, porém, uma concessão à prática: permitiu que se invocassem as *Sentenças* de Paulo nos tribunais.[926] O que parecia ser um atentado à independência dos profissionais do direito, a intervenção do imperador, realmente demonstrava a incapacidade em que se estava, nessa época, de compreender as decisões de um jurisconsulto que Justiniano chamava tão acertadamente de *vir*

---

[920] Theodoro Marezzol, *op. cit.*, p. 96-105.
[921] Philippe Malaurie, *Anthologie de la pensée juridique*, Justiniano, p. 30, Paris, 1996; Ed. Gibbon, *op. cit.*, Tomo 2, p. 177.
[922] Ch. Giraud, *op. cit.*, p. 405-406.
[923] Ch. Giraud, *op. cit.*, p. 405-406.
[924] "Cada passagem traz o nome de seu autor e a indicação da obra da qual foi extraída". Fresquet, *op. cit.*, Tomo 1, p. 28.
[925] Ed. Cuq., *op. cit.*, Introdução, p. XXVII.
[926] Código Teodosiano, I, 4, 2; J. Gaudemet. *La formation du droit séculier et du droit de l'église aux IVe e Ve siècles*, p. 72-73, Paris, 1957.

acutissimi ingenii.[927] A essas obras de alta ciência, cujo sentido lhes escapava, os práticos preferiam os manuais redigidos para os estudantes: daí o sucesso do baixo-império das *Institutas* de Gaio e das *Sentenças* de Paulo.[928]

Um século depois de Constantino, Valentiniano III, numa constituição célebre, conhecida pelo nome de Lei das Citações, pôs Gaio no mesmo nível de Papiniano, Paulo, Ulpiano e Modestino, mas, constatando uma vez mais que os juízes eram incapazes de apreciar o valor de suas decisões, declarou que em caso de desacordo entre esses jurisconsultos, dever-se-ia acolher a opinião da maioria; em caso de divisão, deveria prevalecer o ponto de vista de Papiniano. Eis a que situação chegou a jurisprudência no início do século V. Amiano Marcelino apresenta um quadro muito pouco elogioso dos legistas do Oriente no século IV.[929]

Entretanto, até o século V houve uma retomada do espírito científico no Oriente. Conservaram-se os nomes de Cirilo, Domnino, Demóstenes, Eudóxio e Patrício.[930] Merecem referência também os códigos Gregoriano[931], Hermogeniano[932] e Teodosiano.[933] No século VI, foi produzido o maior monumento dessa época de decadência: o *Digesto* de Justiniano.

2.5.3. A Influência do Cristianismo sobre o Direito Romano

Ao contrário de Hugo, que não atribuiu uma grande importância a essa influência, muitos autores modernos a reconheceram, de modo especial Savigny[934], Montesquieu[935] e Troplong[936], cujos sólidos ensinamentos, principalmente os deste último, são suficientes para convencer o mais cético estudioso do tema.

Nosso propósito, porém, não é persuadir, mas dar como coisa certa e averiguada o que para alguns poucos autores ainda constitui uma questão aberta, resistentes que são à evidência dos fatos, ou seja: o influxo das ideias cristãs sobre a jurisprudência romana. Mas, para fazer-nos compreender a respeito de um tema tão eriçado de vicissitudes históricas, entendemos que seria de bom alvitre, ainda que fosse muito resumidamente, principiar pelo antigo direito de Roma, nos albores da república. Esse direito teve três grandes períodos: o período aristocrático, o período filosófico e o período cristão. Constituiria uma tarefa improfícua tentar compreender o último, sem entender exatamente o significado dos dois primeiros.

---

[927] Código Justin, VI, 42, 30.

[928] J. Gaudemet, *op. cit.*, p. 75.

[929] Amiano Marcelino, XXX, 4.

[930] Cf. Mortreul. *Histoire du droit byzantin*, Tomo 1, p. 237, Paris, 1843.

[931] De autor e data desconhecidos, esse código tinha por fim pôr à disposição dos juristas os rescritos mais importantes, mas frequentemente mal conhecidos. A originalidade consistia na citação dos textos, em lugar de interpretá-los, como faziam os juristas clássicos. J. Gaudemet, *op. cit.*, p. 43.

[932] Parece ter sido um complemento do código gregoriano e continha constituições posteriores ao ano 293. J. Gaudemet, *op. cit.*, p. 42-43.

[933] Mais importante que os precedentes, o código teodosiano foi elaborado por uma comissão de juristas, nomeada por Teodósio II, com o encargo de completar os códigos gregoriano e hermogeniano, mediante uma recopilação de todas as constituições imperiais publicadas depois de Constantino. Outra comissão foi nomeada uma nova comissão, que terminou o trabalho em 438. Em 439, o código teodosiano entrou em vigor. E. Serafini, *op. cit.*, Tomo 1, p. 36.

[934] O direito popular se enriqueceu com o cristianismo, do qual Savigny exalta a influência: "O cristianismo não se põe somente como regra de nossas ações; de fato, ele modificou a humanidade, e ele se acha no fundo de todas as nossas ideias, daquelas que parecem ser-lhe mais estranhas e mais hostis". *Traité de droit romain actuel*, Tomo 1, cap. II, § XV, Paris, 1840.

[935] "O cristianismo deu seu caráter à jurisprudência, pois o império tem sempre relação com o sacerdócio. Podemos ver o código teodosiano, que não é mais que uma compilação das ordenações dos imperadores cristãos." *O espírito das leis*, XXIII, 21, p. 453, São Paulo, 2000.

[936] De l'influence du christianisme sur de droit civil des romains.

2.5.3.1. O período aristocrático do direito romano

A bipolaridade marcou a evolução de toda a civilização romana. Esse dualismo se fazia presente na teologia, sob a alegoria dos dois sexos, os quais deram nascimento aos fenômenos da natureza física e intelectual: *tellus, tellumo; anima, animus*. Na ordem política estava representado pelo mito dos dois gêmeos, pelas duas caras de Jano e, historicamente, pelo antagonismo dos patrícios e plebeus.[937] No direito privado, que refletiu tão vivamente as ideias religiosas e políticas de Roma, esse binômio presidiu quase todas as relações jurídicas. Sua fórmula mais ampla e mais elevada era o *jus civile* e a *aequitas*, opostos sem cessar um à outra, como dois princípios distintos e desiguais. Daí um direito duplo em quase todas as coisas: um parentesco civil (*agnatio*) e um parentesco natural (*cognatio*); o matrimônio civil (*justae nuptiae*) e a união natural (*concubinatus*); a propriedade romana (*ex jure quiritum*) e a propriedade natural (*in bonis*); o testamento e os codicilos; os contratos de direito estrito (*stricti juris*) e os contratos de boa-fé (*bonae fidei*), etc.[938]

Mas o que a vem a ser a equidade, tal como era concebida então, quanto deveria ser definida hoje? É esse direito não escrito, mas inato, que Deus gravou em nossos corações com caracteres tão profundos e que sobrevive a todas as inovações que a fraqueza dos homens inventa para corrompê-lo. A equidade dá como fundamento aos códigos que inspira a liberdade e a igualdade, os sentimentos da natureza, os afetos espontâneos do homem e as inspirações da reta razão. No entanto, a preponderância da equidade é tardia na marcha da civilização; não chega a brilhar com todo seu esplendor senão quando o homem, erguendo-se pouco a pouco de sua miséria, transpõe as eras de violência, superstição e ignorância, e se faz digno de contemplar serenamente a verdade eterna, para a qual Deus o criou.[939]

O direito civil, pelo contrário, se move no plano distinto da equidade e se adorna com o título de direito estrito, que outra coisa não é senão um conjunto de criações artificiais e arbitrárias, cuja finalidade consiste em governar por representações materiais o espírito do homem, incapaz ainda de se deixar governar pela razão. O direito civil lhe fala do alto a linguagem severa da autoridade; quer que humilhe sua inteligência não só frente ao arcano dos mitos religiosos, como diante das combinações fictícias de uma política áspera e feroz. Por isso, se põe ao nível de suas ideias para contê-lo; governa-o pela superstição e pela força.[940]

O direito civil, com sua rudeza teocrática e aristocrática, surgiu do seio de um patriciado religioso, militar e político, que imprimiu nele seus instintos de imobilidade, o gênio formalista, ciumento, dominador, alimentado na escola sombria e inflexível da teocracia etrusca. Não busquemos nesse direito primitivo a ação eficaz da equidade natural, nem a voz da humanidade que fala tão alto nos povos civilizados. Nele, as noções simples do justo e do injusto estão desfiguradas pela feroz envoltura de instituições que sacrificam a natureza às razões políticas, a verdade inata aos artifícios legais, a liberdade às fórmulas sacramentais. Tomemos alguns exemplos na família, na propriedade nas obrigações.

Em primeiro lugar, o que é a família romana? Tem como fundamento o sangue e a natureza? Não. Nada mais é que o laço civil do poder (*potestas, manus*), laço que une seus membros e mantém a coesão familiar. Ninguém é da família porque é filho, ou esposa, ou parente, mas ao

---

[937] B. Niebuhr, *op. cit.*, Tomo II, p. 263.
[938] M. Troplong, *op. cit.*, p. 14-16.
[939] M. Troplong, *op. cit.*, p. 18-19.
[940] M. Troplong, *op. cit.*, p. 19.

revés, alguém só pode ser filho, esposa ou parente pela submissão a um poder comum e absoluto reconhecido pelo direito: a *patria potestas*. Numa palavra, a família romana, criação singular de um povo nascido para o poder, não é outra coisa que o conjunto de indivíduos que reconhecem a autoridade de um só chefe. Vejamos, pois, as consequências desse direito. O matrimônio por si só (*justae nuptiae*) era um ato insuficiente para introduzir a mulher na família do marido: ela continuava, pois, em sua própria família, com o nome de matrona; mas, se das núpcias transcorria um ano de posse da mulher pelo marido (usus)[941], ou se aquelas foram celebradas segundo a cerimônia da *confarreati*[942] ou se acompanhadas das formas civis da venda fictícia (*coemptio*), então, dado que o poder constitui a família, a mulher deixava os seus e passava a fazer parte da família do marido. Esse poder impressiona sobretudo por seu caráter incontestável, absoluto, que fazia de seu titular o juiz supremo de sua esposa, a quem podia, inicialmente só, depois diante de um tribunal doméstico, condená-la à própria morte. Enquanto vivia o marido, a mulher não podia ter propriedade e as chaves da casa lhe eram confiadas a título de depósito.[943] Somente herdava do marido como filha adotiva desse pai civil.[944] Por fim, a morte do marido não lhe ensejava o retorno ao seio de sua família paterna. Um laço sagrado a retinha naquela que a adotou. Ali encontrava um tutor legal entre seus agnados ou um tutor legal da livre escolha de seu falecido esposo.[945]

Ao lado desse poder, em que o direito do mais forte se manifesta tão vivamente, existia outro que ninguém mais no mundo detinha exceto o cidadão romano: o pátrio poder.[946] Seu exercício implicava um arbítrio considerável, uma severidade cruel, uma tirania brutal; no entanto, a *patria potestas* constituía uma das bases sagradas da constituição romana. Em nome dela, o pai submetia os filhos, as mulheres dos filhos, os netos e todos os seus bens. No santuário do lar doméstico, o pai era o juiz supremo; exercia sobre os filhos poderes legais, que incluía o direito de puni-los com a morte.[947] Esse poder, porém, não lhe dava a natureza, nem procedia da filiação natural. Era apenas uma concessão feita pelo direito civil a quem se tornou pai em razão das justas núpcias[948] ou a quem se deu um estranho como filho pela ficção civil da adoção.[949]

> "Eis aqui a família romana, ensina Troplong, em sua organização tão original; ei-la aqui nessa unidade vigorosa tão a propósito para manter a disciplina, a obediência, as antigas tradições. Até onde alcança o poder do pai, a família estende também seus ramos, de modo que todos que se agrupavam em razão deste vínculo enérgico que tinham entre si o parentesco civil, chamado *agnatio*, único reconhecido pelos direito civil e sucessório. A agregação dos agnados formava a família romana, o exclusivo núcleo familiar levado em conta para formar a família política, a *gens*, agregação de famílias civis, unidas pela identidade do nome patronímico, pela comunidade de sacrifícios e pela solidariedade de obrigações e de deveres".[950]

---

[941] M. Troplong, *op. cit.*, p. 21-22.
[942] B. Niebuhr, *op. cit.*, Tomo I, p. 324.
[943] B. Niebuhr, *op. cit.*, Tomo I, p. 324.
[944] B. Niebuhr, *op. cit.*, Tomo I, p. 324.
[945] M. Troplong, *op. cit.*, p. 25
[946] M. Troplong, *op. cit.*, p. 25-26
[947] M. Troplong, *op. cit.*, p. 36
[948] M. Troplong, *op. cit.*, p. 26
[949] M. Troplong, *op. cit.*, p. 26-27.
[950] M. Troplong, *op. cit.*, p. 28.

Quanto à família natural, o direito civil não a reconhecia. Roma, inicialmente, foi surda aos reclamos dos vínculos de sangue. O concubinato, conquanto fosse admitido pelos costumes e pelas leis, nenhum efeito civil produzia; nele, o pai, a mãe e o filho, estavam todos à margem do direito civil e só podiam aspirar aos atributos necessariamente limitados do direito natural.[951]

Passemos agora das pessoas às coisas. Aqui encontramos também o mesmo antagonismo de princípios, que se manifesta tanto na classificação das próprias coisas quanto no regime jurídico de que são suscetíveis. Primeiramente, há coisas de natureza superior a todas as demais. São as que constituíam o objeto de avidez dos primeiros romanos: Ulpiano cita os fundos rústicos com todos os seus acessórios, as casas das cidades e dos campos e tudo o que compunha então o solo da Itália.[952] Ulpiano faz referência também aos escravos, que, depois da terra, eram considerados a principal riqueza das nações da antiguidade. Por fim, os quadrúpedes, cuja natureza rebelde foi domada pela natureza humana para associá-los aos seus trabalhos.[953]

A propriedade, como se sabe, era considerada o direito por excelência em Roma, e seu titular não podia ser outro senão os destinatários do direito quiritário, isto é, o cidadão romano. Daí que a propriedade das coisas enumeradas por Ulpiano fosse assegurada pela intervenção da religião e pela autoridade pública; era preciso, portanto, que o Estado estivesse representado todas as vezes que se tratava da aquisição, proteção e venda desses primeiros bens da indústria agrícola e da arte militar. Por isso, também, o direito civil chamava-os por um nome particular: *res mancipi*, para atribuir sua propriedade, e as respectivas ações possessórias, ao cidadão romano. Sua alienação, a qualquer título, estava submetida a solenidades religiosas e públicas, todas instituídas de uma forma especial, as quais só para essas coisas podiam ser empregadas: falamos da *mancipatio*.[954] Esta revestia a coisa com uma vestimenta civil que protegia o proprietário de qualquer futura exceção, por mais procedente que fosse.[955] Ao revés, se a coisa fosse alienada sem a mancipação, o comprador não adquiria a propriedade: a recebia por sua conta e risco, sem garantia, de forma que o vendedor seguia sendo o proprietário dela aos olhos do direito civil, podendo, assim, pelos meios próprios, reivindicá-la. Durante todo o tempo em que não se consolidasse a propriedade pelo usucapião, o comprador estaria à mercê do vendedor, ou seja, a *proprietas ex jure quiritum* prevalecia sobre o ato jurídico *a latere* de suas normas, ainda que este tivesse sido praticado de boa-fé.[956]

Por conseguinte, todas as outras coisas, independentemente de valor ou procedência, constituíam uma classe inferior à das primeiras, denominavam-se *res nec mancipi*, e eram indignas de participar das solenidades sacramentais da mancipação. Havia para elas um modo não civil de aquisição e alienação; a tradição bastava para fazê-las passar de uma mão a outra[957], segundo os preceitos do direito natural.[958]

Nesse sistema jurídico, pois, não há ainda senão uma espécie de domínio; o dualismo não havia irrompido no âmbito incomunicável e reservado da propriedade romana. A equidade não chegara ainda; entretanto, não tardaria em mostrar-se, a princípio, timidamente.

---

[951] M. Troplong, *op. cit.*, p. 28-29.
[952] M. Troplong, *op. cit.*, p. 30-31.
[953] M. Troplong, *op. cit.*, p. 31.
[954] M. Troplong, *op. cit.*, p. 33
[955] M. Troplong, *op. cit.*, p. 33-34.
[956] M. Troplong, *op. cit.*, p. 38.
[957] M. Troplong, *op. cit.*, p. 36.
[958] M. Troplong, *op. cit.*, p. 36.

Com efeito, se os ritos religiosos e civis, nos quais Roma assentara a garantia da propriedade, exerciam sua onipotência sobre os povos ignorantes e grosseiros, começaram eles a perder prestígio quando as inteligências se abriram às luzes naturais da equidade. Assim compreenderam os pretores; esses magistrados acudiram em socorro da boa-fé, deram ao comprador uma exceção para afastar a ação dolosa do vendedor[959] e ainda a reclamação publiciana contra terceiros, para recobrar a coisa da qual se despojara o comprador.[960] Começou, então, o antagonismo legal entre dois regimes rivais: um, o da propriedade quiritária, protegido pelo direito civil; outro, o da propriedade natural, protegido pela equidade do pretor.[961] Veremos à frente como este último se desenvolveu à sombra do estoicismo e do cristianismo, bem como a luta entre ambos terminou sob Justiniano, que levou a cabo a fusão desses dois elementos.[962]

Esses dois elementos se enfrentaram também no âmbito das obrigações. Segundo a Lei das XII Tábuas, o que obriga o homem não é a intenção manifestada pela vontade livre, não é a noção do justo e do injusto: é a palavra encerrada numa fórmula sacramental, é a religião da letra: *uti lingua nuncupassit, ita jus esto.*[963] Tudo o que estava fora da fórmula empregada se considerava como não prometido. Nada tão esclarecedor como o episódio contado por Cícero.

"C. Caniu, cavalheiro romano, homem de espírito, a quem não faltava instrução, vindo a Siracusa, não para negócio, mas para descansar, como ele mesmo dizia, afirmava que teria muita satisfação em comprar uma casa agradável próxima da cidade, para vir aí algumas vezes divertir-se com amigos e receber visitas. Esse desejo chegou aos ouvidos de um certo Pytius, que tinha um banco em Siracusa. Disse a Canius que tinha uma casa adequada, a qual em verdade não era para vender, mas que lhe oferecia para usá-la como se sua fosse, convidando-o para o jantar no dia seguinte. Canius prometeu ir e o outro, que na sua qualidade de banqueiro tinha crédito junto a todas as profissões, fez vir pescadores, encarregando-os de pescar no dia seguinte defronte a sua casa, dando-lhes detalhes dessas suas ordens.

Canius não faltou à entrevista. Encontrou magnífica festança e o mar coberto de barcos; os pescadores, uns após outros, vinham atirar aos pés de Pytius os peixes que pescavam. Canius, surpreso com o que via, exclamou: o quê!, disse a Pytius, aqui há tanto peixe e se vê tantos barcos? Sim, disse Pytius, não há senão um lugar perto de Siracusa onde se encontre peixe; é aqui que os pescadores vêm buscar água; esses homens não poderiam passar sem esta casa. Eis Canius encantado com a propriedade; obrigou Pytius a vendê-la. Pytius se fez de rogado; afinal consentiu. Canius, homem rico, que tanto desejava a casa, deu tudo o que Pytius quis e comprou-a toda mobiliada. Fez-se o contrato; o negócio foi concluído. Canius pediu a seus amigos que aí viessem; e aí todos estiveram, mas não viram nem pescadores, nem barcos. Perguntaram ao vizinho se era dia feriado dos pescadores. "Não que eu saiba, respondeu o vizinho, aqui nunca se pesca e eu não sei o que foi aquilo ontem. Eis Canius enfurecido. Mas que fazer?".[964]

---

[959] Digesto, *de except rei venditae et traditae.*
[960] Caio, IV, § 36. O pretor público, segundo se crê, viveu no tempo de Cícero.
[961] Caio, II, §§ 40, 41.
[962] M. Troplong, *op. cit.*, p. 30.
[963] Lei das XII Tábuas, 6; Cícero, *sobre el orador*, I, 57 e *Dos deveres*, III, 116.
[964] *Dos deveres*, III, 14.

Cícero conclui, lamentando: Aquiles, meu amigo e colega, não tinha ainda constituído fórmulas para atos fraudulentos. De fato, antes da exceção de dolo aquiliana, os negócios se perfaziam, malgrado os vícios subjetivos que pudessem contaminá-los. Por isso, no caso relatado acima, a venda foi concluída, sem que o direito civil, aprisionado no materialismo da letra, dispusesse de mecanismos legais para anular uma convenção arrancada pela mais grosseira velhacaria.[965]

2.5.3.2. Período filosófico do direito romano

Quando se iniciava esse período, a filosofia grega irrompia em Roma, ao mesmo tempo em que a retórica, tão temida pelos amigos dos antigos costumes, seduzia os jovens com as mais atrevidas novidades.[966] Nessa época, social e politicamente desordenada, Epicuro, sobretudo, fazia prosélitos entre os oradores, poetas e até mesmo entre os senadores.[967] O estoicismo, com suas máximas austeras, em vão tentava deter a influência crescente da indiferença voluptuosa dos céticos, se bem que, ao lutar contra a tirania política, que substituía a antiga constituição romana, pondo-se assim ao lado da liberdade, não deixava também, ainda que indiretamente, de romper com a superstição das formas materiais, sobre as quais descansava todo o edifício religioso, político e jurídico da república.

Entre estas duas vertentes filosóficas, apareceu uma terceira via, aplaudida por numerosos pensadores, que se poderia chamar de eclética, cujo representante mais ilustre foi Cícero. A ascendência de Platão sobre Cícero é evidente. O grande orador gostava de se elevar com ele, nas asas da inteligência, até as regiões sublimes do idealismo e do pensamento abstrato.[968] Com esse espírito, escreveu seu admirável *Tratado dos Deveres*, livro sábio e belo, que só é superado em sabedoria e em beleza pelo Evangelho, e seus tratados da Adivinhação e da Natureza dos Deuses, obras primas de uma filosofia tão pura, que mereceram a honra de serem queimadas, por ordem de Diocleciano, na mesma fogueira em que arderam os livros de piedade cristã.[969] Magistrado e jurisconsulto, Cícero ridicularizou, com a elegância que lhe caracterizava, a ciência formalista dos juristas, seu respeito supersticioso pelo refinamento das palavras e das sílabas, sua submissão às fórmulas sacramentais, os ritos minuciosos de suas ações em juízo, as ficções arbitrárias de seu direito.[970] Quando se pensa que o materialismo se esgotava e que, além disso, Cícero se divertia à sua custa num de seus discursos mais a propósito para cativar a atenção pública, será fácil compreender que a preponderância do velho elemento estava particularmente comprometida, ao mesmo tempo em que se elevava o prestígio da sua jovem rival, a equidade, em razão principalmente do trabalho silencioso das ideias filosóficas. Efetivamente, começavam os pretores a tomá-la abertamente sob sua proteção. Com pretexto de interpretar a lei escrita, alteravam seu rigor com inovações mais ou menos tímidas, mais ou menos dissimuladas, mas marcadas sempre com o sentimento da equidade, ao qual Roma foi surda nos séculos precedentes.

Os jurisconsultos que despontaram depois de Cícero se inspiraram no estoicismo, que lhes deu regras severas e precisas de conduta e critérios de interpretação derivados da equidade.

---

[965] M. Troplong, *op. cit.*, p. 43-44.
[966] Plínio. *Epístolas*, XXIX, I.
[967] M. Troplong, *op. cit.*, p. 48.
[968] Cícero. *Da natureza dos deuses*.
[969] Cícero. *De la divination*, II, 4.
[970] Cícero. *Pro Murena*, XII, 27 e XIII, 28.

Toda a parte moral e filosófica do direito romano, desde Labeão[971] até Caio e Ulpiano, se deve a esta escola, cujo favor foi cada vez maior junto de homens seletos que brilhavam aqui e ali no período imperial.[972] Convém esclarecer, porém, que o estoicismo de Sêneca e de Marco Aurélio[973] não tem agora as proporções estreitas e ásperas que faziam Cícero sorrir das extravagâncias de Catão[974] e de Tuberão.[975] Havia se elevado a formas mais puras e mais belas. É cada vez mais uma filosofia espiritualista que proclama o governo da Providência divina, o parentesco de todos os homens, o poder da equidade natural.

Mas, qual foi a causa dessa transformação do estoicismo, em geral? Em particular, que razões levaram Sêneca, por exemplo, a se aproximar tanto das ideias expostas no Evangelho? Antes mesmo de Sêneca, já havia ocorrido no Oriente um acontecimento capital para o destino da humanidade. A cruz sobre a qual havia sido imolado Jesus Cristo tinha se transformado no estandarte de uma religião que queria regenerar o mundo, e cujos apóstolos já haviam partido da Judeia para levar às nações a palavra evangélica. Tudo o que havia de princípios civilizadores nas diversas escolas que a intelectualidade pagã compartilhava, possuía-o o cristianismo com maior riqueza e sobretudo com a vantagem de um sistema homogêneo em que todas as grandes verdades estavam coordenadas com admirável união e colocadas sob a salvaguarda de uma fé ardente.[976] Além disso, daquele vaso de terra que como dizia São Paulo, encerrava os tesouros de Jesus Cristo[977], brotavam noções de moral que iam ao encontro das massas desamparadas pela filosofia, revelando-lhes o verdadeiro destino da humanidade nesta terra e depois da vida terrena.

O cristianismo não representou apenas um progresso em relação às verdades admitidas antes dele, foi também uma luz e um bálsamo espirituais derramados sobre as classes deserdadas da ciência e confundidas nas trevas do politeísmo. A filosofia antiga, seus méritos à parte, cometeu o equívoco imperdoável de permanecer muda diante dos males da humanidade. Encerrada no campo da especulação, em proveito de alguns homens notáveis, nunca foi mais do que uma ocupação ou diversão da inteligência, tal era a indiferença pela sorte da população em geral, e em particular pela de seus membros menos favorecidos. "Foi ela que careceu da virtude que inspirou particularmente o cristianismo: a caridade. Não soube abraçar a caridade nem em seu desenvolvimento prático nem em sua extensão lógica".[978] É certo que Platão[979] e Cícero[980], por exemplo, chegaram a esboçar ideias humanitárias com alguma generalidade. Nada, no entanto, que se comparasse ao ensinamento pregado no Evangelho, que "levava às nações os princípios desenvolvidos e a imediata aplicação dos rudimentos fragmentários do aperfeiçoamento humano a todas as categorias da sociedade".[981]

Além do mais, os princípios de seu programa filosófico foram claramente formulados por São Paulo. Eis alguns deles, tomados ao acaso: "a terra é habitada por uma grande família de

---

[971] Sobre Labeão, ver acima: escola proculeana.
[972] Ver acima: juristas clássicos.
[973] Ver acima: filosofia em Roma.
[974] *Pro Murena*, XXIX.
[975] Cícero, Bruto, XXXI, 117: "Foi medíocre como orador, mas doutíssimo como dialético".
[976] M. Troplong, *op. cit.*, p. 55-56.
[977] São Paulo, II aos coríntios, IV, 7.
[978] M. Troplong, *op. cit.*, p. 56-57.
[979] S. Agostinho. La cité de *Dieu*, Tomo 2, VIII, 74-97.
[980] *Das leis*, I, 7.
[981] M. Troplong, *op. cit.*, p. 58-59.

irmãos, filhos do mesmo Deus e regidos pela mesma lei moral[982]; os muros de separação foram derrubados; as inimizades que separavam os homens devem extinguir-se[983]; o cosmopolitismo sucede os ódios da cidade, e o cristianismo não distingue entre gregos e bárbaros, sábios e simples[984], entre judeus e gentios.[985] Esta lei nova que vem rejuvenescer a humanidade[986] não se propõe despojar a autoridade dos poderes estabelecidos.[987] Reconhece os direitos dos débeis e dos oprimidos, que os grandes terão que respeitar.[988] Ordena aos senhores a doçura no trato com seus servidores[989]; aos pais lhes diz que não irritem seus filhos.[990] Não rebela o escravo contra seu amo[991], o filho contra o pai[992], a mulher contra o marido.[993] Quer positivamente que os príncipes e magistrados sejam obedecidos.[994]

Mas, o jugo do qual livrou os homens, sem rebuços, foi o da matéria e dos sentidos[995], a fim de dar ao espiritualismo a superioridade divina. Quais são os frutos do materialismo? A dissolução, a idolatria, as inimizades, os homicídios, etc.[996] Não oferece a sociedade romana o doloroso espetáculo desta corrupção?[997] Quais são, pelo contrário, os frutos do espírito? A caridade, a paz, a paciência, a humanidade, a bondade, a castidade.[998] Que não se extinga, pois, o espírito[999]; que substitua a carne; que substitua também a letra da lei, porque a nova lei é espiritual.[1000] Vive pela verdade e não pelas formas[1001], pois nesta lei o espírito não está mais em guerra com a letra. A lei nova recomenda aos homens que permaneçam unidos pela comunidade do afeto[1002]; que haja entre eles ternura fraternal[1003]; que se ajudem com sincera caridade[1004]; que não respondam ao mal com o mal[1005], mas que amem o próximo como a si mesmos[1006], e que saibam que quando um homem sofre, todos sofrem com ele.[1007] Diante de Deus todos os homens são iguais; todos formam um mesmo corpo, judeus, gentios, escravos[1008]; todos são livres[1009] ou chamados a um

---

[982] São Paulo. *Aos Romanos*, XV, 24-28.
[983] *Aos Efésios*, II, 14.
[984] *Aos Romanos*, I, 14.
[985] *Aos Romanos*, X, 12.
[986] *Aos Efésios*, II, 6.
[987] *Aos Romanos*, XIII, 1.
[988] *Aos Efésios*, VI, 5-10.
[989] *Aos Colossenses*, IV, 1.
[990] *Os Efésios*, VI, 4.
[991] *Aos Coríntios*, VII, 21, 22.
[992] *Aos Efésios*, VI, 1.
[993] *Aos Efésios*, V, 22, 23, 24.
[994] *A Tito*, III, I.
[995] *Aos Romanos*, I, 23, 24, II, 25-29.
[996] *Aos Gálatas*, V, 19, 20, 21.
[997] *Aos Romanos*, I, 26, 27.
[998] *Aos Gálatas*, V, 22, 23.
[999] *Aos Tessalonicenses*, V, 19.
[1000] *Aos Romanos*, VII, 14.
[1001] *Aos Romanos*, II, 22-29.
[1002] *Aos Romanos*, XV, 5.
[1003] *Aos Romanos*, XII, 5.
[1004] *Aos Romanos*, XII, 8, 9, 13.
[1005] *Aos Romanos*, XII, 17.
[1006] *Aos Romanos,*, XII, 9.
[1007] *Aos* Coríntios, *XII, 26.*
[1008] *Aos Romanos*, II, 11.
[1009] *Aos Romanos,*, IV, 31.

estado de liberdade.¹⁰¹⁰ Porque a providência é igual para todos¹⁰¹¹ e a terra pertence ao Senhor com tudo o que nela se contém.¹⁰¹² Que o cristão não se refugie na morte, como o estóico, mas aceite o sofrimento, bendizendo seus seguidores.¹⁰¹³

Tal era a moral que se colocava diante de uma sociedade eriçada de desigualdades, abandonada pelas crenças religiosas¹⁰¹⁴, mas submetida a leis de ferro¹⁰¹⁵, que não conseguiram impedir o avanço do ceticismo, o progresso da corrupção e a derrocada das tradições republicanas. É curioso notar como os costumes se modificam quando se altera a relação entre o cidadão e o poder político. Quando este é tirânico, aquele ou se envilece ou se aliena; quando respeita a cidadania, a liberdade adorna o poder que a garante e eleva o cidadão que a exerce. Em Roma, com a supressão da liberdade, parecia haver uma expectativa geral de grandes e misteriosos acontecimentos. Os oráculos se calaram para sempre¹⁰¹⁶, é verdade, mas antes de terem silenciado, predisseram uma época fatal, uma crise da humanidade, sem que se soubesse com certeza se se tratava de uma condenação ou de uma benção. Fato é que "os olhares se dirigiam com sentimento de esperança inquieta para o porvir que haveria de libertar a terra e proporcionar ao homem melhores destinos¹⁰¹⁷, sob os auspícios de um divino infante.¹⁰¹⁸

Esta situação de incerteza, contudo, não suscitava apenas a esperança e a contrição, mas favorecia também o alastramento da dúvida e, com ele, a negação da virtude e a submissão ao vício. Nas classes mais elevadas e mais refinadas estavam todas as ambições, que se caracterizavam pelo tráfico da coisa pública¹⁰¹⁹, pela prevaricação dos juízes¹⁰²⁰, pelos falsos juramentos¹⁰²¹, pelo desprezo do povo¹⁰²² e da religião.¹⁰²³ "Todos os restos do epicurismo haviam atravessado também, entre prazeres e perigos, as últimas tormentas da república, e descansavam à sombra do despotismo e nas delícias de uma vida mole, das fadigas da vida militante".¹⁰²⁴

O estoicismo, única escola filosófica resistente aos vícios da época, saía de vez em quando para exibir feitos enérgicos e indiferentes à dor e à própria morte. Quando o cristianismo começou a se propagar no Ocidente, era Sêneca o mais ilustre representante da escola estoica. Suas obras são admiráveis e sua influência sobre o progresso ulterior do estoicismo foi grande.

[1010] *Aos Romanos,*, V, 13.
[1011] *Aos Efésios*, IV, 6.
[1012] *Aos Coríntios*, X, 26.
[1013] *Aos Romanos*, XII, 14.
[1014] M. Troplong, *op. cit.*, p. 43.
[1015] *Ferrea jura*; Virgílio, Geórgicas, II, 522.
[1016] Os oráculos se calaram, precisamente na "plenitude dos tempos". Mas já bem antes havia filósofos que os atacavam: epicuristas, cínicos e aristotélicos. Cicero combatera os oráculos de Pítias e de Delfos (*De la divination*, I, 19; II, 41, 57); Estrabão desdenhava de todos (Geografia, XVI, XVII)". Não era a fé que faltava aos oráculos, eram os oráculos que faltavam à fé. No tempo da juventude de Plutarco um grande número deles foi reduzido ao silêncio. Em lugar de falar em versos, como o fazia antes, a Pítias falava em simples prosa (Plutarco, de Orac. Def. e Cur Pítia versus non respondeat). E que versos insignificantes! Como o Deus recebia mal seus clientes! Para o povo, este silêncio era uma imensa calamidade; para o paganismo letrado e devoto, um desmentido terrível. Lucano chama o silêncio de Delfos a maior calamidade de seu tempo, o tempo de Nero! Todos se perguntavam pela causa do desastre: será que um fluido muito santo e muito divino nos visita?" (De Champagny, *op. cit.*, *Os Antoninos*, Tomo 1, 435-437).
[1017] Ver acima: a religião romana.
[1018] Égloga IV, de Virgílio.
[1019] Cícero. *Carta a Ático*, IV, 18.
[1020] Cícero. *Carta a Ático*, IV, 16.
[1021] Cícero. *Carta a Ático*, IV, 18.
[1022] Montesquieu. *Grandeza y decadencia de los romanos*, X, p. 85 e segs, Barcelona, 1920.
[1023] Montesquieu, *op. cit.*, X, p. 86-87.
[1024] M. Troplong, *op. cit.*, p. 67.

Sêneca tinha aproximadamente sessenta anos quando São Paulo, ao invocar sua cidadania romana, levou a Roma sua filosofia tão ardentemente espiritualista. Sabido é que o grande apóstolo, cuja palavra comoveu Agripa, Berenice e o procônsul Sérgio[1025], predicou livremente naquela cidade durante dois anos completos[1026]; sofrendo ali um processo no qual fez sua própria defesa.[1027] É para crer que a novidade daquele ensino e o ruído daquele processo, tenham sido ignorados por Sêneca, cujo espírito se alimentava sem cessar de grandes problemas filosóficos e sociais? Além do mais, Sêneca devia conhecer São Paulo pela notoriedade que apóstolo desfrutava na cidade, antes mesmo da chegada do santo na capital do império, porque Galião, seu irmão mais velho, se envolveu, durante seu proconsulado na Acaia, na pendência dos judeus de Corinto contra São Paulo. Os inimigos do apóstolo levaram-no ao tribunal de Galião, como responsável pela disseminação de superstições novas, sendo certo que Galião, sem ouvir sequer sua defesa, o absolveu[1028], com uma moderação e um espírito de tolerância que justificavam os elogios que seu irmão, Sêneca, lhe tributava.[1029] Ora, a intimidade dos dois irmãos era grande; Sêneca dedicou a Galião seu *Tratado da Ira*[1030] e o *Tratado da Vida beata*[1031], ademais, fala frequentemente dele em suas obras, com os mais vivos protestos de amizade e consideração.[1032] Como, pois, supor que Galião tivesse omitido do irmão o incidente notável ocorrido em seu proconsulado, tanto mais quanto a absolvição de São Paulo, deixara insatisfeito um segmento da população que o acusava de tentativas de insurreição no Oriente?[1033] Por outro lado, é indubitável que o cristianismo, em sua aurora, se irradiou até Roma e se adiantou à chegada de São Paulo.[1034] De fato, em sua epístola aos romanos, o grande apóstolo saúda certo número de cristãos que designa por seus nomes[1035] e exalta sua fé já conhecida em todo universo[1036]; enfim, desde seu desembarque em Puzol, no caminho entre esta cidade e Roma, vários irmãos foram recebê-lo.[1037] Durante sua estadia na cidade eterna, Paulo não deixou de escrever[1038], de celebrar conferências, de converter.[1039] Sua palavra penetrou até no palácio do imperador, onde encontrou fiéis e irmãos.[1040]

Assim, pois, a verdade evangélica havia se disseminado na capital do mundo; estava ali lado a lado com Sêneca, arrostando corajosamente as calúnias pelas quais se preludiavam as perseguições, esses suplícios de refinada atrocidade[1041], mas que também eram um meio de dar a conhecer o cristianismo e de fazê-lo interessante e simpático.[1042] Além disso, "a verdade tem um

---

[1025] *Atos dos Apóstolos*, XXVI, 26, 30.
[1026] *Atos dos Apóstolos*, XXVIII, 30, 31.
[1027] São Paulo, II a Timóteo, IV, 16.
[1028] *Atos dos Apóstolos*, XVIII, 14.
[1029] Sêneca. *Consolación a Helvia*, XVI.
[1030] Os livros da Ira foram escritos na época de Calígula e publicados após a morte deste imperador.
[1031] Obra escrita na velhice do autor.
[1032] *Consolación a Helvia*.
[1033] *Atos dos Apóstolos*, XXI, 38.
[1034] *Aos romanos*, I, 8; *Atos dos Apóstolos*, XXVIII, 15.
[1035] XVI.
[1036] I, 8.
[1037] *Atos dos Apóstolos*, XXVIII, 15.
[1038] Quase todas as suas epístolas foram escritas em Roma.
[1039] *Atos dos Apóstolos*, XXVIII, 21.
[1040] *Aos Filipenses*, IV, 22.
[1041] Ver infra: tópico sobre as perseguições.
[1042] Tertuliano, *Apologétique*, L, p. 108, Paris, 1961: "Quem, com efeito, nestes suplícios, não se sente comovido e procura o que há no fundo deste mistério?"

poder secreto para se difundir e propagar-se; se apodera dos espíritos, sem que estes o advirtam, e germina neles como as boas sementes, que lançadas ao acaso pelos ventos em terra propícia, se convertem rapidamente em árvores, sem que nenhum olho atento possa divisar o mistério de seu nascimento".[1043] Para quem leu Sêneca com atenção, tem que concordar que há em sua moral, em sua filosofia, em seu estilo, um reflexo das ideias cristãs que colore suas composições com uma luz nova. Sêneca escreveu um belo livro sobre a Providência, que, no tempo de Cícero, ainda não tinha um nome em Roma.[1044] Fala de Deus com a linguagem do cristão, porque não somente o chama de Nosso Pai[1045], mas também quer, como na oração dominical, que se faça a sua vontade.[1046] Ensina que o Pai deve ser honrado e amado.[1047] Vê entre os homens um parentesco natural[1048], que lembra a fraternidade universal dos discípulos de Cristo. Com que filantropia ardente reivindica, para os escravos, os direitos da humanidade![1049] Não são estas também as palavras de São Paulo?

Não há por que duvidar quanto à influência do cristianismo sobre Sêneca e sobre o estoicismo em geral.[1050] Ora, se a moral cristã espiritualizou a escola estoica, por que não haveria de humanizar o direito romano? Quando chegamos à época em que floresceram os jurisconsultos romanos, ou seja, a partir do século II, a linguagem da jurisprudência é muito diferente do que havia sido dois séculos antes. "A escravidão, disse Florentino, é uma prescrição do direito das gentes, pela qual alguém está submetido ao domínio de outrem, contra a natureza: *contra naturam*".[1051] "A natureza estabeleceu entre os homens certo parentesco", disse o mesmo jurisconsulto.[1052] Da mesma forma, Ulpiano: "No que concerne ao direito natural, todos os homens são iguais".[1053] Pode-se crer que aquelas palavras ardentes, anúncios de um novo mundo e de um novo homem, resultassem improdutivas? Não parece absurdo pensar que o cristianismo fosse o único a não ministrar seu contingente à massa comum das ideias, estando como estava de posse das mais comunicativas e civilizadoras?[1054] Na verdade, sua influência, real e palpável, se insinuava por todas as fissuras de um edifício que cambaleava; tomava gradualmente o lugar do velho espírito que se ia; renovava o que ficava.

Esta renovação, porém, não se fez *ex abrupto*. A veneração romana pelo passado, notadamente quanto ao direito, indicava outro caminho a seguir. Era este o dos melhoramentos lentos e sucessivos. A equidade pediu sua parte de influência, não como soberana que trata de expulsar um usurpador, mas de uma companheira que oculta, sob uma aparência tímida, seu propósito de dominação. Os jurisconsultos a definiam como um suplemento do direito ainda não previsto, como um abrandamento das normas jurídicas nos casos duvidosos.[1055] Ao passo que o direito

---

[1043] M. Troplong, *op. cit.*, p. 76.
[1044] Carta LXXIV.
[1045] *Deus é nosso Pai*, Carta CX.
[1046] Carta LXXIV.
[1047] Carta XLVII.
[1048] Carta XC.
[1049] Carta XLVII.
[1050] M. Troplong, *op. cit.*, p. 88-91.
[1051] *Digesto*, IV, 1, *de statu humin*.
[1052] *Digesto*, III, *de just. et jure*.
[1053] *Digesto*, XXXII, *de reg. juris*.
[1054] M. Troplong, p. 89.
[1055] Cícero. *Pro Cluêncio*, XXXIII.

civil representava a solenidade legal[1056], a equidade representava a humanidade natural.[1057] Mas convém não se enganar. Sob a aparência de conciliação e de bom companheirismo, se ocultava uma temível antítese para o direito civil. O que se queria no fundo era reduzi-lo à impotência, ao mesmo tempo em que se lhe tributavam protestos de respeito. Os dois elementos se confrontavam: o direito civil se encontrava reduzido ao pior papel, o da defensiva. A seus próprios domínios era levada a guerra, nos quais a equidade iria triunfar. Sob a bandeira desta marcharam todos os jurisconsultos filósofos, que, desde Cláudio, iriam corrigir pela equidade o que o direito civil tinha de demasiadamente nacional, isto é, de duro.[1058] Que dizer, também, de todos os pretores cujos éditos, inspirados nos ensinamentos cristãos e estóicos, foram armas de destruição poderosas para abrir brechas tremendas no velho direito e estender o domínio da igualdade civil e da liberdade? Vejamos como este objetivo, que era o mesmo que perseguia o cristianismo num plano mais amplo, influiu sobre as decisões pretorianas. Recordemos alguns exemplos: podiam ser escolhidos imperadores fora de Roma; a cidadania romana foi estendida a todos os súditos do império[1059]; a propriedade natural (*in bonis*) passou a gozar quase das mesmas vantagens da propriedade quiritária[1060]; ao lado do usucapião, que só protegia a posse itálica[1061], criou-se a prescrição para os bens provinciais[1062]; o direito de testar se estendeu aos filhos, quanto aos bens castrenses[1063], às mulheres[1064], e a todos os súditos do império[1065]; criaram-se, além das previstas no direito civil, mais duas fontes de obrigações: os quase contratos e os quase delitos[1066]; entendeu-se, como cláusula integrante de todos os contratos, o princípio da boa-fé[1067]; as ações da lei, com suas palavras sacramentais, foram substituídas, em parte, pelo sistema das fórmulas, mais simples e menos desumano.[1068]

2.5.3.3. Período cristão do direito romano

O paganismo estava ainda muito arraigado na sociedade. Desprezado como culto, vivia nos costumes. Ora, nada exige do legislador mais moderação e sabedoria que esse poder do costume, que resiste tão violentamente quando se trata de suprimi-lo. Por outro lado, o poder espiritual, no qual Constantino gostava de se inspirar, não tinha organização homogênea que chegaria a ter mais tarde com os grandes papas. Tal foi a situação em que se encontrava o primeiro imperador cristão.

Como vimos acima, a jurisprudência clássica havia deixado sistemas completos sobre a família, a propriedade, as obrigações e o procedimento; e teria sido muito difícil, em meio de con-

---

[1056] M. Troplong, *op. cit.*, p. 95.

[1057] M. Troplong, *op. cit.*, p. 95.

[1058] M. Troplong, *op. cit.*, p. 96-97; Suetônio, *op. cit.*, *Cláudio*, XIV.

[1059] Tácito, *Anais*, II, 23.

[1060] M. Troplong, *op. cit.*, p. 99-100.

[1061] Caio, II, 46.

[1062] Ulpiano. *Digesto*, I, X, *de servit*.

[1063] Ulpiano, Frag., XX, nº 10.

[1064] Ulpiano, Frag., XX, nº 15.

[1065] Ulpiano, Frag., XX, nº 14.

[1066] "Todos os fatos lícitos, voluntários, outros que não a convenção, que são sancionados pela lei, fazem nascer obrigações *quasi ex contractu*; há fatos ilícitos, que é preciso punir, mas fora da lista de delitos, que dão lugar a obrigações *quasi ex delicto*. R. de Fresquet. *Traité élémentaire de droit romain*, Tomo 2, p. 68-70, Paris,

[1067] Cícero. *Da natureza dos deuses*, III, 30.

[1068] Felipe Serafine, *op. cit.*, Tomo 1, p. 256.

flitos interiores e exteriores, de lutas teológicas e da resistência dos costumes pagãos, substituí-los por um trabalho de codificação harmônico e permanente. O que era realizável e aconselhável a fazer, o mais urgente, era melhorá-los, da mesma forma que aqueles sistemas melhoraram a jurisprudência aristocrática.[1069]

Como tudo não podia ser feito pelas leis, Constantino recorreu à persuasão para preparar o caminho que haveria de conduzir à supremacia da equidade relativamente do direito quiritário. Esta, secundada imediatamente pelo cristianismo, se expandiu consideravelmente. Muitas coisas que a filosofia pagã considerou como de direito natural, foram consideradas como de direito estrito pela filosofia cristã, que partia de um ponto de vista mais abrangente. Esta tarefa de humanização do direito foi confiada por Constantino aos bispos. Estes, investidos de numerosos privilégios temporais, foram colocados, por assim dizer, ao lado dos cidadãos para iluminá-los com seus conselhos, dirimir suas pendências e proteger os mais fracos. Esta intervenção episcopal se desenvolveu em grande escala; chegou a ser o princípio da jurisdição eclesiástica, que tão grande papel desempenhou nas trevas da idade média.[1070] Com efeito, pela ascendência que desfrutava o clero atraía espontaneamente para sua jurisdição uma quantidade de cidadãos de tal modo elevada, que se viam bispos passar jornadas inteiras prevenindo ou solucionando conflitos. Os próprios pagãos, impressionados pela sabedoria daqueles juízes da Igreja, chegavam para consultá-los e submetiam seus interesses à decisão dos prelados.[1071] Esta espécie de mediação, aconselhada por São Paulo, manteve a paz entre os cristãos da primitiva Igreja.[1072] Ampliada, a partir de Constantino, pelo favor popular e pelo apoio dos imperadores, contribuiu poderosamente para introduzir a sabedoria cristã nas relações civis.[1073] As sentenças dos bispos, independentes das formas judiciais, iluminaram o direito como a razão e a equidade.[1074] Tinham mais em conta a boa-fé que a sujeição às palavras[1075], os direitos da natureza que o direito estrito, os preceitos religiosos e morais que os preceitos civis. Enfim, a caridade, a benevolência, a verdade, reinavam naquele tribunal mais humano e mais distante do espírito contencioso[1076] que a justiça oficial do prefeito do pretório. Além de tudo, como protetor dos débeis, o bispo se interpunha entre o amo e o escravo, entre os pais e os filhos[1077]; corrigia os abusos da autoridade e as administrações ruinosas. Os pupilos estavam sob a sua proteção e velava para que fossem assistidos por tutores e curadores.[1078] Aliás, foi precisamente pela solicitude dos bispos por esses seres débeis que sobreveio a importante lei de Constantino que concedeu aos menores uma hipoteca legal sobre os bens de seus tutores.[1079]

Coube a um imperador do Oriente a glória incomparável de adornar a legislação com os adereços dos princípios cristãos. Justiniano amava a fama: a de grande legislador ninguém podia roubar-lhe. É verdade que grandes censuras lhe foram feitas: a mobilidade de suas ideias, as jactâncias orientais de seus conselheiros, sua ignorância sobre as antiguidades históricas do direito, seu estilo ampuloso e difuso. Há nelas uma parte de verdade. Contudo, cumpre confessar

---

[1069] M. Troplong, *op. cit.*, p. 114.
[1070] M. Troplong, *op. cit.*, p. 116.
[1071] M. Troplong, *op. cit.*, p. 117.
[1072] *Aos Coríntios*, VI, I e segs.
[1073] M. Troplong, *op. cit.*, p. 117.
[1074] M. Troplong, *op. cit.*, p. 117; São Paulo, *Carta a Timóteo*, III, 3.
[1075] São Paulo, *aos romanos*, III, 13; M. Troplong, *op. cit.*, 118.
[1076] São Paulo, aos romanos, II, 8.
[1077] M. Troplong, *op. cit.*, p. 118.
[1078] M. Troplong, *op. cit.*, p. 118.
[1079] M. Troplong, *op. cit.*, p. 119.

com Troplong que o direito do qual Justiniano foi o intérprete nos parece muito superior ao que se admira nas obras dos jurisconsultos clássicos do século de Alexandre Severo.[1080] O fundo é excelente; superou o direito da época clássica da mesma forma que o cristianismo triunfou sobre o gênio do estoicismo. Fez pela filosofia cristã o que Labeão e os Caios fizeram pela doutrina do Pórtico. Sem dúvida, o fez com menos arte; mas pôs na obra tanta ou maior perseverança e firmeza. Este constitui seu mérito imortal.[1081]

Justiniano foi um inovador completo. O gênio grego eclipsava nele o gênio romano, e o teólogo dominava o jurisconsulto. Daí seus defeitos e suas qualidades. Era sutil, eloquente e polemizador; mas um bom senso natural, derivado das fontes da filosofia cristã, prevenia os extravios do sofista. Seu tempo, também, era outro e outra era a situação do império. "O mundo já não pertencia a Roma; havia sido conquistado pela fé católica. Havia chegado, pois, o tempo de acabar com o fetichismo do direito estrito, tão contrário ao espírito cristão, que atrasou enormemente o desenvolvimento do direito natural. Justiniano o atacou de frente, o perseguiu em *topos* os refolhos da jurisprudência, em proveito da equidade. Sua nobre ambição foi o de arrancá-lo de seu trono curul, assim como pela vaidade mesquinha fez descer Teodósio de sua coluna de prata".[1082] Este temperamento explica o porquê de seu trabalho de demolição das obras de Papiniano, Ulpiano e de outros grandes intérpretes do século III. Tomou deles tudo o que lhe pareceu de direito cosmopolita; rechaçou, porém, tudo o que exibia um caráter romano. Acomodou os elementos segundo a importância de cada um e, também, por alterações de texto, as ideias mais avançadas que as suas, a um direito mais simples, mais equitativo, mais filosófico que aquele que os jurisconsultos clássicos haviam expressado. Talvez tenha prescindido do respeito devido aos gênios; mas sua finalidade foi boa e louvável. Quis livrar a jurisprudência do século VI de uma tutela retrógrada. Cristão e homem de sua época, se atreveu a cortar pela raiz os laços com um passado aristocrático e pagão. Então, silenciou para sempre o antagonismo que dividia a jurisprudência".[1083]

Vejamos, por meio de alguns exemplos, como isso aconteceu: a igualdade se apoderou das pessoas e das coisas; apagou as diferenças entre todos os libertos e nivelou as categorias livres, ao mesmo tempo que melhorou a situação dos escravos; não fez distinção entre o parentesco masculino (*agnatio*) e o parentesco feminino (*cognatio*), o que levou à dissolução da família romana. Equiparou as coisas *mancipi* e as coisas *nec mancipi*, o que redundou na extinção da propriedade romana. As ideias de Constantino sobre os pecúlios se generalizaram, com o que aumentaram os direitos dos filhos de família; as filhas e os netos se igualaram aos filhos para as condições da deserdação; o poder, que havia sido exclusivamente a base da substituição exemplar, cedeu seu lugar aos laços de sangue e do afeto; as ficções desapareceram; a emancipação não rompia mais o vínculo com a família; e a família civil se confundiu, sob este novo ponto de vista, com a família natural. A equidade despoja a adoção dos direitos exagerados que lhe conferia o direito civil; as formas minuciosas e sacramentais foram suprimidas dos testamentos, das estipulações, do procedimento, etc.; as diferenças entre os legados *per damnationem*, *per vindicationem* e *per praeceptionem et sinendi modo*, foram suprimidas; todos os legados se confundiram por assimilação ditada pela razão. Mas ainda, os fideicomissos lhes foram igualados e passaram a operar

---

[1080] M. Troplong, *op. cit.*, p. 136.
[1081] M. Troplong, *op. cit.*, p. 136.
[1082] Ed. Gibbon, *op. cit.*, Tomo 2, p. 207 e segs.
[1083] M. Troplong, *op. cit.*, p. 138.

diretamente; o benefício de inventário, relativo aos soldados, foi estendido à generalidade dos cidadãos. Justiniano deu às mulheres garantias para a conservação de seus dotes e criou, em seu favor, uma hipoteca geral e tácita; reduziu de doze para seis por cento a taxa de juros.[1084] Mas, por grandes que possam parecer estas inovações e outras ainda que seria cansativo enumerar, não se podem comparar com a teoria das sucessões devida a Justiniano: ela só bastaria para imortalizar seu nome e desarmar seus detratores.[1085]

[1084] Ed. Gibbon, *op. cit.*, Tomo 2, cap, XIV.
[1085] M. Troplong, *op. cit.*, p. 141.

CAPÍTULO 3.

O DECLÍNIO DO PAGANISMO E A ASCENSÃO DO CRISTIANISMO. A PLENITUDE DOS TEMPOS

Desde que a ideia de fim passou a ser associada ao processo histórico, vem ocorrendo aos espíritos, religiosos ou não, indagar sobre o sentido da expressão *a plenitude dos tempos*, a que se referiu o apóstolo Paulo, na carta aos gálatas.[1086]

Se esta questão é erigida à dignidade de ponto de partida do presente capítulo, não é para tornar patente a sujeição da história a algumas leis mecânicas que excluem a vontade humana, mas para investigar a presença de uma certa ordem que dá sentido ao processo histórico, em cuja legalidade veneramos o governo de uma providência superior, ainda que a esta não consigamos compreender inteiramente. Daí que a "plenitude dos tempos" apareça para nós como o conjunto de circunstâncias cronológicas, em meio das quais germinou e se desenvolveu a semente depositada na terra pelo Filho de Deus feito homem.

Chamamos, pois, *plenitude dos tempos*, principalmente, à expansão do mundo cultural greco-romano, que se estendeu a todas as regiões costeiras do mar mediterrâneo. Com razão se dá muita ênfase ao papel aglutinador do império romano, no qual regia uma só lei e uma só vontade política; no qual duas línguas serviam de instrumentos a dois segmentos sociais distintos: o grego, para o intercâmbio intelectual da classe culta e o latim, que, quando não era falado, era entendido por todos; no qual, enfim, sob o reinado da paz e da tranquilidade, não se podia sequer pensar em sérios perigos exteriores. Foi precisamente naquele meio que a nova doutrina, a boa nova, encontrou um terreno propício para sua expansão. Mas o império romano não engendrou sozinho essas circunstâncias. Seu advento pressupunha uma fusão cultural prévia, com algumas exceções, das nações então conhecidas, que tiveram que ser conquistadas militar e politicamente. Este papel político e militar coube a Alexandre; aquela fusão cultural, ao helenismo.

Qualquer quadro que se pretenda pintar do mundo helenístico, deve começar com Alexandre Magno. Sua conquista do Oriente marca um ponto de inflexão na história do mundo antigo. Da situação criada por esta conquista surgiu uma unidade cultural sem paralelo no passado, que ia ser desafiada e destruída sucessivamente pelo cristianismo e pelas conquistas do Islão. O novo fato histórico que Alexandre perseguiu e tornou possível foi a união do Oriente e do Ocidente, façanha política que se desfez com a sua morte prematura. A despeito desta, a fusão de culturas continuou ininterruptamente seu caminho através dos séculos, tanto em forma de processos de união a nível regional, como pelo auge de uma cultura supranacional e helenística, comum a todos elas. Quando finalmente Roma dissolveu as distintas entidades políticas da zona e as transformou em províncias do império, limitou-se a dar forma a uma homogeneidade que já havia sido deflagrada e, marginalmente, sobrevivia há um largo tempo.

[1086] *Aos Gálatas*, IV, 4.

A bem da verdade, a conquista de Alexandre, por sua vez, foi precedida por um período preparatório, tanto no Oriente como no Ocidente. Ambas as regiões haviam alcançado o máximo nível de unificação em seus próprios reinos, especialmente em termos políticos: Oriente tinha se unificado sob o governo persa, o mundo grego sob a hegemonia macedônia. Dessa forma, a conquista da monarquia persa pelos macedônios constituiu um acontecimento que afetou a totalidade do mundo oriental e ocidental.

De forma não menos importante, se bem muito diferente, o desenvolvimento cultural havia preparado também ambas as partes para os papéis que teriam de desempenhar na nova situação que se apresentava. As culturas se combinam de maneira mais satisfatória quando o pensamento de cada uma delas se emancipa suficientemente de suas particularidades locais, sociais e nacionais, para assumir certo grau de validade geral e, portanto, se faz suscetível de transmissão e de intercâmbio, ou melhor, quando dito pensamento não mais fica confinado a fatos históricos específicos, como a *polis* ateniense ou a sociedade de castas oriental, e adota uma forma mais livre de princípios abstratos que são aplicáveis a toda humanidade; que podem ser aprendidos, argumentados e cotejados com outros no âmbito da discussão racional.

Quando Alexandre fez sua aparição na história, a Hélade havia alcançado, tanto de fato como pelo que se refere à sua própria consciência, aquele estado de maturidade cosmopolita, acima enunciado, sendo esta a condição prévia que favoreceu seu êxito e que tinha um equivalente negativo no resto do *orbe*. Os ideais de um Píndaro dificilmente teriam sido possíveis na corte de um Nabucodonosor ou na de um Artaxerxes ou sequer na burocracia de seus reinos. Desde Heródoto, o *pai da história*, a Grécia havia se interessado pelos costumes e opiniões dos "bárbaros", ainda que o ideal helênico tivesse sido concebido só para os gregos, e dentre estes só para os nascidos livres ou para os cidadãos que gozavam de plenos direitos. Os ideais morais e políticos, a própria ideia de conhecimento, se associavam a condições sociais muito concretas, sem nenhuma referência à generalidade dos homens, posto que essa ideia abstrata não existia ainda como uma realidade prática. Não obstante, a reflexão filosófica e o desenvolvimento da civilização urbana, que vieram à luz no século que precedeu a Alexandre, conduziram ao seu aparecimento e formulação explícita. "Como resposta aos sofistas, que se entrincheiravam na relatividade do mundo dos homens e das normas, os socráticos e platônicos invocaram, não a tradição, mas o conhecimento conceitual do inteligível, a saber, a teoria racional, visto que o racionalismo traz em si mesmo o germe do universalismo. O deterioramento interno das antigas cidades-estado e a perda de sua independência externa debilitaram o aspecto particularista de suas culturas e fortaleceram a consciência do que estas últimas tinham de validade espiritual e de aplicação universal. Assim, pelas conquistas de Alexandre, a ideia de cultura helênica se generalizou a tal ponto, que se tornou possível afirmar que alguém era helênico não por nascimento, mas por educação, de forma que um bárbaro poderia revestir a condição de heleno, independentemente do lugar em que houvesse nascido. A entronização da razão, como o elemento constitutivo mais elevado do homem, havia levado ao descobrimento do homem como tal, ao mesmo tempo que à concepção do helenismo como uma cultura humanística geral, onde a cidadania grega se converteu em mero assunto de qualidade e de atitude mental, doravante aberta à filiação de todo sujeito racional, ou seja, a todo homem. Ser um bom cidadão do cosmos, um cosmopolita constituía a finalidade moral do homem, sendo que o direito a esta cidadania se obtinha, única e exclusivamente, com a posse do logos ou razão, único atributo que distingue o homem e o situa junto ao próprio princípio que governa o universo".[1087] Surgia pela primeira vez na história, com o helenismo, uma certa vaidade em ser homem, sentimento que foi levado às últimas consequências com os estóicos e os cínicos, relativamente aos atributos superiores do ser humano. Mas, tendo os homens também outros inferiores, era natural que, a exemplo daqueles, estes tivessem igualmente seus apologistas e seguidores, uns e outros personificados no hedonismo, no epicurismo e no naturalismo individualista.[1088]

O helenismo continha em si, *in nuce,* pois, os ideais do *cosmopolitismo,* do *individualismo* e do *racionalismo.* Se somarmos a estas características a relativa paz então vigente no império, a *pax romana*[1089], teremos, então, descortinado diante dos olhos, o quadro vivo, expressivo e colorido do que foi outrora a plenitude dos tempos, tal como a definimos no início deste capítulo, relativamente à situação cultural, sobre a qual o cristianismo iria deixar indelevelmente impressa a sua marca.

Como, e em que medida, o cosmopolitismo, o individualismo e o racionalismo influenciaram a gestação da plenitude dos tempos? É difícil dimensionar a participação de cada elemento na configuração do todo, mas é possível afirmar que o cristianismo não poderia ter germinado e se desenvolvido, a despeito das perseguições que viriam em breve ameaçá-lo, senão à sombra de uma relativa paz, sob cujo patrocínio se expandia o processo de homogeneização cultural do império, bem como a tendência à crescente afirmação da individualidade humana, baseados, aquele e esta, na racionalidade comunicativa herdada dos gregos. Diremos, agora, algumas palavras sobre essas características do helenismo: a) o cosmopolitismo; b) o individualismo; c) o sincretismo religioso; d) a racionalidade, que acabaram por dar um conteúdo universal ao poder político e militar do império romano e favorecer a ascensão da nova religião.

a) O cosmopolitismo

Fustel de Coulanges, em seu livro que nasceu clássico sobre a cidade antiga, professava o que se poderia chamar, sem nenhum exagero, de "espiritualismo histórico".[1090] Segundo o celebrado autor francês, se hoje o homem não se governa como o fazia há vinte e cinco séculos, isso se deve ao fato de que não pensa hoje como pensava então.[1091] Daí a tese fundamental de que "a história não estuda somente os fatos materiais e as instituições. Seu verdadeiro objeto de estudo é a alma humana; a história deve aspirar a conhecer o que esta alma creu, pensou e sentiu nas diferentes idades da vida do gênero humano".[1092]

Desde esse ponto de vista, o que domina e preside a formação dos grupos humanos é a religião. Isto vale tanto para a família, como para os mais dilatados impérios. É a adoração em comum dos próprios deuses o que fixa os contornos da sociedade humana. Fundada sobre o culto religioso do lar, isto é, do fogo doméstico real e não de uma simples metáfora, cada família surge primeiro como uma sociedade fechada, cujo próprio culto a separa das demais: a religião não dizia ao homem, mostrando-lhe outro homem: eis aqui teu irmão. Mas, dizia-lhe: eis aqui

---

[1087] Hans Jonas. *La religión gnóstica*, p. 40, Madri, 2000.
[1088] Ver acima, a filosofia em Roma.
[1089] Ver a nota 1150.
[1090] *A cidade antiga*, Lisboa, 1937.
[1091] *A cidade antiga*, Tomo 1, p. 281.
[1092] *A cidade antiga*, Tomo 1, p. 143.

um estrangeiro. Ele não pode participar dos atos religiosos de tua casa; não pode aproximar-se do jazigo da tua família, porque ele tem outros deuses diferentes dos teus e não pode unir-se a ti numa oração em comum. Teus deuses recusam a sua adoração e o veem como um inimigo; ele é também teu inimigo.[1093]

Ainda que não se compartilhem as razões de Fustel de Coulanges, o bom senso há que se curvar ante a evidência dos fatos: a sociedade pré-helênica era estreita, egoísta, autorreferente e discriminadora. Nenhuma ideia universal, nenhuma concepção abstrata relativa à natureza humana poderia ali germinar e se desenvolver; nenhuma verdade poderia transcender os limites que lhe impunham os muros da *polis*. A difusão da boa nova tinha que esperar pelas conquistas de Alexandre; era mister, pois, aguardar a plenitude dos tempos.

A primeira consequência da expansão do mundo foi a assimilação cultural e linguística dos povos nativos, cujos membros participavam, em igualdade de direitos, de uma vida comum, que incluía tanto os conquistadores como os conquistados. "Este fato registra uma importante diferença com relação à primeira colonização grega da costa mediterrânea, que, em nenhum momento, contemplou a possibilidade de uma fusão entre colonizadores e nativos. A colonização que se seguiu a Alexandre intentou desde o princípio, como parte de seu programa político, uma simbiose totalmente nova, que, se bem perseguia uma clara helenização das nações, exigia também, para triunfar, uma ação civilizadora em relação a estas.[1094] Na nova área geopolítica, o elemento grego, e portanto universal, deixou de depender da contiguidade geográfica com o país natal, a Grécia, ou com o que havia sido até então o mundo grego, e se estendeu até as regiões mais distantes do que viria a ser o império romano.

Roma empregou seus primeiros séculos em aumentar seu território, assim como o laborioso camponês aumenta a sua propriedade, ou seja, através da disposição e do trabalho. Depois, seduzida pela riqueza e pelo luxo, pôs-se a fazer conquistas.[1095] Como todos os conquistadores, Roma continuou a conquistar, simplesmente porque havia começado um dia a fazê-lo. Suas primeiras guerras, mais difíceis, levaram a outras, mais necessárias e mais fáceis. Até que um dia acabou por crer que tinha a missão de submeter os outros povos, isto é, a conquista se tornou para ela uma missão: *tu regere imperio populos, romane memento*. Havia chegado o momento em que caberia ao império romano levar adiante as ideias cosmopolitas de Alexandre, pondo ao serviço da civilização helênica seu direito e seu exército.

Roma estendeu consideravelmente o campo da história, onde ela fez entrar a Espanha, a Gália, a Bretanha, o país situado entre os alpes e o danúbio e a Germânia. Some-se a tudo isso a herança de Alexandre, e só assim poder-se-á ter uma dimensão exata da magnitude do mundo romano.

Para explorar os territórios submetidos, Roma inventou a província. Sua administração alterou profundamente a configuração geográfica do império e fundiu as velhas divisões históricas e naturais na unidade do *orbis romanus*. Ela chamava assim a bela região mediterrânea, no centro da qual se elevava o "imóvel rochedo do Capitólio". As cidades helênicas, cada qual por sua conta, haviam semeado as colônias, nas quais o gênio grego havia se disseminado. Roma, porém, concentrou o universo: *fiebat orbis urbs*, disse Varrão. Assim, pode-se dizer que houve um mundo grego, mas não um império grego. Não obstante, é exato afirmar que houve um mundo e um império romanos.

[1093] *A cidade antiga*, Tomo 1, p. 143-144.
[1094] Hans Jonas, *op. cit.*, p. 41.
[1095] "De aristocrático que era, o luxo se tornou monárquico. Era uma revolução completa". H. Baudrillart. *Histoire du luxe privé et public*, Tomo 2, p. 146.

A ação de Roma foi intensa e profunda: com seu direito, transformou os povos; com suas legiões, impôs a ordem no lugar da anarquia. Ensinou aos vencidos sua língua, seus costumes, sua religião. Como garante de uma civilização a helênica, Roma se elevou à eminência da concepção do *genus humanum*, através da reflexão filosófica, cuja repercussão moral serviu depois, ao cristianismo no combate ao individualismo egoísta do povo romano. Numa palavra: a Roma helenista foi a base imprescindível para a propagação do cristianismo e este, abstração feita de seu caráter de religião, se converteria logo na única ponte que haveria de unir o mundo antigo com os seus conquistadores germânicos. Em toda esta cadeia de causas e efeitos, o elo principal era o helenismo.[1096]

b) O individualismo

Chamamos de individualismo à reação dos súditos, inspirada no helenismo, cuja manifestação, frente ao despotismo, poderia ser interpretada como um desvio em relação ao comportamento uniforme, massivo e servil dos povos orientais.

Até agora levamos em conta o papel do mundo grego na fusão das culturas das duas regiões, Oriente e Ocidente e, ao fazê-lo, partimos das condições internas prévias que permitiram que a cultura helênica se convertesse numa civilização mundial graças às conquistas de Alexandre. Naturalmente, estas condições tinham que competir com outras no lado oriental, as quais explicam o papel do Oriente na aludida fusão: sua passividade, sua docilidade e boa disposição ante o processo de assimilação. A bem da verdade, é mais certo falar de assimilação, porque a ascendência do lado grego resulta inequívoca, sendo esta a verdadeira responsável pela determinação da forma de toda expressão cultural futura. Qual era então a situação social do mundo oriental às vésperas das conquistas de Alexandre? Como se explica sua submissão ante a expansão da cultura grega?[1097]

Em termos políticos, esta situação havia sido determinada pela sucessão de impérios despóticos, que governaram o Oriente com mãos de ferro nos séculos precedentes. Seus métodos de conquista e de governo tinham destruído a estrutura política das populações locais, acostumando-as a aceitar passivamente a imposição de um novo amo a cada mudança de governo. O destino do poder era uma questão estranha à generalidade dos súditos que, simplesmente, faziam parte de um butim. Muito mais tarde, a visão de Daniel dos Quatro Reinos, ainda refletia essa manifestação passiva dos povos orientais frente à sucessão dos diversos poderes políticos. Dessa forma, as três batalhas, que acabaram com o poder militar da monarquia persa, outorgaram ao vencedor um vasto império formado por inumeráveis povos que haviam perdido toda ideia de autodeterminação e de liberdade, que nem sequer sentiam a necessidade de participar do processo de tomada de decisões políticas.[1098] A apatia política convivia com um estancamento cultural originado principalmente pela radical submissão da massa popular ao capricho da vontade de um monarca absoluto. Após milhares de anos, nos antigos centros de civilização oriental, que haviam sido também centros de poder político antes da época persa, todo movimento intelectual se estancara e só restava a inércia de um formidável conjunto de tradições.

[1096] Hans Jonas, *op. cit.*, p. 57.
[1097] Hans Jonas, *op. cit.*, p. 45-46.
[1098] Hans Jonas, *op. cit.*, p. 47-48.

Nessas condições, ou seja, nesse ambiente de opressão e de tirania política, não se poderiam forjar indivíduos que tivessem grande apreço pela liberdade, exemplos de atletas espirituais, de quem se poderia esperar qualquer sacrifício, desde que estivessem em causa seus princípios, suas convicções ou sua fé. Deste novo tipo de homem, assim fala Burckhardt:

> O heleno leva a toda parte seu modo de pensar helênico e mediante este sabe por em contato os demais povos! Por suas mercadorias e por suas ideias, pelo material e pelo intelectual, é ele o grande mediador entre os povos antes isolados. Pela orla das cidades gregas, tecidas ao largo do litoral bárbaro, o mundo se comunica. Em todas as partes, o litoral é a região onde se fala o grego, onde podem formar-se mesclas de povos e onde a terra firme vai em busca da civilização que lhe é superior.[1099]

O caráter agonal da civilização helênica produziu um tipo de individualidade sem paralelo na história, para cuja formação contribuíra não só, como antes o fizera, a ginástica e a guerra, mas também um prodígio de ambição individual direcionado à afirmação da inteligência e da vontade na configuração do próprio destino. Não é necessário insistir no fato de que o individualismo helênico, que exaltava as faculdades humanas, foi também utilizado de forma contraditória, ora com viés altruísta, ora egoisticamente, quer se tratasse de cristãos, quer de pagãos, respectivamente. Por isso que, no primeiro caso, em vez de individualismo, Nicolas chama de individualidade as características cristãs que adornam o indivíduo humano em si mesmo ou em relação com o próximo.[1100] Poder-se-ia afirmar, grosso modo, que o individualismo reclamado pela plenitude dos tempos respondia a uma necessidade geral da época, na qual o homem aparecia não mais como parte de um rebanho e tutelado por um tirano, mas como indivíduo dotado de inteligência, vontade e responsabilidade por seu destino.

c) O sincretismo religioso

Segundo Hegel, "a história universal é [...] o progresso na consciência da liberdade". Esta concepção não se limita ao idealismo alemão, mas corresponde a uma compreensão da história muito difundida a partir do século das luzes até os nossos dias. Esta visão do percurso da história inteira não considera as épocas precedentes como inteiramente desprovidas de liberdade, senão como manifestações de uma liberdade que não é consciente de si mesma. No curso dos acontecimentos históricos, pois, a liberdade era o princípio real, conquanto desprovida de consciência de si. No que concerne à liberdade religiosa, a afirmação de Hegel é correta se referida ao surgimento do cristianismo, mas à condição de que se entenda como consciente de si a liberdade que qualifica o ato humano como adesão espontânea e incondicional a uma verdade de fé. Isto jamais ocorreu antes da plenitude dos tempos.

No paganismo, a relação entre o homem e as divindades não deixava espaço para a reflexão, para a abnegação, para a entrega, numa palavra: não comportava a livre adesão a uma verdade revelada. "A cidade, ensina Fustel de Coulanges, foi fundada sobre uma religião e constituída

---

[1099] J. Burckhardt. *Historia de la cultura griega*, Tomo 4, p. 98, Barcelona, 1944.
[1100] August Nicolas. *Du protestantisme*, Tomo 2, p. 66 e segs., Paris, s.d.

como uma Igreja. Daí a sua força; daí também a sua onipotência e o império absoluto que exercia sobre os seus membros. Numa sociedade estabelecida sobre tais princípios, a liberdade individual não podia existir. O cidadão estava submetido em todas as coisas e sem reserva alguma à cidade; pertencia-lhe inteiramente. A religião que criara o Estado, e o Estado que sustentava a religião, reciprocamente se auxiliavam e formavam um só corpo; estes dois poderes associados e confundidos formavam um poder quase sobrehumano, ao qual a alma e o corpo estavam igualmente subordinados [...]".

"O homem não tinha escolha de crenças. Devia crer na religião da cidade e submeter-se a ela. Podiam odiar-se ou desprezar-se os deuses da cidade vizinha; quanto às divindades dum caráter geral e universal, como Júpiter Celeste, Cibele ou Juno, tinha-se liberdade de crer nelas ou não. Mas, cuidado em não duvidar de Atenas policiada ou de Erectea ou de Cecrops. Nisso haveria uma grande impiedade que atingiria a religião e o Estado ao mesmo tempo, e que o Estado puniria severamente. Sócrates foi condenado à morte por esse crime".

"A liberdade de pensar sobre religião era absolutamente desconhecida entre os antigos. Deviam conformar-se com todas as regras do culto, figurar em todas as procissões, tomar parte nos repastos sagrados. A legislação ateniense punia com forte pena aqueles que se abstivessem de celebrar religiosamente uma festa nacional. Os antigos não conheciam, portanto, nem a liberdade da vida privada, nem a da educação, nem a religiosa.[1101]

A liberdade cristã, porém, é, em sua essência primária e constitutiva, uma adesão completa à palavra de Deus anunciada pelo Cristo. O homem verdadeiramente livre é o "auditor da palavra", aquele que abre os ouvidos à voz de Deus, aquele que não somente escuta a mensagem, mas que também a entende e a observa. Esta concepção de liberdade pressupõe uma sobreposição de valores, uma tomada de consciência ante objetivos diversos e excludentes que a antiguidade jamais conheceu. Era compreensível, portanto, que o discurso sobre a liberdade do cristão tivesse, como ponto de partida, a consciente cognição do sentido da liberdade como liberação, liberação do mundo e dos valores mundanos.

A Bíblia se serve raramente da palavra liberdade: somente doze vezes, das quais duas no Antigo Testamento e dez no Novo. Na verdade, esta parcimônia relativamente a um termo tão controvertido, utilizado à exaustão por políticos e jornalistas, teólogos e moralistas, juristas e sacerdotes, é realmente surpreendente. Há, entretanto, uma compensação: o verbo "liberar" aparece 137 vezes: 116 no Antigo Testamento e 21 no Novo. Esta árida constatação já nos permite uma primeira aproximação: o cristão vive a liberdade essencialmente e primordialmente como liberação. A liberdade do cristão é, pois, antes de tudo, liberação do pecado e da morte (Romanos 5, 12-21; Hebreus 2, 15), o fim do "homem antigo" e o nascimento do "homem novo", que viverá uma "vida nova" (Romanos 6, 4), na esperança de ser liberado da servidão da corrupção (Romanos 8, 21). A liberdade é liberação: o homem que pretende recusar esta identidade primária é o homem do pecado e da morte, sua liberdade permanece uma "liberdade de iniquidade" (I Pedro 2, 16).

O exercício dessa liberdade, tomada como liberação e indiferença pelo mundo, valeu aos cristãos o epíteto de "inimigos do gênero humano", a revelar a hostilidade que se professava por uma religião, cujo credo era inconciliável com o conjunto de hábitos e crenças que constituía o próprio fundamento do império romano.

[1101] *A cidade antiga*, Tomo 1, p. 358-363, Lisboa, 1937.

Com efeito, "a ligação íntima e indissolúvel das concepções políticas e religiosas, diz Leon Homo, constituía um dos princípios fundamentais, uma das bases seculares do regime. Não se concebia uma religião que não tivesse por apoio e por marco uma nacionalidade determinada e, inversamente, cada cidade tinha seus próprios deuses, seus padroeiros e seus protetores. Não adorar os deuses da cidade, equivalia, com idêntica carga de reprovação, à deserção militar ou à sonegação fiscal, um sacrilégio contra o Estado, numa palavra: um crime de lesa-patria. O cristianismo, com um ardor do qual o mundo antigo jamais conheceu exemplo igual, que mostra, por isso mesmo, uma faceta revolucionária, prega uma religião mundial, a qual, inteiramente voltada para a conquista do homem, tende, desde então, a ignorar o cidadão [...] O cristão, sem rebuços, sacrificava, ou ao menos, subordinava as preocupações terrestres às promessas da eternidade".[1102] Isto significa que a liberdade cristã está configurada, antes de tudo, como recusa da liberdade do mundo e das ideologias da liberdade. Toda liberdade histórica é para o cristão uma não-liberdade, precisamente porque é uma liberdade parcial e provisória, não definitiva, cujo exercício é incerto e a duração efêmera – de mais a mais, a liberdade cristã não pertence à *civitas terrena*: ela não é a possibilidade de realizar a própria vontade no mundo; ela não é uma vontade de poder e de dominação, de influência e de coerção; ela não é a liberdade de ter ou de fazer, mas a liberdade de ser. Talvez tenha sido Lutero quem melhor exprimiu, com a mais rigorosa precisão, o caráter extraordinário e inefável da situação do cristão, no famoso paradoxo que abre seu tratado sobre a *Liberdade do Cristão*: a) um cristão é livre senhor sobre todas as coisas e não está submetido a ninguém; b) um cristão é obrigado a servir em todas as coisas e está submetido a todo mundo.

É por conta dessa liberdade que a dialética do senhor e do escravo não tem sentido para o cristão, que sabe ser livre na medida em que é e se reconhece como "servo inútil" (Lc. 17,10), que exerce sua própria liberdade como servidão (Mt. 20, 28), que julga que não há nada mais livre do que a atitude de desprendimento do mundo e de renúncia ante a liberdade mundana. A liberdade como liberação, tal como exsurge dos textos neotestamentários, não podia ser senão absolutamente estranha às categorias mentais e afetivas do homem antigo.[1103]

d) A racionalidade

A liberdade de ouvir e observar a palavra de Deus, pressupõe, no homem, a capacidade de entendê-la e transmiti-la, porquanto a boa nova está dirigida não a um só povo e a uma só nação, mas a todos os povos, raças e línguas.[1104]

As teocracias da antiguidade se exprimiam basicamente por meio do mito, sendo uma de suas ferramentas lógicas mais importantes a alegoria, da qual a filosofia já se servira em sua antiga relação com a religião. Isso acontecia por várias razões, mas principalmente porque o paganismo, na sua expressão religiosa, estava secularmente destinado a apoiar o Estado e a consolidar o poder político. Fazia-o invariavelmente através de mitos, que descreviam sagas nas quais se celebravam as origens divinas de algumas famílias, quando não a própria divindade do detentor do poder, absoluto, como forma de legitimá-lo.[1105] As verdades superiores do cristianismo, ao contrário, não poderiam ser transmitidas por um contágio social, nem por um apelo à experiência religiosa

---

[1102] *Les empereurs romains*, p. 28-29, Paris, 1931.
[1103] Cf. Jean Guitton. *Critique religieuse*, p. 1100, Paris, 1968.
[1104] Sobre a assimilação cultural e linguística operada pelo helenismo, consultar Hans Jonas, *op. cit.*, p. 40 e segs.
[1105] Hans Jonas, *op. cit.*, p. 55.

interior, conquanto possam ocorrer eventuais conversões por esses meios. Mas, mesmo essas conversões seriam reputadas ilusórias se não estivessem apoiadas em razões de outra ordem. A verdade contida no Evangelho só pode rigorosamente aparecer como a conclusão de um silogismo, do qual uma premissa é natural e a outra revelada: a primeira implica um trabalho da razão sobre ela mesma, para criticar seus resultados e assegurar suas exigências; a segunda postula um trabalho histórico e missionário[1106], senão para estabelecer, ao menos para defender a autenticidade da revelação diante das objeções que se fazem presente em cada época e em todo lugar onde pudesse chegar o apostolado de palavra e da pena.

Até então, o pensamento religioso em geral era refratário ao conceitual e se deixava expressar exclusivamente por imagens e símbolos, disfarçando, mais do que expondo ordenamente, seus objetivos fundamentais em forma mitológica e simbólica. Esta expressão havia permanecido confinada na rigidez de seus antiquíssimos símbolos, quando foi liberada de sua prisão pelo vivificante alento do pensamento grego, que deu novo impulso e ferramentas adequadas a todas as tendências de abstração surgidas anteriormente.[1107]

O helenismo triunfou em todo o mundo então conhecido e constituiu a cultura geral, cujos cânones de pensamento e expressão teria que adotar todo aquele que, fosse jurista, poeta ou teólogo, desejasse participar da vida intelectual da época. "Só se escutava a voz grega: qualquer declaração pública era emitida neste idioma. Qualquer pessoa que tivesse algo que dizer, não tinha outra escolha senão dizê-lo em grego, não só em termos de linguagem, mas também a nível de conceitos, de ideias e formas literárias, isto é, como parte ostensiva da tradição grega".[1108] No que se refere ao cristianismo, é este um tempo de preparação para sua eclosão gloriosa, um tempo comparável a um período de incubação, quando embora estivesse pronta e sazonada a mensagem evangélica, sua difusão estava a depender da disponibilidade de um instrumento lógico-gramatical que fosse capaz de expressar os textos sagrados em linguagem clara e transmiti-la de forma racional e autêntica, papel que o mito, com seu discurso simbólico, era absolutamente inidôneo para desempenhar.[1109] Não se pode esquecer "que as fontes judaico-cristãs não relatam mitos, ensina J. Guitton, mas acontecimentos descritos por testemunhas. Não são somente livros sagrados, como nas outras religiões orientais ou greco-romanas. Mas, sobretudo, quando se trata do Novo Testamento, são documentos históricos, análogos aos documentos da história profana e que podem servir, pelos métodos usuais, a estabelecer fatos históricos. Os livros, aos quais fazemos alusão, se apresentam ao leitor como testemunhos ou compilação de testemunhos, vale dizer que eles atestam, com solenidade e simplicidade, a realidade de acontecimentos determinados no espaço e no tempo, bem mais que uma série de eventos ligados uns aos outros e que se passaram numa época marcadamente histórica da humanidade: pode-se controlar de várias maneiras a verdade ou a verossimilhança de todos os ensinamentos ocasionais fornecidos pelos Evangelhos, as Epístolas e os atos, comparando-os com os dados da história profana. A cronologia, a topografia, as inscrições, os textos, todas estas informações concordam com a situação que supõem estes escritos religiosos".[1110] Ao contrário das outras religiões que, a despeito de

---

[1106] J. Guitton, *op. cit.*, p. 202.
[1107] Hans Jonas, *op. cit.*, p. 56.
[1108] Hans Jonas, *op. cit.*, p. 53.
[1109] Hans Jonas, *op. cit.*, p. 60.
[1110] J. Guitton, *op. cit.*, p. 320-321.

utilizarem formalmente o *logos* grego, permaneceram, no fundo, mitológicas[1111], eis que tiravam sua força da autoridade sacerdotal e da obediência passiva, o cristianismo é uma religião que se endereça à inteligência dos instruídos como à esperança dos simples, que reclama o assentimento da razão natural, de cujo processo lógico se serve tanto para exercer a própria crítica, quanto para aprofundar o trabalho missionário. Este processo só poderia frutificar com os meios lógicos subministrados pelo helenismo, "posto que a Grécia havia inventado o *logos*, o conceito abstrato, o método de exposição teórica e o sistema racional: um dos maiores descobrimentos da história do pensamento humano".[1112]

[1111] Hans Jonas, *op. cit.*, p. 56-57: "Os pensadores orientais expressaram seus princípios não de forma direta, mas sob o disfarce de princípios análogos tomados da tradição do pensamento grego. Desta forma, por exemplo, o fatalismo astrológico e a magia podiam vestir-se com as roupagens da cosmologia estóica, com suas doutrinas da simpatia e da lei cósmica, da mesma forma que o dualismo podia fazê-lo com as roupagens do platonismo".

[1112] Hans Jonas, *op. cit.*, p. 56.

CAPÍTULO 4

O DECLÍNIO DO PAGANISMO E A ASCENSÃO DO CRISTIANISMO. O DOGMA DA ENCARNAÇÃO

Intentamos, nas páginas precedentes, delinear o perfil do paganismo, tomado aqui não somente na acepção religiosa do termo, mas também denotando as características materiais e espirituais que plasmam toda uma civilização ou período histórico, às quais corresponde uma mentalidade centrada em princípios estritamente mundanos e naturais, vale dizer, impermeáveis a referências sobrenaturais, que só são toleradas sob a clivagem da magia, da mitologia e da superstição. "O paganismo em sua parte constitutiva ou em sua razão de ser, diz P. Curci, não implica outra coisa que o naturalismo. Se vós fixais vossa atenção na sociedade e na família; se escutais os discursos que se pronunciam; se ledes os livros e jornais que se imprimem; se considerais as tendências que se manifestam, em tudo isto não encontrareis outra coisa que o natural, só o natural e sempre o natural".[1113]

Com efeito, o paganismo iria morrer para dar lugar ao cristianismo. Entretanto, a morte, quando se trata de ideias, não quer dizer extinção nem aniquilamento. Elas recobram a vida todas as vezes que suas raízes entram em contato com um terreno fértil e sazonado, seja para o bem, quando forem boas, seja para o mal, em caso contrário. Seria, talvez, mais correto empregar o verbo adormecer com o correlato despertar, pois, como se verá, o paganismo, com seus sucessivos despertamentos históricos, jamais permitiu que a civilização cristã transcorresse alheia a crises e a desfalecimentos. O mundo cristão, a bem dizer, está em contínuo trabalho de parto. Em nada se parece a um museu, mas tem muito a ver com essas usinas de energia, que não conhecem repouso. Da mesma forma que o círculo é sempre curvo, a civilização cristã, em razão das escaramuças do paganismo, está votada a uma crise permanente. Por toda parte, a mesma coisa: rompimento, destruição e reconstrução. Pode-se dizer, porém, que existem duas formas pelas quais as coisas se rompem. Há rompimentos de morte, presságios de ruína e destruição, e há rompimentos de vida, como, por exemplo, o do cálice das flores, que se dilata para deixar passar as pétalas. Por outras palavras, há partes secas que desmoronam, há estruturas que desaparecem, mas há também envoltórios e cascas que rebentam parar gerar vida. Ainda que estas duas formas coexistam na civilização cristã, somente a última pode explicar o progresso indefinido do cristianismo. A cada desafio, a cada embate, a cada conspiração do inimigo, a Igreja de Cristo sai mais fortalecida, a tal ponto que não constitui exagero afirmar que tanto a irrupção das heresias quanto a experiência dolorosa das perseguições e carnificinas redundaram em proveito da fé cristã, a despeito do propósito cismático das primeiras e da intenção abertamente pagã das segundas.

[1113] *Il paganesimo antico e moderno*, Apud M.Gaume. *Tratado del espiritu santo*, Tomo 1, p. 14, Granada, 1877.

Decerto, essas crises ocorrem em todas as civilizações, mesmo nas mais estagnadas e aparentemente mortas. Quem ousaria afirmar que não houve época dinâmica na civilização assíria, egípcia ou chinesa? No entanto, que estéril monotonia, que perpétuos recomeços! Cournot observou com sagacidade que estes povos têm anais, mas não têm história, porque aí faltam um processo e um avanço progressivos; porque aí faltam, sobretudo, uma ação contínua do futuro sobre o passado (lembremos do princípio da finalidade) e uma reação deste sobre aquele, assim como havia pressentido Leibnitz. Pois, uma coisa é provocar o movimento por meio de solavancos ou piparotes, outra coisa é fazer que o movimento persevere e que se acentue, que se refaça e recomece com padrões sempre assemelhados e, entretanto, sempre renovados: eis, a nosso aviso, o traço característico do processo histórico da civilização cristã: crise e progresso. Progresso na crise, crise no progresso. De forma que a existência distinta de dois poderes, o poder espiritual e o temporal, o da luz e o das trevas, que, depois do cristianismo, caracteriza o Ocidente, opondo-o a outras civilizações, acrescenta a todas as crises uma outra subterrânea e profunda, permanente e salutar, que dá testemunho da ação do espírito em todas as esferas da vida, para tornar, de algum modo, mística a sociedade e todas as instituições sociais, políticas, econômicas, científicas, artísticas e culturais. Não há mais espaço vazio, em tudo que interessa ao homem, que não seja cenário de disputas renhidas entre os sectários do paganismo, sempre vencido, mas nem por isso menos perigoso, e os seguidores de Cristo, a quem está confiada a missão de salgar a terra e redimi-la pelos ensinamentos do Evangelho. Pico della Mirandola dizia que o homem, em si mesmo, não é nem santo nem malvado; o heroísmo e a crueldade não convêm propriamente às suas ações. Ora, sendo assim, a incapacidade humana para a realização do bem ou do mal radicais não parece indicar que as supremas obras de caridade e beneficência, assim como as grandes matanças, se devem antes a sugestões do que a planos elaborados exclusivamente pela mente humana? Não é para crer que, da mesma forma que os milagres e as curas de Lourdes procedem do Espírito Santo, pela mesma razão e pela mesma lógica, os crimes de Hitler e a tirania de Stalin não devem provir daquele que ousou tentar o próprio Cristo?[1114]

A explicação pela qual as coisas são assim, e não de outro modo, reside num dado intuitivo, mas frequentemente deturpado pelo entendimento: dois espíritos contrários disputam o império do mundo. A história não é outra coisa senão o vivo relato da luta entre o paganismo e o cristianismo, vale dizer, entre o espírito laico, das trevas, e o Espírito Santo, da luz.

A menos que se negue toda distinção entre a verdade e o erro, entre o bem e o mal, entre o crime e a virtude, isto é, a menos que se faça da estirpe humana um rebanho, forçoso é reconhecer, sobre a terra, a coexistência e a luta do verdadeiro e do falso, do justo e do injusto, das ações boas e das más. Este fenômeno é um mistério cuja explicação postula a existência de dois espíritos opostos entre si e superiores ao homem, existência que supõe necessariamente a de um mundo superior ao nosso, composto de seres mais perfeitos que o homem, desembaraçados da matéria e puramente espirituais; mundo dos princípios e das leis superiores, sem o qual o nosso não existiria ou marcharia ao acaso, como barco sem bússola e sem piloto; mundo para o qual o homem foi feito e para o qual aspira; mundo que nos rodeia e com o qual mantemos incessantes relações; mundo com quem falamos, que nos vê, ouve e age sobre nós e sobre todas as criaturas realmente, eficazmente, como a alma sobre o corpo.

[1114] "O homem é ainda o traço de ligação entre a eternidade imóvel e o tempo transitório... ou melhor o himeneu de todo o universo". Pico della Mirandola. *A dignidade do homem*, I, 1, p. 38, São Paulo, s.d.

No entanto, foge ao objetivo deste trabalho fixar premissas ou tirar conclusões sobre o objeto formal da teologia. Será o bastante dizer apenas, com apoio no ensinamento de eminentes especialistas, algumas palavras sobre a causa remota dessa terrível dissidência espiritual: o mistério da encarnação.

Não é exagero reprisar a velha máxima que diz que na natureza não há saltos: *natura non facit saltum*. Todas as criaturas estão sobrepostas, encaixadas e ligadas umas às outras por meio de laços, muitos ocultos aos nossos olhos, cujo gradativo conhecimento constitui o mérito da ciência. De grau em grau, todas vêm desaguar no homem, que, composto de matéria e espírito, é a solda de dois mundos. Se por seu corpo ocupa o primeiro grau da escala dos seres materiais, por sua alma, está no último da escala dos seres espirituais, sendo certo que a perfeição de todas as criaturas, por conseguinte sua relativa superioridade hierárquica, se mede por sua maior ou menor semelhança com o Criador, o Ser dos seres, o Espírito incriado, a perfeição por excelência. Na maior perfeição, portanto, está a razão da superioridade do homem, ser misto, sobre as coisas puramente materiais, bem como a dos seres puramente espirituais, os anjos, sobre o homem. Daí resulta, segundo S. Tomás, uma conclusão necessária: os espíritos unem o homem a Deus, assim como o homem une a matéria ao espírito.[1115] Nessa ascensão gradativa para Deus consiste a mais plena felicidade das criaturas. Noutros termos, a felicidade do ser se traduz no atingimento do fim para o qual foi criado, que não é outro, senão a união definitiva com Deus. "Meu coração está inquieto até repousar em Deus". Toda a criação renova incessantemente este mesmo lamento que há quase dois mil anos Santo Agostinho dirigiu aos antigos cristãos como testemunho irrefragável da sua fé. Portanto, o ser puramente material, sendo por sua própria natureza inferior ao ser misto, só por intermédio deste pode chegar a Deus. O ser misto, o homem, pela mesma razão de perfeição, só poderá atingir a felicidade suprema através dos seres puramente espirituais, que são mais perfeitos. A teologia católica formula, a esse respeito, um axioma de profunda sabedoria, quando diz: "Todos os seres corpóreos são governados e mantidos na ordem pelos seres espirituais, e as criaturas visíveis, pelas invisíveis".[1116]

De fato, toda a criação, material, humana e angélica, procede de Deus e deve retornar a Ele, porque o Senhor fez tudo por si e somente para si.[1117] Todavia, uma distância infinita separa o criado do incriado, a criatura do Criador. Para unir essas instâncias tão distantes e tão distintas, era necessário o concurso de um mediador; um mediador que constituísse o traço de união entre o eterno e o efêmero e por cuja mediação se divinizasse a solda do finito e do infinito, solda que, como vimos, se realiza no homem.[1118]

Quem será esse mediador? Ninguém mais do que aquele que, tendo feito todas as coisas, não espera deixar imperfeita a sua obra: o Verbo Eterno. À natureza divina Ele unirá hipostaticamente a humana, na qual se reúnem a criação material e a espiritual. Graças a essa união do ser divino e do ser humano, do finito e do infinito numa mesma pessoa, Deus será homem e o homem será Deus. Esse Deus-Homem virá a ser a deificação de todas as coisas, princípio de graça e condição de glória até mesmo para os anjos, que, de resto como toda a criação, deverão adorá-lo como seu mestre e senhor.[1119]

[1115] M. Gaume, *op. cit.*, Tomo 1, p. 33.
[1116] São Tomás de Aquino. *Suma teológica*, parte I, livro III, cap. 4.
[1117] Santo Agostinho. *Da Trindade*, XII, 7.
[1118] Santo Agostinho. *Solilóquios*, VI.
[1119] Santo Irineu de Lion. *Contra os hereges*, III, 8.

Um Homem-Deus, uma Virgem-Mãe, a sublimação mais alta do mais baixo dos seres, a natureza humana preferida à angélica, a obrigação de adorar o homem divinizado, eis tudo o que o mais luminoso dentre os arcanjos de Deus não pôde aceitar.

O dogma da encarnação, decretado desde toda a eternidade, foi proposto à adoração dos anjos.[1120] Uns aceitaram humildemente a superioridade que, por ele, se estabelece a favor do homem. Outros, rebelando-se pela preferência concedida à natureza humana, protestaram contra o plano divino. Tal é, em resumo, o pensamento de grande número de doutores ilustres, de cuja orientação devem se servir tanto o teólogo como o filósofo. O primeiro encontra aí a solução das mais altas indagações da ciência divina; o segundo explica, com a única explicação possível, o caráter íntimo da eterna luta entre o bem e o mal.

> "Deve ter-se por muito provável, afirma Suarez, a proposição que diz que o pecado de orgulho, cometido por Lúcifer, foi o desejo da união hipostática: o que o fez, desde o princípio, inimigo mortal de Jesus Cristo. Provamos que todos os anjos, em seu período de prova, receberam a revelação do mistério da união hipostática que devia verificar-se na natureza humana. É, pois, de todo verossímil que Lúcifer tenha encontrado aí a ocasião de pecar e produzir sua ruína".[1121]

Uma das glórias do concílio de Trento, Catarino, sustenta, *ex professo*, a mesma opinião.

> O Pai eterno havia introduzido seu Filho no mundo, quando, despe o princípio, o submeteu à adoração dos anjos e revelou a estes o mistério da encarnação. Introduziu-o, pela segunda vez, quando o enviou à terra, para que se encarnasse de fato. Pois bem, naquela primeira introdução ou revelação, Lúcifer e seus anjos recusaram a Jesus Cristo a devida adoração e obediência. Este foi seu pecado.[1122]

O mesmo ensinamento provém do grande teólogo espanhol Vigier.[1123] Falando do texto de São Tomás, diz o seguinte de Lúcifer:

> Desconheceu os meios de chegar à felicidade perfeita, que Deus reserva para os que o amam. Inchado de orgulho, ambicionou a felicidade suprema e o lugar mais alto no empírio celestial, reservado à humanidade de Cristo, que devia unir-se hipostaticamente ao Filho de Deus. Por inveja da natureza humana, comunicou seu desejo e seu propósito a todos os anjos, cujo chefe natural era. Como nos dons naturais era superior a estes, quis sê-lo também nos sobrenaturais. Aliciou-os, pois, para que o escolhessem como mediador, em ordem a alcançar a bem-aventurança sobrenatural, em lugar do verbo encarnado, ao qual estava destinada, desde a eternidade, tal missão.

[1120] M. Gaume, *op. cit.*, Tomo 1, p. 45.
[1121] *Do anjo maligno*, VII, 13, nº 13 e 18, *Apud* M. Gaume, *op. cit.*, Tomo 1, p. 47.
[1122] *Opusc. de Gloria Beator*, *Apud* M. Gaume, *op. cit.*, Tomo 1, p. 48.
[1123] Vigier, Dominicano, nascido em Granada, despontou no séc. XVI.

É o que se infere de suas próprias palavras:

> Hei de subir até o céu e meu trono colocar bem acima das estrelas divinas, hei de sentar-me no alto das montanhas, pelas bandas do norte, onde os deuses se reúnem! Vou subir acima das nuvens, tornando-me igual ao Altíssimo![1124]

Querer ser Deus ou igual a Deus, considerado em si mesmo e feita abstração do mistério da Encarnação, é um desejo que o anjo não poderia ter. "Este desejo, diz São Tomás, é absurdo e contra a natureza, por isso, sabia-o o anjo".[1125] Logo, o objeto da inveja de Lúcifer foi o homem, não o homem em sua realidade natural, posto que a natureza angélica lhe é superior, mas o homem elevado acima do anjo pela união hipostática com o Verbo divino. "Pela inveja que teve do homem, diz Santo Irineu, o anjo se fez apóstata e inimigo da estirpe humana".[1126] Assim, da inveja seguiu-se a rebelião, da rebelião, o ódio, do ódio a queda.

> "Como um querubim protetor eu te havia colocado; estavas na montanha santa de Deus, faiscando entre pedras de fogo. Eras perfeito em tua conduta desde o dia em que foste criado, até se descobrir em ti a maldade. Com teu intenso comércio encheste teu interior de violência e pecaste. Coloco-te, pois, na condição de profano, longe do monte de Deus, vou expulsar-te, querubim protetor e desaparecerás por entre pedras de fogo. Teu coração se tornou soberbo por causa de tua beleza e corrompeste tua sabedoria por causa de teu esplendor. Lancei-te sobre a terra... reduzir-te-ei a cinzas sobre a terra, sob os olhos de todos que te contemplam. Todos os que dentre os povos te conhecem ficarão estupefatos por causa de ti; objeto de espanto te tornarás. Deixarás de existir para sempre".[1127]

E o dragão, acrescenta São João, foi precipitado sobre a terra, *projectus in terram*.[1128]

Mas que terra é essa, da qual falam Ezequiel e o Apocalipse? Falando da queda de Lúcifer e de seus cúmplices, São Pedro diz que Deus precipitou-os no lugar do castigo e os entregou aos abismos das trevas, onde estão guardados até o dia do Juízo.[1129] Exorta-nos, outrossim, à vigilância, prevenindo-nos que o demônio, tal como um leão que ruge, assedia-nos sem cessar, procurando a quem devorar.[1130]

São Paulo, por sua vez, chama Satã de príncipe das trevas, contra o qual nos exorta a vestir a armadura divina, para que possamos resistir aos ataques do inimigo do gênero humano. "A luta, diz, que temos que sustentar não é contra inimigos de carne e osso, não é o homem que enfrentamos, mas as potestades, os poderes, os dominadores deste mundo de trevas, os espíritos do mal que estão espalhados no espaço".[1131]

[1124] *Isaías*, XIV, 13.
[1125] *Suma teológica*, I, q. LXIII.
[1126] *Op. cit.*, IV, 78.
[1127] *Ezequiel*, XXVIII, 14.
[1128] *Apocalipse*, XII, 13.
[1129] II, *Pedro*, II, 4.
[1130] I, *Pedro*, V, 8.
[1131] *Aos Efésios*, VI, 11 e 12.

Os povos antigos tinham uma intuição profunda dessa verdade suprema, em nome da qual admitiam, sob a designação de Plutão, um soberano das trevas, acompanhado de deuses infernais, seus satélites e cortesãos, todos habitando as sombrias moradas do Tártaro.

> Não em vão, diz Porfírio, cremos que os maus demônios estão submetidos a Serapis, que nada mais é que o próprio Plutão. Como este gênero de demônios habita os lugares mais próximos da terra, para saciar mais livre e incessantemente suas abomináveis inclinações, não há tipo algum de crime que não concebam e instiguem o homem a praticar".[1132]

Nesse ponto, a linguagem da humanidade cristã é semelhante à da pagã. Portanto, deem-se os nomes que se quiserem dar, mesmo os recamados da singeleza do eufemismo ou da estridência da hipérbole, a verdade é que todos esses espíritos caídos ocupam, em razão da própria queda, os mesmos lugares ou espaços, nos quais os homens nascem, crescem, vivem e morrem. Não se pense, porém, que essa convivência seja pacífica nem sequer indiferente. Na terra como no céu, hoje como no princípio e até o fim do mundo, os mesmos combates, as mesmas armas, o mesmo fim. Engana-se, pois, quem pensa que as tentações e as sugestões diabólicas estão exclusivamente endereçadas a fazer tropeçar o homem. Lúcifer e seus sequazes estão constantemente e sempre ocupados em frustrar os efeitos que a civilização cristã persegue, contra os quais sabem ser de prodigiosa eficácia o concurso do meio físico, do meio moral e o das instituições. Da mesma forma que há milagres operados pelo poder de Deus, há também prodígios diabólicos realizados com a manipulação de leis e elementos naturais, mas de uma forma que ultrapassa os poderes do homem ou da natureza. O espírito mau age sempre da mesma maneira: não como senhor absoluto, mas utilizando as coisas segundo a sua natureza, que não lhe é dado modificar, ora para unir elementos que devem andar dissociados, ora para combinar perigosamente as circunstâncias, mas sempre se beneficiando da liberdade humana, falível por natureza e igualmente propensa ou a sucumbir à sugestão do mal ou a resisti-la.

> Se Satã influencia as decisões individuais, ensina J. de Tonquedec, é precisamente por esse meio que ele estende seu poder sobre as coletividades. Com efeito, quem suscita as dissensões, as guerras, as convulsões sociais, as opressões e as perseguições senão os indivíduos? É evidente que, em se fazendo inspirador destes, Satã pode desencadear calamidades familiares e sociais. Por isso, Dostoiewsky intitulou a obra, na qual trata de alguns destes tipos, "*Os Possuídos*", não os descritos como tais no *Ritual*, mas, em todo caso, os invadidos por inspirações satânicas, dominado por pensamentos e desejos de Satã, bem assim seus instrumentos muito reais.[1133]

Uma vasta conspiração parece urdida, ao longo da história, para negar a ação de Deus sobre o mundo. Deus foi desterrado do direito público, da filosofia, da história, das ciências e das artes; foi desterrado da educação, dos lares e até da própria religião. O movimento laico cresce e ameaça

---

[1132] *Apud* M.Gaume, *op. cit.*, Tomo 1, p. 58.
[1133] *Quelques aspects de l'action de satan en ce monde*, Satan, p. 497, Paris, 1948.

ocupar todo o espaço que há entre a mais elevada esfera do poder político e o mais recôndito dos corações dos homens. De fato, se não forem barrados a tempo os avanços atrevidos de uma política demagógica e oportunista, de que somos testemunhas; se o legislador não tiver sempre presente a importância da vida no desempenho da tarefa que a constituição lhe encomenda; se os tribunais continuarem desconhecendo o valor do elemento moral na hora de interpretar e aplicar o direito, motivo há para se preocupar e temer pelo futuro da civilização cristã. A sugestão diabólica não faz distinção de dignidades e funções. Qualquer uma se tornará alvo de sua assistência, desde que seja idônea a corromper o homem ou a ofender a Deus. O testemunho da história é bastante eloquente para demonstrar que o homem nunca está sozinho quando tem que dar respostas a questões ligadas a seus fins sociais, naturais e sobrenaturais. Por outras palavras, o homem pode escolher o seu senhor, mas não pode deixar de tê-lo. Ou receberá a inspiração do Senhor da luz e assim fará o bem, ou acatará a sugestão do senhor das trevas e então fará o mal: *tertium non datur*. Sendo assim o ritmo do processo histórico, cumpre, pois indagar: como se dá a intervenção do sobrenatural no governo do mundo? Qual é a natureza e quais são os efeitos da assistência que ele presta aos homens e às coletividades? Qual é a origem e a organização das duas cidades, a do bem e a do mal, cuja luta se prolonga ao longo dos séculos? Que fases apresenta essa luta no passado e no presente? Que se pode pressagiar para o futuro?

Essas e outras perguntas deverão serem respondidas ao longo deste trabalho. De resto, é o bastante, para o momento, dizer algumas palavras sobre essas duas cidades, entre as quais se verifica uma luta irreconciliável e global, cujo resultado representará para o homem ou a sua perda ou a sua redenção.

> "Das inumeráveis cidades espalhadas pelo mundo, consigna E. Gilson, somente duas prendem a atenção de Santo Agostinho. Duas cidades de homens e, posto que o indivíduo é para a cidade o que a letra é para a palavra, é na natureza de seu próprio elemento onde se deve buscar a origem das duas cidades, entre as que se dividem os homens. Assim, desde a origem da história humana, aparecem duas espécies de homens: Abel e Caim".[1134]

> "Cremos ter esclarecido, diz Santo Agostinho, as grandes e difíceis questões do começo e do fim do mundo, da criação da alma e a de todo gênero humano, que foi dividido em duas ordens, uma composta daqueles que vivem segundo o homem, e outra composta daqueles que vivem segundo Deus. Damos ainda a estas duas ordens o nome místico de Cidades, pelo qual é preciso entender duas sociedades de homens, das quais uma está predestinada a viver eternamente com Deus e a outra a sofrer um suplício eterno com o diabo".[1135]

Seguindo o ensinamento do santo doutor, dos autores do gênero humano, Caim, que pertence à cidade dos homens, nasceu primeiro; Abel, que pertence à cidade de Deus, nasceu depois. Desde então, conforme sigam um ou outro exemplo, os homens se distribuem entre dois povos: os filhos de Abel e os filhos de Caim, ou seja, os que praticam o bem e os que fazem o mal.[1136] A

[1134] E. Gilson. *Las metamorfosis de la ciudad de Dios*, p. 64-65, Madri, 1965.
[1135] *La cité de Dieu*, XIX, 24.
[1136] E. Gilson, *op. cit.*, p. 67.

partir dessa origem, a história dos dois povos se confunde com a história universal, ou melhor, é a própria história.[1137]

Santo Agostinho cita ainda, apoiado em S. Paulo, a passagem das Escrituras que fala da descendência de Abraão, conferindo-lhe o mesmo sentido que tinha atribuído às de Caim e Abel. Sara e Agar deram filhos ao patriarca, conquanto só a primeira fosse sua legítima esposa. Agar, a escrava, pariu Ismael; Sara, mulher livre, deu à luz Isac. Um e outro são filhos de Abraão, mas, o primeiro foi engendrado conforme a carne, o segundo em cumprimento da promessa de Deus; de Ismael procedeu a população da *civitas terrena*, de Isac, os habitantes da Jerusalém celeste, a Cidade de Deus.

Quando Agostinho fala de "cidade", esse termo deve ser entendido em sentido figurado e inclusive, como ele próprio diz, místico. Por uma parte está a cidade de todos os homens que, amando a Deus em Cristo, estão predestinados a reinar eternamente com ele e, por outra, a cidade de todos os homens que, por não amarem a Deus, estão predestinados a sofrer um eterno suplício com os demônios. Todos os homens, pois, formam parte de uma ou de outra, porque todos eles estão predestinados à beatitude com Deus ou às penas do fogo eterno. Duas cidades, uma dos justos e a outra dos maus, que permanecem mescladas no tempo, até que o juízo final as separe. "Neste sentido, pode-se dizer verdadeiramente que dois amores fizeram duas cidades: uma, na qual o amor de Deus une todos os membros entre si; outra, onde todos os cidadãos, em qualquer tempo ou país, estão unidos pelo amor comum ao mundo".[1138]

É pelo amor, portanto, que se verifica a predestinação dos homens e das sociedades. Tanto como em relação aos homens, será o fim que estas perseguem que decidirá a qual das duas cidades haverão elas de corresponder:

> [...] as sociedades que se organizam unicamente com vistas à felicidade deste mundo se incorporam, por esse mesmo fato, à cidade terrestre, que não é outra coisa que a do diabo; as que se organizam por referência à beatitude divina se incorporam, desde logo, à cidade celeste, que não é senão a cidade de Deus.[1139]

Por essa razão, na aurora da história, Deus escolheu um povo e um território, que deveriam encarnar a sua cidade mística, no seio da qual todos os esforços estariam concentrados na tarefa de realizar a vontade divina. Para isso, Deus lhe deu um legislador, Moisés, e oráculos, os profetas.

> Antes que o homem existisse, diz Mgr. Gaume, antes mesmo do início dos tempos, um conselho divino decreta a fundação da cidade do bem. O Espírito de amor será seu rei, sua alma e sua vida. No princípio, achando-se ainda no estado de família, viverá com a vida modesta dos patriarcas, sob a móbil tenda do deserto. Pelo ministério dos anjos e de Moisés, o Espírito Santo a constitui, depois, no estado de Nação. Toda nação necessita de uma capital: a capital da cidade do bem se chamará Jerusalém ou visão de paz. Ali, pois, e só ali reinará a paz; porque ali e somente ali estará o templo do verdadeiro Deus.[1140]

[1137] E. Gilson, *op. cit.*, p. 67.
[1138] E. Gilson, *op. cit.*, p. 68.
[1139] E. Gilson, *op. cit.*, p. 74.
[1140] *Op. cit.*, Tomo 1, p. 380.

O resto da humanidade, entretanto, gemia sob o peso esmagador de um governo despótico. O Espírito do mal, alardeando uma habilidade incomum para o arremedo[1141] parodiava a ação divina, fundando cidades[1142], escolhendo os legisladores[1143] e criando oráculos[1144], tudo a revelar um furor inaudito contra o homem, personificado então na humanidade pagã.[1145]

> "Portanto, vós, que outrora trazíeis na carne a marca de pagãos e éreis chamados de incircuncisos pelos que praticam a circuncisão, lembrai-vos de que, então, estáveis sem "Cristo", não participáveis da cidadania de Israel nem das alianças da Promessa, não tínheis, neste mundo, esperança nem Deus verdadeiro".[1146]

Com efeito,

> [...] a história nos mostra os reinos do Oriente caindo uns após outros sob o império do demônio. Para reuni-los em um só corpo, foi fundada a grande, a voluptuosa, a terrível Babilônia. Por suas leis, por seu luxo, por suas riquezas, por sua crueldade, por sua monstruosa idolatria, a Jerusalém de Satanás se faz a rival implacável e a paródia sangrenta da Jerusalém do verdadeiro Deus. O mundo marcha sobre duas linhas paralelas.[1147]

[1141] "O mundo caminha sobre duas linhas paralelas. Deus escolheu para si um povo, que foi o depositário da verdade, e permitiu ao demônio que escolhesse outro, que foi o inimigo da verdade, exterminador dos santos, propagador do panteísmo e da idolatria. Foi o povo romano, congregado no asilo de Rômulo, que foi tão fiel, ao menos, à sua missão, como Israel à sua". M. Gaume, *op. cit.*, Tomo 1, p. 384.

[1142] "Tudo o que Deus faz para salvar o homem, Satanás o imita para perdê-lo. O paralelismo entre os meios de santificação e os de perdição é completo. O rei da cidade do bem tem sua religião, seus anjos, seus oráculos (profetas), suas aparições, seus milagres, suas cerimônias, suas ameaças, suas promessas, seus apóstolos, seus sacerdotes, seus templos, suas orações, seus sacramentos, seu sacrifício, suas festas, suas artes e sua ciência, sua música, sua literatura, sua filosofia, sua teologia, sua política, sua economia, seus legisladores e sua civilização. O rei da cidade do mal tem outro tanto. A inspiração satânica, à qual se deve em seu conjunto e em seus menores detalhes a religião pagã dos povos da antiguidade, prescreve com a mesma autoridade e regulamenta com idêntica precisão os cultos idolátricos dos povos modernos". M. Gaume, *op. cit.*, Tomo 1, p. 241-248.

[1143] "Em oposição à Cidade do Bem, Satanás edifica a do mal. Vemos com que exatidão esse símio imitador emprega, para edificar sua obra, os mesmos meios de que serviu Deus para construir a sua. No alto do Sinai, recebeu Moisés a constituição dos hebreus. Satanás quer também que os fundadores dos impérios, reinos e cidades, estejam em íntimo contato com ele. Ele mesmo se reserva o direito de ditar-lhes suas constituições e suas leis. Daí a proliferação de leis iníquas e contra a natureza: que espírito autoriza o divórcio, o aborto, a poligamia, o infanticídio, a morte do escravo e as crueldades contra o devedor e o prisioneiro de guerra?" M. Gaume, *op. cit.*, Tomo 1, p. 294.

[1144] "Sabido é que, antes de empreender qualquer feito de importância, o povo de Deus tinha ordem de consultar o oráculo do Senhor; os *Domini*. O Evangelho não fez nenhuma modificação a respeito desta prescrição: não vemos a Igreja invocar as luzes do Espírito Santo, todas as vezes que lhe corresponde se posicionar em face de questões relevantes? Satanás, parodiando ainda a obra divina espalhou pelo mundo seus oráculos. *Seria mais fácil encontrar uma cidade edificada no ar*, disse Plutarco, *que um povo sem oráculos*. Logo, entre todos os povos da antiguidade, a existência dos oráculos satânicos era um artigo de fé e o fundamento da religião". M. Gaume, *op. cit.*, Tomo 1, p. 283.

[1145] Esse ódio contra o homem não se revela mais explícito que nos sacrifícios exigidos pelo inimigo do gênero humano. É do conhecimento geral que Deus exige dos cristãos um sacrifício, consubstanciado na Eucaristia. O rei da cidade do mal quer também que se celebrem os seus; manda que se pratiquem periodicamente verdadeiras hecatombes humanas. O sacrifício não é útil ao homem senão quando o homem é a própria vítima da expiação; numa palavra, exige o sangue do homem: guerras de extermínio, genocídios, execuções em massa, assassinatos generalizados etc. O que foram senão grandes sacrifícios os espetáculos da arena romana e as matanças do anfiteatro? Os envenenamentos em larga escala na idade média e no renascimento? O trabalho incessante da guilhotina na revolução francesa? As guerras mundiais, os criminosos em série e o terrorismo na era contemporânea? "Satanás manda e o homem sacrifica. O homem sacrifica o homem em toda parte em que o verdadeiro Deus não é adorado. O sacrifício humano, por conseguinte, não é nem efeito da imaginação, nem o resultado de uma dedução lógica, nem assunto de raça de clima, de época, civilização ou circunstâncias locais: é uma questão de culto". M. Gaume, *op. cit.*, Tomo 1, p. 275.

[1146] Efésios, I, 3, 11.

[1147] M. Gaume, *op. cit.*, Tomo 1, p. 384-385.

Mas, chegou a plenitude dos tempos, época na qual a gentilidade se fez também herdeira da promessa feita a Abraão; época, a partir da qual Deus deveria ser adorado não só em Jerusalém, mas em espírito, por todo o mundo; e o mundo todo era o próprio reino de Satanás, nem mais nem menos, o poderoso império romano. O Espírito Santo, personificado então nos apóstolos, deixou o cenáculo para expulsar o usurpador e iniciar uma luta que se perpetuaria ao longo dos tempos. Roma foi a prenda do combate; tomá-la ou conservá-la foi a sua palavra de ordem. Era preciso que Roma fosse a capital da Cidade de Deus; era preciso porque Jerusalém, infiel à sua missão, deixou de sê-lo; era preciso porque uma cidade universal não poderia ter por capital senão a rainha do mundo, mundo que, como se disse, constituía o novo templo, em cujas dimensões Deus doravante deveria ser adorado, segundo o que foi dito à samaritana, junto ao poço de Jacó pelo próprio Cristo:

> "Mulher acredita-me: vem a hora em que nem nesta montanha, nem em Jerusalém adorareis o Pai. Vós adorais o que não conheceis. Nós adoramos o que conhecemos, pois a salvação vem dos judeus. Mas vem a hora, e é agora, em que os verdadeiros adoradores adorarão o pai em espírito e verdade. Estes são os adoradores que o pai procura. Deus é espírito, e os que o adoram devem adorá-lo em espírito e verdade".[1148]

De fato, a Roma de Satanás foi destruída para que sobre seus escombros fosse erguida a Roma do cristianismo vencedor do paganismo. Havia cessado, pois, o longo divórcio entre o homem e Deus, entre a terra e o céu. A aliança primitiva, restabelecida pelo Espírito Santo, se tornava cada vez mais fecunda. À grande unidade material da Cidade do mal, sucedia, no mundo regenerado, a grande unidade moral, manancial de paz e de prosperidade.

> Ao cabo de trezentos anos de uma luta sem exemplo na história, já pelo encarniçamento e pela extensão do conflito, já pela natureza das armas e pelo número dos combatentes, o Espírito do mal é vencido, vencido em sua própria casa, no próprio coração de sua cidadela. Emudecem seus oráculos, seus templos desmoronam, seus adoradores o abandonam e a sua civilização corrompida e corruptora desaparece sob as ruínas do seu império. Mas, embora vencido e expulso de Roma, o rei da Cidade do Mal não perdeu nunca a esperança de reconquistá-la. Assim, se o vê, depois de sua derrota, na espreita, dando voltas em torno dos baluartes da Cidade Eterna, a fim de surpreendê-la e fazer dela, outra vez, a sua capital. Sabe que ali está o seu inimigo, o cristianismo, que acabou de expulsá-lo. Enquanto não conseguir vencê-lo seu triunfo será incompleto. Como será possível, então, suplantá-lo? Roma está cercada do amor, da veneração e do poder da grande Cidade do Bem, tríplice baluarte que frustra todo e qualquer intento de aproximação. Satanás, pois, não podendo agir no centro e na superfície, trabalha ardilosamente na profundidade e na periferia.[1149]

[1148] *João*, IV, 21-25.
[1149] M. Gaume, *op. cit.*, Tomo 1, p. 397.

CAPÍTULO 5

O CRISTIANISMO

A obra mais sublime no seu objeto, a mais vasta na sua extensão e a mais espantosa no seu sucesso, foi, sem dúvida, a concebida há vinte séculos por Jesus Cristo, de estabelecer a religião cristã no meio do paganismo e de renovar, por ela, a face da terra.

Dizemos a obra mais sublime no seu objeto, porque não se tratava de policiar um povo bárbaro nem de o submeter a leis, que, reprimindo a ferocidade de suas inclinações, deixassem subsistir as desordens vergonhosas e as superstições grosseiras que o dominavam, ao revés, tratava-se de regenerar o homem completamente, de purificar suas ideias sobre a divindade, de atacar o mal na sua origem, de declarar a guerra a todos os erros, assim como a todos os vícios, e de criar um mundo novo no seio do mundo velho.

Dizemos a obra mais vasta na sua extensão, porque nas idades precedentes viram-se alguns legisladores, heróis e sábios, conceber planos sapientíssimos de reforma, pô-los em prática e, por essa razão, alcançarem justo reconhecimento pela dedicação ao bem dos seus semelhantes. Entretanto, a magnitude dessas empresas não ultrapassava os limites de uma cidade ou de um povo, além do que não era raro que a felicidade destes fosse comprada com a opressão e a escravidão do inimigo ou do estrangeiro. Jesus Cristo concebeu planos mais vastos. Abraçou o mundo inteiro e todos os homens sem exceção. Se começou a evangelizar pessoalmente na Judeia, anunciou, ao mesmo tempo, que se propunha a esclarecer todas as nações, por seus enviados, a fim de destruir o muro de divisão que as separava e reunir, pelo vínculo das mesmas crenças religiosas, o judeu e o gentio, o grego e o bárbaro, o senhor e o escravo.[1150]

Diremos a obra mais espantosa no sucesso, porque, à voz dos discípulos de Jesus, o mundo romano despertou para a luz, reconheceu os seus extravios e deixou a idolatria pelo Evangelho. A partir de então as conquistas pacíficas do Cristo se estenderam para lá de suas fronteiras e se perpetuaram, de nação em nação, de século em século, até os nossos dias.

Um fato que nos é afiançado pelos monumentos mais irrecusáveis da antiguidade pagã, assim como da sagrada, é que a religião cristã se difundiu com grande rapidez em meio às nações idólatras e particularmente nas províncias do império romano. Para se entender o caráter extraordinário desse fenômeno, remontemos às origens da sociedade cristã.

Quando Jesus veio ao mundo, transcorria o reinado de Augusto em plácida calmaria. Era a *pax romana* tão cantada pelos poetas, como profetizada pelos oráculos do Senhor:

> "Um broto vai surgir do tronco seco de Jessé, das velhas raízes, um ramo brotará. Sobre ele há de pousar o espírito do Senhor. Não julgará pelas aparências nem dará sentença pelo que ouviu dizer. A justiça será o cinto que ele usa, a

---

[1150] *Carta aos romanos*, I, 14; X, 12.

verdade, o cinturão que ele não deixa. O lobo, então, será o vizinho do cordeiro e o leopardo vai se deitar, lado a lado, com o cabrito; o bezerro e o leãozinho pastam juntos, e uma criança pequena os tangerá. A ursa e a vaca estarão pastando, com suas crias deitadas juntas; o leão, assim como o boi, comerá capim. O bebê vai brincar no buraco da cobra venenosa, a criancinha enfia a mão no esconderijo da serpente. Ninguém fará mal, ninguém pensará em prejudicar, na minha santa montanha. Pois a terra estará repleta do conhecimento do Senhor, assim como as águas cobrem o mar".[1151]

– Fato extraordinário e que prova o caráter sobrenatural da pessoa de Jesus é que a sua existência precedeu o seu próprio nascimento. Jesus vivia já antes mesmo que Maria o concebesse. Não é a imortalidade, pois, que deve constituir sua herança, mas a eternidade. O nascimento revela, muito mais do que a morte, a dependência da criatura, precisamente porque nunca se morre inteiramente. Por isso que todo homem, desde que não seja um desmiolado, sobrevive de algum modo e influi sobre a sua posteridade. Cada um, de certa forma, é dono de seu sepulcro. Mas, quem pode sê-lo de seu berço? O maioral e o pequenino se encontram aí no mesmo nível, de sorte que Alexandre e Homero não preludiaram com o mais leve rumor o que chegariam a ser, nem sequer que um dia existiriam. Aqui é absoluta a lei da contingência. O desconhecido, o silêncio, o nada, nos envolvem igualmente no não-ser, antes de que nos seja dado sair dele. Numa palavra, uma pessoa pode sobreviver, mas ninguém jamais preexistiu.

Quanto a Jesus Cristo, foi improvisada a sua existência como a de toda e qualquer criatura? Teve ela um princípio no tempo? De nossa parte, ainda quando o ignorasse historicamente, entendemos, por simples dedução lógica, que o fato do nascimento de Jesus não prova a sua contingência, simplesmente porque o que é esperado não pode ser contingente.

Assim é que quando Jesus nasceu, numa obscura cidade da Judeia, o mundo se agitava ante a sua expectativa e "a natureza humana sentia as dores de parto de seu aparecimento".[1152] Comprovada como um fato histórico, essa expectativa não podia ser menos universal que o seu objeto, de modo que toda família humana pasmava ante a possibilidade da ocorrência do evento que revelações imemoriais anunciavam. Isso é o que passamos a demonstrar, por meio de testemunhos exclusivamente históricos, cujo caráter profano não deve suscitar nenhuma suspeita.

"Este movimento de inquietação e de curiosidade religiosa que agitava o mundo, diz Villemain, chegou até a contemplativa inércia das Índias e turbou o repouso de Brahma. Se damos crédito ao estudo dos monumentos orientais (Asiatical Research, tomo I), divulgou-se naquela ocasião, pela Índia como pela Judéia, o anúncio de um acontecimento milagroso".[1153]

[1151] "Não parece, antes, que o próprio Deus quis, na sua providência o Império romano de Augusto a fim de preparar à sua Igreja um mundo temporalmente unificado, pacificado, que lhe fosse suficiente batizar para fazer dele, ao menos, o centro de uma sociedade cristã universal, da qual, pelo simples fato de alguém ser cristão, tornar-se seu membro?" E. Gilson. *Evolução da cidade de Deus*, p. 35, São Paulo, 1965.
[1152] Augusto Nicolas, Jesus Cristo, p. 43.
[1153] Augusto Nicolas, *op. cit.*, p. 66-67.

Lê-se também no Talmud, assim como em outros muitos documentos históricos insuspeitos, que "grande número de gentios acudiu, naquela época, à Jerusalém, para ver o Salvador do mundo".[1154] Monumentos irrecusáveis nos dão a conhecer que o então imperador chinês, Ming Ti, "enviou embaixadores com a missão expressa de identificar o Santo que devia aparecer no Ocidente, segundo antigas tradições".[1155]

Em tal estado de promessa, de tradição, de necessidade e de desejo, apareceu Jesus Cristo em todas as crenças do mundo inteiro, desfigurado sempre, na diversidade e nas muitas alterações dessas mesmas crenças, mas podendo ser conhecido, em toda parte, por alguns traços, tanto mais semelhantes quanto eram mais uniformes nessa diversidade e se achavam mais preservados nessa alteração. É o que nos quer dizer Ramsay:

> Os livros de Likyki falam de uma época em que tudo deve ser restabelecido em seu primitivo esplendor, pela chegada de um herói chamado Kiuntse, que significa Pastor e Príncipe, a quem dão também os nomes de Santíssimo, de Doutor Universal e de Verdade Suprema. É o Mitra dos persas, o Órus dos egípcios e o Brahma dos hindus. Os chineses falam também dos padecimentos e dos combates de Kiuntse... Parece que a origem dessas crenças, assim como de todas as fábulas que se referem a elas, é uma antiquíssima tradição, comum a todas as nações, a saber: que o Deus mediador, a quem chamam também Soter ou Salvador, destruiria os crimes, sofrendo, ele mesmo, muitos padecimentos.

Essa mesma crença num salvador futuro, com os caracteres de vítima voluntária dos pecados dos homens, a encontramos também no Tibet, no Japão e na China. Tomemos o testemunho de Confúcio. Lemos, com efeito, nos livros de moral deste filósofo, que "devia ser enviado do céu um Santo, que saberia todas as coisas e teria todo poder no céu e na terra". É de se registrar, com o apoio de Abel de Remusat, que, não somente a respeito desse verdadeiro santo, comparado com o qual ninguém mais poderia ostentar tal nome, mas também a respeito da região e do tempo nos quais deveria aparecer, tudo se referia à pessoa histórica de Jesus. É indubitável que essa crença, diz Remusat, se difundiu na China desde o século VI antes da era vulgar, ou seja, há mais de três mil anos atrás.[1156]

Reproduziremos a seguir um texto muito interessante, citado pelo eminente orientalista em sua tradução da obra o *Invariável Meio*. É um tratado da religião muçulmana, escrito em chinês, em que se lê o seguinte:

> "O Ministro Phi consultou Confúcio e lhe disse: Mestre, não sois um homem santo? Ele respondeu: por muito que me esforce, não me recordo de ninguém que seja digno desse nome. Mas, replicou o ministro, não foram santos os três reis? Os três reis, respondeu Confúcio, mostraram sua prudência, mas eu, Kieu, não sei se foram santos. O ministro então disse: não foram santos

---

[1154] Augusto Nicolas, *op. cit.*, p. 67.
[1155] J. Schmitt. *Orígenes de los mitos, apud* A. Nicolas, *op. cit.*, p. 67.
[1156] A. Remusat. *El invariable medio, passim*. "Esta mesma crença em um Salvador futuro, com as características de vítima voluntária dos pecados dos homens, a encontramos no Tibet, em Siam, em Tonkim, no Japão". A. Nicolas, *op. cit.*, p. 71.

os cinco senhores? Os cinco senhores, disse Confúcio, procederam com uma caridade divina e uma justiça inalterável, mas eu, Kieu, não sei se foram santos. O ministro perguntou ainda: não foram santos os três Augustos? Os três Augustos, respondeu Confúcio, puderam fazer bom uso do seu tempo, mas eu, Kieu, ignoro se foram santos. O ministro, embaraçado, disse: sendo assim, a quem se pode chamar santo? Confúcio respondeu comovido: eu, Kieu, ouvi dizer que nas terras ocidentais haveria um homem santo, que sem exercer ato algum de governo, preveniria as turbulências; que sem dizer palavra, inspiraria uma fé espontânea; que, sem sofrer mudança alguma, produziria um oceano de ações meritórias. Mortal algum pode dizer seu nome; mas eu, Kieu, ouvi dizer que este seria o verdadeiro santo".[1157]

Se desses confins distantes da terra, nos dirigimos ao antigo mundo grego, encontraremos a mesma fé num salvador futuro, anunciado, como tal, a Prometeu, por um enviado de Zeus. "Teu suplício não terminará até que um Deus se ofereça para te suceder nestes padecimentos e consinta em descer, por ti, aos infernos".[1158] Voltamos a encontrá-la, mais clara e resplandecente, por meio da fábula de Io, que chegou a ser mãe por meio de um simples contato virginal de Zeus, do qual concebeu e veio dar à luz, depois de muitas gerações, ao futuro libertador Órus ou Epafo.[1159]

Nada, pois, estava isento dessa crença. Não derivava somente de relatos fabulosos ou mitológicos, mas se achava, também, no topo das discussões filosóficas e sempre com o mesmo caráter de universalidade.

Sócrates e Platão, nomes que não é lícito separar, pois um e outro resumem todo o pensamento humano, não alimentavam ilusão alguma sobre a insuficiência deste para reformar o gênero humano. A cada momento, declinavam dessa tarefa, assim que projetavam empreendê-la. Consideravam-se, apenas, como tutores ou curadores, conforme as palavras de São Paulo. "Se os Deuses, diz o primeiro, querem persuadir-nos de que se ocupam de nós, que nos enviem conselheiros para instruir-nos sobre o que devemos fazer e o que devemos omitir".[1160] "Se Deus não enviar ninguém para instruir-nos, não espereis jamais lograr o desígnio de reformar os homens".[1161] "

> É, pois, preciso escolher, entre os juízos humanos, o mais sólido que exista, para embarcando-nos nele como num barco mais ou menos seguro, atravessarmos o borrascoso mar desta vida, a menos que se possa encontrar para tal viagem uma nave a toda prova, – uma revelação divina –, em ordem a concluir com êxito a travessia".[1162]

Quando, porém, esse desejo e esse chamamento adquirem o caráter formal de uma esperança e de uma expectação é na célebre passagem do segundo Alcebíades, na qual este último é

[1157] A. Remusat, *op. cit.*, nota p. 144 e 145.
[1158] Ésquilo. *Prometeu*, p. 75, Buenos Aires, 1950.
[1159] Eurípedes. *As fenícias*, p. 119-120, Buenos Aires, 1951.
[1160] Xenofonte, Memorabilia, I, 19.
[1161] Platão. *Apologia de Sócrates*, I, II, p. 10-12, São Paulo, s.d.
[1162] Platão. *Fedon*, V, p. 66-67, São Paulo, 2005.

dissuadido por Sócrates do propósito de invocar o oráculo de Apolo, ao argumento de que tinha de guardar a verdadeira fé no esperado Mediador. Ei-la:

> Sócrates: Convém que esperes até que alguém te ensine como deves proceder diante dos deuses e diante dos homens.
>
> Alcebíades: E quando virá esse tempo e quem será esse preceptor?
>
> Sócrates: Será aquele que te ama... Mas, deves antes libertar a tua alma das trevas que a cobrem e te mostrar em condições de discernir o bem do mal.
>
> Alcebíades: Quem quer que seja esse personagem, estou pronto a obedecê-lo, desde que me torne melhor do que sou.
>
> Sócrates: Ele te professa um amor maravilhoso.
>
> Alcebíades: Adiemos, pois, meu sacrifício a Apolo até a chegada desse dia venturoso. Praza aos céus que não tenhamos que esperá-lo por muito tempo.[1163]

Como se vê, a espera pela próxima vinda do Messias não era exclusiva dos judeus; todas as nações do mundo participavam dela. Preciso era que assim fosse, caso contrário, como seria dado aos profetas, começando por Jacob e terminando em Ageu, chamar o Cristo de "a expectação das gentes" e de "o desejado de todas as nações"?

Os gentios deviam esse conhecimento do Redentor futuro já à tradição primitiva, já ao comércio dos judeus, muitos deles vivendo espalhados pelas diferentes regiões do mundo, sobretudo na própria Roma. Aqui, nessa cidade, alguns nomes são de necessária menção para o fim que ora nos ocupa, posto que compartilhavam a mesma expectativa que os mais antigos já, de longa data, experimentavam. São eles: Políbio, Cícero, Tito Lívio e Virgílio.

Políbio, cujo saber rivalizou com a sua glória, é uma das figuras mais notáveis da antiguidade. Sendo grego de nascimento, foi como refém para Roma, onde se destacou como mestre e conselheiro de Cipião, a quem auxiliou a submeter Cartago. Políbio escreveu sua história por volta do ano 150 a.C., obra grandiosa, que serviu de modelo para alguns historiadores, cuja ideia dominante é revelada pelo próprio autor no início do Livro I.

> "Até essa época os eventos mundiais tinham sido por assim dizer dispersos, pois não eram interligados por uma unidade de iniciativa, de resultados ou de localização; desde essa época, porém, a História passou a ser um todo orgânico, e os eventos na Itália e na Líbia interligaram-se com os da Hélade e os da Ásia, todos convergindo para um único fim. [...] Com efeito, a originalidade de minha obra e o aspecto mais notável de nossa época consistem justamente nisto: a *Sorte*, por assim dizer, encaminhou todos os acontecimentos mundiais em uma única direção e os compeliu a orientar-se para um só e mesmo escopo; da mesma forma, um historiador deve apresentar diante de seus leitores, em uma sinopse, os eventos graças aos quais a *Sorte* produziu esses efeitos em toda parte para atingir o seu objetivo global [...] Realmente, embora esteja produ-

---
[1163] Platão, *op. cit.*, II Alcebíades.

zindo sempre algo de novo e intervindo na vida humana, em nenhuma outra circunstância a *Sorte* jamais realizou tal obra nem encenou tal espetáculo como em nossa época".[1164]

O que eram, para Políbio, essa unidade, esse escopo, esse objetivo e esse fim? Se fizéssemos essa pergunta atualmente, muita gente, talvez, poderia respondê-la sem vacilar. Mas Políbio ignorava inteiramente a resposta. Apenas pressentia o fato de uma inclinação das coisas e de uma preparação extraordinária dos acontecimentos para um grande fim. A ignorância mesma desse fim dá a seu testemunho um valor muito mais elevado, a demonstrar uma refinada sensibilidade do autor para esquadrinhar a época em que vivia, que não era senão a que preludiava a vinda do Cristo, ou seja, a plenitude dos tempos.

Políbio atribui essa preparação ao que chama a *Sorte*. Essa palavra, porém, revela, em seu pensamento, um sentido mais elevado. Políbio estava isento de todas as crenças supersticiosas de sua época. Talvez não compreendesse o sentido do divino na realidade pagã que o envolvia. Mas, de sua História resulta, como deixou claro Thuillier, que ele concebia, sob o nome de *Sorte*, uma Providência que dispõe e dirige todos os acontecimentos para um mesmo fim; algo que conduz, que inclina, que obriga todas as coisas a se dirigirem para o mesmo objeto; algo alheio à ideia de casualidade, mas implicando a de desígnio, de conselho, de previsão; algo, como mais tarde declarou Plutarco, que não é "dirigido por mão, por conselho ou por sentimento dos homens, mas por uma guarda e escolta divinas".[1165]

Passemos a Cícero. Há uma página da República que nos conservou Lactâncio, precisamente pelo grande valor que ela tem como testemunho de quem, como Políbio, entrevia o advento de uma nova época, que o grande orador romano denominava de *Lei da reta razão de Deus*. O que parece, porém, exceder os limites da inteligência humana, fazendo supor em Cícero um pressentimento intuitivo dessa Lei, é a previsão de seu reinado eterno, que deveria, num futuro próximo, sujeitar a humanidade de todos os países e de todos os tempos, com um caráter inteiramente divino.

Se só tivéssemos essa passagem de Cícero, constituiria uma temeridade apoiar nela uma antevisão ciceroniana relativamente à plenitude dos tempos. Entretanto, para compreender sua correlação com o que vem a seguir, convém registrar o que o grande orador havia dito em outra obra não menos famosa:

> "Conservamos os versos que, inspirada por Deus, a Sibila proferiu, dos quais tomou nota um intérprete, apoiando-se em um falso rumor, muito divulgado entre os homens, para levar ao Senado a moção de que aquele que é verdadeiramente nosso rei, fosse reconhecido por rei se quiséssemos salvar-nos. A que homem e a que época se refere esta predição?".[1166]

Sobre a fixação do sentido dessas palavras, louvamo-nos no depoimento do sábio francês A. Nicolas:

[1164] *História*, I, 3, 4, Brasília, 1985.
[1165] Augusto Nicolas, *op. cit.*, p. 55.
[1166] *De la divination*, II, 14.

Adiro, pois, desde logo, à opinião de que as palavras expostas se referem ao indicado rumor geral que devia formular-se, de um modo mais preciso e determinado, pela pluma de Tácito e de Suetônio, o qual merece de Cícero a seguinte qualificação: *falsa quipem hominum fama*, parecer sobre o qual um crítico moderno expende as seguintes considerações; "Os romanos, apesar de serem tão republicanos, aguardavam, no tempo de Cícero, um rei predito pelas Sibilas, como se vê no livro *da Adivinhação* deste orador filósofo. As misérias da república deveriam ser seu anúncio e a monarquia universal, sua continuação. É uma anedota da história romana, à qual não se deu a devida atenção.[1167]

A moção foi trazida ao Senado, que, tomado de pavor, tomou uma medida noticiada por Suetônio nos seguintes termos: "Tomado de espanto, o Senado expediu um decreto para que nenhum varão que nascesse naquele ano fosse educado, ou seja, admitido à vida, conforme o sentido dessas palavras naquele tempo".[1168] Pouco tempo depois o Senado revogou o mesmo decreto, a pedido de alguns senadores, cujas mulheres estavam a ponto de dar à luz filhos, que, na visão dos respectivos pais, bem poderiam ser o prometido Salvador e o profetizado rei.

Estamos agora em condições de aferir o critério que Cícero usa para definir o reinado da *Lei Eterna*. Ouçamo-lo:

"Há uma lei, verdadeira e absoluta, eterna, universal, cuja voz ensina o bem que manda praticar e afasta do mal que proíbe. Não se pode revogá-la por outra lei, nem restringi-la em nada. Nem o povo nem o Senado podem deixar de prestar-lhe obediência, constituindo ela mesma seu próprio intérprete. Não será outra em Roma, outra em Atenas, outra hoje, outra amanhã: por todo parte, em todo tempo, reinará esta Lei imutável e santa, e com ela Deus, o Senhor e Rei do mundo. Deus a fez, discutiu e sancionou. Desconhecê-la é abjurar de si mesmo, é calcar aos pés sua natureza, é impor a si mesmo o castigo mais cruel, ainda quando fosse possível livrar-se de outros suplícios que se crê ligados à sua transgressão".[1169]

Palavras admiráveis, diz Lactâncio, que parecem ser, não já de um filósofo, mas de um profeta; de um profeta dessa lei evangélica que devia reinar para sempre no universo e, com ela, Deus, o Senhor e Rei do mundo. Eis aqui esse Rei, que é verdadeiramente Rei, a quem era preciso que conhecêssemos para salvar-nos, do qual falava profeticamente Cícero, em seu tratado *da Adivinhação*.

Esse admirável pressentimento, em oposição tão manifesta com todas as preocupações romanas e pagãs, como posteriormente se demonstrou por sua luta mortal contra o cristianismo, era compartilhado, um século depois de Políbio, não por um visionário ou pensador utópico, mas por outro grande historiador, o historiador romano por excelência: Tito Lívio. Extraímos de suas famosas décadas, essa impressionante conclusão:

[1167] Augusto Nicolas, *op. cit.*, p. 46-47.
[1168] Suetônio, *op. cit.*, Augusto, XCIV.
[1169] *A república*, XVIII.

"Quem pode duvidar que a cidade fundada eternamente, e crescendo em imensidade, esteja destinada a ser a sede de um novo Poder, de um novo Sacerdócio, de um novo Direito das gentes e da humanidade?".[1170]

É preciso encarecer, num historiador tão grave e tão moderado como Tito Lívio, a transcendência dessas expressões relativas aos destinos de Roma? Essa cidade, que ainda hoje chamamos de eterna (*aeternum urbe*), como também de universal (*et in immensum crescente*), a que objetivo estava destinada? A conservar para seus césares, para seus pontífices, para seu direito, sem dignidade e sem compaixão, aquele império por cujo engrandecimento trabalhou tanto? Claro que não. Quando Tito Lívio diz que Roma estava destinada a ser a sede de um novo Poder, ele fala de outro Poder diferente, de outro Sacerdócio divino, de outro direito das gentes distinto, afetando, de forma radicalmente diversa do que até agora se vira, a inteireza de toda raça humana (*gentium hominumque*).

Mais uma vez cumpre indagar: qual era a extensão desse pressentimento? Terá sido ele o produto da reflexão de alguns poucos privilegiados ou assumiu o caráter de certa generalidade, a ponto de se converter numa crença social? Nosso autor parece indicar, quanto à magnitude desta, que seria a convicção comum de toda sua época: *quis dubitet*, quem pode duvidar?[1171]

Poder terrível é o da dúvida! Depois de tantos séculos de realização evidente, no seio do cristianismo, que a todos nos colocou numa nova ordem de coisas, ainda há quem duvide, atualmente, do que creram no passado Tito Lívio e seus contemporâneos. Tão sobrenatural e obscuro, ao mesmo tempo que histórico e patente, é tudo na religião de Jesus Cristo, tanto as provas como a cegueira dos que não se deixam convencer por elas.[1172]

De qualquer modo, o *quis dubitet* de Tito Lívio projeta um vivo clarão sobre os demais testemunhos que apresentamos até aqui, muito particularmente sobre o de Virgílio, do qual falaremos a seguir, que já não é mais tão singular, nem tão estranho, nem mesmo problemático.

Não se pretende que Virgílio tivesse a intenção de anunciar o nascimento de Jesus Cristo. Jamais se disse isso. Trata-se unicamente de saber se Virgílio, que indubitavelmente sofria a influência do pressentimento universal da vinda do Messias, tomou ou não, como tema da *IV Égloga*, essa impressão geral, para aplicar a seu herói essa expectativa universal.

Com efeito, à medida que se avizinhava a plenitude dos tempos, crescia também o sentimento geral de uma imensa renovação, ao qual não poderia deixar de reagir a apurada sensibilidade de Virgílio. Este, então, intérprete da Sibila e oráculo de seu tempo, cantou, na corte de Augusto a próxima vinda do Filho de Deus, quem, nascendo de uma virgem e descendo do céu, apagará os crimes do mundo, matará a serpente e estabelecerá a idade de ouro sobre a terra.[1173]

Resumamos, com uma reflexão geral, a extensão e o alcance desses testemunhos, assim como a natureza da causa do fenômeno que é seu objeto.

A bem da verdade, em nenhum momento dissemos aqui que todos os testemunhos coligidos, em si mesmos tão explícitos, se referiam diretamente a Jesus Cristo ou ao cristianismo: de maneira alguma; mesmo porque os que os produziram, o fizeram inscientes e inconscientes

---

[1170] *História de Roma*, IX.
[1171] Augusto Nicolas, *op. cit.*, p. 57-58.
[1172] Augusto Nicolas, *op. cit.*, p. 58.
[1173] *As bucólicas*, Égloga IV.

de seu objeto. Será que essa ignorância e essa espontaneidade são razões bastantes para julgá-los inconsistentes ou desimportantes? Muito ao contrário, são consistentes e importantes, porque revelam uma impressão geral da época, impressão que é impossível desconhecer, que, tanto por suas causas, quanto por seu objeto, diremos mais, por essa ignorância mesma, sendo natural e humanamente inexplicável, só podia ser sobrenatural e divina.

Tudo bem considerado, não podemos deixar de concluir que quem quer que fosse o objeto, tão insigne e tão admirável, dos pressentimentos do mundo antigo, teria que ser também a causa formal, exemplar e suficiente deles. Limitamo-nos a essas considerações, remetendo o leitor para o estudo das sagradas escrituras, em que poderá se convencer do seguinte: salvo o povo judeu, os demais povos da antiguidade acreditavam que o Salvador esperado viria de fora, coisa já assombrosa; mas, o que é mais assombroso ainda é que ele viria instaurar o reino de Deus entre as nações pagãs, estranhas a Israel, o que coloca o ponto desse divino aparecimento, objeto da expectativa universal, neste último país, ou seja, precisamente na Judeia.

Seja-nos permitido concluir, à vista do que foi dito, que a descrença não provém, de modo algum, da falta de provas, mas exclusivamente da má disposição da vontade.

A assistência divina não somente precedeu, mas também acompanhou o surgimento e a evolução do cristianismo ao longo dos tempos. Animando seus seguidores no abatimento, encorajando-os nas perseguições, consolando-os no martírio, dispondo-os contra as heresias, eis como a mão de Deus dirigiu essa formidável empresa que tinha tudo contra si e nada a seu favor, de sorte que deveria ter sucumbido se não fosse sustentada por um poder todo divino.

De fato, o cristianismo nascente tinha contra si os seus próprios fundadores, homens ignorantes e toscos, a quem o mundo, desdenhoso e soberbo, ordinariamente repele; tinha contra si, também, a própria época em que surgiu, época que testemunhava tal molície nos costumes; nas almas, tal degradação; em toda parte, tal espírito de orgulho, de impiedade e de epicurismo, que estava muito longe de ser favorável à simplicidade, à santidade e à severidade da doutrina cristã. Esta última, por sua vez, com seus mistérios, com sua moral, com suas práticas, não podemos hoje certamente avaliar o quanto devia parecer repugnante na sua origem. É preciso transportar-nos em pensamento à época em que, pela primeira vez, o cristianismo foi anunciado aos homens. Ostentava dogmas incompreensíveis, que ofendiam o espírito altivo e curioso, porque se afastavam de todas as ideias universalmente recebidas, de todas as crenças e de muitos hábitos tão profundamente enraizados nas almas. Os judeus, por exemplo, estavam na expectativa de um Messias poderoso e magnífico. A pompa dos seus oráculos parecia justificar suas esperanças ambiciosas. Eis que contra as suas previsões, se lhes anunciava um Messias pobre, condenado à morte pelo conselho supremo da nação e crucificado por ordem de um procurador romano. Poderia haver para eles doutrina mais absurda?

No entanto, quanto não devia parecer mais repulsiva ainda aos olhos dos pagãos! A sua religião era cômoda, agradável e voluptuosa. Era a de sua pátria, a de seus pais, a de sua infância, a da autoridade pública, a do mundo inteiro: e eis que alguns desconhecidos, ignorantes e maltrapilhos, se propunham destruir todos os objetos do seu culto e da sua adoração; derrubar seus altares, abolir suas festas e suas orgias, arrancá-los dos seus hábitos e antigas crenças, combatê-los nos seus vícios, os quais nada mais eram para eles que a experiência deleitosa de simples prazeres inocentes. Com que veemência não devia o coração dos infiéis sublevar-se contra um jugo tão pesado e tão intolerável para a sua fraqueza.

Não obstante, uma força invencível fez triunfar o cristianismo entre os pagãos, vencendo todos esses obstáculos à primeira vista intransponíveis. Como pôde, pois, ele estabelecer-se? Precisavam-se para isso ou da mão da providência, dirigindo e ordenando os acontecimentos, ou de uma operação oculta nas almas da parte daquele que os livros sagrados chamam o Deus das virtudes. Em qualquer caso eram necessários milagres para que o cristianismo pudesse superar o paganismo. O Evangelho, contudo, venceu o mundo pagão, a demonstrar que esse grande triunfo é o monumento eterno da sua divindade.

Fundada na mesma época que a Igreja cristã e associada também, conquanto a título diverso, à mesma obra divina, a monarquia imperial de Roma não estava votada, contudo, ao mesmo destino glorioso. Apenas o ponto de partida foi comum. A Igreja e o império seguiram, desde então, caminhos totalmente opostos, vale dizer, enquanto aquela, a despeito de sucessivas provações, criava raízes, crescia e se expandia, o império romano, com o irradiante brilho de uma incontestável prosperidade, começou a declinar, até que, consumido pela depravação e pela indolência, não resistiu às inundações bárbaras, que vinham do norte, e melancolicamente ruiu. O progresso de uma parte e o declínio da outra manifestavam uma exata correspondência. "Tudo o que a unidade religiosa ganhava, diz Albert de Broglie, a unidade política parecia perder, de modo que quando uma triunfava enfim sem contestação, a outra desaparecia para sempre, como se já houvesse cumprido inteiramente a sua missão".[1174]

Sendo o nosso propósito, neste ponto, acompanhar a evolução interna do cristianismo, é o bastante dizer algumas palavras a respeito de sua influência sobre os costumes e os sentimentos morais da época, ou seja, sobre sua relação com a sociedade romana.

O cristianismo, ao contrário das antigas religiões do Oriente, não promulgou um código social, nem se identificou com um sistema de legislação particular, tampouco impôs ao mundo uma forma política determinada. Apenas se apropriou da sociedade romana, tal como ela era então, sem destruir sua vetusta legislação, herdeira de tantos séculos e de tanta sabedoria. Contentou-se em apagar dela o aspecto torpe e sanguinário, por meio da inserção de princípios concernentes à misericórdia e à caridade. De resto, a religião nascente não contestou nenhum dos direitos estabelecidos, como também não operou imediatamente nenhuma modificação significativa na sociedade. A grandeza do cristianismo, aliás, consiste em não se chocar com nenhuma forma social, de se acomodar a muitas, de sobreviver a todas.

A moral cristã, entretanto, transformou o coração do homem, na medida em que modificou completamente o princípio e o fim das ações humanas, dando-lhes um móvel até então desconhecido, cuja excelência, plasmando inicialmente o comportamento humano, repercutiu posteriormente na legislação e na jurisprudência, a demonstrar que toda ação desse gênero, para ser duradoura e profunda, tem que passar antes pelos costumes para chegar depois às leis. Estas, porém, ainda no século III d.C., continuavam afastadas da vida social.

> O direito, ensina J.J. Ampère, se achava muito isolado desta sociedade. Havia então como que dois mundos: aquele da legislação, regular, sábio, filosófico; aquele dos costumes, desordenado, violento, corrompido. Numa palavra, enquanto as leis se aperfeiçoavam pela ciência, os costumes faltavam às leis.[1175]

[1174] *L'èglise et l'empire romain au IVe siècle*, Tomo 1, p. 2, Paris, 1856.
[1175] *La Grèce, Rome et Dante, études littéraires*, p. 437, Paris, 1859.

Mas, as coisas não iam demorar muito para mudar. A moral do Nazareno tinha depositado no fundo das almas o germe do qual brotaria a sociedade moderna, de modo que a lei que o cristianismo anunciava devia ser um dia o código moral do mundo civilizado. Esse germe, porém, não iria florescer e ganhar força antes de ser fertilizado com o sangue dos mártires e confrontado com o desafio das heresias.

5.1. As Perseguições

Quando o cristianismo apareceu no império, a prudente desconfiança, tantas vezes dirigida outrora contra as religiões estrangeiras, havia perdido muita força. Não obstante, o inconformismo dos cristãos era tão vivo; seu desprezo pelo culto estabelecido, tão pouco disfarçado; anunciavam tão abertamente seu projeto de tudo mudar na ordem religiosa como na ordem social, que a antiga antipatia dos romanos se reacendeu mais viva do que nunca. Aos olhos destes, o crime de lesa-majestade divina era manifesto. Entretanto, os romanos não teriam pedido a punição dos culpados se estes tivessem se conformado, embora externamente, com os usos e costumes nacionais. Os cristãos seriam considerados então, apesar de sua excentricidade, como verdadeiros cidadãos romanos, filhos da mãe comum e, a esse título, poderiam invocar legitimamente o socorro das leis contra seus perseguidores. Mas a consequência imediata da fidelidade a Deus, professada pelos cristãos, era a de colocá-los em franca hostilidade contra os costumes, as leis e as tradições do império, posto que a adesão às tradições, às leis e aos costumes, ao juízo dos cristãos, implicava imperdoável ofensa aos mandamentos de Deus. Vejamos como isso aconteceu.

O imperador não era somente o soberano pontífice, o chefe do exército e o primeiro magistrado da nação, na realidade seu poder e seu carisma eram tais que faziam dele a personificação da sociedade inteira.

> Eis porque, refere A. Beugnot, o crime de lesa-majestade humana era mais odioso entre os romanos que o crime de lesa-majestade divina, como também porque eles perjuravam mais facilmente após ter jurado por todos os deuses do que somente pelo gênio do imperador.[1176]

O poder do senado, o prestígio dos pontífices, a autoridade dos magistrados, as lembranças gloriosas da pátria, se personificavam num só homem, em favor do qual eram endereçadas aos deuses orações solenes (*vota publica*). Essas orações eram acompanhadas de festas, de cerimônias, de jogos, tudo impregnado de paganismo, razão pela qual os cristãos se recusavam a participar de toda solenidade e de qualquer festejo, onde se cultuasse a pessoa do imperador como *dominus*, visto que, para eles, esse título pertencia exclusivamente a Deus.

Quando as razões faltam, os pretextos são a propósito. Havia então em Roma leis antigas que proibiam reuniões secretas ou noturnas. Umas e outras não permitiam supor que algo inocente pudesse ser tratado e realizado na clandestinidade ou ao abrigo da noite. O povo, exagerando as proibições do legislador, anunciava publicamente os crimes execráveis que eram cometidos nessas assembleias. Na verdade, os cristãos, por toda parte perseguidos e discriminados como inimigos públicos, não dispunham de outro recurso, para se consolarem mutuamente, senão

---

[1176] *Histoire de la destruction du paganisme en occident*, Tomo I, p. 19, Paris, 1835.

o de promover reuniões clandestinas. Davam azo, com isso, não a simples difamações, mas a imputações tão sórdidas que custa a crer que pudessem existir, no centro cultural do mundo, espíritos tão crédulos para admiti-las e propagá-las.

Na sua linguagem mística, os cristãos falavam de um reino futuro que, após um período de mil anos, devia ser instaurado pelo Cristo sobre toda a terra. Os romanos, pouco acostumados a essa forma obscura de expressão e cheios de prevenção contra aqueles devotos, enxergavam nesse discurso um quê de provocação sediciosa contra seu império universal, a ponto de conceberem uma expressão nova para qualificar uma audácia excessiva, inaudita, expressão bastante flexível para ser aplicada a todos os crimes cometidos por fanáticos extremados. O ódio do gênero humano foi a escolhida, fórmula ameaçadora, que se tornou a designação oficial de inumeráveis calúnias e o pretexto de sucessivas perseguições.

Às prevenções sucederam os ultrajes; aos ultrajes, as perseguições e o martírio. Nero foi o primeiro imperador que fez correr o sangue dos cristãos. Diz-se que deitou fogo à cidade de Roma para dar-se o prazer de reconstruí-la maior e ainda mais magnífica. Mas, temeroso por sua impopularidade, Nero acusou de incendiários os seguidores de um culto adventício, conhecidos como cristãos, conforme o célebre relato de Tácito:

> "Deu, contudo, este incêndio ainda ocasião a maiores suspeitas, porque principiou nos prédios Emilianos que Tigelino possuía. Parecia que Nero aspirava à glória de edificar uma nova cidade e de lhe dar o seu nome... Mas nem todos os socorros humanos, nem as liberalidades do príncipe, nem as orações e sacrifícios aos deuses, podiam desvanecer o boato infamatório de que o incêndio não fora obra do acaso. Assim, Nero, para desviar as suspeitas, procurou achar culpados e castigou com as penas mais horrorosas a certos homens que, já odiados antes por seus crimes, o vulgo chamava cristãos. O autor deste seu nome foi Cristo, que no governo de Tibério foi condenado ao último suplício pelo procurador Pôncio Pilatos. A sua perniciosa superstição, que até ali tinha estado reprimida, já tornava de novo a grassar não só por toda a Judeia, origem deste mal, mas também em Roma, onde todas as atrocidades do universo e tudo o que há de mais vergonhoso vêm enfim acumular-se e sempre acham acolhimento. Em primeiro lugar, se prenderam os que confessavam ser cristãos e depois, pelas denúncias destes, se fez outro tanto a uma multidão inumerável, todos os quais não tanto foram convencidos de haverem tido parte no incêndio, como de serem os inimigos do gênero humano. O suplício destes miseráveis foi ainda acompanhado de insultos, porque ou os cobriram com peles de animais ferozes para serem devorados pelos cães, ou foram crucificados ou os queimaram de noite para servirem de archotes e tochas ao público".[1177]

Era o cumprimento de outra profecia evangélica:

> "Antes de tudo isso, porém, hão de vos prender, de vos perseguir, de vos entregar às sinagogas e às prisões, de vos conduzir a reis e governadores por causa do meu

---
[1177] *Anais*, Tomo 2, XLIV, p. 379-380.

nome, e isso vos será ocasião de testemunho. Tende presente em vossos corações não premeditar vossa defesa; pois eu vos darei eloquência e sabedoria, às quais nenhum de vossos adversários poderá resistir ou contradizer. Sereis traídos até por vosso pai e mãe, irmãos, parentes, amigos, e farão morrer pessoas do vosso meio, e sereis odiados de todos por causa do meu nome. Mas nem um só cabelo de vossa cabeça se perderá. É pela perseverança que mantereis vossas vidas".[1178]

De fato, desde o início da pregação cristã, os apóstolos haviam sido levados diante das sinagogas e açoitados, pela mesma razão que Santo Estevão foi lapidado; São Tiago, decapitado; São Pedro, preso; e São Paulo, perseguido.

> Não somente na Judéia, mas também fora dela, diz Champagny, as igrejas cristãs, algumas piedosas para com as lembranças e as tradições do judaísmo, tinham na sinagoga uma constante inimiga, que se dirigia igualmente, para satisfazer sua vingança, a Moisés e a Júpiter, ao sinédrio e aos templos, aos anciãos de Israel e aos procônsules de Roma, aos velhos rancores do mosaísmo e às paixões da idolatria, ao fanatismo do povo, à ligeireza do sexo, ao orgulho de classe, à desconfiança do despotismo, aos juízes e ao punhal, a César e à rebelião. As igrejas faziam, por toda parte, a aprendizagem da tribulação e da paciência, quando não do martírio.[1179]

A segunda perseguição teve lugar no ano de 95, sob o reinado de Domiciano. Celebravam-se os *Quindecenália*, ocasião em que os cristãos, em razão da recusa de participarem das festas, foram acusados de impiedade ou de lesa-religião e cruelmente perseguidos. Foi nessa época que São João padeceu o suplício da imersão em óleo fervente, sobrevivendo-o milagrosamente. Exilado em Patmos, aí escreveu o Apocalipse.[1180] Nerva, sucessor de Domiciano, fez cessar a tempestade e chamou de volta os exilados. Esse virtuoso imperador, já bem idoso, associou Trajano ao trono. Com esse príncipe, espanhol de origem, teve início a terceira perseguição.

Quem não conhece a carta por meio da qual Plínio, indeciso entre seu sentimento de filósofo e seu dever de procônsul, consultou Trajano para saber se devia punir os cristãos unicamente porque se chamavam cristãos ou se devia puni-los somente em razão da prática de fatos considerados crimes (*coherentia nomini*). Conhecida também é a resposta de Trajano: deveriam ser poupados apenas os cristãos que renegassem a sua fé. Sem dúvida, essa concessão era tímida e injuriosa para os cristãos, que, em grande número, morreram até que o imperador cansou de persegui-los. Santo Inácio, como vimos, foi martirizado nessa época.

Quando o imperador se cansou de perseguir os cristãos, os amigos do antigo culto souberam, por intermédio do novo césar, retomar a obra no ponto em que o seu antecessor a tinha deixado. No reinado de Adriano, durante a quarta perseguição, era comum os pontífices das províncias excitarem o fanatismo do povo, perseguirem os cristãos e conduzi-los à morte, aos gritos de "os cristãos aos leões"! Os magistrados, atemorizados com o ruidoso clamor que cercava o tribunal,

---

[1178] *Lucas*, 21, 12-18.
[1179] *Op. cit.*, Tomo I, p. 50-51.
[1180] C. Fouard. *Saint Jean*, p. 98 e segs; Paris, 1904.

não se atreviam a condenar nem tampouco a absolver os acusados, deixando-os à mercê da fúria do populacho. A quarta perseguição cessou em 129.

Por essa época, as acusações contra os cristãos se tornaram mais violentas e mais precisas. Até aqui as imputações eram vagas e indeterminadas. Porque os cristãos odiavam o gênero humano, era para se concluir que fossem igualmente perjuros, traidores e assassinos? Essa acusação, análoga àquela do crime de lesa-majestade, não podia parecer a homens imparciais um meio fácil de trucidar inocentes? Os fanáticos pagãos sentiram então a necessidade de caluniar com mais precisão.

Os cristãos se reuniam, como dissemos, secretamente. Eles próprios não negavam o fato. Nada foi mais fácil que incriminar suas reuniões secretas, como também persuadir o povo de que os cristãos, cedendo a execráveis inclinações, aproveitavam a clandestinidade das assembleias, para comerem carne humana e se entregarem à prática da prostituição. Os *Epula Thyestea* e o *promiscuus concubitus* vieram somar-se ao *odium generis humani*, como se esta última acusação já não tivesse feito correr bastante sangue.

O fanatismo dos pagãos, porém, não se dava por satisfeito. Nas calamidades públicas, o povo procurava sempre um bode expiatório, algo ou alguém sobre o qual pudesse cair a vingança de suas misérias: os cristãos se tornavam, sempre e invariavelmente, essa hóstia expiatória. Até o último suspiro o paganismo repetiu obstinadamente que os cristãos eram a única causa da ruína do império. Afinal, excetuando-se a generalização, a afirmação não era totalmente desprovida de verdade.

Nesse clima de animadversão pelos cristãos, Marco Aurélio vestiu a púrpura imperial. À permissividade desse imperador-filósofo se deve uma das mais cruéis perseguições, que durou até o ano de 174, e na qual pereceram São Justino e São Policarpo. Essa foi a quinta perseguição.

A sexta perseguição eclodiu com Sétimo Severo. Transcorria o segundo centenário de nossa época, quanto Tertuliano ousou elevar a voz e endereçar uma apologia aos magistrados da África. Nesse texto, ao mesmo tempo corajoso e sublime, o grande apologista nos diz que os cristãos eram então, em virtude do *odium generis humani*, colocados não somente à margem da lei escrita, mas também de toda lei divina ou humana. Segundo Tertuliano, os pagãos definiam os cristãos como inimigos dos deuses, dos imperadores, das leis, dos costumes e de toda natureza.[1181] A história nos conservou uma sentença proferida, nessa época, por um procônsul contra alguns cristãos. Sua motivação é muito simples e repousa sobre um só fato, a saber, que os acusados eram cristãos. Ei-la:

> "Assentado que Speratus, Cittinus... convêm que os acusados são cristãos e que recusam homenagem e respeito ao imperador, ordenamos que sejam decapitados".[1182]

Todos os crimes *coherentia nomini*, portanto, resultavam da confissão da fé cristã. Tanto na definição de Tertuliano quanto na sentença do procônsul não é feita menção à religião pagã.

[1181] *Apologétique*, XXXVI e segs.

[1182] Sobre a audiência, o interrogatório e a sentença no processo dos mártires, consultar Edmond Le Blant, *Les persécuteurs et les martyrs aux premiers siècles de notre ère*, caps. XVI, XVII e XX, Paris, 1893.

O poder contestado do soberano, a majestade do império profanada, a santidade das tradições ultrajadas, eram razões suficientes para atrair sobre os cristãos a cólera dos romanos.

A sétima perseguição, sob Maximiano, não durou senão três anos. houve então, desde Severo, um razoável período de paz e tranquilidade, que, paradoxalmente, custou muito caro à cristandade. Os cristãos passaram a ter acesso aos cargos públicos, acumulavam bens e começaram a se afeiçoar pelo repouso e por distrações frívolas, tão ao gosto dos pagãos.[1183]

> "Mas, alto lá! As honras, a liberdade, a própria paz têm o seu perigo. A vida do homem, sobretudo a do cristão, é uma luta sobre a terra. A espada enferruja se fica muito tempo sem combater. Este repouso de uma duração inaudita fazia crer a muitos cristãos que se podia repousar aqui embaixo. Apegavam-se aos bens deste mundo convencidos de que iam possuí-los para sempre. Todo cuidado era tomado para desfrutar deles e acrescentá-los. Os ódios, as querelas, as fraudes, os perjúrios, vinham como consequência da ambição do ganho. A frivolidade e a corrupção da vida pagã se introduziam na família dos filhos de Deus".[1184]

"Nós pecamos, lamenta um mártir da próxima perseguição, e nossos pecados elevaram um muro entre Deus e nós".[1185] Esse muro não podia cair senão sob os golpes vibrados pelo pesado martelo da perseguição de um monstro: Décio.

Descortinamos aqui uma nova era. O império romano vai se mostrar mais abertamente perseguidor do que nunca; vai ser também mais ostensivamente e mais severamente punido pela mão de Deus.

Décio devia ao fanatismo pagão sua ascensão política. Se os soldados projetaram sua eleição, se o povo aplaudia seu triunfo, se o senado se apressava em proclamá-lo, era bem menos por amá-lo do que por odiar Felipe, o imperador simpático aos cristãos. Não se passaram sequer três meses, quando a suspeita de todos se transformou em dura realidade para alguns: Décio deu a conhecer seu édito de perseguição.

> Este édito foi a declaração de guerra mais solene, mais odiosa, mais friamente sistemática que o império romano poderia ainda impor ao cristianismo. Até aqui as perseguições tinham sido mais populares que políticas. Os pagãos fanáticos gritavam, lapidavam nas ruas; o governador romano, mais ou menos ardentemente, conforme aparentasse mais paixão ou mais bom senso, servia à cólera do povo; o poder era arrastado a reboque dos falastrões das praças públicas. Mas, desta vez, o poder agia por si mesmo, espontaneamente, oficialmente. A ordem vinha do alto, como diriam os homens de hoje, e por toda parte em que devia cumprir-se, procônsules, procuradores, juízes, tribunos e centuriões, tinham que deixar de lado qualquer outra tarefa, em ordem a velar pela salvação do império, através da extirpação da raça ímpia dos cristãos.[1186]

[1183] De Champagny, *op. cit.*, Tomo 2, p. 279.
[1184] De Champagny, *op. cit.*, Tomo 2, p. 280.
[1185] De Champagny, *op. cit.*, Tomo 2, p. 280.
[1186] De Champagny, *op. cit.*, Tomo 2, p. 286.

Estava começando a oitava perseguição.

O povo, é certo, em algumas regiões, como em Alexandria por exemplo, dava provas de seu fanatismo idolátrico. Mas, na maior parte do império reinavam uma relativa paz assim como uma total indiferença popular relativamente ao modo de vida cristão. Longos anos de paz tinham acostumado os romanos a viver com os cristãos, senão de igual para igual, ao menos observando um respeito mútuo. Havia passado o tempo em que calúnias monstruosas produziam rebeliões e matanças. A iniciativa popular não teve, pois, participação alguma na perseguição de Décio: tanto na sua concepção como na sua execução, foi ela uma perseguição totalmente administrativa, vale dizer, refletida, calculada e organizada, como nenhuma outra o fora anteriormente.

> Foi uma obra de gabinete, afirma Champagny, prudentemente e sabiamente meditada. Depois de muito tempo, os magistrados compreenderam que valia mais, em vez de matar homens, desfazer cristãos; convinha levar, no melhor dos casos, à apostasia, no pior, ao martírio.[1187]

Chamavam-se todos aqueles que passavam por ser cristãos para render homenagem pública aos deuses do império, para queimar-lhes incenso ou participar de um sacrifício em sua honra. Em caso de recusa, não se os conduziam imediatamente ao suplício da morte, o que era o desejo de muitos cristãos, mas ao exílio, à longa prisão, à fome, à sede, às torturas concebidas e executadas com arte refinada para prolongar o sofrimento sem eliminar a vida, e a espantosas provas para o pudor; tudo isso devia ser a propósito para esgotar a paciência e produzir apostasias.[1188]

Em casos extremos, mas não excepcionais, após dias e meses de torturas, Décio, para mostrar às suas vítimas que também sabia matar, concedia aos atletas de Cristo o glorioso benefício da morte.

Impõe-se aqui uma breve reflexão sobre o caráter da tortura aplicada nessa época. Santo Agostinho distingue duas partes na história das perseguições, a saber:

> "Inicialmente, os príncipes deste mundo, crendo poder extirpar pela violência o nome do Cristo e de seus fiéis, ordenaram à morte todos os que se declarassem cristãos. Quando viram que o número dois fiéis aumentava com o das vítimas, decretaram: quem quer que confesse ser cristão, será torturado até renegar o Cristo".[1189]

Quando se produziu essa mudança de procedimento nas ordens dadas aos magistrados? Quando lhes foi prescrito de empregar a tortura, não mais segundo as regras do direito comum, ou seja, como um meio de prova, mas para constranger à apostasia? Aí está um ponto que teria sido certamente esclarecido no livro em que Ulpiano reunira todos os rescritos imperiais, por cujas normas se determinavam os suplícios que deviam padecer os adoradores do verdadeiro Deus. À falta dessa compilação, que infelizmente se perdeu, não será inútil, para supri-la, interrogar alguns documentos históricos que chegaram até nós.

[1187] *Op. cit.*, Tomo 2, p. 287.
[1188] Sobre a tortura dos mártires, consultar Edmond Le Blant, *op. cit.*, cap. XIX.
[1189] Salmo 90, Sermão I, § 8.

Na correspondência que Plínio enviou a Trajano, aludida acima, nenhuma referência foi feita à tortura, com exceção das aplicadas a duas escravas, a fim de se descobrir o que se passava na comunidade cristã. Torturava-se então como meio de apurar a prática de crime. Nada foi dito sobre tortura nas atas dos mártires sicilianos em 180, nem na tocante paixão de Santa Perpétua e de seus companheiros, que deram a vida pelo Cristo em 202.

Seria só mais tarde que haveria de aparecer o emprego ordinário da tortura como forma legal de se extorquir compulsoriamente a apostasia. Minúcio Felix e Tertuliano reprochavam então aos juízes, como o faria mais tarde São Cipriano, uma tamanha derrogação dos princípios de justiça criminal. "Vós torturais, dizia o primeiro, não para obter a confissão da prática de algum crime oculto, mas para arrancar uma mentira de quem diz a verdade, se confessando cristão".[1190] Tertuliano foi mais longe ainda quando censurou ao procônsul Escápula que agir assim é agir *contra mandata*, isto é, contra as instruções diretas do príncipe.[1191]

De qualquer modo, seria somente em 249, a se dar crédito a São Gregório de Nissa, que apareceria pela primeira vez, nessa matéria, um édito do imperador.[1192] Aos magistrados, agindo em virtude do direito de *coertio*, do qual fala Mommsen[1193], Décio manda, sob penas severas, torturar os cristãos até que se lhes arranque a abjuração de sua fé.[1194]

Incontinenti, os executores do decreto puseram mãos à obra: onde os carrascos se faziam necessários, chamavam-se carrascos. Chamaram-nos para torturar antes de chamá-los para matar. Convém darmos uma olhada nas diversas partes do império, assim como no tributo em sangue que elas pagavam à perseguição, de modo a fixarmos a abrangência do édito persecutório.

Em Roma, o pontífice supremo, o chefe da cristandade, Fabianus, foi um dos primeiros imolados.[1195] A Igreja romana, a Igreja universal, ficou viúva. Sob o fogo incessante da perseguição, a realização de uma eleição se tornara impossível, até porque o clero inferior, sacerdotes e diáconos eram presos, torturados e dizimados. É para surpreender se muitos cristãos fraquejaram, aqueles sobretudo que tomavam o mérito pela riqueza, a distinção pela classe social e a virtude pelas honrarias? A Igreja é imortal, mas seus membros não são invulneráveis. O clero de Roma, porém, permaneceu firme. Jamais deixou de haver numerosos soldados, uns designados para socorrer ou que estavam encarcerados, outros para dar sepultura aos mortos, alguns para estender as mãos aos que haviam caído, muitos, como nos tempos de paz, para suavizar a miséria do pobre, assistir às viúvas e cuidar dos doentes. Havia então, em todo lugar, duas igrejas ao mesmo tempo: a militante nas cidades e a sofredora nas prisões. A primeira, personificada nos sacerdotes e diáconos, ainda livres, escrevia a Cipriano:

> Podeis saber que com a ajuda de Deus nós fazemos e temos feito tudo o que nos foi pedido para fazer... Não deixamos de realizar assembleias com os nossos irmãos, exortamo-los a se manterem firmes na fé e prontos a irem ao Senhor; reconduzimos à Igreja os que já começavam a subir os degraus (dos templos ou dos tribunais para lá sacrificarem). Vos sabeis irmãos, respondeu São Cipriano,

---

[1190] Otávio, XXVIII.
[1191] *A Escápula*, § 4, *Apud* Edmond Le Blant, *op. cit.*, p. 215.
[1192] *Apud* Edmond Le Blant, p. 215.
[1193] *Derecho público romano*.
[1194] S. Gregório de Nissa, *Apud* Edmond Le Blant, *op. cit.*, p. 215.
[1195] De Champagny, *op. cit.*, Tomo 2, p. 291.

> que deveis agir assim. Que Deus nos encontre assim ocupados. Vós que tendes o zelo de Deus, transmiti uma cópia destas cartas, por mensageiros fiéis, para toda parte. Fazei dizer a vossos irmãos que eles sejam firmes e imutáveis na fé.[1196]

A Igreja sofredora, representada por Moisés e Máximo, sacerdotes, Rufino, Nicostrates e outros confessores, todos encerrados nas prisões de Roma, escrevia, também ela, aos cristãos da África, juntando, assim, com suas cartas, a autoridade do martírio aos conselhos e às exortações que vinham da cátedra de São Pedro. Presos, padecendo a sede, a fome, a infecção da prisão, a tortura do cavalete, eles suspiravam:

> O que pode a graça divina conceder de mais glorioso e de mais animador a alguém, ainda que lacerado e quase inanimado, do que permitir-lhe confessar corajosamente seu Deus diante de seu carrasco; de confessar o Cristo, pelo sopro de uma voz que se extingue, mas que permanece sempre livre; de romper os laços do século, para se apresentar íntegro diante de Deus e se tornar, em nome de Jesus, o colega da paixão do Cristo?[1197]

O centro da cristandade se mantinha, pois, em pé. Roma guardava o fogo da fé e o comunicava às províncias. Graças a ela, o espírito da fé animava os cristãos mais timoratos, de modo que onde o poder imperial esperava recrutar apóstatas, encontrava repentinamente mártires.

Assim, fora de Roma, mas às suas portas, corria o sangue cristão: dois irmãos, Pergentino e Laurentino, após serem cruelmente flagelados, receberam a coroa do martírio. Fusca, uma criança de doze anos, pereceu pela espada, ocasião em que Maura, sua ama, implorou pelo mesmo fim e obteve idêntica sorte, ou seja, a degolação. Um grupo de prosélitos havia cercado o bispo Feliciano, dispensando-lhe afetos. Depois, na prisão, por conceder-lhe cuidados especiais, a virgem Messalina, santificando um nome impuro, se denunciou como cristã aos olhos dos carrascos, vindo ambos a padecer o suplício da decapitação. Na Sicília, a jovem Ágata, bela e de família ilustre, foi entregue primeiro a uma mulher depravada para corromper sua pureza, depois a um carrasco para domar sua coragem, armada apenas de sua fé, acabou por vencer uma e outro. No dia seguinte, após a renovação dos suplícios, entregou a alma a Deus.

Longe de Roma e da Itália, as violências eram deflagradas pelas mesmas causas e com a mesma intensidade.

Alexandria, a segunda cidade, poder-se-ia dizer também a segunda igreja do império, ao anúncio da perseguição, sofreu as mesmas perturbações, foi testemunha do mesmo terror, assistiu o espetáculo das mesmas apostasias. São Dionísio, em sua carta ao bispo de Antioquia, fala inicialmente da queda deplorável de tantos cristãos.

> Mas, acrescenta ele, houve também aqueles bem-aventurados, colunas inabaláveis do templo do Senhor, afirmados por ele para serem testemunhas de sua realeza. Entre outros, Juliano, idoso, gotoso, compareceu ao tribunal acompanhado de

---

[1196] Epístola 8.
[1197] De Champagny, *op. cit.*, Tomo 2, p. 294-295.

dois outros cristãos. Um deles fraquejou, o outro, chamado Eunus, confessou o Cristo. Ele e Juliano, colocados sobre um camelo, circularam pela cidade, flagelados durante todo o percurso, foram afinal lançados às chamas. Enquanto a turba se agitava em torno deles, um soldado, que os protegia, quis reprimir a violência. O povo então se exaltou contra o soldado Besas, que foi levado ao juiz pelos agitadores e, após ter sustentado a prova como um bravo soldado de Deus, foi prostrado pelo golpe certeiro do machado. Um líbio, chamado Macário (bem-aventurado) e digno deste nome, interrogado pelo juiz de modo a fazê-lo apostasiar, soube resistir e foi queimado vivo. Epímaco e Alexandre, após um longo período na prisão, padeceram as *unhas de ferro*, dezenas de chicotadas e outras tantas torturas, até que, moribundos, foram jogados na caldeira de cal viva.[1198]

Sobre as mulheres se aplicavam também os métodos cruéis das perseguições.

A piedosa virgem Amonarion, intimada a blasfemar, respondeu aos torturadores que, malgrado todas as torturas, não blasfemaria. O prefeito do Egito, que começava a se envergonhar de torturar mulheres, resolveu agraciá-la, e as suas companheiras de infortúnio, com uma decapitação sumária. Assim pereceram também uma outra Amonarion, Mercúria, mulher idosa e venerável e Dionísia, mãe de vários filhos, mas cujo amor materno cedia frente ao amor do Senhor.[1199]

A ferocidade das perseguições alcançava também as crianças.

Com três egípcios, Herón, Aser e Isidoro, apareceu o jovem Dióscoro, com apenas quinze anos de idade. O juiz se dirigiu inicialmente a ele, tendo em mente um propósito intimador antes de se empenhar em dissuadi-lo pelos tormentos. Não conseguiu nem uma coisa nem outra. O magistrado, ato contínuo, ordenou que os outros companheiros do jovem fossem, por sua vez, torturados e queimados na presença deste. Dióscoro ainda assim não cedeu. O juiz, diante da firmeza de sua coragem e da sabedoria de suas respostas, foi tomado por um sentimento de pudor e mandou pô-lo em liberdade, confiando em que a maturidade iria trabalhar seu arrependimento.[1200]

O acaso fornecia ainda outras vítimas.

Nemésio foi acusado perante um centurião como tendo participado de alguns tumultos. Desculpou-se das acusações e foi inocentado. Alguém, presente no recinto, em voz alta, acusou-o de ser membro da Igreja de Cristo, pelo que foi imediatamente conduzido ao prefeito. Ser cristão é crime mais grave que ser

---

[1198] De Champagny, *op. cit.*, Tomo 2, p. 296-297.
[1199] De Champagny, *op. cit.*, Tomo 2, p. 297.
[1200] De Champagny, *op. cit.*, Tomo 2, p. 297-298.

ladrão, por isso Nemésio, mais cruelmente flagelado que os bandidos, foi queimado vivo com eles.[1201]

"Um ancião chamado Teófilo compareceu à prefeitura e parecia a ponto de capitular. Quatro soldados presentes ao suplício, estavam inquietos, faziam gestos, estendiam as mãos, tudo fizeram em ordem a encorajá-lo. O povo observava a cena com espanto, quando, arrebatados por esta emoção popular, sem serem presos nem sequer chamados, os quatro foram sentar-se no banco dos réus e se declararam cristãos. Houve um momento de perplexidade entre os acusadores no mesmo instante em que viram surgir, ao mesmo tempo, tantos cristãos e que cristãos! Mas, entre os mártires não havia senão um sentimento comum de regozijo, de sorte que todos saíram, gloriosos e triunfantes, do pretório para irem à morte".[1202]

Continuemos nosso rápido circuito em torno do mundo romano. Em Jerusalém, Santo Alexandre, esse veterano do martírio, que, sob Sétimo Severo, já havia confessado sua fé em meio a tormentos, foi mais uma vez preso depois de quarenta anos, vindo a expirar na prisão.[1203] Em Cesárea da Palestina, encontramos o ilustre Orígenes, que, com a idade de sessenta e sete anos foi preso, acorrentado pelo pescoço, posto na peia e torturado por outros meios, com uma arte requintada para fazê-lo sofrer sem recompensá-lo com a morte.[1204] Em Antioquia viveu e morreu São Babilas, que concluiu sua gloriosa vida episcopal por uma confissão gloriosa. Foi posto a ferros com três jovens, seus prosélitos, onde pereceu, e suas cadeias, enterradas com seu corpo, se tornaram, como suas relíquias, objeto de veneração.[1205] No Ponto, São Gregório Taumaturgo e Santo Alexandre Carvoeiro pregavam o Santo Evangelho. O último foi queimado vivo. Gregório, como Dionísio de Alexandria, seguiu o conselho do Senhor e se retirou, acompanhado do diácono, para uma montanha solitária. Consta que foram perseguidos. Tanto o sopé quanto o alto do rochedo estavam coalhados de soldados a procura dos fugitivos. Gregório e o diácono rezavam incessantemente. Nenhum canto, nenhuma caverna escapou às buscas; no entanto, ao descerem, os soldados disseram que nada viram, a não ser duas árvores estranhas, crescendo uma ao lado da outra.[1206]

Não esgotamos, nem de longe, a lista dos mártires cristãos durante o reinado de Décio. A Ásia menor, sobretudo, deu ao céu uma rica colheita desses gigantes do espírito. Essa região tão tradicionalmente cristã, evangelizada pelos próprios apóstolos, coberta de numerosas e florescentes igrejas, às quais São João comunicou o fogo da sua caridade, devia opor uma ardente e inextinguível coragem aos bárbaros esforços dos perseguidores. É impossível deixar registrados aqui todos os nomes que a tradição das igrejas asiáticas transmitiu à posteridade.

Numa cidade asiática, um cristão veio espontaneamente se entregar ao procônsul:

[1201] De Champagny, *op. cit.*, Tomo 2, p. 298.
[1202] De Champagny, *op. cit.*, Tomo 2, p. 298.
[1203] De Champagny, *op. cit.*, Tomo 2, p. 302.
[1204] De Champagny, *op. cit.*, Tomo 2, p. 302-303.
[1205] De Champagny, *op. cit.*, Tomo 2, p. 303.
[1206] De Champagny, *op. cit.*, Tomo 2, p. 303-304.

> Como te chamas? – Máximo. – Tua profissão? – Eu sou um homem do povo e vivo do meu trabalho. – Tu és cristão? – Eu sou pescador e sou cristão. – Tu não conheces os decretos recentemente promulgados pelos invencíveis príncipes? – Quais? – Eles mandam que todo cristão, abandonando a sua inútil superstição, reconheça o verdadeiro príncipe, ao qual tudo está submetido, e adore os mesmos deuses que ele adora. – Eu conheço a injustiça destes decretos e é por isto que estou aqui. – Sacrifica, pois, aos deuses. – Só o farei ao verdadeiro Deus, ao qual, desde a minha infância, dou graças por ter sacrificado. – Sacrifica, para salvar tua pele, ou te farei morrer sob tormentos. – É o que eu sinceramente desejo. Apresentei-me voluntariamente a ti, a fim de que, perdendo esta miserável vida terrestre, eu venha a ganhar a eterna. – Para te livrares das torturas, sacrifica. – O que sofro por Nosso Senhor Jesus Cristo não são torturas, mas doces unções. Se eu chegar a me afastar de Deus aí sim que deverei temer as verdadeiras torturas.

O mártir foi posto então sobre um cavalete: "– Recua diante dessa loucura, sacrifica para salvar tua vida. – Eu salvarei a minha vida não sacrificando. Se sacrifico, a perco". O procônsul dá enfim sua sentença: "Visto que o acusado não quer se submeter às leis, recusando-se a sacrificar à grande Diana, que seja lapidado. Assim o prescrevo para que a divina clemência do imperador confunda os cristãos". Dando graças a Deus, Máximo foi conduzido para fora da cidade e aí lapidado.[1207]

Máximo se entregou ao procônsul, sem dúvida, movido por uma inspiração divina, uma vez que a Igreja proibia a busca deliberada do martírio.[1208] Piônio, padre em Esmirna, também não o procurou, mas o esperava. Como se preparasse para celebrar o glorioso aniversário de São Policarpo, Bispo de Esmirna e Mártir, Piônio teve uma visão que o advertiu que no dia seguinte seria preso. No momento previsto, após a oração solene, os caçadores de cristãos o encontraram e o intimaram a cumprir as leis do imperador. "Conheço as leis, respondeu, aquelas que ordenam adorar a Deus. – Nós também obedecemos a Deus", exclamaram dois cristãos presentes ao interrogatório, Sabina e Asclépias, que, advertidos também por uma visão, traziam desde o dia anterior uma corda no pescoço, a fim de demonstrar, diante do fórum ou do templo, que não buscavam espontaneamente o martírio. Uma grande multidão se aglomerava para vê-los. Embora formada, na sua imensa maioria, por pagãos, essa multidão curiosa não era inteiramente hostil aos cristãos. Afinal, o hábito de uma longa tolerância acabou por familiarizá-la com os perseguidos, sobretudo com Piônio, de quem admirava a sabedoria e a virtude.

Com efeito, o que mais nos comove em todas as circunstâncias desse martírio é, de um lado, a demonstração de respeito e compaixão do povo pagão, de outro, a altivez, a serenidade e a autoridade do sacerdote cristão. Este recriminava a turba que se comprimia em seu redor, lembrando-a das zombarias grosseiras com que ela acolhia os cristãos que apostasiavam.

> Homero, dizia ele aos pagãos, Moisés, dizia aos judeus, vos proíbem de insultar quem quer que seja, mesmo os vencidos e os culpados. Mas, vós pagãos, vós

---

[1207] De Champagny, *op. cit.*, Tomo 2, p. 305-306.
[1208] Edmond Le Blant, *op. cit.*, p. 126 e segs.

judeus, sois mais culpados, pois, sem terem sido constrangidos a tanto, escarneceis também da fraqueza dos que caíram.

Enfim, chegou a hora em que os confessores do Cristo deviam ser conduzidos ao templo. Em que pese terem sido levados à força, todos resistiram o mais que puderam, ora deitando-se no chão, como Sabina, ora, como Piônio, agarrando-se a coisas fixas. Por fim, o reforço conseguiu o que seis homens não lograram alcançar. Chegados ao templo, o procônsul começou o interrogatório:

> Sacrifica aos deuses, diz o magistrado. – Não, jamais, responde o santo. – Donde vem esta exaltação, este desejo da morte? – Não sou exaltado, mas temente a Deus. – Muitos outros sacrificaram e salvaram suas vidas. Sacrifica. – Não o farei de modo algum. Sede justos ou, se vós não quereis sê-lo, ao menos obedecei as vossas leis. Preparai a fogueira e nós iremos voluntariamente a ela.

O procônsul consulta seus assessores e algum tempo depois volta a Piônio, com sua decisão já tomada:

> Tu persistes, pois, em tua recusa, sem que nenhum propósito te mova ao remorso ou ao arrependimento? – Exatamente. – Tu podes esperar e avaliar com calma o que te convém fazer. – Não é preciso esperar, porque esperando, sem que eu mude de ideia, correreis o risco de perder o vosso precioso tempo, enquanto que eu, mantendo as mesmas convicções que abraçava desde o início, poderei apenas adiar por horas ou, no melhor dos casos, por alguns dias um suplício que quanto ao momento de sua execução pode ser incerto, mas sobre a certeza de sua realização é induvidoso. – Já que tens pressa de morrer, diz o procônsul, tu serás queimado vivo.[1209]

Encontrou-se mais tarde, em meio às cinzas das matérias utilizadas para alimentar o fogo, seu corpo intacto, belo, rejuvenescido, sorridente, presságio de confiança para os cristãos, signo de terror para os gentios.

Todas as províncias, por assim dizer, da Ásia menor, da Mésia, da Bitínia, da Síria, da Panfília, da Galácia, da Capadócia, da Armênia, de Quios, de Creta, tiveram seus mártires. O exemplo destes fazia prosélitos e devolvia à Igreja o que a apostasia a arrancava. O moleiro Menigno se converteu à vista de alguns presos cristãos, milagrosamente libertados. A virgem Dionísia, entregue pelo juiz a dois jovens libertinos, mas assistida por dois anjos, viu, por obra miraculosa destes, aqueles se lançarem a seus pés implorando humildemente perdão. Cristóvão, tão célebre entre os latinos, a quem duas jovens mulheres foram enviadas para seduzi-lo, acabou por convertê-las e foi martirizado com elas. Luciano e Marciano, pagãos e magos, ambos enamorados de uma virgem cristã, pretenderam pela magia vencer sua virtude. Foram, no entanto, vencidos por ela; queimaram publicamente seus livros de magia, se fizeram cristãos, apóstolos e mártires.

[1209] De Champagny, *op. cit.*, Tomo 2, p. 306-310.

Polieucto, eternizado pelos versos de Corneille, subitamente convertido, se tornou mártir antes de ser batizado, malgrado as lágrimas da esposa, as súplicas do pai e o espetáculo pungente do adeus ao filho.[1210]

Mais notável ainda foi o interrogatório do bispo Acácio, na presença do procônsul Marciano:

> Se amas o imperador, sacrifica ao imperador. – Nem o imperador pode pedir um sacrifício, nem nós podemos fazê-lo. Que ninguém ofereça sacrifício a um homem. – A que Deus diriges as tuas preces, para que possamos fazer o mesmo? – Ao Deus de Abraão, de Isaac e de Jacó. – Uma vã filosofia te seduz. Não te inquietes com o que não vês, mas só aos deuses que podes ver deves adorar. Adora, pois, a Apolo, que nos protege contra a peste, a fome, que anima e governa o mundo. – Nunca! Não foi este tal Apolo que correu desvairado de desejo atrás de uma mulher sem sequer saber que ela iria se transformar em loureiro; que seduziu Jacinta vergonhosamente e desastradamente a matou? Se um homem chegasse a agir como um dos vossos deuses, a severidade das vossas leis logo o alcançaria. Vós adorais nos deuses, precisamente o que punis nos homens...

Como a discussão se prolongasse indefinidamente, sem que o interrogado cedesse, o procônsul quis saber os nomes de todos os cristãos submetidos à autoridade de Acácio. Este corajosamente respondeu: "Vós me perguntais muitos nomes. Crede que podeis triunfar sobre vários cristãos, quando um só bastou para vos vencer?" Para sair do embaraço, uma vez vencido no campo da argumentação, o magistrado enviou ao imperador o interrogatório. Décio, ao que se disse, não podendo conter o riso diante do insucesso de seu delegado, transferiu Marciano para outra província e mandou por Acácio em liberdade: a verdade, desta vez, triunfou sem efusão de sangue.[1211]

Da África, sabe-se que a perseguição foi impiedosa, mas poucos nomes de cristãos martirizados chegaram até nós. Mesmo assim, a igreja africana desponta entre as mais atuantes daquela época, nem tanto pelas tribulações enfrentadas, mas, sobretudo, pelo homem que dirigiu o enfrentamento e pelo modo como o fez.

Tácio Cipriano, sete anos antes do reinado de Décio, era um retórico pagão de Cartago, jovem rico, filho de senador, erudito e eloquente. Numa de suas tertúlias filosóficas, em que se alardeava uma erudição vazia, conheceu o cristão Cecílio, que tinha sido também pagão. Cipriano se apegou muito a Cecílio, mais ainda à verdade que este o ensinava. É certo que, no início, muitas lutas internas teve que travar, muitas resistências que vencer, como nos dá conta uma carta endereçada a seu irmão Donato, na qual se pode avaliar as angústias de uma alma atormentada, inquieta, impaciente, como viria a ser mais tarde a de Santo Agostinho, para repousar no Senhor. Por fim, Cipriano se rendeu a Cecílio e fez do seu vencedor seu hóspede, seu pai e seu amigo.[1212]

A conquista que a Igreja fez era inapreciável. Em Cipriano, principalmente no seu talento para dirigir as relações humanas, ela iria depositar todas as suas esperanças e retirar todas as forças para empenhar o combate que se avizinhava e do qual dependeria o porvir da própria

---

[1210] De Champagny, *op. cit.*, Tomo 2, p. 311-312.
[1211] De Champagny, *op. cit.*, Tomo 2, p. 312-313.
[1212] De Champagny, *op. cit.*, Tomo 2, p. 314.

Igreja na África. Assim é que não constituiu nenhuma surpresa, quando, apesar de seu pouco tempo na fé, foi elevado ao sacerdócio, nem surpreendente foi também, morto o bispo Donato, sua nomeação para o bispado de Cartago.

Não tardou muito e o fragor da tempestade desencadeada pela perseguição fez estremecer Cartago. O clamor estridente do populacho se fez ouvir tanto no circo como no anfiteatro, tão alto e tão claramente, que se podia discernir, mesmo a distância, o alvo do protesto popular: "Cipriano aos leões!"

Que iria fazer Cipriano? A perseguição procurava sempre ferir o pastor, convencida de que, morto este ou até mesmo aprisionado, o rebanho ou se dispersaria ou se deixaria docilmente conduzir. Cipriano, por sua vez, era de tal modo conhecido em Cartago, que não lhe seria possível esconder-se por muito tempo. Que fazer então? Entregar-se ao carrasco era temerário e teria sido certamente funesto ao rebanho. Em tais circunstâncias, a presença de um bispo poderia, em alguns casos, salvar sua igreja, mas também, noutros, poderia perdê-la.

Nessa situação de incerteza, os conselheiros do bispo julgaram perigosa a permanência deste em Cartago, não tanto para ele próprio, mas sobretudo para as suas ovelhas, de modo que impuseram-lhe a fuga. Cipriano saiu da cidade, não se sabe ao certo para onde, momentos antes de ser conhecida sua condenação à morte e ao confisco de seus bens, que diga-se de passagem, já tinham sido distribuídos anteriormente aos pobres.

Conquanto separado de fato, o coração de Cipriano permanecia com o seu rebanho. Corajosos mensageiros, todos recrutados dentre os membros do clero, iam e vinham, incansáveis, levando e trazendo cartas de Cipriano a Cartago, de Cartago a Cipriano, do exílio deste até Roma e vice-versa, ou seja, da Igreja combatente à Igreja exilada e da Igreja mãe às suas filhas perseguidas, mas nunca abandonadas.[1213]

A despeito de todos os contratempos, a vida da Igreja seguia seu curso ordinário. "Com os recursos que o bispo deixara e com outros que enviava, as distribuições habituais eram feitas aos pobres, aos doentes, aos órfãos, aos estrangeiros refugiados em Cartago, enfim, a todos os perseguidos, que firmes na fé e invencíveis na pobreza e na perseguição, são um exemplo para todos os pobres".[1214] Visitas regulares eram feitas aos presos, em ordem a dispensar-lhes algum alimento, ânimo e consolação, antes de confessarem gloriosamente o nome do Cristo. Cipriano recomendava que elas se fizessem com muita cautela, nunca em grande número, para não despertarem suspeitas em razão de sua reiteração".[1215]

Mas, a tormenta que se abatera sobre Cartago seguia também sua marcha sinistra. O velho padre Rogaciano recebera o impacto inicial da fúria popular: primeiro a ser preso, foi ele quem inaugurou a medonha taverna que iria receber tantos hóspedes nos dias subsequentes. Em seguida, o padre Sérgio veio fazer-lhe companhia, aos quais vieram somar-se muitos outros destinados ao suplício: "Para que nada falte à vossa glória, escreveu-lhes Cipriano, para que toda idade e todo sexo participem da honra que recebeis, há entre vós mulheres e até mesmo crianças". Entretanto, o crisol da prisão foi logo julgado insuficiente e deu-se início às torturas.

[1213] De Champagny, *op. cit.*, Tomo 2, p. 316.
[1214] De Champagny, *op. cit.*, Tomo 2, p. 317.
[1215] De Champagny, *op. cit.*, Tomo 2, p. 317.

> O combate aumenta, a glória aumenta também. A proximidade dos tormentos, longe de vos fazer recuar, vos animou ainda mais para a luta. Vós não fostes vencidos pelos suplícios, senão que soubestes vencê-los... O povo viu com admiração o combate de Deus... viu os servidores de Deus, desprovidos de armas do século, mas armados com as armas da fé. Os torturados foram mais fortes que os torturadores; o ferro que fere e despedaça, foi vencido por corpos feridos e despedaçados.[1216]

Em solo africano também se morria por Cristo. Mapalico, numa primeira seção de torturas, disse ao procônsul: "Amanhã tu verás o combate". De fato, cumprindo a sua promessa, o insigne cristão, no dia seguinte, combateu e venceu. "O sangue não falta mais à igreja da África: as rosas se misturaram aos seus lírios. Belo, glorioso, nobre espetáculo oferecido ao Senhor".[1217]

Além de exaltar os vitoriosos, Cipriano procurava consolar os que ainda esperavam a vitória.

> Que ninguém se aflija, julgando-se inferiores aos que, pelo martírio, cingiram a coroa da glória. Para cingi-la é o bastante o testemunho do Deus que nos irá julgar. A paz tem também as suas recompensas. Sustentai todos os combates ou para ganhar a coroa branca de vossas obras ou a purpúrea coroa do martírio.[1218]

Cipriano falava assim aos confessores e aos cativos. Mas, quanto aos cristãos ainda livres, o que tinha o bispo a dizer-lhes?

> Que rezem, que suas preces redobrem, que façam jejuns, que chorem, tanto para sustentar a coragem dos que sofrem, quanto para pedir o retorno dos que caíram. É preciso dizê-lo, essa terrível tempestade, que fez cair no abismo uma tão grande parte do rebanho, foi obra dos nossos pecados... É preciso, pois, rezar sem cessar, reconhecer os pecados cometidos, fazer penitência... Se Deus nos vê humildes, pacíficos, unidos, numa palavra, corrigidos pela tribulação presente, ele nos devolverá a paz. O perdão vem após o castigo.[1219]

Como se vê, o laço que unia a cristandade de Cartago a seu bispo não se havia rompido. Do fundo de seu retiro, Cipriano sabia de tudo e dava conta de tudo. Suas cartas, como as que recebia de seus correspondentes, não cessavam de circular. Suas viagens eram frequentes, suas tarefas múltiplas e infindáveis, a demonstrar o zelo que tinha pelo rebanho que Deus lhe confiara. De resto, a linguagem das últimas cartas indica que a perseguição se arrefecia. O reinado de Décio foi muito curto para que ela se prolongasse por mais de dois anos.

> Esta perseguição, dizia Cipriano, é uma prova para nossa coragem. Deus quis, em todos os tempos, que as almas dos seus fossem sacudidas por terríveis ven-

---

[1216] De Champagny, *op. cit.*, Tomo 2, p. 318.
[1217] De Champagny, *op. cit.*, Tomo 2, p. 319.
[1218] Epístola 11.
[1219] Epístola 11.

> davais e que suas forças fossem postas à prova. Mas, em meio a estas provas, seu socorro jamais falta aos fiéis. Mais ainda, a mim, o último de seus servidores; a mim, culpado de tantos pecados; a mim, tão indigno de suas graças, disse o Senhor: "A paz virá. É preciso esperar um pouco mais: ainda há almas a provar.[1220]

Realmente, a maior das provações ainda estava por vir. Mas, antes de entrarmos a falar das perseguições de Valeriano e de Diocleciano, dois dos maiores movimentos de extermínio que a humanidade já conheceu, convém que se faça uma breve alusão às *Atas dos mártires*, para que fiquem esclarecidas suas fontes e demonstrada sua autenticidade.

Embora constituam peças de valor desigual, algumas delas chegando a despertar nossa justa desconfiança, podemos, porém, afirmar que as atas dos mártires, em sua grande maioria, são autênticas. Como chegaram elas às mãos dos cristãos, que, em todos os tempos, as cercaram de uma tão grande veneração? Ouçamos a resposta que a essa pergunta dá a abalizada autoridade de Edmond Le Blant:

> Anotadas estenograficamente nas audiências pelo estilete dos exceptores, as palavras pronunciadas no interrogatório, nos debates, na tortura, em suma, os diversos incidentes do processo, tudo era transcrito depois em caracteres vulgares e depositado nos arquivos. Os cristãos, diz-se, adquiriam, por um elevado preço, e multiplicavam, para disseminá-las, as cópias dos processos-verbais, testemunhos de uma glória imperecível para aqueles que tinham encontrado a força de resistir aos magistrados pagãos.[1221]

Mas, onde buscar a prova dessas afirmações? Como pode demonstrar-se que as atas dos mártires procedem de documentos públicos e oficiais? Os arquivos judiciários, dos quais se diz terem sido tirados, existiam realmente? O que ou quem nos dá conta disso? Quem nos atesta a sua veracidade?

Efetivamente, a história das *Acta martyrum* não é inteiramente conhecida nos detalhes e vários pontos dela permanecem obscuros, mesmo para alguns daqueles aos quais o estudo da antiguidade é familiar. No entanto, é possível reconstruir a realidade que havia na base daqueles documentos, mediante o recurso da demonstração indireta. Cumpre, portanto, trazer à colação alguns dados tomados da arte, da literatura, da religião, de modo que sejam confirmadas a existência e a pureza das fontes primitivas donde provêm as atas dos mártires.

Antes de mais nada, quanto à existência histórica dos *notarii* ou *exceptores*, isto é, dos escreventes, merece referência uma pintura vista e descrita, no quarto século, por Santo Astério. O artista, agrupando numa mesma cena, segundo um uso familiar aos antigos, os diferentes episódios de um fato célebre, havia representado sobre a tela o comparecimento de Santa Eufêmia ao tribunal, seu interrogatório, sua tortura, sua detenção e seu suplício.

> O juiz, escreve o santo, está sentado numa poltrona elevada, de onde fita a virgem com o olhar feroz. Em torno dele estão os *doríforos*, numerosos soldados e os

---

[1220] Epístola 11.
[1221] *Op. cit.*, p. 1.

notarii, tendo nas mãos tabuinhas e estiletes para escrever. Um destes homens, levantando a mão da prancheta untada de cera, olha fixamente a cristã, parecendo mandar-lhe falar de forma clara, a fim de evitar todo erro na transcrição das respostas.[1222]

Noutro lugar, mais precisamente nas Atas de São Máximo, *o leitor*, podemos encontrar a reprodução textual, não hesitamos em afirmar, de uma passagem dos assentamentos dos arquivos. Trata-se, com efeito, de uma circunstância totalmente indiferente para a história do mártir e que não diz respeito senão ao aspecto material do assunto. O procônsul, interpelando o escrevente, quer se assegurar da exatidão das notas tomadas por este. Eis, na sua concisão oficial e característica, as palavras trocadas entre o escriba e o governador:

> Enquanto que Magniliano, o *notarius*, anotava as respostas dos cristãos, o procônsul Gabinius disse-lhe: escreveste os nomes de todos? Magniliano respondeu: se tua grandeza o ordena, lerei o texto. O procônsul Gabinius disse: Lê. Então, Magniliano, o *notarius*, leu e disse: os nomes que eu anotei são os seguintes: Máximo, Dadas e Quintiliano.[1223]

A existência dos arquivos judiciários se demonstra, também, por provas numerosas. Apuleio, o célebre autor do Asno de ouro, fala do *Instrumentum provinciae*, no contexto da seguinte frase: "Que semel lecta, neque augeri littera una, neque autem minui potest; sed, utcumque recitata est, ita provinciae instrumento refertur".[1224]

Uma passagem de Apolônio, transcrita na História Eclesiástica de Eusébio, fala também dos arquivos judiciários. Ei-la: "No que toca a Alexandre, a bem da verdade, foi julgado em Éfeso por Emílio Frontino, procônsul da Ásia, pela prática de latrocínio, quando já havia renegado a fé... Se alguém desejar conhecer todos os fatos, tem à sua disposição o arquivo público".[1225]

É de necessária citação, outrossim, um excerto de Santo Agostinho relativo ao mesmo tema: "Se todo o processo se quiser ler, basta consultar o arquivo do príncipe".[1226] São Cipriano faz referência, igualmente, a processos arquivados e Eusébio transcreve o próprio processo-verbal referente ao julgamento de São Dionísio de Alexandria.[1227]

Cumpre, agora, examinar a forma pela qual esses documentos se conservaram ao longo dos tempos. Como os cristãos puderam obter cópias das Atas de seus mártires? Esse objetivo piedoso não era difícil de ser atingido durante os longos intervalos de paz concedidos à Igreja. Entretanto, tudo se tornava mais difícil quando as perseguições irrompiam, de modo que só por vias transversas e ao preço de elevada propina era possível a obtenção das transcrições dos processos-verbais relativos a interrogatórios, tortura e suplício dos mártires. Uma das peças mais importantes entre as Atas, relativamente à forma de sua aquisição, é a história de São Taraco e de seus companheiros, especialmente o trecho que diz:

[1222] Edmond Le Blant, *op. cit.*, p. 2.
[1223] Edmond Le Blant, *op. cit.*, p. 2-3.
[1224] Florida, I, 9, *Apud* Edmond Le Blant, *op. cit.*, p. 3.
[1225] *História eclesiástica*, V, 18, p. 259, Buenos Aires, 1950.
[1226] *Apud* Edmond Le Blant, *op. cit.*, p. 3.
[1227] *História eclesiástica*, VII, 11, p. 367 e segs.

> Nós, Panfílio, Marciano, Lysias e Agatocles e todos os outros irmãos que estão em Icônio, fiéis na verdade e com um só coração em Nosso Senhor Jesus Cristo, investigamos o que se realizou na Panfília a respeito dos mártires. Como era preciso coligir todos os documentos relativos à sua confissão, obtivemos a transcrição de todos eles ao preço de duzentos denários pagos a Sebaste, um dos *speculatores*.[1228]

Assim veio às mãos dos cristãos muito material oficial utilizado por eles, como se diz no preâmbulo das Atas de São Saturnino, para se escrever a história dos mártires.[1229]

Os magistrados pagãos tinham conhecimento desse negócio clandestino e por mais de uma vez tentaram impedir a sua prática. Arrebatar dos fiéis, como se fez, conforme noticia Prudêncio[1230], as Atas que, com tanto sacrifício, tinham obtido, eram uma medida inteiramente ineficaz. Mesmo que bastante rigorosas fossem as buscas, seria possível erradicar do império todas as cópias de peças que a veneração pública lograva reproduzir ao infinito? Os magistrados recorreram então a uma medida extrema: proibiu-se aos *notarii* de estenografar esse tipo de procedimento, proibição que foi observada, por exemplo, por ocasião do julgamento de São Vicente, o *levita*.[1231]

No mesmo sentido do fato precedente, encontramos um relato, do qual nem todas as partes merecem igual crédito, mas que apresenta, do ponto de vista que nos ocupa, um aspecto digno de confiança e atenção: um magistrado pagão, desconfiando da venalidade de seus agentes, diligenciou de modo que as Atas do processo de São Vítor não se disseminassem.

> Mandou chamar todos os exceptores que se achavam no palácio, a fim de se assegurar de que nenhum deles esconderia os escritos e as notas. Os homens juraram pela felicidade do imperador que não praticariam nenhum ato desta natureza, juramento que observaram cumpridamente com a entrega das referidas anotações ao juiz, que as fez queimar todas em sua presença. O príncipe aprovou inteiramente esta medida.[1232]

Por fim, merece menção um fato relacionado à condenação de um sacerdote, Sylvano, com base no cânon 13º do concílio de Arles, que punia o delito de traição com a degradação da ordem e deposição. Deu-se o nome de traidor, *traditor*, no terceiro e quarto séculos aos cristãos que, durante a perseguição de Diocleciano, entregavam aos pagãos as santas Escrituras para serem queimadas, a fim de evitar os tormentos e a morte, dos quais eram ameaçados. Esse cânon prescrevia que todos os acusados de entregar os livros santos, os vasos, os demais objetos do culto sagrado e os irmãos, só seriam "degradados de sua ordem e depostos, ensina Bergier, contanto que fossem convencidos por atos públicos e não por simples palavras".[1233]

Foi o que aconteceu com Sylvano. Acusado pelo diácono Nundinário, em 320, de ter entregado, no tempo de Diocleciano, vasos e outros objetos sagrados que tinha sob sua guarda,

---

[1228] Edmond Le Blant, *op. cit.*, p. 4.
[1229] Edmond Le Blant, *op. cit.*, p. 4.
[1230] Hino I, 75-78, *Himnos a los martires*, Madri, 1946.
[1231] Edmond Le Blant, *op. cit.*, p. 5.
[1232] Edmond Le Blant, *op. cit.*, p. 5.
[1233] *Dictionnaire de théologie*, Tomo 2, p. 140, Paris, 1852.

foi levado diante de um consular chamado Zenófilo, a cuja autoridade estava submetido o julgamento. Nundinário pediu que fossem lidas as atas do ano 303, relativas ao fato denunciado e que eram conservadas no arquivo judiciário. O consular ordenou que a leitura fosse feita na íntegra. Reproduziremos, porém, um pequeno excerto delas, relativamente ao tema que nos ocupa.

> Félix, flamine perpétuo e curador diz: Trazei as Escrituras da lei cristã e tudo que tendes aqui, a fim de se cumprirem as ordens que foram dadas. O bispo Paulo diz: as Escrituras estão com os leitores, mas tudo o que temos aqui entregaremos. Quando se chegou na biblioteca, encontraram-se os armários vazios. Apesar disso, Sylvano entregou uma capitulata e uma lâmpada de prata, que disse tê-las encontrado atrás de um cofre. Então Félix disse: se não as tivésseis encontrado, seríeis um homem morto. Após a leitura, Zenófilo, consular, diz: Das Atas e das peças que vêm de ser lidas, conclui-se que Sylvano é um traidor.[1234]

Assim foi produzida a prova exigida pelo concílio de Arles, que no seu cânon 13º impunha a oficial, *ex Actis publicis*, que estava à disposição dos interessados no arquivo judiciário.

Tal é o conjunto dos fatos principais que mostram como

> [...] os processos-verbais eram escritos pelos *notarii* nas audiências, como eram arquivados e como os cristãos, a partir dos assentamentos dos arquivos, obtinham cópias das Atas, cujo texto, religiosamente reproduzido ou desenvolvido em medidas diversas, se tornou a base do que os antigos chamavam as *Acta Martyrum*.[1235]

Após a morte de Décio, sucedeu-o Víbio Galo, que, ao que parece, também o traiu, ajudando os godos a vencê-lo na batalha em que pereceu seu antecessor. A história de Roma nesse período seria curta, valendo registrar três tendências que seriam constantes durante todo o transcurso do século terceiro: a interminável irrupção dos bárbaros; a peste, que se tornara endêmica; a sucessão de imperadores elevados pelo assassinato e depostos também por ele. A história cristã, ao revés, deveria ser longa e marcada pelo sofrimento, visto que continha uma extensa lista de mártires a serem provados.

Vencedores de Décio, os godos consentiram em se retirar das províncias ocupadas, contanto que levassem consigo o butim e os prisioneiros feitos nas suas incursões. Um autor cristão dessa época nos dá detalhes daqueles cativos, cruelmente constrangidos a seguir os godos. Diz-nos que estes tinham uma preferência instintiva pelos prisioneiros cristãos, aos quais "em toda parte alimentavam, ao mesmo tempo que, prossegue Comodiano, cheios de alegria, tratavam-nos como irmãos, antes de vê-los como voluptuosos adoradores de ídolos".[1236]

Os godos exigiram também dos romanos um tributo anual para não mais devastarem o território do império, exigência que já fora feita e acatada a partir de Décio, mais precisamente

---

[1234] Edmond Le Blant, *op. cit.*, p. 6-7.
[1235] Edmond Le Blant, *op. cit.*, p. 7.
[1236] *Instructions contre les dieux des nations*, XLII, *Apud* Edmond Le Blant, *op. cit.*

quando este começou a perseguir os "inimigos do gênero humano", ocasião em que o império reconheceu sua vassalagem, relativamente aos bárbaros ancestrais de Alarico.

Algum tempo depois, o império que pagava tributo à raça dos godos, iria pagar um tributo maior ao flagelo da peste. Sob o reinado de Décio, no mesmo ano em que esse imperador publicava seu édito de perseguição, a peste eclodiu mais cruel do que nunca. As cidades perderam a metade de seus habitantes, consoante o que nos diz Eusébio.[1237] O despovoamento do império, iniciado já há algumas décadas, cresceu em proporções e se tornou arrepiante. Mais triste ainda era o estado das almas. Longe de provocar a solidariedade e de aproximar os corações, o flagelo difundiu o egoísmo, até o ponto de levá-lo ao paroxismo da ferocidade.[1238]

> Os laços de família foram rompidos e as amizades desfeitas: não se conheciam mais nem parentes, nem concidadãos. Cada um pensava em si, uns para fugir do contágio, outros, para se beneficiar das rapinas, enquanto que as ruas das cidades do império, como Cartago e Alexandria, se enchiam de cadáveres sem sepultura.[1239]

Os doentes eram abandonados nas calçadas, antes de darem o último suspiro, "como se fosse possível assim expulsar a própria morte".[1240] Em meio ao espanto universal, todas as paixões se desencadeavam, todas as forças se concentravam para tirar vantagens do morticínio generalizado. Casas eram pilhadas à luz do dia, à luz do dia eram cometidos assassinatos e latrocínios. Quando a doença não matava imediatamente, o veneno vinha apressá-la. Os caçadores de heranças permaneciam na espreita, prontos a extorquir ou a fabricar testamentos.[1241]

A crise que atravessava o mundo romano pôs em evidência a diferença entre as virtudes cristãs, animadas pela graça de Deus, e as virtudes pagãs, privadas de todo apoio e de qualquer ajuda que não fosse precisamente aquela que partia dos corações, das mãos e dos bolsos das vítimas das perseguições. Viu-se, então, o que podiam juntas a caridade mútua e a esperança na eternidade, em face de uma prova que parecia ultrapassar as parcas forças humanas. "Meus caros irmãos, escrevia São Cipriano, aí estão a utilidade e a necessidade deste terrível flagelo; ele desvela o fundo dos corações".[1242] Socorrer, apenas, os nossos, dizia o bispo aos cristãos de Cartago, constituía mérito menor, posto que a "verdadeira perfeição pertence àquele que socorre o publicano ou o pagão, que retribui com o bem ao mau e que roga pelos inimigos e perseguidores: o servidor de Deus deve seguir o exemplo de seu mestre e rivalizar em bondade com o Pai celestial".[1243] Os fiéis seguiram as recomendações de seu pastor. "

[1237] *História eclesiástica*, VII, 22, p. 380-381, Buenos Aires, 1950.

[1238] De Champagny, *op. cit.*, Tomo 2, p. 359: "O terror e algo pior que o terror se apoderavam das almas pagãs. Abandonavam-se os doentes, não se enterravam os mortos; mas se perseguiam as heranças e com uma espantosa rapacidade se disputavam os despojos dos pestíferos ainda com vida".

[1239] P. Allard. *Les dernières persecutions du troisième siècle*, p. 35, Paris, 1900.

[1240] P. Allard, *op. cit.*, p. 35.

[1241] P. Allard, *op. cit.*, p. 37.

[1242] Pôncio. *Vida de Cipriano*, IX, 10, Apud De Champagny, *op. cit.*, Tomo 2, p. 362.

[1243] Epístola, 11.

> Distribuíram-se os papéis, segundo a capacidade e a posição de cada um. Muitos, bastante pobres para contribuir com dinheiro, ofereciam seu trabalho, mil vezes mais valioso que todas as riquezas. O socorro, das mais variadas espécies, afluía continuamente não só para os desamparados e enfermos da Igreja, mas para todos os flagelados sem distinção".[1244]

Enquanto os cristãos de Cartago se desdobravam no exercício da caridade, seus irmãos de Alexandria mostravam uma coragem heróica. São Dionísio mostra-os solícitos para com os doentes, recebendo o último suspiro dos moribundos, fechando os olhos dos mortos, lavando os cadáveres, conduzindo-os sobre os ombros até o cemitério ou seguindo os funerais. Sacerdotes, diáconos e laicos foram atingidos pelo contágio e muitos morreram no exercício da caridade: "gênero de morte tão glorioso e tão meritório como o martírio".[1245]

Enquanto os cristãos, vendo no flagelo, e nas circunstâncias que o acompanhavam, os signos preditos para o final dos tempos, viviam em função dessa expectativa escatológica, cultivando o recolhimento, a resignação e a virtude em meio à ruína universal, os pagãos, transtornados, pediam com furor vítimas expiatórias. Se as guerras são mais frequentes, se a chuva não cai mais, se a terra seca só produz ervas pálidas e minguadas, se a saraiva destrói as vinhas, se a tempestade arrasa os olivais, se a peste e a fome fazem devastações, se a saúde se altera, se o gênero humano se despovoa, se tudo se apequena, se o mundo é abalado em seus fundamentos, todas essas calamidades são imputadas aos cristãos: sua recusa em participar do culto aos deuses é a causa de todos os flagelos.[1246] Diante dessa deturpação supersticiosa dos fatos, o povo de Cartago se comprimia no circo, como já o fizera antes, bradando: "os cristãos aos leões".

Nesse meio tempo, se realizava a sucessão no trono. O exército havia escolhido Víbio Galo, de sorte que essa escolha deu azo à suspeita de que o novo imperador tivesse matado seu antecessor, Décio, assim como este tinha matado Felipe, que, por sua vez, matara Gordiano. Cada césar parecia dever ser, necessariamente, o assassino de seu predecessor. De qualquer modo, Galo e seu filho, Volusiano, entraram triunfantes em Roma, onde gozavam de certa popularidade, malgrado terem celebrado com os godos um acordo de paz humilhante para os romanos. Pai e filho, escrevia Dionísio de Alexandria, "ambos radiantes de contentamento, iriam se chocar contra a pedra visível a todos os olhos, na qual se espatifou Décio, perseguindo os santos que rezavam por eles, pelo que silenciaram as preces que teriam sido a salvaguarda do império".[1247]

Com efeito, havia já algum tempo que o bispo de Cartago preparava seu rebanho para uma iminente perseguição, consolando-o, exortando-o e instruindo-o com vistas a uma confissão sincera do Cristo, caso fosse, pela tortura ou pela ameaça da morte, constrangido a negá-lo. A previsão de Cipriano não tardou em se confirmar. Galo, assustado com o progresso que a peste fazia, quis aplacar a cólera dos deuses mediante a realização de sacrifícios solenes em todas as cidades do império. A religião dos cristãos, como se sabe, proibia-os de participar dessas celebrações propiciatórias, proibição que foi encarada pelos pagãos não somente como um insulto aos deuses do império, mas também como uma demonstração de indiferença diante das calamidades que afligiam a população. Gritos de morte contra São Cipriano se fizeram ouvir em toda Cartago.

[1244] P. Allard, *op. cit.*, p. 40.
[1245] *Apud* P. Allard, *op. cit.*, p. 42.
[1246] Tertuliano, *Apologétique*, XXI, 40.
[1247] *Apud* Eusébio, *op. cit.*, VII, 1.

O édito de Décio tinha caído em desuso, mas não havia sido oficialmente revogado, vale dizer, para que a perseguição recomeçasse, bastaria um acordo tácito entre a superstição popular e a vontade do soberano, esta, quiçá, mais supersticiosa que a dos súditos do imperador. Galo, em vez de tomar o exemplo de Décio como uma lição a rejeitar, tomou-o como um modelo a seguir e fez o que fizera o seu antecessor: mandou prender e exilar o papa Cornélio em Civita Vecchia, onde o bispo de Roma veio a morrer. Essa condenação, longe de intimidar os cristãos de Roma, excitou ainda mais sua emulação e sua coragem. Os fiéis, animados pelo exemplo de seu chefe, afrontaram o exílio, a prisão e o martírio, de cuja coroa se cingiram gloriosamente aqueles que, sob Décio, tinham fraquejado e sucumbido diante do medo. Esses infelizes, que Novaciano queria excluir do perdão, mas que Cornélio recebeu como penitentes, se reabilitaram pela confissão do Cristo, muitos dos quais vertendo o próprio sangue por ele.[1248]

Grande era o desassombro dos fiéis em face da coligação de tantos desastres. Houve, porém, um heroísmo ainda maior: Cipriano precisava consolar os que se queixavam que a epidemia iria privá-los do martírio. "São duas coisas distintas, dizia-lhes o santo bispo, ou que nossa coragem falte ao martírio ou que o martírio falte à nossa coragem".[1249] Pertence a Deus, concluía, a escolha das provas que sua misericórdia nos quer enviar, de modo que, pelo martírio, ele coroa a esperança e a intenção do mártir, sem tirar a glória dos que morrem sem serem martirizados.

Nessa época havia em Roma um magistrado cujo nome horrorizava os cristãos: Demetriano. Seus hábitos cruéis rivalizavam com suas ideias sanguinárias. Era um encarniçado inimigo de Igreja de Cristo, sendo-o mesmo a tal ponto que fazia das calamidades públicas uma objeção contra o cristianismo e uma acusação contra os cristãos. Não foi difícil a Cipriano respondê-lo:

> Toma cuidado, disse, com a sorte que te espera, velho como tu és e já próximo de teu fim, pois não hesitas em insultar e oprimir os discípulos de Cristo. Tu, em particular, os expulsa de suas casas, despoja-os de seu patrimônio, põe-lhes grilhões, lança-os na prisão, entrega-os à espada, às bestas, ao fogo. Não contente com suplícios rápidos, te comprazes em fazer-lhes perecer em detalhes, em rasgar lentamente seus corpos: tua engenhosa crueldade inventa cada dia novos tormentos... Os pagãos que blasfemam e que perseguem, não os cristãos que adoram e que sofrem, são a causa e os autores dos flagelos que o céu nos envia. É certo que estes flagelos caem tanto sobre os cristãos como sobre os pagãos. Mas, para vós representam castigo, ao passo que, para nós constituem misericórdia. Os dissabores deste mundo são uma pena para quem busca, neste mundo, a glória e a alegria, mas não têm a força de nos afligir, nos abater ou nos fazer murmurar. O que a vós, pagãos, vos atormenta e vos abate, a nós, cristãos, prova e fortalece. Entre vós a dor é impaciente, cheia de lamentações e de queixas; entre nós, é paciente, forte, religiosa e sempre grata a Deus.[1250]

No momento em que Cipriano escrevia essas palavras, a Igreja tinha que lutar não somente contra os inimigos de todo o povo romano, a peste, a fome e os bárbaros, mas também contra a

---

[1248] De Champagny, *op. cit.*, Tomo 2, p. 368-369.
[1249] *Apud* De Champagny, *op. cit.*, Tomo 2, p. 364.
[1250] *Apud* De Champagny, *op. cit.*, Tomo 2, p. 365-366.

sua exclusiva inimiga, a perseguição. Dessa vez, porém, o édito de perseguição não tinha encontrado a cristandade entorpecida, como no tempo de Décio, por uma longa paz. Encontrou-a, a bem dizer, admiravelmente preparada para o combate, tanto mais preparada, quanto estava mais consciente de sua força e mais advertida pelos sábios e prudentes conselhos de seus bispos.

> O Anticristo está prestes a aparecer, dizia, Cipriano, mas Cristo virá depois dele. O inimigo dá pasto à sua própria cólera, mas, após ele, há de vir o Senhor para curar nossas feridas e vingar nossos sofrimentos. O adversário nos ameaça, mas eis aí aquele que nos libertará.[1251]

A perseguição, entretanto, se estendia às províncias. Fala-se de Paregório, na Lícia, e, após seu martírio, de Leão, um ancião que, levando uma vida ascética, passou sua existência junto à tumba de Paregório, até o momento em que, indignado com a fraqueza de alguns cristãos que apostasiavam, se aproximou do altar de Serapis e, animado de uma santa cólera, fez em pedaços as lâmpadas e as lanternas consagradas ao culto da deusa. Intimado pelo magistrado a proferir louvores à divindade ultrajada, Leão se recusou a fazê-lo, pelo que foi arrastado para fora da cidade e, já inanimado, foi lançado na torrente do rio.[1252] Merece ser lembrado também um grupo de fiéis martirizados em Óstia: o prefeito Censorino, que, ao se fazer cristão, foi aprisionado; o sacerdote Máximo, o diácono Arquelao e a virgem Áurea, que foram visitá-lo na prisão, como também o tribuno Teodoro e dezesseis soldados convertidos, acompanhados do bispo Ciríaco que os batizou, em suma, vinte e duas almas englobadas numa mesma vingança.[1253]

Conquanto efêmera, a perseguição de Décio durou mais que a perseguição de Galo, simplesmente porque esse perseguidor durou menos que o seu antecessor. Longe de apaziguar a cólera dos deuses, o derramamento do sangue dos cristãos não conjurou as calamidades que afligiam o império: a peste e a fome não davam tréguas; os bárbaros se atreviam cada vez mais, a tal ponto que uma nação bárbara, os próprios godos, malgrado o tributo que lhe foi prometido, cruzou o Danúbio, saqueou as cidades e devastou a Panônia. O legado dessa província, Emiliano, tendo vencido os invasores, foi saudado como imperador por suas tropas, que lhe impuseram a púrpura, não se sabe ao certo se pela força ou se pelo incitamento. Galo, ciente do ocorrido, mandou o seu melhor general, Valeriano, mobilizar as legiões das Gálias e da Germânia para impedir a passagem do exército de Emiliano através dos Alpes ilírios. Este, entretanto, se antecipando às intenções de Galo, já se achava em solo italiano, onde, mais precisamente na atual Terni, encontrou o exército do imperador, cujos homens, assustados com a própria inferioridade e com a fama de Emiliano, julgaram prudente passar para o lado deste, a expensas de Galo, a quem logo mataram, dando início assim a um novo reinado. Este, porém, não iria durar muito tempo. Valeriano, durante essas escaramuças, retornava para a Itália, acompanhado das legiões gaulesas e germânicas, com o firme propósito de destituir o novo soberano, a quem encontrou, com seu reduzido exército, em Spoleto, como, um pouco tempo antes, Emiliano e Galo se encontraram em Terni. Os soldados de Emiliano, amedrontados com o seu pequeno número, o traíram e o mataram, como outro tanto haviam feito os soldados de Galo, de modo que Valeriano foi proclamado imperador pelos dois exércitos, da mesma forma como havia acontecido com Emiliano há três meses antes.

[1251] *Apud* De Champagny, *op. cit.*, Tomo 2, p. 367.
[1252] De Champagny, *op. cit.*, Tomo 2, p. 370.
[1253] De Champagny, *op. cit.*, Tomo 2, p. 370.

"Se todos tivessem tido o direito de indicar com seus votos um príncipe de sua escolha, não há dúvidas de que Valeriano teria sido eleito".[1254] Essa frase, escrita cinquenta anos após a morte do imperador, não era uma adulação gratuita: ela exprimia o sentimento da população que via elevar-se a soberano um homem que não tinha molhado as mãos no sangue do seu predecessor, que era romano e grande general, amigo do povo e dos soldados, cuja espada havia defendido as fronteiras do mundo civilizado. Além disso, Valeriano era afável, moderado e tímido, não tinha inimigos a perseguir, nem fortuna a fazer. Todos os homens de bem entraram em regozijo diante da dita que era viver sob o cetro de um imperador que sabia poupar a vida dos súditos e manter a distância a audácia dos invasores. Dionísio de Alexandria, sempre bem informado, dizia que

> [...] ele era doce e bom para os servos de Deus. Nenhum de seus antecessores, mesmo os que passam por ser abertamente cristãos, não mostraram por nossos irmãos um acolhimento tão afetuoso e tão familiar. Sua casa, cheia de homens piedosos, parecia uma igreja.[1255]

> "Com uma curiosidade que provavelmente ficará sem resposta, aduz Paul Allard, tem-se indagado sobre as circunstâncias que inclinaram assim a alma de Valeriano para os discípulos de Jesus. Suas virtudes naturais não bastavam para explicar esta simpatia: nós vimos alguns dos melhores príncipes, prossegue o escritor francês, mesmo os mais virtuosos, se mostrarem inimigos sistemáticos da Igreja. A benevolência do imperador dependia provavelmente de alguma influência pessoal, visto que cedia voluntariamente às opiniões de seus amigos, agradecia os seus conselhos, se submetia de bom grado às suas censuras".[1256]

Teria sua neta Salonina advogado junto ao avô a causa dos cristãos? Ignora-se. Mas a rapidez com que a solicitude de Valeriano se transformou em aversão prova que sua inclinação pelos cristãos tinha mais a ver com motivos superficiais do que com uma convicção profunda. Aliás, um dos defeitos de Valeriano era o de se deixar conduzir pela opinião de amigos e faltar, por isso, à concretização de seus desígnios.[1257]

Tudo bem considerado, pode-se afirmar, com elevado grau de certeza, que influências hostis, principalmente a exercida por Macriano[1258], modificaram pouco a pouco os sentimentos do imperador em relação aos cristãos. Após ter-lhes sido francamente favorável, Valeriano se tornou seu inimigo e perseguidor, sem poder reprochar-lhes a prática de qualquer ilícito, seja em face do império, seja contra o imperador, até porque a Igreja, nesse momento, estava inteiramente absorvida por uma disputa interna, cuja resolução consumia todas as suas energias: a questão relativa ao rebatismo dos heréticos.[1259]

[1254] P. Allard, *op. cit.*, p. 34.
[1255] *Apud* De Champagny, *op. cit.*, Tomo 2, p. 378.
[1256] *Op. cit.*, p. 35.
[1257] P. Allard, *op. cit.*, p. 35.
[1258] "Soldado intrigante e ambicioso, mago e adivinho, prematuramente elevado às mais altas dignidades do império, habituou o soberano a consultá-lo e juntamente com este se entrega às práticas mais abomináveis da arte infernal: imolavam crianças e consultavam suas entranhas." De Champagny, *op. cit.*, Tomo 2, p. 391-392.
[1259] A questão versava sobre a necessidade ou não de um novo batismo relativamente aos heréticos convertidos, que já haviam sido batizados antes da conversão. Cipriano era partidário de um novo batismo; o Papa Estêvão era contra. Por fim, Cipriano se submeteu à autoridade papal.

Entretanto, o momento estava próximo em que as querelas internas da Igreja iriam se calar diante da gravidade do perigo exterior. Seus inimigos tramavam sem cessar a sua perda, notadamente pela campanha difamatória conduzida abertamente no palácio imperial. Valeriano, contudo, conhecia de perto os cristãos para temê-los ou sequer para suspeitar de algum risco para o império, decorrente de seu número, como acreditou Severo, ou de sua pretensa hostilidade, como suspeitou Décio. Mas se lhe apresentaram outros motivos de desconfiança, como fazem crer os documentos relativos à sua perseguição. Os adversários da Igreja, que eram amigos do imperador, convenceram-no de que sua inimiga estava se tornando mais poderosa que o próprio império, não só pela rigidez de sua hierarquia, mas, principalmente, pela grandeza de seus domínios e abundância de sua riqueza. Para se compreender a verdadeira dimensão dessa denúncia, como também o grau de verossimilhança que ela poderia aparentar, convém ter em mente os prodígios da caridade cristã, na época que nos ocupa, comparados à crise econômica que afligia o império. A caixa da Igreja era incessantemente provida e esvaziada com recursos oriundos de contribuições e despendidos com esmolas. As cotizações mensais e as doações voluntárias eram destinadas à manutenção dos ministros do culto, à despesa do serviço divino, ao custeio dos cemitérios, ao resgate dos cativos, ao socorro dos presos, dos forçados e dos exilados, à assistência dos pobres, dos enfermos e das viúvas. A Roma cristã alimentava mil e quinhentos indigentes no tempo do papa Cornélio. As liberalidades de cada Igreja ultrapassavam frequentemente os limites dos respectivos territórios: a de Cartago, por exemplo, enviara cem mil sestércios à Numídia; São Cipriano socorreu, com os recursos da sua comunidade, um comediante convertido, que não havia encontrado ainda uma ocupação honesta. Os donativos dos pontífices romanos eram remetidos, muitas vezes, até as extremidades do império, de que são exemplos as doações enviadas pelo Papa Cornélio para as Igrejas da Síria e da Arábia. Os pagãos, por sua vez, viam com espanto e estranheza uma sociedade na qual os pobres eram menos pobres e os ricos, mais ricos, porque seu patrimônio não se destinava ao custeio de espetáculos populares voluptuosos ou cruéis. Essa prosperidade contrastava significativamente com a decadência do Estado, em que o comércio e a agricultura murchavam, o ouro e o dinheiro não circulavam mais, a escassez do tesouro público constrangia os imperadores a cunhar moeda falsa e dar-lhe curso forçado.

> Sem procurar as verdadeiras causas da ruína, em razão das quais todo mundo sofre e das quais cada um é mais ou menos cúmplice, diz Paul Allard, pedem-se explicações imaginárias, deposita-se fé em soluções empíricas. Em lugar de se atribuir a alteração monetária e a bancarrota, que é sua consequência, ao abandono do comércio, ao esgotamento do campo, aos excessos do luxo improdutivo, à escravidão, às razões morais inseparáveis dos motivos econômicos, preferia-se supor que uma associação oculta açambarcava o ouro e o dinheiro, tornava-os estéreis e levava o império à ruína.[1260]

Os pagãos não admitiam, como dizia São Cipriano, que a Igreja não fazia economia, visto que "todo recurso que nela entrava, imediatamente saía para socorrer os pupilos e as viúvas".[1261] Sua imaginação entrevia, na sombra do santuário, imensas pilhas de moedas, metais preciosos amontoados em lingotes ou transformados em obras de arte, uma misteriosa reserva constituída

---

[1260] *Op. cit.*, p. 37.
[1261] P. Allard, *op. cit.*, p. 37.

pouco a pouco em detrimento dos moribundos e dos órfãos.[1262] "O povo exige o dinheiro, o fisco e o tesouro o reclamam, de modo a ajudar o soberano".[1263]

Acresce ainda que, no *grand monde* romano dessa época, ao mesmo tempo cético e crédulo, a política tomava frequentemente a superstição como aliada. Valeriano envelhecia: os imperadores pagãos, os quais nenhuma fé positiva defendia contra as sanções da vida eterna, se tornavam, com a idade, acessíveis aos bruxos, aos charlatães, aos astrólogos, em suma, a quem quer que pretendesse ser porta-voz do outro mundo.

> O ambicioso Macriano, que detestava os cristãos e praticava a magia, conseguiu subjugar a vontade do imperador, a quem apresentava rituais estranhos: prodígios, por cuja prática se notabilizaram os magos do Egito, foram-lhe mostrados; o sangue de crianças, libação preferida das divindades infernais, irrigava os mármores do palácio imperial, outrora comparado a uma igreja. Em todas as reuniões de bruxaria se maldiziam os cristãos, cujo sacrilégio e ódio aos deuses impediam, na opinião dos bruxos, as manifestações sobrenaturais.[1264]

Atacado por todos os lados, ora pela cupidez, ora pela política, ora pela superstição, o desventurado imperador cedeu e promulgou um édito contra os filhos da Igreja, ou seja, contra as mesmas pessoas que, pouco antes, tratava como verdadeiras amigas.

Enquanto isso, a Igreja, pela prece, encerrava a querela do batismo dos heréticos, para que os espíritos se recolhessem e se preparassem para o combate.

> Não vamos falar sobre até que ponto foi animado, nem quanto tempo durou o embate entre São Cipriano e Santo Estêvão. Sua reconciliação em torno da ortodoxia ficará provada pela sua comunhão no martírio. A lâmina do carrasco não distinguirá o pontífice, que sempre observou a tradição, do bispo, que retornou a ela após ter-se afastado um instante. O suplício dos dois provará a sabedoria de um, a submissão do outro e a santidade de ambos.[1265]

Ia começar, portanto, a décima segunda perseguição.

Desfilará agora antes os nossos olhos uma nova série de mártires, cujos suplícios, se tomados separadamente, nos comovem e admiram, mas, se reunidos, nos fatigam e abatem: tal é a condição humana, que até mesmo o excesso de admiração pode acabrunhá-la. Não faremos referência, pois, dentre os santos supliciados nessa época, senão àqueles cuja lembrança é mais cara à cristandade. Não nos deteremos também em detalhes plenos de fascínio para o coração do cristão e para o coração do homem, posto que, a rigor, podem ter sido acrescentados à verdade histórica pela piedosa imaginação dos povos. Entre tantos martírios tão belos e gloriosos, não falaremos senão dos mais fidedignos e mais sublimes.[1266]

[1262] P. Allard, *op. cit.*, p. 38.
[1263] P. Allard, *op. cit.*, p. 38.
[1264] P. Allard, *op. cit.*, p. 39.
[1265] De Champagny, *op. cit.*, Tomo 2, p. 391.
[1266] P. Allard, *op. cit.*, p. 40.

Ainda que o seu texto não exista mais, o édito de 257, o primeiro de Valeriano, pode ser reconstituído facilmente a partir das várias remissões feitas às suas disposições nos interrogatórios autênticos. Nesse ato normativo se percebe uma diferença importante, relativamente ao édito promulgado sete anos antes por Décio. Este exigia que os fiéis renegassem expressamente Jesus Cristo: às cerimônias idolátricas, os cristãos deviam juntar um ato formal de abjuração.[1267] Valeriano não pedia tanto. Menos peremptório que Décio, ou por antever um insucesso ou, talvez, animado de alguma compaixão pelos seus velhos amigos, o imperador propôs um meio termo. Seu desejo, em relação a estes, era o de vê-los ingressar nos quadros da religião nacional, tanto que não lhes exigia mais que um sacrifício aos deuses do império, sem que isso importasse em apostasia formal do cristianismo. Os fiéis podiam continuar prestando individualmente culto ao Cristo, o imperador não se incomodaria, contanto que, por um sincretismo religioso que jamais escandalizou os pagãos, participassem ao mesmo tempo das cerimônias oficiais e, a exemplo dos demais súditos, queimassem incenso aos pés dos deuses.

A segunda parte do édito deixa transparecer seu objetivo político e sua tendência espoliadora. A mão do Estado iria alcançar os cemitérios, sede legal do colégio funerário, do qual as primitivas igrejas tomaram a forma civil. Proibia-se, assim, os fiéis de terem acesso aos seus lugares santos e neles realizarem assembleias.

> Era a primeira tentativa que se fazia para dissolver a corporação cristã, aduz Allard, em ordem a retirar da Igreja a base jurídica sobre a qual, graças à propriedade coletiva, ela se apoiava há um século e meio. O édito previa ainda o arresto dos cemitérios: nas outras perseguições, o fisco irá arrebatá-los definitivamente.[1268]

O édito de 257 primava também pelo casuísmo: só havia referência aos bispos, sacerdotes e diáconos, dos quais se exigia somente um sinal de submissão. Valeriano não desejava fazer numerosas vítimas, nem mesmo, como Décio, numerosos apóstatas, de modo que, para satisfazer seu capricho ou aplacar sua hostilidade, bastava que, pelos seus chefes hierárquicos, os membros da Igreja prestassem uma adesão oficial aos deuses do Estado. Quanto ao povo cristão, à grande multidão dos laicos, o édito não os alcançava, a menos que transgredissem a proibição de frequentar e de realizar assembleias nos cemitérios.

Na sanção penal se mostram as suspeitas com que os pérfidos conselheiros encheram a alma do imperador. O delito que outrora fora tratado com maior rigor punitivo, a saber, a recusa do clero em participar do culto aos deuses, era punido agora com a pena relativamente branda do exílio, ao passo que a prática do segundo delito, ou seja, a entrada num cemitério ou a participação numa reunião cristã, atraía para o seu autor a pena de morte. Por outras palavras, o cristão que participava de uma reunião era considerado como partícipe de associação ilícita, tanto mais perigosa quanto se encobria, até então, com a máscara de uma corporação legal.[1269] Quem quer que participasse de um colégio ilícito era, no rigor do direito, tratado como o bandido que se apodera, à mão armada, de templos ou edifícios públicos.[1270] A pena era a mesma prevista pela

---

[1267] P. Allard, *op. cit.*, p. 41.
[1268] *Op. cit.*, p. 42.
[1269] P. Allard, *op. cit.*, p. 53.
[1270] P. Allard, *op. cit.*, p. 54.

lei de lesa-majestade, crime assemelhado ao de sacrilégio[1271] e punido com a morte.[1272] A tortura podia ser infligida ao culpado, qualquer que fosse a sua condição[1273], conquanto os suplícios obedecessem a critérios de hierarquia social: as "gentes honestas" seriam decapitadas; os humildes, lançados às feras ou à fogueira.[1274] Do arsenal das leis romanas, tão hostis antigamente ao direito de associação, Valeriano tirou o castigo excepcional e cruel para aplicá-lo aos cristãos que se reuniam em nome do único Deus.

Nenhuma medida tão grave havia sido tomada, até então, por um perseguidor. O próprio Décio tinha respeitado os domínios funerários da Igreja. Quando Valeriano privou os cristãos do exercício do direito de se associarem, e arrestou seus cemitérios; sua inanidade ultrapassou o ódio de seu predecessor. "Ele, a quem, por vezes, parecia repugnar a violência material, cometeu então uma violência moral, da qual a Igreja e mais ainda o Estado, iriam se ressentir durante meio século".[1275]

Quanto à perseguição propriamente dita, vale dizer, a que se iniciou com o primeiro édito, seu procedimento foi regulado de forma calculada e com esmerada eficiência administrativa. Os juízes e magistrados foram instruídos a não utilizar o carrasco senão com economia, a exilar antes de torturar, a torturar antes de matar, observando-se, em qualquer caso, a ordem de ferir o pastor antes de atacar as ovelhas.

Parece, entretanto, que antes da perseguição regular, antes mesmo da publicação do édito imperial, a Igreja romana ficou acéfala. Estêvão, que horas antes fortalecera sua milícia para o combate, com a ordenação de novos padres e diáconos, foi surpreendido pelos sicários imperiais no cemitério de Lucina, onde habitava, sendo aí decapitado em agosto de 257.[1276]

Outros cristãos pereceram por essa época. Conta-se que um deles, o acólito Tarcísio, levava, como era comum então, a Eucaristia para uma casa cristã. Alguns soldados suspeitaram de alguma coisa, o detiveram e exigiram que o detido lhes entregasse a coisa suspeita. Tarcísio se recusou a fazê-lo, expondo-se, assim, à fúria da soldadesca, que passou a agredi-lo com socos e pancadas, os quais não demoveram o bravo soldado de Cristo de sua recusa. Morto enfim pela agressão, seu cadáver e suas vestes foram revistados minuciosamente e nada foi encontrado que pudesse satisfazer a curiosidade dos agressores.[1277]

O que se passava, então, em Roma não era senão o ponto de partida, irregular talvez, de uma perseguição que não tinha corretamente avaliado nem o ânimo nem o número dos campeões que iria perseguir. Recomendava-se aos juízes, não a prisão, mas o chamamento ao tribunal dos superiores da Igreja, para que os fiéis laicos pudessem presenciar a apostasia de seus bispos e sacerdotes, que seriam simplesmente exilados se se recusassem a fazê-lo. Era o primeiro passo da perseguição, cujo procedimento se desenvolvia com estrita regularidade administrativa, tanto em Cartago como em Alexandria.

Nessa última cidade, o bispo Dionísio compareceu perante o prefeito do Egito, Emiliano, acompanhado de um padre, três diáconos e alguns fiéis vindos de Roma. O prefeito, inicialmente,

---

[1271] P. Allard, *op. cit.*, p. 54.
[1272] P. Allard, *op. cit.*, p. 54.
[1273] P. Allard, *op. cit.*, p. 54.
[1274] P. Allard, *op. cit.*, p. 54.
[1275] P. Allard, *op. cit.*, p. 56.
[1276] De Champagny, *op. cit.*, Tomo 2, p. 398.
[1277] De Champagny, *op. cit.*, Tomo 2, p. 399.

exaltou a clemência dos divinos imperadores que "lhes concedia a oportunidade de conservarem suas vidas e a liberdade, em troca de sua submissão aos deuses, que são tais por natureza, e da rejeição de outros que a natureza rejeita". – "Nós não adoramos senão um só Deus, respondeu o bispo, um Deus autor de todas as coisas, aquele que deu o império a nossos estimados príncipes Valeriano e Galiano". – "O que vos impede de adorar esse Deus e também os deuses da natureza?" – "Nós não adoramos nenhum outro Deus que não seja o único e verdadeiro Deus". – "Vós sois ingratos e estúpidos por desprezarem a clemência dos augustos imperadores, retrucou Emiliano, de modo que deverão deixar a cidade e se dirigir para Quefro, na Líbia, lugar que designo para vosso exílio".[1278] Mais tarde, a fim de supervisionar melhor a vida do bispo exilado, o mesmo Emiliano transferiu-o para outra cidade, "mais inóspita e mais Líbia".

Diálogo semelhante teve lugar, por essa mesma época, em Cartago, mais precisamente na Câmara do Conselho do Procônsul Aspásio Paterno: "Os santos imperadores, dizia o procônsul a Cipriano, ordenam que todos os súditos, que não praticam a religião romana, passem doravante a frequentar as cerimônias do culto aos deuses. Que dizes disso?"; – "Sou cristão e bispo. Não conheço senão um só Deus que fez o céu e a terra e tudo o que nela se contém. A este Deus, que adoramos, nós, cristãos, rogamos também pelo bem dos próprios imperadores". – "Persistes nesta tua resolução?" – "Uma sábia resolução, inspirada por Deus, não pode mudar", respondeu Cipriano. – "Poderás, consoante a determinação de Valeriano e Galiano, partir em exílio para Curubis?" – "Parto".[1279]

Essa primeira estratégia da perseguição, mais tolerante e menos cruenta, mostrou-se logo insuficiente, a despeito de alguns atos isolados de crueldade, de que é exemplo este que a seguir vamos descrever, apoiados na incontestável autoridade de Paul Allard.

> A reunião nos cemitérios era punida com uma morte horrível. Por ocasião do primeiro aniversário dos martírios de Crisanto e Dária, alguns cristãos se reuniram para rezar no arenário da Via Salária Nova, perto da sepultura murada onde repousavam os dois santos. Durante a oblação do santo sacrifício, alguns soldados, providos de pedras e areia, taparam a cavidade do túnel que dava acesso ao subterrâneo: os peregrinos foram enterrados vivos. Quando a tumba de Crisanto e de Dária foi descoberta, depois da paz da Igreja, encontrou-se, nesta cripta duas vezes venerável, não somente as relíquias dos cristãos que aí morreram, esqueletos de homens, de mulheres e de crianças estendidos sobre o chão, mas ainda os vasos de prata levados para a celebração dos santos mistérios. São Damásio, restaurando a catacumba, não quis alterar esta cena de martírio.[1280]

Entretanto, alguma coisa havia mudado em relação ao passado. O povo cristão, depois de Décio, havia se fortificado em ânimo e em número. Nada nem ninguém, sobrevinda a perseguição, pôde abatê-lo; em nenhum lugar, nem mesmo em Roma, a ação pia e missionária da Igreja se interrompeu; em nenhuma parte, os atos de heroísmo deixaram de se produzir. Para não falar senão do que nos é mais familiar, citaremos dois exemplos de coragem e determinação: Cipriano

---

[1278] De Champagny, *op. cit.*, Tomo 2, p. 400-401.
[1279] De Champagny, *op. cit.*, Tomo 2, p. 401-402.
[1280] P. Allard, *op. cit.*, p. 79.

e Dionísio. O primeiro, na triste Curubis, isolado no meio de bosques e rochedos, longe das vias e do mar, sem água potável e sem o verdor agradável da vegetação, recebia a visita de uma multidão de amigos e de longe dirigia a Igreja de Cartago, sem falar da extensa correspondência que mantinha com os fiéis condenados a trabalhos forçados nas minas.

> Bem-aventurados sois vós, diz o exilado, que tendes diante de vós a própria recompensa; que não temeis o julgamento supremo nem as penas eternas. Presos nas minas, o corpo permanece cativo, mas o coração é rei. O Cristo, presente no meio de vós, exulta de gáudio, com a obra de seus servos... Dia após dia, vós esperais o ditoso momento da partida, quando a solenidade do martírio vos levará à vossa morada celeste.[1281]

A essa tocante missiva, os cativos responderam:

> Tua carta trouxe alívio aos nossos corações fatigados, curou nossos membros lacerados pelo flagelo, desatou nossos pés de suas cadeias, restituiu os cabelos às nossas cabeças raspadas ao meio, clareou as trevas de nossa prisão, transformou em planura nossas penedias, converteu em doce perfume o odor fétido da fumaça.[1282]

Dionísio, por sua vez, nos confins do deserto da Líbia, convocava uma assembleia em Alexandria e a presidia, senão de corpo presente, ao menos com a plenitude do coração. Além disso, uma grande multidão de membros da Igreja, seja de Alexandria, seja do resto do Egito, o seguia no exílio, todos desejosos de obter de seu bispo ou uma palavra de conforto ou um conselho de sua sabedoria. A fé se difundia nesse canto da terra, onde ela não havia até então penetrado: "Acolhida inicialmente com golpes de pedra, dizia Dionísio, fez ela aí depois muitos prosélitos".[1283] Dionísio e Cipriano, embora de coração, estavam presentes no seio da cristandade, como tinham estado nos conciliábulos de Alexandria e de Cartago. Estavam presentes por seus enviados, por seus donativos, por suas cartas, todas elas cheias de encorajamentos e exortações como de felicitações e de preces.

Como não renovar, agora mais severamente, a punição desses bispos, que, do fundo do deserto, viviam plenamente no meio das almas e as faziam viver uma vida tão intensamente cristã? Resignados a admitir o fracasso da tática adotada por Roma, os magistrados se viram reduzidos a dizer, relativamente aos bispos, o mesmo que os fariseus disseram em relação ao Senhor: "Vede! Nada adiantou! Reparai que todo mundo corre atrás dele!".[1284]

Enfim, ciente do ardor dos cristãos e da insatisfação dos magistrados, da altivez dos primeiros e do abatimento dos últimos, Valeriano cedeu e redobrou o rigor da perseguição. O ato legislativo enviado do Oriente para a aprovação do senado, continha disposições que introduziam no direito penal perigosas inovações. Para os bispos, padres e diáconos, não somente o exílio foi

---

[1281] De Champagny, *op. cit.*, Tomo 2, p. 404.
[1282] De Champagny, *op. cit.*, Tomo 2, p. 404.
[1283] De Champagny, *op. cit.*, Tomo 2, p. 403.
[1284] De Champagny, *op. cit.*, Tomo 2, p. 405-406.

substituído pela morte, mas se lhes retirava também uma garantia até então concedida a todos os indivíduos sem distinção: constatada a identidade do acusado, a sua decapitação seguir-se-ia imediatamente, vale dizer, sem interrogatório, sem julgamento regular, sem sentença motivada, numa palavra, "a morte sem frases".[1285] O procedimento empregado em relação aos cristãos de distinção, senadores, nobres e cavaleiros, é mais novo ainda. Uma medida administrativa, *tout court*, despojava-os de seus bens. Ao mesmo tempo que degradava-os de suas respectivas ordens, de sorte que, privados do censo, um cavaleiro ou um senador, por exemplo, não poderiam mais fazer parte da ordem equestre ou senatorial. Assim, degradados, eram conduzidos ao tribunal, em cujo recinto deveriam abjurar sob pena de morte. As mulheres de condições equivalentes incorriam nas penas de exílio e de confisco.

Compreende-se por que Valeriano pediu o concurso do Senado, em ordem a dar ao novo édito a forma de um senatoconsulto. É que a convocação daquele alto colegiado permitia a uma parte de seus membros, a parte pagã, punir a outra parte, a cristã, com a degradação e com a morte. Pela primeira vez foi declarada a incompatibilidade entre o exercício do culto cristão e o serviço do Estado. Sob os governos precedentes, os cristãos recusavam os cargos públicos por motivo de consciência, porque, ao recusar a função estatal, eludiam ao mesmo tempo o cumprimento do dever religioso exigido de seu titular, consistente em oferecer sacrifícios e promover jogos populares. Assim, se uma incompatibilidade de fato pudesse frequentemente existir, ao menos não havia uma incompatibilidade legal. Com o segundo édito de Valeriano, as coisas mudaram radicalmente: Ninguém poderia ser doravante senador, cavaleiro, cônsul ou prefeito, sendo cristão.

> A aristocracia batizada, ensina Allard, cujas liberalidades fundaram a propriedade eclesiástica, não pode mais existir: condição, fortuna, ela perde tudo ao mesmo tempo. Muitos senadores deveriam tremer quando pensavam nas famílias nobres, que se lhes exigia condenar ao luto e à miséria; nos colegas, seus amigos e seus parentes talvez, alguns dos quais ocupavam assentos vizinhos aos seus, mas que seus votos iam expulsar da cúria, arruinar ou enviar à morte. Era esta, no entanto, a vontade do imperador: dócil às vontades soberanas, o senado, compartilhasse ou não o fanatismo do amo, não podia recusar sua sanção ao édito.[1286]

A última disposição do édito agradou, sem dúvida, os senadores. Em todos os tempos a aristocracia romana suportava impacientemente o favor de que gozavam os escravos e libertos imperiais. Antes que o serviço pessoal do imperador se tornasse um cargo da corte, os cesarianos eram os verdadeiros cortesãos, senhores da confiança do príncipe, lisonjeando seus gostos, servindo suas paixões, dispondo a ordem das audiências, governando o palácio. Sob os imperadores fracos e viciosos, os cesarianos fizeram fortunas escandalosas: existiram muitos deles que administravam províncias, desposaram princesas, humilhavam, com seu fausto e sua grandeza, os mais orgulhosos patrícios romanos. O imperador mudava, mas eles permaneciam, oferecendo a cada novo imperador um pessoal administrativo laborioso e inteligente, capaz mesmo de grande lealdade e devotamento. Desde a origem do cristianismo, a nova fé fez numerosas conversões entre eles. São Paulo conhecia os fiéis da "casa de César", isto é, os escravos e libertos de Nero. Muitos

---

[1285] P. Allard, *op. cit.*, p. 83.
[1286] P. Allard, *op. cit.*, p. 84.

deles, viviam e trabalhavam no palácio de Cômodo e de Sétimo Severo. Alexandre Severo estava cercado de servidores cristãos. Seu número cresceu com o imperador Felipe e se tornou ainda maior com Valeriano. Fazendo-se, porém, inimigo dos cristãos, Valeriano pedia agora ao senado que os punisse rigorosamente, mesmo que os cesarianos, convertidos ao Cristo, tivessem que suportar o rigor da punição. O senado aquiesceu imediatamente. Tudo o que pudesse diminuir a influência e abaixar o orgulho dos cesarianos soava como uma revanche da aristocracia, como uma vitória da cúria sobre o palácio e do patriciado sobre a administração.

O édito, contudo, não previa a pena de morte contra os cesarianos.

> Propriedade do imperador, seu sangue devia ser poupado. Este argumento, para a proteção do escravo, valia mais do que as máximas de filosofia: a onipotência e a cólera se detêm diante do interesse; poupa-se a vida dos homens quando ela representa um capital.[1287]

Os cesarianos, portanto, não expiaram com a morte o crime de cristianismo, pelo qual deveriam ser inicialmente castigados com o confisco[1288], depois, a exemplo da "raça férrea" descrita por Catão, Plauto, Sêneca e Plínio, eram enviados aos trabalhos forçados, com traves nos pés, que não tiravam nem mesmo durante o repouso noturno num calabouço.[1289]

Quanto à gente simples do povo, nenhuma menção foi feita no texto do édito. Como Tarquínio, o imperador queria ferir a cabeça do inimigo: o clero, os nobres, a poderosa classe dos servidores do palácio eram as únicas categorias visadas. Raciocinava-se assim: quando os bispos, os sacerdotes e os diáconos forem suprimidos, quando os figurões, que eram o apoio moral e material da Igreja, não existirem mais, quando a Igreja cessar de manter inteligências no palácio, que ameaça poderão representar, malgrado seu número, os fiéis obscuros, sem chefes, sem dinheiro, sem assembleias? Por que afogar no sangue dos pequenos uma Igreja já virtualmente destruída? O povo não será incomodado, a menos que deseje restabelecer a corporação dissolvida, fazendo reuniões ou frequentando cemitérios. Só nesses casos, os membros inferiores da Igreja suportarão as consequências penais contempladas no édito precedente, que o de 258 agravou, mas não revogou.

A notícia da promulgação do novo édito chegou a Cartago, para onde retornara do exílio São Cipriano, acompanhada de uma outra, mais terrível ainda, que dava conta de sua primeira vítima: nada menos que o próprio bispo de Roma. O martírio de um papa anunciava uma nova fase da perseguição, pois até então o exílio tinha sido a pena imposta contra os bispos. Eleito vinte e dois dias após o martírio de seu antecessor, Xisto foi decapitado no cemitério, no dia 8 de agosto de 258, juntamente a outros religiosos, sendo certo que a partir de então os magistrados de Roma não cessaram de prolatar sentenças de morte e de confisco. Conta-se que, indo Xisto ao suplício, lado a lado com seu diácono Lourenço, este, que não cessava de chorar, foi consolado pelo papa que o advertiu que, em menos de três dias, também ele receberia a coroa do martírio. Muito se sabe sobre os detalhes desse martírio tão célebre nos primeiros tempos da Igreja e tão célebre nos tempos que correm, como o será sempre enquanto houver Igreja. Quem não se recorda da

---

[1287] P. Allard, *op. cit.*, p. 87.
[1288] P. Allard, *op. cit.*, p. 87.
[1289] P. Allard, *op. cit.*, p. 87.

cupidez do prefeito de Roma ao exigir de Lourenço a entrega dos tesouros da Igreja; da altivez do diácono que mostrou ao prefeito, a título de tesouros da Igreja, os pobres e os enfermos que esta alimentava; da constância desse diácono que, sendo assado numa grelha, retorquiu seu verdugo: "Saiba, miserável, que os carvões, que me refrescam, te preparam um suplício eterno, pois o Senhor sabe que, acusado não o neguei, interrogado, confessei o Cristo e agora, por ele, sou queimado. Eu rendo graças a Deus". Depois, levantando os olhos para o prefeito, disse ironicamente: "Olha, miserável, eis que a metade do meu corpo está assada, faze-o virar do outro lado e come". Algum tempo depois, o mártir agradeceu ainda o Senhor, dizendo: "Eu vos dou graças, Senhor Jesus Cristo, por que vós me achastes digno de entrar em vosso reino eterno".[1290] E pronunciando essas palavras entregou seu espírito ao Senhor. Essa heroica zombaria dava aos agentes de Valeriano a medida da coragem que a perseguição iria encontrar entre os cristãos.[1291] Com Lourenço foram imolados o padre Severo, o subdiácono Cláudio, o leitor Crescente e o porteiro Romano. Seus corpos foram enterrados no cemitério de Ciríaco, na via Tiburtina. Numa cripta vizinha, na mesma via, foi enterrado, em 13 de outubro, um outro mártir, cuja morte gloriosa apagou seus erros. O célebre Hipólito, ao qual seus contemporâneos erigiram uma estátua, havia chegado a uma extrema velhice, ápice de uma vida dedicada ao Cristo: sob Maximino, havia confessado o senhor e compartilhado, na Sardenha, o exílio com o papa Pôncio. Posto em liberdade sob o governo de Felipe, deixou-se arrastar, nove anos depois, ao cisma novaciano, no qual permaneceu até ser preso em 258, na vigência do segundo édito de Valeriano. Condenado à morte, Hipólito reconheceu seu erro e fazia constantes orações para trazer ao seio da Igreja os demais heréticos. Diz-se que, por um sinistro jogo de palavras, o juiz ordenou ao carrasco que tratasse o mártir como o Hipólito da fábula e fê-lo atar a dois cavalos que, acicatados pelo chicote, o desmembraram inteiramente. O fato, atestado pela pintura que ornava sua tumba, não traz em si nada de inverossímil, visto que, em Roma, a pena capital, diz um jurista do terceiro século, "consiste em ser lançado às feras, em sofrer outras penas assemelhadas ou em ser decapitado".[1292] Essa larga definição, ensina Allard,

> [...] deixa uma grande margem ao arbítrio, à imaginação cruel e às sangrentas ironias. Vale lembrar os cristãos transformados em tochas vivas para iluminar uma festa de Nero; as mulheres e as virgens, no anfiteatro, representando a trágica história das Danaides e das Dirces; o povo convidado a contemplar, por ocasião dos "jogos da manhã", a morte de Orfeu, de Ícaro, de Dédalo, de Hércules, a mutilação de Átis e a desonra de Pasifae: não seria, pois, surpreendente, que um prefeito, querendo brindar a cidade de Roma com o espetáculo do filho de Teseu, arrastado até a morte por dois cavalos, tenha escolhido um cristão como ator desta tragédia. Não era, rigorosamente falando, o suplício de exposição às feras, mas era "uma outra pena semelhante", como ensinava Marciano.[1293]

[1290] P. Allard, *op. cit.*, p. 91.
[1291] De Champagny, *op. cit.*, Tomo 2, p. 407-408.
[1292] P. Allard, *op. cit.*, p. 91.
[1293] P. Allard, *op. cit.*, p. 92.

Um mês após o martírio de Santo Hipólito, morreram, queimados vivos pelo Cristo, dois irmãos, Protos e Jacinto, cujos nomes indicam sua origem e condição servil.[1294] Os ossos, roubados às chamas, foram envolvidos numa peça de pano com brocados de ouro e enterrados no cemitério de São Hermes na via Salária.[1295]

O artigo do édito que estendia às mulheres as prescrições penais relativas aos homens foi rigorosamente aplicado em Roma, onde muitas delas, cuja determinação provocava a cólera dos juízes, compraram a coroa do martírio, não somente pelo exílio, mas também pela morte. Entre essas gloriosas vítimas estavam duas jovens conquistadas para a fé pelos ensinamentos de Proto e de Jacinto. Eram elas Santas Eugênia e Basília, a primeira enterrada no cemitério de Aproniano, na via Latina, a segunda no cemitério de São Hermes, na via Salária. Do mesmo número glorioso de heroínas são contadas ainda Santas Rufina e Secunda, que foram decapitadas na via Cornélia, a nove milhas de Roma, num lugar chamado a Floresta Branca.[1296] Uma outra cristã, Santa Sotera, que tudo indica ter sido martirizada pela mesma época, foi acompanhada no martírio por São Pancrácio, um menino de quatorze anos, ambos enterrados na via Aurélia.[1297]

A perseguição se estendeu também às grandes regiões do Ocidente. Na Gália, o martírio de São Pátroclo, decapitado em Toie em 21 de janeiro, ocorreu provavelmente no ano de 259.[1298] No mesmo dia do mesmo ano, na Espanha, são Frutuoso, bispo de Tarragona, sofreu o martírio com os diáconos Auguro e Eulógio. Frutuoso era amado e respeitado indistintamente por pagãos e cristãos, cujos corações arrebatara pela conduta heroica demonstrada por ocasião da peste que irrompeu no império às vésperas da perseguição de Valeriano. De fato, dando tudo de si para minorar o sofrimento da população, como na mesma época fizeram Cipriano em Cartago e Dionísio em Alexandria, Frutuoso mostrava ao povo espantado a extensão da caridade cristã: seu devotamento aos doentes e aos moribundos tocava os corações e fazia prosélitos.

Esses sentimentos, atestados pelo autor das Atas, não impediram a lei de seguir o seu curso. Frutuoso foi preso juntamente a seus dois diáconos por sete dias, quando então os três foram levados ao tribunal. "Trazei o bispo Frutuoso e os diáconos Auguro e Eulógio", disse o governador Emiliano. Eles estão presentes, responderam os *officiales*. O interrogatório começou então.

> Tu conheces as ordens dos imperadores? Perguntou Emiliano. – Eu as ignoro. Mas eu sou cristão. Respondeu o bispo. – Eles mandaram adorar os deuses. – Eu adoro um só Deus, que fez o céu e a terra, o mar e tudo o que eles encerram. – Sabes que os deuses existem? – Nada sei deles. – Tu vais saber.

Frutuoso elevou os olhos ao céu e rezou em silêncio. Voltando os olhos para o diácono Auguro disse o magistrado: "Não ouças o que diz Frutuoso. – Eu também, respondeu Auguro, adoro o Deus todo poderoso. – Adoras Frutuoso também? Perguntou o governador ao segundo diácono, Eulógio. – Eu não adoro Frutuoso, mas o Deus que frutuoso adora". Emiliano, então, se dirigiu novamente para Frutuoso: "Tu és bispo? – Sou. – tu eras". Dizendo isso, deu ordem para que os três fossem queimados vivos.[1299]

[1294] P. Allard, *op. cit.*, p. 99.
[1295] P. Allard, *op. cit.*, p. 99.
[1296] P. Allard, *op. cit.*, p. 100.
[1297] P. Allard, *op. cit.*, p. 101.
[1298] P. Allard, *op. cit.*, p. 102.
[1299] P. Allard, *op. cit.*, p. 105-106.

O povo os acompanhou, chorando, até o anfiteatro, onde iria realizar-se o suplício. Durante o trajeto, ocorreu um fato tocante, de uma coloração bem antiga. Vários fiéis ofereceram aos condenados copos de vinho. "A hora de quebrar o jejum ainda não chegou", disse Frutuoso[1300], a demonstrar que a recusa obedecia a dois motivos: primeiro, porque era quarta-feira, quando não se devia comer até a *Noa*, isto é, até as três horas; segundo, porque a bebida oferecida podia não ser vinho puro, mas um licor composto de plantas aromáticas. Os antigos davam às vezes aos condenados tais bebidas, que irradiavam pelo corpo um vigor artificial, tornando-o menos sensível à dor. Vários textos do Talmud fazem alusão a esse costume, que explica satisfatoriamente a recusa de Jesus relativamente à poção que lhe ofereceram na cruz.[1301] Tertuliano, num panfleto montanista, censurou alguns católicos pelo uso desse expediente, notadamente quando os mártires pareciam irresolutos. Frutuoso era, porém, muito altivo e tinha em elevada consideração a dignidade cristã para permitir que ele e seus companheiros fossem confundidos com os "mártires irresolutos" os quais censurava Tertuliano: desejoso de imitar em tudo o Salvador, Frutuoso desviou os lábios da beberagem, oferecida à sua agonia e preferiu beber até a lia o cálice puro do martírio. Quando enfim o fogo consumiu os corpos dos mártires, "dois dos nossos irmãos pertencentes à casa do governador", dizem as *Atas*, perceberam os três subindo ao céu: a filha de Emiliano, advertida por eles, pôde ver o milagre, oculto, porém, aos olhos cegos do pai.[1302]

Em Roma, a perseguição sangrenta feria indiscriminadamente desde agosto de 258, data da promulgação do novo édito. Outro tanto ocorria na África, onde Cipriano e Galério esperavam ansiosamente: aquele, pela coroa do martírio, este, pela ocasião de ferir mais. Procônsul da África, Galério exercia sua função em Útica, para onde fora levado um grande número de fiéis, de todos os sexos e de todas as idades, provavelmente surpreendido durante a celebração do culto em algum cemitério, cuja flagrância, como vimos, importava em pena de morte, conforme o édito de 257, sempre em vigor. É bem possível que a imolação geral não tenha sido precedida nem de processo regular nem de sentença motivada, pois a ausência de *Atas* processuais de tantos acusados faz crer ou numa execução em massa ou numa revolta popular. "O nome de massa branca foi em boa hora dado a essa multidão compacta, que no mesmo dia se revestiu com a veste alva do martírio".[1303]

Naquele mesmo dia, o procônsul ordenou que Cipriano fosse levado à sua presença. Acontece que o bispo não queria ser conduzido à Útica, onde não desejava padecer o suplício, que sabia iminente. De seu novo refúgio, Cipriano escreveu uma carta à sua Igreja, a última que saiu de sua pena, verdadeiro testamento de uma vida dedicada ao apostolado de Cristo. Dizia o bispo a seus sacerdotes, diáconos e a todo povo de Cartago:

> Quando eu soube, caros irmãos, que meirinhos me procuravam com a ordem de me conduzirem a Útica, deixei-me, então, persuadir por meus amigos e abandonei os meus jardins. Convém que um bispo confesse o Senhor na cidade onde está sua igreja, e assim deixe a seu povo a lembrança de sua confissão. Não seria honroso para a nossa gloriosa Igreja, se eu confessasse o Cristo e padecesse o martírio em Útica, após termos, eu e vós, suplicado a graça de confessá-lo,

---

[1300] P. Allard, *op. cit.*, p. 106.
[1301] P. Allard, *op. cit.*, p. 107.
[1302] P. Allard, *op. cit.*, p. 107.
[1303] P. Allard, *op. cit.*, p. 108.

de sofrer no meio de meu povo e de partir daqui para Deus. Eis a razão pela qual eu aguardo num refúgio oculto o retorno do procônsul a Cartago, a fim de saber dele o que os imperadores decidiram em relação aos cristãos. Quanto a vós, permanecei em paz e tranquilos. Que nenhum de vós excite o tumulto entre os irmãos; nenhum, sem ser exigido, se entregue aos gentios. Será somente quando vos prenderem é que haveis de falar, ou antes, deixar falar o Senhor que reside em todos nós. Mas ele quer que confessemos, não que provoquemos.[1304]

Essa carta, onde se destaca o homem de governo, com a marca da autoridade; com seus conselhos de prudência, com um orgulho inocente da honra cristã, precedeu, em poucos dias, o martírio do bispo. Quando o procônsul chegou em Cartago, Cipriano, resistindo às súplicas de seus amigos, abandonou seu esconderijo e retornou à casa e a seu bispado. No dia 13 de setembro, dois servidores do *Officium* proconsular, acompanhados de alguns soldados, vieram prendê-lo. Cipriano os seguiu de cabeça erguida e com o semblante tranquilo. Fizeram-no subir na liteira e o conduziram a Sexti, casa de campo do procônsul. Este transferiu o julgamento para o dia seguinte, em Cartago, onde Cipriano passou a noite numa casa de um dos agentes que o haviam detido. Enfim, amanheceu e era aquele o décimo oitavo dos dias que antecediam as calendas de outubro (14 de setembro), dia que havia sido previsto um ano antes em um sonho do santo bispo.[1305] No lugar designado, Cipriano, seus guardas e uma multidão imensa aguardavam a chegada do procônsul, cuja demora deu ao bispo a ocasião de um pequeno repouso. Um sub-oficial (*tesserário*), que tinha sido cristão, ofereceu sua própria vestimenta em troca da que vestia Cipriano, em razão do suor que a ensopava. Esse apóstata, meio-cristão ainda, quis ter para si, como relíquia, a última roupa que vestia o mártir antes de sua execução. "Para que, respondeu Cipriano? Todo sofrimento vai provavelmente cessar hoje".[1306] Durante esse colóquio vieram buscar o acusado. O procônsul o esperava no *Atrium Sauciolum*.

O interrogatório de Cipriano, conduzido pelo procônsul Galério, foi conservado. Eis o seu texto, na conformidade da Ata proconsulária:

> Tu és Tácio Cipriano? – Sou. – Tu te fizeste papa destes homens sacrílegos? – Sim. – Os santíssimos imperadores ordenam que sacrifiques. – Não o farei. – Pensa bem no perigo que tu corres. – Faze o que te é ordenado. Quando a verdade é tão evidente, não há lugar para reflexão.[1307]

Após uma curta deliberação com seu conselho privado, seguiu-se a sentença do procônsul:

> Tu viveste longo tempo em sacrilégio; tu associaste um grande número de homens à tua detestável conspiração; tu te fizeste inimigo dos deuses romanos e de nossas santas leis. Os piedosos e santos príncipes, Valeriano e Galiano, não puderam te reconduzir às cerimônias de seu culto. Diante disso, visto que

---

[1304] De Champagny, *op. cit.*, Tomo 2, p. 410.
[1305] P. Allard, *op. cit.*, p. 110.
[1306] P. Allard, *op. cit.*, p. 111; De Champagny, *op. cit.*, Tomo 2, p. 411-412.
[1307] P. Allard, *op. cit.*, p. 112; De Champagny, *op. cit.*, Tomo 2, p. 412.

és o mentor e porta-estandarte de tua seita, tu servirás de exemplo àqueles que associaste a teu crime. Teu sangue garantirá o respeito às leis.

Tendo dito essas palavras, o procônsul leu, numa tabuinha, o dispositivo da sentença: "Ordenamos que Tácio Cipriano seja executado pela espada". Cipriano disse: "Graças a Deus".[1308]

Um grande grito partiu da multidão de cristãos, multidão de filhos de Cipriano, que não sabiam expressar de outro modo a dor da orfandade: "Nós também queremos ser decapitados com ele".[1309] Muitos subiam nas árvores para ver o mártir e dar-lhe um último adeus. No local do suplício, Cipriano tirou sua capa, pôs-se de joelhos e orou. Depois, removeu a dalmática, mantendo apenas sobre o tronco uma camisa de linho, com a qual aguardou a chegada do carrasco. Com a chegada deste, o bispo, demonstrando uma caridade heroica, mandou que lhe dessem vinte e cinco peças de ouro, após o que vendaram-lhe os olhos e ataram-lhe as mãos. Nesse momento, os fiéis estendiam no chão toda sorte de panos, lenços e até lençóis, a fim de recolhê-los, após o golpe, empapados com o sangue do mártir. Durante alguns instantes, o condenado esperou a cutilada, de algum modo surpreso por não tê-la recebido ainda, o que se deveu a uma espécie de vertigem que não permitia ao verdugo empolgar a espada com firmeza. Afinal, refeito o carrasco, assestou ele o golpe que abriu as portas do céu para Cipriano. Pela noite, os cristãos vieram buscar seu corpo, ao som de cânticos e à luz de tochas, em direção ao domínio funerário do procurador Macróbio Cândido, no caminho de Mapala, perto do reservatório da antiga Cartago.[1310]

O martírio de São Cipriano deu o sinal de partida para a matança na África. O sangue dos bispos, eis o limite ao qual, inicialmente, tencionavam restringir-se os perseguidores. Mas, como opina acertadamente Champagny, quem se detém no caminho da política sanguinária acaba sempre por se confessar vencido.[1311] Logo, sacerdotes, diáconos e laicos, começaram a ser abatidos indistintamente. Numa carta escrita no auge da perseguição, Dionísio descreve o que acontecia no Egito:

> Aqui, homens e mulheres, jovens e velhos, soldados e cidadãos, numa palavra, gente de toda condição e de toda idade, receberam: uns por açoites, outros pela espada, outros ainda pelas chamas, o prêmio da vitória e a coroa do martírio. A respeito de alguns, um longo tempo de provas não pareceu ainda suficiente a Deus para coroá-los, nem tampouco a mim, que também sou contado entre eles, pois o Senhor me escolheu para outro tempo do qual tenho conhecimento.[1312]

Em solo africano, onde os mártires de Útica, haviam precedido Cipriano, outros muitos não tardariam a segui-lo, dentre eles Paulo[1313] e o bispo Sucesso, correspondente de Cipriano[1314], ambos acusados de participação numa rebelião causada pela crueldade do procônsul. "Deus estava com eles. Durante as noites tenebrosas e infectas da prisão, visões celestes vinham reafirmar sua

---

[1308] P. Allard, *op. cit.*, p. 113; De Champagny, *op. cit.*, Tomo 2, p. 412-413.
[1309] De Champagny, *op. cit.*, Tomo 2, p. 413.
[1310] P. Allard, *op. cit.*, p. 113.
[1311] De Champagny, *op. cit.*, Tomo 2, p. 414.
[1312] *Apud* De Champagny, *op. cit.*, Tomo 2, p. 414.
[1313] P. Allard, *op. cit.*, p. 114.
[1314] P. Allard, *op. cit.*, p. 114.

fé, reforçar sua coragem e reanimar seus membros esgotados pela tortura da fome ou pelo peso dos ferros".[1315] Nessas visões, aqueles que precederam os demais irmãos no acesso ao paraíso vieram depois exortá-los, ou pela coragem ou pela paciência, a fazer o mesmo. Um após outro, todos relatavam experiências recorrentes de sonhos e alucinações, com tal requinte de detalhes e valor simbólico tão evidente, que custa a crer que o céu não tivesse nada a ver com os êxtases relatados. Cipriano, sobretudo, apareceu algumas vezes, prometendo uma breve partida, para o regozijo dos discípulos que estavam em trânsito para a eternidade. Mariano vê um tribunal todo iluminado por uma intensa luz branca e um cadafalso, para onde levava uma multidão de degraus. Os confessores lentamente se aproximavam para os escalar e receber o golpe mortal, quando de repente uma voz clara e sonora diz: "Faze aproximar Mariano", este vê, então, à direita do juiz, Cipriano, que lhe estende a mão, ajuda-o a subir e lhe diz: "vem e senta-te junto de mim". Cipriano, ato contínuo, toma um copo cheio de leite e o entrega a Mariano, que, bebendo-o, desperta. Cipriano apareceu também ao diácono Flaviano, que lhe perguntou se havia sentido dor quando a espada do carrasco cortou sua cabeça. "A carne, respondeu o mártir, não sente da mesma maneira quando a alma está no céu. O corpo se torna impassível quando a alma está inteiramente devotada a Deus".[1316] Por sua vez, aqueles que empolgaram a palma, após Cipriano, retornavam à prisão para suscitar paciência naqueles que esperavam ainda fazer outro tanto. Tiago, já pronto para o suplício e esperando o carrasco, contava aos companheiros de cela:

> Um menino que, três dias antes, tinha sido supliciado com seu irmão gêmeo e sua mãe, veio até a mim, com uma guirlanda no pescoço e uma palma verde nas mãos, e disse: Por que vos impacientais? Regozijai-vos. Amanhã todos vós havereis de jantar conosco.[1317]

Reno deu também seu último suspiro na prisão. Sua companheira de cela, Quartilosa, que vinha de perder para o céu seu marido e seu filho, recebeu deste, a quem viu sentado na beira de uma bacia, uma mensagem consoladora: "Deus vê vossa opressão e vosso sofrimento". Depois, um homem de formidável estatura, levando em cada mão um copo de leite, ofereceu-os a ela e a seus companheiros, dizendo: "Tende coragem. Deus todo poderoso se lembrou de vós".[1318]

Esses detalhes foram obtidos a partir das Memórias dos mártires. No entanto, se aproximava a hora do suplício, a fraqueza humana se fez presente, o pavor se apoderou de suas almas e o tremor das mãos de quem escrevia fê-lo largar a pena, que caiu no chão. Felizmente, um dos condenados, outro cristão, que presenciava os acontecimentos, ergueu-a do chão e continuou o relato. Seguiremos agora a sua narrativa.

Após um cativeiro de oito meses, Lúcio, Montano, Flaviano, Juliano e Victoric foram levados diante do novo procônsul. Era maio de 259. Interrogado, cada um declarou seu posto na hierarquia eclesiástica. Flaviano se apresentou como diácono. Antes de entrar na ordem, ele havia ensinado as belas-letras, cujas aulas eram muito frequentadas. Seus antigos alunos, que assistiam em massa à audiência, protestaram que Flaviano não era cristão. O procônsul, afetando condescendência, creu neles e Flaviano, malgrado sua irresignação, foi reconduzido à prisão. Os demais condena-

---

[1315] De Champagny, *op. cit.*, Tomo 2, p. 414-415.
[1316] De Champagny, *op. cit.*, Tomo 2, p. 415.
[1317] De Champagny, *op. cit.*, Tomo 2, p. 416.
[1318] De Champagny, *op. cit.*, Tomo 2, p. 416.

dos foram levados ao suplício. Destes, o mais notado era Montano. Altivo, robusto, intrépido, habituado a proclamar, sem rebuços, tudo em que acreditava, gritava a plenos pulmões: "Quem quer que sacrifique aos deuses será destruído". Aos pagãos, Montano dava mostras do mais puro zelo cristão e aos heréticos dizia: "Que a multidão dos mártires vos ensine onde está a verdadeira Igreja". Recriminava os apóstatas com tanta maior veemência quantas eram mais pacientes suas exortações aos que permaneciam de pé: "Ficai firmes, meus irmãos, combatei com coragem. Vós tendes exemplos: que a covardia dos caídos não vos arraste para a ruína, mas, ao revés, que o nosso sofrimento vos inspire ânimo para alcançar a coroa do martírio".

Lúcio, Montano, Juliano e Victoric foram decapitados. No momento em que, de joelhos, Montano esperava o golpe mortal, os presentes viram-no abrir os braços em atitude de prece, de modo a ser ouvido pela multidão e por Deus, e pedir a este que Flaviano os seguisse em três dias. Nesse período, Flaviano foi reconduzido ao martírio, que dessa vez não lhe foi sonegado, apesar das maquinações dos pagãos, todas renovadas com o propósito de afastá-lo da glória eterna: "Tu mentes". – "Que ganharei eu mentindo?" Respondia ele tranquilamente. O juiz, convencido da verdade e inspirado por Deus a não mais estender o sofrimento do mártir, ordenou a sua morte.[1319]

O segundo édito de Valeriano era cumprido literalmente.

Enquanto o sangue corria no Ocidente, Valeriano permanecia na outra extremidade do império, apoiando, com a vizinhança da corte, os excessos de seus mandatários no Oriente. Na Palestina, muitos cristãos foram obrigados a se esconder. Três deles, Prisco, Malco e Alexandre, encontraram um refúgio no campo, nas imediações de Cesaréia, onde tomaram conhecimento das numerosas execuções de cristãos, todas realizadas em cumprimento de decisões do legado. Jovens, altivos e animados do desejo de aderir à sorte dos irmãos, não puderam mais dissimular as suas existências nem a sua fé diante das portas da cidade, onde não se poupavam as vidas dos confessores do Cristo, visto que a omissão, nessas circunstâncias, aos olhos dos três heróis, equivalia à pusilanimidade. Com um sentimento de honra que a Igreja, pela boca de seus sábios pastores, declarou frequentemente excessivo, mas que, mais tarde, absolvia e admirava, os três abandonaram o esconderijo, entraram em Cesaréia e se apresentaram ao legado. Prisco, Malco e Alexandre após confessarem a sua fé, foram condenados a sofrer o martírio pelos dentes das feras.[1320]

Na Celesíria, o édito de Valeriano era rigorosamente executado contra o clero. Um padre de Antioquia, Saprício, foi trazido perante o legado.

> Qual é o teu nome? – Saprício. – Qual é tua família? – Eu sou cristão. – Padre ou laico? – Sou padre. – Os augustos Valeriano e Galiano ordenaram que aqueles que se dizem cristãos, sacrifiquem aos deuses imortais. Se alguém descumpre esta ordem será torturado e condenado a uma morte cruel. – Os deuses das nações são demônios; que esses vãos ídolos, que não podem fazer nem o bem nem o mal, porque são obra do homem, desapareçam da face da terra. Nós, os cristãos, temos o Cristo-Deus por rei: Ele é o único Deus, criador do céu, da terra, do mar e de tudo o que neles se contém.

[1319] De Champagny, *op. cit.*, Tomo 2, p. 419-420.
[1320] P. Allard, *op. cit.*, p. 122.

O juiz fê-lo torturar, depois proferiu a sentença: "Posto que o padre Saprício infringiu os éditos dos imperadores e recusou o devido sacrifício aos deuses imortais, nós ordenamos que seja decapitado".

Enquanto o condenado se dirigia ao suplício, o cristão Nicéforo veio lançar-se aos seus pés. Era um antigo amigo, que uma causa fútil o tinha separado de Saprício, de modo que, apesar das muitas rogativas de Nicéforo, nada movia Saprício à reconciliação. "Mártir de Cristo, suplicava ele, perdoa-me, porque pequei contra ti". O padre não respondia. Um pouco depois, Nicéforo pôs-se à sua frente, pedindo insistentemente o perdão de Saprício. Este permaneceu insensível. Não entendendo o comportamento do suplicante, os pagãos perguntavam-no: "Insensato, posto que Saprício se encaminha para a morte, o que podes querer dele? – Vós não sabeis, respondeu, o que eu peço ao confessor do Cristo, mas Deus o sabe". E continuou implorando perdão até o lugar do suplício, durante cujo período Saprício continuou recusando-o pelo silêncio.

Presenciou-se então um estranho acontecimento. A oferenda do homem que não perdoava foi rejeitada por Deus. Saprício, intrépido frente à tortura, se acovardou perante o carrasco. "Põe-te de joelhos, disse este, para que a espada não falhe. – Por que? respondeu o condenado. – Porque tu recusaste o sacrifício aos deuses. – Não te apresses em dar a cutilada, disse o infeliz, eu obedeço os imperadores, eu sacrifico". Nicéforo então interveio, de forma a dissuadir Saprício da apostasia, principalmente depois que este se candidatou valorosamente ao martírio pela dor de excruciantes torturas. Depois, vendo que não podia demover o renegado, tanto da sua covardia, quanto do seu orgulho, voltou-se para o carrasco e pediu que se completasse nele o que a apostasia havia impedido que se fizesse em Saprício: "Eu sou cristão, disse ele, creio em Nosso Senhor Jesus Cristo, que este renegou. Acaba teu trabalho e fere-me com a espada em seu lugar". Um dos *lictores*, testemunha da estranha cena, correu a relatá-la ao legado, que, sem mesmo intimar Nicéforo, visto o flagrante delito, proferiu a sentença de morte. Nicéforo foi decapitado imediatamente, indo ocupar o lugar que Deus lhe preparou, "onde recebeu a coroa da fé, da caridade e da humildade".[1321]

Por toda parte na Ásia o sangue corria e, por toda parte, inutilmente para os perseguidores. Em Pataro, uma das metrópoles Lícias, Paregório havia sido já martirizado. Nesse país onde a religião das tumbas era muito cultivada, mesmo entre os pagãos, o sepulcro do santo tornou-se prontamente um lugar de peregrinação. O asceta Leão, que vivia nas montanhas da Lícia, veio um dia visitá-lo, oportunidade em que se celebrava uma festa em honra de Serapis, cujo templo era vizinho do túmulo de Paregório. Os pagãos tiveram sua atenção voltada para o anacoreta, coberto com peles de animais, e animado de um sentimento de contrição tão característico, que reconheceram imediatamente nele um adorador do Cristo. Leão, por sua vez, via com indignação as cerimônias idolátricas, nas quais tomavam parte muitos fiéis, assustados e constrangidos. No dia seguinte, o cristão solitário voltou ao túmulo, vizinho, como se disse, do templo pagão, onde se produzia um festim em homenagem à deusa. Em torno do templo, cintilavam lâmpadas, ardiam velas, queimava-se incenso e elevavam-se estridentes súplicas a Serapis, de modo que o tumulto pagão não podia deixar de incomodar o cristão, a ponto de lhe suscitar uma santa cólera. Leão, indignado, dirigiu-se ao templo, quebrou as lâmpadas, derrubou as velas e calou as súplicas dos pagãos com um estrepitoso grito: "Se vossos deuses são fortes, que se defendam". Os sacerdotes de Serapis amutinaram o povo. Um tal sacrilégio, diziam, fará desertar da cidade os

---

[1321] P. Allard, *op. cit.*, p. 134-135; De Champagny, *op. cit.*, Tomo 2, p. 423-425.

favores da fortuna. Alguns soldados prenderam Leão e o levaram ao procurador que administrava a província até a chegada do procônsul Loliano, recentemente nomeado pelo imperador. Ao ser interrogado, a audácia de sua fala igualou a de seus atos, a revelar a têmpera do verdadeiro cristão, cujo desassombro ante os tormentos deixou perplexo o procurador. Este sugeriu-lhe então um meio de evitar a condenação: "Não se pedem sacrifícios; que Leão diga somente: os deuses são grandes ou os deuses são salvadores, isso basta". O cristão, porém, recusou a sugestão, para grande indignação da multidão que assistia ao interrogatório. Quando o procônsul chegou, sua decisão não se fez esperar: Leão será arrastado através das encostas do rochedo e lançado na torrente do rio. No entanto, para a decepção do populacho que presenciava o suplício, seu corpo já era um cadáver antes mesmo de tocar a água do rio. Esgotado pela tortura, Leão expirou antes do suplício previsto na sentença e seu corpo foi recolhido pelos cristãos, que o depuseram no túmulo com todas as honras.[1322]

Quem pode ler o relato do martírio de São Cirilo sem ser tomado por um sentimento de horror que corresponde, na alma, à crueldade de um ato que também é injusto? A Capadócia assistiu, no início da segunda metade do terceiro século, a um fato tocante. Cirilo, filho de um pagão fanático, havia sido expulso da casa paterna porque se recusou a renegar o Cristo. A atenção pública se interessou pela situação do pobre jovem, a quem o legado intimou para interrogá-lo. O magistrado, inicialmente, tentou convencê-lo a se submeter à autoridade paterna renegando a fé. "

> Se meu pai fechou a porta de sua casa para mim, disse Cirilo, Deus me abrirá a porta da sua, bem mais bela e mais magnífica. Não peço mais do que ser pobre, aqui embaixo, contanto que me torne rico nos céus. Não temo a morte, porque morrendo, alcançarei uma vida eternamente feliz".

Como nada conseguia abalar sua convicção ou vencer sua coragem, apelou-se para o poder persuasivo do medo: Cirilo foi levado a uma fogueira, na qual brilhava a lâmina abrasada de uma espada, tudo preparado de modo a intimidá-lo. À vista das chamas, o mártir não pareceu senão mais firme e mais intrépido. Quando o legado se deu conta de que a proximidade da morte não havia arrancado da vítima nem uma lágrima e nem um gemido, mandou trazer Cirilo, mais uma vez, à sua presença.

> Tu viste, disse-lhe, a fogueira que mandei acender para te queimar vivo. Sê sábio doravante. Obedece-me e curva-te diante da vontade de teu pai, esforça-te por reconquistar sua afeição, a fim de que ele te receba em sua casa. – Tu cometes um grande erro quando pensas que podes me persuadir. Não devo ser queimado? Acendeste em vão tua fogueira? Manda-me, tirano, manda-me ao suplício, porque Deus já me espera. Ouvindo-o falar com tanta coragem da própria morte, os que assistiam ao interrogatório puseram-se a chorar, pelo que se expuseram aos reproches do jovem: "Por que chorais? Se vós me amais, continuou ele, vós deveis vos alegrar e tomar parte na minha felicidade. Vinde cantar um cântico de alegria em torno de minha fogueira. Ah! Vós não sabeis que glória me espera, ou antes, vós ignorais o tamanho da minha fé. Deixai que

---

[1322] P. Allard, *op. cit.*, p. 147.

a minha vida cesse para que eu vá para o meu Deus; não desonreis, pois, o meu fim com as vossas lágrimas.[1323]

Foram as últimas palavras de Cirilo, insigne mártir da Capadócia.

O pensamento de que a justiça divina tarda, mas não falta, consolava os cristãos, pois estavam convencidos de que o colosso que os oprimia tinha pés de barro, de sorte que "a pedra que se desprendeu da montanha" o abateria mais cedo ou mais tarde. Os perseguidores caíam um após outro. A queda de Décio tinha sido fragorosa; fragorosa foi também a de Galo, que imitou em tudo seu antecessor; outro tanto parecia ocorrer a Valeriano, que já tendia para a ruína. Em todas as partes, entre os pagãos, se faziam ouvir ruídos de um próximo desastre. Quem podia esquecer as previsões dos mártires africanos, que, por ocasião do martírio, anunciaram a irrupção de pestes, fome, invasões, terremotos e, curiosamente, a ocorrência de um insólito cativeiro? Era a previsão relativa aos últimos dias de Valeriano, que a história confirma o estrito cumprimento.[1324]

Reduzido à condição de escravo de Sapor, rei da Pérsia, Valeriano deu lugar a seu filho Galiano, cuja primeira providência, como imperador, foi a de promulgar um édito de tolerância em favor dos cristãos. A inquietação geral causada pelo fim trágico de Valeriano, fê-lo prestar ouvidos aos conselhos ou às súplicas da imperatriz, cuja simpatia pelos cristãos e pela filosofia era proverbial. Salonina, atraída pelo neoplatonismo, já acolhera Plotino, a quem veio juntar-se Porfírio, que viria escrever mais tarde os quinze livros contra os cristãos, os quais constituíram, no seu momento, o prelúdio da perseguição de Diocleciano.[1325]

Os textos dos éditos de pacificação infelizmente se perderam, conquanto, relativamente à sua substância, alguma coisa possamos saber por intermédio de Eusébio. O imperador mandou cessar a perseguição, bem como determinou a restituição de todos os bens da Igreja, à qual reconheceu também os direitos sem os quais uma sociedade religiosa não pode subsistir, como o de orar livremente e o de possuir bens necessários ao exercício do culto, à provisão de sepulturas e à distribuição de esmolas.

Tivesse sido promulgado por um imperador melhor, o édito de Galiano, que se executava tão facilmente no Ocidente, teria tido, talvez, o mesmo efeito que o édito de Milão produziria mais tarde em todo o império.

> Mas, ensina Allard, o caráter indolente e a má política de Galiano, suprimiam-lhe os meios de impor sua vontade. Soldado corajoso e mesmo bom capitão nos campos de batalha, não passava de uma criança, cruel e depravada, nos intervalos das guerras. Fora de Roma, sabia combater; dentro dela, as delícias romanas faziam-no perder o interesse por qualquer outra coisa.[1326]

Trebélio Polião sintetiza numa palavra a personalidade de Galiano: "Gozemos, dizia o imperador; enquanto isso o império do mundo escapava de suas mãos".[1327]

[1323] P. Allard, *op. cit.*, p. 149.
[1324] P. Allard, *op. cit.*, p. 154.
[1325] P. Allard, *op. cit.*, p. 168.
[1326] P. Allard, *op. cit.*, p. 172.
[1327] *Apud* P. Allard, *op. cit.*, p. 173.

Os fatos, essa voz confusa da Providência, da qual é mister decifrar o sentido, falavam mais claramente que nunca. Os bárbaros pressionavam o império e ameaçavam os povos que, às vezes mais sábios que os políticos, compreendiam que a tantos inimigos eram necessários muitos opositores: um só príncipe, ainda que fosse tão enérgico e vigilante, quanto Galiano era displicente e fraco, não podia, desde Roma e prontamente, acorrer a todos os pontos ameaçados do império, de modo que o fracionamento espontâneo deste aparecia como uma imposição decorrente da ordem natural das coisas: um poderoso reino surgiu no Ocidente, com Póstumo, no oriente, com Odenato e Zenóbia, a exemplo do que também ocorria em outros lugares, na Ilíria, na Panônia, na África e na Ásia menor, onde surgiam monarquias efêmeras, eixos políticos em torno dos quais se aglutinavam os povos. Galiano podia ter agido consoante a tendência do tempo e ter escolhido um colega, um outro césar, com quem dividisse as honras, mas também as responsabilidades. Galiano preferiu concentrar em suas mãos o poder imperial, sem se dar conta de como exercê-lo efetivamente, de forma a repelir as invasões e as repetidas ameaças que contra sua soberania planejavam os usurpadores. "Ele não soube ser, em política, um Diocleciano, razão pela qual deu provas de que carecia da autoridade necessária para se tornar, em matéria religiosa, um Constantino".[1328]

À exceção de algumas regiões do Oriente, notadamente na governada por Macriano, que também se fizera césar, os cristãos gozaram de relativa paz durante o período que a história costuma chamar dos trinta tiranos, conquanto não tenham sido nem trinta nem tiranos os usurpadores da soberania imperial, mas apenas algumas personalidades fortes que, desiludidas com a triste situação do império, viram-na sem remédio, pelo que resolveram chamar sobre si a responsabilidade pela sua salvação parcial, antes de que todo o mundo romano se precipitasse no caos.

Com efeito, quando Galiano morreu em Milão, combatendo Auréolo, havia a crença generalizada de que valera a pena confiar na política do César. A paz religiosa se fazia sentir por toda parte, tanto nas regiões que eram leais ao imperador, quanto nas que lhe faziam a guerra. Contudo, a sua obra, ainda que bem intencionada, não estava destinada a sobreviver-lhe. "Galiano tinha muito pouca autoridade pessoal para obrigar seus sucessores, além do que sua política exterior, aceita por eles, os levaria à ruína".[1329] Mal expirava Galiano em Milão, a perseguição recobrava sua força com Cláudio na Itália, prelúdio agourento do que viria depois: as armas de Aureliano destruiriam sucessivamente o império de Póstumo e o de Zenóbia, últimos asilos da tolerância. O sangue dos mártires iria correr novamente no mundo romano, violentamente reconduzido à unidade.[1330]

Dois eram os objetivos primordiais de Aureliano: reunificar o império romano, aqui e ali ameaçado por soberanias locais, e consolidar o culto de Mitra, do qual era um fervoroso devoto, às expensas principalmente do cristianismo. Com desenvoltura, paciência e coragem realizou o primeiro, por meio da extirpação de focos de resistência, em razão da qual toda dissidência foi aniquilada, notadamente as encarnadas por Tétrico, no Ocidente, e Zenóbia, no Oriente. O segundo objetivo, perseguiu-o Aureliano por vários meios, que iam desde os diplomáticos e pacíficos, até os mais pérfidos e sangrentos. Sua mãe era sacerdotisa do deus Sol ou de Mitra, em cuja seita educara o filho, fazendo-o um devoto fanático do deus solar, sem saber que preparava um inimigo e um cruel perseguidor da religião que ela própria abominava. O futuro imperador

---

[1328] P. Allard, *op. cit.*, p. 198.
[1329] P. Allard, *op. cit.*, p. 204.
[1330] P. Allard, *op. cit.*, p. 210.

cresceu, pois, em meio ao ruído das armas e numa atmosfera de adivinhações e de prodígios. As marcas deixadas em sua alma por uma excitação febril e duradoura, a lembrança de uma juventude vivida à sombra do templo ou da caverna sagrada, jamais se apagaram de sua mente. Feito homem, general e chefe do império, este fanático levaria consigo ou encontraria em toda parte o deus a cuja adoração o havia iniciado Soemia, sua mãe, e à proteção do qual entregara sua vida, suas expedições e seus triunfos.[1331]

Aureliano, porém, não foi hostil aos cristãos desde o princípio. Durante o período glorioso de seu governo, era ainda tolerante e justo, embora já demonstrasse um grande fervor religioso, que se agravaria mais e mais na medida em que as circunstâncias externas deixassem de corresponder aos seus planos políticos, cuja realização confiara à sua divindade favorita. Logo que os primeiros insucessos surgiram, quando a Gália se sublevou, quando Roma se cobriu de sangue em razão de uma revolta dos monetários[1332], quando suplícios terríveis puniram uma conspiração, provavelmente orquestrada pelo senado, Aureliano não dissimulou mais seu caráter arrevesado, suspeitoso, por meio do qual via inimigos em toda parte, como também confundia com conspiradores indivíduos que se recusavam apenas a compartilhar sua fé e praticar seu culto. Nessa categoria se achavam os cristãos, e como conspiração foi considerada toda a liturgia do cristianismo.

Os lugares onde a tradição coloca os mártires dessa época são os mesmos pelos quais passou Aureliano ou, ao menos, nos quais sua vontade se fez mais intensamente sentir, ainda que após a sua morte. Por ocasião das duas expedições às Gálias, muitos foram os mártires que confessaram o Cristo. Mas, infelizmente, as paixões desses santos carecem de autoridade, posto que foram escritas em data muito afastada dos acontecimentos que minuciosamente relatam. Não é para admirar, pois, a parte destacada que a imaginação certamente teve na descrição desses relatos. Entretanto, várias das paixões que nos ocupam guardam ainda algumas características, seja da redação antiga, seja, ao menos, das tradições mantidas vivas no tempo em que o compilador as escrevia.

Assim, as atas de São Reveriano, que, embora compostas muito tempo depois de seu martírio, são em sua parte substancial, simples, curtas e muito precisas quanto às datas dos fatos. As atas de São Prisco d'Auxerre relatam que esse mártir foi condenado por um *sacri lateris protector* (guarda do corpo), expressão típica da época.[1333]

A paixão de Santa Colomba exibe sinais ainda mais evidentes de redação antiga. Ela começa exatamente como aquela de São Reveriano: "Nestes dias, o imperador Aureliano chegou do oriente".[1334] O interrogatório da santa reproduz uma expressão de Aureliano, muito apropriada à religião do imperador, para ser atribuída exclusivamente à imaginação do copista: "Por meu deus o Sol, por todos os deuses, sacrifica", disse o imperador a Colomba. Em razão de sua recusa, Colomba foi levada a um prostíbulo situado sob o anfiteatro, tratamento ignominioso dispensado outras vezes às mártires cristãs. "Um infame depravado, chamado Barucha e frequentador do anfiteatro, vendo-a naquele local sórdido, entrou na cela precipitadamente".[1335] Por que entras com tanta violência? Por acaso tenho força suficiente para te resistir? Reprochou-lhe a santa, que

---

[1331] P. Allard, *op. cit.*, p. 216.

[1332] A revolta dos moedeiros constituiu um dos primeiros casos de greve na antiguidade. Aureliano reprimiu-a cruelmente. De Champagny diz que "se a sedição foi temível, a repressão foi horrível". *Op. cit.*, Tomo 3, p. 132.

[1333] P. Allard, *op. cit.*, p. 237.

[1334] P. Allard, *op. cit.*, p. 243.

[1335] P. Allard, *op. cit.*, p. 246.

continuou a falar com firmeza: "Fica quieto, a menos que queiras que o meu Senhor o Cristo se irrite e te castigue com a morte". Atemorizado com essas palavras, o incômodo visitante não ousou se aproximar, conquanto ainda permanecesse ao lado de Colomba, esperando, quem sabe, um melhor momento para atacá-la. Assim passou o tempo, no qual a santa não cessava de pedir a Deus para defendê-la, até que um urso, evadido de sua jaula, entrou furiosamente na cela e o devorou.[1336] Colomba morreu decapitada.[1337]

Vários mártires foram imolados depois que Aureliano deixou as Gálias, o que ocorreu provavelmente nos últimos meses de 274. Graves problemas exigiam sua presença no Oriente, todos eles relacionados a comoções nos limites do império. Onde estavam os velhos oráculos que anunciavam a inexpugnabilidade das fronteiras romanas? Essas e outras questões ligadas ao relacionamento dos deuses com o império, desgastado na ótica de Aureliano por culpa dos cristãos, abalaram de tal modo o supersticioso imperador, que este decidiu tornar geral a perseguição que até então era esporádica e localizada. Nesse sentido, preparou-se um édito, que um historiador qualificou de sangrento, mas cujo texto, infelizmente, não foi conservado. Pronto o édito, ia-se-lhe juntar a aprovação imperial, quando um raio caiu perto de Aureliano, paralisando momentaneamente o seu braço direito. Tomado de pavor pelo que julgou ser uma advertência de Deus[1338], Aureliano suspendeu o ato de aprovação do édito, por pouco tempo, ou seja, até que o esquecimento somado ao zelo do culto idolátrico o convencessem do contrário: o édito foi trazido novamente à sua presença e desta vez foi aprovado.[1339] Como todo ato desse gênero, o édito de Aureliano foi comunicado, por meio de cartas, a todos os governadores de províncias.

> "Enquanto estas cartas sangrentas, assim como as chamava um padre da Igreja, percorriam o império, semeando o terror e o assassínio, antes mesmo que elas chegassem às províncias mais afastadas, o próprio Aureliano iria comparecer diante de um outro Juiz. Tinha o imperador um secretário, chamado Mnesteu, seu liberto, a quem o mestre não poupava confidências. Mnesteu abusou de sua confiança, de modo que Aureliano suspeitou dele e fê-lo ouvir ameaças. Mnesteu sabia que o seu senhor não ameaçava em vão e, uma vez irritado, jamais perdoava".[1340]

Como sempre fazia, aliás sempre com sucesso, Mnesteu urdiu uma trama diabólica, que, indispondo o imperador com seus generais, tinha a enorme vantagem de safá-lo do *imbróglio*. Por fim, Aureliano acabou assassinado e a intriga de Mnesteu descoberta.

Executado sem demora em algumas províncias antes da morte de Aureliano, o édito o foi também em muitas partes antes que a notícia da morte do imperador nelas chegasse e até mesmo em várias outras após o conhecimento dela. Entre o fim de Aureliano e a nomeação de seu sucessor decorreram sete meses, durante os quais o senado exerceu uma espécie de regência. Nada autoriza a conclusão de que esse colegiado tenha revogado o édito. Pelo contrário, aos poderes interinos, em regra, não se permitem a adoção de medidas que possam, mais à frente, comprome-

---

[1336] P. Allard, *op. cit.*, p. 247.
[1337] P. Allard, *op. cit.*, p. 247.
[1338] Eusébio, *História Eclesiástica*, *op. cit.*, VII, 30.
[1339] Lactâncio, *De mortibus persecutorum*, VI, *Apud* De Champagny, *op. cit.*, Tomo 2, p. 145.
[1340] De Champagny, *op. cit.*, Tomo 3, p. 145.

ter a política do titular destinado a substituí-los. Aliás, a orientação política e religiosa do senado não era favorável aos cristãos: por duas vezes, no começo e no fim do seu reinado, Aureliano dizimara muitos senadores, a pretexto de eliminar todos os conspiradores, de sorte que, naquela assembleia, não deixou senão homens que pensavam como ele em relação aos negócios ou à religião. Deve-se crer, pois, que, não querendo se comprometer com coisa alguma, o senado não estimulou nem coibiu o zelo dos governadores, os quais permaneceram livres, seja para aplicar, seja para contornar a ordem do imperador defunto. Juridicamente, o édito tinha força de lei, por isso os magistrados, dos quais o texto editalício exaltava a paixão religiosa, não hesitaram em se servir dele, a despeito de terem consciência de sua discrição em dar-lhe cumprimento. Entre esses, notabilizou-se por sua crueldade o governador da Toscana Túrcio, perante o qual foram trazidos Félix, Irineu e Mustiola, todos eles insignes confessores do Cristo.

> "Qual é teu nome? – Ei me chamo Félix. – Por que manténs reuniões em diversos lugares, seduzindo o povo, impedindo-o de crer nos deuses e de sacrificar segundo os costumes antigos e a ordem dos príncipes? – Para que serviria nossa vida se nós não a empregássemos para agradar a Deus e para retirar o povo do culto imundo dos ídolos, a fim de que todos pudéssemos gozar as delícias da vida eterna? – O que é a vida eterna? – Para ganhá-la, é preciso temer e respeitar a vontade de Deus, o pai de Jesus Cristo e do Espírito Santo."

Túrcio ordenou que se quebrasse com uma pedra a mandíbula do mártir, produzindo-lhe uma morte lenta e dolorosa. O diácono Irineu, que provavelmente assistira ao interrogatório, carregou o corpo de Félix até os muros de Clusium, onde o enterrou, em 9 das Calendas de Julho (23 de junho). Não demorou muito até que a prisão de Irineu fosse decretada, não para submetê-lo a julgamento imediato, mas para fazê-lo padecer lentamente à vexação combinada da dor moral com o esgotamento físico. Quando Túrcio foi transferido de Sutri para Clusium, diante do carro que o transportava caminhava descalço o pobre Irineu, arrastando pesadas cadeias que limitavam seus movimentos e dificultavam sua respiração.[1341]

Em Clusium, as prisões continham contingentes enormes de fiéis. Uma cristã, da qual conhecemos apenas o cognome, Mustiola, tinha obtido do carcereiro, em troca de dinheiro, a permissão de visitá-los e assisti-los em tudo que se relacionava à suavização de seus sofrimentos. Ciente desses acontecimentos, Túrcio fê-la conduzir à sua presença para interrogá-la. A primeira pergunta versou, como sempre, sobre a origem da acusada.

> A nobreza que nós admiramos, disse Mustiola, não vem da ilustração dos nosso ancestrais, mas da humildade cristã. – Por que não segues o exemplo de teus pais? – Porque todos, obedecendo ao demônio, pereceram na ignorância. Apesar da minha indignidade, fui chamada por Nosso Senhor Jesus Cristo ao seu reino celestial, com todos aqueles que creem nele. – Que demência te leva a visitar os presos? – Eu o faço por amor de Jesus Cristo; pelo mesmo amor eles suportam a prisão e as cadeias. – Abandona essa loucura, sacrifica e viverás para tirar proveito de tua riqueza. – Insensato, tu dizes uma blasfêmia.

[1341] P. Allard, *op. cit.*, p. 257.

Túrcio, furioso, retornou ao tribunal e mandou decapitar todos os cristãos encerrados nas prisões. A execução de Irineu, entretanto, foi diferida, quem sabe porque Túrcio esperava vencê-lo pela tortura ou talvez servir-se dele para persuadir Mustiola. O que é certo é que o diácono foi cruelmente torturado. Suspenso no cavalete, ouviu do arauto: "Sacrifica aos deuses". Então, dirigindo-se ao governador disse o mártir: "És louco, se pensas que vou cumprir tua ordem sacrílega". Em seguida à recusa de Irineu, a tortura começou: seus membros foram rasgados por unhas de ferro, que deixaram os ossos expostos em meio a enormes feridas, sobre as quais, depois, foram postas brasas ardentes. Irineu, entretanto, não cessava de dizer: "Eu vos dou graças, ó Senhor Jesus, porque terei a felicidade de comparecer diante de vossa face". Falando assim, o mártir, em odor de santidade, expirou. A outra acusada, Mustiola, que presenciava o suplício de Irineu, censurou ao juiz sua barbárie, ao mesmo tempo que o ameaçava com as chamas eternas, peremptórias e inextinguíveis. Túrcio pronunciou, contra a abnegada cristã, uma decisão curta e desumana: Mustiola sucumbiu ante os golpes de chicote guarnecido com pontas de chumbo.[1342]

Depois da curta perseguição de Aureliano, o império, principalmente em sua parte oriental, deixou de ser o teatro de sangrentas perseguições religiosas. Por toda parte, as pessoas se habituaram a encarar como definitivo o repouso de que desfrutavam então, de modo que as duas populações, a pagã e a cristã, viviam uma ao lado da outra sem mistura, mas também sem choques. O cristianismo, ainda novo em algumas partes do Ocidente, não o era mais na vastidão imensa das províncias orientais, para cujos povos os dogmas e os cerimoniais cristãos não constituíam mais algo insólito ou desconhecido.

> Os pagãos não tinham mais frente aos olhos o espetáculo irritante de conversões em massa operadas pela palavra entusiasta e persuasiva de algum missionário. Estas regiões, de longa data evangelizadas, deixaram de ser, como diríamos hoje, países de missões: a Igreja tinha a vida forte e tradicional de uma instituição mil vezes secular. Numerosas famílias lhe pertenciam depois de várias gerações, a demonstrar que o movimento que recrutava em seu seio novos prosélitos se processava agora de forma regular, insensível, como uma maré que sobe, não como uma inundação que se precipita. O dito de Tertuliano: *Fiunt, non nascuntur christiani*, deixara de ser verdade no Oriente, onde a população cristã crescia espontaneamente, em razão de sua fecundidade própria: mais ela se tornava numerosa, mais atraía, em virtude de uma lei natural, as almas hesitantes, todas elas divididas entre o encanto da nova fé e o medo do desconhecido.[1343]

Os pontífices que governaram a Igreja de Roma naqueles tempos, Caio e Marcelino, conservavam ainda na memória a lembrança da última perseguição e viam com desconfiança o repouso que se concedia presentemente aos cristãos. Daí a razão por que aproveitaram a segurança momentânea concedida à cristandade para realizarem grandes obras. A natureza mesma desses trabalhos mostra que aqueles que os realizaram sentiam a instabilidade da situação presente e temiam uma perseguição futura.[1344]

[1342] P. Allard, *op. cit.*, p. 262.
[1343] P. Allard, *La persecution de Dioclétien*, Tomo 1, p. 54, Paris, 1900.
[1344] P. Allard, *op. cit.*, Tomo 1, p. 66.

Vê-se assim que em Roma a autoridade eclesiástica não adormecia, embalada pela brisa de uma paz que sabia factícia. Em outras partes do império não ocorria o mesmo: uma segurança exagerada havia penetrado as almas, sufocando nelas, como já ocorrera antes, o valor, a coragem e a determinação.

De um modo geral, a política religiosa do novo imperador não frustrava a expectativa dos cristãos quanto à estabilidade da paz que desfrutavam, nem os movia a tomar providências cautelares com vistas a uma possível alteração do conceito que Diocleciano fazia da Igreja. Aqui, a poesia de Chateaubriand vem confirmar a verdade histórica:

> Os cristãos, sob a bem-querença daquele magnífico príncipe, gozavam as delícias da paz, até então desconhecidas. Começavam os altares do Deus verdadeiro a disputar o incenso aos altares dos ídolos. A grei dos fiéis ia aumentando cada dia. Honras, riqueza e glória não eram exclusivo galardão dos adoradores de Júpiter. Quis, portanto, o inferno, ameaçado de perder o império, cortar o curso das celestiais vitórias. Vendo o Eterno enervarem-se na prosperidade as virtudes dos cristãos, permitiu aos demônios que instigassem nova perseguição.[1345]

Após a morte de Carino, Diocleciano dirigiu-se à Roma para obter do senado a sua proclamação como novo imperador. Durante sua estadia na cidade eterna, ocorreu um fato, confirmado historicamente, de cuja lembrança orgulham-se ainda os seguidores do Cristo: a conversão e o martírio de Genésio. Como muitos de seus predecessores, Diocleciano tinha grande predileção pela representação dos mimos, muitos dos quais se tornaram famosos, notadamente pela habilidade que alguns histriões possuíam de ridicularizar os dogmas e as cerimônias de uma religião da qual uma boa parte da população não conhecia a grandeza. A farsa romana, sob quaisquer de suas formas, atelana, mimo ou pantomima, tomava muitas vezes como alvo de sua zombaria os próprios deuses do Olimpo[1346], de sorte que com mais liberdade outro tanto fazia relativamente ao culto da religião cristã. Foi o que fez, nem mais nem menos, o chefe de uma companhia de mimos, Genésio, quando, convidado a comparecer festivamente diante do imperador, prometeu-lhe uma apresentação composta de cantos e declamações, na qual seriam parodiados a conversão, o batismo e o martírio de um fiel.

No começo da peça, Genésio apareceu sobre um leito, simulando uma enfermidade qualquer. Pediu então o batismo. "Amigos, gritou ele, estou me sentindo pesado, quero ficar leve". O coro, que desempenhava um importante papel nas representações, respondeu: "Como poderemos te fazer mais leve? Acaso somos carpinteiros para te passar a plaina?". Esse gracejo, que para nós soa insípido, era o bastante para agradar e provocar grandes gargalhadas no público, que certamente aí viu uma alusão à profissão exercida por José e Jesus. "Insensatos, rebateu Genésio, desejo apenas morrer cristão. – E por que? – Para viver junto de Deus". Dois mimos se aproximaram então do enfermo, o primeiro imitando um padre, o segundo, um exorcista.[1347] Nesse momento, se produziu na alma de Genésio uma dessas súbitas revoluções que não são raras em tempos de grandes comoções morais. O mimo havia sido educado por pais cristãos, de modo que o ensi-

---

[1345] Chateaubriand, *Os mártires*, Tomo 1, p. 24, Lisboa, 1908.
[1346] Tertuliano, *Apologétique*, XV; Prudêncio, Peri Stephanon, X, 220-230.
[1347] Desde a metade do terceiro século, o clero de Roma contava com cinquenta e dois exorcistas, leitores e porteiros. Eusébio, *op. cit.*, XL, 43, 12.

namento e as virtudes destes emergiram irresistivelmente na consciência do filho, com a força e a exuberância que só a graça de Deus pode emprestar aos mais profundos movimentos da alma. Genésio se sentiu, portanto, vencido pela graça. Daí por diante, a encenação não poderia mais prosseguir para ele. Sem terem percebido sua transformação interior, os outros dois mimos, no curso dos respectivos papéis, perguntaram a Genésio: "Por que nos chamaste, meu filho?" Este respondeu-lhes como se a verdadeiros sacerdotes se dirigisse: "Porque desejo receber a graça do Cristo e, regenerado por ela, ser libertado das ruínas causadas por minhas iniquidades".

A cerimônia do batismo transcorreu normalmente, sem incidentes, quer para os comediantes, quer para o público. A água correu sobre a cabeça e os membros do neófito, que a recebeu com circunspeção e respeito, ao passo que os demais continuavam a simular o batismo com propósito bufonesco. Após o batismo, veio o martírio. Alguns mimos, vestidos de soldados, arrastaram o recém-batizado até a extremidade do palco, bem em frente ao imperador. Antes mesmo que a cena do martírio se iniciasse, Genésio tomou a palavra e, dirigindo-se ao César e ao povo, contou a experiência incrível que acabara de passar.

> Imperador, disse ele, soldados, filósofos, povo desta cidade, eu tinha horror dos cristãos e insultava aqueles que se confessavam tais. Por causa do Cristo detestei meus pais e meus parentes: zombava de tal forma de seus discípulos, que passei a estudar seus mistérios a fim de ridicularizá-los diante de vós. Mas, desde que a água do batismo tocou minha fronte, vi uma mão descendo do alto sobre mim[1348]; anjos radiosos adejavam acima da minha cabeça, os quais liam num livro os pecados que eu cometi desde a infância, depois apagavam-nos com água, ao mesmo tempo em que me mostravam suas páginas brancas como a neve. Portanto, glorioso imperador, povo que zombastes comigo destes mistérios, crede comigo que o Cristo é o verdadeiro senhor e que nele estão a luz, a vida, a piedade, a fim de que por ele também vós possais obter o perdão.

Embora os costumes da época permitissem certas liberdades aos mimos, a audácia da linguagem empregada por Genésio, notadamente diante do imperador, constituía um atrevimento imperdoável, cujas consequências não deveriam se fazer esperar. Diocleciano, indignado, determinou que Genésio padecesse o flagelo do açoite e, em seguida, fosse conduzido ao prefeito Plauciano. Este intimou o ator convertido a sacrificar aos deuses, utilizando, para constrangê-lo a tanto, os mais variados refinamentos da tortura. Mas, nem o cavalete, nem as unhas-de-ferro, nem as tochas ardentes, abalaram a firme resolução do novo cristão, que não cessava de confessar o Cristo. O prefeito, esgotados os suplícios, fê-lo então decapitar no dia 25 de agosto.[1349]

Já havia muito tempo que políticos experientes ensaiavam mudanças constitucionais, visto que o império era muito vasto para ser governado por uma só cabeça, bem como suas fronteiras muito extensas para serem defendidas por uma só espada. A exceção de Aureliano, político inábil, todos os imperadores, desde Valeriano até Carino, experimentaram o desejo de partilhar o poder. Com Diocleciano não foi diferente. Em abril de 286, M. Aurélio Valério Maximiano foi

---

[1348] Na arte cristã dos primeiros séculos, Deus era simbolizado frequentemente por uma mão saindo de uma nuvem. Smith, Dictionary of Christian Antiquities, verb. God the Father, p. 737.

[1349] P. Allard, *op. cit.*, Tomo 1, p. 8-12.

revestido da dignidade de Augusto, cabendo-lhe o governo da Itália, das Gálias, da Espanha e da África, com sede em Milão.

Oficial de carreira, como Diocleciano, e como este, sem nascimento, sem educação e sem letras[1350], Maximiano, apesar de ter sido um bom soldado, era um homem depravado[1351], avaro e dissipador ao mesmo tempo[1352] e naturalmente cruel: tinha prazer em derramar sangue.[1353] A esse homem, que nasceu para obedecer, foi confiada uma função à altura de homens feitos para mandar, de modo que frequentemente Maximiano empregava a crueldade para alardear autoridade e cruelmente governava.

Mal havia sido investido na dignidade de Augusto, Maximiano partiu para as Gálias com a missão de sufocar a rebelião dos *Bagaudos*. Uma das primeiras preocupações do colega de Diocleciano foi a de arregimentar homens suficientes para combater os insurretos, já que as Gálias dispunham de mais ou menos três mil soldados para manter a paz numa região que correspondia à soma dos territórios da França, da Suíça, da Bélgica, da Prússia, da Baviera renana e parte da Holanda. Cumpria, assim, antes de entrar nas Gálias, mobilizar um exército de legiões destacadas de outras regiões, tanto era ameaçadora a revolta que se queria reprimir. O ponto de encontro das tropas parece ter sido a Itália, mais precisamente Roma. Entre elas havia um destacamento, *Vexillatio*[1354], que a posteridade chamou de legião, composto de cavalaria e de infantaria, especialmente escolhido entre as legiões que guardavam a fronteira meridional da Tebaida, no Egito. Tratava-se da famosa legião Tebana, toda ela composta de soldados seguidores do cristianismo, religião então muito florescente naquela parte da África.

Antes de ir ao encontro do inimigo, Maximiano reuniu todo o exército, para que os soldados, juntamente ao seu comandante supremo, realizassem um sacrifício solene, destinado a obter o favor dos deuses relativamente à perigosa expedição que se iria empreender. Postos, inopinadamente, na alternativa de escolher entre as exigências da fé e o dever militar, os tebanos, cometendo uma falta grave contra a disciplina, optaram por cumprir as primeiras, infringindo também o segundo no que este continha de menos contrário à consciência cristã: a prestação do juramento. Ao tomar conhecimento da desobediência, o imperador foi tomado de uma violenta cólera, talvez porque viu na resistência dos tebanos outra coisa que uma simples objeção de consciência: começava a se espalhar então o boato sobre uma suposta aliança entre os bagaudos e os cristãos. Incontinenti, Maximiano mandou dizimar toda a legião tebana.[1355] Sabe-se como essa pena foi executada. Na presença do resto do exército, compareceram desolados acusados de desobediência ou de deserção.[1356] Tirava-se a sorte e, a cada dez, um era açoitado e decapitado diante de seus camaradas.[1357] Terminada, porém, a execução parcial, veio a geral e definitiva, sem que os tebanos nada cedessem em suas convicções. Três oficiais, Maurício, Exupério e Cândido, exortavam, com palavras e gestos, a coragem dos soldados. Intimados, uma última vez, a sacrificar, os heróis tebanos, dóceis às recomendações de seus superiores, recusaram unanimemente a

---

[1350] Aurélio Victor, *Os Césares*, XXXIX.
[1351] Aurélio Victor, *op. cit.*, XXXIX.
[1352] Lactâncio, *op. cit.*, VIII.
[1353] Lactâncio, *op. cit.*, XV.
[1354] Cf. Tácito, *Histórias*, II, 100.
[1355] P. Allard, *op. cit.*, Tomo 1, p. 31.
[1356] O simples fato da recusa em tomar parte no sacrifício ou de prestar o juramento exigido pelo imperador podia ser facilmente assimilado à hipótese de deserção. Cf. Dionísio de Halicarnasso, *op. cit.*, IX, 50.
[1357] Cf. em Marquardt diversos casos de dizimação militar semelhante.

proposta sacrílega. Chegou até nós o discurso que tinham nos lábios, se não as exatas palavras, ao menos os sentimentos dos quais estavam animados ao proferi-lo:

> Estamos cobertos com o sangue dos companheiros de nossos trabalhos, dos quais presenciamos os suplícios. No entanto, não choramos a morte de nossos camaradas, ao contrário, compartilhamos a sua alegria, a alegria de morrer por Deus. Agora, mesmo um perigo extremo não faz de nós rebeldes: o desespero não nos arma contra ti, o imperador! Nossas mãos têm armas e nós não resistimos; preferimos morrer que matar, morrer inocentes que viver culpados. Tudo o que possas ordenar contra nós, o fogo, os tormentos, a espada, estamos prontos a sofrê-lo.[1358]

Dessa vez, Maximiano não se contentou com a execução de alguns, mas ordenou o massacre de todos.

> Viam-se os soldados feridos com a espada, sem esboçarem qualquer defesa. Depunham suas armas, arrojavam seus cascos, escudos e couraças, para oferecerem a garganta e o peito às espadas dos verdugos. Nem o número nem as armas inspiravam neles o desejo de vingar pelo ferro a justiça de sua causa: lembravam somente que imitavam Aquele que se deixou levar à morte sem protestar, o cordeiro divino que não abriu a boca para se queixar. Ovelhas do Senhor, eles se deixaram devorar pelos lobos. A campina ficou coberta com os cadáveres dos santos e o seu sangue encharcou toda a terra.[1359]

Diocleciano, entretanto, deixara Roma para não mais voltar à cidade eterna. Construiu em Nicomédia seu palácio imperial, de onde governava a parte do mundo que lhe coubera na partilha celebrada com o outro Augusto. Era um tempo de paz, sobretudo para os cristãos, sobre os quais não pesavam mais as interdições civis e religiosas que os tinham praticamente alijado da vida social durante todo o terceiro século. Os sentimentos desfavoráveis aos fiéis, que o imperador havia mostrado em Roma, cederam prontamente à ação benfazeja do novo meio. "Contatos mais íntimos e mais doces acabaram por inclinar sua alma à tolerância. Não parece duvidoso que sua mulher, Prisca, e sua filha Valéria, tenham sido cristãs completas ou, ao menos, catecúmenas. O tempo de sua conversão, em que pese o silêncio dos documentos, parece ter sido o do estabelecimento definitivo de Diocleciano no Oriente. Deveu-se, ao que tudo indica, ao apostolado de alguns servidores cristãos, que a história nos mostra tão numerosos no palácio imperial de Nicomédia como o foram também no de Roma.[1360] Eusébio diz que Diocleciano amava-os como a seus próprios filhos".[1361]

[1358] *Epistola Eucherii*, 4, *Apud* P. Allard, *op. cit.*, Tomo 1, p. 33.
[1359] *Epistola Eucherii*, 5, *Apud* P. Allard, *op. cit.*, Tomo 1, p. 33-34.
[1360] P. Allard, *op. cit.*, Tomo 1, p. 56-57.
[1361] *História Eclesiástica*, VIII, 6, 1.

> Que direi eu, acrescenta ele, de nossos correligionários que serviam no palácio? A eles, a suas mulheres, a seus filhos, a seus escravos, concedia-se a liberdade de seguir abertamente a sua religião: livres para glorificá-la, eram eles preferidos pelo soberano a todos os outros servidores. Entre eles estava Dorotéia, que mostrou tanta benevolência para com nossos irmãos que mereceu ser, por esta razão, elevada em dignidade acima de todos os magistrados e governadores de província".[1362]

Outra, porém, era a situação nos confins do império. Apesar da prudência política de Diocleciano e da energia guerreira de Maximiano, todas as regiões fronteiriças estavam ameaçadas: Caráusio se estabeleceu na Bretanha; os persas avançavam no oriente; os *quinquegentanos* penetravam na Numídia e na Mauritânia; havia turbulência no Egito, enquanto a Síria era pilhada pelos sarracenos. Por fim, para cúmulo da infelicidade dos Augustos, os povos bárbaros, como que tomados de vertigem, se chocavam uns com os outros, na vasta região que o Danúbio e o Reno limitam. Preocupado com a situação, Diocleciano se reuniu com Maximiano, de modo a pôr em prática um novo plano de reorganização política do império, concebido exclusivamente pelo primeiro. O plano consistia no estabelecimento de uma tetrarquia, em virtude da qual a cada Augusto corresponderia um César, igualmente investido de poderes territoriais, mas subordinado ao primeiro, que deveria exercer sobre o governo do segundo uma espécie de suzerania. Considerando que os Césares deviam ser inferiores aos Augustos e que entre estes havia também uma hierarquia, era lícito demonstrar a unidade do império em função da soberania de Diocleciano. Essa conclusão se impunha no plano puramente teórico; no prático, certas situações dariam ensejo a fatos diversos que logo iriam contrariá-la.

Em março de 292, o plano, concebido e detalhado um ano antes, foi levado à execução: Maximiano Galério e Constâncio Cloro foram elevados à dignidade de César; o primeiro subordinado a Diocleciano, o segundo, a Maximiano. O mundo, destarte repartido por quatro reinantes, só reconhecia um dono.

De Constâncio nada falaremos, a não ser que era pai do ilustre Constantino e que suas virtudes incomodavam os demais colegas. De resto, nada fez em prejuízo dos cristãos. Diremos, porém, com Chateaubrien, alguma coisa sobre Galério:

> Este pastor, nascido nas choças dos Dácios, alimentou desde tenros anos, sob o surrão do gabreiro, uma desenfreada ambição. Esta é a desdita de um Estado cujas leis não estabelecem a sucessão. Todos os ânimos se estremecem de desmedida cobiça; ninguém se julga incapaz de reinar. E como quer que a ambição nem sempre inculque talento, segue-se que tendes vinte medíocres tiranos que defraudam o mundo, enquanto um só homem de verdadeiro merecimento se eleva. Como homem curtido de fome a metade da existência, Galério passa os dias sentado à mesa e estende pelas trevas da noite orgias crapulosas e torpes. Além da insaciável sede de mando e espírito cru e déspota, Galério exercita na corte uma outra face de sua índole, talhada a perturbar o império: É um furor cego contra os cristãos. A mãe deste César, aldeã estúpida e supersticiosa, ofe-

---

[1362] Eusébio, *op. cit.*, VIII, 1.

recia muitas vezes na sua cabana sacrifícios às divindades das serranias. Indignando-se contra os discípulos do evangelho, avessos à sua idolatria, açodou no filho o rancor que ela sentia. Já Galério instigou o fraco e bárbaro Maximiano a perseguir a Igreja; mas não pôde até agora vencer a prudente moderação do imperador.[1363]

De fato, a perseguição contra o exército, distante ainda da perseguição geral, foi deflagrada por Galério.

> Muito tempo antes dos outros imperadores, este se esforçou para afastar da religião os cristãos que serviam no exército, sobretudo aqueles que prestavam serviço no palácio. Privou uns das honrarias da milícia, vexou outros com inomináveis ultrajes e fez morrer alguns impiedosamente.[1364]

Dificilmente se explicaria a audácia de um simples César que, contrariamente às intenções bem conhecidas do Augusto a quem estava subordinado, desse início a uma perseguição por sua própria conta, se não fosse pelo prestígio adquirido com a vitória sobre os persas, prestígio do qual Galério iria abusar incessantemente.[1365] É possível que na sua primeira expedição à Mesopotâmia, que terminou com a derrota agora tão gloriosamente vingada, Galério tenha se encontrado com Hierócles, governador de Palmira, que já preparava um livro contra os cristãos: o fanatismo do tirano iria se agravar ainda mais, à vista das lições do neoplatonismo.[1366] Após a gloriosa conquista, quando lhe era permitido tudo ousar, até mesmo sentir-se igual a Diocleciano, Galério começou a dar livre curso a uma cólera até então pacientemente reprimida. O tribuno André e seus companheiros foram imolados no dia 9 de agosto, após terem participado bravamente na derrota dos persas.[1367] Dois oficiais de uma coorte auxiliar, Sérgio, membro da *Schola gentilium*, e Baco, comandante, morreram pelo Cristo em 7 de outubro.[1368] Dois magistrados municipais, Hiparco e Filoteu, foram executados em 9 de dezembro com três de seus concidadãos, porque se negaram a participar de um sacrifício de ação de graças oferecido pelo imperador.[1369]

A crônica de Eusébio, mais explícita que sua história, dá um nome que devia ser o do general do qual se servia Galério para realizar o aludido expurgo no exército: "Vetúrio, mestre de milícias, persegue os soldados cristãos, então quando começava pouco a pouco a perseguição contra nós".[1370]

A perseguição parece ter sido mais intensa nas províncias onde as legiões estavam acampadas. Por essa razão, a Mésia, sede de uma grande aglomeração militar viu perecer vários de seus soldados, por ordem do governador Máximo. Foi o caso do veterano Júlio, que se recusou

---

[1363] *Op. cit.*, Tomo 1, p. 99-100.
[1364] P. Allard, *op. cit.*, Tomo 1, p. 113.
[1365] Lactâncio, *De mortibus persecutorum*, IX, *Apud* P. Allard, *op. cit.*, Tomo 1, p. 113.
[1366] Lactâncio, *op. cit.*, XVI, *Apud* P. Allard, *op. cit.*, Tomo 1, p. 114.
[1367] P. Allard, *op. cit.*, Tomo 1, p. 114.
[1368] P. Allard, *op. cit.*, Tomo 1, p. 114.
[1369] P. Allard, *op. cit.*, Tomo 1, p. 115-116.
[1370] *Apud* P. Allard, *op. cit.*, Tomo 1, p. 117.

a receber uma gratificação, por ocasião de alguma festa militar ou imperial. Trazido à presença de Máximo, foi-lhe perguntado:

> Tudo o que se diz de ti é verdade? – É verdade que sou cristão. – Ignoras que os príncipes ordenaram que todos façam sacrifícios aos deuses? – Não ignoro. Mas, sendo cristão, não posso fazer o que vós fazeis, porque se o fizesse renegaria Deus vivo e verdadeiro. – Que mal há em se oferecer incenso e ir-se embora? – Não posso transgredir os preceitos divinos e obedecer os infiéis. Na vossa frívola milícia, onde servi por vinte e seis anos, jamais fui perseguido por algum crime ou delito. Sete vezes estive em guerras, em todas combati com bravura. Nunca o príncipe achou em mim um defeito sequer. Credes que, após ter cumprido fielmente todos os meus deveres subalternos, eu levianamente transgrediria os mais altos? – Júlio, vejo que tu és um homem sério e sábio. Deixa-te persuadir e sacrifica aos deuses. – Não. Não quero incorrer em pecado mortal. – Eu te farei violência, de modo que, muito embora não seja de modo voluntário, a realização do sacrifício te garanta a volta à casa, onde receberás a gratificação de dez denários e ninguém te inquietará. – Nem o dinheiro de Satã nem vossas palavras capciosas me farão perder a eternidade. Condenai-me como cristão. – Tens pressa de morrer. Pensas tirar da morte alguma glória? Se tu sofres pela pátria e pelas leis, aí sim terás glória. – Eu sofro pelas leis, mas pelas leis eternas. – Estas leis foram dadas por um homem que morreu crucificado. Vê a que ponto vai tua loucura: preferes te curvar a um morto a obedecer nossos príncipes. – Ele morreu por nossos pecados, a fim de que tenhamos a vida eterna. Quem confessá-lo viverá eternamente, ao passo que uma pena eterna espera todo aquele que renegá-lo. – Tenho piedade de ti. Eu te conjuro: sacrifica e viverá conosco. – Viver convosco seria para mim a morte, enquanto que, morrendo, viverei eternamente.[1371]

Máximo, então, pronunciou a sentença de morte. Júlio foi decapitado no dia 27 de maio de 302.

A Mésia foi o cenário, também, de muitos casos de perseguição. A procura de soldados cristãos, confiada ao governador Máximo, levou à captura de vários militares, dentre os quais Nicandro e Marciano, cujo processo é mais comovente ainda, pois usando da faculdade concedida aos soldados depois de Severo, os dois eram casados e ambas as esposas compareceram ao interrogatório de seus maridos. Estes pareciam ter sido convertidos recentemente. Como tantos outros, dos quais fala Eusébio, "eles abandonaram a glória deste mundo pela milícia celeste"[1372], ou seja, diante da alternativa de renunciar às suas patentes ou à sua religião, eles preferiram esta àquelas.

> "Se vós não ignorais, disse-lhe Máximo, as ordens dos imperadores, aproximai--vos Nicandro e Marciano, e fazei ato de obediência. – Estas ordens, respondeu Nicandro, são para aqueles que querem permanecer na milícia; nós, porém, somos cristãos, não podemos ser obrigados a obedecê-las. – Por que não, retru-

---

[1371] P. Allard, *op. cit.*, Tomo 1, p. 119-122.
[1372] *História Eclesiástica*, VIII, 4, 2, 3 e 18.

cou Máximo, vós não recebeis os soldos correspondentes às vossas patentes? – Porque o dinheiro dos ímpios suja os homens que querem servir a Deus."

Máximo insistiu: "com um pouco de incenso, Nicandro, honra os deuses". Dária, esposa de Nicandro, não se conteve e disse ao marido: "Toma cuidado para não fazeres o que se pede a ti; cuida para que pela tua boca o Cristo não seja renegado. Levanta tua cabeça para o céu e então verás aquele por quem deves conservar tua fé e tua consciência. Ele será o teu socorro". Com desprezo pela mulher, que os pagãos professavam, Máximo não compreendeu o sentimento elevado que animou Dária a pronunciar aquelas palavras. Enganando-se sobre suas intenções, disse o governador:

> Cabeça ruim das mulheres, por que desejas a morte de teu marido? – Para que ele viva com Deus e não morra jamais. – Não se trata disso, respondeu Máximo, na verdade tu desejas te unir a outro homem mais robusto e mais rico que teu marido, daí porque tu o encorajas a encontrar prematuramente a morte.

A essas palavras, a cristã fervorosa assumiu também a postura de mulher ultrajada e respondeu: "Já que suspeitais que eu seja capaz de uma tal conduta, fazei-me morrer primeiro, se tendes ordens também para condenar as mulheres". A perseguição, porém, não afligia ainda senão os soldados. Máximo então, se dirigindo a Nicandro, disse:

> Não escutes as palavras da tua mulher, elas te privariam prontamente a luz. Dou-te um prazo para que possas examinar em ti mesmo se vale mais viver ou morrer. – O prazo que me ofereceis, respondeu o mártir, considerai-o já ultrapassado: o exame foi feito e decidi ser salvo.

Máximo então sussurrou: "Sim, graças a Deus". A fórmula, que era muito usada pelos cristãos para agradecer a Deus pelo martírio, o foi também naquela oportunidade pelo governador, que se enganara em relação ao sentido da resposta de Nicandro. Este havia se referido à salvação eterna, nunca a uma possível absolvição da acusação de cristão. "Como assim, exclamou o magistrado, tu que há pouco dizias que querias viver, dizes agora que desejas morrer! – Eu quero viver, respondeu Nicandro, mas a vida eterna. Fazei o que tendes de fazer: eu sou cristão". Pela primeira vez, o governador se voltou para Marciano e disse:

> E tu Marciano? – Tudo o que declarou o meu camarada, eu o declaro também. – Segundo o desejo de ambos, sentenciou Máximo, Nicandro e Marciano serão decapitados. No dia aprazado para o suplício, 17 de junho, Dária estava presente e antes que o carrasco vibrasse o golpe fatal disse ao marido: "Eis que eu vou ser elevada e glorificada, tornando-me esposa de um mártir.[1373]

[1373] P. Allard, *op. cit.*, Tomo 1, p. 124-131.

A intolerância de Maximiano e de Galério se evidenciava não somente pela devassa que se fazia na tropa em busca de soldados cristãos, mas também pela obrigação imposta a todos os militares de tomarem parte, em dias de festas, nas cerimônias religiosas celebradas nos acampamentos. Antes se relevavam as abstenções. Agora, estas não eram mais permitidas, mas ao contrário, os soldados deveriam estar presentes obrigatoriamente nas celebrações religiosas. Era um meio seguro de provar a constância dos cristãos, que permaneciam ainda no exército. O centurião Marcel padeceu o martírio, diz Allard, por se ter indignado contra essa forma hipócrita de opressão das consciências.[1374]

Celebrava-se em Tânger o aniversário de nascimento de Maximiano. Todos os soldados assistiam aos sacrifícios e participavam do repasto que os acompanhava. Marcel, centurião da legião trajana, se aproximou das insígnias que, como troféus, eram incensadas e adoradas no altar, tirou o cinto de centurião, lançou de si a cepa de vinha, símbolo de sua patente, e disse em voz alta: "Eu sou soldado do Cristo, o rei eterno. A partir deste dia, não sirvo mais aos vossos imperadores, pois não quero adorar deuses de pedra e madeira, ídolos surdos e mudos".[1375] O motivo da deserção era manifesto: Marcel renunciava ao serviço militar, porque não podia mais ser soldado sem ser constrangido a praticar atos de idolatria. A reação da tropa à conduta do centurião foi de completo estupor. Preso por ordem do prefeito legionário, Marcel foi levado algum tempo depois ao vigário dos prefeitos do pretório, Aurélio Agricolano, que passou a interrogá-lo: "Pronunciaste as palavras que constam do relatório do prefeito?" Marcel respondeu: Pronunciei-as". Disse então Agricolano: "Que furor te inspirou para falar daquela maneira?" Marcel respondeu: "Não há furor nas palavras dos homens que temem a Deus". "Tu te despojaste de tuas armas?" perguntou o magistrado. "Sim, respondeu Marcel, porque não convém ao cristão, que serve a Jesus Cristo, prestar serviço na milícia do século". Agricolano então proferiu sua decisão: "Marcel, que descumpriu seu juramento e pronunciou palavras cheias de furor, que constam do relatório, será punido com a morte por decapitação". Conta-se que ao ouvir a sentença proferida contra o centurião, Cassiano, o escrivão militar, se insurgiu contra a condenação, reputando-a injusta. Agricolano, enfurecido, determinou a sua prisão imediata. Um mês após o suplício de Marcel, Cassiano, conduzido à presença do mesmo magistrado e depois interrogado, teve o mesmo fim do centurião, em 3 de dezembro de 303.[1376]

Os documentos históricos não autorizam a conclusão de que Diocleciano tenha se associado pessoalmente à perseguição de Galério ou de Maximiano contra os militares cristãos. Em seus territórios, como nos de Constâncio, não há registros de que soldados fiéis a Cristo tenham sido incomodados, ao passo que nos de Galério ocorria justamente o contrário. De qualquer modo, um acontecimento isolado merece registro, na medida em que pode ser considerado como o prenúncio de que alguma coisa iria mudar, ou no aspecto fático da relação entre os cristãos e o imperador ou no juízo deste relativamente àqueles ou em ambas as coisas. Lactâncio, que então ocupava a cadeira de retórica em Nicomédia, deixou escrito o motivo da primeira mudança no espírito de Diocleciano.

Corria o ano de 302, quando Diocleciano, inquieto em relação ao futuro, decidiu ofertar sacrifícios nos quais os arúspices interrogavam as entranhas das vítimas. Constavam de sua comitiva vários servidores cristãos, sobre os quais nos fala Eusébio da dedicação e prestígio junto ao

---

[1374] *Op. cit.*, Tomo 1, p. 134.
[1375] Ata, 1, *Apud* P. Allard, *op. cit.*, Tomo 1, p. 135.
[1376] P. Allard, *op. cit.*, Tomo 1, p. 135-140.

imperador. Um certo dia, em razão de um alvoroço cuja causa é desconhecida, Tágis, chefe dos arúspices, interrompeu o sacrifício, alegando que o silêncio dos deuses se devia à presença de profanos no recinto sagrado. Diocleciano, furioso, deu a todos os empregados do palácio a ordem para sacrificar, ameaçando com a flagelação os que se recusassem a fazê-lo.[1377] Foi então que, levado pela superstição, o velho Augusto seguiu o exemplo de Galério em relação aos soldados cristãos: estendeu a estes a ordem sacrílega dada anteriormente à gente de sua casa, sob pena de exclusão do exército.[1378] No entanto, Diocleciano não editou nenhuma outra sanção além desta, de modo que os oficiais das legiões da Ásia, conhecedores das intenções ainda generosas do imperador, não ousaram jamais ultrapassar os limites das instruções imperiais, ou seja, "a cólera do imperador se deteve diante deste limite e nada fez contra a lei divina ou a religião".[1379]

> "A trégua, entretanto, estava rompida. Diocleciano tinha enfim, sob uma forma relativamente moderada, começado as hostilidades contra os cristãos, aos quais, durante tantos anos, havia testemunhado algum apreço e tanta distinção. Não seria preciso doravante muito esforço para inclinar inteiramente em favor do ideário da perseguição seu espírito já disposto a perseguir".[1380]

Galério sabia disso e iria tirar proveito da situação.

O plano montado por Galério começava a dar resultados, mas muito lentamente na visão de seu idealizador. Com o expurgo realizado no exército, logrou-se a eliminação parcial dos cristãos, porque nos territórios de Constâncio não se tinha feito nada, enquanto noutras partes ainda havia muita coisa a fazer. Era necessário, portanto, agir com mais energia, vale dizer, urgia "decepar a árvore do cristianismo, de modo que ela não pudesse gerar novos brotos".[1381]

Contudo, justamente aí, na concepção e execução de uma ação enérgica, surgia o obstáculo representado por Diocleciano, a quem repugnava o derramamento de sangue. Daí que "enquanto não se lograsse vencer a repugnância do velho Augusto, o extermínio completo do cristianismo seria impossível. Cumpria, pois, mobilizá-lo, cercá-lo habilmente e vencer suas resistências pela persuasão".[1382]

No inverno dos anos 302 e 303, Diocleciano retornou ao seu palácio em Nicomédia, onde recebeu a visita do obstinado César, que começou imediatamente a trabalhá-lo psicologicamente. Foi uma luta bem disputada, da parte de um para não ceder, da parte do outro para predominar, mas sempre imprevisível e rodeada de prudente reserva. Lactâncio, que se achava então em Nicomédia, descreve assim o embate:

> O velho Diocleciano resistiu largamente ao ódio do outro, alertando-o para o dano que poderia advir do transtorno do mundo e do derramamento de sangue, sendo certo que os cristãos abraçavam a morte com indiferença. Era suficiente proibir a prática dessa religião aos servidores da corte e aos soldados.[1383]

[1377] P. Allard, *op. cit.*, p. 145-146.
[1378] Lactâncio, *De mortibus persecutorum*, X, Apud P. Allard, *op. cit.*, Tomo 1, p. 146.
[1379] P. Allard, *op. cit.*, Tomo 1, p. 146-147.
[1380] P. Allard, *op. cit.*, Tomo 1, p. 147.
[1381] G. Ricciotti, *La era de los mártires*, p. 53, Barcelona, 1958.
[1382] G. Ricciotti, *op. cit.*, p. 53.
[1383] *De mortibus persecutorum*, XI, Apud G. Ricciotti, *op. cit.*, p. 53-54.

Com efeito, Galério não era homem talhado para convencer pela argumentação; seu embrutecimento moral impedia-o de justificar suficientemente suas opiniões, no plano em que a moralidade é a última instância que deve decidir a favor ou contra a prática de determinadas condutas. Mas, também, não era político inábil que se deixasse vencer facilmente ou que, diante de um obstáculo, superdimensionasse a sua força para julgá-lo logo intransponível. Galério era mestre em dobrar as pessoas ou pela fraude ou pela tortura física ou moral, em qualquer caso não pelas ideias, mas pelo sentimento.

No dia seguinte ao da reunião de Diocleciano com Galério, uma pequena parte da pretensão deste foi acolhida por aquele: foi afixado nos muros de Nicomédia o texto do édito de perseguição, recém promulgado, que continha quatro disposições principais: 1) As assembleias cristãs eram absolutamente proibidas; 2) As igrejas deviam ser demolidas; 3) Os livros sagrados que elas continham, assim como os de uso particular, deviam ser lançados às chamas e 4) Os cristãos de categoria elevada deveriam perder todos os privilégios, de modo que, considerados infames, podiam ser torturados e impedidos de intentar qualquer ação perante os tribunais, ainda que em casos de injúria, adultério ou roubo.[1384]

A leitura desse édito, cujo rigor ficou muito aquém do que desejava Galério, não deveu assustar muito os cristãos, já tão acostumados à convivência íntima com riscos extremos. Entretanto, Eusébio e Lactâncio citam o caso de um cristão que, tomado de santa indignação, arrancou do muro o instrumento do édito e fê-lo em pedaços. Julgado por crime de lesa-majestade, esse homem, que a história não guardou o nome, sofreu pacientemente, com galhardia e em silêncio, a pena que lhe foi imposta: a morte pelas chamas. Nesse caso, com a execução do culpado, não remanescia nenhuma responsabilidade relativamente aos demais cristãos: cumprida a pena, satisfeita estava, portanto, a pretensão persecutória do imperador. Galério deveria então procurar em outra parte, ou por outros meios, uma forma de comprometer a população cristã na sua totalidade, vale dizer, fazê-la responsável por um ato cuja gravidade fosse manifesta e que a probabilidade da autoria fosse tanta, a ponto de arrancar do velho Augusto a permissão que Galério precisava para dar início à carnificina.

Algum tempo depois, ocorreu um grande incêndio que consumiu uma boa parte do palácio imperial de Nicomédia. Eusébio não soube precisar a causa do incêndio.[1385] Lactâncio, porém, não hesitou em denunciar Galério como autor do desastre, pondo em sua boca as seguintes palavras:

> O palácio estava cheio de eunucos cristãos. Eles quiseram pagar com o crime a confiança cega que lhes votava Diocleciano: um complô foi formado entre eles e seus correligionários das ruas; graças a este acordo criminoso, por pouco dois imperadores não morreram nas chamas! Os cristãos enfim mostraram o que são efetivamente: inimigos públicos!"[1386]

Diocleciano, a despeito de sua clarividência política, não adivinhou a intriga, quem sabe o crime, que havia na atitude de Galério, de quem aceitou a explicação, submisso à qual o Augusto ordenou uma investigação severíssima, com grande aparato de magistrados e instrumentos de

---

[1384] P. Allard, *op. cit.*, Tomo 1, p. 158-159.
[1385] P. Allard, *op. cit.*, Tomo 1, p. 164.
[1386] *De mortibus persecutorum*, XIV, *Apud* P. Allard, *op. cit.*, Tomo 1, p. 164-165.

torturas. O próprio Diocleciano tomou assento no tribunal para inquirir e para julgar. Galério estava também presente, reacendendo a cólera do colega e não lhe deixando tempo nem a oportunidade para refletir e se acalmar.[1387] Entretanto, afirma Lactâncio, "não se descobria nada, porque não se submetia à tortura nenhum dos familiares do César".[1388] De fato, Galério tinha tido o cuidado de roubar ao interrogatório e à tortura os seus próprios parentes e servidores, receoso de que abrissem a boca diante dos tormentos. Daí que, por prudência, foram eximidos de depor: a investigação, que começara com rigor extremo, se extinguiu pelo desânimo, sem apontar culpados, ou melhor, sem inculpar os cristãos.

Galério não podia se resignar a um tal fracasso. Quinze dias após o primeiro incêndio, eclodiu o segundo, cuja causa, como a do anterior, permaneceu ignorada. Mesmo assim, ainda que desconhecidas a causa e a autoria dessa calamidade, suas consequências excederam a expectativa de quem a projetou e deu execução. Galério manifestou com grande alarde o medo terrível que havia se apoderado dele, de sorte que, "para não morrer queimado", partiu no mesmo dia do palácio imperial juntamente a sua família e seus criados.

> Sua partida, diz Riccioti, tinha a dupla vantagem de impressionar cada vez mais Diocleciano e, ao mesmo tempo, de conjurar o perigo que representavam os depoimentos de seus achegados, considerando que poderiam revelar muitas coisas, sendo este o motivo pelo qual levou-os consigo.[1389]

Dessa vez a trama de Galério deu resultado. E este coroava um processo paciente por meio do qual o inescrupuloso César exercia um crescente domínio sobre o velho Augusto.

> Diocleciano, abandonado, viu-se invadido pelo terror e pela suspeita a respeito de tudo e de todos; para qualquer parte que se voltava, via conjuras e intrigas, da mesma forma que, nos que o rodeavam, enxergava traidores. Então, para se defender recorreu à crueldade e à ferocidade.[1390]

Allard, mais explícito, descreve a submissão decadente do decrépito imperador com uma precisão singular:

> O medo havia tomado o lugar de sua sabedoria. Era agora crédulo a todas as calúnias. Julgava sua vida ameaçada: e por quem ela o seria mais senão pelos cristãos, que Galério os tinha denunciado como inimigos públicos e nos quais sua imaginação turbada via os secretos aliados dos godos e dos sármatas?[1391]

Não demorou muito para que todos os cristãos, mesmo os mais ilustres e os mais íntimos, mesmo a própria esposa e a filha, lhe parecessem partícipes de conjuração contra o Estado. Daí

[1387] G. Ricciotti, *op. cit.*, p. 56.
[1388] *De mortibus persecutorum*, XIV, *Apud* G. Ricciotti, *op. cit.*, p. 56.
[1389] G. Ricciotti, *op. cit.*, p. 56.
[1390] G. Ricciotti, *op. cit.*, p. 56.
[1391] *Op. cit.*, Tomo 1, p. 167.

que, à vista da gravidade do delito, ocorreu a Diocleciano mudar o procedimento seguido por ocasião do primeiro incêndio: em lugar de se conduzir a investigação sobre o próprio fato, ou seja, sobre o segundo incêndio, decidiu-se concentrá-la na religião, de modo que se isentaria de culpa quem quer que renegasse o Cristo, devendo-se, ao contrário, condenar como incendiário todo aquele que o confessasse. E como acontece com todo tirano que se atemoriza, Diocleciano se tornava mais impiedoso na proporção em que tinha mais medo. Atrocíssimo foi o fim do homem de confiança do imperador, o *cubiculário* Pedro, cujo martírio Eusébio deixou registrado para a posteridade com as seguintes palavras:

> Recusando-se a sacrificar, ordenou-se que fosse erguido nu e em pleno ar, quando então todo seu corpo foi dilacerado por açoites, até que, vencido, voltasse atrás e, contra a própria vontade, sacrificasse. Como permanecesse firme, verteram-se azeite e sal sobre as partes despedaçadas de seu corpo, que deixavam os ossos descobertos; desprezando ele ainda estes sofrimentos, trouxeram um braseiro ardente, sobre cuja grelha seu corpo foi consumido lentamente. Mas Pedro, mantendo-se irredutível até o fim, entregou como vencedor seu espírito nestes tormentos. Tal foi o martírio de um dos servos imperiais, digno, na verdade, de seu nome: chamava-se Pedro.[1392]

"Rotos, assim, os diques, diz Riccioti, transbordava o rio da perseguição, primeiro pela cidade, depois pelas províncias."[1393] Não se limitando aos seus próprios territórios e aos de Galério, Diocleciano enviou cartas ao outro Augusto, Maximiano, assim como a seu César, Constâncio, exigindo que se perseguissem os cristãos também no ocidente. Nesse sentido foram publicados dois éditos, cujos textos não revogavam, mas reforçavam o édito precedente. Naturalmente, esses novos éditos não constituíram letras mortas, mas foram cumpridos com todo rigor, como faz crer Eusébio:

> Inumeráveis grupos de pessoas eram encarcerados em todas as partes; as prisões, preparadas para os assassinos e violadores de tumbas, encheram-se então de bispos, sacerdotes, diáconos, leitores e exorcistas, de modo que não havia lugar para os condenados por delitos comuns. Quem poderia dizer o número dos que nas diversas províncias sofreram o martírio e, especialmente, dos que foram mortos na África, na Mauritânia, na Tebaida e no Egito? Daqui alguns emigraram para outras cidades e se fizeram célebres pelo martírio.[1394]

Apesar do rigor dos sucessivos éditos, o terceiro, porém, não foi o último. A idade somada às preocupações, sem falar no temperamento excitável ao extremo, sempre pronto a enxergar inimigos e conspirações em todo lugar, transformaram Diocleciano em um homem prostrado física e moralmente. Em qualquer evento, em qualquer solenidade, para os quais era reclamada sua presença, o velho imperador dava mostras de um tal abatimento, de uma tal debilidade, que "chegava a delirar".[1395]

[1392] *História eclesiástica*, VIII, 6, 2-4.
[1393] *Op. cit.*, p. 57.
[1394] *História eclesiástica*, VIII, 6, 9-10.
[1395] Lactâncio, *op. cit.*, XVII, *Apud* G. Ricciotti, *op. cit.*, p. 65.

Um homem reduzido a tais condições tinha forçosamente que capitular, sem opor muita resistência, diante de outro mais jovem, mais aguerrido e menos escrupuloso, cuja ideia fixa era ocupar-lhe o lugar ou por bem ou por mal. E justamente nessa época o truculento Galério começou a ser de fato o dinasta mais importante do império, esperando o momento propício de sê-lo também de direito.

O empenho de Galério não foi em vão e uma nova modificação na tetrarquia foi introduzida, em virtude da qual os Augustos, Diocleciano e Maximiano, abdicavam em favor de seus respectivos Césares, Galério e Constâncio, aos quais estariam subordinados respectivamente Maximino Daia e Severo. Galério passava a ser o senhor de todo o império romano.

Depois dos acontecimentos descritos acima, sobreveio o édito de 304, fruto da mente doentia de Galério, que previa a pena de morte para todos os cristãos indistintamente. Querendo examinar os fatos mais de perto, cumpre-nos agora visitar as diversas regiões do império para ver o que ocorreu em cada uma delas, adotando como nossos guias, nesta larga investigação, alguns documentos históricos dignos de fé. Prescindindo de fontes secundárias, que não podem oferecer senão notícias isoladas, as principais fontes históricas da grande perseguição são Eusébio de Cesaréa, Lactâncio e as atas dos mártires ou as paixões.

5.1.1. Mauritânia, Mumídia e África Proconsular

Na cidade de Teveste ocorreu o martírio de Crispina, nobre matrona, nascida em Tagura. Sobre o suplício de Crispina, dispomos das Atas e dos discursos de Santo Agostinho. A mártir devia ser pessoa conhecidíssima na cristandade africana, a se julgar pela rapidez com que seu culto se propagou mesmo fora do continente, a exemplo do que ocorrera em Ravena, em cujos mosaicos a mártir é representada. As atas que possuímos remontam ao século IV e reproduzem substancialmente o processo verbal, conservado nos arquivos governamentais.

Crispina não era somente nobre e rica, mas possuía também um semblante delicado e gestos elegantes: *femina dives et delicata*, chama-a Santo Agostinho. Essa mulher, frágil e refinada, não vacilou diante do magistrado que a compelia a queimar incenso aos deuses do império e com ele entabulou o seguinte diálogo: "Conheces o que te manda fazer o sacro preceito?" – "Ignoro." – "Manda que ofereças sacrifícios a todos os deuses". – "Nunca sacrifiquei e nem sacrificarei, a menos que o sacrifício seja oferecido ao verdadeiro Deus e a seu filho Jesus Cristo nosso senhor." – "Abandona esta superstição e inclina tua cabeça diante do altar dos deuses romanos." – "Adoro cada dia mais o meu Deus onipotente e fora dele não conheço outra divindade."

Diante da negativa da mártir, o procônsul manda, para humilhá-la, que cortem seus longos cabelos. Crispina, então, replica: "Que falem os teus deuses, só assim acreditarei neles. Se não tivesse buscado a salvação, não estaria agora sendo interrogada no teu tribunal". Prolongando-se ainda o diálogo, o procônsul, impaciente, o abrevia com a prolação da sentença de morte por decapitação. Crispina foi decapitada em 5 de dezembro de 304.[1396]

Não longe de Cartago, havia uma pequena cidade chamada Abitinas, que estava em contínuas relações com a metrópole cartaginesa. Aí, em desobediência aos éditos imperiais, eram realizadas reuniões para celebrar o *dominicum*, ou seja, o rito eucarístico, que era presidido por Saturnino, um respeitável presbítero já entrado em anos. Desde algum tempo atrás, a polícia

---

[1396] G. Ricciotti, *op. cit.*, p. 113.

vinha vigiando o local, esperando o momento certo de agir, de modo a efetuar a prisão dos fiéis e a apreensão das sagradas escrituras. Invadido o recinto, foram surpreendidas, em plena reunião dominical, mais ou menos cinquenta pessoas, de diferentes sexos, idades e hierarquias. Ali estavam, além de Saturnino, seus quatro filhos, o homônimo Saturnino, Félix, Maria e Hilariano; este criança ainda; havia também outros vinte e seis homens, entre os quais o decurião Dativo, e umas dezessete ou dezoito mulheres, entre elas a virgem Vitória, que regressava de Cartago com outras companheiras. Presos, todos foram submetidos a um primeiro interrogatório em Abitinas, de onde foram transportados para Cartago, em cuja cidade o procônsul Anulino exercia plena jurisdição. O interrogatório se realizou em 12 de fevereiro de 304.

A paixão desses mártires, que chegou até nós, foi composta no século IV, a partir das atas primitivas que consistiam em processos verbais do interrogatório. Essas atas foram aduzidas pelos donatistas na conferência de Cartago em 411, cujo teor foi aceito como fidedigno pelos católicos.[1397]

O primeiro a ser interrogado foi Dativo, que confessou, sem rodeios, ter assistido à reunião dos fiéis, recusando-se, porém, a declinar o nome de quem a presidia. Foi submetido à tortura. – Puseram-no sobre o cavalete, rasgaram-lhe a carne com unhas-de-ferro, até que, pouco faltando para expirar, outro acusado, Télica, para atrair sobre si a ira do juiz, gritou: "Somos todos cristãos. Nós nos reunimos". Os suplícios então recaíram sobre Télica, que não cessava de louvar a Deus por ter-se lembrado dele, rogando-lhe instantemente que salvasse os seus servos. Dirigida a ela a pergunta, que Dativo não havia respondido, sobre quem era o chefe da reunião, respondeu: "O presbítero Saturnino e todos os outros".

Não é fácil justificar essa resposta. Certamente não representava uma delação, porque Saturnino estava presente, sendo provável que este, desejoso de padecer o martírio digno de um chefe da Igreja, tivesse sugerido à Télica a resposta que o incriminava. De qualquer modo, os tormentos de Télica se prolongaram, entrecortados por novas exortações que o procônsul lhe dirigia para que cedesse, tudo a demonstrar o esforço que se fazia então para se extorquir uma apostasia, mesmo que fosse pelo cansaço. No entanto, o juiz que torturava se cansou antes do réu que gemia, pelo que Anulino ordenou que ambos, Dativo e Télica, fossem conduzidos novamente ao cárcere.

Imediatamente após os primeiros interrogatórios, acima aludidos, deu-se a ordem para que Saturnino se apresentasse ao procônsul. Saturnino, já banhado com sangue de outro mártir, aproximou-se de Anulino, oportunidade em que o leitor, chamado Emérito, interveio, declarando-se culpado pelas reuniões dominicais, uma vez que todas elas foram realizadas em sua própria casa. De momento, prosseguiu o interrogatório, que logo deu lugar à tortura, cuja atrocidade arrancou de Saturnino alguns lamentos pungentes que as atas deixaram registrados: "Ouvi-me, ó Cristo, vos rogo. Dou-vos graças, ó Deus; mandai que me cortem a cabeça. Rogo-vos, ó Cristo, tende piedade de mim. Ó Filho de Deus, vinde em minha ajuda".[1398] Por fim, quando o procônsul lhe perguntou o motivo pelo qual havia infringido o édito imperial, respondeu o presbítero: "A lei assim o manda; a lei assim o ensina". Veio então a ordem para que Saturnino fosse levado à prisão, juntamente aos outros dois.

Chegou a vez de Emérito. Todos os presentes, com os olhos postos nele, aguardavam seu depoimento, do qual iria depender, dado o arrebatamento de sua intervenção anterior, ou a execução imediata ou os tormentos que Anulino tinha preparado para os chefes dos cristãos.

[1397] G. Ricciotti, *op. cit.*, p. 114.
[1398] G. Ricciotti, *op. cit.*, p. 117.

Após o silêncio de praxe, o procônsul lhe perguntou: "Por que recebias cristãos em tua casa?" Emérito respondeu: "São meus irmãos. Nós não podemos deixar de realizar o *dominicum*." Deitaram-no no cavalete e começaram as torturas, acompanhadas do interrogatório. O inquisidor dizia: "Não devias ter realizado as reuniões. Antes de tudo devem-se obedecer os imperadores e césares". O mártir disse: "Deus é maior que os imperadores". A cada resposta, agravava-se o rigor dos tormentos, e com ele, o fervor das súplicas: "Rogo-vos ó Cristo, ajudai-me. Dou-vos graças, Senhor, dai-me forças". Sabendo que Emérito era leitor, Anulino pretendeu, ao menos, obter dele o butim das Sagradas Escrituras e perguntou-lhe: "É verdade que tens as Escrituras em tua casa?" A resposta foi: "Guardo-as, mas no meu coração".[1399]

Sem avançar no propósito de obter apostasias fáceis, Anulino viu-se obrigado a prolongar a audiência, ouvindo um por um e torturando todos. Chegou a vez de Félix, que, inquirido sobre sua participação nas reuniões dominicais, respondeu: "Somos cristãos. É nosso dever guardar a lei santa do Senhor, ainda que ao preço da efusão de nosso sangue". Disse-lhe então Anulino: "Não te pergunto se és cristão, mas se assistias às reuniões e se tens contigo as Escrituras". Félix respondeu: "Celebramos solenemente a reunião e nos congregamos sempre no dia do Senhor para ler as Sagradas Escrituras". Por essa resposta, Félix foi açoitado com tamanha violência, que morreu sob os golpes do chicote na própria sessão do tribunal. De todos os acusados perante o juiz de Cartago, Félix foi o primeiro a dar a vida por Cristo.

Seguiram-se-lhe outros, que, sobrevivendo aos tormentos, foram levados à prisão, até que Saturnino, filho homônimo do presbítero, foi chamado à barra. O procônsul perguntou-lhe se havia assistido à reunião e o acusado lhe respondeu que era cristão. Advertido para que se limitasse a responder ao que lhe fora perguntado, disse Saturnino: "Celebrei o *dominicum*, porque o Cristo é o Salvador". Anulino mandou então que o estendessem no cavalete, que ainda estava molhado com o sangue do pai, sendo então lacerado sucessivamente com garfos, de forma que um líquido negro escorria até a extremidade do cavalete, de onde gotejavam o sangue do pai e o do filho, confundidos num fluxo único que já formava uma poça no chão. Por fim, o procônsul determinou que Saturnino fosse conduzido ao cárcere.

Já não havia acusados no tribunal, a não ser um menino de pouca idade, o qual Anulino quis confundir, preparando-lhe a resposta, previamente anunciada na pergunta. A Hilariano, que era o filho caçula de Saturnino, dirigiu o juiz a seguinte pergunta: "Foram teu pai e teus irmãos que te levaram à reunião, sem que soubesses do que se tratava, não é verdade?" A resposta foi decididamente negativa: "Sou cristão. Assisti às reuniões com meu pai e meus irmãos, mas por minha própria vontade." O procônsul, humilhado, mandou que o levassem para junto de seu pai na prisão. Hilariano respondeu: "*Deo gratias*".[1400]

Feita a conclusão do processo, o redator donatista, ou outro depois dele, acrescentou um apêndice que nada mais é que um concentrado de ideias donatistas, razão pela qual os críticos modernos não lhe atribuem crédito. Podemos supor, entretanto, que os encarcerados ou morreram na prisão em consequência de suas terríveis chagas ou foram executados por decapitação, como costumava ocorrer naquela região. De qualquer maneira, não é impossível que alguém tenha sobrevivido, mas disso não há prova alguma.[1401]

[1399] G. Ricciotti, *op. cit.*, p. 117.
[1400] G. Ricciotti, *op. cit.*, p. 119.
[1401] G. Ricciotti, *op. cit.*, p. 120.

5.1.2. Egito e Tebaida

Da África proconsular, através da Líbia e da Cirenaica, chegamos ao vale do Nilo, que além do Egito propriamente dito, compreendia ao sul a Tebaida. A perseguição se processou no Egito com particular ferocidade, como faz crer Eusébio, testemunha ocular dos fatos.

> "Ali, milhares e milhares de homens, juntamente com mulheres e crianças, suportaram pela fé no Salvador, diferentes gêneros de morte, desprezando a vida temporal. Uns, após serem torturados, com garfos, cavaletes, os mais cruéis açoites e outros tormentos inauditos que dá horror ouvi-los, eram queimados; outros eram lançados ao mar; outros, ainda, apresentavam valorosamente suas cabeças para a lâmina do verdugo. Estes morriam nos tormentos, aqueles sucumbiam de fome, aqueloutros eram crucificados, alguns segundo o modo usado com os malfeitores, o resto, de uma forma ainda pior, pregados com a cabeça para baixo, até que morressem por consunção".[1402]

Ouçamos agora outro depoimento, de mais uma testemunha ocular, Filéas de Tmuis, sobre a carnificina que cobriu de sangue as ruas de Alexandria:

> Que discurso bastaria para narrar a virtude e o valor que muitos deles demonstraram em cada um dos tormentos? Como a todos era permitido ultrajá-los, uns golpeavam-nos com paus, outros com varas, outros com açoites, a maioria com cordas. O espetáculo dos tormentos era variado e desbordava-se em maldade. Alguns, com as mãos atadas, eram erguidos pelos membros distendidos por pulias, ocasião em que, à distensão dolorosa somava-se à dor dos instrumentos de tortura. Outros, suspensos por uma mão, sofriam a dor mais espantosa que qualquer outra pela tensão das juntas e dos membros. Outros ainda eram pendurados em colunas, sem poderem apoiar os pés, de modo que as ligaduras, forçadas pelo peso do corpo, estrangulavam as articulações [...]. Em tais condições, alguns morriam durante os tormentos, vexando o adversário com sua constância; outros, encerrados meio mortos na prisão, expiravam ali, em poucos dias, sob cruéis padecimentos; os restantes, obtida a cura, com o tempo e com a permanência no cárcere, se faziam mais atrevidos. Diante da alternativa de tocar o sacrifício imundo – e assim alcançar a liberdade – ou não sacrificar – incorrendo assim na pena de morte –, caminhavam, sem vacilação e alegremente, para a morte no patíbulo.[1403]

"Não era necessário ser cristão, observa Riccioti, para se comover com tais tormentos; bastava um coração humano, ainda que num peito pagão".[1404] Daí que não poucos foram os pagãos que se dispuseram a ajudar os perseguidos, seja com o socorro dos bens materiais, seja

---

[1402] *História eclesiástica*, VIII, 8.
[1403] Carta a Eusébio, *Apud* Eusébio, *op. cit.*, VIII, 10, 4-10.
[1404] G. Ricciotti, *op. cit.*, p. 123,

pelo refúgio que se lhes ofertava, mesmo que ao risco, se descobertos, de incorrerem nas mesmas penas de seus protegidos.[1405]

Eusébio faz referência também à violência que se imprimiu à perseguição em Tebas.

> Os sofrimentos e as dores dos mártires da Tebaida estão acima de qualquer discurso: eram despedaçados com conchas, em vez de unhas-de-ferro, até que expirassem; algumas mulheres eram suspensas por um pé, com a cabeça para baixo e completamente nuas, de modo que davam, a quem quisesse ver, um torpíssimo e crudelíssimo espetáculo, de todos o mais desumano. Outros morriam atados em troncos de árvores, que eram puxados por instrumentos até o limite máximo de curvatura, de forma que quando voltavam abruptamente à sua posição natural, os troncos levavam consigo os membros arrancados dos mártires. Todos estes suplícios eram realizados não por alguns dias ou por breve tempo, mas por um largo período de vários anos, durante os quais morreram, num só dia, às vezes mais de dez, às vezes mais de vinte, às vezes não menos de trinta e até sessenta, sendo certo que houve ocasião em que no mesmo dia foram mortos cem homens com seus filhos e mulheres, depois de padecerem vários e sucessivos suplícios.[1406]

Um desses mártires foi Pedro, bispo de Alexandria. Era titular do bispado da capital egípcia desde o ano 300, quando, pouco tempo depois, foi obrigado a se esconder para fugir da perseguição promovida por Maximino. De volta à cidade, então saturada das doutrinas de Orígenes, mostrou-se contrário ao ensinamento do grande teólogo Alexandrino, como que antecipando a posição que adotariam seus sucessores naquela sede episcopal: Alexandre e Atanásio.

Ao se reavivar a perseguição, Pedro se escondeu novamente, conquanto, desde seu refúgio, continuasse a dirigir a cristandade e a combater o cisma de Melécio. Mas, descoberto seu esconderijo, o bispo foi preso e decapitado em seguida, sem processo regular, por ordem direta de Maximino.[1407]

De Filéas, bispo de Tmuis, já falamos de sua carta, na qual deixou registrado os suplícios dos cristãos, que havia presenciado. Cumpre, agora, ocupar-nos dele, não mais como testemunha, mas como vítima. Filéas, antes de ser bispo, tinha se distinguido em cargos públicos, possuía uma excelente cultura filosófica, era jovem, nobre e muito rico. Tinha também mulher e filhos, que eram pagãos, a demonstrar que havia se casado antes de se converter ao cristianismo, pois, caso contrário, estaria impedido de tomar como esposa uma pagã.

Não sabemos em que circunstâncias Filéas foi capturado, mas não há dúvida de que já se achava preso, em Alexandria, antes do processo. Sabe-se também que, na época, Culciano ocupava o cargo de prefeito do Egito e de juiz no tribunal. A sala de audiências estava apinhada de admiradores, amigos, curiosos e parentes, dentre estes a mulher e os filhos do acusado.

Conduzido Filéas ao lugar reservado aos réus de crimes, disse-lhe Culciano: "Estás disposto a ver-te livre da loucura que tomou conta de ti?" – "Sempre fui senhor da minha razão e

---

[1405] Atanásio, *História arianorum ad monachos*, LXIV, *Apud* G. Ricciotti, *op. cit.*, p. 123-124.
[1406] *História eclesiástica*, VIII, 9, 1-5.
[1407] *História eclesiástica*, IX, 6, 2; Cf. VII, 32, 31.

continuo sendo." – "Sacrifica aos deuses." – "Não sacrifico". – "Por que?" – "Porque as sagradas e divinas Escrituras dizem: quem imolar aos outros deuses que não ao único Deus (*soli Deo*), será exterminado". – "Imola, pois, ao deus Sol (*deo Soli*)." (O juiz empregava o duplo sentido da palavra latina *soli*). – "Não imolo porque Deus não quer tais sacrifícios." O processo foi tomando, pouco a pouco, o caráter de uma discussão pessoal entre o juiz e o acusado. – "Com que sacrifícios Deus se compraz?" – "Com um coração puro, ânimo sincero e palavras verazes." – "Paulo e Moisés não imolaram?" – "Não." – "Deixa de tolices e sacrifica." – "Não mancharei minha alma." – "Paulo negou Cristo?" – "Não, jamais." – "Não era Paulo um ignorante, não era ele sírio e em siríaco pregava?" – "Não. Era hebreu e pregava em grego, além disso, era incomparável em sabedoria." – "Queres dizer que Paulo era maior que Platão?" – "Não somente maior que Platão, mas superior em prudência a todos os filósofos. Se queres, posso repetir aqui seus discursos." – "Sacrifica logo. Lembra do dever que tens para com tua mulher e teus filhos." – "Meu dever para com Deus é superior a qualquer outro."

Depois de uma incursão no campo cristológico, Culciano voltou ao ataque direto. – "Lembra-te que te dei tratamento de honra, podendo humilhar-te na tua própria cidade. E só o fiz porque queria honrar-te." – "Por isso te agradeço. Agora, termina o que começaste." – "Que desejas?" – "Faz uso de tua autoridade." – "Queres morrer sem motivo?" – "Não sem motivo, mas por Deus." O juiz então fez uma oportuna digressão, talvez como um respiradouro, mercê do qual pretendia contornar a situação de confronto e poupar a vida do acusado. – "Paulo era Deus?" – "Não. Era um homem semelhante a nós, mas trazia consigo o Espírito Santo, através do qual operava milagres, signos e prodígios". Culciano recorreu então a uma alternativa imprevista: "Dou-te a teu irmão para que te guarde." Essa atitude do magistrado não derivava logicamente do diálogo precedente, senão que obedecia à pressão exercida pela família de Filéas, presente no julgamento, sobre o juiz antes do processo. Filéas respondeu: "Faz o que tens que fazer; usa teu poder e cumpre o que te é mandado" – "Se eu soubesse que te achavas na miséria e que ela te levou a tal demência, não te perdoaria. Mas como tens muitos bens, tantos que poderias manter não somente a ti mesmo, mas provavelmente a toda província, por isso sou indulgente contigo e te peço que sacrifiques." – "Serei indulgente comigo mesmo não sacrificando. Portanto, não sacrifico." Não restava nenhuma outra saída. Nesse ponto, o juiz, inteiramente confuso, deveu dirigir o olhar para os parentes e amigos do acusado, como quem quer se isentar de culpa pelo rumo que o processo tomou, visto que, de sua parte, tudo havia sido feito para honrar o compromisso assumido com eles privadamente. – "Concedo-te tempo para que possas refletir". – "Tenho refletido muitas vezes e decidi padecer por Cristo". Culciano então pronunciou a sentença: a morte por decapitação. Com Filéas foi executado também e da mesma maneira Filoromo. Parece que seu martírio ocorreu em 306.[1408]

5.1.3. Palestina, Fenícia e Síria

De muitos mártires dessa região fala individualmente Eusébio, mas os mais interessantes sob certo aspecto são os que adotaram uma atitude mais ou menos agressiva diante dos magistrados pagãos.

[1408] G. Ricciotti, *op. cit.*, p. 126-131.

Um caso típico é de Alfiano, que tinha convivido longo tempo com Eusébio. Natural de Lícia, rico e de família pagã, havia estudado em Berito (Beirute), onde seguira o curso de Direito e provavelmente se tornou cristão. De retorno à pátria, se convenceu de que ali não poderia viver segundo a sua nova fé, pelo que se transferiu para Cesaréa da Palestina, passando a se dedicar especialmente ao estudo das Sagradas Escrituras. Quando em 306 Maximino reacendeu a chama da perseguição, que estava languidescendo, os pregoeiros saíam às ruas exortando a população à prática do sacrifício. Um dia, tomado de justa cólera contra essas exortações sacrílegas, Alfiano se dirigiu ao palácio do governador, burlando a vigilância da guarda, precisamente no instante em que se faziam libações. Lançar-se sobre a mão que segurava o cálice profano foi um ato inelutável, ao que se seguiu uma enérgica advertência de que só ao Deus único se deve prestar culto. Preso por ordem do governador Urbano, Alfiano sofreu vários e pavorosos tormentos, até que meio morto foi lançado ao mar, em fevereiro de 306.[1409]

Alfiano tinha um irmão chamado Edésio, digno dele, que se comportou de uma forma ainda mais enérgica frente às injunções do paganismo. Era mais erudito que seu irmão e alardeava o saber filosófico, cobrindo-se com o manto de filósofo por onde quer que andasse. Depois de suportar trabalhos forçados nas minas da Palestina, por causa de sua fé, em nome dela também tomou-se de indignação no tribunal de Alexandria, cidade para onde viera residir, ao presenciar a forma abjeta com que eram tratados varões ilustres e venerandas matronas, uns com extrema crueldade, outras como prostitutas, unicamente porque professavam o cristianismo. Edésio não pôde conter-se e, aproximando-se do juiz, não só cobriu-o de reprimendas, mas, como diz Eusébio, às palavras acrescentou fatos, vale dizer, em linguagem corrente, deu-lhe socos e pontapés. O intrépido cristão teve a mesma sorte que o finado irmão, não sem antes, a exemplo deste também, padecer os mais refinados tormentos.[1410]

Na cidade de Sirmio, provavelmente em 304, foi preso Irineu, bispo da cidade, acusado de prática de cristianismo, pelo que foi levado à presença de Probo, governador da província. Sua paixão, inteiramente digna de fé, se fundamenta nos processos verbais do tribunal, com pouquíssimos aditamentos da lavra do redator, que a redigiu no final do século IV. Provinha de uma família abastada, era ainda muito jovem e tinha mulher e filhos.

Intimado repetidas vezes a sacrificar, Irineu se recusou a fazê-lo. O governador então apertou as torqueses do aparelho de tortura: "Ou sacrificas ou te submeto a tormentos." – "Alegrar-me-ei se o fazes, pois assim serei partícipe dos padecimentos de meu Senhor." – "Que dizes, Irineu?" – "Pela boa confissão sacrifico ao meu Deus, a quem sempre sacrifiquei."

Mais terrível que os tormentos foi o pavor que se abateu sobre os familiares e amigos que assistiam ao interrogatório. Gritando e chorando, todos pediam ao acusado que cedesse: os pais lhe rogavam, os filhos abraçavam seus pés, a mulher o implorava, "por seu rosto e por sua idade", como diz o redator, ao qual devemos conceder a palavra, já que sabe empregá-la egregiamente: "Todos os parentes, condoídos, choravam, gemiam os criados, ululavam os vizinhos e se lamentavam os amigos. Clamando em voz alta, todos lhe diziam: Tem piedade da tua adolescência. O mártir não dizia nada. Interveio novamente o governador, exortando-o a falar: Que dizes? Pelas lágrimas dos que choram por ti, abandona tua loucura e sacrifica. – 'Atendo os anseios da minha alma não sacrificando'". Depois dessa resposta, Probo fê-lo conduzir à prisão, onde permaneceu por vários dias submetido a dolorosos tormentos.

[1409] G. Ricciotti, *op. cit.*, p. 136.
[1410] G. Ricciotti, *op. cit.*, p. 136-137.

Passado esse tempo, Probo voltou à carga, celebrando uma sessão noturna no tribunal. Introduzido o acusado, disse-lhe o juiz: "Poupa-te dos sofrimentos, Irineu, e sacrifica." – "Não esperes tal coisa de mim, cumpre teu dever." Probo, diante da resposta de Irineu, se encolerizou de tal forma que mandou açoitá-lo: "Tenho Deus por mim, disse o mártir, Deus, a quem, desde a mais tenra idade, aprendi a venerar. Adoro o meu Deus, que em tudo me conforta e só a Ele sacrifico." – "Tens mulher?" – "Não tenho." – "Tens filhos?" – "Não tenho." – "Tens parentes?" – "Não tenho." – "Quem era então aquela gente que chorava na sessão anterior?" – "Há um preceito de Nosso Senhor Jesus Cristo que diz: quem ama a seu pai, a sua mãe, a sua mulher ou a seus filhos mais do que a mim, não é digno de mim." – "Ao menos pelo bem deles, sacrifica." – "Meus filhos têm Deus por eles, assim como tenho Deus por mim. Faze o que te é mandado fazer. Hás de ver quanta força me dará Jesus contra tuas insídias." – "Vou proferir sentença contra ti." – "Alegrar-me-ei, se o fizeres." Foi então exarada sentença nestes termos: "Ordeno que Irineu, que não obedeceu as ordens imperiais, seja lançado ao rio." Irineu respondeu: "Estava esperando múltiplas ameaças e muitos tormentos, depois dos quais suspeitava morrer pela espada. Mas nada disso fizeste. Por isso te suplico que o faças, para que vejas até que ponto os cristãos podem desprezar a morte pela fé que tem em Deus." Enfurecido, Probo então ordenou que a execução se fizesse por decapitação, seguida da imersão do corpo no rio. O martírio ocorreu, provavelmente, em 6 de abril.

Ao norte da Palestina se estendia a Fenícia, que tinha Tiro por capital. Dos fatos ocorridos nessa região, também fala Eusébio como testemunha ocular.

Das várias e insólitas execuções aí registradas, há que se recordar as de Ulpiano e de Teodósia. O jovem Ulpiano foi submetido primeiro à flagelação usual, depois aplicou-se-lhe um gênero de morte reservado aos parricidas, mais que já de longa data não era mais utilizado. Consistia em encerrar o condenado em um saco feito com pele de boi; dentro do saco eram colocados, juntamente com o condenado, um cão e uma serpente, de modo que os três seres vivos ensacados e lançados ao mar, antes de morrerem por asfixia, causassem uns aos outros ferimentos dolorosos e letais. Esse suplício havia sido abandonado, por ser extremamente cruel, até mesmo para os parricidas. Mas, por se tratar de um condenado por crime de cristianismo, sua vigência foi recobrada, porque um cristão era então mais execrável que um parricida. Ulpiano morreu no ano de 306 em Tiro.[1411]

Era de Tiro, mas morreu em Cesaréa, a virgem Teodósia, que não havia chegado sequer aos dezoito anos de idade. Fora visitar alguns cristãos, que aguardavam presos o dia do julgamento. Teodósia aproximou-se dos cristãos, não só para saudá-los, mas também para pedir que se lembrassem dela na presença do Senhor. Esse é um claro testemunho do que pensavam os cristãos a respeito da intercessão dos mártires depois da morte. Seu desejo foi satisfeito mais rapidamente do que imaginava. Presa imediatamente pelos soldados, em razão daquele revolucionário colóquio, foi conduzida à presença do governador e logo submetida à tortura: teve as costas e o peito lacerados, tanto e com tal crueldade, que seus ossos ficaram expostos. Mas, ainda respirava e sorria, quando foi jogada no mar. Era o ano 307.[1412]

Quando a perseguição chegava ao fim, talvez no ano 311, foi martirizado Silvano, bispo de Emesa na Fenícia superior, ao sul da Síria. Era muito idoso e bispo desde os tempos de Aure-

---

[1411] G. Ricciotti, *op. cit.*, p. 139.
[1412] G. Ricciotti, *op. cit.*, p. 139.

liano, permanecendo, a partir de então até o seu martírio, na direção de sua cristandade durante quarenta anos. Foi jogado às feras juntamente com dois membros de seu clero.[1413]

Ladeando outros martírios singulares da Fenícia, é de rigor uma especial referência ao relato que Eusébio faz da matança dos cristãos, em sua maioria egípcios, que foram lançados às feras em Tiro.

> Nós mesmos assistimos a tais acontecimentos. Durante muito tempo as (feras) devoradoras de homens não ousavam tocar nem sequer se aproximar dos amigos de Deus. Lançavam-se precisamente contra os outros (os pagãos), que com estímulos as excitavam. Ainda que estivessem de pé e nus e com as mãos fizessem gestos – como lhes era mandado –, para atrair as feras, os cristãos não foram incomodados por elas. Se por acaso se lançavam também contra eles, se sentiam repelidas como que por uma força divina e voltavam a retroceder. Esta situação perdurou por longo tempo e causou não pouca surpresa, aos espectadores, que perplexos assistiam, após a hesitação da primeira fera, se soltarem uma segunda e ainda uma terceira contra o mesmo mártir. Era coisa para admirar ver a impávida constância daqueles santos e a resistência inflexível daqueles corpos jovens. Assim, podia-se ver um destes, que não tinha nem vinte anos, sem cadeias e de pé, com os braços estendidos em forma de cruz, dirigir preces a Deus, enquanto ursos e leopardos furiosos quase lhe tocavam as carnes, sem que se saiba de que maneira, por uma força divina e arcana, tinham as fauces fechadas e prontamente recuavam. Podiam-se ver outros – eram cinco ao todo – expostos a um touro furioso, que com cornos afiados arremessava para o alto os estranhos (os pagãos), deixando-os meio mortos, mas que nada podia contra os sagrados (cristãos), investindo apenas de um lugar para outro, sem avançar, contido como estava pela santa providência. Posto que não lhes fizera mal, foram enviadas contra os mártires outras feras. Por fim, depois destes terríveis e diversos assaltos, foram todos decapitados e seus corpos mutilados; em vez de entregues à terra, foram lançados nas ondas do mar.[1414]

Indo para o norte da Fenícia, entrava-se na Síria, que tinha por capital a cidade de Antioquia. Nessa região, como nas demais do Oriente, a perseguição se tornava cada vez mais cruenta, mas, com a particularidade de se dirigir também contra a castidade e o pundonor cristãos, procedendo principalmente contra as mulheres com desabrida impudência.

Com efeito, a pagã Antioquia tinha sido um centro renomado de corrupção e seguiu sendo em grande parte dos tempos cristãos. Quem não se lembra das torpezas de Maximino, César do Oriente, a quem os historiadores contemporâneos pintam como um caso assombroso de luxúria? Dos muitos e acerbos detalhes referidos por Lactâncio, é suficiente recordar que Maximino tinha um serviço bem organizado de criados, que espreitavam as mulheres, casadas ou solteiras, nobres ou plebeias, nas mansões ou nas choupanas, para saciar o ardor lúbrico do César.[1415] Isso

---

[1413] G. Ricciotti, *op. cit.*, p. 139-140.
[1414] *História eclesiástica*, VIII, 7, 2-6.
[1415] *Op. cit.*, XXXVIII; cf. Eusébio, *op. cit.*, VIII, 14, 12.

sucedia em todas as cidades visitadas por Maximino. Se assim se portava quem estava acima de todos, imagine-se o que se fazia quando tal exemplo era seguido por seus delegados e funcionários subordinados, notadamente contra os cristãos, ou melhor, as cristãs, a respeito das quais tudo estava permitido, porque os filhos da Igreja estavam marcados com anátema pelo império.[1416]

Falando em geral, Eusébio recorda os muitos casos de pessoas que se lançavam do alto das casas, com o fim de escapar de seus perseguidores, para se furtarem, com o suicídio, à perversidade dos ímpios – Em um deles, três foram as protagonistas da tragédia familiar: a mãe, Domnina, e suas duas filhas, Berenice e Prosdoces. As três eram muito conhecidas em Antioquia, talvez pela santidade de seus costumes e pela fidelidade à religião, que as movia a um permanente retiro. Ao agravar-se a perseguição, viram-se expostas ao perigo que ameaçava a vida de todos os cristãos, mais particularmente o pundonor das mulheres, em especial as belas e ricas. Tomaram então uma decisão radical: abandonar não somente a insegura Antioquia, mas também a própria Síria, o que significava dizer que quanto mais longe chegassem, mais seguras se sentiriam. Com esse propósito, depois de uma longa viagem, as três mulheres chegaram a Edessa, a cidade que por muito tempo serviu de asilo a muitos cristãos, onde permaneceram em paz por alguns meses. Entretanto, seu desaparecimento de Antioquia, ou por ter sido súbito ou por não apresentar uma causa manifesta, chamou a atenção da cobiça dos perseguidores, que as queriam de volta: uns pelo dinheiro que tinham, outros, pela luxúria que as cristãs lhes despertavam. O marido de Domnina durante esse tempo permanecia em Antioquia, tranquilamente, provavelmente porque era pagão, de modo que os agentes imperiais começaram a trabalhá-lo, até que um dia arrancaram dele o paradeiro da mulher e das filhas. Edessa ficava muito distante de Antioquia, mas a importância da presa compensava as fadigas de uma viagem longa. Segundo Crisóstomo, o próprio marido acompanhou a expedição de captura. Durante a viagem de regresso a Antioquia, aconteceu a tragédia: as três mulheres, de comum acordo, se jogaram num rio para escapar, não tanto dos tormentos que as aguardavam, como sobretudo da prostituição. Eusébio e Crisóstomo, de um lado, e Ambrósio, de outro, divergem quanto ao momento exato do fato desastroso: se antes ou depois da captura. De qualquer modo, o suicídio das três cristãs teve uma causa justificadora, pela defesa da qual obtiveram a coroa do martírio.[1417]

Um mártir de Antioquia, digno de particular menção, é Luciano, celebrado em toda antiguidade por seus doutos trabalhos sobre o texto grego da Bíblia. Segundo São Jerônimo, a variante bíblica feita por Luciano era a que predominava nas regiões de Constantinopla e de Antioquia. A homilia em sua honra, composta por Crisóstomo[1418], é de tom oratório e contém detalhes duvidosos, sendo certo que a lenda posterior elaborou uma narrativa ampliada de sua pessoa, acrescentando linhas tomadas até de mitologia pagã.

Eusébio consigna que Luciano, preso, foi conduzido a Nicomédia, onde residia então o imperador, em cujo tribunal o cristão fez uma apologia de sua crença, pelo que foi posto no cavalete, vindo a expirar pela tortura em 7 de janeiro de 312. Seu cadáver foi transportado a Drepano, na Bitínia, que Constantino chamou depois Helenápolis em honra de sua mãe Helena, que era muito devota de Luciano. Sobre sua tumba foi construída uma basílica.[1419]

[1416] G. Ricciotti, *op. cit.*, p. 141.
[1417] G. Ricciotti, *op. cit.*, p. 142.
[1418] Migne, *Patrologia grega*, L, 519-526, *Apud* G. Ricciotti, *op. cit.*, p. 143.
[1419] *Op. cit.*, VIII, 13, 2.

5.1.4. Ásia Menor

O itinerário que nos propusemos nos conduz mais ao norte, isto é, da Síria à Ásia Menor, onde o cristianismo havia penetrado desde a época do apóstolo Paulo. Nosso principal guia, Eusébio, infelizmente, nos abandona aqui, sem que nenhum outro testemunho histórico possa supri-lo condignamente.

Não faltam paixões de mártires relativas a essas regiões, mas em geral gozam de escasso crédito, ou seja, constituem narrações tardias que podem ter incorporado notícias fidedignas, muitas delas, porém, mescladas com alguns outros elementos que merecem pouca fé ou nenhuma.

Isenta de muitos detalhes, mas absolutamente digna de fé é a história da viúva Julita, ocorrida em Cesaréa da Capadócia. Dela não temos nenhuma paixão, mas apenas um discurso em seu louvor, pronunciado pelo grande Basílio, que aliás era natural da mesma cidade.

Julita era muito rica, possuía terras, gados e muitos escravos. Todo esse patrimônio havia suscitado a cobiça de um dos mais poderosos cidadãos, o qual, com fraudes e artifícios mesquinhos, começou a despojá-la de seus bens, o que não era difícil fazer, tratando-se de uma viúva, cujos direitos, como os do órfão, não eram tutelados na antiguidade, especialmente no Oriente. Depois das terras, passou o usurpador aos bens móveis, que pouco a pouco fazia transportar para sua própria casa. A viúva defraudada recorreu aos tribunais, mais em vão: para ela não havia recursos que interpor nem ação que intentar contra quem já havia previamente comprado testemunhas e subornado juízes. Em vão Julita expôs sua justa pretensão e as fraudes do usurpador, pois este tinha, a seu favor, uma arma infalível da qual poderia se servir a qualquer tempo contra sua oponente que era cristã, vale dizer, a presumida incapacidade do cristão de estar em juízo. O ladrão arguiu uma exceção que custa a crer que o direito romano a contemplasse: sustentou que a demandante não poderia ser ouvida nem instaurar processo se previamente não sacrificasse aos deuses do império. Instada a fazê-lo pelo juiz, agora sob pena de incorrer em sanções gravíssimas, Julita negou-se incondicionalmente. O juiz se irritou e insistiu para que ela realizasse o rito sacrificial, de modo a afastar a punição por demanda temerária. Mas Julita permaneceu inabalável: "Sou escrava de Cristo". Na última alternativa entre sacrificar ou terminar seus dias na fogueira, escolheu ela a fogueira, na qual morreu alguns dias depois.[1420]

Ao nordeste da Ásia Menor estava a região do Ponto, cujas margens eram banhadas pelo Mar Negro e que tinha como capital a Neocesaréa. Dali eram os antepassados de Basílio, que se esquivaram da perseguição refugiando-se nas selvas. Antes de abandonar-nos como guia, Eusébio nos oferece um sumário dos atos cruéis perpetrados no Ponto durante a perseguição. Ei-lo:

> Os sofrimentos suportados pelos (cristãos) do Ponto foram horríveis. Uns tinham a cavidade das unhas perfurada por instrumento pontiagudo; sobre as costas de outros era derramada matéria incandescente, produto da fundição de chumbo em fornalhas; outros ainda sofriam dores intensas nas regiões íntimas e nas entranhas, que lhes infligiam os juízes respeitosos da lei, os quais, fazendo ostentação de sua crueldade, como de uma sábia virtude, procuravam com emulação fabricar os mais novos tormentos e superar-se uns aos outros como numa competição de prêmios.[1421]

[1420] P. Allard, *op. cit.*, Tomo 1, p. 346-348.
[1421] *História eclesiástica*, VIII, 12, 6-7.

Com exceção desse relato sumário, não temos notícias particulares acerca da perseguição no Ponto. Também Gregório Nazianzeno, coetâneo e amigo de Basílio, se cinge a generalidades ao falar da perseguição nessa região.

5.1.5. Macedônia, Trácia, o Ilírico e Récia

Deixando a Ásia Menor, entramos na Europa pela Macedônia, como precisamente o fez Paulo. Ali faremos nossa primeira parada em Tessalônica, que foi evangelizada pelo próprio apóstolo dos gentios.

Ao publicar-se o primeiro édito de perseguição, que ordenava a entrega e a destruição das Sagradas Escrituras, havia em Tessalônica três irmãs que, em vez de obedecerem às ordens editalícias, esconderam diligentemente em sua casa cópias dos livros santos, fugindo depois para as montanhas. Chamavam-se Ágape, Irene e Quiônia. Depois de algum tempo de vida errante, as três irmãs voltaram à casa, onde foram presas e levadas ao governador da Macedônia, Dulcídio. Foram presos e interrogados juntamente com elas um homem, Ágaton, e três mulheres, Cássia, Felipa e Eutíquia, todos cristãos.

As atas das três irmãs, nas quais figuram os outros mártires só de um modo secundário, baseiam-se nos respectivos interrogatórios, que um autor mais recente consolidou, acrescentando uma introdução e uma conclusão.

Em março de 304 os acusados foram interrogados por Dulcídio, que primeiro fez ler o informe da prisão, consistente na acusação de que todos se recusavam a comer carnes imoladas aos ídolos. Terminada a leitura, passou-se ao interrogatório.

Dulcídio começou lamentando o fato que embasava a acusação: "Que loucura tão grande é a vossa de se recusarem a obedecer os mandatos religiosíssimos de nossos imperadores e césares!" Logo, voltando-se para Ágaton, perguntou-lhe: "Por que tu, que cumpres teus deveres de cidadão, não cumpres, porém, os religiosos para com os deuses do império?" Ágaton respondeu: "Porque sou cristão." – "Ainda persistes em teu propósito?" – "Decididamente, sim."

Então Dulcídio se dirigiu às mulheres: "E tu, Ágape, que dizes?" – "Eu creio no Deus vivo e não quero perder a consciência das boas ações". Análogas foram as respostas das outras acusadas, Quiônia, Irene, Cássia, Felipa e Eutíquia. Dando-se conta de que Eutíquia estava grávida, o juiz lhe perguntou: "Tens marido?" – "Morreu." – "Quando?" – "Há uns sete meses." – "E de quem estás grávida?" – "Do esposo que Deus me deu." – "Como, pois, estás grávida se dizes que teu marido morreu?" – "Ninguém pode conhecer os desígnios do Deus onipotente. Assim o quis Deus." – "Exorto-te Eutíquia, desiste dessa loucura. Queres obedecer o édito real?" – "De nenhuma maneira. Sou cristã, serva do Deus onipotente." Então o juiz replicou: "Posto que Eustíquia está grávida, que seja recolhida momentaneamente à prisão."

Em seguida, o juiz renovou as interrogações e exortações relativamente às outras mulheres. A Quiônia perguntou: "Tens os comentários dos ímpios cristãos ou pergaminhos ou livros?" – "Não temos nenhum, presidente. Os que possuíamos, nos foram tirados por ordem dos imperadores." Vendo que resultava inútil toda insistência, Dulcídio proclamou a sentença: Ágape e Quiônia, por se terem rebelado contra os éditos dos Augustos e Césares, praticando a execrável religião cristã, foram condenadas às chamas. Os demais, Ágaton, Cássia, Felipe e Irene deviam permanecer à sua disposição na prisão, juntamente a Eutíquia.

As duas condenadas terminaram seus dias na fogueira. Nesse meio tempo, os agentes de Dulcídio encontraram cópias das Escrituras Sagradas, consistentes em pergaminhos, táboas, páginas e livros, tudo habilmente escondido na casa das três irmãs. Os objetos encontrados eram uma prova evidente da obstinação de Irene, a sobrevivente, que não cedera até mesmo diante da execução de suas duas irmãs. Ainda assim, Dulcídio fez uma nova tentativa em relação a esta: por um excesso de benignidade, o juiz prescindiria de toda prova incriminadora, devolvendo a liberdade à acusada, caso ela se dispusesse a comer a carne imolada aos deuses. Irene respondeu: "De forma alguma. Não o faço pelo meu Deus onipotente, que criou o céu e a terra, o mar e tudo o que neles existe. A suma pena do fogo sempiterno está destinada aos que negam a Jesus, o verbo de Deus." Após formular algumas perguntas tendentes a descobrir implicados na conspiração e se convencendo da insanidade do interrogatório, Dulcídio decidiu prolatar a sentença. As outras irmãs morreram na fogueira, mas para esta se impunha uma pena ainda mais grave e mais exemplar. O juiz pensou bem, voltou-se para Irene e anunciou a decisão:

> Não mandarei que saias repentinamente desta vida como aconteceu com tuas irmãs. Assim, ordeno aos guardas e a Zósimo, verdugo público, que te levem ao lupanar e aí te deixem nua. Cada dia receberás do palácio um pão e os guardas não permitirão que te afastes dali.

Voltando-se então para o verdugo Zósimo e para os guardas, advertiu-os de que pagariam com a morte se descumprissem a ordem que lhes era dada. Esta, no entanto, não foi cumprida, não por prevaricação dos guardas, mas por piedade em relação à condenada. Informado dos fatos, Dulcídio proferiu nova decisão, dessa vez sentenciando Irene a morrer na fogueira, como suas duas irmãs. O martírio da cristã ocorreu em abril de 304. Nada sabemos sobre os outros acusados, Ágaton, Cássia, Felipa e Eutíquia, talvez porque o compilador das atas, concentrando toda sua atenção nas três irmãs, não se preocupou em consultar os processos verbais relativos aos outros mártires.[1422]

Cidade importante da província da Sávia, na Ilíria, era Siscia, cujo bispo Quirino morreu mártir. De seu suplício, além da paixão, chegada até nós, falam também Prudêncio[1423] e São Jerônimo[1424], este indicando como data do martírio a Olimpíada de 271, ou seja, o ano de 308. Preso em Siscia, Quirino foi enviado a Amâncio, governador da Panônia, que o interrogou no teatro público, na cidade de Sabácia. Negando-se a sacrificar, Quirino foi precipitado, com uma pedra de moinho no pescoço, do alto de uma ponte, nas águas de um rio que passava embaixo. Ao que parece, o martírio ocorreu em 5 de junho de 308.[1425]

Outra vítima ilustre foi Vitorino, bispo de Petóvio, muito estimado na antiguidade por sua cultura. São Jerônimo o apreciava muito, considerando-o quase como seu compatriota. Entretanto, Vitorino devia ser originariamente grego, pois empregava muito melhor a língua grega que a latina. De seus numerosos escritos fala São Jerônimo[1426], conquanto quase nada, infelizmente, tenha chegado até nós. Jerônimo diz que Quirino morreu mártir e um martirológio atribui o martírio à perseguição diocleciana.[1427]

[1422] G. Ricciotti, *op. cit.*, p. 146-150.
[1423] *Peristephanon*, VII.
[1424] *Chronicon*, Apud G. Ricciotti, *op. cit.*, p. 164.
[1425] G. Ricciotti, *op. cit.*, p. 164.
[1426] *De virus ilustribus*, 74, Apud G. Ricciotti, *op. cit.*, p. 164.
[1427] G. Ricciotti, *op. cit.*, p. 164-165.

Saindo do Ilírico setentrional e avançando para o oeste, passamos à "diocese" da Itália, que compreendia várias províncias, entre as quais se contavam as duas da Récia, a primeira e a segunda, que eram mais ao norte. A Récia segunda tinha por capital a cidade *Augusta Vindelicorum*, a atual Augsburg, onde vivia a mártir Afra, figura excepcional, porque antes de se tornar cristã, era prostituta.

Podem distinguir-se, *grosso modo*, duas partes de sua paixão. A primeira, que trata da sua conversão, deve ser rechaçada sem vacilação, porque é uma mescla de fábulas baseadas em erros históricos grosseiros; a segunda é de muita melhor qualidade, ainda que contenha, também, aqui e ali, elementos inexatos e suspeitos. Essa parte foi redigida na primeira metade do século V, tendo por fundamento sólidas reminiscências.

É muito provável que, ao ser presa, Afra não tivesse ainda recebido o batismo, mas fosse apenas uma catecúmena. Não sabemos, por outro lado, quando abandonou sua ominosa ocupação, mas o certo é que a simples lembrança dos dias em que se dedicou a ela lhe causava indizíveis ânsias de arrependimento, somadas ao desejo incontrolável de repará-los. Odiando os recursos auferidos no passado com a prostituição, quis distribuí-los aos pobres, os quais, cientes da proveniência da dádiva, recusaram-se a aceitá-la, a exemplo do que se lê no Antigo Testamento, segundo o qual o dinheiro assim obtido se reputava infame.[1428]

Presa em plena perseguição, provavelmente em 304, foi levada à presença do juiz Gaio, que a intimou a sacrificar, não sem antes adverti-la de que era melhor fazer o sacrifício, e continuar vivendo, do que não fazê-lo e morrer sofrendo. Afra respondeu que bastavam os pecados que cometera quando ainda não conhecia Deus, aos quais se negava, portanto, a acrescentar esse outro. Gaio insistiu: "Vai ao *campidoglio* e sacrifica." – "O melhor *campidoglio é Cristo, que tenho sempre ante os meus olhos.l A ele confesso todos os dias meus delitos e meus pecados.*" – "Pelo que sei, és prostituta, portanto és alheia ao Deus dos cristãos: sacrifica, então, que nada irás perder". – "Meu senhor Jesus Cristo disse que baixou do céu por amor aos pecadores. Seus Evangelhos, com efeito, dizem que uma meretriz regou com lágrimas seus pés e recebeu indulgência..." – "Sacrifica, assim serás bem acolhida por teus clientes, que te darão muito dinheiro." – "Já me desfiz do dinheiro que amealhei, o qual tão oprobrioso era, que até mesmo os pobres não quiseram aceitá-lo, ainda que com a recomendação de que orassem por meu perdão." – "Agora não és mais amada por Cristo. Sendo meretriz, não podes chamar-te cristã." – "Não mereço, na verdade, ser chamada cristã; mas a misericórdia de Deus, que julga não conforme ao mérito, mas segundo a piedade, me conta entre seus eleitos." – "Como sabes disto?" – "Não fui afastada da face de Deus porque me foi concedida a graça de confessar seu santo nome, pelo que, creio, receberei a indulgência de todos os meus pecados." – "Tudo o que dizes são fábulas. Sacrifica aos deuses e obterás a salvação." – "Minha salvação é o Cristo, que elevado na cruz, prometeu o paraíso ao ladrão que o confessava." – "Sacrifica, se não teus amantes, com os quais viveste torpemente, pegar-te-ão com *cathomis*." (significado incerto). – "Não me envergonho de nada, a exceção dos meus pecados." – "Acabemos com isso. Sacrifica aos deuses logo, já que é indecoroso para mim discutir contigo tanto tempo. Se não o fazes, morrerás." – "É o que desejo, ainda que o não mereça, para fazer-me digna de achar repouso. Receba tormentos o corpo, com o qual pequei, mas não mancharei minha alma com os sacrifícios oferecidos aos demônios."

[1428] Deuteronômio, 23,18; Miquéas, 1,7.

Então o juiz pronunciou a sentença: "Afra, meretriz pública, que confessou ser cristã e não quis participar dos sacrifícios, será queimada viva. É o que mandamos que se cumpra."

Afra foi conduzida sem demora a uma pequena ilha do rio que corria perto da cidade, onde a amarraram a um poste, enquanto ela rezava e suspirava com os olhos erguidos para o céu. Sem demora ateou-se o fogo na lenha acumulada em torno dela, de modo que o calor e a fumaça a envolvessem completamente. Alguns instantes depois, ouviu-se a voz de Afra dando graças a Deus e oferecendo-se em holocausto por Ele. O martírio ocorreu provavelmente em 7 de agosto.[1429]

5.1.5. Itália e o resto da Europa Ocidental

Essa região comparada às da África e às da Ásia, que acabamos de estudar, foi mais poupada da fúria persecutória que afligiu as populações destas últimas. A causa é simples. Sabemos que Constâncio, de quem dependia grande parte da Europa ocidental, jamais fomentou a perseguição e, sempre que lhe foi possível, procurou atenuar os éditos sangrentos que vinham do Oriente. Também Severo, primeiro seu César, depois Augusto, desempenhou durante muito pouco tempo tais cargos, sendo certa, ademais, sua notória indiferença pelos cristãos. Apesar de tudo, houve muitas vítimas na Itália no período anterior a Majêncio, assim como em outras regiões da Europa ocidental, em razão do zelo persecutório de fanáticos magistrados.

Infelizmente, de todos os mártires ocidentais temos escassas notícias, algumas delas poéticas, outras produtos de lendas. Isso não quer dizer, porém, que o mártir seja lendário, ainda que o seja a sua paixão, posto que sua realidade histórica, frequentemente, vem demonstrada por outros documentos autênticos e seguros, que muitas vezes são de natureza arqueológica.

Começamos por Roma e por uma célebre mártir romana: por Inês, cujo martírio pode atribuir-se com muita probabilidade à perseguição diocleciana. Sua paixão, falsamente atribuída a Ambrósio, e posterior ao século V, tem escassíssima autoridade histórica. Entretanto, falam da mártir, ainda que de uma maneira vaga ou discordante, a *Depositio martyrum* de 336, o Martirológio de Cartago, Ambrósio[1430], o papa Dâmaso, em versos que se conservam na lápide original, fixada no muro da basílica dedicada à mártir, Prudêncio[1431] etc. De tudo isso, mais os dados arqueológicos conservados na aludida basílica, se deduz que Inês foi morta, aproximadamente, aos doze anos de idade, quiçá decapitada (Ambrósio, Prudêncio) ou talvez queimada (Dâmaso). Costuma-se relacionar seu martírio com o propósito que tinha de conservar a virgindade.

O cadáver de Inês foi depositado num antigo cemitério cristão, situado à esquerda da via Nomentana. Sobre a sua tumba, Constantina, filha de Constantino, fez construir uma basílica, pouco antes de 350.[1432]

Outro mártir conhecidíssimo é o militar Sebastião, cuja história foi artificiosamente unida à dos mártires Marco, Marcelino, Cástulo e de quatro oficiais *Cornicularii*. Sua paixão é do século V e tem como protagonista um personagem amplamente modelado pela lenda. Conta-se que era oriundo de Narbona e fora educado em Milão. Predileto de Diocleciano, foi posto à frente da primeira coorte. Graças a essa graduação pôde, durante a perseguição, ajudar secretamente os cristãos romanos encarcerados.

[1429] G. Ricciotti, *op. cit.*, p. 165-167.
[1430] Ambrosio.
[1431] *Peristephanon*, XIV.
[1432] Esse cemitério foi objeto de descoberta arqueológica, feita por M. Armelini e J. B. de Rossi, em 1865. Cf. G. Ricciotti, *op. cit.*, p. 169.

Quando o imperador Diocleciano, encolerizado contra os cristãos, quis constrangê-los à apostasia, mandou que ídolos fossem colocados nos mercados, nas ruas, juntos das fontes, nas margens do rio, assim como proibiu que se pudesse comprar ou vender algo, retirar água ou levar trigo ao moinho, sem que fosse oferecido um sacrifício aos deuses. O papa Caio escondeu uma parte dos cristãos nos vastos domínios que Cromácio, o prefeito convertido pelo mártir, possuía na Campânia, ao mesmo tempo que nomeou Sebastião defensor da Igreja, em ordem a garantir a proteção dos cristãos residentes em Roma. O comandante da primeira coorte tinha, com efeito, grande facilidade em prestar socorro aos seus irmãos na fé, de maneira a impedir que se executasse, contra eles, o édito imperial com excessivo rigor. Houve, entretanto, um grande número de mártires, cujos corpos eram frequentemente abandonados aos cães e aos abutres. A exemplo de Tobias, Sebastião, acompanhado de alguns padres, recolhia pacientemente essas preciosas relíquias, espalhadas pelas ruas de Roma e as levava às catacumbas, onde eram reunidas às dos demais fiéis defuntos. Foi assim que o mártir recolheu e sepultou, dessa vez com Milcíades, quatro soldados, corajosos mártires, que a Igreja honra sob o nome dos quatro santos coroados.

Enfim o defensor da Igreja foi preso, provavelmente surpreendido no exercício da caridade. Em razão do seu cargo, o prefeito de Roma deu ciência da prisão a Diocleciano, que mandou trazê-lo junto a si para interrogá-lo. "Por que conspiras contra mim e contra os deuses?", perguntou o imperador. – "Eu sempre pedi ao Cristo por tua segurança; é pela paz do império que eu sempre adorei Aquele que reina nos céus, pois é uma insensatez pedir socorro às pedras." Diocleciano, furioso, ordenou que o amarrassem a uma pilastra no meio do campo de Marte, onde se faziam exercícios militares, para aí fazê-lo de alvo aos arqueiros. O corpo eriçado de flechas e estendido no chão foi deixado assim, pois acreditavam-no morto, até que uma viúva Irene, cujo marido tinha sido oficial do palácio, veio buscar o corpo para sepultá-lo. Vendo que Sebastião ainda vivia, levou-o consigo para sua casa, onde cuidou de suas feridas, de modo que, em pouco tempo, o mártir se recuperou. Aconselhado pelos irmãos a fugir, Sebastião tomou a resolução de encontrar os soberanos, Diocleciano e Maximiano, no próprio palácio imperial, mais precisamente no patamar de Heliogábalo, junto à escada, por onde não tardaram em descer os imperadores. Sebastião postou-se à frente deles e disse:

> [...] os sacerdotes do império enchem vosso espírito de calúnias contra os cristãos: eles vo-los representam como os inimigos da república, ao passo que, pelo contrário, é por suas preces que a república prospera e cresce, pois eles não cessam de pedir a Deus pelo bem estar do vosso império e das armas romanas.

Enquanto Sebastião assim falava, Diocleciano interrompeu a marcha, olhou para ele e disse: "Não és tu o mesmo Sebastião que eu mandei morrer sob golpes de flechas?" – "O meu Senhor Jesus Cristo houve por bem manter-me vivo, para que eu viesse encontrar-vos e, diante de todo o povo, vos assegurar que é por uma resolução injusta que vós haveis retomado a perseguição contra os servidores do Cristo." Dito isso, o mártir ouviu, pela segunda vez, uma sentença de morte contra si: o imperador ordenou então que o levassem ao hipódromo do palácio e o fizessem morrer a golpes de chibata. Durante a noite, os carrascos transportaram seu corpo e o lançaram na *Cloaca Maxima*, de modo que os cristãos não fizessem dele um mártir. Lucina, que era neta do imperador Galiano, por meio de um sonho, foi informada, pelo próprio Sebastião, sobre sua morte, bem como sobre o lugar onde o corpo se encontrava, com a recomendação de recolhê-lo e sepultá-lo na catacumba que ainda hoje tem o seu nome. Nesse lugar, o imperador Constantino mandou construir uma basílica, consagrada pelo papa São Silvestre, que é uma das sete principais de Roma.[1433]

Não menos popular que os precedentes, é a mártir siciliana Luzia, ainda que poucas evidências biográficas tenham chegado até nos. Sua realidade histórica, entretanto, está isenta de toda dúvida: seu nome figura no Canon da Missa romana, introduzido nele talvez pelo papa Gregório Magno, como também no Sacramentário Gelasiano e em outros documentos antigos.

Luzia foi martirizada em Siracusa, durante o reinado de Diocleciano, provavelmente em 304. Sua paixão é de fundo lendário, conquanto possa ter incorporado, aqui e ali, algumas referências históricas seguras.

Tudo começou com um sonho, a partir do qual Santa Águeda teria dito a Luzia o seguinte: "Como o Senhor reservou para mim a cidade de Catânia, a ti será destinada a de Siracusa, porque, pela tua virgindade, preparaste para ele uma agradável morada". Com essas palavras, Luzia despertou, relatou o ocorrido à sua mãe, que acatou a proposição da filha de romper o noivado e de distribuir tudo o que possuíam aos pobres. O noivo sentindo-se prejudicado, notadamente pela alienação dos bens da família de Luzia, resolveu denunciar esta como praticante da religião cristã e infratora das leis do império. O magistrado siciliano, Pascaso, fê-la comparecer ao tribunal para responder aos termos da acusação. Luzia lhe disse: "O mais puro e agradável sacrifício a Deus, nosso Pai, consiste em visitar as viúvas e os órfãos nas suas tribulações. Não tenho feito outra coisa nos últimos três anos, tempo que dediquei aos sacrifícios a Deus. Mas, como não me resta mais nada, ofereço-me a Ele em oblação como uma hóstia viva. Que o Senhor faça desta vítima o que lhe aprouver". – "Isto é bom de ser dito a um cristão, como tu, não a mim que sou um zeloso cumpridor das ordens dos príncipes." – "Se tu guardas as leis dos príncipes, eu guardo as de Deus. Tu temes os príncipes, enquanto eu temo a Deus. Tu tens receio de ofendê-los, ao passo que eu receio ofender o meu Deus. Tu queres agradá-los; eu não quero senão fazer o que agrada a Jesus Cristo. Faze, portanto, o que julgas ser conveniente para ti, enquanto eu farei o que julgo ser do agrado de Deus." – "As tuas palavras cessarão, quando os tormentos te impuserem silêncio". – "As palavras de Deus não cessam jamais." – "Julgas que as tuas palavras são divinas?" – "Eu sou a serva de Deus e pronuncio as palavras de Deus, porque Ele disse: não sois vós que falais na presença dos juízes, mas o Espírito Santo, que fala por ti. O apóstolo disse que aqueles que vivem castamente são o templo de Deus, de modo que o Espírito Santo habita neles." – "Muito bem, disse Pascaso, vou te mandar para um lupanar, a fim de que percas a pureza e o Espírito Santo se afaste de ti." – "O corpo só se suja com o consentimento do espírito. Se tu pões incenso nas minhas mãos, malgrado a minha vontade, para que eu sacrifique, Deus não levará em consideração o aparente sacrifício, pois Ele penetra os corações e os sentimentos. Ele permite que haja depravados, como há serpentes, ladrões e bárbaros. Se tu abusas do meu corpo, apesar da minha vontade, minha castidade aumentará e será merecedora de uma dupla coroa".

Os amigos de Pascásio, vendo-o em apuros, pelo rumo que tomava a discussão, feriram a virgem com a espada, porque acreditavam-na possuída por um malefício que aumentava sua força e sua inteligência. Embora ferida, a mártir teve fôlego suficiente para eletrizar a multidão que a cercava, ganhando-a para si com profecias:

[1433] G. Ricciotti, *op. cit.*, p. 169-170.

> Eu vos digo, disse ela, que a paz vai ser concedida à Igreja de Deus. Diocleciano será destituído do trono e Maximiano morrerá ainda hoje.[1434] Como Catânia é protegida por minha irmã Águeda, pela misericórdia de Deus, da mesma forma, podeis estar certos que o Senhor me escolheu para proteger esta cidade, se vós perseverais na fé.

Pouco tempo depois Luzia expirou, não sem antes receber a santa comunhão. Foi erigida no mesmo local, em sua honra, uma basílica, onde ela é invocada ainda hoje por uma multidão de devotos.[1435]

Siciliano é também o mártir Euplo, morto em Catânia, durante o reinado de Diocleciano, possivelmente em 304. As atas referentes à sua paixão são de boa qualidade e parecem estar correlacionadas ao processo verbal do tribunal. Remontam ao final do século IV ou princípios do V, cujo texto, com alguns retoques e interpolações, dá conta de que Euplo se submeteu a dois interrogatórios ante Calvisiano, corretor da Sicília, um em 29 de abril e o outro em 12 de agosto. Na primeira sessão Euplo se apresentou com um códice dos Evangelhos nas mãos, razão por que foi perguntado sobre o conteúdo do texto evangélico e autorizado a ler uma passagem dele. Ou por havê-la previamente selecionado ou por tê-la encontrado ao acaso, o mártir leu a seguinte passagem: "Bem-aventurados os que sofrem perseguição por causa da justiça, porque deles é o reino dos céus". Calvisiano então perguntou: "O que significa isto?" – "É a lei do meu Senhor, que me foi entregue". – "Por quem?" – "Por Jesus Cristo, filho do Deus vivo".

Parece que com essa resposta terminou a primeira sessão e Euplo foi levado à prisão. Na segunda sessão, realizada meses depois da primeira, Euplo, fazendo o sinal da cruz, confirmou que era cristão e admitiu que lia as Sagradas Escrituras, não obstante a proibição dos imperadores. Submetido a tormentos, deu graças a Cristo, impetrando-lhe força e valor para suportar os sofrimentos. Suspensa a tortura, Calvisiano procurou, com palavras duras, compeli-lo a adorar os deuses, especialmente Marte, Apolo e Esculápio. Os três nomes provocaram no mártir a lembrança da Trindade divina do cristianismo, pelo que não se conteve e replicou: "Eu adoro o Pai, o Filho e o Espírito Santo. Eu adoro a Santa Trindade... Sou cristão". Calvisiano, então, leu a sentença: "Ordenamos que Euplo, por desobediência às leis do império, seja decapitado". Euplo foi levado ao local da execução, com o Santo Evangelho pendurado no pescoço, precedido durante o trajeto por um arauto que dizia: "Euplo, cristão, inimigo dos deuses e dos imperadores". A cada pregão Euplo respondia: "Graças a Cristo Deus". Depois da execução, os cristãos recolheram o corpo e o sepultaram.[1436]

Para outras regiões da Itália dispomos de uma farta coleção de nomes, mas também de uma grande escassez de informações, ainda que se trate de um personagem célebre.

Vital e Agrícola, aquele escravo como este, são recordados por Ambrósio e Paulino. – Foram martirizados em Bolonha, possivelmente durante o reinado de Diocleciano. Seus corpos, sepultados num cemitério judeu, foram encontrados por Ambrósio em 393.[1437]

Cassiano de Ímola é figura muito trabalhada pela lenda. É certo, porém, que no século V existia em Ímola uma igreja dedicada a ele. Prudêncio afirma ter visto nessa cidade uma pintura

---

[1434] E. Daras, *Vie des saints*, Paixão de S. Luzia, Paris, s.d.
[1435] E. Daras, *op. cit.*, *loc. cit.*
[1436] G. Ricciotti, *op. cit.*, p. 171-172.
[1437] G. Ricciotti, *op. cit.*, p. 172.

que representava um homem despido, em volta do qual alguns meninos circulavam, produzindo-lhe sucessivos ferimentos com estiletes pontiagudos que utilizavam normalmente para escrever. Disseram a Prudêncio que se tratava de Cassiano, mestre escolar, condenado a morrer dessa maneira, por ter-se recusado a sacrificar aos ídolos.[1438] Incerta é a data de sua morte.

Essa penosa escassez de notícias aumenta ao se passar da Itália para o resto da Europa ocidental. Nada de confiável encontramos na Britânia, quase nada na Gália e muita coisa na Espanha, mas nada que não sejam simples referências a nomes, desacompanhadas de fatos incontroversos. Assim, por exemplo, Prudêncio, em um de seus hinos, nomeia mais de trinta mártires. Sendo ele espanhol da segunda metade do século IV, não é de admirar que se ocupasse dos cristãos de sua pátria, martirizados recentemente. Mas para nós, tão afastados que estamos daquela época, os nomes mencionados naquele hino representam um simples elenco, quase uma letania, da qual pouca ou nenhuma matéria histórica podemos extrair, exceto os nomes.

Celebradíssimo na Espanha foi Vicente, diácono de Saragoça (cesaraugusta), a quem Prudêncio dedicou um hino extenso[1439], dele fala Agostinho, que também recorda uma paixão do mártir. Até nós chegou uma paixão, à qual, porém, devem opor-se amplas reservas relativamente a muitas particularidades históricas.

Muito conhecida foi também Eulália de Mérida, cujo martírio Prudêncio celebrou num hino[1440] e da qual falam também Agostinho, Idácio, Gregório de Tours e Venâncio Fortunato. Dispomos de uma paixão da mártir que é tardia e carece de autoridade histórica. Já no século V existia em Mérida uma igreja em sua honra, como também, em sua memória, há um cortejo de virgens em S. Apolinário o Novo, em Ravena.[1441]

Nesses últimos tempos da grande perseguição, a tetrarquia existia só nominalmente. Constâncio e Maximiano haviam morrido, Diocleciano iria morrer em breve, seguido por Galério, cujo fim marcou uma época histórica, ou seja, a do declínio da última perseguição dos cristãos na antiguidade.[1442]

Sabendo que seu fim estava próximo, pois uma moléstia terrível o consumia, a ponto de tornar insuportável, em todo palácio, o cheiro fétido que seu corpo exalava, Galério resolveu tomar uma decisão extrema, convencido de que só o Deus que lhe enviou o mal, talvez por castigo, poderia livrá-lo dele por misericórdia. Imbuído desse pensamento, publicou um édito de tolerância, em virtude do qual permitiu-se aos cristãos professar livremente a sua fé em todo o território do império. Tal foi a magnânima decisão do imperador, que exigia como contrapartida, em benefício de seu restabelecimento, as orações e as súplicas dos cristãos que lograram sobreviver à fúria de sua sangrenta perseguição.[1443]

[1438] *Peristephanon*, IX.

[1439] *Peristephanon*, VI.

[1440] *Peristephanon*, III.

[1441] G. Ricciotti, *op. cit.*, p. 173.

[1442] Galério foi acometido, em 310, de um mal, do qual os autores contemporâneos deixaram longas e repulsivas descrições. "Um abcesso, na parte inferior do corpo, se infeccionou pouco a pouco. O abscesso penetrava progressivamente a carne: houve sucessivas hemorragias. A gangrena por fim apareceu. Em vão, os médicos tentavam detê-la, cortando os tecidos corrompidos: a doença se agravava sempre. Já não devastava somente a superfície, corroia agora as entranhas. O infeliz Augusto apodrecia, vivendo ainda. Os vermes saíam de seu corpo, de modo que o único alívio que se ministrava ao moribundo consistia na aplicação de pedaços de carne nas chagas, para que eles se lançassem sobre estes. O odor daquele cadáver animado era tal, que vários médicos hesitavam em se aproximar dele, pelo que eram supliciados, face ao involuntário ultraje à majestade imperial. Outros pagaram com a vida pelo insucesso da terapia empregada". Lactâncio, *De mortibus persecutoum*, XXXIII, *Apud* P. Allard, *op. cit.*, Tomo 2, p. 152-153.

[1443] Lactâncio, *De mortibus persecutoum*, XXXIV; Eusébio, *História eclesiástica*, VIII, 17.

Contudo, o perseguidor moribundo solicitou a intercessão de suas vítimas à maneira de um indigente orgulhoso, que não ousa pedir francamente a esmola, mas empresta a seu pedido uma fórmula equívoca, de modo que é mister, sempre, adivinhá-lo. Quem pode ver no texto do édito de Galério uma sincera retratação?

> Não foi certamente o ato de um pecador arrependido, pois o arrependimento fala uma outra linguagem; foi uma reparação tardia, arrancada pelo temor do sofrimento, onde não há, em nenhuma parte do texto, o acento das confissões sinceras, que honram o pecador e desarmam a justiça de Deus.[1444]

Galério, a se lhe dar crédito, não quis ser o perseguidor do cristianismo, mas seu reformador. A cruel política persecutória imposta aos cristãos teve por objeto, não o de reconduzir todos os homens ao culto dos deuses ou de destruir a religião cristã, mas o de restabelecer a pureza desta. Não se atacou a Igreja, mas as seitas que a dilaceravam. Foi no interesse da ortodoxia, ameaçada pela divisão intestina dos fiéis, que as minas ficaram abarrotadas de confessores estropiados; que os santuários cristãos foram abatidos e as Escrituras queimadas; que os anfiteatros se impregnaram do sangue dos mártires, cujas fogueiras ardiam ainda! Eis o que insinua Galério, numa linguagem ambígua, confusa, em que cada frase disfarça um sentido preciso, em que as próprias palavras têm frequentemente dois sentidos.[1445]

Morto Galério, a tetrarquia não pôde mais se sustentar. Faltava a Maximino, Licínio e Majêncio o que sobrava ao filho de Constâncio, de modo que era uma questão de tempo o retorno ao regime monárquico naturalmente sob o comando daquele, dentre os Augustos, que mais capacitado era para dar soluções aos grandes problemas de Roma e restituir a paz ao império; o vencedor de Majêncio e Licínio e o primeiro imperador cristão: Constantino.

As perseguições cessaram na antiguidade. O objetivo de Deus fora alcançado com elas. O sangue dos mártires não foi derramado em vão, nem o exemplo dos martirizados foi esquecido pelas gerações subsequentes que, por ele, passou a ver no cristão e no cristianismo o papel divino que ambos foram chamados a desempenhar: este, pelo anúncio da presença do reino de Deus entre nós; aquele, pelo esforço contínuo para expandir suas fronteiras.

Esse aspecto positivo dos martírios não escapou à argúcia de autores que testemunharam o valor dos supliciados e que não puderam deixar de atribuí-lo à providência divina, em cujo plano estavam, pensaram eles, as perseguições sangrentas dos pagãos e a resistência heroica dos cristãos. Por todos, citamos o exemplo de um retórico pagão, convertido ao cristianismo: Arnóbio. Tendo sido um fervoroso partidário do paganismo, Arnóbio não deixava passar a oportunidade de falar e escrever contra o cristianismo. Falava e escrevia com tanta veemência quanto era grande sua aversão pelo Crucificado. Por essa razão, a Igreja desconfiou de sua repentina conversão e pediu tempo para admiti-lo no seio da comunidade cristã. Mas Arnóbio não podia esperar por mais tempo para ser contado entre os seguidores do Cristo, e escreveu, como prova da sinceridade da sua conversão, a obra cujo excerto passamos agora a reproduzir:

[1444] P. Allard, *op. cit.*, Tomo 2, p. 159.
[1445] P. Allard, *op. cit.*, Tomo 2, p. 158-159.

Vós tendes, diz ele aos pagãos, imposto aos cristãos todos os gêneros de penas, mas, nem por isso a religião cristã é menos triunfante. Malgrado vossas ameaças e até mesmo por causa delas, o povo se dispõe a crer com mais ardor nesta religião que vós execrais com tanto horror... Ilustres oradores, gramáticos, retóricos, jurisconsultos, médicos célebres e homens iniciados em todos os arcanos da filosofia, vão se instruir nesta escola e desprezam agora o que anteriormente veneravam. Escravos se expõem à crueldade de seus amos; mulheres, ao abandono de seus maridos; crianças, à deserdação paterna, antes de romperem com a fé cristã. Os confiscos, os exílios, os suplícios, o dente das feras do anfiteatro, não os detêm... Mesmo nas regiões mais afastadas, não há nação tão bárbara e tão estranha a todo sentimento humano que não suavize e tempere a ferocidade de seus costumes por amor ao Cristo. Crede que isto não seja senão produto do acaso e que estes homens não sejam dirigidos senão pelo capricho de seus corações? Não vedes que há nisso alguma coisa de divino e de sagrado; que, sem um Deus, tais mudanças não poderiam se operar nas almas; que é preciso uma intervenção divina para que estes homens, ameaçados com ganchos e com todos os instrumentos de suplício, mas atraídos por uma incrível doçura e por um amor súbito à virtude, recebam o ensinamento que lhes é dispensado, de modo que a todos os bens deste mundo prefiram a amizade do Cristo?[1446]

[1446] Arnóbio, *Contra gentes*, II.

CAPÍTULO 6

A LITERATURA CRISTÃ

O cristianismo estava animado de uma força expansiva que se fez sentir, inicialmente, fora da Judeia, no Oriente helenizado, depois, em todo o mundo romano e até mesmo além de suas fronteiras. Essa força vinha da fé que os apóstolos e seus discípulos tinham na ressurreição de Jesus, sendo ela mesma o efeito da impressão profunda que a palavra do Senhor exercera sobre eles. Para lutar, no início, vencer depois e perpetuar a conquista ao longo dos séculos, o cristianismo falou indistintamente, no império ou fora dele, as línguas que eram necessárias à sua propagação: o grego e o latim. Daí as duas vertentes da literatura cristã, segundo a língua em que foi escrita e ensinada. O grego foi sua língua, quiçá única, por mais de um século e a própria Igreja romana não falou originariamente senão o grego. Foi nessa língua que foram redigidos os Evangelhos, os Atos, as Epístolas, o Apocalipse e todo o conjunto de escritos primitivos, dentre os quais foi feita uma escolha, pela autoridade eclesiástica, daqueles que iriam compor os textos canônicos, ou seja, o Novo Testamento, cuja autoridade foi colocada em pé de igualdade com os livros da Bíblia hebraica.

O que dá ao século III uma grande importância histórica é o fato de que o cristianismo, que desde a primeira centúria já havia penetrado em boa parte do império, é agora suficientemente forte para se organizar metodicamente. Combatida pelo poder civil com um rigor extremo, a nova crença acabou, inicialmente, por cansar o Estado e lhe impor a paz; depois obtida esta, foi mais fácil conquistá-lo e convertê-lo inteiramente. Uma das primeiras necessidades que se sentiu, desde que os cristãos começaram a lutar por sua emancipação social, foi a de uma literatura própria.

As primeiras obras cristãs latinas não são anteriores ao século II de nossa era. Até então, como se disse, o grego era a língua comumente usada na cristandade ocidental, particularmente em Roma. Os únicos escritos cristãos redigidos em latim eram transposições muito literais, mas pouco literárias, da Bíblia grega, para o uso de fiéis que não compreendiam ou não liam o grego. Foi no fim do século II, quando nasceu na África literatura cristã latina, sob o impulso decisivo de Tertuliano, que uma parte da elite foi conquistada. Espíritos refinados, iniciados nas melhores disciplinas, aderiram à nova crença. "Eles vão envolvê-la com o eficaz prestígio do bem-dizer, onde eles são reconhecidos como consumados mestres e onde continuarão a excelir, ainda que se gabando (sem dúvida à imitação de seus antecessores gregos) de estimá-la em pouca conta, ainda que experimentando um secreto arrependimento de se comprazer com ela. Sua arte, prossegue Labriolle, vai logo se revelar no *Apologético* de Tertuliano ou no *Otávio* de Minúcio Félix. Nenhum diálogo de Cícero supera a graça elegante do Otávio. Desde sua origem, a literatura latina, aparece como ela seguirá sendo depois: preocupada não somente com a difusão de ideias, mas também com a forma de fazê-lo com arte, ou seja, segundo a imagem de Lucrécio, untando de mel as bordas do copo, para suavizar a bebida às vezes amarga da verdade".[1447]

[1447] P. de Labriolle, *Histoire de la littérature latine chrétienne,* Tomo 1, p. 7, Paris, 1947.

A literatura cristã não apareceu por geração espontânea. Muita coisa a aproximava da literatura pagã, cuja técnica soube utilizar com maestria para realizar seu objetivo preponderante: o aperfeiçoamento moral do homem. Todos, pagãos e cristãos, tinham a mesma aprendizagem, que começava com a gramática e terminava com a retórica. Esse método estava de acordo com o plano educativo que Quintiliano havia traçado nas *Instituições Oratórias*, onde a pedagogia romana se inspirava para realizar a formação educacional dos cidadãos de Roma. Algo parecido ocorria no Oriente, onde a imitação de Homero, Heródoto, Tucídides, Platão e Aristóteles, era de rigor para quem desejava se aventurar na arte de bem escrever. Se a primeira virtude de um sistema de educação é a de desenvolver o raciocínio, sacudir a torpeza e exercitar a imaginação, é forçoso concluir que o método antigo não era mau. Imitar os bons escritores, observar as regras gramaticais e as sutilezas retóricas que eles utilizavam, empregar as figuras de linguagem com as quais sabiam adornar tão graciosamente seus raciocínios, constituía, teoricamente, um aprendizado prolífico em resultados.

Entretanto, na prática, que vazio, que puerilidade! É impossível imaginar, principalmente no que se refere à literatura latina, uma arte menos positiva e mais despreocupada com o destino do homem e com seu lugar no universo. Sobre os escritores latinos, Labriolle pronuncia um veredicto irrecorrível:

> Lembremo-nos a que grau de virtuosismo, a que invenções especiosas, a que bravata dialética chegaram, nos primeiros séculos no império, a eloquência falada e a literatura escrita. À força de se abandonar aos jogos frívolos do espírito, nas inesgotáveis gentilezas de amplificações oratórias, a literatura greco-romana tinha perdido, em grande parte, o senso da realidade e o gosto da verdade. É a época em que triunfam a retórica, a neo-sofística, cuja estranha sedução penetra todos os domínios do pensamento e assinala como fim supremo aos espíritos os paradoxos habilmente deduzidos, os temas escolares ricamente desenvolvidos e os artifícios do estilo. Numa sociedade inebriada de literatura e desabituada da verdade, o cristianismo aparecia, voltado inteiramente para vida interior, apaixonadamente convencido da seriedade da vida humana, da tragicidade do destino e avesso à concepção comum de que as ideias constituíam apenas simples jogos dialéticos. Como não deverá ter julgado absurdos, e mesmo perniciosos, os exercícios, dos quais esta sociedade fazia seu arrebatamento e seu orgulho?[1448]

É verdade que o cristianismo não podia ignorar os avanços logrados pela cultura pagã. Eram o fruto de uma longa série de esforços para explicar o mundo ao homem e o homem a si mesmo. Os filósofos, os críticos gregos, haviam revelado, por suas tentativas de interpretação racional da realidade das coisas, por suas intuições psicológicas, por suas minuciosas análises do espírito humano e de suas criações, o poder da razão, quando aplicada metodicamente ao seu objeto.

> Depois, esta realidade humana, matéria sobre a qual incidiam seus estudos profundos, tornou-se, em outras mãos, nas dos poetas e dos artistas, um fascínio para a imaginação, em razão de um dom de simpatia, de um instinto do belo, de uma graciosidade, ora dolente, ora espiritual, que são as marcas do espírito grego. Em todos os domínios da expressão, especialmente da expressão literária,

---

[1448] *Op. cit.*, Tomo 1, p. 20.

os estudos dos teóricos, auxiliados pelas grandes criações da arte, deixaram ver como podem exprimir-se todas as nuances da sensibilidade e todas as riquezas da inteligência; como o gosto, a princípio instintivo, toma consciência de si mesmo e cria seus próprios meios de expressão; como as palavras adquirem um poder ao mesmo tempo significativo e sugestivo, enquanto a frase se organiza, se equilibra, se amplifica e torna-se ritmo, harmonia e beleza.[1449]

Essas lições de alta especulação, esse saber positivo, essa arte poderosa, patética e refinada, não poderia ser desconsiderada pelo cristianismo. Fazê-lo implicaria não somente a ruptura com as formas artísticas, às quais o genuíno cristão tinha o direito de permanecer alheio, mas também a supressão ou a paralisação da cultura em geral, além de se condenar o cristianismo à mais rude indigência intelectual, que lhe interditaria as vias do pensamento, acrescentando dificuldade e dificuldade à sua obra de conquista e de propaganda.

Se as falanges cristãs devessem seu recrutamento somente aos cardadores, sapateiros e pisoeiros, segundo a irônica insinuação do filósofo pagão Celso, teria sido fácil rejeitar os tesouros intelectuais acumulados nos séculos anteriores. Ninguém sentiria o prejuízo de um tal holocausto. Contudo, em boa hora, os eruditos, os espíritos habituados ao método tradicional de ensino, se deixaram seduzir pela nova fé e, após se tornarem seus fiéis devotados, quiseram, pelo proselitismo de suas convicções, fazer-se também seus apologistas.[1450]

Com efeito, o mundo romano continuava amando com paixão as letras e as artes. Não produzia mais, é certo, obras originais por ter perdido o talento da criação literária, mas admirava e imitava sem cessar as antigas obras primas. A literatura cristã se via forçada, portanto, a tomar um caminho diferente do que, por exemplo, Comodiano trilhava: em lugar de realizar o ideal do Evangelho, que exige que o vinho novo seja posto em odres novos, era mister, no domínio das letras, aceitar o que um poeta moderno recomendou num verso célebre.[1451]

Para pensamentos novos, façamos versos antigos.

E assim foi feito. Os autores cristãos passaram a adotar, com êxito, os procedimentos e as formas da arte antiga, a exemplo do que já acontecia com a pintura e a escultura. Mas não foi senão com muita prudência e circunspecção que a Igreja gradativamente se apropiciou, para adaptá-las ao seu objeto, das formas da literatura profana.

Entretanto, ainda quando se reconheça um elevado pendor literário em muitos autores cristãos, o verdadeiro interesse que suas obras despertam não reside unicamente, nem mesmo principalmente, na engenhosidade de sua técnica, mas, antes de tudo, em que, pelo fato de que eram cristãos, souberam nutrir suas obras com uma substância mais viril e mais forte e, por isso mesmo, mais adequada a tocar as almas dos humildes e puros de coração, fossem elas cristãs ou não.

[1449] P. de Labriolle, *op. cit.*, Tomo 1, p. 28.
[1450] P. de Labriolle, *op. cit.*, Tomo 1, p. 29.
[1451] "Ao falar tão audaciosamente a língua popular, Comodiano não deseja senão fazer-se compreendido pelo povo". G. Boissier, *El fin del paganismo*, Tomo 2, p. 46.

Mas, que diferença entre a literatura cristã e a pagã!

> O paganismo tinha sua poesia na terra e voltada para o passado; o cristianismo teve sua poesia, poder-se-ia quase dizer sua mitologia, fora da terra e fitando o porvir. A poesia pagã era o deleite da voluptuosidade, a poesia cristã, o encorajamento do martírio. A vida em face do suplício; a necessidade de se preparar para ele; a imortalidade prometida; a vinda do Cristo, retardada segundo uns pela misericórdia, apressada pela impaciência de outros; o castigo dos perseguidores e de Roma, a grande perseguidora; a glória dos mártires e da Nova Jerusalém: eis os pensamentos que enchiam as almas e, por consequência, plasmaram toda poesia cristã.[1452]

Façamos agora uma breve resenha das obras que fundaram o cristianismo: o *Evangelho*, os *Atos*, as *Cartas*, bem como das que o difundiram por todo *Orbe*: as doutrinárias, as apologéticas, as apostólicas e as exegéticas, a começar pelas de língua grega.

O grego se tornou para os judeus dispersos nas províncias romanas sua verdadeira língua materna. Foi preciso mesmo que nas sinagogas se vertesse em grego o hebreu dos livros santos. O grego era igualmente, em toda parte oriental do império romano, a língua da civilização e dos negócios depois de Alexandre. Além disso, o grego era para os próprios romanos a língua da polidez e da ciência. Essa língua era, portanto, o maior ligame entre o Ocidente e o Oriente, entre Roma e suas províncias asiáticas, entre a gentilidade e o judaísmo. Era, sem contestação, o idioma mais difundido no império. Em lugar da língua judaica, foi o grego que se tornou a língua cristã; em vez de Jerusalém, Antioquia foi, num momento, o centro do cristianismo. "Nessa época, a língua helênica se tornou o grande veículo da fé. Todo o vocabulário cristão, todas as palavras técnicas da hierarquia e do culto pertencem à língua grega. Durante um século e meio, a Igreja de Roma, composta sobretudo de gregos e orientais, falou o grego preferentemente a toda outra língua".[1453]

6.1. Os Evangelhos

A palavra evangelho primitivamente significou o presente ou dádiva que se dava ao portador de uma boa-nova, vindo a significar posteriormente a própria boa-nova. Em sentido cristão significou a boa-nova por antonomásia, a que Deus, por Jesus Cristo, enviou à generalidade dos homens. A boa-nova de Cristo apresentou três fases sucessivas: 1) a sua realização histórica ou Evangelho anunciado[1454]; 2) sua divulgação ou Evangelho predicado[1455] e 3) sua redação ou Evangelho escrito. Das três fases evangélicas, nos ocuparemos apenas da última, ou seja, do Evangelho escrito.

O caráter singular desses textos não se concebe senão em função da catequese evangélica que São Mateus, São Marcos e São Lucas reproduzem e que São João tem presente e a completa.

[1452] De Champagny, *Les* Antonins, Tomo 2, p. 390.

[1453] P. de Labriolle, *op. cit.*, Tomo 1, p. 63 e segs.; Aime Puech, *op. cit.*, Tomo 1, p. 9 e segs.

[1454] "O anúncio do Reino estava unido com a chamada à conversão e à penitência... Há que se fazer uma observação própria sobre a linguagem de Jesus, que não tem as características do que se entendia por formalmente teológico, com definições, distinções e conceptualizações. Usa, antes, imagens, metáforas, simbolismos, expressões enigmáticas e penetrantes." Rafael A. Monasterio e Antonio R. Carmona, Evangelios sinópticos y hechos de los apóstoles, p. 43-44, Navarra, 2012.

[1455] "A tradição evangélica se transmite a princípio de forma oral. Não há que se projetar sobre o complexo da tradição evangélica nossas categorias literárias e nosso costume de considerar e cotejar textos impressos. Estamos falando de uma sociedade em que muita pouca gente sabia ler e menos ainda escrever." Rafael A. Monasterio e Antonio R. Carmona, *op. cit.*, p. 56.

Por isso, um estudo geral dos evangelhos há de levar em conta, principalmente, os três primeiros, a saber, os três sinóticos.

É um fato a grande afinidade existente entre os três primeiros Evangelhos, que por isso são chamados sinóticos. A base dessa afinidade se acha na identidade substancial da catequese evangélica, que os três, cada qual a seu modo, reproduzem, de modo que ao reproduzirem o Evangelho predicado não fazem senão dar expressão literária ao Evangelho anunciado por Jesus Cristo. Desse primeiro elemento fundamental deriva o outro elemento comum aos três sinóticos, ou seja, a originalidade.

De fato, são escritos originais: constituem um gênero literário novo, visto que nova e única era a realidade evangélica; nova e única sua manifestação oral; nova e única tinha que ser consequentemente sua redação literária. Não entram na categoria literária das biografias, como são entendidas hoje, por mais que narrem dados biográficos de Jesus. Não são simples histórias, por mais que sejam narrações fidedignas de fatos estritamente históricos; tampouco são tratados doutrinários, nem apologéticos, muito menos polêmicos.[1456]

A singular fusão ou compenetração da realidade com a idealidade, do fato com o pensamento, no que narram, faz com que os sinóticos narrem fatos radiantes de luz ideal e exponham altíssimos pensamentos, encarnados nos fatos, sem outra pretensão que a de demonstrar, pela simples apresentação de fatos, a incontestável verdade de sua tese.[1457]

Em meio de sua uniformidade real, notáveis divergências distinguem os sinóticos: divergências nos fatos, que acrescentam ou suprimem; na luz sob a qual são apresentados; na ordem em que são expostos; na extensão e pormenor com que são narrados; na forma literária, mais culta ou mais popular, mais difusa ou mais sóbria, mais semítica ou mais helênica. Essas e outras possíveis divergências têm sua origem ou nos destinatários de cada um dos Evangelhos ou em seus próprios autores.[1458]

6.1.1. O colorido Local das Tradições Evangélicas

A expressão *colorido local* foi introduzida no domínio dos estudos bíblicos por Gerd Theissen. Essa referência designa a localização cultural e histórica da tradição evangélica durante sua evolução.[1459]

A fim de se compreender a argumentação de Theissen, há que se ter presente que os estudos histórico-críticos costumam distinguir três momentos no processo de formação dos evangelhos. No primeiro, se situam as tradições, isto é, as palavras de Jesus e os relatos sobre ele e sua vida, que se transmitiram inicialmente de forma independente. Num segundo momento, estão as composições pré-evangélicas, ou seja, as tradições narrativas mais elaboradas que se foram formando pela reunião de várias tradições soltas. Por último, no terceiro momento, se encontram os evangelhos, como resultado final do processo.

[1456] "Estudos sobre a biografia antiga mostraram que as biografias antigas apresentam importantes diferenças, tanto em extensão quanto em tematização, com as biografias modernas: eram mais breves e estavam centradas no caráter moral do personagem." Santiago Guijarro, *Los Evangelios*, p. 52, Salamanca, 2012.

[1457] Cf. Aimé Puech, *op. cit.*, Tomo 1, p. 26 e segs.

[1458] A. Puech, *Histoire de la litterature grecque chretienne*, Tomo 1, p. 26 e segs, Paris, 1928.

[1459] Colorido local y contexto histórico de los evangelios. Una contribución a la historia de la tradición sinóptica. Salamanca, 1997.

Durante o período de tempo que vai da morte de Jesus até a destruição do templo de Jerusalém e o desaparecimento das testemunhas oculares (30-70 d.C., aproximadamente), as reminiscências sobre Jesus eram transmitidas como tradições soltas, perícopes que eram memorizadas e transmitidas por gerações, assim como o foram também as máximas de Epicuro, as tradições rabínicas e as regras de Pacômio.

Portanto, o início da tradição das palavras de Jesus está no grupo de discípulos, mais precisamente nas exigências de duas situações típicas: o impacto de sua linguagem poética sobre os doze e a personalidade de Jesus.

O linguajar do filho de Maria:

> [...] é uma forma de falar plástica e imaginativa, que se grava na memória com mais facilidade que as abstrações. A linguagem de Jesus é poética... Jesus se move a partir de uma experiência pessoal da proximidade de Deus, não é exegeta da Lei, mas exegeta de Deus e se expressa em linguagem poética porque a realidade lhe fala de Deus e Deus ilumina a realidade. Esta linguagem não é um mero revestimento literário de conceitos, mas a expressão conatural de experiências profundas que não se podem comunicar de outra maneira.[1460]

Sendo assim, não causa espanto o fato de que os discípulos de um tal mestre, ao ouvi-lo repetidas vezes, ficassem extasiados e dispostos a comunicar a mensagem do Poeta divino.

> Sem dúvida que esta experiência de Jesus, que se expressa em suas palavras e em sua atuação, provocou um importante *impacto*, não só entre seus discípulos estritos, mas também num amplo setor social, que se costuma chamar de simpatizantes locais. A investigação atual põe em evidência que o impacto social de um personagem tende a gerar tradição, isto é, se preserva na memória do grupo de seus seguidores, que baseiam nela sua identidade como grupo, e se constituem em transmissores e, ao mesmo tempo, em garantes da fidelidade dessa tradição.[1461]

Além do mais, a mensagem de Jesus está tão vinculada à sua pessoa, a importância desta é tão singular, que era impossível transmitir os relatos de Jesus sem fazer referências à sua vida e à sua pessoa. Ao fazê-las, os discípulos, mais do que satisfazer a curiosidade dos ouvintes, contribuíam poderosamente para solidificar uma tradição que iria se perpetuar ao longo dos tempos.[1462]

Não há dúvidas quanto ao fato de que a morte de Jesus constitui a narrativa nuclear dos evangelhos: acontecimento que inspirou e moveu a pena dos evangelistas, fundou a Igreja, suscitou mártires e criou uma civilização. Os relatos da infância, ao revés, são mais tardios. Em ambos os casos, porém, as narrativas que se contavam tinham como objetivo transmitir e reforçar a fé dos seguidores do Mestre. Sabemos que em algumas ocasiões ocorriam diferenças nas narrações. Por exemplo, Paulo nunca fala dos milagres de Jesus, enquanto os evangelhos sinópticos contêm um

---

[1460] Rafael Aguirre Monasterio e Antonio Rodríguez Carmano, *op. cit.*, p. 44.
[1461] Rafael Aguirre Monasterio e Antonio Rodríguez Carmona, *op. cit.*, p. 44.
[1462] Rafael Aguirre Monasterio e Antonio Rodríguez Carmona, *op. cit.*, p. 46.

grande número deles (trinta e dois). O Evangelho de João afirma que Jesus realizou muitos "sinais e prodígios"[1463], mas só refere sete milagres. Desses sete, somente dois constam dos sinópticos[1464], os outros cinco são próprios de João. Portanto, parece que ao tratar dos milagres de Jesus, João utilizou uma tradição oral diferente da que se serviu Paulo, que não relata nenhum, bem como das que se utilizaram os sinópticos, que relatam trinta e dois.

Por outro lado, as diferenças e semelhanças que há nos sinópticos levaram os especialistas do Novo Testamento, em sua grande maioria, a concluir que também existe uma intrincada rede de dependências literárias entre eles.

> Isto quer dizer que as semelhanças entre os sinópticos procedem do fato de que dois deles utilizam o terceiro como fonte comum; as diferenças advêm de outras fontes diferentes e de sua aptidão para entrelaçar os relatos conjuntamente de formas diversas. Os especialistas modernos propuseram três teorias principais para explicar estas relações: a hipótese das duas fontes; a hipótese dos dois evangelhos (Griesbach) e a hipótese de Farrar-Goulder.[1465]

A teoria mais acatada, ensina L. Michael White, é a denominada hipótese das duas fontes. Essa teoria preconiza que Marcos foi o primeiro dos evangelhos do Novo Testamento que foram postos sob forma escrita. Esse evangelho foi escrito a partir de uma grande variedade de tradições orais que se tinham transmitido independentemente. Posteriormente, Mateus e Lucas utilizaram como fonte o Evangelho de Marcos, mas independentemente um do outro. Além de Marcos, Mateus e Lucas utilizaram também outra segunda fonte comum, que se reflete nos aproximadamente 250 versículos de um material semelhante que se encontra em Mateus e Lucas, mas não aparece em Marcos. Quase em sua totalidade está formado por ensinamentos de Jesus e inclui passagens tão famosas como as bem-aventuranças, a oração do Senhor e a parábola da ovelha perdida. Normalmente, os especialistas a denominam de **Q** (da palavra alemã *Quelle* = fonte) ou fonte dos referidos sinópticos.[1466]

Mas por que os primeiros cristãos, que tinham à sua disposição outros "Evangelhos", receberam precisamente esses quatro relatos como expressão da autêntica memória de Jesus?

Essa pergunta tem uma enorme importância, porque dependeria da sua resposta o futuro de toda uma civilização, quem sabe até o futuro da própria humanidade.

> O fato de que a tradição sobre Jesus tenha chegado até nós, observa Santiago Guijarro, principalmente através destes relatos, determinou a maneira pela qual a Igreja formulou sua fé em Jesus e entendeu sua missão no mundo. Para compreender isto, basta imaginar o que teria ocorrido se as recordações sobre Jesus se tivessem conservado de outra forma (por exemplo, suas palavras separadas de sua vida), ou se os primeiros cristãos tivessem selecionado outros livros sobre Jesus, em lugar dos quatro Evangelhos (por exemplo, o Evangelho de Tomás, em lugar do Evangelho de Marcos).[1467]

[1463] Jo, 20,31.
[1464] Jo, 6,1-21.
[1465] L. Michael White, *De Jesus al cristianismo*, p. 147, Navarra, 2007.
[1466] *Op. cit.*, p. 149.
[1467] *Op. cit.*, p. 45.

Destarte, à parte o argumento sobrenatural da inspiração divina, decisivo para nós, a eleição dos quatro Evangelhos respondeu à necessidade que se tinha de apresentar a saga do Cristo não como uma biografia qualquer, mas como um relato vivo, em que o personagem e sua história estão inseparavelmente ligados: o primeiro autorizando a última, está esclarecendo o primeiro. A composição de uma "vida de Jesus" é, portanto, o desenlace natural de uma trajetória na qual se percebe um interesse crescente por responder à pergunta acerca da identidade de seu protagonista e de sua doutrina.

> Por isso, as reminiscências que se conservaram não se transmitiram de forma mecânica ou neutra, mas como uma tradição constantemente interpretada, ou o que vem a ser o mesmo, como uma tradição viva. Isto explica que a "vida de Jesus", composta por Marcos, tivesse uma difusão e um impacto tão grande nas comunidades cristãs da segunda geração.[1468]

6.1.2. O Evangelho de Marcos

Autor. Sabemos que Pedro, após sua libertação miraculosa, se refugiou na casa de João Marcos, filho de Maria (Atos, XII, 12). Um João Marcos acompanhou Paulo e Barnabé em sua primeira missão; depois os abandonou, provocando atritos entre os dois apóstolos (Atos, XXII, 25; XIII, 5, 13; XV, 37,39). Encontramos um Marcos, primo de Barnabé, junto de Paulo, durante seu cativeiro (Colossenses, IV, 10; Filipenses, 24; II Timóteo, IV, 11). Na primeira epístola de Pedro (V, 13), Pedro chama Marcos *meu filho*. É muito provável que nessas diversas passagens se trate do mesmo personagem.

Por outro lado, o testemunho mais antigo sobre a obra de Marcos se deve a Papias e foi escrito na primeira metade do século II. Eusébio reproduziu-o nestes termos:

> E isto dizia o presbítero: Marcos, tendo sido intérprete (*Hermeneutes*) de Pedro, escreveu com cuidado, embora não com ordem, tudo quanto recordava do que Cristo tinha feito ou dito". Porque ele não tinha ouvido o Senhor nem o havia seguido, mas havia seguido mais tarde, como disse, a Pedro, que ensinava segundo as necessidades, mas sem fazer uma exposição ordenada dos oráculos do Senhor. Marcos não cometeu assim nenhum erro ao escrever alguns, como recordava, pois que não teve outra preocupação senão a de não omitir nada do que tinha escutado e de não dizer nada falso.[1469]

Não obstante o que foi dito, não se pode afirmar, com certeza absoluta, que o João Marcos, dos Atos ou o Marcos de Papias, nem que ambos sejam a mesma pessoa, nem que qualquer deles escreveu o primeiro Evangelho. O certo é que "da leitura da obra, escrita diretamente em grego semita, não se pode deduzir senão que seu autor era um cristão helenista, possivelmente judeu."[1470]

[1468] Santiago Guijarro, *op. cit.*, p. 55.
[1469] *História Eclesiástica*, 3, 39, 14-15.
[1470] Rafael Aguirre Monasterio e Antonio Rodríguez Carmona, *op. cit.*, p. 219.

Tempo e Lugar da Obra

Todos os elementos internos da obra apontam para uma época turbulenta, durante a qual a comunidade cristã se ressentia da perseguição de Nero e testemunhava o assédio dos romanos a Jerusalém e a iminente destruição do Templo de Salomão, o que leva a situar a composição da obra numa data imediatamente anterior a 70 d.C.

Quanto ao lugar de sua composição, os dados internos sugerem um lugar fora da Palestina, num contexto cultural administrativo romano (Talvez Antioquia ou Berito ou Alexandria).

Destinatários

Seguidores de língua grega, do movimento de Jesus, no período imediatamente anterior à destruição de Jerusalém, "pois necessitam que se lhes expliquem os costumes judeus e as palavras aramaicas".[1471]

Composição e Tendência

A primeira característica de Marcos é que só ele emprega o substantivo *Evangelho* no sentido absoluto (I, 14 e 15; VIII, 35; X, 29). Enquanto Lucas pretende fazer obra de historiador e Mateus, de escriba prudente, Marcos quer simplesmente apresentar o Evangelho, não no sentido de uma mera narrativa, mas como a boa nova pregada pela comunidade cristã. Marcos, como repetidor da pregação de Pedro, desaparece para dar lugar a este, que é o autor intelectual do Primeiro Evangelho. De fato, nele aparece Pedro de corpo inteiro: o pescador naturalmente despejado, que sabe narrar com singular vivacidade, mais atento ao pitoresco que ao transcendental; o homem prático, mais amigo dos fatos que de largos discursos; o homem do povo, que descreve os fatos objetivamente, sem submetê-los a um tratamento psicológico. De outro lado, aparece o discípulo modesto e humilde, que deixa na sombra suas qualidades e enfatiza seus defeitos; o homem rápido e expedito, que acelera a marcha dos fatos e despacha em poucas páginas seu Evangelho.[1472]

Já foi dito que o Evangelho de Marcos é "um relato da paixão com uma extensa introdução". De fato, um terço inteiro da obra está dedicado exclusivamente aos últimos dias do Senhor. A estes, está ligado um grupo de episódios bem característicos de Marcos: a perícope em que Jesus parece recusar o título de Filho de Davi, com base no primeiro versículo do Salmo 110; a censura feita à ambição e à avareza dos escribas; o denário da viúva; e, no momento em que Jesus abandona o templo, o anúncio da destruição deste. Esse anúncio incita os discípulos a questionar o Mestre sobre a data do acontecimento e o sinal que o anunciará. Jesus responde com uma longa pregação, que se convencionou chamar de *pequeno apocalipse*.[1473]

A ocasião para sua redação parece ter se apresentado quando Jerusalém gemia sob o assédio de Tito. Temeu-se, então, pela perda da tradição relacionada aos ensinamentos de Jesus e de sua identidade messiânica. De fato, alguns seguidores de Jesus interpretaram a revolta dos judeus contra os romanos como um sinal de que estava a ponto de chegar o reino escatológico. Era natural que o desapontamento de alguns pudesse acarretar o abatimento de todos. Em razão

---

[1471] L. Michael White, *op. cit.*, p. 296.
[1472] Cf. Aime Puech, *op. cit.*, Tomo 1, p. 44 e segs.
[1473] A. Puech, *op. cit.*, Tomo 1, p. 42-43.

da preocupação dos chefes da Igreja, e aconselhado por Pedro, Marcos escreveu seu Evangelho "para reforçar a fé dos que pertenciam à comunidade de Jesus, em resposta às críticas implícitas e às suas próprias ideias equivocadas".[1474]

6.1.3. O Evangelho de Mateus

Autor. Mateus, publicano (coletor de impostos) e discípulo de Jesus.

Tempo e Lugar da Obra

A qualidade de publicano poderia se conciliar com uma determinada cultura helênica, tornando possível a composição, por Mateus, de um Evangelho grego. "Mas, por outro lado, Papias nos fala de uma coleção de *palavras* (logia) de Jesus, redigida em aramaico, pelo apóstolo Mateus. Não é verossímil que o mesmo personagem tenha inicialmente redigido esta coleção e depois o Evangelho em grego".[1475]

De qualquer modo, do apóstolo São Mateus e de sua vida não sabemos nada de certo. Não temos também nenhuma indicação do lugar onde o autor viveu e escreveu. "Constam no seu Evangelho particularidades que podem induzir a crer que sua procedência era palestina. Mas, por outra parte, Mateus é universalista e escreve em grego".[1476] "Em que pese a controvérsia, deve-se ter em mente que o Evangelho de Mateus é o mais judeu de todos os Evangelhos, o que parece indicar "que a comunidade de Mateus se situava em algum lugar de, ou próximo de, um núcleo rural da Alta Galiléia".[1477] Por conseguinte, é perfeitamente plausível que o autor do segundo Evangelho fosse um seguidor judeu do movimento de Jesus, "cuja comunidade tinha que se confrontar com outros judeus, sobretudo com os fariseus de seu tempo".[1478]

A data da obra também é incerta. Levando-se em conta, porém, a relação de dependência que se admite haver entre Mateus e Marcos, é muito provável que o Evangelho deste tenha sido escrito anteriormente, o que coloca o de Mateus no período próximo e subsequente aos anos 70 da nossa era.[1479]

Destinatários

Ainda que o autor e os destinatários de sua obra admitissem em seu seio os gentios conversos, seu contexto social fundamental e sua forma de comunicação são essencialmente judaicos.[1480]

Composição e Tendência

A estrutura do Evangelho de Mateus foi fornecida por Marcos. À parte raras exceções, a ordem dos acontecimentos é a mesma, o que não quer dizer que Mateus não tenha contribuído com sua própria imaginação criativa para o resultado final da composição.

[1474] L. Michael White, *op. cit.*, p. 295.
[1475] A. Puech, *op. cit.*, Tomo 1, p. 88.
[1476] A. Puech, *op. cit.*, Tomo 1, p. 88.
[1477] L. Michael White, *op. cit.*, p. 304.
[1478] L. Michael White, *op. cit.*, p. 305.
[1479] A. Puech, *op. cit.*, p. 89; L. Michael White, *op. cit.*, p. 304.
[1480] L. Michael White, *op. cit.*, p. 304-305.

Ao longo de todo o relato, se percebe um grande afã doutrinário. O autor quer instruir a sua comunidade sobre os diversos aspectos do Reino dos Céus. Inclusive nas seções narrativas que tem em comum com Marcos, Mateus é mais esquemático e conciso, e busca normalmente explicitar ensinamentos doutrinários.[1481]

Como Marcos, Mateus relata a boa nova de Jesus, mas sua cristologia é mais explícita. Está sempre preocupado em detalhar mais a confissão cristã de sua Igreja. Apresentada a judeus convertidos, a missão de Jesus se situa no grande desígnio de Deus revelado pelas profecias. Citações explícitas pontuam os acontecimentos difíceis de compreender e justificam apologeticamente a existência de Jesus (I, 22-23; II, 5-6, 15, 17-18, 23; IV, 14-16; VIII, 17; XII, 17-21; XIII, 35; XXI, 4-5; XXVI, 56; XXVII, 9-10).

Por vezes, Mateus se afasta de Marcos. Parece que é justamente nesses momentos que a imaginação do apóstolo se eleva à altura do tema de seu Evangelho, e o exprime por meio de ideias tão penetrantes, enérgicas e cheias de vida, que arrebatam as almas e se tornam um poderoso agente de conversão. Dessa espécie é o Sermão da Montanha.

> Não há quase uma palavra, nestas frases tão cheias de ideias e tão pungentes, que não tenha sido e que não permaneça fecunda; mas é da reunião de todas estas máximas, de sua coordenação, do sopro que, do princípio ao fim, as une, as arrasta e lhes dá uma sorte de coesão, de uma eficácia diversa da que produziria uma fria lógica, de tudo isso, enfim, que é feita a ação irresistível do Sermão da Montanha. E tudo isso se deve a Mateus.[1482]

Ademais, o Segundo Evangelho, destinado, aos judeus da Palestina, tinha que dar um singular relevo a dois pontos: que a boa nova era o cumprimento das promessas feitas a Israel e também a realização das profecias messiânicas, o que São Mateus efetivamente fez.

6.1.4. O Evangelho de Lucas

Autor. Lucas, médico e colaborador de São Paulo. Ninguém põe em dúvida que as suas obras, *Evangelho* e *Atos*, procedem de um seguidor da tradição paulina, provavelmente um gentio converso.[1483]

Tempo e Lugar da obra

Considerando a hipótese das duas fontes, pode-se estabelecer uma data não anterior ao quinquênio 80-85 d.C., visto que o Evangelho de Lucas é muito provavelmente posterior ao de Marcos e Mateus.[1484]

Alguns problemas surgem quando se tenta fixar o lugar em que o autor escreveu sua obra. "

[1481] Rafael Aguirre Monasterio e Antonio Rodríguez Camona, *op. cit.*, p. 270.
[1482] A. Puech, *op. cit.*, p. 79.
[1483] Sobre São Lucas e sua obra, cf. Rafael Aguirre Monasterio e Antonio Rodríguez Carmona, *op. cit.*, p. 365 e segs.
[1484] L. Michael White, *op. cit.*, p. 313.

O texto grego é de excelente qualidade e está repleto de citações e alusões aos LXX. O contexto romano é uma possibilidade, mas resulta improvável. Posto que os *Atos* nos informa extensamente sobre os primeiros momentos da Igreja em Antioquia – onde pela primeira vez se chamou "cristãos" aos seguidores de Jesus – muitos especialistas situaram nela a redação da obra".[1485]

Destinatários

Segundo o prólogo inicial (Lc 1,4) a obra de Lucas está destinada a fiéis que já receberam uma formação na fé. Muito possivelmente se trata de uma comunidade de origem paulina, o que explicaria o papel relevante que tem Paulo na obra, cuja atividade se defende, se descreve em paralelismo com Pedro e se apresenta como exemplo a imitar. Os destinatários, pois, se situariam na Grécia – Macedônia – Ásia Menor.[1486]

Composição e Tendência

Lucas era bem diferente dos demais evangelistas. Homem helênico, culto, médico estimado, observador sagaz e curioso investigador, discípulo e auxiliar fidelíssimo de São Paulo, mas que não havia conhecido o Senhor e narrava os fatos por ouvir dizer. Daí as características do Terceiro Evangelho. Sua base é a predicação oral, tal qual a ouvira repetidas vezes de Barnabé e Paulo, mas imprimindo-lhe seu cunho pessoal. Se respeita a ordem cronológica, não teme, porém, introduzir às vezes ligeiras inversões, que permitam apreciar melhor o enlace lógico dos fatos. Daí suas características antecipações. Mais chamativas são ainda suas numerosas adições, frutos de sua profunda e variada investigação, nas quais transparece mais a informação do erudito que a visão da testemunha presencial.

De um modo geral,

> [...] não há no conjunto do Evangelho, ensina A. Puech, um plano erudito, e Lucas, como seus predecessores, segue simplesmente a ordem cronológica; mas as diversas partes são melhor conectadas entre elas, e sobretudo, no interior de cada uma delas, se percebe um trabalho de composição. Lucas tem um grande talento natural de narrador, e este talento natural é sustentado por uma verdadeira arte.[1487]

Portanto, Lucas segue normalmente a ordem de Marcos, conquanto esteja frequentemente de acordo também com Mateus, mas permanece, no detalhe, bastante independente de um e de outro. Tomemos como exemplo do que vem de ser dito a seguinte observação de A. Puech:

> Tudo o que é narrado no capítulo V é conforme ao relato de Marcos, do qual Mateus combinou diferentemente os elementos. Este acordo dura até o versículo 19 do capítulo VI (= Marcos, III, 12). Mas então vamos encontrar um outro

---

[1485] L. Michael White, *op. cit.*, p. 314.
[1486] Rafael Aguirre Monasterio e Antonio Rodríguez Carmona, *op. cit.*, p. 440.
[1487] *Op. cit.*, Tomo 1, p. 94.

acordo parcial com Mateus contra Marcos. Lucas apresenta, em alguma medida, o equivalente do Sermão da Montanha. É um sermão na planura, endereçado à multidão e não exclusivamente aos discípulos; diferenças que devem ser queridas, se Lucas conheceu Mateus. Este sermão está composto, sobretudo, com os mesmos elementos do sermão de Mateus, mas Lucas omite muitas coisas que constam deste, e acrescenta uma que não está presente em nenhum dos sinópticos, vale dizer, as maldições que seguem as beatitudes, assim como duas outras, que constam de Mateus, mas em locais diferentes (VI, 37-42 = Mateus, X, 24-25; XV, 14).[1488]

Por fim, não se poderia omitir aqui uma característica fundamental de Lucas: o amor pelos pobres. A bem da verdade Lucas não nutre nenhum fanatismo contra a riqueza; ao lado dos maus, ele tem seus bons ricos: o fariseu que convida Jesus para um repasto e o pequenino Zaqueu, ansioso por ver Jesus, malgrado sua estatura. A afeição de Lucas, porém, pelos humildes se manifesta a cada página da obra. Pode-se observar muito justamente que em uma ou duas passagens o amor pelos humildes, em Lucas, chega a tal ponto, que se torna quase que uma espécie de sentimento democrático, que tende a dar, em princípio, razão ao pobre contra o rico: por exemplo, na parábola do servidor infiel. Outro tanto Lucas sentia pelo pecador. O amigo de São Paulo fez penetrar docemente nas almas e aí se instalar para sempre o sentimento cristão por excelência: o do perdão. E mais talvez que em qualquer outro dos evangelistas, contribuiu para proteger o pecador contra o desespero, tornando possível sua conversão.[1489]

6.1.5. O Evangelho de João

Autor. João, discípulo de Jesus.

Tempo e Lugar da Obra

Desde os tempos de Irineu, final do século II, passou-se a considerar oficialmente o apóstolo João, filho de Zebedeu, como o autor do Evangelho. Admitindo-se que este abandonou Jerusalém para viver na Ásia, tem-se como provável que a redação da obra ocorreu no continente asiático, possivelmente em Éfeso. Quanto à época em que João a escreveu, "parece que não se deve recuar muito a um período em torno do ano 70".[1490]

Destinatários

Escrito para uma antiga comunidade cristã gentia, que se separou totalmente do judaísmo, mesmo que sob ameaça de fortes tensões. Enfrenta também alguns problemas procedentes de outros cristãos que sustentam uma visão docetista de Jesus.[1491]

[1488] *Op. cit.*, Tomo 1, p. 96.
[1489] A. Puech, *op. cit.*, Tomo 1, p. 111-112.
[1490] A. Puech, *op. cit.*, Tomo 1, p. 156.
[1491] L. Michael White, *op. cit.*, p. 389.

Composição e Tendência

O Quarto Evangelho não apresenta com os três sinópticos senão as relações que eram inevitáveis. Enquanto os três outros, com algumas diferenças individuais, exprimem a fé comum a todos os cristãos, sob sua forma mais simples, o Evangelho de João contém uma doutrina mística que a ultrapassa. Seu texto espiritualiza a vida de Jesus e seu ensinamento. Os fatos materiais que ele menciona são frequentemente expostos de forma diversa da que empregam os sinópticos ou são diferentemente arranjados. As dificuldades de interpretação, que são algumas vezes grandes, aumentam o mistério que plana sobre a personalidade do autor e sobre o meio do qual a obra proveio, mas se explicam, de certa maneira, por sua riqueza de discursos e pobreza de relatos. Esse mistério, característico do Quarto Evangelho, não foi desvendado até hoje e não o será provavelmente jamais.[1492]

Comparado aos Evangelhos sinópticos, o Quarto Evangelho também surpreende por sua redação e por seu estilo. Em que pese as críticas que lhe negavam a natureza de Evangelho, atribuindo-lhe as características de uma "meditação cristã, hoje é unânime a opinião de especialistas que o consideram um verdadeiro Evangelho".[1493] E ele o é por excelência. De fato, a obra de João encarna a predicação da Igreja nascente: milagres, fé e vida prometida. Ela ostenta também uma estrutura análoga à do *kerigma* original, isto é, a proclamação da salvação pela fé no Senhor ressuscitado. O Evangelho toma por ponto de partida a predicação de João Batista (I, 19) e a designação de Jesus como Filho de Deus, por ocasião de seu batismo (I, 33-34); detalha os sinais e os acontecimentos à luz da profecia bíblica: tudo isso denota um Evangelho tradicional.[1494] É obra do Espírito Santo que ilumina o espírito de João e lhe permite manifestar a profundidade dos acontecimentos que marcaram a existência terrestre de Jesus. É verdade que João se apresenta como testemunha dos fatos (XXI, 24), até mesmo como o discípulo mais amado (XIII, 23), em todo caso como aquele que viu e dá testemunho (XIX, 35),

> [...] mas este testemunho não é simplesmente humano; ele é transformado pelo Espírito Santo, que é chamado de "Paráclito", ou seja, o advogado do Senhor após sua morte, encarregado de ensinar e lembrar tudo o que Jesus disse (XIV, 25-26) e de conduzir à verdade completa (XVI, 13). Graças ao Espírito, João quer fazer de seu leitor um discípulo de primeira mão, diria Kierkegaard: tornar o leitor contemporâneo daquele que abriu as portas da morte e permanece vivo para sempre.[1495]

6.2. Atos dos Apóstolos

Livro sagrado do Novo Testamento, segundo tomo de uma obra única, da qual o primeiro volume era o Terceiro Evangelho canônico. As articulações entre os dois livros são numerosas. Um e outro começam por um prólogo endereçado a um mesmo personagem, Teófilo: maneira

---

[1492] "Quais são as ideias que este evangelho contém, e que significa o termo *Logos*, que os latinos inicialmente, e nós depois, traduzimos por *Verbo*? Seria preciso um longo estudo para esclarecer uma página, onde quase cada frase, cada palavra foram discutidas. O autor empregou a entonação de um profeta e envolve voluntariamente numa linguagem, na qual alguns mistérios se mesclam com a solenidade hierática, as verdades que ele quer proclamar." A. Puech, *op. cit.*, Tomo 1, p. 134-135.
[1493] Xavier Léon-Dufour, *Dictionnaire de la théologie chrétienne*, p. 349, Paris, 1998.
[1494] Xavier Léon-Dufour, *op. cit.*, p. 349.
[1495] Xavier Léon-Dufour, *op. cit.*, p. 350.

helenística de compor a história que acompanha o hábito contemporâneo de escrever os *Atos* de grandes personagens (por exemplo, os *Atos* de Alexandre). Um duplo relato da ascensão, um terminando o Evangelho, o outro inaugurando os Atos, constitui uma espécie de gonzo, narrativo e teológico, articulando entre ele os dois escritos: as narrativas relativas ao "tempo de Jesus" (Evangelho) e orientadas para Jerusalém; e os relatos relacionados ao "tempo da Igreja" (Atos), partindo da Cidade Santa para se abrir às perspectivas da terra inteira.[1496]

Portanto, a obra em questão contém a história da Igreja nascente durante o período de mais ou menos trinta anos a partir da Paixão do Senhor até o ano 63 da era cristã. Lucas narra a atividade dos apóstolos nesse período, quase sempre como testemunha ocular, daí o emprego do termo *Atos*, talvez impropriamente referido a apóstolos, no plural, pois, consoante o parecer de A. Puech, "um só dos doze, Pedro, desempenha um papel de primeiro plano, sendo que o outro personagem principal, Paulo, não era propriamente apóstolo, salvo num sentido mais amplo do termo. Entretanto, entendida um pouco livremente, a fórmula do título não está em desacordo com o espírito do livro, pelo qual o autor se propõe mostrar a propagação do cristianismo após a morte de Jesus, inicialmente em Jerusalém e depois entre os gentios, pela ação de missionários mais ou menos irmanados ao grupo primitivo dos doze apóstolos".[1497]

Era intenção do autor demonstrar a realização das promessas do Senhor, como sua ascensão, a vinda do Espírito Santo, o socorro divino aos apóstolos, assim como deixar registrados tanto as pregações destes, como também os prodígios pelos quais eles foram confirmados, tudo tendo como pano de fundo um quadro admirável dos costumes dos primeiros cristãos, cuja luta, sofrimento e perseverança constituem a história da própria Igreja até a dispersão dos apóstolos, que se separaram para levar a boa nova aos quatro cantos do mundo.[1498] Depois dessa separação, Lucas abandonou a história dos apóstolos, propriamente ditos, para se dedicar à de Paulo, que o tinha escolhido por discípulo e companheiro de jornadas.

Paulo, portanto, é o herói da metade do Livro dos Atos, que descreve o quadro histórico em que tem lugar a maior parte das Epístolas do apóstolo. Pode-se dividir o livro em cinco partes, precedidas de uma introdução (I, 1-11): a comunidade primitiva em Jerusalém (I, 12; V, 42), sua vida, econômica, moral e litúrgica, a partir de Pentecostes; as primeiras missões (VI-XII), a morte de Estêvão, a evangelização da Samaria e a conversão de Saulo (Paulo); a missão de Barnabé e de Paulo (XIII, 1; XV, 35), primeira viagem missionária à Ásia Menor, retorno para o concílio de Jerusalém presidido por Tiago; as missões de Paulo (XV, 36; XIX, 10), na Grécia, segunda viagem missionária, retorno à Jerusalém e primeira fase da terceira viagem; o fim das missões (XIX, 21; XXVIII, 29), para Jerusalém, segunda fase da terceira viagem, prisão de Paulo em Jerusalém, em Cesaréia, viagem para Roma, detenção em Roma.[1499]

A data dos Atos é discutida. Possivelmente foram escritos em algum momento da década que antecedeu o ano 80 da nossa era. O autor não conhecia as Cartas de Paulo: ele as teria certamente utilizado na segunda parte se as tivesse possuído.[1500]

[1496] André Paul, *Dictionnaire de la théologie chrétienne*, p. 77-78, Paris, 1998.

[1497] Aimé Puech, *op. cit.*, Tomo 1, p. 359-360.

[1498] "Deus é o último responsável pela interconexão dos fatos: suas promessas dirigem a história e a faz caminhar necessariamente. Exerce seu protagonismo por meio do Espírito Santo, que dirige Jesus e a Igreja. Por sua parte, Jesus é o grande protagonista. Seu mandamento determina a ação da Igreja. Todo o livro dos Atos aparece como cumprimento deste mandamento (Atos 1,8)." Rafael Aguirre Monasterio e Antonio Rodríguez Carmona, *op. cit.*, p. 396.

[1499] André Paul, *op. cit.*, p. 77.

[1500] André Paul, *op. cit.*, p. 78.

6.3. As Cartas de Paulo

A inquestionável influência que Paulo teve nas etapas iniciais e posteriores da história cristã procede, em grande parte, de sua farta comunicação epistolar com suas Igrejas. Suas cartas constituem os documentos cristãos mais antigos que se conservaram, e o esforço posterior para uni-las num único volume marcou o começo do canon neotestamentário. Antes de que houvesse Evangelhos, existiam cartas, e a carta continuou sendo um dos principais gêneros utilizados na atividade literária dos cristãos ao longo de toda a antiguidade. Dos vinte e sete documentos que formam o Novo Testamento, vinte e dois, na sua totalidade ou parcialmente, são cartas. Algumas cartas tardias do Novo Testamento, ou inclusive posteriores (século II), imitavam intencionalmente Paulo. Em algumas ocasiões, esse foi considerado um modelo a imitar.[1501]

As cartas, portanto, eram uma forma habitual de expressão literária no mundo greco-romano. Conhecidas são as cartas de Cícero, de Sêneca, de Plínio, que condensou suas epístolas em vários livros para sua publicação posterior. Um desses volumes continha as cartas dirigidas e recebidas do imperador Trajano, entre as quais aparece a mais antiga referência romana aos cristãos. Os pagãos posteriores se utilizaram amplamente de cartas para atacar o cristianismo: célebre é o exemplo de Símaco, cujo proselitismo do paganismo era feito sobretudo por meio de comunicação epistolar.[1502] Os cristãos posteriores, especialmente os bispos e os dirigentes da Igreja, como Cipriano de Cartago, Atanásio de Alexandria, Basílio de Cesaréia, João Crisóstomo, Jerônimo, Agostinho e muitos outros, seguiram a tradição de escrever e colecionar cartas, tanto oficiais como pessoais, em grego e em latim.[1503]

Sabemos ainda, por alguns comentários, que Paulo utilizou também escribas para sua atividade epistolar. A referência mais clara se encontra em Romanos 16,22, em que seu escriba Tércio envia suas próprias saudações. Também em algumas ocasiões, diz Paulo algo semelhante, como, por exemplo: "Vê com que letras tão grandes escrevo. São de meu punho e letra"[1504], ou "Esta saudação final é de meu punho e letra".[1505] Nesses casos, é lícito supor que Paulo tomava a pena do escriba e escrevia sua saudação pessoal com sua própria letra. "Lamentavelmente, não se conservaram os autógrafos originais de Paulo, pois, caso os tivéssemos, poderíamos ter obtido alguma informação adicional, ao menos como segunda mão".[1506]

6.3.1. Epístolas aos Tessalonicenses

Todos os estudiosos antigos e modernos concordam que as duas primeiras cartas de São Paulo, a I e a II aos tessalonicenses, foram escritas em Corinto, nos anos 50-52. Essas cartas contêm o ensino de São Paulo a propósito de algumas questões levantadas pelos cristãos de Tessalônica, que somente há alguns meses haviam se convertido à fé. Fundamentalmente tratam de questões cristológicas e escatológicas, sobre as quais os neófitos de Tessalônica tinham ideias pouco claras e inquietações preocupantes.

[1501] L. Michael White, *op. cit.*, p. 203.
[1502] Cf. P. de Labriolle, *La réaction paienne*, p. 352, Paris, 1948.
[1503] L. Michael White, *op. cit.*, p. 204.
[1504] Gálatas, 6, 11.
[1505] I Coríntios, 16,21.
[1506] L. Michael White, *op. cit.*, p. 207.

Apresenta particular dificuldade a referência ao "homem da impiedade", sobre o qual não se sabe, em última análise, quando aparecerá.[1507] Os tessalonicenses não devem se inquietar, perdendo tempo e fazendo elucubrações sobre essas coisas, mas devem procurar viver santamente e trabalhar com honestidade.[1508]

Alguns indícios no texto epistolar (I Tes. 2, 15-16) dão conta da existência de uma comunidade judia hostil a Paulo e ao cristianismo, ao ponto de incitar a população local contra os cristãos. Por esse motivo, os judeus suscitaram um clamor invejoso na população, com vistas à apresentação dos apóstolos diante do povo.[1509] O relato faz supor que os judeus constituíam um grupo minoritário, mas com força bastante para deter a atividade missionária dos apóstolos.[1510]

As acusações formuladas contra os cristãos foram: acusavam-se Paulo e Silas de sedição, posto que subvertiam a ordem e atentavam contra a *pax romana*; acusavam-se também Paulo e seus seguidores de "terem atuado contra os decretos do imperador, pois diziam que havia outro rei, chamado Jesus".[1511] Essas acusações, notadamente a última, tinham por fim mostrar que o movimento cristão era sedicioso e ilícito, de modo que a mensagem evangélica se chocava frontalmente contra os costumes e os valores fundamentais da ideologia imperial.[1512]

Após ser informado, por Timóteo, sobre a comunidade de Tessalônica (I Tes. 3,6), o apóstolo faz alusão aos principais temas que o preocupam. Recorda inicialmente que a aceitação do Evangelho pode vir acompanhada de aflições, "pois vós recebestes a palavra, em meio à grande tribulação, e com grande alegria inspirada pelo espírito" (1,6). Exorta, também, os cristãos a que animem os pusilânimes, sustentem os débeis e sejam pacientes com todos (5, 12-18).

Noutra passagem, Paulo se refere aos judeus que o expulsaram e a outros cristãos de Tessalônica por causa do Evangelho (I Tes 2, 15-16). Mas os motivos que explicam a expulsão não são claros na carta, excetuando a indicação de que os judeus não queriam que Paulo e os apóstolos exortassem os gentios para que se salvassem. Tal afirmação poderia sugerir que o apóstolo estava redefinindo o conceito de povo de Deus, mediante a integração dos gentios, independentemente da circuncisão. Não surpreende, pois, que os judeus reagissem contra a mensagem predicada pelo apóstolo, bem como que o acusassem de ser um falso profeta judeu.[1513] Afinal, os judeus não queriam ser envolvidos nem identificados com um movimento religioso que, aos olhos dos romanos, pudesse ser considerado politicamente subversivo.[1514]

Visto o contexto político do conflito em Tessalônica, pode-se interpretar politicamente a mensagem paulina? Para responder a essa questão, nos centraremos em alguns termos que têm conotações políticas nas epístolas aos tessalonicenses. Esses conceitos se encontram na parte da carta em que Paulo expõe sua escatologia. Ante a espera da vinda do Senhor, o apóstolo exorta à vigilância diante de quem diz: "Paz e segurança; mas, de repente, virá sobre eles a ruína, como as dores do parto para a mulher grávida; e não escaparão" (I Tes. 5,3). A expressão paz e segurança, segundo vários autores, corresponde ao slogan *pax et securitas* da propaganda imperial,

---

[1507] A.T. Robertson, Word pictures in the new testament, Tomo 4, p. 50, Nashville, 1931. "O homem da impiedade (the man of sin) está oculto e aparecerá como um apóstolo ou anjo de luz."

[1508] A.T. Robertson, *op. cit.*, Tomo 4, p. 60.

[1509] Atos 17, 5 e 5b.

[1510] David Álvarez Cineira, *Pablo y el imperio romano*, p. 85, Salamanca, 2009.

[1511] Atos 17,17.

[1512] David Álvarez Cineira, *op. cit.*, p. 86.

[1513] David Álvarez Cineira, *op. cit.*, p. 91.

[1514] David Álvarez Cineira, *op. cit.*, p. 92.

que constituía parte proeminente tanto das virtudes quanto da tradição imperial, testemunhada em inscrições, moedas, decretos imperiais e fontes literárias.[1515] Paulo se refere aos incautos que confiam em uma falsa paz e na segurança política e social da ideologia imperial. O apóstolo exorta, também, os cristãos a não depositarem sua confiança e segurança na propaganda imperial, mas no Deus da Paz (5,23) e na chegada da soberania do Senhor Jesus.[1516]

Em 4, 15-17, o apóstolo emprega os conceitos de *parusia e encontro do Senhor*. O primeiro deles, parusia, significa epifania de um Deus ou visita oficial do imperador a uma província. As moedas, inscrições e textos literários testemunham as "parusias" imperiais, quando o príncipe visitava uma cidade, ao passo que a *apantesis* era o termo técnico empregado para designar a recepção oficial da parte dos cidadãos que saíam ao encontro do imperador e o acompanhavam em procissão em seu percurso pela cidade.[1517] Paulo, conhecedor desses eventos políticos, utilizou ditos conceitos para descrever a chegada de Jesus e a maneira como os cristãos teriam que recebê-lo e acompanhá-lo, exultantes, pela cidade.[1518] Paulo não fala diretamente do Estado, nem o critica, nem incita seus seguidores a adotar atitudes revolucionárias. Pelo contrário, pede que vivam como cidadãos pacíficos: "Procurai viver com serenidade, ocupando-vos das vossas próprias coisas e trabalhando com vossas mãos, como vo-lo temos recomendado. É assim que vivereis honrosamente em presença dos de fora e não sereis pesados a ninguém." (I Tes. 4, 11-12).

6.3.2. Epístola aos Gálatas

A carta aos Gálatas data provavelmente do ano 54 ou 55, durante a longa estadia do apóstolo em Éfeso. O tema principal é a doutrina da liberdade dos cristãos relativamente ao cumprimento das complexas prescrições da lei mosaica e de seus complementos acrescentados pela tradição dos escribas. Tratava-se da controvérsia com um setor dos cristãos procedentes do judaísmo, que pensavam que era necessária a rígida observância das prescrições legais como pré-requisito da salvação, e que faziam pressão sobre os fiéis da Galácia.[1519] São Paulo expõe com absoluta firmeza a liberdade cristã a esse respeito, doutrina, por outro lado, já estabelecida a instâncias suas pelo concílio apostólico de Jerusalém há uns cinco anos. A disputa com os "judaizantes" oferece ocasião ao autor para explicar não só o valor redentor da paixão de Cristo, mas inclusive o sentido celestial e predestinado de sua autobiografia: ele foi chamado por Deus para anunciar o Evangelho (Gal. 1, 16); ele defendeu o Evangelho na assembleia de Jerusalém (Gal. 2, 1-10) e no conflito com Pedro (Gal. 2, 11-14); e ele personificava a essência do Evangelho (Gal. 2, 15-21). Seu relato como leal representante do Evangelho é a base de sua autoridade como apóstolo e veemente repreensão à deslealdade dos fiéis gálatas ao Evangelho.[1520]

6.3.3. Epístolas aos Coríntios

[1515] David Álvarez Cineira, *op. cit.*, p. 94.
[1516] David Álvarez Cineira, *op. cit.*, p. 94.
[1517] David Álvarez Cineira, *op. cit.*, p. 95. "O anticristo (o imperador) tem também sua parusia." A.T. Robertson, *op. cit.*, Tomo 4, p. 52.
[1518] Alguns autores pensam que a oposição entre a divindade do imperador e a divindade de Cristo teve origem no episódio, segundo o qual Calígula fez uma tentativa desesperada para erigir sua estátua em Jerusalém, e aí ser adorado. A.T. Robertson, *op. cit.*, Tomo 4, p. 50.
[1519] Dicionário de Paulo e suas cartas, p. 579 e segs, São Paulo, 2008.
[1520] "Certamente Paulo não poderia pregar Cristo entre os gentios sem uma rica experiência interna e segundo uma visão objetiva de seu chamamento para a realização desta tarefa." A.T. Robertson, *op. cit.*, Tomo 4, p. 279.

De Éfeso, na primavera do ano 57, escreveu São Paulo a sua primeira carta aos Coríntios, e no outono do mesmo ano redigiu a segunda. Naquela época, Corinto tinha uma matizada população, onde confluíam variadíssimas religiões, mas era também célebre pela sua degradação moral. Entre outras aberrações estava o culto de Afrodite, em obediência ao qual as sacerdotisas da deusa exerciam a chamada "prostituição sagrada". Essas e outras monstruosidades tinham criado um ambiente muito difícil para a recente cristandade de Corinto. Não obstante, a providência divina cumulava de graças e carismas essa igreja, centro de concorrência de tantas almas.[1521]

A primeira epístola aos Coríntios é muito importante do ponto de vista doutrinário e histórico. Um primeiro tema que o apóstolo aborda é o da unidade da Igreja e dos cristãos, por ocasião de certas divisões surgidas entre os neófitos daquela cidade. Paula exorta os cristãos para que não deem lugar a divisões e discórdias entre os membros da comunidade. Insta à paz, à concórdia e à harmonia, temas típicos dos políticos, retóricos e filósofos. A carta descreve as divisões em Corinto com as seguintes palavras: "Refiro-me ao fato de entre vós se usar esta linguagem: eu sou discípulo de Paulo; eu, de Apolo; eu, de Cefas; eu, de Cristo" (1 Cor 1, 12). Frente a essas desavenças e facções, o apóstolo apela para a lógica e para a evidência empírica: a unidade é proveitosa para a comunidade.[1522]

Por outro lado, quando Paulo advoga a unidade na fé, está ele postulando a igualdade social e política entre os membros da comunidade? É o verdadeiro objetivo de Paulo uma oposição à hierarquia? Numa palavra, Paulo defendia uma posição democrática dentro da sociedade cristã frente às estruturas hierárquicas verticais que davam coesão à sociedade romana ou, pelo contrário, propugnava uma postura conservadora?

Os estudiosos se acham divididos. Alguns consideram que a atitude fundamental de Paulo era conservadora. De fato, sua concepção do mundo é hierárquica e da igreja local, monárquica. Deus mesmo institui apóstolos na Igreja, tanto a nível local quanto universal (1 Cor 12,28) e Paulo é um dos apóstolos para os Coríntios. A teocracia era, pois, o governo do melhor, do mais sábio, do merecedor da confiança de Deus. Assim, entre os judeus, o sumo sacerdote era o melhor; entre os cristãos, os apóstolos e quem estes consideravam idôneos para governar as comunidades.[1523]

Outros autores consideram que as cartas aos Coríntios apostam na igualdade horizontal cristã frente à estrutura vertical da sociedade romana. O apóstolo repudia a visão coríntia do poder, baseada no patronato, retirando o foco da superioridade político-social, e pondo-o na hegemonia espiritual de quem mais ama e serve a comunidade.[1524]

A simbologia e a imaginária triunfal romanas aparecem como pano de fundo de 2 Cor 2, 14-16: "Mas graças sejam dadas a Deus, que nos concede sempre triunfar em Cristo, e que por nosso meio difunde o perfume do seu conhecimento em todo lugar. Somos para Deus o perfume de Cristo entre os que se salvam e entre os que se perdem" (cf. Col 2, 15). A imagem do triunfo, expressada mediante uma marcha militar, era amplamente conhecida no mundo antigo. Os

---

[1521] "Podemos dizer com segurança que a raiz do problema era o apego dos coríntios ao poder, ao prestígio e ao orgulho representado na tradição retórica helenística, com sua ênfase na glória da sabedoria e das realizações humanas e seu estilo de vida escandaloso e extravagante." Dicionário de Paulo e suas cartas, p. 271.
[1522] David Álvarez Cineira, *op. cit.*, p. 103.
[1523] David Álvarez Cineira, *op. cit.*, p. 103-104.
[1524] David Álvarez Cineira, *op. cit.*, p. 104.

triunfos das legiões romanas se celebravam com profusão tanto nas obras literárias quanto na mídia da época (escultura, pintura, gravação, numismática, etc.).[1525]

Segundo o texto citado, Paulo tem em mente a marcha triunfal das legiões romanas depois da vitória: vários prisioneiros de guerra precedem o imperador, que vai em seu carro para presenciar a execução dos vencidos. Aparecem os elementos romanos da ação de graças e do incenso. Nessa representação, aliás, Paulo e seus colaboradores não aparecem como prisioneiros capturados, mas como oficiantes vitoriosos, marchando com Deus, à frente do cortejo.[1526]

6.3.4. Epístola aos Romanos

Com o fim de preparar devidamente sua estadia em Roma, São Paulo escreveu, em Corinto, nos primeiros meses do ano 58, a grande epístola aos romanos. Trata nela de pontos capitais sobre a doutrina e a obra redentora de Cristo, aprofundando e ampliando o tema abordado na carta aos Gálatas, que pode ser considerada um primeiro esboço de romanos.

Depois de uma longa saudação, cheia de interesse teológico, Paulo estende-se numa visão da humanidade não redimida, afastada, e com inimizade de Deus depois da queda de Adão. Contempla a degradação moral dos gentios e os pecados semelhantes dos judeus, para concluir com rigor absoluto a necessidade da redenção por Cristo para se alcançar o perdão e a graça de Deus. Quatro noções são inarredáveis para se entender corretamente a epístola: o pecado, a morte, a carne e a lei. O homem não redimido, submetido a essas quatro forças, só poderá livrar-se delas pela obra da Redenção operada por Jesus Cristo.[1527] A salvação provém, pois, unicamente de Jesus Cristo Nosso Senhor, e a ela aderimos pela fé, dom gratuito de Deus, não por efeito de nossas obras.[1528] Mas, uma vez abertos para a fé, e mediante o batismo que nos enxerta em Cristo, podemos e devemos fazer o bem, praticar a virtude com tanto fervor e inspirados pelo Espírito Santo, que habita em nós e completa a obra da justificação operada por Cristo, tornando-nos santos e filhos adotivos do Pai. Assim, passamos do estado de inimizade com Deus ao de indissolúvel amizade, do de irredenção ao de graça, que nos garantirá um *status* de nova criatura, aberta à esperança da glória de filhos de Deus.[1529]

A carta trata também do conflito interno da comunidade entre *fortes* e *fracos*. O tema fundamental que está na origem dessa divisão são as leis judaicas, sobre os alimentos. Assim, fracos eram os que não comiam carne, ao passo que os outros, os fortes, consumiam tudo (14, 2, 21). Um dos objetivos da carta era instaurar a paz entre ambas as facções. Em Rom 14, 13-23, Paulo oferece uma solução concreta. Se o alimento e a bebida constituem pedra de tropeço, que não sejam servidos nas reuniões comunitárias. Com tal recomendação, o apóstolo pretende que o débil se sinta acolhido nas assembleias, posto que é responsabilidade do forte ceder em home-

---

[1525] David Álvarez Cineira, *op. cit.*, p. 109.
[1526] David Álvarez Cineira, *op. cit.*, p. 109.
[1527] Dicionário de Paulo e suas cartas, p. 1102.
[1528] Essa carta "exerceu uma influência capital sobre as obras dos chefes da Reforma, Lutero e Calvino, por meio dos quais ela se tornou uma verdadeira carta fundamental, de modo que, pela interpretação de certas passagens, se fixaram limites doutrinários entre protestantes e católicos". Dictionnaire de la Théologia Chretienne, p. 705.
[1529] "A ação de Adão se qualifica como desobediência. Por outro lado, a de Jesus se chama obediência, pela qual Deus justifica o ímpio. Paulo interpreta o sentido de obediência, no que se refere a Cristo, como a entrega incondicional à vontade divina para a realização da obra de salvação." Samuel Pérez Millos, Romanos, p. 439, Barcelona, 2011.

nagem à paz e à edificação mútua. Para isso, Paulo se posiciona em favor dos fracos, conquanto teoricamente esteja sintonizado com os fortes (14, 14a; 14, 20).[1530]

Na Carta aos Romanos, Paulo censura com veemência a instituição central do império romano, ou seja, a realeza redentora (Rom 1, 1-3). O poeta Virgílio celebrava Augusto como a figura salvadora, que marca o começo de uma nova era gloriosa.[1531] Por ocasião de sua morte, o imperador recebeu honrarias celestes por parte do senado romano. De forma semelhante, o senado aprovou a apoteose do imperador Cláudio depois de sua morte, isto é, declarou a *consecratio* de Cláudio. Sêneca e Tácito zombaram do final trágico e da divinização *post mortem* do imperador[1532], pois, ao que tudo indica, morreu por envenenamento com cogumelos. Em sua ascensão ao trono, Nero foi aclamado como líder glorioso, que estabelecia o início de uma nova idade de ouro. Seguia o modelo inaugurado por Augusto, que havia desenvolvido o culto imperial como obra prima de propaganda.

Frente a essa teologia política romana, Paulo redigiu, de maneira sintética, uma paródia à sucessão ao trono de Cláudio: "Acerca de seu Filho Jesus Cristo, nosso Senhor, descendente de Davi quanto à carne, que, segundo o Espírito de santidade, foi estabelecido Filho de Deus no poder por sua ressurreição dos mortos" (Rom, 1, 3-4).

Da mesma forma que o imperador defunto havia se convertido em Deus, o apóstolo interpreta, com infinita maior razão e por excelência, a morte de Jesus nessa mesma clave: Jesus chegou ao poder mediante uma morte violenta e se converteu em filho de Deus, em verdadeiro rei. Jesus é o que o príncipe romano reivindica ser: representante da humanidade, reconciliador e soberano do mundo. Por essa razão, o Evangelho se propaga a toda nação (Rom 1,5).[1533]

Diversos aspectos do culto cívico aparecem refletidos na argumentação paulina. De fato, em Rom 1, 16-17 se proclama a justiça de Deus. Convém recordar aqui que o aparecimento da deusa romana *Iustitia*, assim como o culto do imperador, supôs uma completa inovação no mundo paulino. *Iustitia* era, certamente, uma das virtudes mais celebradas por Augusto, que erigiu um templo em sua honra em 8 de janeiro do ano 13 d.C. e lhe deu o título de *Augusta*. Quando Paulo proclamava em sua carta que o Evangelho do rei Jesus revela a *justiça* de Deus, muitos cristãos romanos entenderam uma tal radical afirmação como um desafio à pretensão imperial. Assim, o apóstolo pôs em evidência que todos aqueles que anseiam por justiça não a encontrarão no Evangelho que proclama a divindade do imperador, mas no Evangelho que anuncia o reinado do Cristo.[1534]

6.3.5. Epístola aos Filipenses

Filipenses é uma carta que o apóstolo escreveu, provavelmente numa prisão romana, à Igreja da cidade de Filipos na Macedônia, a primeira Igreja que ele fundou na Europa. Como se vê, antes da redação da carta, Paulo já havia visitado Filipos, ocasião em que o exorcismo realizado numa jovem escrava lhe acarretou um processo judicial.

[1530] David Álvarez Cineira, *op. cit.*, p. 121.
[1531] David Álvarez Cineira, *op. cit.*, p. 126.
[1532] David Álvarez Cineira, *op. cit.*, p. 126.
[1533] David Álvarez Cineira, *op. cit.*, p. 127.
[1534] David Álvarez Cineira, *op. cit.*, p. 127-128.

Dado o significado imperial do culto a Apolo e sua importância local, podemos afirmar que Paulo, ao exorcizar a jovem, não estava desafiando simplesmente o culto a esse deus, mas, na verdade, desarticulava o núcleo de valores da ideologia imperial.[1535] Por outro lado, convém lembrar que, em muitos casos, a oposição popular precedeu e originou a oposição governamental[1536], além do que a atitude cristã e sua predicação tinham um impacto negativo na economia local que girava em torno desses cultos.[1537]

A formulação das acusações, como era para prever, foi feita de má fé, visto que claramente não refletia o motivo real que provocou a ira dos acusadores. A incongruência entre a ação e a acusação serve para demonstrar a situação precária dos cristãos em Filipos. Não obstante, esclarece David Cineira, de acordo com o relato dos Atos, a prisão foi muito frutífera do ponto de vista da evangelização, já que toda ela ouvia a mensagem paulina e o próprio carcereiro com toda sua família receberam o batismo (Atos, 16, 20).[1538]

A despeito da veemência com que possa ter sido pregada a mensagem paulina em Filipos, fato é que por trás da acusação se vislumbra uma colisão entre a predicação de Paulo e os valores da ideologia imperial, tal e como esta era imposta aos cidadãos de Filipos. Segundo essa lógica, o relato dos Atos poderia prestar-se como guia para a leitura da carta aos Filipenses.

Filipenses é a mais pessoal de todas as suas cartas. Embora não seja um tratado teológico, a carta tem muito a dizer a respeito de Deus e de seu jeito com as pessoas, a respeito de Jesus Cristo e os cristãos, e de como eles devem viver neste mundo. Em determinado momento a carta muda de tom. Paulo agora começa um penoso ataque àqueles que subvertem os filipenses, as pessoas que são inimigas da cruz de Cristo.[1539] Trata-se dos agitadores da comunidade cristã de Filipos. Chama-os de "cães" e "operários malvados que praticavam a mutilação" (Flp. 3,2). Parece que o apóstolo dirigia suas críticas aos demagogos que propagavam o rito judeu da circuncisão.

Para concluir, Paulo pede a unidade da Igreja, em especial entre seus líderes, dá conselhos sobre como os cristãos devem se sentir, pensar e agir, desobriga os filipenses de todo sentimento de culpa que possam ter tido pelas vezes em que não puderam lhe mandar ajuda, agradece-lhes a repetida generosidade e encerra a carta com uma bela doxologia a Deus, saudações a todos e uma benção (Flp. 4, 1-23).[1540]

Por fim, algumas palavras sobre o hino a Cristo, ponto alto da missiva. Todos os comentadores reconhecem a importância excepcional e a admirável composição desse hino, notadamente pela oposição entre a característica do escravo atribuída à pessoa divina de Jesus.

> Dizer que Cristo se aniquilou (literalmente "se esvaziou" v. 7), não significa evidentemente que ele tenha renunciado à sua natureza divina, o que não teria sentido, mas que ele não quis gozar dos privilégios que a sua natureza divina poderia (e deveria) fazer valer para a sua humanidade. Ele escolheu privar-se deles para recebê-los do Pai como prêmio por sua obediência.[1541]

[1535] David Álvarez Cineira, *op. cit.*, p. 50.
[1536] David Álvarez Cineira, *op. cit.*, p. 50.
[1537] David Álvarez Cineira, *op. cit.*, p. 51.
[1538] David Álvarez Cineira, *op. cit.*, p. 54.
[1539] Dicionário de Paulo e suas cartas, p. 556.
[1540] Dicionário de Paulo e suas cartas, p. 557.
[1541] As cartas de Paulo, Tiago, Pedro e Judas, obra coletiva, São Paulo, 2008.

6.3.6. Epístola aos Colossenses

A Igreja de Colossas não foi diretamente fundada por Paulo, mas por seu discípulo Epafras, natural dessa região (Cl 4,12), que talvez tivesse se tornado cristão durante uma visita a Éfeso. Era "ministro fiel de Cristo" e, como representante de Paulo, ensinou aos colossenses a verdade do Evangelho.[1542]

Colossenses, uma das mais breves cartas de Paulo, tem muito a dizer em relação à importância do Evangelho, à pessoa e à obra do Senhor Jesus Cristo, em especial como Senhor da criação e autor da reconciliação (Cl 1, 15-20), ao povo de Deus, à escatologia, à liberdade do legalismo e à vida cristã.[1543]

Epafras visitou São Paulo em Roma e o informou do progresso do Evangelho no vale do Lico. Embora grande parte do relato fosse animadora (Cl 1, 8; 2, 5), um aspecto perturbador era o ensinamento atraente, mas falso, que fora recentemente introduzido na congregação e que, se não fosse reprimido, subverteria o Evangelho e poria os colossenses em servidão espiritual. A carta de Paulo foi, então, escrita como resposta a essa necessidade urgente.[1544] Hoje sabe-se que se tratava de infiltração, entre os cristãos de Colossas, de uma gnose iraniana e mesopotâmica, veiculada naquela cidade por viajantes judeus. As doutrinas gnósticas começaram a penetrar nas províncias do império romano em princípios ou meados do século I d.C., principalmente por intermédio de judeus mercadores e de outros elementos étnicos, religiosos e filosóficos.

Distinguia-se a gnose pela sua concepção dualista de Deus, do homem, do mundo: dois princípios opostos, o bem e o mal, o espírito e a matéria, estavam na explicação teórica de todas as coisas. A gnose apresentava-se a si mesma como a sabedoria mais elevada, superadora de todas as outras religiões, inclusive o cristianismo, que considerava como explicações imperfeitas, úteis provisoriamente para o vulgo. Os primeiros rebentos da gnose em Colossas pareciam querer conciliar o cristianismo com uma doutrina extravagante e herética, segundo a qual Cristo, por ser homem, é inferior às potestades angélicas, cuja natureza, essencialmente espiritual, é superior à humanidade de Jesus. Cristo seria um éon, intermediário entre Deus e a matéria.[1545]

Tais confusões doutrinárias estimularam São Paulo, inspirado por Deus, a desenvolver com clareza e veemência alguns pontos centrais da fé, aos quais os colossenses deviam aderir, com vistas à refutação completa de todas essas construções exóticas, frutos da heresia gnóstica. Desse modo, Paulo aprofunda temas capitais do ministério de Cristo, como são a sua superioridade infinita e a sua capitalidade sobre todos os seres, quer se chamem anjos, quer potestades ou qualquer outra denominação. O apóstolo utiliza expressões profundíssimas como a de que "em Cristo habita toda plenitude da divindade corporalmente", cujo conteúdo doutrinário equivale, embora com palavras diversas, à formulação de São João de que "o verbo se fez carne e habitou entre nós". Com efeito, em Colossenses, aparecem termos novos que os gnósticos helenistas empregavam, mas num contexto polêmico e carregando-se de novos matizes e sentidos. Em suma, o apóstolo

---

[1542] Dicionário de Paulo e suas cartas, p. 248.

[1543] Dicionário de Paulo e suas cartas, p. 247.

[1544] Dicionário de Paulo e suas cartas, p. 249.

[1545] "Em nenhuma passagem da carta o apóstolo faz uma exposição formal da "heresia"... Diversos biblistas recentes preferem falar em termos de tendências em vez de um sistema claro com pontos definidos." Dicionário de Paulo e suas cartas, p. 249.

insiste, aprofundando, que Jesus Cristo é Deus, que ao tomar a natureza humana não deixa de ser Deus e, portanto, é o primeiro e superior a todos.[1546]

Ao lado desse desenvolvimento doutrinário, a epístola ocupa-se em ministrar ensinamentos morais e disciplinares, como os respectivos deveres dos cônjuges, servos e senhores, os conselhos práticos sobre o exercício das virtudes cristãs.

6.3.7. Epístola aos Efésios

A carta aos Efésios marca um ponto culminante no itinerário espiritual e doutrinário de São Paulo, notadamente no que diz respeito ao mistério de Cristo, à obra da redenção, e à teologia da Igreja. Escrita certamente no final do ano 62 ou princípios do ano 63, é como uma segunda redação, naturalmente muito livre, da carta aos colossenses, escrita poucos meses antes.

Efésios é sem paralelo entre as cartas atribuídas a Paulo. Sua linguagem de culto e de oração, a profundidade e o alcance de sua teologia e a grande quantidade de conselhos práticos levaram muitos cristãos (inclusive João Calvino) a apreciá-la como seu livro neotestamentário favorito.[1547] Contudo, a opinião dos especialistas se acha dividida quanto à autoria da carta, sendo certo que a franca rejeição de F.C. Baur e seus seguidores quanto à autoria paulina de Efésios vem tendo grande influência no curso subsequente dos estudos.[1548]

Mas, se examinarmos de perto a sabedoria que dimana da carta, o estilo elevado que a reveste e o emprego de termos tão caros ao apóstolo dos gentios, temos de concluir com A. Puech que o "argumento mais forte para sustentar a autenticidade é o grande interesse e a originalidade de um escrito que, no conjunto, é perfeitamente digno de São Paulo".[1549] Replicam os adversários da autenticidade que, havendo uma grande semelhança entre efésios e colossenses, não tem sentido supor que Paulo quisesse repetir o que havia dito anteriormente.

> O que é certo é que a ideia da Igreja é mais desenvolvida na Epístola aos Efésios que na Epístola aos Colossenses, o que pode ser atribuído a um novo progresso no pensamento de São Paulo, além do que o emprego da palavra *mistério* parece apresentar também, numa e noutra, certas nuances, que merecem a mesma explicação. A ideia de predestinação nunca fora exprimida com tanta força como o foi no início desta carta. Aí, o giro e a expressão estão de acordo com seus hábitos e a ideia que ela exprime é uma daquelas que lhe são mais caras.[1550]

Foi, portanto, a chamada "crise de Colossas" a circunstância externa que levou o apóstolo a escrever também essa outra carta, dirigida às Igrejas da zona costeira ocidental da Ásia Menor, cuja cidade principal era Éfeso, para evitar qualquer contágio com a heresia irrompida em Colossas. Segundo se pode coligir do conjunto de dados bíblicos e extrabíblicos que possuímos,

---

[1546] *Digo isto para que ninguém vos iluda com belos discursos* (Col 2,4). "O apóstolo menciona expressamente os perigos que a congregação enfrenta. Ele está a par dos métodos dos falsos mestres e faz um apelo veemente aos colossenses para que vigiem, a fim de não serem apanhados no laço como espólio (Col 2,8)." Dicionário de Paulo e suas cartas, p. 250.
[1547] Dicionário de Paulo e suas cartas, p. 421.
[1548] Dicionário de Paulo e suas cartas, p. 423.
[1549] Aimé Puech, *op. cit.*, Tomo 1, p. 262.
[1550] Aimé Puech, *op. cit.*, Tomo 2, p. 262-263.

Paulo enfrenta-se com doutrinas que propunham que o governo se rege por poderes intermediários entre Deus e os homens e que cada um, segundo a sua força, intervém também na história humana. Perante tais afirmações gnósticos-helenísticas, São Paulo expõe, de várias maneiras e sob muitos aspectos, que Cristo Jesus é a cabeça de todos os seres, tanto celestes como terrestres; seu senhorio é absoluto e nenhuma realidade existente pode subtrair-se a ele.[1551]

Efésios 1, 3-14 constitui um grandioso hino ou cântico, como uma abertura a toda epístola, em que se louva o plano salvador de Deus por meio de Jesus Cristo em favor da humanidade. Todos os seres criados que, por causa do pecado, tinham sido separados entre si e relativamente a Deus, agora, mediante a redenção operada por Cristo, voltaram a se reconciliar entre si e com Deus, uma vez que foi constituído Cristo encarnado e glorificado como cabeça de todos eles.[1552]

Como é costume no apóstolo, da doutrina teológica ele extrai as conclusões práticas morais e ascéticas: todos os fiéis devem viver a unidade na caridade, pois formam um só corpo com Cristo, animado pelo mesmo Espírito. Daí desce às aplicações concretas: os deveres dos cônjuges, dos pais e filhos, dos senhores e servos, etc., pois todos recebem o influxo vivificante da cabeça que é Jesus Cristo.[1553]

6.3.8. Epístola aos Hebreus

Última no epistolário paulino, notável por sua doutrina e pelo requinte literário. Tradicionalmente a epístola é atribuída a Paulo, principalmente pela maioria dos autores católicos, conquanto exista hoje no seio da Igreja uma corrente considerável que nega a paternidade paulina da carta.

> Unanimemente se admite que a carta, não obstante as dúvidas de alguns escritores latinos antigos, forma parte do canon de livros inspirados que a Igreja recebeu dos apóstolos. Entretanto, a imensa maioria dos autores católicos e hoje praticamente a totalidade afirmam que são tais as diferenças com as outras cartas, que necessariamente há que se admitir um redator distinto de Paulo, isto é, que se inclinam para a hipótese de Orígenes: o fundo é de Paulo, mas a forma é de outro.[1554]

É tema da primeira parte (Hb 1,1-10,8) a absoluta superioridade da nova Aliança sobre a antiga, que foi sua preparação. Essa superioridade é provada, principalmente, pela intervenção de Jesus Cristo, que em sua dupla qualidade de filho de Deus e de homem, enquanto criador do universo e redentor, é infinitamente superior aos anjos e a Moisés (Hb 1, 1-4). Vem imediatamente a recomendação prática de evitar o gravíssimo delito de deserção e apostasia (Hb 2, 1-4): Cristo é superior a toda criatura, ainda que por pouco tempo tenha se mostrado humilde na encarna-

---

[1551] "O qualificativo dado por Paulo para referir-se a Jesus Cristo e traduzido como pedra angular significa primeiramente a pedra que culmina na cúpula de um edifício e que o mantém unido." Samuel Pérez Millos, Efésios, p. 183, Barcelona, 2010.

[1552] "Antes que Deus dissesse 'faça-se a luz' Deus determinou 'faça-se a cruz'. Essa obra redentora implica o maior preço imaginável, só possível na condição divina de quem envia, o Pai, e do enviado, o Filho. A encarnação do verbo tem relação direta com a possibilidade de redenção e liberação dos pecadores que, pela fé no Salvador, passariam a ser filhos de Deus." Samuel Pérez Millos, *op. cit.*, p. 70.

[1553] O que o apóstolo estabelece na ética matrimonial forma parte expressiva da vida de santificação. Enfatiza: "ocupai-vos de vossa salvação com temor e tremor" (Fil 2, 12); é preciso, pois, que com temor reverente atendamos à esfera da santificação nos aspectos relativos à família e à sociedade, em que se desenvolve a vida de santificação. Samuel Pérez Millos, *op. cit.*, p. 448.

[1554] Samuel Pérez Millos, Hebreus, p. 20, Barcelona, 2009.

ção (Hb 2, 5-18). Maior ainda é a distância que separa Cristo, filho de Deus e portanto "amo da casa", de Moisés, que não foi mais do que "um servo da casa" de Deus (Hb 3, 1-6). Desse modo, assim como a desobediência a Moisés acarretou a expulsão da terra prometida, a desobediência a Cristo leva o transgressor à perda da vida eterna (Hb 3, 7-10), pois nada nem ninguém pode impedir que a palavra de Deus produza efeitos (Hb 4, 11-13).[1555]

Na perícope seguinte (Hb 4, 14-18), examina-se a relação existente entre o sacerdócio mosaico e o de Cristo, cujo contraste forma realmente a parte central da epístola, para se extrair a conclusão de que só Cristo reúne todos os requisitos de legítimo e eficaz intermediário entre Deus e os homens. Ele é o verdadeiro sumo pontífice segundo a ordem de Melquisedec (Hb 7, 1-28).[1556] A substituição dos sacerdotes reclama o fim da antiga aliança, inútil doravante por ter sido sobrepujada por uma nova e eterna, cujo centro é o sacerdócio de Cristo, que aboliu toda forma de culto antiquado, e comunicou a seu autor o direito de entrar num santuário celeste (Hb 8, 1-10). No último fragmento (Hb 9, 1-10, 18), se insiste muito em mostrar a imperfeição dos antigos sacrifícios, em comparação ao sacrifício do calvário.

Na segunda parte (Hb 10, 19, 25), pode considerar-se como tema central o conceito de que a nova aliança exige constância na fé e na prática das virtudes, tudo apoiado em argumentos teológicos e em exemplos tirados dos tremendos castigos infligidos aos apóstatas (Hb 10, 19-31).

A imensa maioria dos comentadores coincide em pensar que o destinatário imediato da epístola era um grupo de cristãos procedentes do judaísmo e no qual predominava, se não pela quantidade, ao menos pela relevância, um certo número de antigos sacerdotes e levitas do templo de Jerusalém. Certamente, depois de sua conversão, tinham sido excluídos de suas funções cultuais no templo e encontravam-se, de alguma maneira, sem ofício e sem benefício. Em alguns momentos, tal situação podia produzir neles certas crises de ânimo e nostalgia do esplendor das grandes liturgias do templo. São Paulo dirigia-se a eles para os reconfortar na fé, argumentando, muito à maneira rabínica, que os antigos sacrifícios do templo não eram senão uma figura, uma sombra antecipada da realidade do único sacrifício que é o de Cristo, verdadeiro templo e sumo sacerdote.[1557]

6.3.9. Epístola a Filemon

Concluímos o breve estudo das epístolas paulinas endereçadas a diferentes comunidades; resta-nos agora apreciar aquelas que foram enviadas a indivíduos, ou seja, duas cartas a Timóteo, uma a Tito, outra a Filemon. Deixando a análise das três primeiras para o tópico seguinte, passamos a falar da última, a única das quatro reconhecida unanimemente como autêntica.

A epístola, ou melhor, o bilhete a Filemon é um escrito muito curto, que não tem por objeto nem a instrução moral nem a doutrina teológica. Paulo pede a Filemon que receba amistosamente Onésimo, escravo deste, que fugira para Roma, onde se converteu. Paulo pensa que o melhor para

---

[1555] Cf. André Paul, *Dictionnaire de la Théologia Chrétienne*, p. 402.

[1556] "Jesus é grande sacerdote segundo a ordem de Melquisedec, porque Melquisedec é rei de Salem, o que significa: rei da paz, que é sem pai, nem mãe, sem genealogia; não teve nem começo de seus dias, nem fim de sua vida, de modo que assimilado ao Filho de Deus, ele permanece sacerdote eternamente. Jesus é grande sacerdote eternamente de uma aliança superior à antiga. Ele não transmite o sacerdócio a outros; ele o guarda eternamente... Não tendo mais necessidade, como os outros sacerdotes, de oferecer inicialmente sacrifícios por seus próprios pecados antes de oferecer pelos do povo, ele o fez, com efeito, uma vez por todas, se imolando na cruz." Aimé Puech, *op. cit.*, Tomo 1, p. 285.

[1557] Cf. Samuel Pérez Millos, *op. cit.*, p. 25-26.

Onésimo é que volte à casa do amo. Fá-lo não em nome de um princípio social ou político, mas em homenagem à caridade cristã: ambos são já irmãos no Senhor. Paulo, portanto, não propõe ao amigo a abolição da escravatura como fundamento da súplica que lhe dirige, coisa impensável naquela época, mas, por meio do amor e da caridade, o apóstolo confia em que Filemon acolherá o escravo fugitivo em nome da fraternidade cristã, que iguala todos os homens.[1558]

> "Considerando apenas o assunto, parece que se trata de carta privada: nela Paulo aborda de modo novo e luminoso uma situação delicada entre um senhor, Filemon, e um escravo, Onésimo, ambos cristãos. Assim, esta carta é privada, pessoal, dirigida a Filemon; mas é também pública, comunitária, porque Paulo associa ao destinatário a Igreja que se reúne em sua casa".[1559]

6.3.10. Epístolas Pastorais

Desde o século XVIII, chamam-se assim as cartas dirigidas a Timóteo e a Tito, leais discípulos de São Paulo.

Põe-se, geralmente, em dúvida a autenticidade das três cartas. Argumenta-se que não há nelas o espírito que anima o estilo de Paulo, mas este está ali adulterado, enfraquecido e, portanto, sem sintonia com o vigor e a originalidade que caracterizavam suas cartas anteriores.[1560]

A primeira a Timóteo deve ter sido escrita no final do ano 65, possivelmente na Macedônia. Muito próxima em data e lugar, possivelmente também no ano 65, é a carta de Tito. Em ambas as cartas, Paulo está livre. A segunda a Timóteo, pelo contrário, foi escrita durante o último cativeiro do apóstolo, certamente já em Roma e às vésperas de seu martírio. A finalidade dos três escritos era orientar e ajudar os dois discípulos como auxiliares de Paulo no governo pastoral de várias Igrejas. Da ordem e da disciplina eclesiais tinha se ocupado o apóstolo claramente desde a primeira epístola aos Coríntios, no ano 57.

Por outro lado, é evidente que a hierarquia eclesiástica, descrita nas cartas pastorais, está ainda em período de gestação: ainda não cunhou um vocabulário preciso para designar e distinguir as atribuições e ofícios que competem aos bispos e aos presbíteros, de um lado, e aos diáconos, de outro.

Nas pastorais, Paulo põe muito empenho na consolidação das Igrejas já fundadas, para o que se vale dos seus discípulos mais fiéis e competentes, como Tito e Timóteo. Característica muito expressiva sua é passar de considerações teológicas profundas, como as desenvolvidas em 1 Tim 3, 16; Tit 2, 11-14; 3, 3-7; 2 Tim 2, 8-9, para indicações e conselhos práticos, muito abundantes, que contemplam preferentemente o comportamento dos cristãos dentro das suas próprias comunidades ou no meio do mundo, no qual devem buscar a santificação e atrair para fé, com o exemplo e com palavras, todos os demais irmãos em Cristo.

Em que pese a suspeita que paira sobre a autenticidade das cartas pastorais, os traços paulinos não estão ausentes de seus textos: consciência do pecado e incapacidade do homem para

---

[1558] L. Michael White, *op. cit.*, p. 247.
[1559] As cartas de Paulo, Tiago, Pedro e Judas, p. 236.
[1560] Aimé Puech, *op. cit.*, Tomo 1, p. 271-272.

merecer, por si mesmo, a justificação; gratuidade da salvação oferecida por Deus em Jesus Cristo, o único redentor de todos os homens; papel essencial da fé; importância do batismo; afirmação do desígnio eterno de Deus (cf. o "mistério" de 1 Tim 3, 16). As regras morais concernentes aos escravos ou aos cristãos em face do poder estabelecido são as mesmas que podem ser lidas nas grandes epístolas. A convicção de que os sofrimentos do apóstolo podem concorrer para o bem espiritual dos fiéis (2 Tm 2, 10) lembra exposições paulinas conhecidas.[1561]

6.3.11. As Epístolas de Pedro

A carta foi escrita em Roma, provavelmente nas últimas décadas do século I, e se dirigia aos cristãos da Anatólia (Turquia). O autor dominado por três ou quatro ideias, fá-las suceder sem um liame lógico preciso ou toma aleatoriamente qualquer delas para associá-la a uma outra.[1562] Além disso, seu texto apresenta um grego medíocre, arrastado, que, no entanto, não é pior do que a média dos escritos do Novo Testamento.[1563]

Apesar de tudo, a primeira carta de Pedro tem um tom de simplicidade e de sinceridade que é tocante; o paternalismo que a envolve é bem a propósito para consolar e advertir, como também indica uma elevada ancianidade do autor. Sua autenticidade é afirmada por numerosos especialistas, alguns mesmos notáveis por sua heterodoxia. Renan, por exemplo, apegado como era aos grandes exageros da crítica alemã, admitiu-a como autêntica, no seu Anticristo.[1564]

A epístola contém uma saudação (1, 1-2); a homilia: deveres éticos a respeito da família de Deus (1, 3-4, 11); uma introdução: louvor a Deus, que traz a salvação (1, 3-11); ensinamentos sobre o comportamento dos cristãos (1, 13, 2, 10); exortação à obediência e à sanidade (1, 13-21); exortação ao amor mútuo em comunidade (1, 22-25); Cristo pedra angular da Igreja (2, 1-10); submissão à autoridade romana (2, 13-17); código de deveres domésticos (2, 18, 3, 7); chamada à unidade (3, 8-12); exortação à firmeza diante do sofrimento num mundo hostil (3, 13-17); o batismo e a morte de Cristo (3, 18-22); deve-se imitar o sofrimento de Cristo (4, 1-6); doxologia conclusiva (4, 7-11); conselhos finais: a terrível experiência que sofrerão (5, 1-11); saudações (5, 12-14).

Deve-se ler com profunda admiração e reverente respeito esse simples escrito, mas grandiosa obra espiritual, cujo autor se notabilizou pela célebre advertência que atravessa todos os séculos:

> *Sede sóbrios e vigilantes. O vosso adversário, o diabo, anda em derredor como um leão que ruge, procurando a quem devorar. Resisti-lhe firme na fé, certos de que iguais sofrimentos atingem também os vossos irmãos pelo mundo afora (I Pd, 5, 8-9).*

A segunda epístola de Pedro tem em favor de sua autenticidade poucos defensores. Atualmente, poucos estudiosos, até mesmo entre os exegetas católicos, admitem-na como sendo autêntica. As diferenças dessa epístola com a anterior são grandes, tanto do ponto de vista literário,

---

[1561] As cartas de Paulo, Tiago, Pedro e Judas, p. 261.
[1562] Aimé Puech, *op. cit.*, Tomo 1, p. 330.
[1563] Aimé Puech, *op. cit.*, Tomo 2, p. 334.
[1564] Aimé Puech, *op. cit.*, Tomo 1, p. 333.

quanto do ponto de vista doutrinário. Sua semelhança com a epístola de Judas, ao contrário, é imensa. Pode-se destacar, entre essas duas cartas, passagens substancialmente paralelas (II Pd, 2, 1-3, 4 e Jd, 4-28), além do que a estrutura de ambas é a mesma.[1565]

Não é arriscado supor, por outro lado, que uma seja a fonte da outra, mais provavelmente que a de Judas antecedeu e deu origem à de Pedro, cujo autor retocou o texto da primeira para introduzir algumas modificações no relato da última, como, por exemplo: a supressão de citações apócrifas, relativas ao *Livro de Henoch* e à *Assunção de Moisés*.

A epístola persegue um duplo objetivo: prevenir os fiéis contra os heréticos, dos quais a carta reprova tanto os costumes quanto a doutrina; e combater as dúvidas oriundas da espera prolongada da *parusia*.[1566] Suas linhas mestras são as seguintes: exortações à submissão a uma vida cristã autêntica, em vista da parusia do Cristo (1, 13-21); pôr-se em guarda contra os falsos doutores, os apóstatas (2, 1-22) e contra aqueles que põem em dúvida o retorno do Cristo (3, 1-16). Enquanto na primeira epístola de Pedro o Cristo era um modelo para os cristãos, na segunda, o Filho de Deus não é senão o objeto de sua fé: nesta, portanto, a cristologia não é o tema dominante.[1567]

6.3.12. A Epístola de Judas

A carta de Judas, escrita provavelmente pelo irmão de Tiago[1568], deve remontar ao ano 90, pois, contendo citações apócrifas[1569], sua redação supõe uma época na qual o canon do Antigo Testamento não havia sido ainda delimitado pelo sínodo judeu de Jamnia.[1570]

O autor dirige-se aos "chamados, que são amados e guardados em Deus e Jesus Cristo" e contém uma veemente crítica aos "ímpios" que se introduziram sorrateiramente na comunidade, desmoralizando-a. Usa de toda a força retórica para desmoralizá-los por sua vez. Trata-se da mesma gente, *mutatis mutandis*, que fora alvo das objurgatórias de II Pedro. Só que, na carta de Judas, "o desenvolvimento é mais conciso, mais ordenado, de um melhor estilo no conjunto".[1571] Seu vocabulário é considerado um dos mais variados e dos mais ricos do Novo Testamento, com proporção excepcional de termos raros ou únicos. Mas é difícil, a partir de escrito tão breve, emitir julgamentos peremptórios sobre a personalidade literária do autor[1572], ou intentar uma aproximação muito precisa da comunidade destinatária.[1573]

> "Quanto ao amor de Deus, já desejado aos fiéis na saudação (v. 2), os ímpios dão bom exemplo de seu contrário: luxúria, licenciosidade, incluindo, sem dúvida, o homossexualismo, cupidez, paixões, bajulações, em suma, todos esses retornos fortalecidos do paganismo contra os quais São Paulo reagia, há pouco,

---

[1565] Dicionário de Paulo e suas cartas, p. 676.
[1566] Aimé Puech, *op. cit.*, Tomo 1, p. 336.
[1567] Dicionário de Paulo e suas cartas, p. 676.
[1568] Aimé Puech, *op. cit.*, Tomo 1, p. 339.
[1569] Aimé Puech, *op. cit.*, Tomo 1, p. 339.
[1570] Dicionário de Paulo e suas cartas, p. 782.
[1571] Aimé Puech, *op. cit.*, Tomo 1, p. 339.
[1572] As cartas de Paulo, Tiago, Pedro e Judas, p. 303.
[1573] As cartas de Paulo, Tiago, Pedro e Judas, p. 304.

com vigor, nas seções parentéticas de algumas de suas cartas. Esta caricatura do Ágape pode ser atribuída à ruína da fé em Jesus Cristo, Mestre e Senhor pela sua ressurreição: doravante, ele é a norma de vida dos cristãos; renegá-lo ou desprezá-lo (v.v. 4b e 8b) é também recair na imoralidade e cessar de amar a Deus concretamente nos irmãos".[1574]

6.3.13. Epístola de Tiago

A carta de Tiago, o "irmão do Senhor", foi redigida antes do ano 70, provavelmente em Jerusalém, pouco tempo depois, portanto, da epístola de Paulo aos romanos.[1575]

A carta é uma verdadeira encíclica: difere muito das cartas de Paulo, no sentido de que não faz apelo à ideia de salvação em Jesus Cristo. Por essa razão, Lutero denominou-a açodadamente de "carta de palha". Nenhuma efusão pessoal do autor; nada que se endereçe particularmente aos leitores; nenhuma menção especial a circunstâncias que o moveram a pegar a pena. É uma exortação moral, boa para todos os tempos e todos os lugares, ainda que sobre a doutrina especificamente cristã, a da morte de Cristo, não se diga uma palavra sequer.[1576]

Tiago surpreende pelo empenho que põe em combater uma falsa ou exagerada interpretação da doutrina de Paulo, relativamente à exclusiva justificação pela fé, de modo que, se esforçando sempre em conciliar o espírito judaico e o espírito cristão, Tiago declara a fé insuficiente sem a obra e a obra vã sem a fé, ou melhor: não se pode doutrinariamente separar uma da outra.[1577]

Entretanto, é essencial observar que a oposição entre as obras e a fé, tal como aparece nessa carta, não tem a mesma significação com a qual São Paulo as distingue em Gálatas e em romanos. Não se trata mais de manter as recomendações da lei mosaica, é de rigor mostrar sobretudo que não há fé que não se traduza em atos conformes a ela e que, da mesma forma, não há virtude verdadeira que não suponha uma fé autêntica.

A composição e o estilo da carta, por outro lado, denunciam no autor um conhecimento profundo do grego. Renan havia dito que a Epístola de Tiago é a obra mais bem escrita do Novo Testamento; os elementos do vocabulário e da sintaxe foram empregados com grande correção, a demonstrar que o autor dominava proficientemente o grego. Mas, como foi possível que Tiago, o irmão de Jesus, adquirisse um tal domínio sobre a língua grega, quando se sabe que até mesmo Pedro havia se servido de um intérprete para se expressar naquele idioma?

Em que pese a objeção forte em favor do anonimato da carta, sua autenticidade, porém, decorre de elementos hermenêuticos insuperáveis: sua letra era grega, mas seu espírito, judeu. Não há nada de menos grego que o tom e a cor de seu estilo; o tom é o da piedade judia; a cor deixa ver uma espécie de exasperação oriental. Assim, a manifestação de um pensamento judeu, com um giro que permanece semita ao extremo, por meio do grego, no qual os elementos são de muito boa qualidade, poder-se-ia explicar pela intermediação, a exemplo do que fizera Pedro, de um escriba helênico erudito e inspirado por Tiago.[1578] Mas, ainda,

---

[1574] As cartas de Paulo, Tiago, Pedro e Judas, p. 308.
[1575] Aimé Puech, *op. cit.*, Tomo 1, p. 341.
[1576] Aimé Puech, *op. cit.*, Tomo 1, p. 342.
[1577] Aimé Puech, *op. cit.*, Tomo 1, p. 343.
[1578] Aimé Puech, *op. cit.*, Tomo 1, p. 347.

[...] o autor, sem nenhuma dúvida é cristão: se Jesus é pouco citado, o eco de seu ensinamento se faz ouvir, às vezes, em formas literárias muito parecidas com as dos Evangelhos. Devemos sublinhar principalmente a semelhança da Epístola de Tiago com a tradição de Mateus, especialmente com o sermão da montanha, que em nenhum outro escrito do Novo Testamento teve influência maior do que em Tg.[1579]

6.3.14. Epístolas de João

Possuímos três cartas de São João, as quais guardam entre si uma grande semelhança, ao mesmo tempo que os textos de todas se assemelham, tanto do ponto de vista doutrinário quanto do estilo, ao texto do quarto evangelho.

A primeira é, com sobras, a mais importante de todas, sendo certo que de todas as epístolas católicas, é a única que tem um valor superior. A bem da verdade, não tem forma de carta: faltam endereço e assinatura. É na realidade uma homilia ou exortação enviada por escrito. Não sabemos a que comunidade foi dirigida, mas pelo conteúdo podemos adivinhar a situação. Os fiéis se sentem inseguros: será que eles têm comunhão com Cristo e com Deus? A essa incerteza, I Jo responde: o verdadeiro conhecimento de Cristo, a comunhão com ele e com Deus, consiste na fé e no amor: em crer que Jesus, que viveu entre nós ("em carne", I Jo 4,2), veio da parte do Pai; e em praticar sua palavra, amando os irmãos e repartindo com eles os bens deste mundo. Isso se chama: andar na luz. Quem faz isso pode estar seguro.[1580]

Os adversários mencionados na carta são os que não agem assim, os que dizem ter o conhecimento de Deus e de Jesus Cristo, mas não amam seus irmãos. A carta contém expressões arrojadas: Deus é amor, no amor não há temor... É lúcida: desmascara a conversa fiada, ensina a distinguir os espíritos (= inspirações daqueles que tomam a palavra), e reforça os leitores em sua fé e em sua prática, mostrando que eles têm, por Jesus Cristo, o verdadeiro conhecimento de Deus.[1581]

A segunda carta (2 Jo) é um bilhete de amizade de parte do "Ancião" (ou presbítero) de uma comunidade, a "Irmã Eleita"[1582], dirigido a outra comunidade, a que ele quer bem e chama de "Senhora Eleita".[1583] O Ancião se mostra preocupado com falsos mestres que se apresentam à comunidade com um discurso que não promove a comunhão fraterna nem a prática da justiça.

Na terceira carta (3 Jo), o "Ancião" escreve a uma pessoa influente na comunidade, Gaio, para que ele continue dando hospitalidade aos missionários itinerantes. Ao mesmo tempo, critica certo Diotrefes, que lhes põe obstáculos. No fim, recomenda Demétrio, possivelmente um dos missionários itinerantes. Como 2 Jo, essa carta se destaca pelo tom carinhoso com que se dirige aos fiéis "na verdade".[1584]

[1579] As cartas de Paulo, Tiago, Pedro e Judas, p. 289.
[1580] Bíblia Sagrada, Cartas de São João; L. Michael White, *op. cit.*, p. 395; Aimé Puech, *op. cit.*, Tomo 1, p. 348.
[1581] Aimé Puech, *op. cit.*, Tomo 1, p. 349.
[1582] Bíblia Sagrada, As cartas de João.
[1583] Aimé Puech, *op. cit.*, Tomo 1, p. 352.
[1584] Aimé Puech, *op. cit.*, Tomo 1, p. 352.

6.4. O Apocalipse de São João

Comparado aos Evangelhos, aos Atos dos Apóstolos e às Epístolas, o Apocalipse representa um gênero literário absolutamente diferente. O caráter enigmático de seu texto, o simbolismo extremado e algumas vezes incoerente, o ritmo dramático de cenas apoteóticas, contribuem para fazer dessa obra um verdadeiro mistério. Estamos, portanto, diante de um livro difícil e profundo, em que o aspecto histórico da mensagem cristã é quase inteiramente silenciado.[1585] As suas palavras iluminam intensamente a figura do Cristo glorioso e despertam nos fiéis a esperança da vida eterna.

O autor descreve as visões que teve em Patmos, pequena ilha situada na Ásia Menor. Sete cartas, endereçadas ao "anjo" de cada uma das sete cidades da Ásia, formam uma espécie de introdução. A ação se desenvolve no céu, mas a terra está sempre presente, ora restrita a Jerusalém, ora se estendendo até aos confins do mundo habitado. O vidente sobe ao céu para daí contemplar uma série de cenas grandiosas, cujo ritmo é marcado por uma sucessão de símbolos variados, mas sempre introduzidos segundo um esquema numérico previsto (o número 7).[1586]

Inicialmente, no quadro de uma liturgia celeste, aparece o misterioso cordeiro, que arrecada o livro dos desígnios divinos (IV-V), dos quais rompe, um por um, os sete selos. As aberturas dos selos se dividem em duas séries, uma de quatro e a outra de três, sendo que nesta, a última é artificialmente retardada. Ao rompimento dos quatro selos da primeira série corresponde o surgimento dos quatro cavaleiros, que simbolizam a justiça divina, a guerra, a fome e a peste (VI). Mas o grupo dos justos, que é o verdadeiro Israel, é preservado pela marca do cordeiro (VII).[1587]

A abertura do sétimo selo anuncia as catástrofes finais. Sete toques de trombeta, divididos também em duas séries, irão determinar a espécie de cada uma delas (VIII-IX). Em seguida, um anjo poderoso dá ao vidente um "livrinho", para que o coma: ele será doce na boca e amargo no estômago (X). O vidente obedece e experimenta o efeito predito. Então, uma voz lhe diz que deve profetizar aos povos, nações, línguas e numerosos reis, o que indica claramente que a nova profecia terá sobretudo, como acontece na segunda metade do Apocalipse, um caráter político.[1588]

O capítulo XII introduz bruscamente uma cena inesperada, grandiosa e, em muitos aspectos, obscura. No céu aparece uma mulher revestida de sol, a lua sob os seus pés e uma coroa de doze estrelas na cabeça. Enquanto a mulher dá à luz um menino que deve governar todas as nações, ela é atacada por um dragão vermelho, que tem sete cabeças e dez chifres, e sobre as sete cabeças, sete diademas. Miguel e seus anjos combatem o dragão. Vencido, o dragão cai na terra e persegue a mulher, para devorar-lhe o filho, que é arrebatado para junto de Deus. Frustrada a perseguição contra a mulher, o dragão se dirige agora contra "o resto dos filhos dela, os que observam os mandamentos de Deus e guardam o testemunho de Jesus" (XII).[1589]

[1585] Jean, Hadot, *Dictionnaire de la Théologie Chrétienne*, p. 50.
[1586] Jean Hadot, *op. cit.*, p. 51; L. Michael White, *op. cit.*, p. 360.
[1587] Jean Hadot, *op. cit.*, p. 51.
[1588] Aimé Puech, *op. cit.*, Tomo 1, p. 430.
[1589] "A besta que surge da terra (Ap 13,11) pode referir-se ao governador da Ásia ou ao sumo sacerdote do culto imperial Flaviano, que teriam sua sede em Éfeso. Presidiriam as festas locais do culto imperial e levariam a população para adorar a 'imagem da besta' (13, 14-15). Portanto, com toda probabilidade a cifra 666 é um símbolo numérico do nome e do título de Domiciano, como imperador (em grego *Kaiser* ou *Sebastos*), tal como aparece nas moedas ou inscrições. O Apocalipse sustentava, por conseguinte, que honrar a imagem de Domiciano, a besta, era o mesmo que adorar a Satã, posto que se tratava dos mesmos que fizeram a guerra aos santos e destruíram a cidade santa de Jerusalém." L. Michael White, *op. cit.*, p. 360.

O Concílio Vaticano II, em continuidade com o ensino do Papa Pio XII, recorda que para se conhecer o que querem dizer os livros sagrados, há que se levar em conta, entre outras coisas, os gêneros literários, ou seja, que tipo de obra quiseram escrever seus autores, histórica, profética, apologética, poética etc., e que forma de expressão empregaram segundo o tempo em que foram escritas.

Esse princípio há de aplicar-se especialmente ao Apocalipse, pela peculiaridade do livro e da linguagem empregada, tão distante da nossa mentalidade moderna. Com efeito, durante os dois séculos anteriores e posteriores a Cristo, surgiram muitos escritos judaicos e cristãos, que se denominavam "apocalipse" e correspondiam ao gênero apocalíptico. Esses livros tinham fundamentalmente dois traços em comum: o tema dos últimos tempos, quando triunfará o bem e o mal será aniquilado; e o recurso a simbolismos do reino animal, da astrologia, de expressões numéricas etc., para descrever a história passada e o presente, projetando-os ao mesmo tempo para os séculos futuros.

A obra de São João, porém, apesar de ter como título "apocalipse", parece-se mais, nos seus aspectos fundamentais, com os livros proféticos do que com os livros apocalípticos. De fato, o próprio João considera seu livro como profecia, e mesmo empregando normalmente uma linguagem e alguns simbolismos semelhantes aos apocalípticos judaicos, a sua mensagem apresenta uma dimensão diferente: a que adquire a história humana sob a soberania do Cristo, reconhecida e celebrada na Igreja, novo povo de Deus, que no presente sofre, como o seu Senhor, a perseguição por parte das forças do mal. Mas o desenlace final já foi revelado na Ressurreição e Ascensão do Cristo, e se preparam e concretizam por meio da história, mediante a santidade e o sofrimento dos justos, as boas obras e a instauração definitiva do reino de Deus na terra, precedido do triunfo absoluto do Cristo e da exaltação da Igreja num mundo novo, onde já não haverá pranto nem dor (XXI, 4), e em que terão parte todos aqueles que queiram converter-se (XVI, 11).[1590]

6.5. A Apologética Cristã

A luta do cristianismo em face da resistência pagã tinha que avançar numa nova frente. Desde a época em que a redação do Novo Testamento foi concluída e a perspectiva do fim do mundo começou a se desvanecer, os cristãos se viram obrigados a empreender uma dupla tarefa: deviam se defender não somente em juízo frente à autoridade romana, mas também em toda parte perante a opinião pública. Esta última se exerce por meio de um discurso que os gregos chamavam de *apologia* e assim se chamavam os discursos de Platão e Xenofonte a favor de Sócrates. O cristianismo, saindo pouco a pouco do meio judeu ou judaizante, e mesmo do meio helênico quase exclusivamente popular, começou a recrutar homens de uma certa cultura. Esses cristãos letrados ou semiletrados, que, inicialmente, haviam sopesado os motivos de sua conversão e não entraram na Igreja senão após terem comparado as diversas religiões e as diversas filosofias, encararam como um dever o de esclarecer as autoridades e o público sobre os dogmas da nova religião, ou seja, de comunicar aos outros a luz que brilhava aos seus próprios olhos.

Havia dois tipos de apologia: as que eram endereçadas à autoridade pública, versando sobre questão jurídica, e a que se endereçava ao público, *tout court*. Houve, pois, escritores cristãos que deixaram em segundo plano a questão de direito, para trazer ao primeiro a questão da doutrina. Quadrato, Aristides, São Justino, Taciano, Apolinário, Atenágoras são os mais celebrados dentre os gregos.[1591]

[1590] Cf. Jean Hadot, *op. cit.*, p. 51 e segs.; Aimé Puech, *op. cit.*, Tomo 1, p. 421 e segs.

[1591] Sobre a apologética cristã, cf. Bernard Dupuy, *Dictionnaire de la theologie chrétienne*, p. 71 e segs.

6.5.1. Quadrato

Eusébio menciona Quadrato como o autor da primeira apologia, endereçada ao imperador Adriano. Essa apologia tinha como tema central os milagres de Cristo. Sua apologia, a primeira que conhecemos, não era somente uma defesa jurídica dos cristãos, mas também uma demonstração da verdade do cristianismo.[1592]

> As obras de nosso Salvador, porque eram verdadeiras, estiveram presentes por longo tempo. Aqueles que foram curados, os que ressuscitaram dos mortos, não foram vistos somente no momento em que foram libertados de seus males ou chamados à vida; eles continuaram a existir durante a vida do Cristo e sobreviveram à sua morte por muito tempo, sendo certo que alguns chegaram até aos nossos dias.[1593]

Assim, Quadratus, na sua *apologia*, se servia dos milagres de Cristo como argumento irrefutável, como também do testemunho de contemporâneos que tinham conhecido os beneficiários daqueles milagres.

6.5.2. Aristides

Eusébio também fala de uma apologia escrita por Aristides. Há dela uma tradução síria e uma cópia grega, muito retocada. Sua apologia contém dois elementos principais: um é a polêmica contra os cultos pagãos; o outro resume a doutrina e a vida cristã. O primeiro é de qualidade medíocre; no segundo, relativo à exposição doutrinária, é que encontramos o real mérito da obra.

> A obra de Aristides é relativamente curta; a composição é simples e clara, o estilo, sem apuro. O autor não é nem um espírito vigoroso, nem um escritor notável. Sua argumentação carece de energia; sua documentação não se mostra nem extensa nem aprofundada. Mas ele tem um acento de sinceridade tocante e soube projetar luz sobre as virtudes essenciais e as novidades do cristianismo.[1594]

6.5.3. São Justino

São Justino se converteu ao cristianismo no segundo século, e, no fim deste, mais precisamente no ano 167, sofreu o martírio.

> Se sua ciência era curta e frequentemente superficial, ensina A. Puech; se no zelo exclusivo por sua fé permaneceu inteiramente indiferente à arte de escrever e de compor, seu mérito foi grande por ter sido o primeiro que trabalhou

---

[1592] Aimé Puech, *op. cit.*, Tomo 2, p. 124.
[1593] Aimé Puech, *op. cit.*, Tomo 2, p. 124.
[1594] Aimé Puech, *op. cit.*, Tomo 2, p. 128.

para realizar o desígnio profundo no qual o futuro da humanidade, por longos séculos, restaria implicado.[1595]

Justino endereçou uma apologia da religião cristã aos imperadores Antonino e Marco Aurélio, que não resultou infrutífera, já que os dois príncipes fizeram cessar, ou ao menos diminuir, a perseguição que os magistrados conduziam contra os cristãos. São Justino escreveu, também uma *Exortação aos Gentios*, na qual demonstra que os poetas e os filósofos não ensinaram senão fábulas e erros, e por isso exorta os pagãos a procurarem o conhecimento de Deus nos livros santos. Dedicou-se depois a mostrar aos judeus, pelas profecias, a verdade do cristianismo, no seu *Diálogo com Trifon*. De Justino temos ainda um *Tratado da Monarquia* ou da *Unidade de Deus* e um *Discurso aos Gregos*, tratando de questões discutidas entre os cristãos e os filósofos gregos. O autor compôs outras obras que não subsistem mais e algumas que se lhe atribuiu a autoria, em que pese não ter sido Justino o autor delas.[1596]

6.5.4. Taciano

Taciano era inicialmente pagão. Não se sabe ao certo a data de sua conversão nem a do seu nascimento, conquanto se presuma que era assírio de nascimento. Quando escreveu seu *Discurso aos Gregos*, já havia viajado muito e muito aprendido, como era comum aos sofistas do século II, com os quais o autor apresenta muita semelhança. Taciano, como Justino seu mestre, tinha uma escola em Roma. Mas, enquanto este era doce, humilde e sempre disposto a se submeter à disciplina eclesiástica e às tradições apostólicas, Taciano era orgulhoso, violento e intratável. Não surpreendeu a nenhum cristão contemporâneo o fato de que, após a morte de Justino, Taciano tenha se tornado herético.[1597]

Taciano foi um escritor fecundo. Foi de suas mãos que saiu uma portentosa obra, na qual o autor se propunha demonstrar a harmonia entre os quatro evangelhos: *Diatessaron*. Infelizmente essa obra não sobreviveu aos tumultuosos tempos da idade média.[1598]

6.5.5. Atenágoras

Atenágoras era filósofo, nascido em Atenas, autor de uma apologia apresentada, em 177, ao imperador Marco Aurélio. Por meio dela, o pensador justifica a crença e os costumes dos cristãos contra as calúnias dos pagãos.

O autor pergunta por que, sob o reino do príncipe filósofo e naturalmente equitativo, não se concede aos cristãos, que professam uma fidelidade incondicional a Deus, a mesma liberdade normalmente concedida às superstições mais absurdas; por que não se procede contra homens

---

[1595] Aimé Puech, *op. cit.*, Tomo 2, p. 132.

[1596] Além da apologia, outra grande obra de Justino é a Epítome de las "Histórias filípicas" de Pompeyo Trogo, em cujo prefácio diz o autor: "Nos momentos de ócio que desfrutávamos na cidade, selecionei os fatos mais dignos de conhecimento destes quarenta e quatro livros, e depois de desfazer aqueles que nem era grato conhecer nem eram necessários como exemplo, fiz, por assim dizer, um pequeno florilégio". p. 70, Madri, 1995.

[1597] Aimé Puech, *op. cit.*, Tomo 2, p. 173.

[1598] Alguns autores quiseram ver na obra traços de gnosticismo. Aimé Puech discorda e acrescenta: "A tarefa que ele empreendeu era singularmente difícil. Para realizá-la, Taciano evitou se extraviar por entre inúmeras dificuldades de detalhes que teriam desencorajado um mais tímido". *Op. cit.*, Tomo 2, p. 187.

cujos costumes são inocentes, da mesma forma como se faz contra malfeitores responsáveis por crimes odiosos?

O plano da obra é indicado no capítulo III: o autor se propõe a responder às três acusações principais dirigidas contra os cristãos: ateísmo, canibalismo e incesto. Ele não atribui importância senão à primeira, cuja discussão enche quase todo o discurso. Essa discussão encerra uma parte negativa: refutação do paganismo, e uma parte positiva: exposição da fé cristã e da disciplina eclesiástica.[1599]

6.5.6. Teófilo

Da mesma forma que Lucas dedicou os *Atos* e seu *Evangelho* a um certo Teófilo, mas sem furtá-los ao conhecimento de toda cristandade, assim também o fez Teófilo, cuja obra, endereçada a Autólicos, teve grande penetração entre os cristãos. Não se trata de uma apologia rigorosamente falando, conquanto alcance lograr a finalidade perseguida por todos os apologistas. No primeiro livro, Teófilo defende a crença num Deus único e invisível, combate o politeísmo e explica a significação do nome dos cristãos (que ele liga a ungir); no segundo, que é de um alcance maior, o autor fornece esclarecimentos e complementos à sua refutação da idolatria e da mitologia; faz um comentário dos escritos cristãos, apoiando-se, por fim, na autoridade da Sybila, da qual cita dois grandes oráculos: o terceiro livro tem por fim demonstrar, a exemplo do que fez Taciano, a alta antiguidade das Sagradas Escrituras, e estabelecer, com isso, sua superioridade sobre a literatura profana. É a parte de sua obra que é mais cuidada, ainda que o assunto não seja tratado com mais originalidade relativamente ao trabalho desenvolvido pelos judeus alexandrinos.[1600]

6.5.7. Clemente de Alexandria

Filósofo eclético, Clemente foi discípulo e sucessor de Pantene na escola de Alexandria. Teve como discípulos Orígenes e Alexandre, este último bispo de Jerusalém, e morreu no começo do terceiro século. Seu estilo era obscuro e algumas vezes incompreensível era o sentido do que escrevia. Entretanto, quem quer que se dê o trabalho de ler suas obras ficará pasmado com a amplitude de sua erudição, com as grandes ideias que ele havia concebido sobre a misericórdia divina, sobre a eficácia da redenção, sobre a santidade à qual está chamado todo cristão.[1601]

Seus escritos merecem, portanto, uma grande atenção. Na sua *Exortação aos Gentios*, Clemente se esforçou por demonstrar a absurdez da idolatria, das fábulas do paganismo, de tudo o que sobre esses temas disseram filósofos e poetas. Sua obra, *Stromata*, ou tapeçarias, é uma mistura da doutrina dos filósofos comparada ao ensinamento do Evangelho. No tratado intitulado: *Que rico será salvo?*, Clemente mostra que não é necessário renunciar à riqueza, contanto que se faça

---

[1599] Aimé Puech, *op. cit.*, Tomo 2, p. 199.
[1600] Aimé Puech, *op. cit.*, Tomo 2, p. 207.
[1601] "Se uma é a tarefa específica de cada natureza, como a do leão, do cavalo e do cão, qual será a tarefa própria do homem? Parece-se, penso eu, com a do centauro, figura tessálica, porque está composto de elemento racional e irracional, de alma e corpo; não obstante, o corpo trabalha a terra e se inquieta por ela, enquanto a alma se dirige para Deus, educada mediante a verdadeira filosofia, para que busque com fervor seus familiares de cima, uma vez desligada das concupiscências do corpo, da fadiga e do temor." Clemente de Alexandria, Stromata, IV, 9, 3, p. 67-69, Madri, 2003.

dela um bom uso. O *Pedagogo* é um tratado de moral, no qual se descreve o regime de vida dos primitivos cristãos e de suas virtudes, que são um exemplo para a cristandade.[1602]

6.5.8. Orígenes

Orígenes nasceu no Egito, provavelmente em Alexandria, numa família opulenta que pôde dar ao filho uma educação esmerada.

No extraordinário ardor de sua juventude precoce, Orígenes tomou-se de incontido entusiasmo tanto pela ciência quanto pelo ascetismo, de modo que sabia conciliar a paciente observação com as mais duras abstinências. Seu ardor de sacrifício não se acalmava nunca, acabando por se transformar em algo grotesco. Como houvesse na sua escola (didascália) alunos dos dois sexos, Orígenes, para afastar qualquer suspeita sobre a sua honradez, julgou-se obrigado a aplicar literalmente a máxima contida no cap. XIX, 12 de Mateus que diz: "Há eunucos que se fizeram eunucos por amor do Reino dos Céus".[1603]

Porfírio, que, como adversário encarniçado do cristianismo, lamenta e se indigna de que o talento de Orígenes tenha se perdido para a filosofia, resume assim seu julgamento sobre o autor cristão:

> Grego, educado na ciência grega, Orígenes sucumbiu na louca crença dos bárbaros, e se fazendo bárbaro com eles, prostituiu seu talento. Ele se comportou em sua vida, sendo cristão, como inimigo das leis, mas, nas suas opiniões sobre a natureza e sobre a divindade, permaneceu grego; e, sob as fábulas de sua crença, deixou transparecer as ideias dos gregos.[1604]

Em 250 começou a prova mais dura que os cristãos suportaram antes do terror de Diocleciano: a perseguição de Décio. Décio visou particularmente aos bispos e aos doutores, pois queria ferir o cristianismo na cabeça. Orígenes não podia ser esquecido. Eusébio nos fala da bravura do sábio cristão por ocasião dos tormentos:

> Suportou cadeias e torturas em seu corpo; torturas pelo ferro, tortura no isolamento da prisão. Durante vários dias, teve os pés no cepo até o terceiro furo; foi ameaçado pelo fogo; suportou valentemente tudo o que lhe foi infligido por nossos inimigos, pois o juiz fazia de tudo para que não morresse, apesar dos cruéis tormentos.[1605]

Orígenes sobreviveu, recobrou a liberdade, mas, esgotado por essa terrível prova, morreu pouco tempo depois na Palestina.

[1602] "Clemente empreendeu na sua trilogia *Protréptico, Pedagogo e Stromata*, uma exposição geral da doutrina cristã sublimada, fazendo-nos seguir a via pela qual a alma abandona seus erros antigos para se confiar ao divino mestre, para se deixar reformar por ele e se elevar até o conhecimento da vida perfeita do verdadeiro Gnóstico". Aimé Puech, *op. cit.*, Tomo 2, p. 320.

[1603] Aimé Puech, *op. cit.*, Tomo 2, p. 359.

[1604] Aimé Puech, *op. cit.*, Tomo 2, p. 360-361.

[1605] História Eclesiástica, XXXIX.

A obra de Orígenes foi comparada, desde a antiguidade, às de dois fecundos polígrafos da literatura: o gramático Dídimo de Alexandria e o latino Terêncio Varrão. Epifânio fala de algo em torno de seis mil, número que parece excessivo. Entretanto, não será exagerado se dissermos que o número delas é surpreendente e supõe um trabalho tão intenso quanto contínuo.[1606]

Uma obra assim tão vasta está sempre sujeita ou à ação do tempo ou ao martelo da crítica. As controvérsias que ela suscitou começaram ainda durante a vida do autor, continuaram acesas no século IV, até que em 543, o imperador Justiniano publicou um édito, denunciando as doutrinas heréticas de Orígenes. Dez anos depois, o V Concílio ecumênico, reunido em Constantinopla, pronunciou anátema contra Orígenes, decisão que foi confirmada por outros concílios.[1607]

A maior parte da obra de Orígenes é composta de escritos exegéticos. Estes são de três tipos: escólios, homilias e comentários. Os escólios consistiam em notas muito curtas sobre passagens determinadas; as homilias eram instruções endereçadas aos fiéis, ou simplesmente sermões; os comentários eram tratados metódicos, em que a ciência de Orígenes deslanchava e enfrentava todas as questões que se apresentavam.

A principal obra de Orígenes, porém, é a refutação de Celso, filósofo pagão, cujo desprezo pelo cristianismo se tornou célebre. O *Contra Celso* é a obra que melhor se conservou de todas quantas o autor produziu, conservação que se deveu a seu sucesso e a seu valor intrínseco, sem dúvida, mas também pela circunstância de que a obra de Orígenes nos permite reconstituir, passo a passo, o próprio escrito que ela visa refutar.[1608]

Contra o cristianismo, Celso esgrimiu argumentos que os polemistas modernos retomaram. A ideia de uma intervenção de Deus na história, para melhorar o estado moral da humanidade lhe parecia injustificável; a da encarnação soava-lhe como algo contrário à razão; os milagres de Jesus ou foram inventados ou nada mais são que simples atos de bruxaria; as profecias, para Celso, careciam de qualquer significação, tais como os cristãos as interpretavam. Celso partilhava a maior parte das doutrinas sobre as quais havia um amplo consenso entre os pagãos. Assim é que acreditava que os demônios eram superiores aos homens e inferiores aos deuses, mas não eram necessariamente maus, como pensavam os cristãos. Acreditava, também, na magia, na divindade dos astros e nos oráculos.[1609]

Orígenes refutou Celso, concentrando seu arrazoado em torno de dois argumentos principais: o primeiro, que é comum a todos os apologistas anteriores, ou seja, a força ineluctável das profecias; o segundo, que só poderia ser apresentado em sua época, quando a Igreja apresentava um prodigioso crescimento, dizia respeito ao sucesso da obra de Jesus, que era, a seus olhos, a demonstração irrefragável de sua divindade.[1610]

6.5.9. Dionísio de Alexandria

O maior discípulo de Orígenes foi Dionísio, sucessor de Heraccas na direção da famosa escola de Alexandria. Eusébio nos dá conta, em sua *História*[1611], de fragmentos de escritos do

---

[1606] Aimé Puech, *op. cit.*, Tomo 2, p. 364.
[1607] Aimé Puech, *op. cit.*, Tomo 2, p. 364-365.
[1608] A mais sólida e a mais célebre de suas obras. O autor a escreveu para refutar as calúnias que os filósofos pagãos, Celso entre outros, assacavam contra os cristãos.
[1609] Orígenes, Contra Celso, IV, 23, p. 259, Madri, 1967.
[1610] Contra Celso, V.
[1611] História Eclesiástica, VI e VII.

autor, que permitem afirmar que Dionísio nasceu nos primeiros anos do século III, que pertencia a uma família abastada e que seus pais eram pagãos.

São Basílio chamava-o de *grande*. O epíteto pode parecer excessivo, quando se acaba de estudar Orígenes e sua obra. Ele indica, porém, quão forte e duradoura foi a impressão deixada por sua atuação à frente do episcopado, como por sua incansável atividade literária. Assim, pode-se dizer dele que foi um grande bispo e um grande escritor.

A sua obra mais importante foi, sem dúvida, a que tinha o título de *Sobre a Natureza*. Eusébio conservou para nós, na sua *Preparação Evangélica*, alguns fragmentos dela, aliás muito extensos, que tinham por fim refutar o sistema de Epicuro, conquanto se tenha dito, algumas vezes, que essa refutação não constituía o tema único da obra.[1612]

Nesses extratos, Dionísio opõe a concepção de Platão, de Pitágoras, dos Estoicos e de Heráclito, que consideravam o universo contínuo, às teorias que o dividiam em dois elementos, ou em vários, ou em uma infinidade, mostrando claramente que preferia o primeiro.[1613]

Dionísio repudia a doutrina de Epicuro e de Demócrito sobre os átomos e se põe a demonstrar, por meio de considerações finalistas, que o mundo não pode ser a obra do acaso. Tais considerações, como os exemplos que as apoiam, têm muita semelhança com certas páginas de Cícero – com o *De Natura Deorum*, por exemplo – e são, sem dúvida, hauridas nas mesmas fontes.[1614]

6.6. A Literatura Latina Cristã

Antes que o cristianismo de língua latina suscitasse obras originais, houve um período em que as obras gregas eram traduzidas para o latim. Os escritos mais antigos do latim cristão são, portanto, traduções.

Como não poderia deixar de ser, era sobre o Antigo e o Novo Testamento que os tradutores trabalhavam, de modo que foi a partir dessas traduções que se constituiu o latim bíblico.

As traduções do Antigo Testamento foram feitas ou sobre a versão grega dos LXX ou a partir do original hebreu. Afinal, o cristianismo primitivo se desenvolveu, sobretudo, em Roma e na África, num ambiente predominantemente judeu. É muito provável que, para os judeus de língua latina, desde os primórdios do século I, já houvesse traduções latinas do Antigo Testamento. Sabemos que, na Sinagoga, a Bíblia era lida primeiro em hebreu, depois na língua do país, ou seja, em arameu, grego ou latim. Essas traduções eram ao mesmo tempo interpretações e tinham um caráter bastante livre. Havia, portanto, um latim judeu antes que existisse um latim cristão e ambos tiveram sua origem mais remota nas traduções judias realizadas não sobre a versão grega, mas sobre o hebreu.[1615]

É incontroverso que essas traduções latinas do Antigo Testamento tiveram uma influência decisiva na formação do latim cristão. De fato, apresentam uma linguagem própria, diferente do latim clássico. Em primeiro lugar, se caracterizam por um literalismo estrito: são um decalque do hebreu, do qual respeitam inclusive a ordem das palavras. Daí, por um lado, a constituição de um vocabulário próprio, com neologismos, tanto lexicológicos, que criam novas palavras, quanto

---

[1612] Aimé Puech, *op. cit.*, Tomo 2, p. 446.
[1613] Aimé Puech, *op. cit.*, Tomo 2, p. 446.
[1614] Aimé Puech, *op. cit.*, Tomo 2, p. 446-447.
[1615] J. Danielou, *Los orígenes del cristianismo latino*, p. 20, Madri, 2006.

semânticos, que dão um novo sentido a palavras antigas. Por outro lado, uma mesma sintaxe apresenta semitismos. Além disso, esse latim não se preocupa com os modelos clássicos e se constitui a partir do latim popular da época. Isso é o que dava à Bíblia cristã esse caráter bárbaro que desagradava o gosto refinado dos letrados. Essas traduções estavam destinadas sobretudo ao uso popular. Em Roma, em particular, o grego seguia sendo a língua oficial da liturgia ainda no século IV.[1616]

A existência de traduções latinas do Novo Testamento é testemunhada na África, a partir do ano 180, pelas *Atas dos Mártires* da Sicília. Estes, interrogados pelo procônsul sobre o conteúdo de suas bolsas, responderam que levavam consigo as *Epístolas de Paulo*.[1617] Pela mesma época, o *Canon de Muratori* manifesta com muita probabilidade a existência em Roma de uma tradução latina de todo o Novo Testamento. As citações de Tertuliano e Cipriano são a fonte para o conhecimento do texto africano e as de Novaciano para o texto europeu. Por outro lado, certo número de códigos conservam versões do Novo Testamento com um texto anterior à Vulgata de Jerônimo. É provável também a existência de uma tradução latina do *Diatessaron* de Taciano, que teria sido uma espécie de *Vida de Jesus* popular. Isso explicaria a permanência, em alguns códigos latinos, de leituras ou interpretações aparentadas com o *Diatessaron* e com a versão siríaca do Novo Testamento.[1618]

Se as traduções do Antigo Testamento contribuíram para a formação do latim bíblico, as do Novo Testamento foram importantes para a literatura cristã propriamente dita. Nelas se descobre a mesma fidelidade pelo literal. Por isso, a primeira elaboração é a simples transcrição de numerosas palavras gregas para designar realidades cristãs: *anastasis, apostolus, baptismus, diabolus, eremus, episcopus, martyr*. Entende-se que essas palavras, que desde a origem estavam associadas a realidades cristãs numa comunidade que falava o grego, permaneceram como denominações técnicas, quando os cristãos começaram a falar latim.[1619]

Outras traduções judaico-cristãs favoreceram, além das circunstâncias de tempo e lugar, a opção do latim como língua predominante da literatura cristã. Citemos apenas duas: *Pastor de Hermas* e o *Fragmento de Muratori*.

É conhecida a popularidade do *Pastor de Hermas* no Ocidente. O redator da *Passio Perpetuae* o conhece, uma catacumba em Nápoles do século II o homenageia, e Tertuliano protesta contra o abuso que se faz dele.[1620] Por outro lado, o *Canon de Muratori* o menciona. É possível a existência de uma tradução latina do final do século II. De qualquer modo, a antiguidade da versão do *Pastor de Hermas* é comprovada a partir de citações num sermão arcaico, De *aleatoribus* e na *Epístola a Barnabé*.

Quanto ao *Canon de Muratori*, sua datação é segura pela alusão que faz ao *Pastor de Hermas*, "escrito muito recentemente em nossa época na cidade de Roma". O objeto do texto é dar um canon do Novo Testamento. O *Canon de Muratori*, portanto, é importante em si mesmo, pois nos dá a conhecer o espírito da comunidade romana no final do século II, como também é de capital importância para a história do latim cristão. Por um lado, constitui um testemunho da existência do latim cristão em Roma no final do segundo século. Trata-se de um texto oficial. Por isso mostra que, se se desejava pertencer ao conjunto dos cristãos de Roma naquela época, tinha que se falar latim.

[1616] J. Danielou, *op. cit.*, p. 20.
[1617] J. Danielou, *op. cit.*, p. 20.
[1618] J. Danielou, *op. cit.*, p. 21.
[1619] J. Danielou, *op. cit.*, p. 21.
[1620] J. Danielou, *op. cit.*, p. 23.

É importante também para a história das traduções latinas da Escritura e dos Padres Apostólicos. Trata-se, de fato, de um documento disciplinar sobre o que deve, ou não, ser lido nas Igrejas.[1621]

Era natural que a comunidade cristã, ainda que compartilhando um idioma comum com os pagãos do império, criasse para si, por força de uma visão do mundo e da vida inteiramente nova, não uma linguagem nova, mas uma forma peculiar de expressar em latim sua nova fé, seus ritos e suas orações.

> Ela não se contenta em empregar a língua do povo, do qual era recrutada a maior parte de seus membros, nem de se beneficiar da influência das traduções bíblicas, das quais se servia, com numerosas palavras, dos helenismos ou mesmo dos semitismos de sintaxe. Sua língua é verdadeiramente uma criação original e única sua utilização, se bem que naturalmente sofresse a influência do linguajar comum e reagisse, por sua vez sobre ele.[1622]

Vejamos, em apertada síntese, quem dela com maior brilho se utilizou, sempre para maior glória de Deus, dentre os autores cristãos, a começar por Tertuliano.

6.6.1. Tertuliano

Célebre doutor da Igreja da África, no século II de nossa era, nasceu em Cartago em 160, onde professou inicialmente o paganismo, que lhe inspirou, durante muito tempo, uma aversão profunda pela religião cristã. Mas, tocado pela fé viva e sincera de vários mártires, durante a perseguição ordenada por Alexandre Severo, Tertuliano se converteu ao cristianismo, do qual se tornou um dos mais ardentes defensores. Movido por extremado fervor, o doutor africano desfez seu casamento, contraído pouco tempo antes, para se dedicar à vida monástica em Roma, cidade que escolheu para exercitar sua fé, e na qual seu zelo ardente suscitou alguns adversários dentre o clero romano.[1623]

De retorno à África, algum tempo depois, Tertuliano continuou consagrando sua pluma enérgica à defesa da religião, malgrado ter já adotado uma das heresias que então dividiam a Igreja nascente.[1624] Morreu em 245, com a idade de 85 anos. Chateaubrien o chamou de "o Bossuet da África".

Do ponto de vista literário, Tertuliano pode ser comparado aos mais notáveis representantes da literatura latina da época imperial, daí o merecido título de "o verdadeiro criador do latim da Igreja".[1625]

[1621] Esse index de oitenta e cinco linhas foi descoberto por Ludovico Muratori, bibliotecário de Milão, num manuscrito do século VIII na Biblioteca Ambrosiana, e publicada por ele em 1740. Esse manuscrito, que é o único em que o texto aparece, provinha do Mosteiro de Bobbio na Lombardia.

[1622] P. de Labriolle, *Histoire de la littérature latine chrétienne*, Tomo 1, p. 80, Paris, 1947.

[1623] J. Bayet, *Litterature latine*, p. 639, Paris, 1958.

[1624] P. de Labriolle, *op. cit.*, Tomo 1, p. 103 e segs.

[1625] A. Jeanroy e A. Puech, *Histoire de la litterature latine*, p. 339, Paris, s.d.: "Tertuliano nos mostra melhor que ninguém a que ponto uma literatura se tornara necessária ao cristianismo; com efeito, ele é, em princípio, o inimigo irreconciliável da civilização antiga; a arte e as letras lhe parecem condenáveis; entretanto, ele conhece muito bem tanto os procedimentos da retórica quanto os princípios do direito, de modo que, se ele proíbe aos cristãos o exercício da profissão de retórico, inflada de idolatria, não os proíbe, porém, de receber a educação clássica, que é, diz ele, "o instrumento necessário ao homem para toda a vida" (p. 338-339).

O vigor literário de Tertuliano é digno de especial referência. Assim é que em um ano somente, em 197, duas obras vieram à luz, com alguns meses de distância entre uma e outra: *Às Nações* e o *Apologético*. Alusões precisas à revolta de Albino contra Sétimo Severo e às represálias que se seguiram à rebelião daquele perto de Lion, em 197, permitem que se conceda a prioridade ao *ad Nationes*. A diferença entre ambos os opúsculos reside no fim que o autor perseguiu ao escrevê-los: o *Às Nações* tinha por objetivo principal atacar as crenças e os costumes pagãos, ao passo que o objetivo do *Apologético* era defender as crenças e os costumes cristãos.[1626] Tertuliano deu ao seu *Apologético* a forma de um arrazoado, em que critica energicamente o procedimento romano que vedava aos cristãos o direito de postular em juízo. São Justino havia feito outro tanto, mas de forma indecisa e sem o rigor técnico do africano. É sobretudo nas questões jurídicas que a superioridade de Tertuliano se afirma e faz sentir ao leitor, ainda que estranho às sutilezas do direito.

> Assim, no capítulo IV de sua apologia, Justino havia criticado sumariamente a ilegalidade do procedimento utilizado contra os cristãos. Tertuliano retoma este tema, mas com uma força, uma coerência, uma precisão técnica, que só uma longa prática do direito romano podia proporcionar. Esta discussão, que enche os primeiros capítulos do *Apologeticum*, é irresistível, do ponto de vista da lógica e da eloquência. Ela se condensa em fórmulas lapidadas, em dilemas inelutáveis, onde aparece invencivelmente a sandice, o ilogismo completo, de um procedimento que punha em xeque todas as formas tradicionais da administração da justiça.[1627]

Do gênero apologético é também o *Testemunho da Alma*. Aí sobressai um novo Tertuliano, um cristão preocupado em criar um método original que proporcionasse acesso ao coração dos não-cristãos. Ele constata que a tática dos apologistas, seus predecessores, não teve êxito, precisamente porque buscavam apoio nos filósofos e poetas profanos, esquecidos de que os adversários da fé não hesitavam em repudiar seus mais consagrados mestres, quando estes pareciam oferecer um apoio à verdade cristã. Inútil é, portanto, realizar esse vão trabalho de erudição; inútil também ter em alguma conta os livros santos, pois, para crer neles, seria preciso ser antes cristão. Na alma humana é que se deve procurar o verdadeiro ponto de apoio da fé, mas antes que ela tinha sofrido a deformação de qualquer influência cultural. Se se escuta o testemunho dessa alma ainda inocente, perceber-se-á o cristianismo aí latente (*testimonium animae naturaliter christianae*).[1628]

O mesmo propósito, ainda que com estratégia diversa, anima o opúsculo *A Scápula*. Trata-se de uma curta advertência em cinco capítulos endereçada ao procônsul da África, Scápula, que, em 212/213, rompendo com a relativa longanimidade de seus antecessores, perseguia odiosamente os cristãos, impondo-lhes frequentemente a pena de morte pelo fogo, diversamente do que fazia com os piores criminosos, aos quais, de ordinário, poupava a morte infame. Não era a piedade que o autor reclamava para os cristãos, mas era no interesse dos adversários destes que ele se dirigia a Escápula. Note-se que Tertuliano empregou o mesmo recurso retórico que, um século depois, notabilizou Lactâncio em seu célebre *Mortibus persecutorum*, a saber: mostrou ao procônsul os

---

[1626] P. de Labriolle, *op. cit.*, Tomo 1, p. 108.
[1627] P. de Labriolle, *op. cit.*, Tomo 1, p. 112.
[1628] P. de Labriolle, *op. cit.*, Tomo 1, p. 115-116.

espantosos castigos que estavam reservados aos magistrados perseguidores: um, Vigélio Saturnino, perdeu a vista; outro, Cláudio Herminiano, teve o corpo dilacerado por feridas escabrosas, onde pululavam os vermes: este reconheceu seu erro e morreu quase cristão. O próprio Escápula, nesse momento não se encontra vexado por uma doença? Quando ela começou? Precisamente depois que o procônsul arrojou às feras o mártir Mavilus, de Hadrumeto...[1629]

Os escritos apologéticos de Tertuliano constituem a parte mais consistente, a mais vibrante de sua obra, mas não, talvez, a mais curiosa para quem queira penetrar nessa alma virgem, forjada pelos arroubos da cólera e da paixão. Bem mais significativos, sob esse aspecto, são os tratados em que o autor se propõe a determinar a atitude da cristandade da África face à sociedade pagã e às formas diversas da civilização de seu tempo.

> O cristianismo e o império, afirma E. Renan, se olhavam um ao outro como dois animais que vão se devorar... Quando uma sociedade de homens se torna dentro do Estado uma república à parte, ainda que composta de anjos, se torna igualmente um flagelo. Não era à toa que se os detestavam, estes homens em aparência tão doces e benevolentes. Eles demoliam verdadeiramente o império romano. Eles bebiam sua força.[1630]

Tal como Renan as interpretava, muitos concebem as primeiras gerações cristãs como rebeldes aos valores sociais. Imaginam que os primeiros cristãos se exilavam voluntariamente da sociedade, que resistiam às tentações que esta lhes oferecia. Isso nada mais é que tomar ao pé da letra as declarações um pouco enfáticas de certos apologistas e as exigências de alguns moralistas rabugentos. A realidade aparece bem mais diferente a olhos mais acurados. Assim é que Labriolle classifica os antigos cristãos, segundo a maior ou menor adesão aos costumes sociais da época, da seguinte forma: os simples, incapazes e despreocupados de especulação, contentando-se com uma tranquila posse da fé, mas expostos, em razão da própria ingenuidade, aos sofismas deletérios[1631], os intelectuais, que se entregavam à abordagem de questões da metafísica religiosa[1632], havia os fracos, os "cristãos no ar", que, longe de apetecerem o martírio, a perseguição e a penitência, se mostravam, antes de tudo, amigos da própria tranquilidade[1633], que pretendiam levar uma vida terrena tão confortável quanto possível, mesmo que fosse ao preço dos mais reprováveis compromissos[1634], os liberais, que sonhavam com a reconciliação do cristianismo com o século ou se recusavam a toda provocação inútil; enfim, os rigoristas, almas em tudo semelhantes à alma de Tertuliano. Todo esse rebanho humano, oscilante e diverso, era o alvo de Tertuliano, que pretendia conduzi-lo, voluntariamente ou pela força, ao caminho estreito que era para ele a única via permitida ao cristão.[1635] Seu espírito de jurista se comprazia com a ideia de uma doutrina que lança sobre a vida humana inteira, na infinita multiplicidade de seus atos, a rede estreita de suas prescrições, com a promessa de uma recompensa eterna para os que as seguissem, mas com a

---

[1629] P. de Labriolle, *op. cit.*, Tomo 1, p. 117-118-119.
[1630] Marc Auréle et la fin du monde antique, p. 428, Paris, 1895.
[1631] *Op. cit.*, Tomo 1, p. 123.
[1632] *Op. cit.*, Tomo 1, p. 123.
[1633] *Op. cit.*, Tomo 1, p. 123.
[1634] *Op. cit.*, Tomo 1, p. 123.
[1635] *Op. cit.*, Tomo 1, p. 124.

ameaça de uma eterna pena para todos os transgressores delas. O Deus que ele adora é aquele juiz inflexível e zeloso, que estabeleceu o *timor* como fundamento da salvação do homem, que semeia as tentações neste mundo para provar seus fiéis e que tem sempre seu arsenal de vinganças aparelhado e pronto. Daí a animosidade de Tertuliano não só contra os heréticos, mas também contra o cristão irresoluto e despreocupado com os assuntos da fé, contra o qual não se contenta jamais em sentar princípios gerais de conduta, muito ao contrário, desce a minúcias, até o menor dos detalhes que compõem a trama do dia a dia. No tratado de *Idolatria*, Tertuliano passa em revista as diversas formas da vida secular, ofícios, cerimônias, a própria linguagem, relacionamentos, a revelar uma singular austeridade de caráter e um temperamento difícil de lidar, que deseja "tudo prever para tudo regulamentar, porque conhece a fraqueza, a perversidade do homem e por isso teme que este escape justamente por onde se omitiu de traçar-lhe a rota a seguir e de elevar parapeitos".[1636]

O *de Patientia* e o *de Oratione* têm o mesmo tom grave e sentencioso. No *ad Martyres* uma emoção viril penetra toda obra, em que Tertuliano subministra uma espécie de consolação aos *benedicti martyres designati* que aguardam na prisão de Cartago os suplícios da tortura e da morte. Aí, ainda, porém, sob a aparência da humildade, sob o véu de uma respeitosa exortação a aceitar seu destino glorioso, late o rigor de um ascetismo que se fará logo impiedoso ante a sombra de um desfalecimento.[1637]

Excetuando a obra *de Pallio* (o manto), na qual Tertuliano se entrega a prodígios de virtuosidade frívola[1638], seus outros tratados descansam sobre temas recorrentes na literatura cristã da época, com a característica peculiar de tudo reduzir ao denominador comum da necessidade de uma vida mortificada para se ter a expectativa da vida eterna. Daí um sem-número de proibições que não se sabe se contribuíram ou desencorajaram a difusão missionária do

cristianismo. Eis algumas colhidas ao acaso: proibição formal aos cristãos de tomar parte em espetáculos (circo, teatro, combates de atletas, de gladiadores); proibição de algum ofício cujo exercício pudesse favorecer ou prestigiar o culto dos falsos deuses; proibição de ensinar a literatura profana; reservas expressas à prática do comércio que vivia da cupidez, da fraude e da idolatria; proibição de participar em toda festa, cerimônias e celebrações públicas; vedação quanto ao exercício de cargo público; incompatibilidade entre o serviço militar e o dever cristão; proscrição de toda fórmula verbal suspeita de paganismo; proibição aos viúvos de contraírem novas núpcias. Eis algumas das restrições concebidas por Tertuliano e impostas à cristandade com uma tal rudeza e com uma aceitação inflexível de todas as consequências dos princípios formulados pelo autor em seus vários tratados.

6.6.2. Minúcio Félix

Advogado em Roma, de origem africana, Minúcio Félix se dirige, em seu curto diálogo *Otávio*, a um público que não era o alvo de Tertuliano: aos intelectuais pagãos com formação filosófica. De uma forma bem delicada e sob a aparência da imparcialidade, o *Otávio* comporta, ao mesmo tempo, uma justificação do cristianismo e uma refutação do paganismo. Ernst Renan

---

[1636] P. de Labriolle, *op. cit.*, Tomo 1, p. 126.
[1637] P. de Labriolle, *op. cit.*, Tomo 1, p. 127.
[1638] Na obra El fin del paganismo, de Gaston Boissier, há um minucioso estudo sobre o *De Pallium*, de Tertuliano.

chamou-o de "a pérola da literatura apologética"[1639], opinião justa, à qual se adere facilmente quando se lê esse diálogo tão bem ordenado, tão graciosamente escrito, em que se mostra um cerimonioso e afável propósito de convencer sem melindrar ou agastar quem quer que seja.

Aproveitando as férias do tribunal, em setembro, o autor descansa num balneário em Óstia, acompanhado de dois amigos, Otávio Januário, cristão como ele, e o pagão Cecílio. Os três amigos caminham tranquilamente pela orla, quando Cecílio homenageia a estátua de Serapis com um beijo. O comportamento do pagão suscita nos dois cristãos um ar de reprovação, exteriorizado por um riso irônico de Otávio, que deixou Cecílio triste e cabisbaixo. Instado, algum tempo depois, a revelar a razão de sua súbita tristeza, o pagão confessa que ficou magoado com o escárnio dos amigos e propõe a ambos uma discussão, por meio da qual se dispõe a advogar sua causa, com a exposição da tese do paganismo. Minúcio Félix presidirá o debate. Cecílio toma a palavra e começa a defesa veemente da religião pagã, que implicava, necessariamente, a detratação do cristianismo.

O discurso de Cecílio é sensivelmente mais curto que a defesa de Otávio, o que não quer dizer que fosse menos contundente. "Fazendo falar o *advogado do diabo*, o autor se achou no dever de não lhe prestar argumentos fúteis e facilmente refutáveis, de modo que nenhuma consideração à suscetibilidade cristã enfraqueceu a expressão das acusações pagãs".[1640]

É por uma declaração formal de agnosticismo que começa Cecílio. O mistério nos envolve. O universo é para nós um enigma que ultrapassa nossa inteligência e desafia nossa capacidade de explicá-lo satisfatoriamente. No entanto, os cristãos pretendem resolvê-lo, eles, os iletrados, que disparate! É um fato comprovado que nunca e em nenhum lugar se viu uma intervenção divina, uma Providência, uma vontade inteligente, preocupada em corrigir o acaso e em regular o curso das coisas, assim como afirmam os cristãos.[1641]

Para sair do aperto em que foi colocado por sua confissão de ceticismo, Cecílio conclui que, já que tudo escapa à capacidade do homem, é preciso que este se agarre com redobrada energia aos pontos fixos que se oferecem a ele. Ora, a religião romana se apresenta como um conjunto de tradições veneráveis às quais a grandeza de Roma esteve sempre associada.

Após ter exaltado "esta religião tão antiga, tão útil, tão salutar", Cecílio se volta com cólera contra aqueles que querem destruí-la. Ele descarrega sua fúria contra a seita cristã, que recruta seus membros na escória social e "forma com eles uma coalizão de impiedade". Em seguida o pagão formaliza as acusações: o desdém dos cristãos pelas coisas sagradas, os mistérios de iniquidade celebrados em suas reuniões noturnas, deixam ver claramente o absurdo da concepção do Deus cristão, cuja ubiquidade inquisitorial lhe parece um prodígio de descaramento e de demência, da mesma forma que a escatologia cristã, sobretudo o dogma da ressurreição, é a seus olhos um exemplo de rematada sandice, à qual reserva suas mais mordazes ironias.[1642]

Otávio toma, por sua vez, a palavra. O céu dos cristãos vai ser defendido por um hábil advogado, que tem um método infalível para fazer calar e convencer o mais obstinado adversário: persegui-lo passo a passo para refutar todos os seus argumentos, sem omitir nenhum, em ordem a redirecioná-los, depois, contra a tese de seu oponente.[1643]

[1639] Marc Auréle et la fin du monde antique, p. 389.
[1640] P. de Labriolle, *op. cit.*, Tomo 1, p. 168.
[1641] "O autor precisou, diz Labriolle, de uma rara abertura de espírito para emprestar à causa que ele detestava um acento tão eloquente e tão persuasivo". *Op. cit.*, Tomo 1, p. 169.
[1642] Otávio, V-XIII, tradução francesa de Waltzing, Lovaina, 1914.
[1643] Otávio, XV-XXXVIII.

> "Contra o ceticismo transcendental de Cecílio, Otávio estabelece inicialmente a noção de Providência. Num largo e copioso desenvolvimento, onde, comodamente, se expandem seu talento e sua memória de ciceroniano, o autor descreve todo o esplendor do céu, o curso regular das estações, etc. Tudo revela uma inteligência suprema que vela pelos detalhes como pelo conjunto. Sendo assim a trama do mundo, convém crer em um só Deus ou em vários? Basta olhar o que se passa na terra, imagem do céu: todo reino dividido perece. Deus é, portanto, um".[1644]

> As abelhas não têm mais que um só rei; os rebanhos de porcos e de bois, um só guia ou chefe: e vós acreditais que no céu o poder supremo está dividido, que esta dominação verdadeiramente sem restrição, divina, universal, está sujeita à divisão? A evidência nos faz ver em Deus o pai comum, sem começo nem fim, um Deus que outorga a cada um o nascimento e a si próprio, a eternidade; que, antes da criação, o mundo lhe pertencia e o servia; que por sua palavra impõe sua vontade ao universo, o rege por sua razão, o aperfeiçoa por sua virtude... Quem crê conhecer a grandeza de Deus, a diminui; quem não quer diminuí-la, não a conhece.[1645]

Otávio enfrenta, depois, as acusações de Cecílio contra os cristãos. Há nessas páginas uma pintura enternecedora de todas as nuances da vida cristã: virtude do sofrimento piedosamente aceito, o heroísmo dos mártires, pureza de coração que rejeita toda mácula, fidelidade ao seu Deus.

Os três amigos permanecem em silêncio por algum tempo. Tocava a Minucius pronunciar a sentença após o debate, mas Cecílio se antecipa à decisão e se declara convencido sobre os pontos fundamentais da discussão. Alguns ajustes posteriores farão o resto.

> Depois nós nos separamos, conclui o autor, felizes e entusiasmados, Cecílio por crer, Otávio por ter vencido e eu, pela fé de um e pela vitória do outro.[1646]

6.6.3. São Cipriano

Depois de se arrebatar com o vigor literário de Tertuliano e de se deixar seduzir pela elegância do estilo de Minúcio Félix, é difícil para o leitor exigente encontrar nas obras de Cipriano o mesmo interesse que explica, no primeiro, o arrebatamento, no segundo, a sedução.

Do ponto de vista estritamente literário, Cipriano é bem inferior a Tertuliano. Exceto a Bíblia e alguns escritos de Tertuliano, a quem chamava mestre, nosso autor parece não ter conhecido as obras de filosofia em geral nem as da antiga literatura cristã, em particular.

[1644] P. de Labriolle, *op. cit.*, Tomo 1, p. 170.
[1645] Otávio, XVIII, 7-11.
[1646] Otávio, XXXIX.

Ele é um homem de governo, antes que um homem de doutrina. Basta ler algumas de suas cartas ou um ou dois tratados seus para se dar conta de que Cipriano não tem nem a ironia, nem o espírito, nem a eloquência de seu predecessor; não tem também a mesma variedade, seja nos assuntos tratados, seja na maneira como os trata. Quando se lê Tertuliano, sente-se incessantemente o aguilhão de textos picantes, da paixão que o autor sabe suscitar, da aspereza que convence. As obras de Cipriano se desenrolam com um movimento mais uniforme e mais tranquilo. Nele, o interesse nasce do fundo das coisas, dos problemas práticos que discute e que resolve, de forma que tudo o que Cipriano escreve tem uma estreita relação com sua função de bispo e com as circunstâncias reais que o preocupam.[1647]

Premido pela necessidade de dar respostas imediatas aos muitos problemas práticos, que eram seus porque afligiam em larga medida sua comunidade em Cartago – lembremo-nos de que Cipriano teve que enfrentar a perseguição de Décio, a mais cruel de todas as desencadeadas contra a cristandade –, ainda assim, o bispo de Cartago encontrava tempo para aconselhar, confortar, fortalecer e estimular os cristãos da África, que, diante de qualquer crise, recorriam ao seu bispo. Fazia-o, principalmente, por meio de inúmeras cartas, cuja grandeza expressiva constitui uma preciosa fonte para o estudo de seu episcopado.

Dizendo que Cipriano era mais prático que doutrinador, não se quer dizer, de modo algum, que o bispo mártir cartaginês carecesse de ideias abstratas. Muito pelo contrário. É justamente pela evocação contínua delas que Cipriano concebeu o princípio fundamental da unidade da Igreja, contido *in pectore* em algumas passagens do Evangelho, contra o qual conspiram as forças diabólicas para, dividindo o rebanho, extraviar as ovelhas.[1648]

"Não devemos temer só a perseguição, que nos sobrevém atacando abertamente, para abater e eliminar os servos de Deus. Quando o perigo é manifesto, a precaução é mais fácil, como também o ânimo se dispõe para a luta mais prontamente quando o inimigo se apresenta como tal. Mas, devemos temer o inimigo e ter cuidado com ele quando se aproxima furtivamente, quando escondendo-se sob as aparências da paz, se introduz sorrateiramente por passagens secretas, pelo que recebe o nome de serpente. Tal é sempre sua astúcia, tal seu engano, oculto e secreto para perder o homem.

Com efeito, inventou a heresia e os cismas para torcer a fé, corromper a verdade e romper a unidade. Assim, aos que não pode manter na obscuridade da antiga senda, os envolve e engana de outro modo. E pelo erro de uma nova senda, arrebata os filhos da própria Igreja; e quando se os supunha tão próximos da luz e libertos das trevas do mundo, sem se darem conta, vem lhes impor de novo outras trevas, de modo que, sem manter-se no Evangelho de Cristo nem na observância de sua lei, se chamam cristãos e, caminhando nas trevas, creem possuir a luz".[1649]

[1647] P. de Labriolle, *op. cit.*, Tomo 1, p. 198-199.
[1648] "Há um só Deus, um só Cristo, uma só Igreja de Cristo, uma só fé e um só povo, juntos na sólida unidade de um corpo, mediante o vínculo da concórdia. Não pode romper-se esta unidade, nem pode ser dividido ou despedaçado um único corpo, desmembrando-se sua estrutura ou sendo arrancadas suas vísceras com laceração. Quem se separa do tronco vital não poderá viver e respirar por sua conta, porque lhe falta o suporte da vida". Cipriano, *La unidad de la Iglesia*, p. 69, Madri, 2001.
[1649] Cipriano, *op. cit.*, p. 42-44.

O grande mérito de Cipriano foi ter antevisto, há quase dois mil anos, as consequências nefastas que a fragmentação da experiência religiosa iria trazer não só para a Igreja, como instituição, mas também para a vivência individual da fé. Nesse aspecto, Cipriano é o legítimo predecessor de Bossuet.[1650]

Estamos na primeira metade do ano 255. Um tal Magno se dirige a Cipriano e lhe pergunta "se entre os distintos hereges, os que seguem Novaciano, depois de terem recebido um batismo profano, deveriam ser batizados e santificados na Igreja católica com o legítimo, verdadeiro e único batismo da Igreja".[1651] Cipriano não vacilou e considerou como nulo o batismo administrado em qualquer seita herética:

> Declaramos que todos os heréticos e cismáticos não têm poder nem direito algum. Novaciano não pode nem deve constituir uma exceção. Ele também está fora da Igreja... Que pretensão é esta, a de sustentar que se pode ser filho de Deus sem ter nascido na Igreja? Como pode a heresia gerar filhos de Deus para Cristo, quando não é a esposa de Cristo?[1652]

A apaixonada argumentação de Cipriano sobre o batismo não era coerente; faltava-lhe, ainda, a distinção – não muito clara – entre validade e licitude, deduzindo indevidamente uma da outra.

Mas eis que o papa contesta peremptoriamente e com um inesperado acento autoritário a posição de Cipriano: "Nada de inovações. Há que se ater à tradição... Se os hereges vos procuram, há que impor-lhes as mãos para acolhê-los na penitência".[1653]

Cipriano ficou perplexo. Considerava que estava na verdade e pensava que as teses opostas contrastavam com a própria ideia da unidade da Igreja, provocando quebra da fraternidade e da concórdia; sentiu, portanto, que ruía a unidade da Igreja, que era seu ideal. Era, é certo, apoiado pelos bispos africanos, que confirmaram sua adesão na numerosa assembleia do Concílio de Cartago, de setembro de 256. Mas Cipriano não tinha paz, porque não podia viver em conflito com o bispo de Roma. Felizmente, o desacordo entre as Igrejas de Roma e da África durou pouco e praticamente terminou com a morte do papa Estêvão (2 de agosto de 257).

Nesse mesmo ano de 257 estalou a perseguição de Valeriano. Um ano depois Cipriano seria decapitado, após ter-se recusado a oferecer sacrifício aos deuses.

6.6.4. Comodiano

É chegada a hora de falarmos da situação das letras cristãs no momento em que se realizou um dos maiores feitos da história, qual seja, o triunfo político da Igreja sob Constantino.

[1650] O episcopado é transmitido desde os apóstolos por uma sucessão legítima, de modo que quem não está legitimamente ordenado não é bispo. Isso é o que Cipriano argue contra Novaciano: "A Igreja é una... se a Igreja está com Novaciano, não está com Cornélio. Mas se está com Cornélio, que sucedeu o bispo Fabiano por uma ordenação legítima, Novaciano não está na Igreja e não pode ser considerado bispo, pois, desprezando a tradição evangélica e apostólica, nasceu de si mesmo, sem suceder a ninguém. Quem não foi ordenado na Igreja, não pode de modo algum haver e ter uma Igreja" (Epístola 69, 3); do mesmo modo, enfatiza o bispo africano: "Como pode ser tido por pastor quem não sucede a ninguém, tirando sua origem de si mesmo, fazendo-se estrangeiro e profano, enquanto que um pastor verdadeiro permanece e preside a Igreja pela sucessão da ordenação?" (Epístola, 69, 5).

[1651] P. de Labriolle, *op. cit.*, Tomo 1, p. 207-208.

[1652] Epístola 71,1.

[1653] De Champagny, *op. cit.*, Tomo 2, p. 312.

Aqui encontramos, no limite de duas épocas, entre o terceiro século que termina e o quarto que começa, um grupo de escritores cujas obras se relacionam à controvérsia final do cristianismo com as religiões politeístas. Nascidos em solo africano, do qual guardam as características, suas produções têm muita semelhança, se não pela forma, ao menos pelo objeto e pelo espírito que as distingue. Os três escritores, cujos trabalhos coroam a apologética cristã primitiva, são Comodiano, Arnóbio e Lactâncio.

Comparando suas obras com as de seus predecessores, fica-se admirado com certas diferenças notáveis. O fundo permaneceu o mesmo, mas o caráter e o tom da apologia foram sensivelmente modificados. A razão dessa mudança estava nas condições e no contexto social e político em que se movia a Igreja, os quais se tornaram muito mais favoráveis depois do reino de Décio. A partir desse imperador até Diocleciano, isto é, durante mais de quarenta anos, o cristianismo desfrutou de uma paz que só foi interrompida pelas perseguições sangrentas, mas curtas, de Galo e de Valeriano. Dir-se-ía que as violências estéreis de Décio tinham acabado por convencer o poder político de sua impotência em exterminar uma religião que já dominava a metade do império. O cristianismo, de direito, já havia levantado a interdição legal que o incapacitava; de fato, tinha igualmente forçado seus adversários a contar com ele. Surgiu, então um príncipe mais avisado que seus antecessores, de sorte que não lhe foi difícil garantir uma vitória preparada de longa data. Dando a mão à Igreja, Constantino mais não fez do que se por do lado onde se encontravam já o número e a força. O número dos fiéis, ademais, cresceu de tal forma que seus defensores podiam se exprimir doravante com mais liberdade e segurança. É, precisamente, o que se observa no caráter das obras daquela época de transição. De seus textos defluía um sentimento de confiança absoluta no triunfo de uma causa já quase vitoriosa. Era a linguagem de homens convencidos de que o velho edifício do politeísmo cambaleava, de modo que é a ofensiva que tomavam de preferência: seus escritos são antes um ataque ao paganismo do que uma justificação da religião cristã.

Nesse contexto otimista, surge a poesia cristã, desejosa de se expressar por meio de uma forma adequada ao propósito que animava aqueles escritores ávidos por refutar a idolatria e afirmar a moral cristã.

Parecia natural que a doutrina nova se expressasse sob uma forma que fosse nova também. Já que afetava separar-se ruidosamente do mundo antigo, não devia romper também com a arte antiga? O Evangelho havia dito: "O vinho novo será posto em odres novos" e "a roupa nova será remendada com pano novo". Não era isso uma recomendação de que se buscasse para essa arte nascente uma forma que não pedisse nada ao passado? Isso foi feito ao pé da letra. O mais antigo de todos os poetas latinos cristãos, um literato medíocre, mas um homem de fé sincera e de ardente piedade, teve a audaciosa ideia de fazer versos livres, ou seja, sem a observância das regras da composição e em descompasso com os costumes literários de sua época. Chamava-se Comodiano, nome que não se fez célebre, merecendo apenas uma breve referência em Genádio, um biógrafo do século V, que só de passagem lhe concede algumas palavras desdenhosas. Entretanto, por um desses caprichos do destino, enquanto se perdiam tantas obras importantes de autores ilustres, as obras desse autor ignorado sobreviveram. Possuímos dele duas obras que foram descobertas em datas separadas por um largo intervalo: As *Instruções*, em 1649 e o *Carmen Apologeticum*, em 1852. A primeira é composta de oitenta fragmentos de desigual extensão, em acrósticos, sendo que no último destes se reúne a primeira letra de cada verso, partindo do último, se forma a frase: *Commodianus mendicus Christi*.[1654]

[1654] P. de Labriolle, *op. cit.*, Tomo 1, p. 258.

As *Instruções* se dirigem sucessivamente aos pagãos, aos judeus e aos fiéis católicos. O autor fala aos pagãos de uma maneira atrevida, brusca, algumas vezes brutal. Chama-os de néscios, loucos ou de coisas piores ainda. Os sacerdotes dos ídolos são mentirosos ou bêbados, pessoas que não pensam senão em encher a barriga. Os deuses não são tratados melhor que seus sacerdotes: zomba de Júpiter, ridiculariza Saturno e detrata Netuno. Outro tanto faz com Apolo, por ter perdido a corrida para Dafne, que, apenas uma mortal, conseguiu sobrepujar um deus que tem asas. "Se fosse um Deus verdadeiro teria tomado o caminho do ar e assim teria chegado em primeiro lugar; mas, ao contrário, ela chegou antes dele e o deus ficou para trás".[1655]

Não é mais respeitoso com os judeus do que com os pagãos. Raça de teimosos, aos quais Deus endureceu o coração e cujo cérebro não pode se ordenar à verdade.[1656] Os judeus estavam sempre animados do espírito de proselitismo do qual zombava Horácio. As conquistas dos cristãos lhes causavam inveja, pelo que resolveram aliciar discípulos, mostrando-se, porém, menos severos. A condição de que se cumprissem algumas práticas, qualquer um podia se tornar membro do judaísmo, o que não o impedia, dizia Comodiano, de frequentar os templos e honrar os deuses.

Não nos surpreenderá que tendo tais sentimentos, Comodiano seja também muito severo para com os cristãos.[1657]

O outro poema de Comodiano foi chamado por Dom Pitra, que o publicou pela primeira vez, de *Carmem Apologeticum*. Antes que uma apologia, a obra constitui uma exposição da doutrina cristã. Quando se a compara com as *Instruções*, encontram-se nela menos obscuridades e giros extravagantes, mais liberdade, um plano mais vasto, desenvolvimentos mais extensos. Aqui Comodiano não estava limitado pelas exigências da composição acróstica e se sentia livre para tratar seu tema da forma que mais lhe conviesse. No fundo, o caráter e o espírito de ambas as obras são idênticos. Nesta, como na outra, o poeta ataca de caso pensado os pagãos e os judeus com os mesmos argumentos. É também muito áspero para com os ricos, para com os mundanos e, quando se trata de dizer-lhes o que pensa, não hesita ante as expressões triviais e as comparações grosseiras.[1658]

A última parte do poema é aquela em que o autor, que escrevia logo após a perseguição de Décio, se consola dos males que sofre ou que prevê predizendo que o fim do mundo está próximo e que Deus se prepara para castigar Roma por suas injustiças. É outro apocalipse, que difere dos anteriores porque postula dois Anticristos em vez de um: o primeiro é o imperador Nero, o Anticristo de São João; o segundo é o Belial dos judeus, que deve assolar o Oriente, vencer o próprio Nero e destruir Roma. Destruição que inspira uns dos últimos versos de Comodiano: "Chora durante a eternidade a que se jactava de ser eterna".[1659]

Essa forma livre de conceber a composição poética, como a maneira rude de poetizar, distanciavam Comodiano das pessoas cultas e das classes abastadas, que não podiam imaginar hábitos paralelos aos da cultura romana. Se a rudeza do poeta o afastava da elite de Roma, aproximava-o, porém, da gente do povo, gente estranha aos refinamentos da civilização que a desprezava e que, por isso, aceitava mais facilmente vê-la desaparecer. É para ela, gente simples e inculta,

---

[1655] Les Instructiones, I, VI, 10-14.
[1656] Les Instructiones, I, XXXVIII, 4.
[1657] Les Instructiones, II, XVIII, XIX; II, XXXIII; II, XXXV; II, XXXVI; II, XVI, 1-2; II, XXXIV.
[1658] *Carmen Apologeticum* é uma obra escatológica, na qual o autor descreve as vicissitudes dos cristãos, lado a lado com pagãos e judeus, desde Ciro, que é confundido com Nero, até a ressurreição e bem-aventurança dos justos.
[1659] *Carmen Apologeticum*, vs. 993-1060.

que Comodiano escrevia. Aliás, diz expressamente que se dirige aos ignorantes e aos iletrados, aos quais sabia agradar com seu estilo grosseiro, sem falsa retórica, que chama as coisas por seus nomes e que não teme desagradar. É fácil de ver, pelos assuntos que escolhia e pela maneira de expô-los, que se tratava de um poeta popular.[1660]

A título de exemplo, tomemos a sua versificação.

> É tão caprichosa, tão chocante, tão bárbara, fere tão abertamente todas as leis da métrica mais elementar, que se sente tentado, primeiramente, a não ver ali senão a ignorância de um mal estudante ou, então, uma espécie de aposta contra o bom gosto e o bom senso.[1661]

É de se indagar que razões podia ter Comodiano para servir-se, como de fato o fez, de uma linguagem e de uma versificação tão toscas e de mau gosto. A resposta mais simples seria que, de origem popular, nosso autor escreveu como falava habitualmente. Ainda que essa resposta seja em parte certa, não é inteiramente exata. Lembremo-nos de que era bispo[1662], o que é o mesmo dizer que tinha uma certa cultura de espírito. Além disso, percebem-se em suas obras imitações de Lucrécio, de Horácio e, sobretudo, de Virgílio, o que demonstra que conhecia os clássicos, que os havia estudado e praticado na juventude. Não se afastou deles, pois, por ignorância, mas sistematicamente e por livre opção. Poderia ter feito versos melhores, pois, salvo os que fez maus, há alguns verdadeiramente irrepreensíveis, cuja elegância de expressão denuncia um delicado escritor que quer se ocultar.[1663]

Não sabemos qual foi o êxito da audaciosa tentativa de Comodiano. Do que temos certeza, entretanto, é que o velho bispo, depois de se ter feito pequeno, *mendicus Christi*, para atrair os pobres, quis ocultar sua literatura para ser compreendido pelos iletrados.

6.6.5. Arnóbio

Nascido em Sicca, cidade da África proconsular, ensina Freppel, Arnóbio não teve a ventura de receber uma educação cristã. Ele mesmo nos pinta o quadro dos erros em que esteve imerso antes da sua conversão ao cristianismo.[1664]

> Agora, que fui introduzido no caminho da verdade por um santo doutor, sei o que são todas essas coisas da idolatria; concedo a honra a quem merece ser honrado e não ultrajo mais nenhuma manifestação do poder divino.[1665]

Como uma mudança tão radical se operou no espírito desse sexagenário, por tanto tempo mergulhado nas trevas da idolatria? Não parece que uma leitura assídua dos livros santos tenha

---

[1660] "Eu que tenho ciência, instruo na verdade aqueles que a ignoram". Les Instructiones, I, I, 9.
[1661] Mgr. Freppel, Commodien, Arnobe, Lactance et autres fragments inedits, p. 8, Paris, 1893.
[1662] P. de Labriolle, *op. cit.*, Tomo 1, p. 272.
[1663] P. de Labriolle, *op. cit.*, Tomo 1, p. 266.
[1664] *Op. cit.*, p. 30.
[1665] *Adversus Nationes*, I, 39, *Apud* P. de Labriolle, *op. cit.*, Tomo 1, p. 282.

determinado sua conversão, pois, salvo uma curta passagem de Paulo, que poderia ter conhecido facilmente pela tradição, Arnóbio não cita sequer um versículo dos textos sagrados na sua grande obra contra os gentios. Não há dúvida, consoante ao alentado texto desta, de que o heroísmo dos mártires, assim como a maravilhosa propagação do Evangelho, o haviam tocado profundamente, sem falar no que lhe arrebatava ainda mais, a saber: a grande figura do Cristo, mestre e doutor da humanidade. Essa divina imagem o perseguia noite e dia, oferecendo-se a ele "não através de insônias vãs, mas sob a aparência da verdade simples e nua".[1666]

Arnóbio ensinava então a retórica com distinção, ou, como disse São Jerônimo, *florentissime*. A adesão de um tal homem a uma doutrina que ele próprio havia sempre combatido não podia deixar de suscitar reservas, tanto por parte da sociedade pagã, que não queria acreditar nele, como por parte da Igreja, que desconfiava da sua sinceridade. A experiência havia ensinado, particularmente na África, o quanto eram duvidosas certas conversões que, diante da ameaça do menor perigo, se transformavam frequentemente em apostasias. Para dar garantia inequívoca de sua fé, Arnóbio não hesitou em escrever e publicar uma defesa da religião cristã, acompanhada de uma crítica veemente das crenças e dos cultos politeístas.[1667]

Com efeito, o que mais surpreende no *Adversus Nationes* é a quase total ausência de citações escriturárias. Esse procedimento extravagante, tão raro aliás nos autores cristãos dos primeiros séculos, constituiria, no caso de Arnóbio, a opção por uma tática refletida? Endereçando-se aos pagãos, teria o autor evitado, por princípio, a utilização de prova que os pagãos poderiam recusar? É provável que não. Em diversas passagens, Arnóbio dá azo a confusões insuperáveis que denunciam sua ignorância relativamente aos principais dogmas do cristianismo. Mais surpreendente ainda é a sua total indiferença pelo Antigo Testamento. Dir-se-ia que não tinha a mínima ideia da filiação do cristianismo ao judaísmo, nem do laço que une o Novo Testamento ao Antigo.[1668] Tivesse o autor cristão aberto alguma vez o Antigo Testamento, certamente não teria sustentado, como o fez, a radical incompatibilidade entre a ideia de cólera e a ideia do próprio Deus. O Deus de Arnóbio é um Deus indiferente e pacífico, que não se comove nem se vinga. A impassibilidade divina, tal como ele a imagina, é de feição inteiramente pagã, inteiramente epicurista.

Ouro tanto ocorre com suas concepções metafísicas. Aos olhos de Arnóbio, é uma verdadeira blasfêmia atribuir a Deus a criação da alma: filiação presunçosa que o orgulho humano inventou. Se a alma procedesse diretamente de Deus, Deus teria permitido que ela caísse em tantos erros morais e religiosos? Não teria previsto as consequências de seu ato criador? Do perfeito, somente o perfeito pode derivar, afinal Platão já o dissera e Arnóbio não hesita em declarar sua adesão, nesse ponto, ao filósofo grego, a quem não poupa referências elogiosas e do qual invoca constantemente a autoridade.[1669]

Mas não é só de Platão que se utiliza nosso autor. Há em Arnóbio toda uma série de influências intelectuais que se entrecruzam e que disputam seu pensamento. Assim, o que ele diz do demiurgo, artesão da alma, se assemelha particularmente a certos devaneios gnósticos.[1670] Se examinamos, por outro lado, sua teoria do conhecimento, veremos que ela tem parentesco

---

[1666] Mgr. Freppel, *op. cit.*, p. 31.

[1667] "Para se compreender o verdadeiro caráter da obra é preciso lembrar que, mais ainda que uma argumentação, é um libelo que Arnóbio desenvolve; ou melhor, é um assalto furioso que ele produz, com uma prodigalidade de fórmulas pungentes". P. de Labriolle, *op. cit.*, Tomo 1, p. 285.

[1668] Mgr. Freppel, *op. cit.*, p. 41.

[1669] P. de Labriolle, *op. cit.*, Tomo 1, p. 281.

[1670] P. de Labriolle, *op. cit.*, Tomo 1, p. 281.

com o viés empírico da escola estoica: para ele, a alma é uma tábula rasa sobre a qual vêm se inscrever as impressões exteriores, razão pela qual só do conhecimento experimental poderá derivar a certeza.[1671]

Curiosamente, Arnóbio era também um ardente cristão: por exemplo, adorava fervorosamente a Deus, cuja existência e onipotência o homem conhece espontaneamente, da mesma forma que o homem ama e conhece a grandeza, a bondade e a divindade do Cristo.

Entretanto, do ponto de vista estritamente literário, que falta de tato! Não é surpreendente que o autor, em várias passagens, tivesse utilizado os mesmos artifícios de linguagem que já tinham servido a Lucrécio para louvar Epicuro?[1672]

De qualquer modo, abstração feita dessas extravagâncias literárias, Arnóbio fala dignamente do Salvador e do imenso sacrifício feito por ele à humanidade.

6.6.6. Lactâncio

Um dos mais célebres apologistas da religião cristã, Lactâncio exerceu inicialmente a profissão de retórico em Nicomédia, para onde o havia chamado o imperador Diocleciano, no final do século III de nossa era. Tocado subitamente, porém, pelas verdades sublimes do Evangelho, abjurou o paganismo, que tinha professado até então, para consagrar sua pena eloquente à defesa da religião de Jesus Cristo.

A mais antiga obra que possuímos de Lactâncio é intitulada de *Opificio Dei*. Aí ele se dirige a um certo Demetriano, um de seus antigos alunos, cristão também, em ordem a retalir os agravos feitos à Providência pelas escolas filosóficas, sem dar às suas conclusões nenhum ponto de apoio escriturário.[1673]

Ao contrário dos epicuristas, que afetavam um pessimismo radical para descaracterizar a própria noção de Providência, Lactâncio demonstra que o homem não é o ser desvalido de amparo divino, como fazem crer os espíritos paradoxais, visto que tem por ele a linguagem e a razão, que compensam sobradamente suas falhas.[1674] Depois, analisando com detalhes a constituição física do homem, o autor mostra a perfeita adaptação dos órgãos às suas funções e às finalidades humanas, bem como, coroando suas demonstrações, se eleva até a natureza da alma, da qual, à diferença de seu mestre Arnóbio, atribui a Deus a criação.[1675]

Entretanto, Lactâncio já se preparava para uma tarefa maior. Pensava naqueles aos quais incumbia o dever de interpretar as verdades divinas, nos filósofos, sacerdotes e leigos, dos quais se poderia esperar uma reação proporcional ao atrevimento do paganismo: será que estavam à altura de um tão grande empreendimento? Lactâncio acreditava que não. Daí que, ao tomar conhecimento da produção literária de dois pensadores pagãos que depreciavam o cristianismo, tomou-se de um desejo ardente de refutá-los e, com eles, todos aqueles que, seja em grego seja em latim, tinham tomado a iniciativa de realizar a mesma detestável tarefa.[1676]

[1671] P. de Labriolle, *op. cit.*, Tomo 1, p. 281.
[1672] P. de Labriolle, *op. cit.*, Tomo 1, p. 283.
[1673] P. de Labriolle, *op. cit.*, Tomo 1, p. 294.
[1674] P. de Labriolle, *op. cit.*, Tomo 1, p. 294.
[1675] P. de Labriolle, *op. cit.*, Tomo 1, p. 294-295.
[1676] "O objetivo de Lactâncio era grandioso: era dispor o cristianismo como um sistema filosófico em face da sabedoria pagã." Jean Bayet, *op. cit.*, p. 661.

Assim surgiu a grande obra de Lactâncio, cujo título, *Instituições Divinas*, é tomado de empréstimo à linguagem do direito, porque se propõe não só a exaltar uma doutrina, mas também a prová-la, servindo-se para isso de uma síntese formidável, que incluía toda uma história da religião, que se desenrola coerentemente, toda uma moral que se afirma, toda uma filosofia que se ordena, tudo dominado pelo dogma da providência, dogma cristão por excelência.[1677]

Antes de Lactâncio, ninguém discerniu melhor que o retórico de Nicomédia a diferença entre as duas religiões, a cristã e a pagã, uma consistindo principalmente na reforma da vontade pela adesão a certos dogmas do cristianismo; a outra, repousando quase unicamente sobre a exterioridade dos ritos, sem referência à pureza do coração, sem adesão da inteligência, sem candura de intenção, de modo que para reduzir à unidade sua vida interior, o cristão não deve professar o divórcio, inteiramente pagão, entre a religião e a inteligência; não deve filosofar de uma maneira e ser religioso de outra, mas deve identificar sua religião e sua filosofia, uma penetrando a outra, uma sendo a base da outra.[1678]

O zelo de Lactâncio por sua fé não se limitava, porém, à refutação da doutrina adversária, mas ao mesmo tempo que a combatia, esgrimia contra os poderosos que a patrocinavam argumentos terríveis relacionados aos castigos que estavam destinados aos que perseguiam o rebanho de Cristo. Esse é o tema de seu mais famoso livro: *A morte dos perseguidores*. No momento em que o autor o escrevia, provavelmente em 314, a paz era enfim concedida à Igreja. Dirigindo-se a um certo Donato, Lactâncio entoa um canto em louvor da providência, que, ao mesmo tempo que concedeu repouso moral e material aos cristãos, não poupou seus inimigos de uma derrota desmoralizadora. É a queda sucessiva destes que Lactâncio se propõe a contar, passando em revista os primeiros perseguidores do cristianismo, Nero, Domiciano, Décio, Valeriano e Aureliano, cujas mortes, cruéis ou prematuras, foram o merecido castigo cominado a seus crimes. A partir de Diocleciano, o autor começa o relato dos fatos contemporâneos, dando especial destaque ao que realmente pretende mostrar, ou seja, que a mão de Deus esmaga os príncipes que molestaram os cristãos, ao passo que poupou e favoreceu aqueles que os respeitaram. Entre os perseguidores, um, Severo, abriu as próprias veias (§ XXVI); o outro, Maximiano, se enforca (§ XXX); Galério, verdadeira besta feroz que merece um castigo mais refinado, morre podre, devorado pelos vermes (§ XXXV); Diocleciano expira na privação e na demência (§ XLIII); Maximino Daia se envenena e sua agonia é atroz (§ L). Nesse clima de retaliação, o *de Mortibus persecutorum* termina como começou: com um hino de louvor ao Senhor, que purgou a terra desses homens soberbos.[1679]

Esse grito de alegria que saiu do peito de Lactâncio, assinala Freppel, mostra com que entusiasmo os cristãos tinham acolhido o édito imperial que punha fim aos seus sofrimentos; mas vê-se também quão duro tinha sido o regime de opressão que eles vinham de superar. O que ocorreu, aliás, entre a época em que o retórico de Nicomédia escrevia tranquilamente seu tratado *de Opificio Dei*, e aquela em que a sua pena vingadora iria imprimir uma marca de censura na

---

[1677] P. de Labriolle, *op. cit.*, Tomo 1, p. 297.

[1678] Os dois primeiros livros (*de falsa religione e de origine erroris*) desenvolvem a crítica do politeísmo. O livro III, de falsa sapientia, tem por objeto provar a mentira da filosofia pagã, suas contradições, sua ineficácia prática. A partir do livro IV (*de vera sapientia et religione*), Lactâncio, sem se furtar à polêmica, se propõe a construir antes que criticar. Mostra a indissolúvel união da sabedoria e da religião e desenvolve os artigos cardeais da fé: Deus, o Cristo, os milagres, a encarnação, a Igreja, as heresias. No livro V (*de justitia*), o autor restabelece o sentido da justiça, notoriamente distorcido pelos filósofos pagãos. O livro VI (*de vero cultu*) estabelece os princípios fundamentais da moral cristã, na medida em que procede de Deus, sua verdadeira origem. Por fim, o livro VII (*de vita beata*) aborda as mais relevantes questões: o porquê da criação, a imortalidade da alma, o problema "escatológico", concluindo com uma exortação ao cristão: combater por Deus o bom combate." P. de Labriolle, *op. cit.*, Tomo 1, p. 298-300.

[1679] P. de Labriolle, *op. cit.*, Tomo 1, p. 312-313.

memória dos perseguidores da Igreja? Um período de dez anos, durante o qual, imperadores, magistrados, multidões, todos tinham arquitetado contra o cristianismo um vasto sistema de extermínio. É provável que Lactâncio deveu ao seu cargo de professor de letras latinas a graça de não ser envolvido na proscrição geral: aos olhos dos pagãos, o cristão se ocultava atrás do filósofo e do literato. O que há de certo é que após ter sido testemunha ocular da perseguição, ele se fez seu historiador, de modo que a sua obra constitui um documento precioso para o conhecimento de uma época tão memorável nos anais do gênero humano.[1680]

6.6.7. Santo Ambrósio

Estamos habituados a admirar nos grandes varões da Igreja as virtudes que brilham mais quando contrastadas com a face escura da dor, da abnegação e do sofrimento. Assim ocorre, por exemplo, com Inácio e Cipriano, exemplares acabados dessas figuras exponenciais do cristianismo primitivo, que foram a luz e o conforto de tantas almas. Mas, tudo bem examinado, quão diferente foi o destino de ambos em comparação ao de Ambrósio! Perseguido, condenado e lançado às feras, Inácio conquistou a glória ao preço de um terrível suplício; proscrito e depois encarcerado, Cipriano não pôde desenvolver seu trabalho se não num âmbito relativamente estreito.

> Ambrósio, ao revés, durante quase vinte anos, de 378 a 397, foi o conselheiro de Graciano, de Valentiniano II e de Teodósio; foi também o dispensador dos favores imperiais e, por várias vezes, prestou ao poder destes príncipes o socorro de sua diplomacia.[1681]

Se o transcurso e o fim de sua vida foram auspiciosos, outro tanto pode-se dizer também do começo dela. Não se sabe ao certo a data exata de seu nascimento, conquanto possa ser fixada entre 330 e 340. Sua família era cristã de longa data e presumivelmente vivia com abastança, por quanto seu chefe, o pai de Ambrósio, exercia em Treves as altas funções de prefeito do pretório nas Gálias. Quando este morreu, sua viúva e os três filhos, Ambrósio, Sátiro e Marcelina, se mudaram para Roma, onde o primeiro, com toda certeza, recebeu a formação que os jovens das classes abastadas recebiam, ou seja, frequentou a escola do gramático e a do retórico, de modo que carregou até o fim de seus dias a marca indelével dessa disciplina intelectual. Em Roma, Ambrósio ficou sob a proteção de Sexto Petrônio Probo, prefeito do pretório da Itália, que concebia por seu protegido uma tão grande estima, que, passado algum tempo, resolveu confiar-lhe, após um curto estágio, nada menos que o governo das províncias da Ligúria e da Emília, com o título de consular.[1682]

Ambrósio fixou residência em Milão, cuja sede episcopal estava ocupada por Auxêncio, que pertencia à seita ariana. Quando este morreu, um ano após a chegada de Ambrósio, a escolha de seu sucessor foi a ocasião de vivos debates entre os cristãos de Milão, que de há muito travavam uma luta sem trégua: uns em prol dos heréticos, outros em favor dos ortodoxos. Aconteceu, porém, que, chamado para pacificar os ânimos das facções adversárias, posto que era a maior

---

[1680] O propósito de Lactâncio está todo nas instituições divinas: "pretende refutar sistematicamente, e não por uma polêmica momentânea, como havia feito a apologética precedente, toda a realidade do paganismo, excetuando-se a pouca verdade que este continha." C. Moreschini e Enrico Norelli, História de la literatura cristiana antigua griega y latina, Tomo 1, p. 462, Madri, 2006.

[1681] P. de Labriolle, *op. cit.*, Tomo 1, p. 383.

[1682] P. de Labriolle, *op. cit.*, Tomo 1, p. 386.

autoridade na região, Ambrósio acabou sendo escolhido por arianos e católicos, por meio de "uma maravilhosa e incrível unanimidade".[1683]

Escolhido bispo sob o *referendum* do entusiasmo popular, Ambrósio se viu numa situação bastante paradoxal. Sem conhecimentos teológicos, sem formação especial, ainda assim tinha que exercer imediatamente o magistério episcopal, vale dizer, "tinha que ensinar antes mesmo de ter aprendido".[1684] Sua maior preocupação foi, portanto, ler e consultar assiduamente a Escritura santa, de forma "a convertê-la em sangue e em alimento".[1685] Há poucos escritores eclesiásticos tão abundantes como ele em citações bíblicas, de tal modo que Ambrósio, por um comércio constante com os Livros Santos e com os melhores exegetas e teólogos gregos, conseguiu adquirir uma cultura teológica invejável, cujo domínio lha faltava.

Entretanto, sua obra literária deixa a desejar. Ambrósio não tem nem a profundidade nem a criatividade de um Santo Agostinho; nem tampouco a imaginação, a verve apaixonada ou o cunho científico de um São Jerônimo. A parte mais interessante dela é constituída por sua correspondência: aí, o homem de ação aparece com suas reais proporções, com sua inesgotável energia, sua sabedoria prática e também sua extrema bondade, virtudes que aqueles que o conheceram sentiram tão vivamente o fascínio. A composição em Ambrósio é raramente irrepreensível e a própria expressão carece de originalidade. Vergado sob o peso de tarefas mais urgentes, Ambrósio não teve jamais um tempo livre para apurar a forma literária nem para alcançar a perfeição do estilo.[1686]

Entretanto, seus livros, em cujas linhas jamais pôs o melhor do seu talento, não deixam de oferecer um interesse considerável do ponto de vista da história das ideias. Eles valem, senão como obra de arte, ao menos como documentos sobre as doutrinas morais do cristianismo na segunda metade do século IV. Tomemos, por exemplo, o *de Officis ministrorum*. Aqui, o autor não se dá ares de um pensador sistemático, nem sequer de um doutrinador, como Tertuliano, que se propõe subjugar o leitor, convencido de que suas ideias morais são superiores porque são as mais legítimas manifestações da ética cristã. Longe de nutrir essa ambiciosa pretensão, Ambrósio almeja objetivos bem diversos, conquanto relevantes, se avaliados do ponto de vista da Igreja como instituição. Não se deve esquecer de que naquela época, e em todo lugar do Ocidente cristão, o arianismo constituía uma séria ameaça para a unidade da Igreja, quando não um temível rival que forcejava por se substituir àquela na proteção e condução dos povos, agora abandonados, face à derrocada do império, à discrição dos bárbaros invasores. Ambrósio sentia o perigo iminente e sabia que só podia conjurá-lo se trabalhasse pelo fortalecimento da Igreja, a começar pela elevação moral dos sacerdotes, de modo a prepará-los moral e intelectualmente para a missão que intuitivamente acreditava estar encomendada à Igreja católica.

O *de Officiis ministrorum* é, portanto, uma simples conversação sobre temas morais que o autor queria ter com seus sacerdotes subordinados, quem sabe até com todo o clero, da qual tencionava se aproveitar também para retificar algumas noções filosóficas que eram moeda corrente entre os pagãos.[1687]

[1683] P. de Labriolle, *op. cit.*, Tomo 1, p. 386.
[1684] P. de Labriolle, *op. cit.*, Tomo 1, p. 386.
[1685] P. de Labriolle, *op. cit.*, Tomo 1, p. 388.
[1686] P. de Labriolle, *op. cit.*, Tomo 1, p. 400.
[1687] P. de Labriolle, *op. cit.*, Tomo 1, p. 401.

A moral de Ambrósio atuava também noutra frente, em que ninguém antes dele se atrevera a fazê-lo. Sabe-se que as mulheres na antiguidade não representavam grande coisa: ou estavam destinadas a gerar homens para a pátria ou, seja pela pobreza, seja pela decadência moral da época ou por ambas as coisas, se dedicavam ao exercício da prostituição. É claro que havia mulheres respeitáveis, que até se fizeram registrar nos anais da história, como foi o caso célebre da mãe dos Gracos. Contudo, se tais mulheres foram homenageadas por seus contemporâneos e lembradas pela posteridade, o foram menos por terem agido como mulheres do que por terem alardeado virtudes viris peculiares aos homens, únicas admiradas e respeitadas pelos romanos.

Ambrósio iria mudar tudo isso. Viu que para resgatar o *status* feminino se impunham duas providências prévias: regenerar a moralidade da mulher e aumentar-lhe a autoestima. O bispo de Milão pôs mãos à obra e escreveu quatro livros exaltando a virgindade, e um a viuvez: *de Virginibus, de Virginitate, de Institutione virginis, Exhortatio virginitatis* e *Viduis*.

De todos os pontos da Itália e até mesmo da África, meninas e moças vinham a Milão tomar o véu da castidade. Aqueles opúsculos saíram, parcialmente ao menos, dos sermões pronunciados por Ambrósio em honra da virgindade.

Sua atenção para com as mulheres conheceria outra forma de valorização do sexo frágil, aquela que as tornava partícipes na condução do processo de cristianização da civilização ocidental pós-imperial, como se verá a seu tempo.

De qualquer modo, convencido de que encarnava uma ideia mais elevada e mais ampla que a do paganismo romano, Ambrósio não se intimidou diante de adversários poderosos nem recuou ante o poder supremo. Frente aos senadores da mais alta estirpe aristocrática, que defendiam, com a manutenção da estátua da Vitória na cúria, a última posição do paganismo oficial, Ambrósio defendeu, face aos imperadores de seu tempo, a religião cristã, que era à época a religião oficial do Estado.[1688] A maneira sincera e corajosa como o fazia, traz-nos à mente a série de papas e bispos que souberam, nos séculos posteriores, defender, ante os poderosos do dia, a moral cristã e os direitos da Igreja.

Com a morte de Teodósio desaparecia o último imperador que havia conseguido governar com energia a totalidade do mundo romano. Daí por diante, o trono imperial seria ocupado, até o advento de Odoacro em 476, por crianças ou por incapazes. "Romanos verdadeiramente grandes e com influência, afirma Schnürer, só vamos encontrá-los nas fileiras do clero, nas quais despontava Ambrósio, como um dos mais eminentes".[1689]

Podemos apreciar, lendo o *de Officiis ministrorum*, como o grande bispo de Milão infundiu nos círculos que lhe eram próximos, bem como nas gerações seguintes, aquele espírito grave, no qual a formação e o sentimento romanos se aprofundavam e enobreciam graças à doutrina cristã. Isso aconteceu, sobretudo, no terreno da moral: o mais familiar de todos para o sentido prático

---

[1688] Em 382, o imperador Graciano ordenou a retirada do altar da Vitória, que até então era reverenciado no âmbito do senado romano. Morto Graciano, em 383, o partido pagão suplicou ao novo imperador, Valentiniano II, a reposição da estátua da deusa em seu antigo recinto. Símaco, corifeu do paganismo e prefeito de Roma, compôs um discurso famoso, cuja eloquência estava a ponto de inclinar a vontade imperial para a sua causa. Ambrósio compreendeu que chegara o momento de agir e pronunciou um libelo não menos célebre que o do seu adversário, conquanto mais próximo da verdade: "Eles vêm se queixar de suas perdas, eles que foram tão pródigos com nosso sangue e que de nossas igrejas fizeram ruínas... A Igreja não possui nada, salvo a fé: eis a sua renda, eis o seu lucro. A manutenção dos pobres, tal é seu patrimônio. Que nossos adversários nos digam quantos cativos seus templos resgataram, quantos pobres alimentaram, a quantos exilados foram fornecidos meios para sobreviver!" A despeito das inumeráveis rogativas feitas ao imperador, o paganismo não conseguiu jamais reaver integralmente o espaço que outrora ninguém ousava lhe reivindicar. É indubitável que dessa derrota humilhante, o bispo de Milão fora o artífice principal. P. de Labriolle, *op. cit.*, Tomo 1, p. 390-393.

[1689] L'Eglise et la civilisation au moyen age, Tomo 1, p. 50, Paris, 1933.

dos romanos. Talvez por isso, não só o título da obra de Cícero – *De officiis* –, mas também todo plano ciceroniano determinam a obra de Ambrósio. É verdade que não toma do grande jurista senão o esquema externo, acomodando a ele um conteúdo independente que responde à sua própria concepção do universo. Sem renegar exteriormente os valores romanos, quer ter, como cristão, ideias próprias e livrar-se, por elas, de todas as tradições pagãs: nisso consiste a nova via que a mente romana vai seguir ao assumir, dentro do espírito da Igreja, a direção da civilização nascente.[1690]

> Das quatro virtudes cardeais, prudência, justiça, fortaleza e temperança, fala em termos gerais, tal como o fizeram seu modelo (Cícero) e os estóicos. Como bom romano, tudo que ia unido ao ensino delas resultava-lhe completamente familiar. E ao legar aos séculos futuros a classificação e a valoração destas virtudes, lhes entregou o melhor da antiga sabedoria latina: um fator que algum dia contribuiria poderosamente a encomendar ao ocidente a direção da civilização universal.[1691]

A propósito disso, conclui Schnürer,

> [...] quisera chamar aqui a atenção do leitor sobre a valoração da temperança, baseada no domínio de si mesmo, à qual tanta importância atribuíram, tanto quanto os romanos, os educadores e moralistas da idade média, para quem a educação não consistia tanto no desarraigamento das paixões e dos instintos, quanto no seu ordenamento. A consequência disso foi, em primeiro lugar, essa ordem racional na vida religiosa e eclesiástica, que distingue o Ocidente do Oriente – este mais inclinado ao êxtase e ao cultivo do sentimental – e sobretudo do Islã; em segundo lugar, a tendência ao equilíbrio dos antagonismos políticos e sociais, buscando sempre a superação interior mais que a supressão dos mesmos e favorecendo a colaboração orgânica de fatores díspares, em lugar da opressão paralisadora.[1692]

Era o cristianismo, por meio do aperfeiçoamento das virtudes romanas, trabalhando as ideias, de modo a torná-las, num futuro distante, o penhor da liberdade e da igualdade dos homens em sociedade. Esse trabalho, porém, seria impossível se as virtudes herdadas dos estoicos continuassem sendo, no fundo, um prêmio à força, ao poder e à conquista, tal como as concebiam os romanos, ou seja: "Esta similitude de vistas não podia senão realçar a autoridade dos cristãos aos quais estava encomendada a tarefa honrosa de revelar ao Ocidente uma nova civilização".[1693]

Para se entender bem essa revolução ética operada pelo cristianismo é preciso compreender antes a evolução de um processo social que está por trás dela, ao qual correspondem duas conquistas da humanidade medieval, a saber: a emancipação da mulher e a espiritualização do amor

---

[1690] G. Schnürer, *op. cit.*, Tomo 1, p. 51.
[1691] G. Schnürer, *op. cit.*, Tomo 1, p. 53.
[1692] *Op. cit.*, Tomo 1, p. 53-54.
[1693] G. Schnürer, *op. cit.*, Tomo 1, p. 54.

conjugal. Ambrósio patrocinou ambas, senão como autor da deflagração do aludido processo, ao menos por conduzi-lo e incentivá-lo.

De fato, as obras que escrevera, exaltando a virgindade e proscrevendo as segundas núpcias, tiveram grande repercussão entre as mulheres, que tomavam as palavras de Ambrósio como uma declaração de independência: independência de sua personalidade. "A proteção do varão não é imprescindível para a mulher; esta se basta para guardar-se a si mesma."[1694] A mulher ficava assim equiparada ao homem, sendo que não era raro vê-la, em ocasiões, se avantajar a ele no cumprimento dos ideais cristãos, inclinadas, por sua própria natureza, a compreender melhor certas virtudes, tais como a humildade e a honestidade.

Elevada, assim, à categoria de personalidade independente, a mulher passava a ocupar dentro da família um lugar distinto daquele que a antiguidade pagã lhe reservara por tanto tempo. Esta considerava o casamento quase exclusivamente do ponto de vista do interesse do Estado, como uma instituição destinada a aumentar o número dos cidadãos. Doravante, o impulso que as mulheres tomam no seio daquela sociedade decadente é comparável ao movimento que, há pouco mais de um século, abriu para as mulheres as portas das universidades. Essa tendência inelutável, contudo, não deve ser considerada como um fenômeno passageiro, mas indubitavelmente permanente em suas transcendentais consequências,

> [...] dentre as quais a mais importante e a mais destacada é a de que as mulheres, por sua vez, se sentiram chamadas a desempenhar o papel de guardiães da cultura cristã. Nos dias da conversão dos germanos, foram geralmente as mulheres que, na qualidade de esposas dos príncipes bárbaros, abriram para a predicação católica as portas dos reinos de seus maridos.[1695]

De mais a mais, Ambrósio compreendia muito bem que a nova civilização exigia, mais que as qualidades masculinas mensuráveis pela força, as virtudes femininas redutíveis ao amor. "O cristianismo não se contentava em propugnar o cultivo de virtudes masculinas, senão que exigia também fé, esperança, abnegação, humildade e castidade, dispensando assim não menor estima às virtudes femininas".[1696] Em suma,

> [...] para superar o egoísmo que jazia invariavelmente no fundo da natureza humana, seria preciso que Deus se encarnasse. As novas virtudes que o verbo feito homem havia predicado, antes de tudo com seu exemplo, possibilitavam à humanidade elevar-se a alturas jamais alcançadas até então; e era a imitação deste exemplo, o que daria aos homens nova nobreza, ao espírito humano uma direção nova e a seus sentimentos, nova profundidade.[1697]

[1694] A viuvez, *Apud* G. Schnürer, *op. cit.*, Tomo 1, p. 64. "Assim, pois, não desaconselho o matrimônio, apenas enumero os frutos da virgindade. Sem dúvida, esta é um dom reservado a poucas; aquele, a todos. Comparo somente as coisas boas com as coisas, para que se veja mais facilmente qual é a melhor". Ambrósio, *La virginidad*, p. 54, Madri, 2011.
[1695] G. Schnürer, *op. cit.*, Tomo 1, p. 61.
[1696] G. Schnürer, *op. cit.*, Tomo 1, p. 66.
[1697] G. Schnürer, *op. cit.*, Tomo 1, p. 66.

Com isso, preparava-se o advento de uma civilização mais rica: de uma civilização chamada a fundamentar-se não somente sobre a força do Direito, do poder e da lei do Estado; de uma civilização que desejava instaurar uma ordem nova baseada na morte redentora do divino Mártir pregado na Cruz e que aspirava a um reino novo: ao reino de Deus, que busca a glória eterna por meio do perdão e da humildade, da renúncia e da oração esperançosa. As chamadas virtudes masculinas ativas quase desaparecem ante as virtudes femininas passivas, da mesma forma que, com o tempo, o reino fundado na violência caminha inexoravelmente para o desaparecimento diante de outro Reino mais alto: o Reino de Deus, fundado no sacrifício e na abnegação.[1698]

Por outro lado, a intensa participação feminina na vida religiosa e espiritual do cristianismo, não somente fez subir o valor da mulher, mas também elevou a dignidade e a espiritualidade das relações entre os sexos. Depois de ter sido o alvo do escárnio e do desprezo dos filósofos pagãos, o amor, concebido até então unicamente como amor sensual, viu-se espiritualizado pelo cristianismo. O recato fez com que a mulher fosse não somente mais desejada, senão também mais respeitada pelo homem. O varão a cortejou como a companheira que queria conquistar, reconhecendo nela também uma personalidade, a qual, de modo especial, apreciava e venerava. As novelas amorosas, desconhecidas para o paganismo, descansam, pois, num fundamento que o cristianismo foi o primeiro a subministrar, ensejando ao varão a ocasião de espiritualizar sua maneira de conquistar a mulher.[1699]

Com efeito, em seus sermões e em suas obras, Ambrósio manifestava a convicção de que o vazio deixado pelo desmoronamento da cultura pagã de Roma tinha que ser preenchido pelo reino espiritual do Cristo, do qual, de alguma maneira, se sentia o precursor. A dilatação desse reino era, a seus olhos, uma missão cultural mais elevada que a propagação da civilização antiga: da civilização que lhes havia sido legada por seus antepassados e a cujo serviço seguiam trabalhando, ainda que este tivesse deixado de ser seu objetivo imediato, não para copiá-la servilmente, mas para utilizá-la na medida em que fosse capaz de subministrar suas próprias formas à nova sensibilidade e às novas ideias.

> Mas estas ideias e esta sensibilidade recém descobertas deitavam suas raízes na doutrina cristã, chamada a constituir o fundamento da nova civilização Ocidental, de cujas características, uma consistia precisamente em acomodar os conteúdos cristãos dentro das formas antigas, interpretadas com independência e originalidade. Ambrósio é a primeira figura em que percebemos claramente o começo desta orientação, cujos escritos se acham animados pelo ímpeto e pela frescura que brotam das ideias novas quando estas são expostas, com originalidade e independência, por mentes de primeira ordem.[1700]

6.6.8. Santo Agostinho

Se do ponto da história em que nos encontramos, olhamos para trás, precisamente para o marco histórico da plenitude dos tempos, podemos ver o caminho percorrido pelo cristianismo até o início do século V, século para o qual convergiram todos os esforços da cristandade e donde

---

[1698] G. Schnürer, *op. cit.*, Tomo 1, p. 66.
[1699] G. Schnürer, *op. cit.*, Tomo 1, p. 64-65.
[1700] G. Schnürer, *op. cit.*, Tomo 1, p. 50.

deveria sair uma nova civilização, da qual Agostinho foi o grande artífice. Foi um processo longo, feito de dor e provação, cujo vitorioso curso se deveu à ininterrupta assistência e ao poderoso auxílio da Providência, que quis provar a constância daquelas gerações no crisol da tribulação e do sacrifício. Vimos, linhas atrás, que Santo Ambrósio intuiu o sentido desse processo; veremos agora que Agostinho irá dar-lhe execução.

Sobre a importância do papel histórico de Santo Agostinho, não é demais ratificar aqui as autorizadas palavras que sobre ele expendeu Daniel-Rops:

> Pressentir e preparar o futuro, tal foi, definitivamente, a missão histórica de Santo Agostinho. Colocado num dos momentos cruciais mais graves de todos os séculos, testemunha lúcida do desmoronamento de um mundo, Agostinho se apresenta, no limiar dos novos tempos, como o anunciador e o guia de uma humanidade em perigo. Dir-se-ia que quatro séculos de cristianismo não fizeram tantos esforços nem empreenderam tantas lutas senão para se resumir e realizar nesta personalidade poderosa, que, de todos os resultados ainda esparsos, intenta operar a síntese e cujo pensamento vai servir de farol a uma nova humanidade.[1701]

Aurélio Agostinho nasceu em 13 de novembro de 354 em Tagasta, na Numídia. Sua mãe, fervorosa cristã, fazia o possível para desenvolver no filho o sentimento religioso. Enviado à Madaura, cidade vizinha, para continuar seus estudos, aí aprendeu o grego, língua pela qual nutria alguma antipatia, e também cálculo, que o desagradava mais ainda. Em compensação, lia com prazer os relatos da *Eneida*, de cujos versos se servia como modelos para fazer suas próprias composições, as quais lhe traziam, na época, algum sucesso. Tinha uma imaginação viva, um espírito curioso e uma inteligência rápida. Porém, as disciplinas escolares e a aridez das aulas o cansavam. Por instinto se inclinava aos contos amorosos, aos relatos mitológicos da literatura latina, que excitavam sua vibrante sensualidade: Virgílio e Apuleio eram seus preferidos e teria também desfrutado da "doçura das fábulas gregas", não fosse a radical aversão que nutria pelo idioma de Homero. Numa palavra, as "futilidades" tinham mais interesse para ele que qualquer estudo sério. De certo modo, as rápidas conquistas de Agostinho na arte de escrever não acompanharam, na mesma proporção, seu progresso na ordem moral. Muito ao contrário: as histórias licenciosas, que eram suas favoristas, destilavam o veneno da concupiscência em cálice de ouro, o qual era sorvido em grandes goles pelo voluptuoso estudante. Paulatinamente, Agostinho foi abandonando suas práticas religiosas e acabou por esquecer a fé de sua infância.

> Gostando do amor, buscava o que amar, e odiava a segurança e os caminhos sem perigos, porque tinha dentro de mim fome de alimento interior, de ti mesmo o meu Deus, embora eu não sentisse essa fome como tal.[1702]

Malgrado suas poucas posses, Patrício, o pai, tinha concebido para seu filho grandes conquistas. Concebia o propósito de enviá-lo a Cartago, onde o rapaz poderia dar remate aos estudos que

---

[1701] L'Église des temps barbares, p. 45-46, Paris, 1950.
[1702] Confissões III, 1, p. 92, Rio de Janeiro, 2012.

começara em Tagasta. Graças à magnanimidade de um rico habitante dessa cidade, Romaniano, Agostinho pôde, enfim, partir para Cartago, centro da cultura, mas também cidade do prazer.

"Nesta cidade do luxo, onde crepitava, como óleo fervente, a efervescência de amores vergonhosos", entre a agitação dos traficantes, dos retóricos, dos cortesãos e dos teólogos, Agostinho passou três anos, alcançando uma bem surpreendente formação".[1703] O que foi então sua vida moral não é preciso dizê-lo. No seu espírito reinava então o tumulto, o doloroso e apaixonante tumulto da adolescência, assim como na sua alma, era o que ele acreditava, não havia nada mais do que, nas suas confissões, magnificamente denominou de "o silêncio de Deus".

> "A bem da verdade, ele ignorava então e possivelmente mesmo jamais tenha alcançado compreender que Deus, nesta época, bem longe de se calar, já o havia chamado pelo nome".[1704]

Logo que chegou em Milão, Agostinho começou a fazer as visitas de praxe, que incluíam necessariamente uma ao bispo da cidade, que era então Santo Ambrósio.

> Não foi somente por cortesia que o fez. Ambrósio era conhecido em toda a terra como uma alma eleita e como um piedoso servo de Deus. A reputação de sua eloquência era grande e sua ciência era universalmente celebrada. Agostinho não podia deixar de desejar o encontro com um homem tão eminente. O bispo o recebeu paternalmente e com uma tal deferência que Agostinho se sentiu envaidecido e comovido, de sorte que passou a tributar-lhe, desde então, grande estima. Entretanto, deixou claro que a princípio, não o amava como um doutor da verdade, a qual não esperava encontrar na sua Igreja, mas como um homem atencioso comigo.[1705]

Ouvia assiduamente suas pregações, conquanto se interessasse somente pela forma do discurso, algumas vezes pelo conteúdo, mas só na medida em que tivesse alguma relação com as leis da retórica. Quanto ao resto, permanecia indiferente e quase desdenhoso.

A despeito dessa reserva, junto às frases que o encantavam, chegavam a seus ouvidos também as doutrinas das quais queria prescindir. Não podia, porém, separar as duas coisas, de modo que, enquanto abria seu coração para receber a palavra eloquente de Ambrósio, "*entravam ao mesmo tempo, ainda que gradativamente, as verdades que ela encerrava*".[1706]

[1703] Aos 19 anos ele leu o *Hortênsio* de Cícero. Dessa leitura, o próprio Agostinho fez datar o despertar de seu amor pela sabedoria e a renovação de sua sensibilidade. Confissões, IV, 7.

[1704] Daniel-Rops, *op. cit.*, p. 13.

[1705] "As homilias de Ambrósio, novas para ele, fizeram-lhe compreender que a Bíblia podia ser lida de modo diverso do que havia feito em sua juventude. O cristianismo era uma realidade espiritual que podia dar algo tanto aos doutos como aos ignorantes, ao contrário do que professava o maniqueísmo, que distinguia de forma bem rigorosa entre perfeitos e principiantes. A consequência foi que Agostinho abandonou definitivamente o maniqueísmo e se aproximou ao neoplatonismo cristão, vendo que a mesma retórica, que ele professava, tinha cada vez menos que oferecer-lhe. Os "livros dos platônicos", como os denominou Agostinho, proporcionaram-lhe algumas explicações fundamentais, em particular a da existência de um só Deus (que superava o dualismo maniqueísta) e de seu *logos*, suprema sabedoria e racionalidade; Agostinho observou logo nas *Confissões* que esta doutrina podia ser encontrada também no Evangelho de João, mas nem por isso os neoplatônicos podiam chegar à altura do Evangelho, já que lhes faltava a fé na pessoa do mediador entre os homens e Deus, que constitui a essência do cristianismo." C. Moreschini e Enrico Norelli, *História de la literatura cristiana antigua griega y latina*, Tomo 2, p. 416-417, Madri, 2007.

[1706] Confissões, V., 14. "Cícero ainda está presente no ânimo de Agostinho, mas agora o utiliza para um fim muito diverso. A eloquência não deve ser um fim em si mesma, como nas obras dos pagãos, mas deve estar sempre unida à sabedoria cristã." Esse é o tema, segundo C. Moreschini e Enrico Norelli, do quarto livro da obra *De doctrina cristiana* de Santo Agostinho. *Op. cit.*, Tomo 2, p. 431.

Até então, Agostinho considerava certas doutrinas católicas como insustentáveis, opinião que não resistiu às explicações dos Livros santos, tais como Ambrósio as dava e que lhe pareciam plenamente satisfatórias. Essa estima intelectual, conquistada com a autoridade de quem prega a verdade, levou Agostinho a romper com o maniqueísmo. Pensava que havia mais lealdade em reclamar, como o catolicismo o fazia, a fé para o que não é suscetível de demonstração do que prometer tudo demonstrar, segundo a estratégia maniqueísta.[1707]

Arrastado incessantemente por seu insaciável apetite de buscar a verdade, Agostinho lê Platão, Plotino e os tratados neoplatônicos, consoante às traduções latinas de seu compatriota Vitorino. O mundo inteligível do platonismo lhe permite compreender que o Espírito existe, fora de toda representação ou matéria; que o fundamento de um universo ordenado pressupõe e manifesta a ação permanente do Verbo, a demonstrar que todo ser criado é intrinsecamente bom.

Mas, com a genial rapidez que lhe fazia abraçar ideias, reter o essencial delas, para depois ultrapassá-las, Agostinho descobre bem depressa os limites da metafísica platônica. O Deus dos idealistas não é o Deus misericordioso e providente das Escrituras.

> Não há, porém, um outro Deus que, sendo Verbo, seja ao mesmo tempo uma viva presença e uma resposta ao amor? O mistério da encarnação está todo aí, bem próximo. Agostinho toma então a Escritura, esta Escritura da qual fala Ambrósio de uma maneira tão penetrante; lê São Paulo e descobre o sentido da verdadeira *Sabedoria*, não segundo os filósofos, mas segundo a loucura da Cruz. Vós escondestes estas verdades dos astutos e dos sábios e as revelastes aos pequeninos. Quando Agostinho lê estas palavras, toda sua alma treme: ele está bem perto de franquear o vestíbulo que vai da adesão intelectual à fé prática.[1708]

Agostinho sente a necessidade da mudança. É preciso se despojar do velho homem e se revestir do homem novo. Os antigos hábitos, no entanto, não vão se deixar vencer tão facilmente e tecem, na mente conturbada do africano, uma teia de argumentos que o paralisa: vem-lhe à mente tudo o que vai perder rejeitando a vida presente, seu conforto, suas comodidades e os prazeres carnais dos quais crê não poder se privar. Logo o combate se trava entre os "dois homens em mim". Agostinho sabe muito bem aonde deve ir, mas, em seu íntimo, uma força resiste. Ele se compara a um dorminhoco que, não tendo a coragem de sair da cama, geme: "Mais um momento!" E esse momento se arrasta. Será preciso que Deus bata mais forte.[1709]

É então que acontece na vida de Agostinho o que já ocorrera sob a figueira, a Natanael, e, no caminho de Damasco, a São Paulo: a inefável presença de Deus. Não podemos imaginar o que aconteceu naquela noite, em Milão, sem sentirmos algo assim como um curto-circuito atravessar os refolhos de nossa alma perplexa. Há fatos que, sendo celestiais por essência, são também acidentalmente históricos, pelo que a narrativa deles, do ponto de vista da história, fica muito a dever à sua natureza divina, ou porque não dispomos de palavras para descrevê-los ou porque, tendo-as à disposição, ficamos de tal modo ofuscados com seu brilho intenso que não logramos divisar o traçado de sua silhueta. A conversão de Agostinho é um desses acontecimentos difíceis

---

[1707] Regis Jolivet, San Agustin y el neoplatonismo cristiano, Buenos Aires, p. 59, 1941.
[1708] Daniel-Rops, *op. cit.*, p. 18.
[1709] Daniel-Rops, *op. cit.*, p. 18.

de descrever, de modo que buscamos valimento em Daniel-Rops, que o relata, combinando graça e realismo:

> Dilacerado pela aflição, Agostinho se lança por terra, em lágrimas, não sabendo mesmo se deseja que Deus o escute. *Mas tu, Senhor, até quando?* Subitamente, partindo do jardim da casa vizinha, ouve a voz de uma criança que canta algo assim como o refrão de uma cantiga de roda: Pega e lê! Pega e lê! No estado de confusão em que se encontra, estas palavras lhe soam como uma ordem do alto. De um pulo, se ergue, pega a Bíblia, abre-a precisamente no capítulo XII da Epístola aos Romanos: "A noite vai adiantada, e o dia vem chegando. Despojemo-nos das obras das trevas e vistamo-nos das armas da luz. Comportemo-nos honestamente, como em pleno dia: nada de orgias, nada de bebedeira; nada de desonestidades nem de dissoluções; nada de contendas, nada de ciúmes. Ao contrário, revesti-vos do Senhor Jesus Cristo e não façais caso da carne nem lhe sacieis os apetites".[1710]

Todo o drama dessa alma em busca de luz, prossegue Daniel-Rops, se o conhecemos nos seus detalhes e se podemos reconstituí-lo com uma precisão excepcional, isso devemos a que o homem que o viveu, ele próprio fixou-lhe os traços e marcou-lhe as etapas num livro de absoluta sinceridade. *As Confissões* de Santo Agostinho pertencem ao tesouro mais precioso de nossa civilização; elas são uma das cinco ou seis obras que merecem sobreviver a todos os desastres da história, para testemunhar junto às gerações futuras o que pode ser, na sua plenitude, esse tipo de homem hoje ameaçado de extinção: o civilizado do Ocidente.[1711] Essas confissões, não é para se justificar aos olhos da posteridade, como J.J. Rousseau, que Agostinho as articula, nem para forçá-la a convir que nenhum homem lhe foi superior. Todo consumido pelo remorso de suas faltas, se se decide a publicá-las é porque deseja dar testemunho, dando seu próprio exemplo, dos maravilhosos efeitos da graça divina. Tendo em mente o abismo do qual Agostinho foi tirado, todo pecador se sentirá capaz de merecer, por seus esforços, sua própria redenção. Agostinho confessa, portanto, ao mesmo tempo, suas próprias faltas e a glória de Deus.[1712]

Em 24 de agosto de 410, Roma foi invadida pelas hordas de Alarico: devastada, pilhada, profanada, Roma, a mãe de todas as civilizações, a criadora do Direito, a senhora dos povos! Foi uma desolação geral e um estupor profundo. "Minha voz se apaga, escrevia de Belém São Jerônimo, e as lágrimas sufocam minhas palavras".[1713] A ideia da eternidade de Roma estava definitivamente enraizada nos espíritos. Sem abrir mão do direito de censurar a cidade eterna por seus erros de outrora, os próprios apologistas cristãos aceitavam de bom grado essa ideia, principalmente depois que se consolidou a estreita união entre a Igreja e o Estado.

Todas as ilusões se desvaneceram, pois, diante desse fato frio e irreversível: o saque de Roma. Ao mesmo tempo que a fé de alguns esmorecia, o paganismo, vexado pelas leis, mas sempre vivo e florescente em muitos corações, renovava a secular acusação que atribuía todas as agruras do império à cólera dos deuses esquecidos e ultrajados: "Ah! Se pudéssemos ainda sacrificar! Se imo-

---

[1710] Daniel-Rops, *op. cit.*, p. 19-20.
[1711] Daniel-Rops, *op. cit.*, p. 22.
[1712] P. de Labriolle, *op. cit.*, Tomo 2, p. 588.
[1713] Cartas de São Jerônimo, Tomo 2, CXXVII, 12, Madri, 1962.

lássemos em louvor aos deuses como antigamente, não estaríamos padecendo tantos dissabores ou já os teríamos superado! O corpo de São Pedro está em Roma, assim como o de São Paulo, o de São Lourenço e os de tantos outros mártires, e, no entanto, Roma está em ruínas. Onde estão, pois, as *Memoriae apostolorum?*" Tais eram as queixas que se ouviam então na África.

O século V se iniciava, pois, sob a égide dos mais lúgubres sentimentos e da expectativa de mais catástrofes. Ignorava-se, ainda, a que série de males estava exposta a civilização ocidental. Jamais a humanidade tinha tido tanta necessidade de um consolador, tanta de um guia capaz de elevar as almas acima das misérias materiais e morais e de lhes propiciar o viril reconforto do *Sursum corda*.[1714]

Por outro lado, para um homem da têmpera de Agostinho, os acontecimentos adversos são decididamente outra coisa que uma ocasião para lamúrias, como também, para um cristão, as grandes calamidades não podem ser bem compreendidas se dissociadas das intenções insondáveis de Deus. Agostinho reagiu, portanto, à novidade do drama segundo seu temperamento e sua fé, isto é, como pensador, como escritor e como cristão, mas também consoante a expressão de seu gênio, ou seja, ultrapassando o episódio e auscultando nele o sentido do porvir. A queda de Roma não era o fim do mundo, mas o fim de um mundo; não era senão mais uma catástrofe, análoga àquela que Troia padeceu em seus muros. As civilizações são mortais como os seres vivos: isso não é o que importa, mas o que mais interessa é compreender o sentido do drama, seu lugar no tempo e nas intenções divinas. Partindo de uma visão totalmente cristã, Agostinho chegava à única concepção histórica legítima: no fluxo contínuo da vida, é pura verdade que a queda de Roma não foi uma paralisação do tempo, nem mesmo um marco simbólico, daí que a correta atitude dos homens não era a de chorar, mas a de construir o amanhã.[1715]

Com esse propósito, Agostinho, impelido pela insistência de numerosos amigos, pôs-se a escrever uma obra enciclopédica, que continha também uma refutação aos pagãos. Durante treze anos, a despeito dos trabalhos decorrentes do exercício de seu episcopado, seus esforços se concentraram na realização dessa obra magnífica. De dia para dia, ela assumia proporções mais abrangentes, desbordava os marcos do episódio-tema e se elevava às alturas jamais alcançadas até então. Quando, por volta de 426, o autor depôs a pena, a obra ostentava nada mais, nada menos que vinte e dois livros: aparecia assim *A Cidade de Deus*.

> "É impossível esgotar em algumas linhas de uma definição um livro que é um dos monumentos do espírito. É ao mesmo tempo uma filosofia da história, uma teoria do Estado e da vida social, um compêndio das relações entre o espiritual e o temporal; é, também, uma espécie de arte de viver nos momentos de aflição, um manual de consolação. O livro começa com o saque de Roma e termina com o juízo final. Nesta magistral síntese tudo se acha reunido, fenômenos terrestres e vontades divinas, conhecimento do passado, presciência do futuro. O olhar do gênio abraça os destinos humanos de uma forma completa e os ordena em torno da religião cristã, que, se compreendida corretamente, 'constitui um valor permanente do espírito humano', vale dizer, remonta às origens que ela explica e conduz ao termo final".[1716]

[1714] P. de Labriolle, *op. cit.*, Tomo 2, p. 582.

[1715] "Não é caso, também, de se desesperar de nosso tempo: quem, pois, pode saber o que Deus decidiu a respeito?" La Cité de Dieu, Tomo 1, IV, 7, p. 212, Paris, 1855.

[1716] Daniel-Rops, *op. cit.*, p. 53.

Assim é que o cristianismo não somente aprofundou e enobreceu o programa civilizador da antiguidade, mas o tornou ainda mais amplo. A Igreja católica aparece na *Cidade de Deus* agostiniana como a encarnação visível do reino de Deus na terra, frente à qual o Estado pagão constitui, aos olhos do autor, a encarnação do reino deste mundo, enquanto diviniza as criaturas e nega submissão ao Deus verdadeiro. De mais a mais, os conceitos de Cidade do mundo e Cidade de Deus são muito mais amplos do que se pensa, de tal modo que a Igreja pode conter, e de fato contém, muitos homens que pertencem à categoria dos afastados de Deus, ao mesmo tempo que, no Estado pagão, encontramos "muitas almas pertencentes à espiritual Jerusalém".[1717]

A ideia de que o cristianismo trazia consigo uma renovação dos valores do homem e da sociedade era tão antiga, em sua essência, quanto a própria religião cristã: São Paulo não havia anunciado o homem novo, nascido de Cristo? No fim do século IV, essa concepção era a ideia-força de toda a cristandade. Santo Ambrósio, como se viu, havia feito dela várias aplicações. Para Santo Agostinho, o ponto de partida é evidentemente o mesmo. Ele põe na base de tudo o homem novo nascido do Cristo. Mas, enquanto seus antecessores tinham o pressentimento da revolução que estava a ponto de se realizar, Agostinho tira, com uma lógica rigorosa, todas as consequências da mesma ideia. O que orienta seu pensamento é a certeza de que o cristianismo não é somente a mais consoladora das religiões para o coração do homem, a mais satisfatória para a inteligência, mas é, sobretudo, na ordem das coisas terrenas, a resposta para todos os problemas. Tomando como modelo, tanto quanto for possível, a Cidade divina, a cidade terrestre repousará sobre bases inabaláveis.[1718]

Daí decorre toda uma filosofia da história baseada no confronto entre as duas cidades: uma, a Cidade ideal, o reino de Deus, inspirada pelo Espírito Santo; outra, a cidade do pecado, reino do mal, dirigida pelo maligno. Santo Ambrósio já havia insistido sobre a antítese. Ela é o fundamento do livro de Santo Agostinho.

> Dois amores fizeram duas Cidades. Para a cidade terrestre, é o amor de si levado até o desprezo de Deus. Para a cidade celeste, o amor de Deus levado até o desprezo de si... Nós distinguimos o gênero humano em duas categorias: uma composta daqueles indivíduos que vivem segundo o homem e outra daqueles que vivem segundo Deus.[1719]

A história é, portanto, um drama, em cujo desenrolar, ao longo dos séculos, duas formações humanas se combatem acirradamente: uma, a pagã, soberba, que jamais se rende; outra, a celeste, humilde, que irá vencer. As vicissitudes dessa luta demonstram que ambas as partes são fortes, embora combatam com armas diversas e por fins desiguais. Uma e outra dispõem de exércitos próprios, estadistas, magistrados, funcionários, diplomatas e sacerdotes, todos combatendo ou pela humanização de Deus ou pela divinização do homem. Santo Agostinho estava convencido de que o desfecho dessa luta secular já fora anunciado pela própria boca de Cristo:

"E eu te declaro: tu és Pedro, e sobre esta pedra edificarei a minha Igreja; as portas do inferno não prevalecerão contra ela".[1720]

[1717] G. Schnürer, *op. cit.*, Tomo 1, p. 90.

[1718] A Igreja é a pátria universal das almas que querem realizar o reino de Deus: "Peregrinando sobre a terra, atraindo para si os cidadãos de todas as nações, e congregando de todos os pontos do mundo uma sociedade viandante como ela, sem reparar na diversidade de costumes, de língua e de maneiras dos indivíduos que a compõem". *La Cité de Dieu*, Tomo 4, XIX, 17, p. 50.

[1719] *La Cité de Dieu*, Tomo 3, XIV, 28, p. 119-120.

[1720] Mateus, 16, 18.

Por outras palavras, o esforço da civilização cristã – sempre acossada pelas escaramuças de sua adversária, a civilização pagã – será o de aproximar cada vez mais o homem de sua destinação divina, ou seja, segundo as sublimes palavras de Baudelaire:

"A verdadeira civilização não consiste nem no gás nem no vapor, mas na diminuição dos vestígios do pecado original."[1721]

A importância de Santo Agostinho para a civilização ocidental não pode ser medida com o mesmo metro com que medimos as realizações puramente humanas. Sua contribuição transcende as limitações espacial e temporal do pensamento para roçar os confins da eternidade, de modo que "

> [...] sua grandeza consiste em que não somente se pronuncia sobre quase todas as questões que exigiam a adoção de uma postura doutrinária por parte dos cristãos do império, mas as considera de um ponto de vista bem mais elevado, referindo-se sempre, ao tratar delas, aos princípios mais eminentes, de maneira que nos séculos seguintes, quando as condições já haviam mudado radicalmente, os homens podiam continuar haurindo em suas obras a doutrina que os guiasse em meio às novas circunstâncias".[1722]

Daí por diante, as instituições em geral sofreram modificações profundas, sob o influxo de ideias que, conquanto não fossem novas, eram, porém, renovadas e dignificadas à proporção que o cristianismo as purificava. A família, o Estado, a Lei, a autoridade e a educação passaram a ter um fundamento diverso do que tinham antes e a obedecer a princípios mais elevados e mais humanos.[1723]

Muito justificado, por outro lado, era o pessimismo com que Santo Agostinho julgava a decomposição da civilização antiga, produzida pelo paganismo e pela corrupção dos costumes, cujos efeitos devastadores não tardariam em manifestar-se aos olhos de todos. Era impossível edificar, sobre uma base tão debilitada, uma nova civilização cristã, livre e duradoura. Como Santo Agostinho preparou os corações e as mentes de seus contemporâneos para superar as calamidades dos tempos que se avizinhavam e aprontá-los em ordem a cumprir a missão civilizadora que as circunstâncias haveriam de lhes impor? A resposta que se dê a essa pergunta se aplica, indistintamente, a todas as épocas históricas, tanto na que viveu o santo como na nossa, e em qualquer outra em que o mal apareça como bem, a mentira como verdade e o ardil como coisa justa. Convém, nestes tempos de depravação e permissividade, não desanimar e pedir, com ardentes invocações ao Pai celestial, que

Venha a nós o vosso reino,

[1721] *Apud* Daniel-Rops, *op. cit.*, p. 54.

[1722] "Ele foi o pensador cristão cujas ideias alimentaram a posteridade nos países ocidentais. O latim, que ele manejava com toda a elegância que se podia esperar de um retórico culto, continha as expressões necessárias às espinhosas especulações teológicas e filosóficas do futuro. Os escolásticos dispuseram de mais tempo e mais recolhimento para meditar os problemas e tratá-los a fundo, apoiados sobre a filosofia de Aristóteles, nas Sumas sistemáticas. São Tomás de Aquino, por exemplo, completou e corrigiu Santo Agostinho em mais de um ponto. Mas, da mesma forma que Agostinho não pôde cumprir a tarefa realizada por São Tomás, este não logrou levar a cabo a missão que aquele desempenhou com tanta maestria: reduzir à sua essência o espírito antigo, para transmiti-lo, aprofundado e enobrecido por uma concepção de vida e uma filosofia cristã". G. Schnürer, *op. cit.*, Tomo 1, p. 125-126.

[1723] *La Cité de Dieu*, Tomo 3, XV, 2, p. 125-126.

que é o que corresponde e o que se espera dos cidadãos da Cidade de Deus, aos quais cabe, como fiéis depositários, a missão civilizadora que se iniciou com Santo Agostinho e que se consumará no final dos tempos com o juízo final.

6.6.9. Prudêncio

O maior poeta na época que antecedeu a consolidação dos reinos bárbaros, Prudêncio, tem especial importância para o tema que nos ocupa porque, frente ao numeroso grupo de pagãos ilustrados, que pugnavam pela sobrevivência de sua antiga tradição cultural, o poeta espanhol considerava a si mesmo como o arauto de uma nova cultura, superior à outra em amplitude e em profundidade.

De fato, "sua figura entra na cena histórica como a de um *kulturkämpfer*: um campeão da civilização, que luta com todas as armas que a velha cultura lhe transmitiu, em ordem a renová-la com o espírito do cristianismo".[1724]

Sobre sua vida, alguma coisa deixou-nos escrita em suas poesias:

> As impudências do vício, os excessos da luxúria, todas as vilanias fangosas e perversas (que remorso e que desgosto!) sujaram a minha juventude. Depois, as lutas da palavra armaram meu espírito inquieto; o empenho irrefletido de vencer me colocou em situações penosas. Duas vezes governei cidades ilustres, sob a autoridade das leis, fazendo justiça aos bons, punindo os culpados. Enfim, a bondade do príncipe me honrou com um grau elevado na milícia e me pôs em primeiro lugar junto ao trono. Com o passar do tempo, no entanto, a vida se esfuma: meus cabelos embranqueceram e esqueço até que nasci sob o consulado do velho Salia... Meu fim se aproxima. Muito bem! Urge que minha alma pecadora se liberte de sua insensatez, e se ela não pode render homenagem a Deus por seus méritos, que ela o faça, ao menos, com sua voz.[1725]

É no prefácio de suas obras que Prudêncio nos dá os detalhes biográficos e o segredo de sua vocação poética. Advogado, alto funcionário imperial, nosso autor sentia a necessidade de reparar as suas faltas, atribuindo a seu tardio esforço poético o valor de uma penitência e o de uma expiação. É ainda no mesmo prefácio que ele faz alusão às suas obras, como que apresentando-as ao leitor:

> Que sem interrupção prossigam os hinos; que nenhuma noite passe sem que sejam oferecidos cânticos ao Senhor; que minha voz combata as heresias; que ela saiba expor a fé católica. Que ela possa humilhar os sacrifícios dos pagãos; que ela escarneça, ó Roma, teus ídolos; que ela consagre um poema aos mártires e louve os apóstolos.[1726]

[1724] "Segundo alguns autores, *A batalha da alma* (*Psycomachia*) representaria a resposta cristã à *Eneida* de Virgílio, porque a luta das virtudes conduz à construção da morada de Deus, do mesmo modo que as lutas de Enéas levaram à construção de Roma". C. Moreschini e Enrico Morelli, *op. cit.*, Tomo 2, p. 390. A oposição de Prudêncio à ideologia pagã é mais evidente nos dois livros *contra Símaco* (*Contra Symmachum*) do que na *Psycomachia*. Na polêmica com o senador pagão, Prudêncio se move no terreno da história contemporânea e sustenta que foram o valor dos soldados romanos e a providência de Deus, não a idolatria, os que proporcionaram a Roma uma paz que permite a difusão do cristianismo em todo o mundo. *Ibidem*, p. 390.

[1725] *Prefácio*, 1-35.

[1726] *Prefácio*, 37 e segs.

Conquanto a língua latina, no século V, já se encontrasse em franca decadência, pode-se coligir, da lavra do poeta cristão, vários fragmentos dignos do século de Augusto. Não já nada de profano em suas poesias, ensina Bergier, tudo aí respira virtude e piedade. Como era muito instruído na doutrina cristã, muitos sábios o colocam entre os doutores da Igreja ou entre as testemunhas da tradição. Le Clerc, ainda que protestante ou sociniano, admite o equívoco daqueles que argumentam no sentido de que, no quarto século, não se invocavam ainda os santos, de modo que podem ser refutados por várias passagens das poesias de Prudêncio. O mesmo autor protestante transcreve os vários lugares da obra em que foram feitas as invocações, como também o culto prestado à cruz e às relíquias, além do que menciona também o costume de se colocar as imagens dos santos sobre o altar.[1727]

Há belas qualidades literárias em Prudêncio. No emprego de expressões pitorescas, de imagens graciosas e coloridas, seu talento o denuncia como um poeta consumado. Sua obra merece ser estudada, pois ela encerra um valor histórico inquestionável. Ela é o testemunho mais expressivo de um fato capital, que constitui o fundamento de nossa civilização ocidental: a reconciliação do cristianismo com a cultura antiga.[1728]

Entretanto, é curioso constatar que nenhum dos seus contemporâneos, nem São Jerônimo, nem Santo Agostinho, por exemplo, falam dele. Mas desde a segunda metade do século V seu nome é mencionado como o de um poeta célebre ou por Sidônio Apolinário ou por Genádio, em seu *Varões ilustres*; depois, por volta do ano 500, por Santo Avito; no século VI, por Gregório de Tours e Fortunato. Isidoro, bispo de Sevilha, via nele o rival dos grandes clássicos. No início do século oitavo, o venerável Beda, em sua *Arte métrica*, dá exemplos tirados da *Psycomachia*. A partir do século IX o nome de nosso poeta aparece várias vezes nos textos que nos foram transmitidos. Assim é que, por exemplo, Teodulfo, bispo de Orleans, contemporâneo de Carlos Magno, coloca Prudêncio na enumeração de seus autores favoritos.

Os versos de Prudêncio ressoam como o canto apoteótico que celebra as graças celestiais. Reconhecemos a voz de um poeta autêntico que sente no mais profundo de seu coração toda a força que a religião cristã pode imprimir no campo da cultura, a pressentir, como ninguém até então havia pressentido, a missão que o império romano estava chamado a cumprir a serviço da civilização ocidental, então em transe de formação. Em seu *Peristephanon*, obra que narra a saga dos martirizados pelo Cristo, Prudêncio põe na boca dos mártires uma oração que é um anúncio profético da missão de Roma:

> Concede, ó Cristo, aos romanos, que seja cristã a cidade, por meio da qual outorgaste às demais o dom de ter uma só alma na fé.
>
> Unam-se daqui por diante todos os membros numa só fé: submeta-se o orbe dominado, submeta-se igualmente a capital.
>
> Já temos a certeza segura desta esperança, pois aqui reinam já os dois príncipes dos apóstolos: um, o que evangelizou os gentios; o outro, detentor da sede suprema, aquele que abre as portas da eternidade, cujas chaves lhe foram confiadas.
>
> Vejo o futuro príncipe, servidor de Deus, que algum dia não permitirá a Roma que se celebrem cultos afrontosos e horríveis.[1729]

[1727] *Dictionnaire de théologie*, Tomo 4, p. 44-45, Paris, 1832.

[1728] Prudêncio, diferentemente de Jerônimo e de Agostinho, não é um teórico; ele utiliza sua educação pagã para escrever uma poesia cristã, e essa é a solução que propõe. C. Moreschini e Enrico Morelli, *op. cit.*, Tomo 2, p. 394.

[1729] *Peristephanon*, II, 432 e segs., Paris, 1951.

O *Peristephanon*, como o próprio nome indica[1730], versa sobre os martírios dos confessores do Cristo. É conhecida a posição eminente do mártir na primitiva Igreja, principalmente pelas conversões que seu exemplo operava entre os pagãos. Passava-se a ser cristão, porque, em condições normais, ninguém se dispõe a morrer por uma mentira. É, mais ou menos, o que Pascal queria dizer, embora com outras palavras: "Creio decididamente nas histórias contadas por testemunhas que se deixam imolar".[1731]

Esse espírito de proselitismo, apoiado na confiabilidade do testemunho dos mártires, levou Prudêncio a cantar as proezas das vítimas expiatórias, cujos suplícios constituíam a razão de ser do desequilíbrio de forças em favor do cristianismo, como também o fundamento da propagação da doutrina do divino redentor, com o que se levava o Evangelho aos numerosos pagãos, que ainda subsistiam nos meios eruditos de seu tempo.

A tentativa ousada de Prudêncio fora empreendida anteriormente por Damásio, cujos versos celebravam também os santos mártires.

> Mas, enquanto Damásio era duro, difícil, falto de inspiração e tosco na técnica, observa Terzaghi, Prudêncio é rico de imaginação, hábil no manejo dos versos, para cuja composição utiliza formas variadas, capazes de manifestar com plásticas imagens o tumulto de sentimentos e de ideias, que se agita em sua alma.[1732]

Sua eloquência alcança algumas vezes alturas que só aos gênios, como Cícero, era dado atingir. Veja-se, por exemplo, esta passagem do *Contra Símaco*, em que o poeta protesta contra o hábito inveterado de se imputar à benevolência dos deuses as conquistas romanas, quando, na verdade, só ao valor da tropa se deveram.

> Não admito que se denigra o nome romano, nem as guerras que custaram muito suor, nem as honras compradas ao preço de tanto sangue. Faz injustiça às legiões invencíveis e diminui a glória de Roma aquele que atribui a Vênus o mérito devido somente ao valor dos soldados, de modo que nega aos vencedores a palma da vitória.[1733]

Ou ainda estes versos enérgicos, que bem poderiam passar por provérbios de elevado alcance moral:

> Recompensas eternas, é um ser eterno quem as dá; recompensas perecíveis, um ser que perece; recompensas divinas, é um Deus que concede; recompensas terrenas, um ser efêmero. Todas as coisas que o tempo faz cessar e das quais nos privamos quando elas perecem, sua curta duração lhes tira todo valor; elas não são dignas de um doador eterno, cuja opulência se caracteriza pela perenidade, de modo que tudo que dá ao homem, este o frui perenemente.[1734]

[1730] *A Coroa dos Mártires*.
[1731] Pensées, IX, 593, p. 595, Paris, 1896. "Eis um gênero de morte digno de homens virtuosos: abandonar ao ferro do inimigo membros destinados a finar-se pela enfermidade; e por esta morte, vencer a morte". *Peristephanon*, I, 25-29.
[1732] *Storia della letteratura latina*, Tomo 2, p. 312, Torino, 1944.
[1733] *Contra Símaco*, II, 551-555, p. 177, Paris, 1948.
[1734] *Contra Símaco*, II, 110-115, p. 163-164.

É provável que o poema tenha sido composto em Roma, durante uma das visitas de Prudêncio, justamente nos dias em que os soldados romanos, comandados por Estilicão, derrotaram as tropas de Alarico. Seu coração se regozijou com o triunfo das armas de Roma, conquanto não reconhecesse a missão universal da *urbe* senão no fato de ter instaurado com seu império o reinado da paz e da concórdia, possibilitando assim a difusão da doutrina de Cristo.[1735]

Sobre esse mesmo tema encontramos outra esplêndida passagem numa nova obra polêmica de Prudêncio: a *Apoteose*, em cujos versos defende contra os hereges a doutrina católica da Trindade. Eis aqui um belo excerto desse magnífico poema:

> Que idioma não fala já de Cristo ou que escritor deixa já de cantar em seus livros os milagres do Ungido? Celebra-o o estilo hebreu, celebra-o a abundância ática, celebra-o, em terceiro lugar, com sua eloquência, a língua de Ausônio. Sem saber o que diz, ordena Pilatos: vai, escriba, e grava em três línguas quem seja a potestade submetida: tríplice há de ser o letreiro da cruz, tríplice seu idioma: conheça-a a Judéia ao lê-lo, também a Grécia e a áurea Roma, que a Deus venera.[1736]

Prudêncio vê também, com grande nitidez, os dois planos sobre os quais deviam agir as energias civilizadoras do cristianismo: o da vida social e o da moral. Com burlesca ironia, diz Schnürer, Prudêncio fustiga a corrupção moral de seu tempo, corrupção que conheceu perfeitamente durante sua estadia em Roma. Aproveita a oportunidade de fazê-lo áo compor seu poema *Hamartigenia* (*A origem do mal*), no qual, para combater o dualismo gnóstico, trata da origem do mal e da inclusão deste no plano divino.[1737] Quem admite dois deuses, pode também admitir milhares. O pai do mal é satã, corruptor do homem e da natureza.

Por que Deus permitiu o mal?[1738]

Porque era o único meio de deixar à atividade humana sua livre escolha entre o mestre da vida e o mestre da morte. Essa escolha será sancionada pelas remunerações póstumas. A descrição que o poeta dá dos tormentos do inferno e das delícias do paraíso é uma das mais circunstanciadas de todas as que nos legou a literatura cristã dos primeiros séculos:

> É porque o Pai, na sua presciência, incendiou com chumbo fundido o Tártaro Lívido, cavou no sombrio Averno fossas onde o cal e o betume se misturam à água dos infernos, e prescreveu que no fundo do abismo do Flegeton germinassem vermes roedores, de modo a punir para sempre os crimes. Aos vermes, às chamas, aos suplícios, Ele deu a imortalidade, para que o castigo não conhe-

---

[1735] "Deus quis reunir os povos; decidiu então submeter a um só império todas as nações civilizadas, de lhes impor um jugo leve de um Estado onde reinasse a concórdia, a fim de que o amor pela religião se apoderasse dos corações dos homens, já unidos: pois, não há união digna do Cristo, se um espírito único não se associa intimamente às nações." Contra Símaco, II, 587-592, p. 178-179.
[1736] *Apoteose*, 377-385, p. 17, Paris, 1945.
[1737] *Op. cit.*, Tomo 1, p. 76.
[1738] *Hamartigenia*, 637 e segs., p. 63-64, Paris, 1945.

cesse nem abrandamento, nem conclusão, posto que a alma também não está sujeita à aniquilação: os tormentos dilaceram e conservam ao mesmo tempo esta substância imperecível e a própria morte recusa seu socorro aos gemidos eternos e obriga a viver em prantos no inferno, quem, na terra, viveu afastado da virtude.[1739]

Mas, longe daí, nas regiões do Paraíso, a Majestade divina, prevendo o futuro, fixou recompensas para os espíritos puros, que se mantiveram afastados de toda mácula, que não se viraram para ver as ruínas de Gomorra, mas que, desviando religiosamente os olhos, deixaram atrás de si próprios as trevas, os perigos do mundo miserável, dos quais é forçoso se evadir... Agora, o peso da vida, que retém as almas aqui embaixo não é mais um obstáculo para sua natureza sutil; não são mais retardadas por este entrave de ferro: por um voo rápido elas fendem as camadas espessas do ar; seu brilho ardente atravessa o espaço e invade o céu; ela detesta o cativeiro terreno, onde seu exílio a mantinha. Quando chega, quando ela entra na pátria celeste a fé cândida a recebe em seus braços e a cumula de suaves delícias, enquanto ela, após seu desterro na carne, lhe relata, com um ar queixoso, todas as provas por que passou no exílio.[1740]

Em seu poema *Psycomachia* (*O combate da alma*), Prudêncio opõe às taras do paganismo uma idealização das virtudes cristãs, cujo fim é celebrar a força moralizadora do cristianismo como fator de civilização, tudo em forma alegórica, em que se veem as *Virtudes* e os *Vícios*, personificados sob as figuras de jovens guerreiros, travarem combates singulares à maneira dos heróis de Virgílio.

O autor oferece assim o exemplo de como a humanidade e os indivíduos haverão de conquistar, por meio das virtudes, a paz da alma e o reino de Deus. O cristianismo estava chamado a fundar um novo tipo de civilização. Mas para isso era preciso travar uma luta com a participação de todos e de cada um dos mortais. Por isso é adequado chamar Prudêncio de *Kulturkämpfer*, ou seja, campeão da civilização, que luta pela nova cultura cristã.[1741]

No entanto, Prudêncio não estava preparado para suportar os acontecimentos que estavam por vir. Seu pensamento não ultrapassava as fronteiras do império, e sua visão profética não alcançava ver a conversão dos povos bárbaros não submetidos ainda ao império romano, já que, para ele, entre o romano e o bárbaro existia uma diferença igual à existente "entre o quadrúpede e o bípede ou entre o mudo e o que fala", ou ainda "entre o cristão e o pagão".[1742] A utilização dos bárbaros pela providência, para aniquilar, em cumprimento de seus desígnios insondáveis, o inexpugnável império de Roma, era um fato alheio à formação intelectual e moral de Prudêncio, toda ela tributária da rígida educação romana, da qual, aliás, o próprio Prudêncio dava tão elevado testemunho com sua erudição e com sua poesia.

[1739] *Hamartigenia*, 824-838, p. 69.
[1740] *Hamartigenia*, 839-855, p. 69-70.
[1741] "As figuras alegóricas de Prudêncio significam as forças civilizadoras do cristianismo frente aos costumes dissolutos do paganismo degenerado". G. Schnürer, *op. cit.*, Tomo 1, p. 77.
[1742] Contra Símaco, II, 815-818, p. 186. "É assim que, graças as virtudes cristãs, a humanidade inteira, e cada homem em particular, deve combater as paixões para desfrutar a paz da alma e conquistar o reino de Deus. O cristianismo traz ao mundo uma nova ordem moral; mas cada homem deve realizá-la em si mesmo, por suas próprias lutas interiores". G. Schnürer, *op. cit.*, Tomo 1, p. 78.

Entretanto, Prudêncio acreditava que o espírito reformador do cristianismo iria construir um novo homem e uma nova sociedade, conquanto não pudesse imaginar que, em breve, os bárbaros iriam invadir e dominar pelas armas o seu amado império romano. O destino parece haver sido piedoso com ele, poupando-o da visão de semelhante acontecimento, pois devia morrer pouco depois da vitória de Estilicão sobre Alarico, vitória que então parecia confirmar sua convicção quanto à missão de coadjuvante do império romano, relativamente à tarefa civilizadora do Ocidente.

CAPÍTULO 7

HERESIAS

Inicialmente, convém extremar o conceito de heresia de outros conceitos afins, como os de cisma, heterodoxia, apostasia e seita.

O cisma não é tão grave quanto a heresia. É uma agressão feita à unidade da Igreja, não à unidade da fé. Foi precisamente a expansão do donatismo que obrigou a precisar o conceito. "Um dos adversários desta dissidência, Optato de Milevo, reconheceu que, ao passo que os heréticos estão fora da Igreja, os cismáticos, conquanto se afastem dela, levam consigo a fé e os sacramentos".[1743]

A heterodoxia, por sua vez, é menos grave que o cisma. Não é uma separação voluntária e contumaz do ensinamento da Igreja, mas representa um desvio dele ou uma interpretação equivocada do mesmo. "Condenam-se heréticos, lamenta-se o afastamento dos cismáticos, busca-se persuadir os heterodoxos".[1744]

Bergier define a apostasia como "o delito daquele que abandona a verdadeira religião para abraçar uma falsa".[1745] O apóstata é mais reprovável que o herético, visto que o primeiro rompe totalmente com a doutrina oficial, ao passo que o segundo limita-se a uma ruptura parcial com ela.

A seita se caracteriza pelo fato de que seus membros compartilham uma crença ou doutrina consideradas errôneas pela autoridade eclesiástica ou simplesmente reputadas tal pela maioria dos membros de uma instituição religiosa. Esses erros podem estar relacionados aos dogmas, aos ritos ou à disciplina. No primeiro caso, constituem heresias.

Não há concordância absoluta entre os conceitos de "seita" e de "heresia". Nem todas as heresias engendraram seitas, nem todas as seitas são necessariamente heréticas. O herético não se torna sectário senão no dia, quando, persistindo em seu erro, se separa abertamente da Igreja, acompanhado de um grupo de pessoas, que pensa como ele em matéria de fé.[1746]

> "Para que haja uma heresia, ensina G. Welter, é preciso que haja dogmas, verdades reveladas, como também que estes dogmas tenham sido revelados e codificados por uma Igreja constituída, no exercício de autoridade absoluta em matéria de fé. Por outras palavras, é preciso que haja uma *doutrina* oficial e obrigatória... A antiguidade grega e romana não conheceu heresias, pois suas religiões não estavam apoiadas numa revelação divina, daí porque a noção de dogma permaneceu sempre estranha ao discurso religioso antigo. Estas religiões tinham um caráter costumeiro, não dogmático... Suas crenças e seus ritos, que consistiam

---

[1743] G. Welter, Histoire des sectes chretiennes des origines anos jours, p. 7, Paris, 1950.
[1744] G. Welter, *op. cit.*, p. 7.
[1745] *Op. cit.*, Tomo 1, p. 123.
[1746] G. Welter, *op. cit.*, p. 8.

principalmente de gestos e palavras, eram ditadas por uma tradição venerada por todos, mas não ordenadas por um Deus único, um Deus todo-poderoso, que revelasse aos homens os fundamentos da fé que lhes era imposta.. A religião judia, com efeito, ainda que monoteísta e revelada, não havia codificado seus dogmas num sistema preciso. Ela dava licença aos profetas de revelá-los à sua maneira, salvo naturalmente o relacionado à unidade de Yaveh, de modo que as seitas dos fariseus, dos saduceus e dos essênios não foram jamais consideradas como heréticas".[1747]

Caberia, portanto, à religião cristã, especialmente à católica, definir a heresia, de uma forma vaga e abstrata, consciente de que o fenômeno definido tende a variar sensivelmente no espaço e no tempo. A definição católica de heresia nos diz que ela é uma opinião religiosa, canonicamente condenada como contrária à fé católica, ou ainda: erro voluntário e persistente, oposto a um dogma revelado e proclamado como tal pela Igreja. Esta conhece as consequências devastadoras do erro herético, cuja peçonha, se não for neutralizada a tempo, pode produzir danos irreparáveis na fé, trazendo consigo a instabilidade social e até mesmo as guerras religiosas. Eis o que sobre o erro e a necessidade de atacá-lo nos ensina Irineu, santo bispo de Lião:

> O erro, com efeito, não se mostra tal como é para não ficar evidente ao ser descoberto. Adornando-se fraudulentamente de plausibilidade, apresenta-se diante dos mais ignorantes, justamente por esta aparência exterior – é até ridículo dizê-lo – como mais verdadeiro do que a própria verdade. Como foi dito, acerca disso, por alguém superior a nós: uma pedra preciosa, a esmeralda, que tem grande valor aos olhos de muitos, perde o seu valor diante de artística falsificação de vidro até não se achar alguém conhecedor que a examine e desmascare a fraude. Quem poderá facilmente detectar a mistura de cobre e prata a não ser o experto? Ora, nós não queremos que por nossa culpa alguns sejam raptados como ovelhas pelos lobos, enganados pelas peles de ovelhas com que se camuflam.[1748]

A fim de que o cristianismo reunisse as condições mínimas para enfrentar e vencer o paganismo, tanto no domínio religioso como no filosófico, era necessário que a comunidade cristã dispusesse de uma doutrina clara e precisa, relativamente aos dogmas, assim como de uma hierarquia estabelecida, por meio da qual se distribuíssem as funções comunitárias, notadamente a de defender a pureza doutrinária. Ficou claro, por conseguinte, que a difusão do Evangelho estaria condicionada à elaboração de uma dogmática clara e da criação de um ente transpessoal, destinado a defendê-la.

No curso do período anterior ao concílio de Nicéia, a dogmática cristã está ainda, a bem dizer, num estado nebuloso.

[1747] *Op. cit.*, p. 5-6.
[1748] Irineu de Lião, Contra as heresias, I, pref. 2, p. 29-30, São Paulo, 1995.

> As verdades divinas não haviam se tornado ainda as estrelas fixas, cujo clarão atravessou os séculos futuros. A interpretação dos textos sagrados se fazia ao talante dos que os liam, sendo certo que foi no meio de disputas e de gritos que nasceu a cristologia, o conjunto das teorias relativas à pessoa do Cristo e às suas relações com Deus e com o homem. As controvérsias desta época deixam ainda de lado a questão trinitária, que deviam suscitar mais tarde tão violentos debates. Era preciso esperar pelo surgimento do arianismo e sua condenação pelo primeiro concílio de Nicéia.[1749]

Essa afirmação de G. Welter deixa clara a importância das heresias, relativamente à definição dos dogmas. Não fossem elas, assim como não fossem as perseguições relativamente à fé, a dogmática cristã não teria se desenvolvido, nem constituído uma Igreja tão forte, a ponto de superar o paganismo milenarmente consolidado. A providência divina suscitou ambas, as perseguições e as heresias, em ordem a fazer dos cristãos verdadeiros atletas do Cristo, a exemplo do que fizera com Paulo, para combater o bom combate. Assim, como as perseguições contribuíram decisivamente para aumentar a fé dos cristãos, a luta contra as heresias foi de extrema importância para consolidá-la, na medida em que impôs aos chefes da Igreja a obrigação de definir detalhadamente e com exatidão os dogmas fundamentais do cristianismo.

Sobre esse aspecto positivo das heresias, Santo Agostinho aduziu argumentos irrebatíveis:

> De fato, por causa dos hereges a Igreja católica se reafirmou e os que pensam corretamente foram comprovados em confronto com os que pensam erradamente. Muita coisa estava oculta nas Escrituras. Ao se separarem os hereges, as questões começaram a ser ventiladas na Igreja de Deus. Tornaram-se claras as que eram obscuras, e foi entendida qual a vontade de Deus. Daí os dizeres de outro salmo: "Bando de touros entre os rebanhos dos povos, para serem excluídos aqueles que foram experimentados como a prata (SL 67,31). "Serem excluídos", se destaquem, apareçam. Também em ourivesaria chamam-se exclusores os que não formam a massa informe. Efetivamente, muitos que poderiam de modo eminente conhecer e explicar as Escrituras, achavam-se ocultos no meio do povo de Deus; não davam a solução de questões dificílimas enquanto nenhum caluniador as atacava. Acaso foi tratada de um modo tão perfeito a questão da Santíssima Trindade antes que ladrassem os arianos? Acaso se falou sobre a penitência exatamente, antes de se oporem os novacianos? Assim também não se retratou perfeitamente do batismo, antes de contradizerem os que do lado de fora rebatizavam. Também não se falara tão explicitamente da unidade de Cristo, a não ser depois que aquela separação começou a pressionar os irmãos fracos, de sorte que os que eram capazes de tratar e resolver estas questões trouxessem à luz as obscuridades da lei por meio de seus sermões e discursos, a fim de não perecerem os fracos cercados das perguntas dos ímpios.[1750]

[1749] G. Welter, *op. cit.*, p. 12.
[1750] Comentário aos Salmos (Enarrationes in psalmos), LIV, 22, p. 82-83, São Paulo, 2008.

Constitui um tema recorrente o porquê da expansão assombrosamente rápida do cristianismo durante a antiguidade, isto é, de um movimento que contemporâneos cultos como Tácito e Plínio, no final do século I e no início do século II, ainda consideravam exclusivamente como *exitiabilis superstitio* (superstição funesta) procedente do oriente.

"Não encontrei nada mais que uma superstição depravada e desmedida", afirmava o governador da Bitínia, numa carta dirigida ao imperador Trajano.[1751] Do reproche de superstição e de impiedade não havia senão um passo para se chegar à explicação do auge do cristianismo unicamente pela credulidade de pessoas simples e pela enérgica vontade de outras para fomentar o engano nessas almas cândidas. A forma zombeteira dessa mesma explicação, encontramo-la num cético profundo, o satírico Luciano, em sua obra *A morte de Peregrino*, que data do final do século II. Como já dissemos anteriormente, Luciano conclui seu irônico relato, sobre a assistência que os cristãos dispensavam ao encarcerado impostor Peregrino, dizendo: "No caso de que um velhaco caia nas graças deles (dos cristãos) logo chegará a ser muito rico e rirá na cara dessas pessoas ingênuas".[1752] Outro tanto pensava o neoplatônico Celso, que entendia que o cristianismo florescia nas tendas dos trabalhadores têxteis, dos sapateiros e dos pedreiros, porque seu fundador foi também um operário, carpinteiro de ofício, circunstância pela qual se explica a importância da cruz para essa religião.[1753]

Outra explicação sobre a difusão extraordinária da religião cristã foi ministrada pelo imperador Juliano. Este, como se sabe, no final do século IV, tratou de restaurar o culto das divindades pagãs, mas sem lograr êxito. Numa carta dirigida ao sumo sacerdote da Galácia, Juliano, o Apóstata, explicava o sucesso dos "ímpios galileus" (denominava assim os cristãos) pelo êxito do diaconato ou assistência social cristã e pela falta de instituições e de sentimentos análogos entre os pagãos. O altruísmo para com os estranhos, a solicitude por dar sepultura aos mortos e a suposta pureza de conduta dos cristãos eram o que havia fomentado aquela "impiedade" e o que teria condicionado essencialmente seu avanço.[1754]

Concluindo com os autores pagãos, Porfírio, o grande inimigo da fé cristã, tem também uma explicação para o êxito do cristianismo. Posto que entre os cristãos é suficiente "um só lavatório", ou seja, o batismo, que "purifica de tantas manchas e sujeiras", quais sejam, a "prostituição, o adultério, a embriaguez, o latrocínio, a homossexualidade, o venefício e inumeráveis coisas más e repulsivas", fica claro que o cristianismo impõe uma ética que atrai notórios delinquentes.[1755]

Ao levarem a cabo semelhante tarefa de elucidar o porquê da ascensão vertiginosa do cristianismo no mundo antigo, três autores cristãos merecem referência: Justino, Lactâncio e Orígenes.

Diferentemente de sua famosa história da conversão intelectual, no começo do *Diálogo com Trifão*, segundo a qual o filósofo vai paulatinamente convencendo-se mediante argumentos da superioridade filosófica de uma visão cristã do mundo, Justino parece ter-se rendido não apenas por considerações filosóficas, mas sobretudo por razões de outra ordem, a saber: a falta de temor dos cristãos, diante da experiência sangrenta do martírio. "Pois também eu, quando seguia a doutrina de Platão, ouvia as calúnias contra os cristãos; mas ao ver como se dirigiam intrepidamente para a morte, pus-me a refletir que era impossível que tais homens vivessem na

---

[1751] Plínio, *Epístola X*, 96,8.
[1752] Luciano, *op. cit.*, 13.
[1753] Orígenes, Contra Celso, VI, 34.
[1754] Juliano, *Epístola* 84.
[1755] Porfírio, *Fragmento* 88.

maldade e no amor aos prazeres".[1756] Podia pressentir-se que nos cristãos havia algo mais que a simples coragem, de modo que essa extrema ausência de temor impressionava de forma manifesta.

Para Lactâncio, o comportamento ético dos cristãos explicava o desenvolvimento crescente do cristianismo. Seguindo a mesma linha de raciocínio que o imperador Juliano empregava para censurá-los, Lactâncio fazia outro tanto para explicar a difusão surpreendente da fé cristã. Ao superestimar o valor explicativo da teoria histórico-social do imperador, descrevendo com negras cores a antiguidade pagã como um mundo sem misericórdia, Lactâncio punha ênfase na comparação, a fim de que ressaltasse com maior esplendor o diaconato social cristão.[1757]

O grande pensador cristão, que viveu e ensinou em Alexandria e na Palestina, *Orígenes*, começou sua exposição sobre a hermenêutica da Bíblia com a observação de que

> [...] no transcurso de pouquíssimos anos a Palavra, apesar de que quem professava o cristianismo era perseguido e alguns foram mortos por esta causa..., pôde ser proclamada em todas as partes do mundo. Se levamos em conta isso, então poderemos afirmar que se trata de uma coisa sobre-humana.[1758]

Assim, Orígenes atribuía a sobrevivência do cristianismo não a instituições humanas extraordinárias ou à ética particularmente simples da referida religião, mas principalmente ao seu "caráter sobre-humano". Noutro lugar, fazendo uma breve síntese da história dos êxitos do cristianismo, voltou a dizer que se tratava de um movimento posto sob a especial proteção de Deus.

Tudo isso considerado, resulta surpreendente que Orígenes faça constar essa especial solicitude de Deus pelo cristianismo, descrevendo-a por meio de um detalhe que já nos é familiar, isto é: o especial poder ou autoridade das palavras bíblicas. Em suas homilias sobre a primeira carta aos coríntios, Orígenes fala da graça do poder que chega à alma dos ouvintes e atua neles; como prova, cita um salmo: "O Senhor concederá poder abundante à palavra dos proclamadores" (SL 67, 12 seg.). Em seu comentário ao Evangelho de São João, o autor afirma que não é a disposição inteligente, a expressão precisa ou a beleza da dicção que faz com que a predicação cristã resulte convincente, mas o apoio que recebe graças ao poder divino.[1759] Nas palavras do Salvador reside um "poder convincente e profundamente comovedor".[1760]

Modernamente, merecem registro alguns poucos autores cujas obras deram grandes contribuições à investigação sobre o cristianismo antigo: Richard Rothe, Adolf Hausrath, Ernst Troeltsch, Wilhelm Wilmers e Max Weber. Excetuando esse último, os demais têm em comum o apelo a um fator transcendente para explicar o vertiginoso sucesso da fé cristã na antiguidade. Falemos brevemente de W. Wilmers. Em sua grandiosa obra *Histoire de la religion*, esse autor dá a seguinte explicação para a rápida propagação do cristianismo no império romano:

> Se agora nos perguntamos por quais meios esta obra tão difícil foi realizada, é impossível demonstrar a existência de um só meio, pertencente à ordem natu-

---

[1756] Justino, Apologia, II, 12, 1.
[1757] Lactâncio, Instituições Divinas, VI, 10.
[1758] Orígenes, *Princípios*, V, 1, 2.
[1759] *Op. cit.*, I, 8, 48.
[1760] *Op. cit.*, II, 34, 204.

ral, que tenha sido suficientemente o bastante para alcançar um tão grande resultado... Consideremos os mártires, de quaisquer séculos, como vítimas do cumprimento de um dever: é claro que a paciência heróica com a qual eles suportavam as mais cruéis torturas e a própria morte era um efeito da graça divina que os impelia e os tornava capazes de proclamar, pelo suplício, a verdade do cristianismo... Eles agiam por motivos sobrenaturais, particularmente pela esperança de uma remuneração após a morte; mas, estes motivos apenas não podiam levar o homem a se sacrificar e torná-lo capaz de suportar sacrifícios se uma influência divina não viesse em seu socorro. Era necessária uma ação sobrenatural e mesmo extraordinária de Deus sobre a inteligência e a vontade para que o mártir fosse sustentado pelas verdades sobrenaturais.[1761]

E conclui o autor alemão, invocando o ensinamento de Santo Agostinho: "

> Se, a despeito de tantas dificuldades e da insuficiência dos meios naturais, o Evangelho se propagou tão rapidamente, podemos aplicar em seu conjunto a argumentação de Santo Agostinho pela fé na ressurreição e dizer: ou o cristianismo se propagou por milagres e então sua origem é divina, ou bem se propagou sem milagres, e, neste caso, uma tal propagação é ela própria um milagre ainda maior".[1762]

Vê-se que a influência de Orígenes é grande sobre o pensamento de Wilmers. Por ela nos guiaremos também para explicar o fenômeno do qual se utilizou Deus para dar consistência à doutrina cristã, e desse modo facilitar a difusão progressiva do cristianismo na antiguidade, malgrado as investidas incessantes da filosofia pagã: as heresias.

7.1. Antecedentes Históricos

As conquistas de Alexandre deviam produzir uma revolução bem diferente de todas que, anteriormente, abalaram os fundamentos do mundo antigo, sem modificá-los. Todas essas se limitaram a substituir um poder tirânico por outro igual, permanecendo a população de súditos no mesmo estado de escravidão e de ignorância. Dessa vez algo havia mudado, um verdadeiro estadista havia empolgado as rédeas do mundo, em ordem a conciliar situações que jamais se viram juntas, ou porque os governantes não eram tão racionais para prever os benefícios dessa conciliação, nem os filósofos tão eloquentes para sujeitar aqueles que a razão não persudia.

Alexandre julgou que era preciso unir a força da autoridade à luz da razão para estabelecer entre os homens um governo próspero e sábio que a virtude tinha feito imaginar aos filósofos. "

> Crendo, diz Plutarco, ter sido enviado do céu como um reformador, governador e reconciliador do universo; aqueles que ele não pôde juntar pelos argumentos

---

[1761] *Op. cit.*, Tomo I, p. 344, 345, 384, 385, 386, Paris, 1898.
[1762] *Op. cit.*, Tomo 1, p. 349.

da razão, constrangeu-os pela força das armas, juntando todos em toda parte, fazendo-os beber, a bem dizer num mesmo cálice da amizade".[1763]

A face da terra mudou sob o cetro desse conquistador filósofo: os povos cessaram de ser inimigos; aos arracosianos ensinou a lavrar a terra; aos hircanos, a contratar casamentos honestos; aos sogdinianos, a alimentar os pais anciãos e não os deixar morrer, e aos persas ensinou-os a reverenciar as mães e não desposá-las.[1764]

Ó maravilhosa filosofia, exclama Plutarco, por meio da qual os indianos adoram os deuses da Grécia, os citas sepultam os mortos e não os comem mais: depois que Alexandre civilizou a Ásia, sob seu poder ainda foram fundadas, entre os bárbaros, setenta cidades às quais deu leis, sob cujo império se arrefeceu a ferocidade de muitos povos primitivos.

A proteção e a estima que o filho de Filipe concedia às ciências e aos sábios, provocaram em muitos espíritos o desejo do conhecimento: depois que Alexandre domou e civilizou a Ásia, continua Plutarco, seu passatempo era de ler os versos de Homero, enquanto os filhos dos persas, dos susianianos e dos gedrosianos cantavam as tragédias de Sófocles e de Eurípides.

Alexandria, que o conquistador escolhera para o seu lazer, se tornou o asilo do mérito e do talento, perseguidos e desprezados. Ptolomeu, tempos depois, outorgou privilégios aos sábios e aos filósofos, de quaisquer nações, de quaisquer povos, de quaisquer seitas, a revelar um propósito continuísta em relação ao desejo de Alexandre. Abriu também uma academia e a célebre biblioteca, que seus sucessores aumentaram e os muçulmanos destruíram na metade do século VII.

> O tempo havia acumulado, pois, em Alexandria todos os sistemas, todas as opiniões, todas as criações do espírito humano sobre a origem do mundo, sobre as causas dos fenômenos, sobre a natureza e sobre a destinação dos homens. Ademais, o pensamento de Platão sobre a origem e a destinação da alma, não era contrária aos princípios dos filósofos caldeus, egípcios e persas, os quais adotaram a filosofia platônica que enobrecia o homem e o consolava no infortúnio. Os sistemas de Pitágoras, de Timeu e de Platão, que quase não tinham mais seguidores na Grécia, reapareceram com todo esplendor em Alexandria, mas unidos à crença dos filósofos persas, Caldeus e egípcios sobre os demônios, que foi adotada pelos filósofos platônicos, como os orientais haviam adotado os princípios de Platão e de Pitágoras.[1765]

Entretanto, o governo tirânico do sétimo sucessor de Ptolomeu expulsou de Alexandria e do Egito uma quantidade prodigiosa de egípcios e de estrangeiros, os quais foram despojados de seus bens pelo tirano para conservar a própria vida e a de seus familiares. Esses egípcios e estrangeiros desterrados se espalharam por todo o Oriente, não levando consigo senão suas luzes e seus talentos.

[1763] De la fortune d'Alexandre, Traité premier. Arriano, Vie d'Alexandre, I, 7, 6.
[1764] Plutarco, Vie d'Alexandre.
[1765] François A. Pluquet, Dictionnaire des Heresies, Tomo 1, p. 85, Paris, 1764.

Assim, os filósofos, que a tirania havia proscrito de Alexandria e do Egito, criaram, nas diferentes regiões do Oriente, escolas que se tornaram centros de luz que irradiava claridade sobre tudo que os cercava:

> Eles empenharam esforços para tornar seus sentimentos inteligíveis, expurgando-os da obscuridade misteriosa com que Pitágoras os envolvera; eles provocaram numa infinidade de espíritos o princípio de curiosidade que o homem traz em si mesmo sobre sua origem e sobre sua destinação: viu-se então um número infinito de homens de todas as condições que adotaram os sistemas dos filósofos platônicos de Alexandria, e cujo espírito se elevou, por assim dizer, até o seio da divindade, para aí descobrir os motivos, os desígnios, as leis do Ser supremo na formação do mundo, o fim particular de cada um dos seres que ele encerra, a lei geral de todos, e principalmente a destinação e os deveres do homem.[1766]

A escola de Alexandria se caracterizava sobretudo pela explicação místico-esotérica de toda a realidade, o que não poderia deixar de ter consequências futuras sobre a interpretação do Evangelho.

> Os filósofos Alexandrinos julgavam, conforme os princípios de Platão, que o Ser supremo se propusera a ordem e a harmonia como fins na criação do mundo: eles consideraram, consoante os princípios de Pitágoras, que a ordem, a harmonia e a beleza do universo dependiam das relações entre as suas diversas partes; que era o conhecimento destas relações que havia conduzido o Ser supremo ou as potestades, às quais aquele tinha confiado a tarefa de produzir ou de governar o mundo. Como estas relações não podiam ser representadas ao espírito senão numericamente, concluiu-se que os números continham uma força ou uma propriedade capaz de determinar os poderes produtivos do mundo. O homem creu, portanto, ter descoberto um meio de comandar estes poderes, e procurou nas diferentes combinações numéricas um segredo para dominar, segundo seu arbítrio, os Gênios, os Espíritos e os Demônios.[1767]

Outra crença desses filósofos consistia na avaliação de que o corpo escravizava a alma, de modo que procuravam ardorosamente os meios de libertá-la da tirania do corpo, de submeter as paixões e os sentidos,

> [...] por práticas singulares, pelo uso de plantas ou de minerais próprios para acalmar o sangue e a impetuosidade da força motriz que constitui a fonte das paixões: eles acreditavam que por este meio era possível purificar a alma e protegê-la, não somente da necessidade de se unirem a um outro corpo após a morte, mas também com vistas à sua elevação, mesmo nesta vida, à contemplação do

---

[1766] François A. Pluquet, *op. cit.*, Tomo 1, p. 87.
[1767] François A. Pluquet, *op. cit.*, Tomo 1, p. 87.

> Ser supremo, que é o quinhão dos espíritos puros e desembaraçados de todo apego pelas coisas terrestres.[1768]

Os sentidos e as paixões não eram, segundo esses filósofos, os únicos obstáculos à união das almas com o Ser supremo; gênios malvados, ambiciosos ou inimigos dos homens, as prendiam à terra e a seus corpos:

> Era preciso enganar estes gênios, ganhá-los ou vencê-los, ou então motivar os gênios amigos dos homens para se esquivar dos inimigos, o que se alcançava pelas práticas da teurgia caldéia, que se confundia naturalmente com o platonismo e o pitagorismo.[1769]

Resumimos, brevemente, os antecedentes históricos das heresias que irromperam no império romano, do século I ao século V. Cumpre agora fazer uma retrospectiva das manifestações heréticas, nesse período, tomando como critério a sucessão cronológica delas, consoante aos séculos que as viram nascer.

7.2. Heresias do Século I

Já havia algum tempo que a filosofia alexandrina penetrara na Palestina. Conforme seus princípios fundamentais, o Ser supremo era uma luz imanente, de uma pureza e de uma fecundidade infinitas: um número indeterminado de seres haviam brotado de seu seio, criaram o mundo, o governavam e produziam todos os fenômenos. Esses princípios, levados à Jerusalém e à Samaria, haviam se unido com a crença dos judeus, e serviram para explicar os milagres de Moisés e toda a história judaica. Desse modo, muita gente atribuía todos os acontecimentos a gênios ou demônios encarregados de governar o mundo.

Os judeus em geral estavam então na mais angustiosa expectativa do Messias: suas agruras, a opressão sob a qual gemiam, inclinavam incessantemente seus corações para um libertador. Aqueles que se deixaram seduzir pela filosofia platônica de Alexandria, acreditavam que o Messias não libertaria os judeus senão por meio dos gênios, convencidos de que estes só se curvariam diante do Enviado do céu. Surgiram então homens que buscaram no estudo da magia a arte de dominar os gênios e de operar milagres.[1770]

Como não era somente por milagres que se devia conhecer o Messias, mas também pelas características anunciadas pelos apóstolos, uns, como Dositeu, as alteraram, para se apropriarem delas; outros, que não podiam aplicá-las a si próprios, negaram a autoridade dos apóstolos, combateram a doutrina de Jesus Cristo pelos princípios filosóficos e substituíram os dogmas do cristianismo pelo sistema das emanações, por cujos postulados se propuseram explicar todos os

---

[1768] François A. Pluquet, *op. cit.*, Tomo 1, p. 88.
[1769] François A. Pluquet, *op. cit.*, Tomo 1, p. 88.
[1770] François A. Pluquet, *op. cit.*, Tomo 1, p. 116.

fatos dos quais não podiam racionalmente dar conta aos cristãos: tais foram Simão[1771], Menandro[1772], Cleóbulo[1773] e Teodoto[1774].

Outros, ainda, recebiam a doutrina dos apóstolos como testemunhos sobre fatos, cuja explicação se apoiava em princípios da filosofia alexandrina: tais eram os cristãos que Paulo censurava a inclinação pelas fábulas e pelas genealogias sem fim.[1775] Muitos negaram ou alteraram, com explicações alegóricas, tudo o que não podiam conciliar com os princípios do sistema religioso que haviam adotado. Assim fizeram os nazarenos, ao sustentarem que os apóstolos não tinham entendido a doutrina de Jesus Cristo, como este, aliás, afirmara várias vezes. Da mesma forma, Himeneu, Alexandre, Fileto, Hermógenes etc. rejeitaram o dogma da ressurreição dos corpos, porque viam a união da alma e do corpo como um estado de degradação, de nenhum modo equivalente à recompensa da virtude.

Malgrado todos os obstáculos enfrentados no primeiro século, a Igreja, fundada pelos apóstolos, inalterável em sua doutrina e incorruptível na sua moral, fazia progressos rápidos em todo império romano, enquanto a maior parte das seitas dessa centúria se extinguira, ou caíra no esquecimento.[1776]

7.3. Heresias do Século II

Os filósofos orientais que adotaram o cristianismo e que não encontraram nele o esclarecimento de uma infinidade de questões que a curiosidade humana suscita sobre a origem do mal, a criação do mundo, o destino do homem etc., recorreram aos antigos princípios filosóficos, que se tornaram algo assim como um suplemento dos dogmas do cristianismo, naturalmente aliados com ele de mil maneiras diferentes. Foi assim que o sistema de emanações dos caldeus, a crença dos gênios e a doutrina dos dois princípios se uniram em parte aos dogmas do cristianismo, prestando-se para explicar a história dos judeus, a origem do cristianismo, a redenção dos homens por Jesus Cristo. Daí surgiram os sistemas teológicos de Saturnino[1777], de Basilides[1778], de

---

[1771] "O livro dos Atos relata que Simão havia seduzido, por suas operações mágicas, os samaritanos, seus compatriotas, que o chamavam de *A grande virtude de Deus*". M.T. Guyot, Dictionnaire Universal des Herésies, des erreurs et des schismes, p. 331, Lyon, 1847.

[1772] "Era discípulo de Simão, o mago, nascido, como ele, na Samaria. Tanto como o mestre, praticou a magia e seguiu em tudo sua orientação". M.T. Guyot, *op. cit.*, p. 231.

[1773] "Herético contemporâneo de Simão, combateu a religião cristã e foi chefe da seita dos cleobianos". François A. Pluquet, *op. cit.*, Tomo 1, p. 418.

[1774] "Herético, associado, pelos autores eclesiásticos, a Cleóbulo, e chefe de uma seita, no tempo dos apóstolos". François A. Pluquet, *op. cit.*, Tomo 2, p. 531.

[1775] Carta a Timóteo, I, 5,4.

[1776] Tácito, *Anais*, I, 15, 44.

[1777] "Este filósofo, como a maior parte dos orientais, admitia um Deus supremo, inteligente, poderoso e bom, mas desconhecido dos homens; e uma matéria eterna, que era presidida por um espírito também eterno, malvado e maléfico por natureza". M.T. Guyot, *op. cit.*, p. 322.

[1778] "Criou a seita dos basilidianos, que intentara compatibilizar as filosofias de Pitágoras e de Platão com os dogmas cristãos". M.T. Guyot, *op. cit.*, p. 80.

Carpócrates[1779], de Eufrates[1780], de Valentim[1781], de Cerdão[1782], de Marcião[1783], de Hermógenes[1784], de Hermias[1785], de Bardesano[1786], de Taciano[1787], de Severo[1788], de Heracleão[1789], dos setianos[1790], dos cainitas[1791] e dos ofitas.[1792] Quase todos admitiam uma inteligência suprema e a existência de Gênios dos quais aumentavam ou diminuíam o número, fazendo-os agir ao sabor da vontade de cada um. Viu-se então, refere Pluquet, os dogmas da filosofia oriental, Pitagórica, platônica, estoica, os princípios da cabala, as práticas da magia, empregados não somente para explicar os milagres e os dogmas do cristianismo, mas também para tornar os gênios propícios e para se elevar à perfeição. Aqui, são os talismãs por meio dos quais crê-se atrair a graça e fazê-la cair do céu; lá, são os números que se carregam: uns, para se desligar da terra e se elevar aos céus, proscrevendo todos os prazeres; outros, tomam-nos como uma contribuição que têm que pagar aos anjos criadores, ou como coisas indiferentes, que não podem degradar a alma, de modo que não recusam nenhum expediente: estes andam nus como Adão e Eva, em estado de inocência; aqueles condenam como um crime o uso de alimentos destinados a excitar as paixões.[1793]

Todos estavam convencidos de que Jesus Cristo veio ensinar os homens e conduzi-los ao céu; todos reconheciam que ele era o filho de Deus e também a veracidade de seus milagres, de sorte que tiveram de fazer algumas adaptações e mudanças em seus sistemas para explicá-los. Eis aí, exclama Pluquet, o mais incorruptível, o mais esclarecedor, o mais irreprochável testemunho que se pode depor em favor de um fato: o amor próprio de uma multidão de filósofos sistemáticos, ávidos de glória e de celebridade, que no entanto foram obrigados a mudar seus sistemas[1794], diante da contundência, dizemos nós, de uma verdade mais alta.

[1779] "Filósofo alexandrino, chefe de uma seita gnóstica, que atribuía aos gênios a criação do mundo". M.T. Guyot, *op. cit.*, p. 104.

[1780] "Eufrates, nascido na cidade de Pera, na Cilícia, admitia três deuses, três verbos e três espíritos santos". François A. Pluquet, *op. cit.*, Tomo 2, p. 31.

[1781] "Foi o mais célebre dos gnósticos, tanto pelo desenvolvimento científico, quanto pela extensão de sua seita, que se espalhou pelas três partes do mundo antigo". M.T. Guyot, *op. cit.*, p. 251.

[1782] "Admitiu dois princípios coeternos e independentes: um bom, que ele chamou de desconhecido; outro, mau, que formou o mundo físico". M.T. Guyot, *op. cit.*, p. 106.

[1783] Discípulo de Cerdão, também admitia, como o mestre dois princípios opostos. Foi o chefe dos marcionistas. M.T. Guyot, *op. cit.*, p. 224.

[1784] "Supunha, como os estóicos, que a matéria era eterna e incriada". M.T. Guyot, *op. cit.*, p. 176.

[1785] Discípulo de Hermógenes. Ensinava que a matéria era eterna e que Deus é a alma do mundo. Consequentemente, Deus é revestido de um corpo, conforme o que pensavam os estoicos. M.T. Guyot, *op. cit.*, p. 175.

[1786] "Como a maior parte dos filósofos de seu tempo, ele resolveu a grande questão da origem do mal pelos elementos da teologia persa, mesclados com ideias platônicas". M.T. Guyot, *op. cit.*, p. 79.

[1787] Depois da morte de São Justino, seu mestre, se extraviou, e "passou a adotar uma parte dos erros dos valentinianos, dos outros gnósticos e dos marcionitas". M.T. Guyot, *op. cit.*, p. 342.

[1788] Severo também defendeu a existência de dois princípios opostos, entre os quais haveria uma espécie de transação, de modo a distribuir os bons e os maus de forma equitativa. François A. Pluquet, *op. cit.*, Tomo 2, p. 505.

[1789] "Esforçou-se por conciliar o sistema de Valentino com as Escrituras, mediante extensos comentários sobre os Evangelhos de São João e São Lucas". M.T. Guyot, *op. cit.*, p. 173.

[1790] "Seita de gnósticos que, aos erros destes heréticos, acrescentavam uma veneração supersticiosa por Set". M.T. Guyot, *op. cit.*, p. 334.

[1791] "Heréticos que prestavam homenagens extraordinárias a Caim e a outros personagens que as Escrituras nos pintam como os mais malvados dos homens". M.T. Guyot, *op. cit.*, p. 94.

[1792] "Seita de heréticos do século II, assim chamados em razão do culto supersticioso tributado à serpente". M.T. Guyot, *op. cit.*, p. 56.

[1793] *Op. cit.*, Tomo 1, p. 136-137.

[1794] *Op. cit.*, Tomo 1, p. 137.

7.4. Heresias do Século III

Vimos como no fim do último século a filosofia se aproximou da religião, umas vezes para pô-la em xeque, outras para esclarecer seus dogmas. Vimos, também, que essa filosofia não era o platonismo, nem o estoicismo, nem o pitagorismo, mas era o resultado da combinação de tudo que a razão encontrava de verdadeiro em todos os sistemas. Conforme essas ideias, cada um se achava no direito de buscar nos filósofos antigos a solução mais adequada ou para defender a Igreja, ou para tornar seus dogmas mais inteligíveis, pois a obscuridade dos mistérios era uma das grandes dificuldades dos filósofos e dos pagãos.

> "Os mistérios não são contrários à razão, afirma Pluquet, mas estão acima dela: a razão não fornece, portanto, nenhuma ideia que possa torná-los inteligíveis, de modo que, não podendo nos elevar pela cadeia de nossas ideias até as verdades sublimes, esforça-se ao menos em projetar alguma luz sobre elas, em aproximá-las de suas ideias, a ponto de alterá-las".[1795]

Isso fizeram Berilo[1796], Noeto[1797], Sabélio[1798], Paulo de Samósata[1799], Hierax[1800], os quais, para darem a conhecer os mistérios da Trindade, acabaram por fornecer explicações que os deturparam. Outros, como os árabes, para explicarem a ressurreição, supuseram que a alma não era outra coisa senão modo de ser do corpo.

Todos esses erros foram condenados pela Igreja, e todos os heréticos foram expulsos de seu seio. Assim a Trindade e a divindade de Jesus, a espiritualidade e a imortalidade da alma, eram claramente e eficazmente ensinadas na Igreja.

Enquanto alguns cristãos filósofos se extraviaram na tarefa estéril de desvendar os mistérios, outros, mais exitosos, combatiam os gnósticos que surgiram nos séculos precedentes, convertendo-os. A Igreja não tinha regulamentado a forma pela qual dever-se-ia acolher os heréticos convertidos. As Igrejas do Oriente e da África recebiam-nos como catecúmenos e os rebatizavam. No Ocidente, não se rebatizavam os heréticos, a Igreja se contentava em impor-lhes as mãos: essa diversidade de posições relativamente à necessidade de um segundo batismo produziu uma acesa polêmica e quase provocou um cisma.[1801]

Não somente os heréticos se convertiam, mas aqueles que, nos tempos da perseguição, tinham traído a fé cristã, pediam também para retornar à Igreja: uns queriam que os recebessem sem penitência; outros, ao revés, com penitência; alguns desejavam recusar-lhes para sempre a

---

[1795] *Op. cit.*, Tomo 1, p. 150.

[1796] "Bispo de Bostres, na Arábia, que ensinava que J.C. não tinha existido antes da encarnação e não começou a ser Deus senão nascendo da Virgem". M.T. Guyot, *op. cit.*, p. 88.

[1797] "Ensinava que J.C. não é diferente do Pai; que não há senão uma pessoa em Deus, ora chamada Pai, ora Filho, que se encarnou, nasceu da Virgem e padeceu na cruz". François A. Pluquet, *op. cit.*, Tomo 2, p. 383.

[1798] "Ensinava que não há em Deus senão uma só pessoa, que é o Pai, do qual o Filho e o Espírito Santo são apenas atributos". M.T. Guyot, *op. cit.*, p. 317.

[1799] "Ensinava que J.C. não é Deus, mas um simples homem, ao qual a sabedoria divina se comunicou extraordinariamente". M.T. Guyot, *op. cit.*, p. 276.

[1800] "Negava a ressurreição da carne, e não admitia senão a ressurreição espiritual das almas". M.T. Guyot, *op. cit.*, p. 180.

[1801] François A. Pluquet, *op. cit.*, Tomo 1, p. 151.

entrada na Igreja. Essas diferentes opiniões formaram partidos, facções e seitas: tais foram os novacianos.[1802]

A disposição ou a tendência geral dos espíritos para a perfeição e para a glória, que nasce da austeridade e do rigorismo da moral, produziu, entre os fiéis, homens que levavam o espírito de mortificação e de zelo pelo cristianismo para além das obrigações que a religião da Igreja impunha aos fiéis. Alguns acreditavam que eram mais perfeitos e que sua moral era mais austera que a moral dos demais cristãos. Um ambicioso, Montano, surgiu entre eles e se anunciou como o reformador da religião cristã. Ensinou que, no Evangelho, Jesus Cristo prometeu enviar o Espírito Santo para ensinar uma doutrina mais perfeita que a sua, uma vez que os contemporâneos do Salvador não estavam ainda em condições de entendê-lo. "Sou eu o Paráclito, anunciou Montano, aquele que deve ensinar os cristãos o que eles ainda não sabem". Os montanistas foram condenados por um concílio e, por fim, separados da Igreja.[1803]

Grande parte das heresias do segundo século eram um amálgama de filosofia com os dogmas do cristianismo: os cristãos filósofos os distorceram em nome dos princípios da razão e da filosofia. "A beleza de seus escritos, seu sucesso, sua nomeada, inclinaram naturalmente o espírito dos cristãos para a filosofia: tratou-se a religião com método; defendeu-se a fé com provas tiradas da razão e dos princípios dos filósofos mais célebres. Houve cristãos que, para tornar os mistérios inteligíveis, quiseram fazê-los permeáveis às ideias da razão, os aproximaram de suas ideias e os alteraram: tais foram Artemão e Teodoto[1804], que negaram a divindade de Jesus Cristo, como também os melquisedequianos, que sustentaram a inferioridade dele em relação a Melquisedeque".[1805] Todos foram condenados pela Igreja e excluídos da comunhão dos fiéis.

Esses erros provocaram entre os cristãos uma certa animosidade pela filosofia, da qual acreditavam que aqueles eram as obras. Alguns, forçados a reconhecer a produção sublime de determinados filósofos, pretendiam que os anjos expulsos do céu tinham trazido a filosofia para os homens, de modo que ela nada mais era que um roubo, do qual um cristão não devia fazer uso e, ainda que não fosse um roubo, seria indigno de um cristão utilizar um presente oferecido por anjos condenados.[1806]

Os cristãos filósofos acreditavam que a filosofia, não sendo senão a busca da verdade, era útil a todos os homens: àqueles que não eram cristãos, para conduzi-los à verdade; aos cristãos, para defender a religião contra os sofistas, porque ela exercita o espírito e o torna propício à contemplação.[1807] Aqueles que pretendem que a filosofia é inútil e que a fé basta, diziam os filósofos cristãos, assemelham-se a um jardineiro que, sem cultivar a terra, almeja colher tão bons frutos quanto um cultivador hábil, assíduo, laborioso e inteligente.[1808]

A filosofia não é, portanto, nem obra do diabo nem um presente dado pelos anjos caídos. E mesmo que fosse um roubo, porque não tira o bem do mal, o homem não tem parte no roubo,

---

[1802] "Novaciano, por ódio contra Cornélio ou por dureza de caráter, pois era estóico, pretendeu que não se devia jamais ministrar a comunhão aos que haviam caído na idolatria". François A. Pluquet, *op. cit.*, p. 384.

[1803] François A. Pluquet, *op. cit.*, Tomo 1, p. 138.

[1804] Heréticos que ensinavam que Jesus Cristo não teria se revestido de divindade até seu nascimento, de modo que só era Deus em sentido impróprio. M.T. Guyot, *op. cit.*, p. 67.

[1805] Nome de várias seitas que apareceram em diferentes épocas. Tinham em comum a grande veneração por Melquisedeque, reputando-o, algumas vezes, como o verdadeiro mediador entre Deus e os homens. M.T. Guyot, *op. cit.*, p. 230.

[1806] Eusébio, História Eclesiástica, I, 5, 28. Clemente de Alexandrina, Stromata, I, 1.

[1807] Clemente de Alexandrina, Stromata, I, 1.

[1808] Clemente de Alexandrina, Stromata, I, 1.

apenas tira proveito dele. Não é característica da Providência tirar o bem do mal? A filosofia trazida pelos demônios seria como o fogo roubado por Prometeu. Ele tirou os gregos da barbárie; ele era para os infiéis o que a Lei era para os hebreus e o que o Evangelho é para os cristãos.[1809]

O exemplo e a autoridade desses ilustres cristãos triunfou sobre as declamações dos inimigos da filosofia, sendo certo que a partir do segundo século a religião recebeu um considerável apoio dos filósofos cristãos, tanto para defender a fé quanto para difundi-la entre os gentios.

7.5. Heresias do Século IV

O século IV se caracteriza, principalmente, pela irrupção de três movimentos heréticos que, em seu tempo, gozaram de muita aceitação: o donatismo, o arianismo e o apolinarismo.

O elemento essencial da doutrina donatista, ensina Frangiotti, reside na concepção da natureza da Igreja. Assimilando elementos de Tertuliano e de Cipriano, concebem a Igreja como sociedade de justos, como morada do Espírito Santo.[1810]

O cisma nasce quase sempre do erro ou então algumas vezes o produz. Os donatistas se separaram da Igreja porque pretendiam que a ordenação de Ceciliano, arquidiácono em Cartago, era nula, visto que este tinha sido ordenado por Félix, bispo da Aptúngia, que era *traditor*, sem a presença dos bispos da Numídia. A questão foi levada ao imperador Constantino, que nomeou uma comissão de três membros que, juntamente ao papa Milcíades, deveria realizar um concílio em Roma para resolver a questão. O concílio, no qual compareceram Donato e Cecílio, decidiu em favor deste.[1811]

Os partidários de Donato apelaram para um outro concílio mais bem informado e que decidisse sobre a acusação contra Félix, segundo eles, o ponto capital da insurgência. Um concílio mais numeroso foi convocado em Arles, que confirmou a decisão do concílio de Roma.

Mais uma vez os cismáticos se rebelaram, alegando que a sentença fora proferida sob a inspiração de Osius, seu inimigo. Ao morrer o bispo Majorino, os rebeldes se apressaram em nomear em seu lugar Donato, um personagem bem diferente de seu antecessor. O abade Guyot pinta-o com cores impressionantemente vivas:

> Era um homem recomendável por suas muitas e belas qualidades: sábio, eloquente, íntegro em seus costumes, mas orgulhoso, dominador, empreendedor, incapaz de ceder, sem outra paixão que a de mandar; tendo, numa palavra, tudo o que é necessário para chefiar uma seita. Donato, que mereceu a distinção de emprestar o nome a seu partido, soube logo como fazer para promover o cisma, por suas virtudes aparentes, ao mesmo tempo que empregava seu espírito e sua pena para justificá-lo.[1812]

O preconceito dos africanos contra a validade dos sacramentos ministrados pelos *traditores* lhe forneceu um meio especioso de separar ainda mais seus seguidores, pela diferença de dou-

---

[1809] Clemente de Alexandrina, Stromata, I, 1.
[1810] História das Heresias, p. 71, São Paulo, 2007.
[1811] M.T. Guyot, *op. cit.*, p. 126.
[1812] *Op. cit.*, p. 127.

trina. Juntando, portanto, a heresia ao cisma, Donato estabeleceu em princípio que a Igreja de Jesus Cristo se compõe unicamente dos bons e que os maus são excluídos de seu seio, aduzindo como prova passagens de São Paulo[1813] e do Apocalipse.[1814]

Desse princípio Donato extraiu duas consequências, heréticas uma e outra. A primeira, que a Igreja romana e todas as Igrejas em comunhão com ela, manchadas pelo crime dos *traditores*, não mais subsistiam, de modo que a verdadeira e pura Igreja de Jesus Cristo estava localizada nessa parte da África, onde sua autoridade era reconhecida e respeitada. A segunda consequência consistia na proposição arbitrária de que o batismo e outros sacramentos ministrados fora da sociedade eram nulos, como provindos de uma Igreja já morta.[1815] Assim, os donatistas rebatizaram todos os trânsfugas da Igreja católica que ingressavam em seu partido.

"Não se extinguiu o donatismo senão com a invasão dos bárbaros, vândalos, no norte da África".[1816]

Nos lugares onde as ciências e a filosofia eram cultivadas, os cristãos se dedicavam a explicar os mistérios e, sobretudo, a desembaraçá-los das inovações de Sabélio, Práxeas e Noeto, que, no século precedente, pretenderam que as três pessoas da Trindade eram apenas três nomes dados à mesma substância, segundo a forma que se as considerava.

A Igreja tinha condenado esses erros, mas não havia explicado como as três pessoas da Trindade existiam numa só substância. A curiosidade e o desejo de tornar esses dogmas acessíveis a todos que os rejeitavam levou os espíritos a procurarem soluções teóricas que pudessem explicar o mistério trinitário. Ário empreendeu, a seu modo, essa tarefa. Era preciso, desde logo, afirmar, contra Sabélio, a distinção das pessoas, mas paralelamente não incidir no erro de Marcião, por exemplo, que postulava a multiplicidade de substâncias incriadas. Ário creu evitar esses dois escolhos e projetar luz sobre o dogma trinitário, supondo que as pessoas da trindade eram três substâncias, conquanto somente o Pai fosse incriado. Assim, Ário fez da pessoa do Verbo uma criatura, de quem o pai se serviu para criar o mundo.

> "O inovador, esclarece Guyot, tentou provar sua doutrina por argumentos teológicos tirados de passagens nas quais J.C., falando enquanto homem, se diz inferior ao Pai, dependente dele e a ele obediente. Ele possuía tudo o que era mister para propagar o erro e lhe dar uma aparência de verdade: um espírito sutil, uma erudição extensa, uma elocução fácil, um exterior grave e composto, matizado por maneiras doces e envolventes. Soube fazer inúmeros partidários, dentre os quais Eusébio de Nicomédia".[1817]

Condenado em Alexandria e posteriormente justificado em Nicomédia por Eusébio e seu concílio, uma agitação enorme tomou conta da Igreja. De parte a parte, arianos e católicos mediam forças. Até que um concílio foi convocado para pôr fim à infindável disputa. Em Nicéia, no ano

---

[1813] Carta aos Efésios, V, 25.
[1814] Apocalipse, XXI, 27.
[1815] M.T. Guyot, *op. cit.*, p. 128.
[1816] Roque Frangiotti, *op. cit.*, p. 70.
[1817] *Op. cit.*, p. 57.

325, o arianismo foi condenado, ocasião em que foi solenemente declarada a perfeita igualdade entre o pai e o filho.

Apolinário, bispo da Laodicéia, concebeu uma cristologia baseada nas conclusões do concílio de Nicéia, cujas omissões pretendia suprir. "Se Nicéia afirmava que Jesus Cristo é plenamente Deus e homem, não se explicava, contudo, como se dava esta união, como se estabelecia esta relação entre as duas naturezas".[1818] Apolinário acreditava que Jesus Cristo havia se encarnado e tomado um corpo humano, mas não tinha recebido uma alma humana, ou seja, essa alma humana não era racional, mas uma alma sensitiva, desprovida, assim, de razão e de entendimento.

Apolinário tinha sido um dos mais zelosos defensores da consubstancialidade do Verbo e intentara provar, contra os arianos, por várias passagens das escrituras, que a alma humana era inútil ao propósito e à natureza do Filho de Deus.

A doutrina apolinarista descansava nos princípios da filosofia pitagórica, que supõe no homem uma alma racional e inteligente, incapaz, portanto, de experimentar os movimentos desordenados das paixões, e uma alma puramente sensível.

A heresia de Apolinário foi condenada pelo concílio de Alexandria, cuja decisão foi confirmada pelo concílio de Constantinopla, realizado em 381.[1819]

7.6. Heresias do Século V

O grande interesse pela filosofia platônica e pitagórica, desde o surgimento do cristianismo, tinha inclinado os espíritos para o estudo do mistério da Trindade, da divindade de Jesus Cristo e da união da natureza divina e humana:

> Estes mistérios, por assim dizer, foram colocados entre dois abismos, nos quais a curiosidade temerária ou o zelo indiferente se precipitaram. Uns criam que Jesus Cristo não tinha tomado um corpo e que, portanto, não estava ligado à natureza humana; outros pretendiam que ele não era senão um homem, mas dirigido pelo espírito de Deus. Práxeas e Noeto, para conservar o dogma da Trindade, tinham feito do filho de Deus uma substância distinta da substância do Pai; Sabélio, para defender a unidade da substância divina, havia feito das três pessoas da Trindade três atributos; Ário, para evitar o erro de Sabélio, supunha que Jesus Cristo era um Deus criado e distinto da substância do Pai; Apolinário, defendendo a consubstancialidade do Verbo e do Pai, julgou, entretanto, que Jesus Cristo não possuía alma humana, cujas funções competia à sua divindade desempenhá-las; Teodoro de Mopsuestia, para combater Apolinário, procurou nas Escrituras tudo o que podia demonstrar que Jesus Cristo tinha uma alma distinta do Verbo e que este dirigia aquela, correspondendo à sua alma humana todas as experiências físicas, psíquicas e emocionais do homem Jesus, a menos que se admita que era a sua própria divindade que sofria, que se angustiava e que adquiria conhecimentos.[1820]

[1818] Roque Frangiotti, *op. cit.*, p. 100.
[1819] M.T. Guyot, *op. cit.*, p. 54.
[1820] François A. Pluquet, *op. cit.*, Tomo 1, p. 173.

Nestório, discípulo de Teodoro de Mopsuestia, nutrido desses princípios, concluiu que a divindade habitava na humanidade como em um templo, muito embora não fossem unidas, de modo que havia duas pessoas em Jesus Cristo: o Verbo, que era eterno, infinito, incriado; e o homem, que era finito e criado. Toda doutrina que reunisse as duas pessoas, a humana e a divina, lhe parecia contrária à ideia da divindade e à fé da Igreja. Ao mesmo tempo que erigia essa afirmação ao nível de um princípio apodítico, Nestório condenou, como contrário a essa fé, o título de mãe de Deus, atribuído à Virgem Maria.[1821]

O zelo pela pureza da fé eclodiu em todos os espíritos, de tal modo que o povo, em sua grande parte devoto de Maria, se rebelou contra Nestório. A Igreja foi logo informada da inovação; os monges defenderam as prerrogativas da Santa Virgem; logo, dois partidos opostos se confrontaram nas ruas de Constantinopla, na corte e nas províncias. O imperador convocou então um concílio para pôr termo à agitação. Em Éfeso, o nestorianismo foi condenado, seus partidários foram proibidos de se reunir, alguns sofreram o desterro e muitos tiveram seus bens confiscados.[1822]

Após a condenação do nestorianismo, afirma Pluquet, estava tudo preparado para a heresia oposta e para facilitar a formação de uma seita tenaz, fanática e perigosa: não era preciso para fazê-la irromper senão de um homem que tivesse uma grande aversão pelo nestorianismo, poucas luzes, austeridade nos costumes, firmeza de caráter, orgulho e alguma celebridade.[1823]

Assim é que o horror que Êutiques tributava ao nestorianismo precipitou-o no excesso oposto: da unidade de pessoas, ele concluiu a unidade de natureza em Jesus Cristo, de tal modo que "a natureza humana seria absorvida como uma gota de chuva no oceano ou confundida com a natureza divina, como o cobre e o estanho nos sinos de nossas igrejas".[1824]

Essa opinião aniquila o mistério da redenção, pois se não há senão uma natureza em J.C., e a humanidade é nele idêntica à divindade, não há então verdadeiro homem; foi assim um equívoco seu se autoproclamar o filho do homem, já que em sua pessoa só subsiste a divindade, e dado que esta não pode ser paciente, conclui-se então que o Salvador não sofreu, não morreu,

---

[1821] François A. Pluquet, *op. cit.*, Tomo 1, p. 174. A título de ilustração da afirmação feita acima, segundo a qual foi no combate às heresias que os dogmas do cristianismo foram definidos com mais precisão, passamos a transcrever um excerto de A. Beugnot, que quadra bem ao tema em questão. Ei-lo: "Penetrando numa alma corrompida e enfraquecida pela idolatria, os dogmas do cristianismo deviam, num primeiro momento, disseminar uma espécie de terror. Como os pagãos, acostumados a seus deuses mesquinhos e a suas deusas prostituídas, não haviam de estremecer quando ouviam, pela primeira vez, o estrondo da voz do Deus justo e inexorável remunerador do bem e do mal? Um culto grave e solene, cujas cerimônias eram um estímulo constante e direto à prática de todas as virtudes, não devia parecer um jugo insuportável a homens acostumados a encontrar nos seus ritos sagrados uma ocasião legítima de dar livre curso a todos os gêneros de depravação? O temor de se submeter a uma moral muito austera, reteve, durante vários anos, uma multidão de pagãos fora da Igreja. *Se entrava nos desígnios da Providência temperar os dogmas severos do cristianismo pela consagração de algumas ideias doces, ternas, consoladoras, adequadas, por isso mesmo, à natureza frágil do homem, é evidente que estas ideias, qualquer que tenha sido sua forma, deveram contribuir para libertar os últimos pagãos de seus erros: o culto de Maria, mãe de Deus, parece ter sido o meio do qual se serviu a Providência para completar o cristianismo.* Os povos ficaram fascinados pela imagem da mãe divina, que reunia em sua pessoa os dois sentimentos mais doces da natureza: o pudor da virgem e o amor da mãe, emblema de doçura, de resignação e de tudo que a virtude apresenta de sublime; que chora com os infelizes, intercede pelo pecador e não se mostra jamais senão como a mensageira do perdão ou do bom socorro. Eles acolheram o culto novo com um entusiasmo algumas vezes bem grande, pois, para muitos cristãos, este culto se tornou o cristianismo todo inteiro. Os pagãos não pretenderam nem mesmo defender seus altares contra os progressos do culto da mãe de Deus, mas, ao contrário, abriram à Maria templos, cuja entrada interditavam a Jesus, e se confessaram vencidos. Assim, algumas prudentes concessões feitas, temporariamente, aos costumes pagãos e a influência exercida pelo culto da virgem, tais são os dois elementos de força dos quais se serviu a Igreja para vencer a resistência dos últimos pagãos...". *Op. cit.*, Tomo 2, p. 269-271.

[1822] François A. Pluquet, *op. cit.*, Tomo 1, p. 174-175.

[1823] *Op. cit.*, Tomo 1, p. 175-176.

[1824] M.T. Guyot, *op. cit.*, p. 140.

nem resgatou os nossos pecados: tudo isso foi apenas um simulacro, uma aparência da realidade. Êutiques recaía na heresia de Cerinto e dos gnósticos.[1825]

Convocado um sínodo em Constantinopla, Êutiques aí compareceu, sem se retratar, ocasião em que foi excomungado e deposto do governo de seu monastério.

Êutiques, porém, tinha um partido poderoso:

> [...] os monges gregos, pessoas aguerridas e entusiastas, lhe eram fiéis; o povo sempre levado a supor a santidade onde ele vê o exterior da penitência, o enxergava como um homem divino; os bispos reputavam-no um apóstolo útil à Igreja, por seu crédito e por seu zelo contra o nestorianismo; Dióscoro, patriarca de Alexandria, avaro, violento, impudico, defendia-o com sua amizade e com seu poder temível, mesmo na corte de Constantinopla; o eunuco Crísafo, favorito do imperador, lhe dedicava uma verdadeira estima; a imperatriz Eudóxia depositava nele uma confiança cega. Sendo assim, indaga Guyot, como Teodósio II, príncipe fraco, poderia ter resistido aos clamores do povo e dos monges, às exigências de Dióscoro, às intrigas de Crísafo, aos desejos de uma mulher? O imperador convocou então, em Éfeso, um concílio que revisasse os atos do concílio de Constantinopla.[1826]

Jamais exemplo tão hediondo foi dado por homens revestidos de um caráter sagrado.[1827]

> Tudo foi preparado, de antemão, para dar vitória aos monofisitas. Dióscoro, patriarca de Alexandria, assumiu a presidência do concílio. Admitiu-se, nas deliberações, a presença de Barsaumas, chefe de um grupo, que se dizia monge e que saqueava templos e incendiava mosteiros a pretexto de pertencer aos nestorianos. Por outro lado, impediu-se a entrada de diversos bispos inimigos do monofisismo.[1828]

Entretanto, esse bando furioso partidário do monofisismo[1829] de Êutiques não contava com a intervenção decisiva, do papa Leão Magno, que enviou ao concílio um legado, Flaviano, com uma carta cujo texto passou para a história como *Tomus ad flavianum*. Nessa carta o papa desautorizava a doutrina de Êutiques, dizendo: "Jesus Cristo é Deus, porque está escrito: 'no princípio era o Verbo'. E é homem, porque se diz: 'o Verbo se fez carne'". Tal foi o tumulto gerado pela intervenção criminosa de Dióscoro, que o "concílio de ladrões"[1830] foi encerrado por um decreto do imperador. Outro concílio se realizou em Calcedônia sob o patrocínio do imperador Marciano e de sua mulher, a imperatriz Pulquéria. Neste, o triunfo dos ortodoxos foi completo, com a condenação do monofisismo e o desterro de Dióscoro.

[1825] M.T. Guyot, *op. cit.*, p. 140.
[1826] M.T. Guyot, *op. cit.*, p. 140-141.
[1827] M.T. Guyot, *op. cit.*, p. 141.
[1828] "Roque Frangiotti, *op. cit.*, p. 1420.
[1829] Mónos = um, único; fysis = natureza. União das duas naturezas.
[1830] Ao tomar conhecimento dos acontecimentos ocorridos no concílio, o papa Leão Magno denominou-o de o "concílio de Ladrões".

CAPÍTULO 8

A ORIGEM DA CIVILIZAÇÃO OCIDENTAL

8.1. A Destruição do Império Romano do Ocidente

Antes de falarmos da obra de destruição propriamente dita, convém fixarmos mais detidamente nossa atenção naquilo que foi destruído, ou seja, no formidável aparato político que a república e mais tarde o império utilizaram para glorificar Roma e dominar o mundo, em ordem a se aferir a magnitude da força que o destruiu assim como a importância dos fatores internos que concorreram para a derrocada do Ocidente romano.

Como certeiramente observou M. Nieupoort,

> Nenhum império teve tão vacilante começo e chegou a um tão elevado grau de poder como o romano, que venceu e subjugou inúmeras nações e contou os próprios reis no número de seus súditos. Ainda que seja verdade que Deus ergue os impérios e estende seu poderio para a realização de seus desígnios eternos, é certo, porém, que para chegar aos fins que se propõe, Deus se serve das disposições dos homens, cujos costumes, usos e leis são os meios que ele emprega. A república romana, tão distinta entre os diversos Estados e impérios do universo, tinha leis e costumes excelentes, donde a afirmação de Cícero, de que Roma não teve uma boa polícia, e que se aqueles que administraram a república não tivessem sido homens excelentes, um império tão vasto não teria podido se estabelecer nem se manter. Os magistrados sem os costumes dos romanos, e os costumes dos romanos sem os magistrados, teriam sido inúteis para a grandeza de Roma.[1831]

De fato, à vista de um tão grande poder, cabe incessantemente indagar: por que o luxo e a depravação corromperam Roma? Como a corrupção triunfou sobre o gênio desse povo austero, do qual Catão, o velho, foi a última personificação? Esse mal que destruiu a república e tornou possível o império, que meios se empregou para preveni-lo? Quem quis retardar a sua marcha, e quem precipitá-la? Como explicar o fato de que o senado romano, cuja hábil política tinha conquistado o mundo, não tenha podido conservar um regime político tão bem estruturado? Como cidadãos tão esclarecidos como Cícero e tão patriotas como Catão deixaram perecer a república, embora prevendo sua ruína? Que leis, que instituições, que mudanças na constituição e mesmo na organização social teriam impedido que Roma se abismasse tão melancolicamente? A insensatez

---

[1831] *Explication abregée des coutumes et cérémonies observées chez les romains*, p. VII-VIII, Paris, 1750.

dos Gracos e a ambição de César nada explicam a respeito, pois existiram homens tão altivos como os filhos de Cornélia e tão empreendedores como o conquistador das Gálias, sem que as mesmas paixões ou os mesmos vícios tenham conduzido a tão violentas perturbações políticas e sociais. Ademais, a história prova que um homem, ainda que seja genial, não exerce sobre um povo senão uma influência proporcional às necessidades e às aspirações que seu talento vem satisfazer. Para que a república se tornasse o império, foi preciso que, de longa data e bem antes de Júlio César, houvesse começado a deterioração das instituições e do espírito republicano. As revoluções são ordinariamente concluídas quando a história registra seu nascimento: é o edifício trepidante que desmorona; mas aquele dá o último golpe, e quem recolhe a glória ou o opróbrio, não é jamais o mesmo que preparou a ruína. Uma revolução, ou por outra, uma mudança no governo, não é senão o triunfo de interesses preponderantes na sociedade, que esperam o momento oportuno para seu reconhecimento oficial. O império, pois, já existia bem antes que Otávio empolgasse o poder soberano, sob o nome de imperador; havia já cinquenta anos que Sila matara o que ainda restava da república. Cícero, Catulo e Catão, se esforçaram inutilmente para reanimar o que não era mais que um cadáver. César não fez mais do que ocupar o lugar que Sila deixara vago, diante do qual havia recuado a timidez de Pompeu. Mas não foi César que subverteu os fundamentos da república romana: isso fica evidente quando se tem em mente a tentativa desesperada de Brutus para salvar as instituições republicanas, crendo que, eliminando o ditador, eliminar-se-ia também a consolidação da ditadura, sendo certo que o filho adotivo de César, ao contrário do que queria o assassino, mais não fez do que abrir uma via mais larga ainda para a implantação do despotismo imperial.[1832]

As causas dessa incurável fraqueza, que entregou Roma desarmada à Itália[1833], e mais tarde pôs a cidade e o mundo nas mãos de um só senhor, foram a hipertrofia dos interesses aristocráticos, o populismo demagógico dos tribunos e o enfraquecimento progressivo da classe média.

A aristocracia, que cresceu e se destacou nas guerras que Roma empreendeu fora da Itália, destruiu, por sua preponderância teratológica, o equilíbrio da constituição. O governo de Roma era inteiramente municipal, feito, portanto, para uma cidade e não para um império. No interior, tudo era previsto e combinado para que os poderes e as magistraturas se equilibrassem. Os comícios nada podiam fazer sem a autorização do senado[1834], que, por sua vez, tinha necessidade do voto popular nas decisões importantes. As magistraturas se punham em xeque entre si; cada agente público, todo poderoso para suspender os efeitos das medidas tomadas pelos colegas, ficava desarmado também diante do veto destes. A esfera de ação, imensa em direito, era, de fato, bem mais limitada, visto que cada magistrado, desde que quisesse agir, encontrava oposição de seus superiores, de seus iguais e, por fim dos tribunos, esses guardiães zelosos das liberdades públicas. Ora, diante dessa resistência, se curvava toda pretensão, já que em Roma era uma máxima constitucional que *o veto devia sempre prevalecer*.[1835] Daí um espírito de continuidade na administração. Como toda novidade era de difícil realização, havia um esforço comum para seguir os precedentes, para agir segundo o que haviam feito os ancestrais, *more majorum*, a exigir que, em todas as reformas, uma série de transações e de concessões mútuas fossem observadas, de modo

---

[1832] Sobre Júlio César e o surgimento do império romano, cons. Jerôme Carcopino, Jules Cesar, passim.

[1833] Quando à Itália inteira foi reconhecido o direito de cidadania, a república não existiu mais senão de nome. O governo pelos comícios se tornou impossível, ao mesmo tempo que da admirável constituição, que fez de um punhado de soldados os senhores do mundo, todo vestígio foi aniquilado.

[1834] Tito Lívio, *op. cit.*, I, 17; VI, 42; VIII, 12. Cícero, Brutus, 55.

[1835] Apiano, The Civil War, I, 12.

a evitar bruscas alterações nas leis, sempre perigosas para os países livres. Daí, por fim, entre os magistrados, uma moderação constante, uma deferência muito grande pelo senado e pelo povo, aliada a um amor sincero pelas instituições imutáveis da cidade eterna.

Esse equilíbrio nos poderes e nas magistraturas, impõe um estudo acurado da constituição romana, tarefa que exige um esforço superior às nossas forças e aos limites impostos a este capítulo. Será suficiente, para o fim que nos propomos, analisar superficialmente cada uma das instituições políticas romanas, tendo como ponto de partida o advento da república, e como termo final a queda do império romano do Ocidente.

8.2. A República

Antes de passarmos à execução da tarefa acima aludida, cumpre esclarecer de antemão que a organização das magistraturas romanas não se assemelhava a esta que, dia a dia, vemos dar vida aos governos modernos. Roma ignorava o que hoje conhecemos como hierarquia funcional ou poder hierarquicamente superior, ao qual tudo se remete e sob o qual estão submetidas outras instâncias políticas ou administrativas, sendo certo que somente no império sentiu-se o influxo das primeiras ideias de centralização. A república tinha duas cabeças, o senado e o povo, este representado ordinariamente pelo colégio de tribunos.

Entre esses dois grandes poderes, que compartilhavam, sem limites precisos, o poder legislativo e o judiciário, sendo ambos peças importantes na administração superior, os magistrados formavam algo assim como um terceiro poder. Responsáveis quando expiravam suas funções, todos eram soberanos durante o transcurso delas; e não somente o eram, até certo ponto, perante o senado e o povo, independência bem difícil de se conciliar com o papel do senado na administração, mas também eram independentes uns dos outros, cada um agindo em sua própria esfera, frequentemente com direitos iguais. Seu poder, em vez de se limitar por uma divisão vertical de atribuições, como nos Estados modernos, se limitava de fato pelo respeito recíproco e pela possibilidade sempre presente de uma futura prestação de contas, ao término da função. Se o cônsul ou o pretor não faziam tudo na cidade (sem falar do veto), era porque havia um outro cônsul ou outros pretores que agiam paralelamente a eles, de modo que suas funções, limitadas de fato, não o eram de direito, não havendo razões, dando-se o caso da ausência dos demais magistrados, para que a um só pretor fosse negada a possibilidade de governar toda a república.

Não é porque não houvesse senão uma aparência de hierarquia, mas ela era mais honorífica que real. Os cônsules eram sem dúvida, os chefes da república e, nessa qualidade, atraíam respeito dos demais agentes públicos. Não abusaram de seu poder, portanto, Acílio como Escauro quando defenderam a dignidade consular, vindo a quebrar o assento do pretor, que, ocupado em prestar jurisdição, não se levantou diante deles.[1836] Mas se a dignidade do cônsul era mais eminente que a do pretor, não é menos certo que este último magistrado não era subordinado ao cônsul, não recebia ordens dele, nem lhe prestava contas de sua administração. O cônsul presente em Roma administrava e governava a república, de preferência ao pretor. Mas o pretor era soberano nos atos que praticava, de sorte que se convocava o senado ou o povo, se tomava ou fazia tomar uma decisão, se promulgava um édito para modificar a legislação, o cônsul (à parte seu direito de veto), não tinha poder para modificar os atos praticados por um magistrado independente. Muito ao

---

[1836] Dion Cássio, XXXVI, 24; Valério Máximo, II, 2, § 4.

contrário do que acontece hoje, era princípio assente em Roma que o magistrado não tinha poder senão para a prática de atos cuja finalidade poderia ser perseguida por si próprio, em virtude de seu cargo, pois não havia nenhum meio, para o atingimento daquela, que vinculasse quaisquer magistrados, que poderiam ser seus inferiores, mas não seus subordinados.

O que foi dito dos cônsules e dos pretores, cabe dizer outro tanto dos censores, dos edis e dos questores. Não falamos dos tribunos, porque, originariamente, não eram propriamente falando magistrados, posto que não tinham funções ativas, mas apenas de controle sobre os cônsules, por meio do veto. Todas essas magistraturas eram independentes umas das outras e não havia entre elas nenhuma hierarquia. É, por isso, acertado dizer que a constituição romana se assemelhava à engrenagem delicada de um relógio de precisão. Os questores, por exemplo, tinham atribuições menos altas que as dos primeiros magistrados, mas não dependiam de ninguém; jamais passavam por funcionários ou agentes dos cônsules, embora obedecendo-os habitualmente. Agiam não por delegação ou sob as ordens de um superior, como entre nós os funcionários subalternos, mas diretamente e *sponte propria*, ou seja, em virtude do poder que lhes era conferido pela eleição popular e, consequentemente, por sua própria conta e risco. Assim sendo, a parcela de soberania atribuída aos questores pelo comício das centúrias não ficava nada a dever àquela deferida aos cônsules. A ideia de subordinação só se impôs ao espírito dos romanos sob o império.

Do que ficou dito, pode-se concluir que a constituição romana reconhecia dois grandes poderes públicos, absolutamente independentes e irresponsáveis, o senado e o povo. Previa também a investidura de magistrados independentes, soberanos e irresponsáveis durante o exercício de suas funções: cônsul, pretor, censor, questor, edil e o tribuno do povo. É o que vamos estudar agora.

8.2.1. Consulado

O comando político da república, após a expulsão de Tarquínio, era confiado a dois cônsules, soberanos como quaisquer monarcas, mas designados por um nome mais doce[1837], cujas funções se extinguiam em um ano a partir da investidura.

Nos áureos tempos da república, essa magistratura experimentou uma alteração profunda. Despojado do poder judiciário pela lei Valéria[1838], esvaziado pelos patrícios em sua interminável luta com a plebe, comprimido pela influência dos tribunos, que crescia de dia para dia, o consulado acabou ficando bastante enfraquecido. Entretanto, malgrado os limites fixados ao seu poder, os cônsules eram ainda os verdadeiros chefes da república, e seu raio de ação tão dilatado, para que Políbio pudesse dizer, com razão, que seu poder parecia mais com o de um rei do que com o de um magistrado. Enquanto estão na cidade, os cônsules têm em suas mãos todos os assuntos públicos[1839], pois todos os outros magistrados são inferiores, exceto os tribunos, que, em virtude do direito de veto, podiam paralisar todos os atos dos agentes públicos. São os cônsules que, de preferência aos demais magistrados, têm a atribuição de convocar os comícios de centúrias ou o senado.[1840] São eles que submetem as proposições à apreciação daqueles corpos legislativos,

---

[1837] Cícero, Da República, II, 32.
[1838] Valério Publícola suprimiu o direito dos cônsules de vida e de morte, e lhes deixou somente o poder de castigar com açoites, ao menos no interior da cidade. Dionísio de Halicarnasso, *op. cit.*, V, 19. Publícola, por meio de lei, permitiu a todo cidadão de apelar para o povo do julgamento do cônsul, proibindo ademais, durante a tramitação do recurso, a imposição de pena ao recorrente. Tito Lívio, II, 8.
[1839] Políbio, *op. cit.*, VI, 12.
[1840] Aulo Gélio, *op. cit.*, XIII, 15.

fazem o relatório e executam as decisões tomadas pelos dois grandes poderes do Estado. São os cônsules também os primeiros administradores da república, bem como os ministros do povo e do senado.

Os cônsules eram vistos como a alma da república.[1841] A. Adam observa, com razão, que

> [...] davam-se os nomes destes magistrados às leis que eles haviam proposto, quando adotadas. Recebiam despachos dos governadores de província, dos reis e dos governos estrangeiros. O ano de seu consulado era designado por seu próprio nome, como também o era em Atenas, pelo nome de um dos arcontes. Dava-se o título de *cônsul prior* àquele que reunia a maioria dos sufrágios, sendo o seu nome o primeiro inscrito no calendário (*in fastis*). O prior tinha também o mesmo direito de preferência sobre os feixes e presidia ordinariamente as eleições do ano seguinte... Todo cidadão devia dar-lhes passagem, tirar o chapéu, descer do cavalo e se levantar quando os cônsules passavam. Se alguém omitia esta deferência, sabendo-o o cônsul, este ordenava ao lictor de advertir o transgressor. Em tempos de guerra, os cônsules dispunham de autoridade suprema: faziam a conscrição dos soldados e proviam a tropa de tudo que era necessário para a sua manutenção; nomeavam também os centuriões e os outros oficiais do exército. Quanto aos tribunos militares e os tribunos de legião, uma parte era nomeada por eles, e a outra parte pelo povo.[1842]

Únicos dentre todos os agentes públicos, os cônsules podiam dispor dos recursos do tesouro sem serem obrigados a fazer uma consulta prévia ao senado: o questor, que não podia fazer pagamentos sem a autorização desse colegiado, era obrigado a satisfazer a pretensão do cônsul.[1843]

Assim, como se pode verificar, era enorme o poder dos cônsules. Mas, muito embora ilimitado na aparência, esse poder se defrontava com alguns obstáculos, de modo que, sem falar nas contas que o cônsul tinha que prestar ao deixar o cargo, o consulado, em seu próprio exercício, se achava contido por si mesmo, pelo senado e pelos tribunos.

O consulado se mantinha dentro dos limites impostos pela constituição, principalmente porque era uma magistratura anual, impermeável, portanto, aos desígnios de políticos ambiciosos, uma vez que seria praticamente impossível intentar, em tão curto espaço de tempo, qualquer ato contrário aos princípios republicanos: a curta duração das magistraturas era, pois, uma das regras fundamentais da constituição romana. Era por esse meio que se limitavam os poderes absolutos. O abandono desse sábio princípio, nos últimos tempos da república, foi uma das causas que levaram ao perecimento da liberdade romana. Assim é que Catulo, censurando a lei Manilia, dizia ao povo, com muita razão, que não há nada de mais fatal à república que a prorrogação das magistraturas. Não há nos homens coração tão jovem ou tão velho que, uma vez habituado ao comando, queira retroceder à obediência do cidadão.[1844] Era entre os romanos uma convicção generalizada de que o hábito do poder corrompe as melhores naturezas, a tal ponto entranhada na consciência social

---

[1841] Cícero, *pro Murena*, 35.
[1842] Antiquités romaines, Tomo 1, p. 163-164, Paris, 1818.
[1843] J.B. Mispoulet, Les Institutions politiques des romains, Tomo 1, p. 128, Paris, 1882.
[1844] Dion Cássio, XXXIV, 14. Ver também os interessantes sofismas de Cícero, em *Pro lege Manilia*, 17.

que, já sob o império, um último republicano, Arruntio, deixando a vida por ordem de Tibério, maldizia menos esse imperador do que o terrível veneno que se chama poder.[1845]

O consulado se moderava ainda porque era uma magistratura partilhada, de modo que bastava a oposição de um cônsul para que se paralisassem as ações do outro.[1846] Foi por isso, para citar apenas um exemplo, que, nos últimos tempos da república, Bíbulo se opôs a César, dizendo em plena assembleia popular que durante o ano de seu consulado (que era também o de Júlio César) não se votaria a lei agrária, mesmo que a nação inteira o desejasse.[1847] Numa situação regular, portanto, seria preciso, para por em perigo a república, a convergência de vontades de dois magistrados desonestos e que ambos mantivessem a clandestinidade de um acordo, aliás bem difícil de ser mantida. A se dar crédito a Catulo, a sorte de Roma foi tão grande que, até o fim da república, não houve jamais dois indivíduos corruptos investidos ao mesmo tempo nessa tão elevada função.[1848] Era, pois, uma máxima constitucional das mais importantes que toda magistratura, mormente o consulado, fosse plural, para que a contrariedade se tornasse possível, de forma que se um dos cônsules chegasse a morrer no decurso do ano, o outro deveria convocar imediatamente uma nova eleição. Valério, cônsul remanescente com a morte de Bruto, tendo adiado por algum tempo a escolha eleitoral de seu novo colega, foi recriminado abertamente pelo povo, por essa grave violação das leis[1849], o mesmo voltou a ocorrer no fim da república. Numa época em que já se costumava ver magistratura única, Pompeu, nomeado único cônsul por um senatusconsulto, se viu obrigado, para salvar as aparências e conservar sua popularidade, de modo a afastar qualquer suspeita de tirania, a se associar a Metelo Cipião, seu sogro, que era seu aliado.[1850]

O equilíbrio de forças entre dois magistrados tinha por resultado assegurar a preponderância do senado.[1851] Esse grande colegiado, essencialmente moderador, estava sempre pronto a conciliar interesses antagônicos e a acalmar suscetibilidades feridas de lado a lado.

A despeito de intervir em disputas entre magistrados em geral, e até mesmo entre tribunos, o senado tinha uma ação mais direta sobre os cônsules, e não era só como árbitro que os mantinha controlados. Sem dúvida, nenhuma lei sujeitava o cônsul à sua obediência, sendo certo que uma tal lei seria incompreendida em Roma, onde não se tinha ideia de uma magistratura limitada, por isso que o cônsul Postúmio Megilo, repreendido porque maltratava os soldados, estava em seu direito quando respondeu arrogantemente que o senado podia dar ordens aos particulares, mas jamais aos cônsules.[1852] Não foi senão no outono da república, quando já não havia mais um clima constitucional, que o senado se arrogou o direito de depor os cônsules, ainda que não fosse por via direta, mas declarando-os inimigos da república ou colocando-os fora da lei, em qualquer caso, violando abertamente a constituição.[1853] Entretanto, e sem recorrer a esses meios extremos, o senado acabou por estabelecer certos precedentes favoráveis à sua autoridade.

[1845] Tácito, *Anais*, VI, 48.

[1846] Dionísio de Halicarnasso, V< II, 13. Salústio, Conjuración de Catilina: "Mudado o regime de governo, criaram-se uma magistratura anual e dois homens no cargo: assim pensavam que não poderia corromper-se a alma humana pela licença do poder." *Op. cit.*, VI, 7, p. 99, Buenos Aires, 2007.

[1847] Dion Cássio, XXXVIII; 4. Suetônio, *Júlio César*, 20.

[1848] Cícero, Oração post. red., no senado, I, 5, 9.

[1849] Tito Lívio, II, 7.

[1850] Plutarco, *Pompeu*, 80. Apiano, The Civil War, II, 25.

[1851] Tito Lívio, XXVII, 5.

[1852] Dion Cássio, XLI.

[1853] Apiano, The Civil War, I, 65, 69, 74.

Os cônsules estavam encarregados de executar as decisões do senado.[1854] Contudo, ainda não era por esse meio que o senado podia exercer um efetivo controle sobre eles, pois os cônsules não somente tinham toda liberdade na execução, mas ainda lhes era sempre possível retardar ou eludir a vontade senatorial, deixando cair no esquecimento a tarefa que lhes havia sido confiada, de tal modo que inexistiam meios de superar essa força da inércia. O cônsul Tuditano, para citar um só exemplo, encarregado de julgar os processos suscitados pela lei agrária de Tibério Graco, partiu para a guerra na Itália, para se desembaraçar de uma missão tão delicada.[1855] E o que é mais digno de assombro é que as determinações do senado permaneciam sem cumprimento, sem que este se reservasse o direito de advertir o agente recalcitrante ou de nomear, para o seu lugar, um segundo magistrado para fazer o que o primeiro não fez.

Em casos como esse, havia mais inércia do que resistência, de modo que o senado, por várias vezes, se tornou cúmplice da transgressão de suas próprias decisões. Mas, quando se dava o caso de uma desobediência formal, e dessa desobediência resultava perigo para a constituição, por que meio o senado podia constranger à obediência o cônsul que, reprise-se, não estava *in auctoritate senatus*? Originariamente, resolvia-se o impasse pela nomeação de um ditador; mais tarde, pela revogação do *imperium* do cônsul desobediente, autorizada unicamente pela assembleia popular.

Há em Tito Lívio vários exemplos referentes à primeira hipótese.[1856] Entretanto, podia dar-se o caso de que os dois cônsules se recusassem a nomear um magistrado supremo, o que configuraria uma situação imprevista e delicada para o senado, visto que somente os cônsules tinham atribuição constitucional para nomear o ditador: nesse ponto, como em outros, esses magistrados eram senhores absolutos de suas decisões.[1857] Essa dificuldade se apresentou em 325, quando Q. Cincinato Peno e Júlio Mento se recusaram a nomear o ditador. O senado recorreu aos tribunos e estes, por um ato inconstitucional, dobraram a resistência dos cônsules, ameaçando-os de prisão. Precedente que abriu uma larga via à hipertrofia do poder tribunício.[1858]

Por outro lado, somente o povo podia revogar o *imperium* que ele mesmo, por meio do comício de centúrias, havia conferido a um magistrado. Para lograr esse objetivo, o meio mais curto para o senado era o de manter entendimentos com os tribunos, a fim de persuadi-los a propor essa revogação.

Assim, ainda que fosse absoluto o consulado, era preciso ceder diante da coligação entre o senado e os tribunos, representantes do povo.[1859] Parece que nada podia resistir a esses dois grandes poderes do Estado reunidos, o senado e o povo. Entretanto, e contrariamente a essa tendência, vemos que, no fim da república, constituiu uma manobra familiar aos cônsules ambiciosos servirem-se dos tribunos para agir e governar a despeito do senado.[1860] O poder ia sempre na direção para a qual os tribunos inclinavam a vontade popular.

O poder dos cônsules encontrava ainda em Roma (mas em Roma somente) um outro e mais terrível limite no veto dos tribunos. Analisaremos mais tarde as conquistas desse poder, que, fraco na origem, se tornou formidável e terminou por conquistar uma preponderância incô-

---

[1854] Políbio, VI, 12. Cícero, Das Leis, III, 6.
[1855] Apiano, The Civil War, I, 19.
[1856] Tito Lívio, V, 9; XXVII, 5.
[1857] Suetônio, *Nero*, 2.
[1858] Tito Lívio, IV, 26.
[1859] Tito Lívio, XXVII, 5.
[1860] Dion Cássio, XXXVIII, 4.

moda na república, a ponto de paralisar as decisões do senado, a ação dos cônsules e de todas as magistraturas do Estado.

Agora diremos alguma coisa sobre a responsabilidade dos cônsules por ocasião da expiração de seu mandato anual. Essa responsabilidade era dúplice: criminal e administrativa. A primeira era apurada perante os comícios por centúrias, que podiam condená-los à morte, ou perante os comícios por tribos, que impunham multas, algumas vezes tão pesadas que o condenado, sem condições de pagá-las, era obrigado a se exilar. O senado, por sua vez, era o órgão competente para apreciar e julgar o ilícito administrativo praticado pelos cônsules, pois estes deviam prestar contas àquele dos recursos públicos despendidos durante suas gestões. Na verdade, esse poder de controle dos atos do cônsul dava ao senado um instrumento não desprezível para manter sempre respeitoso e leal o trato dispensado pelos magistrados em relação àquele que um dia poderia onerar seu patrimônio, pois o senado tinha o direito de impor aos cônsules o pagamento das despesas não aprovadas, como ocorreu, por exemplo, com Fábio Máximo, na época das guerras púnicas.[1861]

Nos últimos tempos da república, seja pela fraqueza do senado, seja pelo progresso da corrupção, a responsabilidade pecuniária dos cônsules se tornou ilusória, como se pode julgar pelo que nos ensina Cícero.[1862] Foi uma das causas que precipitaram a ruína de Roma: aí onde cada um pilha o patrimônio público e não pensa senão em seu interesse pessoal, como o Estado poderia se manter? Como conservar a incolumidade de um governo e o bem-estar de uma nação, quando sua principal instituição se tornou cúmplice de um Verres?

8.2.2. Pretura

No momento em que o plebiscito liginiano tornou o consulado acessível aos plebeus, ensina Mispoulet, criou-se, para o exercício da jurisdição, um novo magistrado com o mesmo nome dos primeiros cônsules. Muito embora não houvesse até o século VI senão um pretor, isso não quer dizer que a pretura tivesse derrogado a regra da colegialidade das magistraturas. Com efeito, na origem, a pretura não formava um colégio à parte, mas integrava o colégio consular: o cônsul era o colega do pretor, mas o colega maior.[1863] Mais tarde, quando passaram a existir vários pretores, esses magistrados formaram um corpo próprio, distinto do colégio consular. Como o cônsul, o pretor tinha a pretexta, a cadeira curul e os feixes, mas não tinha mais do que dois lictores em Roma e seis nas províncias.[1864]

Portanto, os pretores vinham imediatamente após os cônsules, dos quais tinham, *grosso modo*, o poder, menos certas prerrogativas honoríficas.[1865] Quando os cônsules estão na cidade, os pretores lhes devem respeito e deferência, virtudes que são exigidas até mesmo quando o senado provoca o pretor para convocar os comícios: esse magistrado não pode agir a despeito da oposição do cônsul, pois o direito deste prevalece sobre o seu e sobre o de qualquer outro magistrado, quando se trata de questões políticas e administrativas, a menos que a contrariedade

---

[1861] Fábio Máximo ao acertar com Aníbal a forma de resgate dos prisioneiros, sem consultar o senado, foi obrigado a vender seus bens para honrar o compromisso assumido com o general cartaginês, que carecia de ratificação senatorial. Tito Lívio, XXII, 23. Valério Máximo, *op. cit.*, IV, 8,1.
[1862] *Pro lege Manilia*, 37, 67; Verrinas, III, 165, 211.
[1863] Les Institutions politiques des romains, Tomo 1, p. 91-92.
[1864] Dion Cássio, LIII, 15. Políbio, II, 23, 24. Cícero, Verrinas, V, 54.
[1865] Aulo Gélio, XIII, 15.

à decisão do cônsul se materialize no veto tribunício.[1866] Na ausência do cônsul, porém, o pretor o substitui completamente e se torna um verdadeiro cônsul. Ele que comanda na cidade[1867], que convoca e preside o senado[1868], que recebe e introduz as embaixadas[1869], que nomeia os legados encarregados de alguma missão extraordinária; é o pretor ainda que provoca o povo, convoca os comícios e preside o voto das leis e dos julgamentos.[1870] Em suma, tudo o que era da competência do cônsul era, em sua ausência, da alçada do pretor da cidade. Ambos tinham o mesmo poder e, por conseguinte, a mesma oposição a temer e idêntica responsabilidade.

Ao contrário das outras magistraturas, o número dos titulares da pretura não era fixado pela constituição.[1871] Na origem, como dissemos, essa magistratura era única, passando a ser dúplice em 507, quando então se criou um segundo pretor, o *praetor peregrinus*, encarregado de administrar justiça entre o cidadão romano e os estrangeiros, diferentemente do *praetor urbanus*, que julgava processos em que as partes eram cidadãos romanos. Essa divisão de atribuições, contudo, não era absoluta. Segundo um princípio familiar à constituição romana, sobre o qual já insistimos, os dois magistrados se substituíam reciprocamente, como ambos substituíam também o cônsul, de modo que, se um dos pretores comandava o exército em uma guerra externa, seu colega reunia em si as duas funções dessa magistratura.[1872] Da mesma forma, sendo ambos colegas, podia-se apelar de um para o outro, em ordem a cassar uma decisão injusta ou *contra legem*. Era um corolário do direito de intercessão ou de veto, por meio do qual, já se disse, magistraturas iguais se moderam mutuamente.[1873]

No exterior, os pretores, encarregados de comandar o exército ou de administrar as províncias, tinham todos os poderes e gozavam de todas as prerrogativas consulares.[1874] No século VII, quando foram criados os tribunais permanentes (*quaestiones perpetuae*) para certos crimes, ao mesmo tempo que os pretores foram nomeados seus presidentes, esses magistrados permaneceram em Roma durante o ano de sua função, ao término do qual partiam para governar as províncias, *pro praetore*. Sila, que aumentou o número das *quaestiones perpetuae*, aumentou também o número dos pretores, elevando-o para oito. César o elevou para dez. Nessa qualidade de chefes da justiça, os pretores desempenharam um papel relevante, sendo de se destacar a grande contribuição que esses magistrados deram para o desenvolvimento da jurisprudência romana.[1875]

[1866] Tito Lívio, X, 25; XXVII, 5.
[1867] Tito Lívio, XXIV, 9. Dion Cássio, XLVI, 44; LIX, 24.
[1868] Tito Lívio, VIII, 2; XLII, 8.
[1869] Tito Lívio, X, 45; XLIII, 8.
[1870] Tito Lívio, XXII, 33; XXV, 27. Aulo Gélio, XIII, 15.
[1871] Cícero, Das Leis, III, 8.
[1872] Tito Lívio, XXIV, 44; XXV, 3; XXVII, 36; XXXV, 41; XLIV, 17.
[1873] Cícero, Verrinas, I, 46.
[1874] Políbio, II, 24; III, 24.
[1875] "Ao começar o exercício de sua função, o pretor da cidade, *praetor urbanus*, após jurar fidelidade às leis, publicava um édito, *edictum*, ou uma exposição (*formula*) das regras, pelo qual se propunha conduzir na administração da justiça durante o ano. O pretor convocava em seguida a assembleia do povo, onde, colocado sobre uma tribuna (*rostra*), declarava publicamente a maneira pela qual se propunha distribuir justiça, *edicebat*. Não se contentava com a publicação do édito através de um arauto, mas fazia-o ainda afixar (*scriptum in albo*) com grandes letras (*litteris majusculis*). Acrescentavam-se ordinariamente ao édito estas palavras: *bonum factum*". A. Adam, *op. cit.*, Tomo 1, p. 178-179.

8.2.3. Censura

Eis aqui uma magistratura digna de nossa atenção, não somente por seu caráter particular e sem paralelo nas nações da antiguidade e dos tempos modernos, mas também porque seus titulares, os *censores*, desempenharam um papel de grande importância na república romana, onde um sistema de magistraturas sem hierarquia exigia um poder que contivesse os agentes públicos dentro dos limites de suas respectivas atribuições, mantendo sobre suas cabeças a ameaça de uma dupla pena, que intimidavam porque eram extremamente eficazes: uma, da opinião pública; outra, real, que os afligia em sua honra e paralisava suas carreiras políticas.

Numa democracia, em que os assuntos públicos devem ser tratados com transparência, a opinião popular exerce uma enorme influência. É ela que dispensa a consideração ou a censura, e a censura, quando é generalizada, se traduz, mais cedo ou mais tarde, em infâmia relativamente aos homens que o sentimento público condenou antecipadamente. Entre os modernos, a opinião pública tem uma influência indireta; ela está de alguma forma pairando no ar e age sem que aqueles que são seus instrumentos se deem conta do quão inelutáveis são suas ações. Entre os romanos, essa influência irresistível era personificada na censura, cujos magistrados haviam recebido da constituição a prerrogativa exorbitante de ferir publicamente com a nota da ignomínia o cidadão que não permanecia fiel à severidade dos costumes antigos, e bem mais ainda, o direito de banir da vida política o magistrado que, por sua má conduta, desonrasse o nome romano.[1876]

Originariamente, a censura não tinha tamanha autoridade. Os magistrados encarregados dessa função deviam apenas organizar o censo, ou seja, o orçamento da república. Para esse fim, cumpria-lhes, de uma parte, fazer uma listagem contendo o nome, a idade e o patrimônio dos cidadãos e, de outra, discriminar as diversas fontes da receita pública, bem como adjudicar os trabalhos que deviam ser executados por conta do Estado. Essa atribuição orçamentária dava aos censores uma grande influência e uma grande consideração.[1877] Entretanto, não era por exercê-la, *tout court*, que eles eram temidos, pois o senado, nessa matéria, reservava a si o direito de revisão, de modo que podia desfazer o que tinha sido feito.[1878] Seu poder ilimitado e sua autoridade discricionária residia na função de organizar o censo que, com o passar do tempo, se tornou um instrumento de perseguição.[1879] Da avaliação injusta de um patrimônio, poderia advir para o cidadão uma sobrecarga de imposto. Nesse caso, o contribuinte podia recorrer ao veto do outro censor,[1880] do cônsul ou dos tribunos, mas uma vez tomada a decisão, nada podia restabelecer no rol dos cidadãos aquele indivíduo que os dois censores tinham relegado entre os *aerarii*. Riscado do rol, o infeliz perdia seus direitos políticos, não lhe era permitido votar nos comícios nem servir nas legiões,[1881] até que um novo censor o reintegrasse entre os membros ativos da cidade.

Esse direito de exclusão não pertencia aos censores senão indiretamente e, ousamos dizê-lo, constituía um verdadeiro abuso de poder. Era o patrimônio, e não a conduta dos cidadãos, que devia servir de base às suas investigações, de sorte que foi pela confusão de duas atribuições tão distintas, o direito de velar pela moral pública e a organização do censo, que os censores estende-

---

[1876] Cícero, Das Leis, III, 7.
[1877] Políbio, VI, 17, 1-5.
[1878] Tito Lívio, XXXIX, 44.
[1879] Por exemplo, a perseguição furiosa desencadeada pelos censores contra Mamerco Emílio, ex-ditador. Tito Lívio, IV, 24; IX, 33.
[1880] Tito Lívio, XXIX, 37. Plínio, Histoire Naturelle, XVII, 1.
[1881] Cícero, Das Leis, III, 7. Tito Lívio, XLI, 47.

ram seu poder para além dos limites fixados pela lei da instituição. Mas, sustentados pela opinião pública e, como todo magistrado romano, soberanos em suas decisões, lhes foi fácil expandir sua jurisdição, desnaturando-a.[1882]

A jurisdição dos censores não se estendia sobre os crimes; abraçava, entretanto, as faltas e contravenções de pouca importância praticadas por particulares, como por exemplo, a má gerência da propriedade[1883], maus cuidados com um cavalo, o que se chamava *incuria* ou *impolitia*; o celibato prolongado; contrair dívidas desnecessárias[1884], covardia nos combates[1885], costumes dissolutos[1886], violação de juramento.[1887] O arbítrio dos censores não era para temer, em regra, quando tinha como alvo um cidadão obscuro, mas o era sempre na esfera política, em que sua decisão podia elevar um cidadão à mais alta posição da república ou rebaixá-lo à mais miserável, consoante as preferências desses poderosos magistrados.

Os censores, durante o período de seu mandato, que era inicialmente de cinco anos, depois de dezoito meses, não podiam propor leis nem submeter à deliberação popular qualquer matéria, a menos que fosse por iniciativa do cônsul, do pretor ou do tribuno do povo.[1888] Vale destacar ainda que duas regras se aplicavam exclusivamente aos censores: não podiam ser reeleitos, conforme a lei de C. Márcio Rútilo, que tendo recusado um segundo mandato, recebeu o sobrenome de Censorino;[1889] e, chegando a morrer um censor, sua função não podia ser confiada ao colega, mas ainda este era obrigado a se demitir.[1890]

8.2.4. Edilidade

O cargo de edil consistia no exercício do poder de polícia relativamente aos prédios e logradouros públicos[1891], tais como templos, teatros, banhos, basílicas, pórticos, aquedutos, esgotos, vias públicas, etc. A edilidade não era procurada senão como um trampolim para a investidura em outro cargo mais influente, a indicar que a função dessa magistratura só era atrativa porque abria, ao magistrado que a ocupava, a oportunidade de dar ao povo festas esplêndidas com as quais comprava seus votos. Quando Cícero quer dar um exemplo de casos em que a prodigalidade é um dever, escolhe a função de edil.[1892] Esse magistrado devia inspecionar também casas particulares para verificar se elas estavam em estado precário, oferecendo risco para os pedestres ou consternação para os olhos. Sua vigilância se estendia ainda sobre os depósitos, mercados, feiras e tabernas do forum, onde as mercadorias eram examinadas, jogando-se no Tibre as de má qualidade.[1893] Quebravam os pesos falsos e as falsas medidas[1894], limitavam as despesas com

---

[1882] Tito Lívio, IV, 8: "A extensão de atribuições fez da censura a magistratura mais considerada da república, porque ela foi realmente a mais poderosa e a mais absoluta".
[1883] Aulo Gélio, IV, 12.
[1884] Valério Máximo, II, 9.
[1885] Tito Lívio, XXIV, 18.
[1886] Cícero, Pro Cluêncio, 47.
[1887] Tito Lívio, XXIV, 18. Cícero, Dos Deveres, III, 31. Aulo Gélio, VII, 18.
[1888] Plínio, Histoire Naturelle, XXXV, 17. Tito Lívio, XL, 46; XLI, 27; XLIV, 16.
[1889] Valério Máximo, *op. cit.*, IV, 1.
[1890] Tito Lívio, XXIV, 43; XXVII, 6.
[1891] Cícero, Das Leis, III, 3.
[1892] Cícero, Dos Deveres, II, 16, 17.
[1893] Plauto, O Cabo, II, 3, 42.
[1894] Juvenal, X, 101.

funerais[1895], reprimiam a usura[1896], condenavam à multa ou ao banimento as prostitutas, conforme as determinações do senado ou do povo[1897], velavam pela pureza dos ritos religiosos[1898] e puniam não somente as ações, mas até mesmo as palavras escandalosas.[1899]

Os edis apreciavam esses casos, propunham éditos para disciplina-los[1900] e condenavam à multa os contraventores, mas não podiam prendê-los, a menos que, nesse sentido, houvesse uma determinação expressa do tribuno. Não tinham lictores nem oficiais de justiça, *viatores*, mas somente escravos públicos[1901] e não estavam ao abrigo de processos judiciais intentados contra eles por particulares.[1902]

Eram ordinariamente os edis, particularmente os *curuis*, que davam ao povo os jogos solenes. Para isso, dispensavam algumas vezes somas enormes, com vistas à calculada obtenção de honrarias.[1903] Examinavam as peças que deviam ser encenadas, recompensavam ou puniam os atores, segundo a sua *performance*[1904] e outorgavam a palma a quem a merecia. Agripa, edil sob Augusto, baniu os malabaristas e os astrólogos.[1905]

8.2.5. Questura

Os questores eram os tesoureiros da república, administravam, portanto, as contas públicas[1906], função que exerciam sob a autoridade do senado. Desde o ano 335, havia quatro questores: dois que permaneciam na cidade e dois que acompanhavam o cônsul em campanha. Aos primeiros tocava a administração do tesouro público (*aerarium*), recebiam as contas e pagavam os serviços públicos[1907], Tinham um grande poder em tudo que concernia à receita, às contas vencidas e à supervisão da despesa pública.[1908] Os questores militares tinham atribuições mais extensas, de modo que suas malversações, ao contrário da prevaricação dos primeiros, davam lugar frequentemente a queixas sérias. O questor militar era o intendente geral do exército: era ele que cuidava das provisões, pagava o soldo e guardava ou vendia o butim.[1909] Uma tal administração dos recursos públicos, sem um controle efetivo e durante o exercício funcional do agente, devia dar lugar a grandes abusos, a partir do momento em que perdeu sentido a antiga severidade que havia feito a prosperidade e a grandeza de Roma. A autoridade do cônsul era impotente para manter o questor dentro dos limites que sua função lhe impunha, pois era totalmente moral, se bem constituísse um uso generalizado, da parte do questor, mostrar uma extrema deferência com

---

[1895] Cícero, Filípicas, IX, 7. Ovídio, Fastos, VI, 663.
[1896] Tito Lívio, X, 37.
[1897] Tácito, *Anais*, II, 85. Tito Lívio, X, 31.
[1898] Tito Lívio, IV, 30.
[1899] Aulo Gélio, X, 6.
[1900] Plauto, Os Cativos, IV, 2; V, 43.
[1901] Aulo Gélio, XIII, 12.
[1902] Aulo Gélio, XIII, 12.
[1903] Tito Lívio, XXIV, 43; XXVII, 6. Cícero, Dos Deveres, II, 16.
[1904] Plauto, *Trinummus*, IV, 2, 148. Suetônio, *Augusto*, 45.
[1905] Plauto, Anfitrião, prol. 72.
[1906] Dion Cássio, XLIX, 43.
[1907] Varrão, Língua Latina, IV, 14.
[1908] Políbio, VI, 11.
[1909] Plutarco, *Catão de Útica*, 22, 28.

a vontade do cônsul[1910], mas nenhuma lei, nenhuma regra administrativa, fixava o limite dessa obediência. É preciso levar em conta, porém, que existia uma estreita ligação entre ambas as magistraturas, sendo certo que no final da república era uma manobra familiar aos demandantes investirem inicialmente contra o questor e, condenado este, utilizar o precedente favorável para a condenação do cônsul.[1911]

O número desses agentes aumentou quando a república se expandiu; no ano 485, criaram-se quatro cargos de questores encarregados de arrecadar tributos na Itália conquistada[1912], sendo provável que outros vieram somar-se aos oito quando novas vitórias, aumentando a dominação romana, exigiram novos funcionários. Sila elevou para vinte o número desses magistrados, aos quais Júlio César acrescentou mais vinte[1913], para gratificar suas várias criaturas.

8.2.6. Senado

Tais eram as grandes magistraturas entre as quais se dividia a administração e o governo da república. Resta examinar, agora, como podiam funcionar sem desordem esses magistrados independentes e soberanos. Dois poderes, o senado e o tribunato, asseguravam o jogo regular das instituições: o primeiro, dando unidade de direção por sua influência moderadora; o segundo, mantendo o agente público na esfera funcional que lhe atribuía a constituição, mediante a supervisão zelosa sem a qual é impossível um governo republicano.

Vejamos, portanto, que papel a constituição conferiu ao senado para o atingimento de seu objetivo institucional; diremos depois qual foi o do tribunato.

O senado era ao mesmo tempo o conselho e o grande poder administrativo da república. A esse título, ele mantinha, de alguma maneira, os magistrados sob sua dependência direta, pois todos tinham uma necessidade contínua de seu apoio. Como conselho, pode-se imaginar a magnitude de sua influência, quando se tem em conta que essa assembleia era, por sua composição, a representação mais perfeita da república. Com efeito, encontravam-se no senado, por um lado, os membros mais poderosos da aristocracia, escolhidos ordinariamente pelos censores, assim como os indivíduos que, por um feito relevante, mereceram semelhante distinção; por outro lado, achavam-se os cidadãos que a escolha popular tinha elevado às mais altas magistraturas do Estado.[1914]

Assim, o poder do senado, considerado como um conselho, era o de uma câmara única, algo assim como seria a câmara dos lords, ou ainda, o senado americano, se não houvesse para servir de contrapeso uma câmara de representantes. Assim como nossas assembleias representativas, o senado romano não tinha, propriamente falando, ação direta sobre os magistrados, de sorte que as ordens que emanavam dele não vinculavam o cônsul, tinham apenas a forma de conselhos: *si consulibus videtur*. Contudo, para os homens modernos que têm a experiência do governo das assembleias, é fácil compreender que esses conselhos eram ordens, pois pode-se imaginar facilmente que influência devia ter uma assembleia poderosa nos seus membros, único poder soberano ao lado do povo, que não mudava enquanto tudo mudava anualmente ao seu redor. É evidente que os cônsules e os pretores, como os ministros no parlamentarismo, deviam

---

[1910] Dionísio de Halicarnasso, VII, 63.
[1911] Suetônio, *Júlio César*, 23. Tito Lívio, XXXVIII, 57.
[1912] Tácito, *Anais*, XI, 22.
[1913] Tácito, *Anais*, XI, 22. Dion Cássio, XLIII, 47, 51.
[1914] Eis porque Cícero afirma que deve ao povo seu lugar no senado. *Pro Sextio*, 65. Verrinas, IV, 11; *Pro Cluêncio*, 56.

procurar sempre manter com o senado uma boa harmonia, cuja secular vigência habitualmente tornou-se um princípio constitucional fundamental, que não era menos impositivo por não ter sido contemplado por escrito.

O provimento no cargo de senador era realizado por meio da *lectio senatus*. A lista senatorial era organizada, a cada lustro, pelos censores, depois que a lei Ovinia lhes conferiu esse direito. Antes dessa época, os cônsules e os tribunos consulares deviam indicar os senadores, à medida que as vagas se produziam, pois não havia ainda correlação entre o recenseamento e a *Lectio*.[1915]

A partir da lei Ovinia, portanto, os censores foram investidos do duplo poder de excluir os senadores indignos e de prover os cargos vacantes. A *Lectio* era feita pelos dois censores concorrentemente, a indicar que a cooperação entre os dois magistrados constituía uma sólida garantia para os senadores já inscritos e para os candidatos aos cargos vacantes. "Nenhum membro do senado podia ser riscado da lista, nenhum senador novo podia ser inscrito, se os dois censores não estivessem de acordo sobre este ponto".[1916]

A competência do senado, fundamentada nos usos e nos precedentes, mas não em textos escritos, era mais ou menos extensa, segundo as épocas, pois ela seguiu as flutuações da política. Daí a dificuldade que o estudo das atribuições suscita. Como traçar-lhe os limites e precisar-lhe o caráter? Para resolver essas questões delicadas, convém dividir as aludidas atribuições em duas categorias: 1. direito de conselho; 2. competência própria e competência extraordinária.

8.2.6.1. Direito de Conselho

Em princípio, a constituição romana reservava aos comícios: o poder legislativo, o poder eleitoral e a jurisdição criminal. Por outras palavras, o povo era chamado a votar nessas diversas matérias. Em nossas constituições modernas, distinguem-se, ao lado do direito de voto, o direito de iniciativa e o de sanção, que não pertencem sempre ao mesmo poder. Em Roma, essa distinção não era inteiramente desconhecida. "

> Com efeito, o direito de iniciativa pertencia aos magistrados que tinham o *jus cum populo agendi*; mas no exercício desta prerrogativa, os cônsules, antes de levarem o projeto para apreciação do comício, se habituaram a submetê-lo ao senado. Este concurso do senado se manifestava particularmente em matéria legislativa, vale dizer, o *senatus auctoritas* precedia regularmente toda proposição de lei destinada a ser votada pelos comícios centuriatos. Esta consulta prévia, se era compatível com o espírito da constituição e conforme os precedentes, nem por isso constituía uma formalidade indispensável, cuja omissão devesse fatalmente acarretar a nulidade do ato que dela prescindia."[1917]

[1915] Cícero, *Pro Sextio*, 42. Tito Lívio, XLV, 21.
[1916] Mispoulet, *op. cit.*, Tomo 1, p. 159.
[1917] Mispoulet, *op. cit.*, Tomo 1, p. 170.

8.2.6.2. Competência Própria

O poder do senado se manifestava sobretudo no exercício da segunda categoria de suas atribuições. Nesta, a natureza do poder senatorial começou a se modificar pelo acrescentamento de tarefas. O que favoreceu o desenvolvimento do poder do senado foi a série de guerras empreendidas pela república romana e a extensão considerável de território que delas resultou. De fato, as magistraturas anuais se acharam logo na impossibilidade de satisfazer as necessidades de uma administração que se tornava a cada dia mais e mais complicada, deixando ao senado, assembleia permanente e conselho autorizado dos cônsules, a oportunidade de suprir a ausência destes últimos e de regular as matérias que eles não tinham mais tempo de examinar. Tal foi a origem do poder administrativo do senado: à medida que a tarefa governamental se tornava mais pesada, ele aumentava cada vez mais seu raio de ação.[1918]

As matérias sobre as quais o senado estatuía regularmente, sob a direção do magistrado que o presidia e que se submetiam à sua competência exclusiva, eram: o culto, as finanças e a administração exterior.

O senado intervinha em matéria religiosa todas as vezes que o interesse político estava em jogo. Ele punha em movimento os diversos colégios sacerdotais, ora para consultá-los sobre a validade de determinado ato religioso[1919], ora para ordená-los a realizar uma cerimônia, para cuja celebração era de rigor um senatusconsulto prévio.[1920] Compreende-se inteiramente o zelo do senado pelo culto nacional, se se tem em mente que a religião era intrinsecamente necessária à prática de atos políticos de alguma importância, a tal ponto que o senado encontrou nela um meio eficaz para aumentar seu poder, tornando-o semelhante ao dos tribunos, vale dizer, capaz de paralisar as medidas que lhe pareciam perigosas para a república. Senhor dos auspícios, juiz supremo da observação dos ritos religiosos, o senado não encontrava dificuldades em arguir uma nulidade de atos populares, de nomeações e até mesmo de leis que se votavam nos comícios.[1921] Foi assim que se impugnaram as leis do tribuno Lívio Druso: o senado declarou-as nulas, porque promulgadas contra os auspícios e insuscetíveis, portanto, de obrigar os cidadãos. Foi pelos mesmos meios que, alguns anos antes, o senado havia impedido a colonização de Cartago, malgrado a lei votada por iniciativa de Caio Graco. Para anular o plebiscito, bastou ao senado declarar que os deuses se opunham manifestamente a tudo que beneficiasse a rival de Roma.[1922]

O senado era também a mais alta autoridade, quando se tratava de economia pública. Seu poder se afirmou rapidamente graças à instituição da censura, que retirou dos cônsules suas atribuições financeiras. Em razão do exercício intermitente da função dos censores, para cujo cargo não se realizavam eleições periódicas, o senado pôde facilmente conquistar a primazia na administração da política financeira. As atribuições dos censores, ao contrário, eram inferiores e, por assim dizer, subordinadas às da assembleia senatorial.[1923] Era o senado que aprovava o orçamento do Estado, no sentido de que fixava o imposto a receber[1924] e determinava as despesas.[1925]

[1918] Mispoulet, *op. cit.*, Tomo 1, p. 174.
[1919] Mispoulet, *op. cit.*, Tomo 1, p. 175.
[1920] Tito Lívio, XXXVI, 1. Varrão, Língua Latina, V, 148.
[1921] Cícero, Das Leis, II, 14, 31. Tito Lívio, IV, 7; V, 14; X, 47.
[1922] Apiano, The Civil War, I, 24.
[1923] Políbio considera o poder financeiro do senado como sua função mais importante. *Op. cit.*, VI, 13.
[1924] Tito Lívio, XXIII, 31; IV, 59, 60; XXVI, 35, 36.
[1925] Tito Lívio, IV, 60; XXVI, 35, 36; XXX, 46; XLIV, 16.

Não parece, entretanto, que ele tivesse o poder de criar novos tributos: uma lei era indispensável para introduzir uma tal inovação.[1926] O senado podia ainda perdoar o imposto do contribuinte e a dívida do devedor do Estado.[1927] Ele tinha a direção do tesouro público; o questor, responsável por sua guarda, não podia dispor dele, salvo para acatar requisição do cônsul, a menos que fosse autorizado por uma decisão senatorial.[1928] Ele fixava os emolumentos dos generais, dos oficiais, dos soldados e ordenava a provisão da tropa[1929], ele determinava as províncias que deviam ser atribuídas anualmente aos cônsules e aos pretores, como também autorizava a prorrogação de seu comando[1930], ele decretava as ações de graça que se davam pelas vitórias conquistadas e outorgava aos generais vitoriosos a honra da ovação e do triunfo, com o título de *imperator*[1931], os julgamentos dos crimes públicos e das traições, seja em Roma, seja em toda a Itália, lhe competiam[1932], ele exercia o poder não somente de interpretar as leis, mas também de anulá-las e de conceder isenções.[1933] A autoridade do senado, entretanto, era particularmente digna de nota por ocasião das dissensões intestinas, ou nas comoções perigosas para a república, oportunidades em que a assembleia senatorial expedia o decreto solene, que deixava o povo em grande suspense: "que os cônsules tenham o cuidado de preservar a república de todo dano". Esse decreto dava aos cônsules um poder ilimitado: o direito de punir, e até mesmo de condenar à morte, sem a figura do juízo e do processo, de levantar a tropa e de fazer guerras, sem a autorização do povo.[1934]

Por fim, era o senado que, exclusivamente, representava Roma perante os povos estrangeiros. Era ele que recebia e enviava embaixadas[1935], ele podia, por um simples decreto, outorgar o título de rei a quem quer que lhe conviesse, assim como declarar inimigo da república um soberano qualquer[1936], ele era o supremo senhor do destino das nações vencidas, administrava as províncias conquistadas[1937], como também exercia a jurisdição inapelável em todos os crimes que, praticados fora de Roma, podiam ameaçar a segurança do Estado ou a tranquilidade pública[1938], era o senado o único recurso dos provincianos contra as malversações e as crueldades dos governadores.[1939]

Assim, era ao senado que tocava praticamente toda a administração. Era ele que, em contato contínuo com os magistrados, prevenia os atritos perigosos e assegurava o livre jogo das instituições, e o que é mais surpreendente é que essa assembleia, com um tal poder, era irresponsável e soberana. O povo não tinha autoridade sobre ela senão de forma indireta, ou seja, pela responsabilidade dos magistrados, pois o senado mandava agir, mas não agia, de modo que os agentes que executavam suas ordens faziam-no assumindo os próprios riscos de uma futura prestação de contas ao término de seus mandatos.

[1926] Assim, foi em virtude de uma lei que foi criada a *vigesima libertalis*. Tito Lívio, VII, 16. Entretanto, os empréstimos podiam ser instituídos mediante senatusconsulto. Tito Lívio, XXVI, 36.

[1927] Apiano, The Civil War, 39, 7; 2, 9.

[1928] Políbio, VI, 13.

[1929] Políbio, VI, 2.

[1930] Cícero, *Pro Domo sua*, IX.

[1931] Cícero, Filípicas, XIV, 4, 5. Tito Lívio, V, 23. Políbio, VI, 11.

[1932] Tito Lívio, XXX, 26.

[1933] Plínio, Epístolas, IV, 9.

[1934] Salústio, Conjuração de Catilina, XXIX.

[1935] Tito Lívio, II, 15; XXX, 26; XLI, 19; VI, 26; VII, 20; XXX, 17.

[1936] Tito Lívio, *passim*.

[1937] Tito Lívio, XLV, 17.

[1938] Políbio, VI, 13.

[1939] É emblemático o exemplo de Verres, acusado por Cícero perante o senado, pelos prejuízos causados à Sicília. Verrinas, *passim*. Tito Lívio, XXIX, 16; XXXIX, 3.

No entanto, a constituição romana não conferia ao senado um poder absoluto, como pretendem alguns historiadores, que tomam frequentemente o senado pela república e a vontade dessa assembleia pela da nação. Longe disso. A bem da verdade, os magistrados, dependentes de fato em tudo que concernia à competência exclusiva do senado, eram independentes de direito, vale dizer, embora o senado pudesse, por meios oblíquos, pô-los na impossibilidade de agir, era, porém, impotente para detê-los por uma ação direta, todas as vezes que esses agentes podiam passar sem seu socorro ou sua parceria. O senado, com efeito, não tinha capacidade de agir propriamente dita; não podia nomear diretamente comissários, nem convocar um comício popular, nem revogar um comando; não podia nem mesmo se reunir sem ser convocado por um magistrado, como aconteceu no fim da república, por ocasião do consulado de César, quando este se defendeu do veto de Bíbulo, opondo-se a toda e qualquer reunião do senado, oposição que impediu essa assembleia de manifestar sua desaprovação relativamente aos excessos que se permitia a ambição do cônsul.[1940] Assim, esse grande corpo não podia agir senão com a participação dos magistrados ou dos tribunos, sendo certo que esses agentes públicos, nomeados pelo povo, tinham um poder suficientemente independente e uma responsabilidade muito grande para que o senado pudesse transformá-los em instrumentos de sua vontade. A autoridade do senado encontrava, portanto, um primeiro contrapeso no poder do magistrado; ela encontrou um segundo no poder do povo.

O povo, com efeito, refreava qualquer possível excesso do senado, seja pelo poder legislativo, do qual estava investido, seja pelo tribunato.

Pelo poder legislativo, pois as leis votadas nos comícios obrigavam o senado como todo o resto da nação, sendo que essas leis não eram somente, como entre nós, regras gerais, mas podiam configurar, quando necessário, medidas concretas de administração, tais como a declaração de guerra, o comando do exército, a partilha das províncias, ou qualquer outra que, com conteúdo político ou administrativo, tivesse o escopo de negar ou limitar uma pretensão senatorial.

Pelo tribunato, visto que o senado não podia fazer praticamente nada, nem mesmo se reunir, diante da oposição do tribuno. Quando mesmo não houvesse oposição absoluta, mas apenas relativa, ainda assim o senado era obrigado a respeitá-la, pois que era sempre para temer que o tribuno invocasse a matéria perante o comício popular, instância suprema à qual a assembleia senatorial devia sempre se curvar.

Destarte, como observa Políbio, muito embora fosse grande seu poder, o senado era sempre inferior ao povo, que concentrava em si os mais importantes atributos da soberania. O povo era, pois, o único senhor e dispensador das recompensas e das penas, esses dois móveis de todo governo, de toda república, numa palavra, de toda vida humana.[1941]

8.2.7. Tribunato

O povo não podendo cultivar suas terras, em razão das guerras frequentes que a república tinha que enfrentar no exterior, acabou por contrair um endividamento crescente, de cuja inadimplência não podia se esquivar senão em se tornando escravo de seus credores.[1942] Por várias

---

[1940] Apiano, The Civil War, II, 10.
[1941] Políbio, VI, 14.
[1942] Tito Lívio, II, 23.

vezes se queixou ao senado para obter dessa assembleia suprema uma solução favorável à sua situação, que se tornava cada vez mais intolerável por causa da avidez da nobreza patrícia. Cansados de promessas vãs, e instigados por um certo Sicínio, os plebeus se dirigiram para o alto de um morro, que se chamou depois de *Monte Sagrado*[1943], do qual só prometeram descer e retornar à cidade sob a condição de acolhimento de três pleitos: perdão das dívidas dos insolventes; libertação dos devedores escravizados; e a autorização para a criação de magistrados, invioláveis e sagrados, com vistas à defesa de seus interesses e à proteção de seus direitos.[1944] Chamaram-se tribunos porque os primeiros, segundo Varrão, foram tomados dentre os tribunos militares.[1945]

Criaram-se, inicialmente, dois cargos de tribuno nos comícios de cúrias; depois da lei Publícola, no ano 283, nomearam-se cinco[1946] nos comícios de tribos. Por fim, elegeram-se dez, no ano 297. Os tribunos eram sempre escolhidos entre os membros da plebe, vale dizer, nenhum patrício podia se tornar tribuno, a menos que fosse adotado por uma família plebeia.[1947] Os tribunos do povo, ao contrário dos cônsules e pretores, não tinham assento no senado, de forma que permaneciam sentados em bancos, à entrada da porta que dava acesso à assembleia senatorial, de onde eles ouviam os debates e tudo o que se dizia lá dentro.

O poder dos tribunos, originariamente, foi muito limitado. Consistia basicamente em impedir e não em agir[1948], o que faziam por meio da palavra *veto*, que significa "eu me oponho". Não eram considerados magistrados, nem envergavam a pretexta, conquanto, ao que parece, sua presença exigisse que todos ficassem de pé.[1949] Eles tinham a prerrogativa de libertar um prisioneiro e de subtraí-lo a um iminente julgamento, escudados na profissão de socorrer todos os desvalidos, profissão que lhes impunha o dever de manter suas portas abertas dia e noite e de não deixarem a cidade, a não ser nas férias latinas, *feriae latinae*.[1950]

A partir de um determinado momento da história da república, mais precisamente quando os tribunos tomaram consciência da ascendência que tinham sobre o povo e das vantagens pessoais que o poder material deste, se bem direcionado, podia lhes proporcionar, nada mais pôde conter a avidez dos membros dessa magistratura popular.

> O senado percebeu logo, diz Antoine Terrasson, que se não pusesse limites nas pretensões dos tribunos, estes agentes iam subverter a ordem da república, de modo que os plebeus, que eram os últimos pelo nascimento, passariam a ser os primeiros em autoridade. Os senadores creram, portanto, que para recobrar seu antigo poder, deviam começar pela isenção do senado em face do plebiscito, e por disputar aos tribunos o poder de fazer leis. Logo o povo tomou o partido de seus tribunos e não quis mais reconhecer a autoridade do senado, de sorte que esta nova divisão suscitou uma tão grande incerteza na jurisprudência, que não havia sequer uma lei que fosse observada.[1951]

[1943] Tito Lívio, II, 32.
[1944] Dionísio de Halicarnasso, VI, 89. Tito Lívio, III, 55.
[1945] Língua Latina, IV, 14.
[1946] Tito Lívio, II, 33.
[1947] Suetônio, *Júlio César*, 20.
[1948] Aulo Gélio, XIII, 12. Dionísio de Halicarnasso, VII, 17.
[1949] Plínio, Epístolas, I, 23.
[1950] Dionísio de Halicarnasso, VIII, 87.
[1951] Histoire de la Jurisprudence romaine, p. 76, Paris, 1750.

Daí em diante, os tribunos expandiram sua influência a uma tão elevada grandeza, que, a pretexto de defender os direitos do povo, eles passaram a depreciar o senado e a usurpar, as atribuições de outras magistraturas, a tal ponto que nada mais saciava a ambição do colégio de tribunos: satisfeita uma pretensão, à custa de tumultos, ameaças, prisões e até mesmo de mortes, seguia-se o pleito para obtenção de outras, pelos mesmos meios. Tudo começou com Coriolano. Seran de la Tour nos diz que "ele era o único capaz de superar a dificuldade das circunstâncias, que os artifícios dos tribunos aumentavam a cada dia. Só ele parecia apto para conter a inquietação de sua ambição".[1952] De fato, Coriolano, grande general, de costumes puros, uma vida frugal, um valor, uma intrepidez reconhecida pela unanimidade dos historiadores, de constituição forte e virtudes heróicas, nascera para comandar. É claro que a reunião de tantas qualidades num só homem não podia deixar de incomodar os tribunos, cuja ambição consistia em não deixar luzir intensamente o valor do mérito, para que sua faísca bastasse para chamar a atenção do povo sobre sua eloquência exaltada, visto que "o povo compartilha sempre a opinião do último que fala".[1953]

> A elevação dos grandes homens irrita sempre os homens medíocres. O desespero não deixa a estes outra compensação senão a de lhes causar sem cessar inúmeros obstáculos. Os plebeus temiam que os romanos mais dignos de governá-los aspirassem ao governo de Roma. O tribunato se empenhou particularmente nas suas arengas em deslustrar e ferir Coriolano. A simples descrição de sua conduta, pintada com as cores da inveja, dispôs o povo contra ele. Suas virtudes, seus talentos, suas qualidades, tudo foi desfigurado pelas cores sob as quais se retratou o seu caráter. Sua altivez não passava de arrogância; seu valor, ferocidade; seu comando, despotismo, sua amizade com jovens patrícios, nada mais que uma conspiração contra a república, da qual era para suspeitar que queria se tornar amo. Coriolano os escutava; os tribunos concluíram então requerendo sua prisão.[1954]

E Coriolano, para não ser preso, se exilou voluntariamente. O que se disse de Coriolano, poderia ser dito, com igual acerto, de Cincinato[1955], de Camilo[1956], de Cipião[1957] e de tantos outros que, a exemplo do conquistador de Corioles, sofreram na própria pele o poder da ambição e da inveja do tribunato popular.

Esgrimindo arbitrariamente o direito de veto, os tribunos se opunham à instituição de tributos[1958] à convocação da tropa[1959], à criação de novos magistrados[1960], eles podiam intervir, com sua

---

[1952] Histoire du Tribunat de Rome, Tomo 1, p. 62, Paris, 1774.
[1953] A. de Vertot, Histoire des Révolutions de la République Romaine, Tomo 1, p. 80, Lyon, 1834.
[1954] Seran de la Tour, *op. cit.*, Tomo 1, p. 62-72.
[1955] Insigne romano, que, para salvar a pátria, aceitou o cargo de ditador. Seu filho, Cefão, foi perseguido pela fúria e pela calúnia dos tribunos.
[1956] "Este romano, que nunca combatera sem vencer; que salvará Roma, que será o restaurador do senado, da cidade e da glória da república, Camilo, não devia imaginar a sorte que o esperava. Qual deveu ser seu espanto, quando foi citado para comparecer à assembleia do povo, a fim de prestar contas de sua conduta". Seran de la Tour, *op. cit.*, Tomo 2, p. 5.
[1957] Cipião o africano, pai de Cipião Emiliano, vencedor de Aníbal, e irmão de Lúcio Cipião. Ambos os irmãos foram libertados da fúria dos tribunos pela intercessão de um único tribuno, Semprônio, pai dos Gracos.
[1958] Tito Lívio, V, 12.
[1959] Tito Lívio, IV, 1.
[1960] Tito Lívio, VI, 35.

oposição, em todos os decretos do senado e em todos os ordenamentos do povo (*intercedere*)[1961], e bastava o veto de um só tribuno para paralisar a ação de todos os magistrados, direito que César chamou de *extremum jus tribunorum*.[1962] Tal era a força do veto, que quem quer que a ignorasse ou contestasse era levado à prisão pelo oficial do tribuno, *viator*, ou era convocado para comparecer diante da assembleia popular para ser julgado por desobediência ao poder sagrado dos tribunos. Considerava-se, aliás, um crime opor qualquer resistência ao exercício de sua função[1963], de sorte que se alguém ofendesse um tribuno, era maldito (*sacer*) e se confiscavam seus bens.[1964] Graças a esse poder formidável, os tribunos, ignorando quaisquer limites, passaram a agir livremente, usurpando, invariavelmente, a competência das outras magistraturas. Arrogaram-se o direito de impedir a posse dos cônsules em suas províncias[1965], como também de ordenar os generais vitoriosos a abandonar seus carros triunfais[1966], suspendiam o curso da justiça, retardando ou sobrestando os procedimentos[1967] e impedindo a execução de sentenças.[1968] Assim, quando Cipião acusado de concussão, se declarou impossibilitado de satisfazer a condenação pecuniária, recorreu-se ao colégio de tribunos para demover o pretor que, escravo da lei, determinara a venda dos bens do condenado ou a sua prisão. Os tribunos, inimigos de Cipião, recusaram-se a vetar a condenação. Apenas um, Tibério Graco, pai dos irmãos Graco, se pôs acima das inimizades mesquinhas, e, por um decreto que nos conservou Tito Lívio, declarou que permitia ao pretor arrecadar os bens do condenado, mas não permitiria jamais que um homem, que tinha levado tão longe o nome romano, apodrecesse na prisão, no meio de inimigos que seguiram atrelados ao seu carro triunfal, em razão de suas numerosas vitórias. E ordenou a imediata libertação de Cipião.[1969] Escolhemos a exceção, porque a regra geral, como atestou a maioria dos tribunos nesse caso, era a de utilizar um tão imenso poder para dividir e promover a discriminação entre as classes sociais.

Não se põe em dúvida o papel relevante dos tribunos todas as vezes que foi preciso combater, barganhar e confrontar a nobreza, notadamente as magistraturas curuis, com vistas à obtenção de vantagens para o povo: a lei das XII tábuas, a luta interminável pela lei agrária, o acesso dos plebeus a todas as magistraturas, constituíram exemplos de conquistas sociais que sempre haverão de justificar a criação dessa instituição votada à proteção da massa de plebeus. Mas, a bem da verdade, se os tribunos fizeram algo pelo povo, o certo é que fizeram tudo por si mesmos, de modo que a cada triunfo do partido popular correspondia a ascensão crescente do tribunato, ao mesmo tempo que sucumbia o corpo político da república, vergado sob o peso hipertrofiado dos defensores da igualdade e da liberdade absolutas. Ora, para que existisse uma verdadeira liberdade naquela cidade refém do partido popular, teria sido preciso que houvesse um poder capaz de se opor ao poder tirânico do tribunato, sem o qual nenhum equilíbrio seria possível. Quando as instituições republicanas se enfraquecem e a ambição política do povo se incha artificialmente pela declamação vazia dos demagogos, é porque soou a hora do acerto de contas, o sacrifício de uma vítima é exigido para saciar o deus devorador da liberdade; cai então miseravelmente aquele que queria se exaltar e se faz vítima propiciatória: o povo; Sila será seu carrasco.

[1961] Tito Lívio, XLV, 21. Políbio, VI, 14.
[1962] La Guerra Civil, I, 4. Tito Lívio, II, 44; IV, 6, 48; VI, 35.
[1963] Plínio, Epístolas, I, 23.
[1964] Tito Lívio, III, 55. Dionísio de Halicarnasso, VI, 89; VIII, 17.
[1965] Plutarco, *Crasso*. Dion Cássio, XXXIX, 39.
[1966] Tito Lívio, III, 25. Cícero, Filípica, II, 2.
[1967] Tito Lívio, XXXVIII, 60.
[1968] Tito Lívio, XXXVIII, 60. Tácito, *Anais*, XIV, 48. Aulo Gélio, IV, 14.
[1969] Tito Lívio, XXXVIII, 60. Aulo Gélio, IV, 14.

O tribunato, durante e depois dos Gracos, se tornou a mais influente de todas as magistraturas. Sabe-se o uso que fizeram desse poder os chefes do partido popular, os irmãos Tibério e Caio Graco, pouco antes que Sila reduzisse drasticamente as atribuições dos tribunos. Ambos, educados por sofistas gregos, se tornaram hábeis na arte de persuadir, principalmente quando estava em jogo sua popularidade e a ambição de concentrar em suas mãos todo o poder político. Tibério, temendo a rejeição da lei agrária, depôs seu colega Otávio, e

> [...] suspendeu por um novo édito todas as magistraturas de suas funções até que a lei fosse aprovada ou rejeitada pelo sufrágio do povo. Ele lacrou com seu selo as portas do templo de Saturno, onde os cofres do tesouro estavam depositados, a fim de que os questores e os tesoureiros não pudessem entrar, e impôs pesadas multas a todo e qualquer magistrado que descumprisse suas determinações.[1970]

Nunca se vira em Roma, até então, uma tal prepotência, contra a qual não podia cruzar os braços o que ainda restava das instituições republicanas, nem se resignarem os demais tribunos, diante da deposição covarde de Otávio. Foi justamente pelas mãos destes que terminou precocemente a carreira do filho mais velho de Cornélia.

Com seu filho mais novo, Caio, não foi diferente. Esse jovem, sedento de glória e poder, percebeu que alcançaria ambas as coisas se pudesse atrair para si a vontade popular, por meio da cooptação de uma maioria esmagadora de votos da plebe romana. Antecipando-se em séculos a Caracala, que havia feito o mesmo para arrecadar mais tributos, Caio Graco, mediante um novo édito, concedeu o direito de cidadania e o título de cidadão romano a todos os habitantes do Lácio, estendendo-o depois às populações dos alpes. Com tais medidas e certificando-se de que o povo estava sempre a seu favor, Caio deu início a uma série de medidas que suscitou a indignação do senado e a gestação de um movimento reativo que, em breve, iria custar-lhe a cabeça, literalmente: transferiu a jurisdição do senado para os cavaleiros[1971], nomeou trezentas criaturas suas a cavaleiros[1972], desapossou as principais famílias romanas de suas propriedades, tão antigas quanto a própria república[1973], nomeou um triunvirato tirânico para dar execução à lei agrária de seu irmão[1974], participou, provavelmente, da conspiração que pôs fim à vida de Cipião Emiliano, marido de sua irmã[1975], mandou derrubar a parte reservada ao senado e às magistraturas no anfiteatro, para agradar o populacho[1976], determinou por decreto, contra a vontade expressa do senado, a reconstrução e a colonização de Cartago[1977], etc. Por essas diversas medidas, que Caio introduziu no governo e na sociedade, o tribuno se tornou cada vez mais popular, a ponto de se tornar absoluto tanto em Roma como em toda a Itália.

Mas, chegou o dia em que o confronto se tornou inevitável, pois a república, muito embora agonizante, ainda mantinha um fiapo de vida que a fazia resistir; e o instrumento dessa resistência

---

[1970] Seran de la Tour, *op. cit.*, Tomo 2, p. 188.
[1971] A. de Vertot, *op. cit.*, Tomo 2, p. 62.
[1972] A. de Vertot, *op. cit.*, Tomo 2, p. 62.
[1973] A. de Vertot, *op. cit.*, Tomo 2, p. 67.
[1974] A. de Vertot, *op. cit.*, Tomo 2, p. 68.
[1975] A. de Vertot, *op. cit.*, Tomo 2, p. 70-71.
[1976] A. de Vertot, *op. cit.*, Tomo 2, p. 74.
[1977] A. de Vertot, *op. cit.*, Tomo 2, p. 75.

foi Opímio. Esse cônsul determinou que todos os senadores, cavaleiros e cidadãos pegassem em armas, ao mesmo tempo que pôs a cabeça de Caio a prêmio: prometia a quem quer que a trouxesse à sua presença o peso dela em ouro. Como Caio visse que não podia escapar a seus inimigos, mandou que Filócrates, seu escravo o matasse pela espada. Em seguida, cortou-se a cabeça de Caio, que foi levada por um agente do cônsul, não sem antes ser enxertada com chumbo, para que se lhe pagasse, conforme a promessa de Opímio, o peso dela em ouro.[1978]

Os tribunos não lograram estabelecer um governo despótico, mas mostraram que isso era possível. Júlio César saberá, algum tempo depois, pôr em prática a lição.

8.3. O Império

A constituição da república romana, tal como, em poucas pinceladas, a descrevemos, funcionou regularmente, com seu mecanismo tão delicado, durante vários séculos. Ela se aperfeiçoou progressivamente, sem que seu espírito fosse profundamente modificado. Desde o século VII, porém, a harmonia entre os poderes públicos começou a se deteriorar, o espírito das instituições se arrefeceu, a barreira da inconstitucionalidade foi ultrapassada. Foi nessa data que se iniciou a decadência da constituição republicana, que desapareceu na metade do século seguinte, para dar lugar a uma nova ordem política, o principado, ou melhor, a monarquia. Aqui não é o lugar para se examinar as causas dessa decadência, nem para se descrever os acontecimentos que a prepararam e a precipitaram: isso é matéria do domínio da história. Convém, porém, indicar, ao menos sumariamente, as principais modificações que sofreu, nesse período, a constituição republicana. Essa exposição abreviada lançará, cremos, um pouco de luz sobre as origens do império romano.

Depois da época dos Gracos, já era previsível o advento da monarquia. "Via-se em Roma uma depravação tão generalizada e tão monstruosa, que se disputava então a glória de ser o maior dos celerados, como se procurava antes a de ser o mais virtuoso".[1979] Era o resultado fatal para o qual deviam levar inconstitucionalidades dos chefes dos dois partidos, democrático e aristocrático, a demonstrar que a anarquia, posto que o caos não se sustenta, estava a exigir um governo forte que restaurasse a normalidade política e a paz social, mesmo ao preço do sacrifício da liberdade. Vimos os poderes consideráveis que foram conferidos aos tribunos. Com um tal poder, um tribuno ousado podia tudo empreender. Para ser um verdadeiro monarca, só lhe faltavam duas coisas: primeira, o assentimento de seus colegas; segunda, a duração indefinida de sua magistratura. Os Gracos, para impor suas ideias e consolidar seu poder, conseguiram ambas as coisas, por meio de sua liderança incontestada no colégio dos tribunos e pelas sucessivas reeleições, com as quais afastavam a possibilidade de uma desejável oposição. Se bem que essa tentativa não devesse prosperar, o tribunato continuou sendo um recurso almejado por todos os ambiciosos que sonhavam com o poder absoluto, dentre eles o cruel Mário.[1980] Era ao tribunato, portanto, que eles recorriam para obter, no fim da república, comandos extraordinários, que não tinham nada em comum com as antigas magistraturas republicanas. Esses comandos conferidos a um só por vários anos, até mesmo por um tempo indeterminado, permitiram aos generais hábeis e ambiciosos empolgar o poder com objetivo despótico.

[1978] A. de Vertot, *op. cit.*, Tomo 2, p. 81.

[1979] Veleio Patérculo, II, 26.

[1980] "O tribunato fortalecido pela autoridade de Mário, se tornou tão poderoso, que se arrogou o direito de dar e retirar as magistraturas". Seran de la Tour, *op. cit.*, Tomo 2, p. 306.

O partido aristocrático, por sua vez, não respeitou mais a antiga constituição. Para lutar contra seus adversários, ele se empenhou em restabelecer ilegalmente o poder ditatorial sob o nome de *senatus consultum ultimum*.[1981] Sila se apoderou do poder supremo com o título de ditador. Sua ditadura não lembrava senão pelo nome a antiga magistratura republicana: ela lhe conferia o poder absoluto, com uma duração indeterminada.[1982]

Era exatamente com esse título que Júlio César governou Roma. Imitando o procedimento de Sila, foi nomeado ditador, em 705, pelo pretor Lépido, em virtude de uma lei proposta por esse magistrado.[1983] Nessa qualidade, presidiu os comícios e obteve irregularmente o consulado no ano seguinte, mas depois renunciou ao cargo. Depois de Farsália, foi nomeado ditador por um tempo indeterminado; dois anos mais tarde, recebeu a ditadura por dez anos e, por fim, vitaliciamente.[1984]

Após Actio, o triúmviro Otávio, único senhor do mundo romano, imitou seu pai adotivo, Júlio César, e passou a exercer, pelo mesmo procedimento, uma série de poderes particulares que, reunidos, constituíam a expressão exata do poder absoluto. Entretanto, como a ditadura tinha sido abolida com a morte de César, Otávio a restaurou, para espanto de seus contemporâneos. O novo governo se estabeleceu em 727. O ditador se revestiu sucessivamente dos títulos de *imperator, Augustus, princeps senatus*, do poder tribunício, do poder proconsular, mesmo *intra pomerium*, do direito de guerra e de paz, do poder censorial.[1985] Conquistou também o título de *pontifex maximus*, e integrava os grandes colégios sacerdotais. E em resumo de tudo, foi dispensado da obediência às leis (*legibus solutus*). Tais foram as origens do império e do poder imperial em Roma.

8.3.1. O Imperador

O governo monárquico instaurado por Augusto, ainda que diferente, pela forma e pelo nome, da primitiva monarquia romana, tinha com esta, entretanto, algumas semelhanças. Os dois governos eram eletivos. A eleição dos reis dependia do senado e do povo; a dos imperadores dependia principalmente do exército. Quando os primeiros abusavam do seu poder, eram expulsos, ao passo que os últimos eram mortos. Em ambos os casos a investidura era vitalícia. Por isso é que Pompônio nos diz que "os direitos dos reis e dos imperadores eram os mesmos".[1986]

Ao se tornar senhor da república pelas armas, Augusto poderia ter revigorado as instituições republicanas; mas o receio de ter o mesmo fim que seu pai adotivo teve, somado à circunstância de que o povo, seja pelo temor seja pela corrupção[1987], não era mais capaz de perseguir os ideais republicanos, impuseram-lhe a escolha de outra démarche.

[1981] Salústio, Conjuración de Catilina, XIX.

[1982] Apiano, The Civil War, I, 98-99.

[1983] Dion Cássio, XLI, 36.

[1984] Dion Cássio, XLIII, 14; XLIV, 45; XLIV, 4. Suetônio, *César*, 76. Apiano, The Civil War, II, 106.

[1985] Dion Cássio, LIV, 17.

[1986] Digesto, I, 2, 14.

[1987] "Quando o espírito se corrompe numa classe de cidadãos, o contágio se comunica logo ao corpo inteiro da nação. Os tribunos infectaram o povo, provocando em seu espírito a inquietação com o poder e a ambição da ordem patrícia. Alardeando sua fidelidade e sobretudo seu amor pela liberdade, se fizeram tiranos, para exercer a tirania pacificamente sobre aqueles que podiam impedi-la". Seran de la Tour, *op. cit.*, Tomo 2, p. 35-36.

De fato, os massacres da guerra civil e a bárbara crueldade dos que governavam tinham ceifado os mais hábeis e os mais ardentes defensores da liberdade[1988], e de tal modo arrefecida a coragem dos romanos, que estes se dispuseram a suportar toda espécie de governo, antes que voltar a sofrer o rigor das mesmas calamidades.[1989] De mais a mais, o império romano era tão vasto; o número dos que tinham o direito de votar nos comícios[1990] era tão grande; a corrupção tão generalizada, que era impossível, com um governo republicano, dirigir uma máquina tão pesada e tão complicada. Destarte, para mantê-la funcionando, era preciso que o poder se concentrasse nas mãos de um só homem. Augusto compreendeu isso mais do que ninguém: em pleno senado, convocado por ele para dar mostras de que a república e suas instituições permaneciam as mesmas, e afetando não resistir às instâncias calorosas de seus membros, Augusto empolgou a autoridade suprema por dez anos, prorrogáveis por iguais períodos. Desse modo, o filho adotivo de César dava uma sanção legal à sua usurpação.

Essa comédia se repetia a cada dez anos[1991], para o aviltamento do senado e o regozijo de Augusto, vindo este a morrer no primeiro ano do quinto decênio, com a idade de sessenta anos, após ter reinado quarenta e quatro.

Os poderes concedidos a Augusto como imperador, assim como aos seus sucessores, eram absolutos: convocar as legiões; impor tributos; fazer a guerra e a paz; comandar todas as forças da república; o direito de vida e de morte, dentro como fora da cidade; realizar tudo aquilo que a autoridade consular e as outras magistraturas tinham atribuição de fazê-lo[1992], exercer as funções proconsulares[1993], de modo que podia impor taxas às províncias, recompensá-las ou puni-las, segundo o grau de lealdade ao imperador; por fim, o poder de fazer leis e o de não se submeter a elas (*legibus solutus*).

O longo e hábil governo de Augusto familiarizou de tal forma os romanos com as ideias de submissão e servilismo, que esses homens, outrora tão altaneiros, não se empenharam mais em restaurar as antigas instituições, nem sequer em suavizar o rigor da tirania. O caráter desse povo degenerava cada vez mais, conforme desfilava diante de seus olhos o cortejo de imperadores que sucederam a Augusto. Depois de perder o direito de votar, o povo ficou privado também do conhecimento dos negócios públicos, a ponto de não exigir mais, segundo Juvenal, senão duas coisas; pão e espetáculos (*panem et circenses*).[1994]

Essas eram as características do governo do primeiro imperador, as quais, *mutatis mutandis*, plasmaram também a política e a administração de seus sucessores.

8.3.2. As Magistraturas Imperiais

Com um senado meramente decorativo e um povo privado de seus comícios, o império funcionava com as mesmas magistraturas que governaram a república. Havia os magistrados do

---

[1988] Tácito, *Anais*, I, 2.
[1989] Tácito, *Anais*, I, 2.
[1990] Trata-se aqui dos *comitia centuriata*, nos quais eram eleitos os magistrados. Era uma assembleia do povo dividida segundo as classes ou centúrias determinadas pelo censo. Tornou-se importante também, após as conquistas tribunícias, as assembleias por tribos.
[1991] Dion Cássio, LIII, 46.
[1992] Dion Cássio, LIII, 17.
[1993] Dion Cássio, LIV, 7, 9.
[1994] Juvenal, Sátiras, X, 80.

povo romano e os agentes do príncipe: os primeiros, que eram os antigos funcionários republicanos, eram escolhidos, ao menos aparentemente, pelo povo ou pelo senado; os últimos eram nomeados exclusivamente pelo imperador e dependiam somente dele. No primeiro escalão das magistraturas estavam os cônsules, mas seu título perdeu o brilho que tivera na república; era então um mero cargo honorífico. O império os despojou da direção suprema do Estado e de suas mais importantes atribuições; seu papel se limitava a presidir o senado e a convocá-lo sobre questões que o príncipe submetia à sua deliberação.[1995]

Para impedir uma iniciativa perigosa, para não despertar antigas recordações patrióticas, enfim, para conceder a um maior número possível de cidadãos a honra do cargo consular, numa época em que a vaidade dos cortesãos tomou o lugar do orgulho da aristocracia, o imperador passou a demitir os cônsules antes da expiração de seu mandato anual, substituindo-os por novos titulares (*consules suffecti*). Não era raro um cônsul permanecer no cargo por alguns meses, merecendo registro o fato de que, sob o governo de Cômodo, houve vinte e cinco cônsules num só ano.[1996]

A pretura perdeu igualmente todo valor político[1997], mas sua atribuição judiciária lhe rendeu alguma importância no domínio do direito civil. Ademais, via de regra, os imperadores não se mostravam inquietos nem suspeitosos com o poder dos pretores, muito ao contrário, o número desses magistrados aumentou consideravelmente, sendo certo que no tempo de Tibério contavam-se dezesseis pretores.[1998]

A censura, já bem enfraquecida no final da república, foi raramente exercida no império. Planco e Lépido, nomeados em 732, são o último exemplo de dois cidadãos investidos nessa importante função.[1999] Mais tarde, o imperador foi sempre um dos dois censores, muito embora tenha exercido frequentemente sozinho essa magistratura, cujo título ostentava somente durante o período do censo.

O tribunato, nos primeiros séculos do império, mais do que qualquer outra magistratura, resistiu à pressão centralizadora do império. Não no sentido de que os tribunos ousassem confrontar o imperador, mas que este se servia deles para manter a aparência republicana, ou seja, por meio de seu veto a vontade do soberano paralisava as magistraturas, anulava as decisões do senado, perseguia ou fazia calar as acusações.[2000] Como se vê, esses magistrados não agiam senão como instrumentos do poder imperial, trabalhavam para servi-lo, mesmo sabendo que o exílio era a punição do insensato que pretendesse levar a sério a função de tribuno popular.

Quanto aos questores da cidade, Augusto lhes retirou a administração do tesouro, a qual confiou a prefeitos escolhidos entre os pretores ou àqueles que já haviam exercido essa função. O motivo dessa medida foi justificado. Sendo a questura o primeiro e inafastável passo no caminho das honrarias, era natural que fosse dispensada aos jovens romanos, cuja inexperiência militava em desfavor dos questores, quando se tratava de um encargo tão pesado como a administração das finanças do Estado. A questura despojada de suas atribuições não foi mais do que o primeiro degrau para alcançar as outras magistraturas ou entrar no senado; era mais uma candidatura que uma função, que não tinha outro papel que o de fazer a leitura das ordens do imperador perante o senado.

[1995] Tácito, *Anais*, I, 7.
[1996] Dion Cássio, XLIII, 46; LVIII, 20.
[1997] Tácito, Agrícola, 6.
[1998] Dion Cássio, LVIII, 20.
[1999] Dion Cássio, LIV, 2.
[2000] Tácito, *Anais*, VI, 47; XIII, 28. Plínio, Epístolas, I, 23; XIII, 9. Aulo Gélio, XIII, 12.

Ao lado dos *magistratus populi romani* apareciam os agentes do imperador, inferiores em dignidade, mas iguais ou frequentemente superiores em poder. Os agentes imperiais, designados comumente pelo nome de *praefecti* na cidade, de *praesides* e de *legati* nas províncias, eram nomeados diretamente pelo imperador. Eram seus delegados, cujo poder se media pela concessão imperial. Outro tanto pode-se dizer da duração de suas funções. Enquanto as antigas magistraturas republicanas eram anuais, impróprias portanto para fundar um poder sólido, as magistraturas do império, que não dependiam senão da vontade do príncipe, eram ordinariamente contínuas e duradouras, pelo que ganhava a administração imperial com a fixidez das funções o que perdera a republicana com a periodicidade delas.

Em Roma, os principais agentes do imperador eram o prefeito da cidade, magistrado instituído para substituir o soberano em sua ausência, mas a quem estavam confiadas a polícia e uma parte da jurisdição[2001], os dois prefeitos do pretório, que, inicialmente, simples chefes da guarda do imperador, se tornaram mais tarde os primeiros funcionários do império, com um poder que chegou a rivalizar com a autoridade de seu comandante supremo[2002], o prefeito das vigílias, comandante das tropas que assegurava a tranquilidade de Roma durante a noite[2003], o *praefectus annonae*, encarregado do abastecimento de Roma[2004], e os prefeitos do tesouro, que substituíram os questores.

Esses agentes, com um nome modesto, sem um papel político definido, não exercendo senão atribuições administrativas, começaram a substituir pouco a pouco os magistrados oficiais: o prefeito da cidade suplantou os cônsules e os pretores; o prefeito das vigílias e o *praefectus annonae* tomaram o lugar dos edis; os prefeitos do tesouro, o dos questores. Foi assim que insensivelmente o poder efetivo dos magistrados do povo ia se transferindo gradativamente para os agentes do palácio imperial, conquanto conservassem ainda por longo tempo as honrarias com que eram distinguidos na república. A eles, todas as homenagens. Pertencia a eles a iniciativa de divertir o povo e de agradá-lo, como antigamente, com festas esplêndidas e dispendiosas; para eles os primeiros lugares em todos os espetáculos e em todas as cerimônias; para eles, apenas, como no tempo da república, todos os prazeres da vaidade. Assim, nada parecia ter mudado no Estado: mesmo nome de dignidades e de magistraturas, um senado, cônsules, pretores, edis etc. Mas o sopro vital havia abandonado todas essas pompas e cerimônias; não existia senão uma só autoridade, a do imperador e de seus agentes, e um só servilismo, o de todo um povo. Foi nesse contexto sócio-político que surgiu, se desenvolveu e triunfou o cristianismo.

Ao longo de quatro séculos o império romano foi o cenário de lutas encarniçadas entre duas religiões que se desprezavam; entre dois sistemas morais que se excluíam; entre duas civilizações que disputavam entre si o logro e a consolidação de dois objetivos diversos e excludentes: de um lado o paganismo, pugnando pela manutenção do *status quo*; de outro, o cristianismo, que almejava a continuidade do processo histórico de transformação do homem e do mundo, segundo os valores do Evangelho.

Já dissemos alguma coisa sobre a história dessas lutas nos três primeiros séculos; convém agora dizermos outro tanto sobre as vicissitudes que acompanharam seu desenrolar histórico a partir de Constantino, em ordem a demonstrar o acerto de duas afirmações aparentemente con-

---

[2001] Tácito, *Anais*, VI, 11; XIV, 41. Dion Cássio, LII, 21.
[2002] Tácito, *Anais*, IV, 1, 2.
[2003] Suetônio, *Otávio*, 30.
[2004] Dion Cássio, LIV, 17.

traditórias, a saber: que o cristianismo triunfou sobre seu adversário e que o paganismo jamais morreu ou se deu por vencido.

A história da ruína do paganismo no ocidente pode ser dividida em três épocas cujos limites são facilmente reconhecíveis: a primeira tem início com Constantino e vai até Valentiniano; a segunda compreende todo o reinado de Teodósio e uma boa parte do de seu filho Honório; a terceira época começa com o saque de Roma e se prolonga até os dias de Carlos Magno.[2005]

Na primeira época, os imperadores se empenharam em garantir uma liberdade completa dos cultos, não tanto por respeito ao princípio da tolerância religiosa, mas para reduzir a extensão dos privilégios dos quais gozava a antiga religião nacional, bem como para suavizar os atritos decorrentes de uma transição social tão grave.

> O paganismo não podia ser derrotado bruscamente, tal como os cristãos desejavam. Sua destruição se realizava, por assim dizer, peça por peça, sendo certo que os imperadores, para alcançarem os objetivos perseguidos, foram obrigados a fazer perpétuas concessões aos antigos costumes.[2006]

É certo que Constantino imprimiu à destruição do paganismo um movimento rápido, mas não podia, só por sua própria vontade, mudar as ideias de seus contemporâneos, nem renovar seus costumes, muito menos extirpar bruscamente todos os seus preconceitos, de modo que foi preciso aguardar pelo resultado de esforços realizados por mais de um século para que o cristianismo pudesse se tornar verdadeiramente uma religião universal.

Na época subsequente, Teodósio rejeitou as cautelas adotadas até então por seus predecessores, relativamente às concessões outorgadas à idolatria, compelindo-a, assim, ao anonimato religioso, ou seja, a não ter mais outro asilo que a consciência individual.[2007] Ferido nas suas crenças, atacado em suas prerrogativas, o paganismo se defendia por meios dos quais as leis e os costumes do império autorizavam o emprego. Não tardaria muito, porém, para que se pudesse vê-lo incidir em seus antigos erros e cometer, contra a honra do nome romano, um atentado contra a nova crença, que nem seu fanatismo, nem seus ressentimentos, nem seus infortúnios, podiam justificar.

Com efeito, todos esses extravios ocorreram após a morte de Teodósio, que parecia aos pagãos ter sido uma reparação suficiente de todas as injúrias que o falecido imperador lhes tinha feito. Convencidos de que as leis que os puniam haviam perecido juntamente com a morte do legislador, eles ousaram mais, passando a fazer acusações absurdas ao cristianismo, ao tempo em que difundiam, entre a população, as mais implausíveis injúrias contra os cristãos. Assim é que um de seus oráculos havia declarado que São Pedro se servira de sortilégios para impor a adoração do Cristo durante trezentos e sessenta e cinco anos, findos os quais pereceria o cristianismo. "Ó bela imaginação, exclama Santo Agostinho, de gente que se presume sábia". Situando-se a morte do Filho de Deus no ano 33 da era cristã, temos que a ruína da nova religião deveria ocorrer em 398. Essa previsão circulou durante algum tempo com uma surpreendente rapidez em todo o império romano, insuflando uma tal audácia nos adversários da Igreja, que a corte imperial achou

---

[2005] A. Beugnot, Histoire de la Destruction du Paganisme en Occident, Tomo 2, p. 199-200, Paris, 1835.
[2006] A. Beugnot, *op. cit.*, Tomo 2, p. 163.
[2007] A. Beugnot, *op. cit.*, Tomo 2, p. 199.

por bem intervir para reprimi-la. A bem da verdade, muito mais longe teriam ido, não fosse o desastre que sobreveio ao povo romano em 410 da nossa era.

Com o saque de Roma se iniciou a terceira época, que trouxe consigo muita dor e tristeza, mas também ensinamentos e respostas para muitas questões pertinentes às relações entre ambas as religiões.

Os romanos acreditavam que a ruína de Roma seria o anúncio precursor do final dos tempos. Lactâncio, no século precedente, havia expressado essa preocupação de uma maneira profética:

> Esta cidade é ainda quem sustenta todas as coisas. Roguemos, supliquemos ao Deus do céu, se porventura seus decretos podem ser revogados, para que o tirano, abominável, autor do hórrido crime que levará o mundo à ruína, não venha tão cedo como pensamos.[2008]

Lactâncio se enganava quando via a ruína de Roma como prelúdio do fim do mundo. Se houvesse escrito dois séculos depois, se convenceria de que essa grande catástrofe, o saque de Roma, deveria somente destruir a sociedade romana, a mesma que os pagãos denominavam, com uma orgulhosa hipérbole, de *gênero humano*. Na verdade, o saque de Roma abateu igualmente cristãos e pagãos, com uma diferença importante porém: para a religião dos primeiros, esse desastre não teve consequências funestas; para a religião dos últimos, as teve mortais: a aristocracia ferida de morte se dispersou e com ela se desvaneceu também o futuro do antigo culto.[2009]

De fato, a invasão de Alarico arrebatou aos patrícios toda sua influência religiosa, bem como despojou-os de porção de poder que exercem e das riquezas que os séculos haviam concentrado em suas mãos.

> Se a aristocracia falava ainda com autoridade aos romanos degenerados do quarto século, é porque passava por ser a sentinela vigilante e corajosa da glória e dos interesses de Roma. Ela mesma dizia que enquanto os destinos do império estivessem sob sua vigilância, os golpes da fortuna e as incertezas do tempo não constituiriam perigo para as instituições da pátria. Esta crença estava difundida até mesmo entre os cristãos, e entre os pagãos reinava com a força de um dogma político. Quando a conquista da Itália e do resto do império do Ocidente pelos bárbaros, bem assim o saque de Roma por Alarico, fizeram, uma e outro, apagar a auréola de glória que brilhava por doze séculos em torno do patriciado, a realidade se ofereceu aos olhos de todos os romanos: cada um viu que não havia senão fraqueza, vaidade e orgulho, ali mesmo onde se acreditava residirem ainda a força e o gênio. Quanto maiores eram os infortúnios públicos, mais se lhes atribuíam à aristocracia pagã, a quem foi proibido falar da eternidade de Roma e das instituições nacionais. Ela não ousava mais fixar os olhos sobre a estátua da Vitória cujos restos estavam cobertos com as cinzas da cidade.[2010]

[2008] Instituições Divinas, VII, 25.
[2009] A. Beugnot, *op. cit.*, Tomo 2, p. 110.
[2010] A. Beugnot, *op. cit.*, Tomo 2, p. 111.

Paralelamente a esse efeito, o saque conduzido pelas tropas de Alarico teve como consequência a destruição da constituição política, a única que ainda podia prestar socorro ao antigo culto. "Não há um só lugar, lamentava São Jerônimo, que não tenha exilados romanos". De fato, a aristocracia não existia mais, conquanto alguns nomes pudessem aparecer ainda, a longos intervalos e ao lado de estrangeiros, nos fastos públicos. Mas as ideias, as crenças e os interesses que uniam entre si os diversos membros dessa classe iriam se perder na noite dos tempos.[2011] A antiga aliança formada entre a religião e a constituição se achava dissolvida pela morte de um dos aliados: a do outro não se faria esperar.[2012]

No ano 415, o imperador Honório, filho de Teodósio, editou uma nova lei contra a religião pagã. Apesar de severa, a referida lei não podia agravar ainda mais a situação do paganismo: em toda parte, ele agonizava; em toda parte e a cada dia o abandonavam milhares de partidários, de tal modo que parecia chegado o momento de se perguntar se ele realmente existia.

> Onde estão as previsões dos fanáticos e as adivinhações das pitonisas? Onde, os augures, os auspícios, os arúspices e os oráculos dos demônios? Cada dia se vê tombarem os teatros, cavernas da vergonha, da mesma forma que as profissões públicas do crime; cada dia se vê desmoronarem os fóruns e os redutos onde os demônios eram adorados.[2013]

Honório morreu em 423, após ter passado vinte e oito anos no trono. Esse período foi desastroso para a religião dos romanos: não que o imperador ou seus ministros tenham-na atacado com mais habilidade e vigor que seus predecessores, mas porque o cristianismo, sem contar com o socorro que podia receber das circunstâncias e dos homens, desenvolvia seus elementos interiores de poder e fazia recuar um inimigo que, condenado há muito tempo a morrer, via suas mais sábias combinações fracassarem, seus arroubos de coragem se voltarem contra si e todas as armas que empunhava se partirem miseravelmente em suas mãos.

> Quando, numa sociedade, dois princípios enérgicos se confrontam, os homens desaparecem ou, ao menos, se apresentam como instrumentos dos quais uma vontade superior faz uso, sem que esta tenha a necessidade de investigar se ditos homens são poderosos ou débeis, inteligentes ou cegos, pois todos concorrem, ainda que frequentemente sem sabê-lo, para a realização de seu objetivo. O combate entre as duas religiões foi, sob o mando de Honório, muito mais vivo, mais animado, mais interessante do que o fora até então; não porque Honório, Estilicão, Olimpo ou Atala aí tenham tomado parte, mas porque os princípios pelos quais cada partido combatia, tinham alcançado o seu mais completo desenvolvimento. Se um imperador ainda mais fraco que Honório estivesse sentado no trono; se um usurpador mil vezes menos ridículo que Atala tivesse erguido a bandeira do paganismo, as coisas, ainda assim, teriam seguido o curso que elas seguiram, precisamente porque o espírito que as dirigia estava em outro lugar mais alto que a terra".[2014]

[2011] A. Beugnot, *op. cit.*, Tomo 2, p. 117.
[2012] A. Beugnot, *op. cit.*, Tomo 2, p. 118.
[2013] A. Beugnot, *op. cit.*, Tomo 2, p. 131.
[2014] A. Beugnot, *op. cit.*, Tomo 2, p. 132.

8.4. A Crise do Paganismo

Quase um século transcorreu desde o momento em que os cristãos se apossaram do poder, mas não podemos dizer que eram os senhores da sociedade. Os princípios da sua religião, proclamados na Europa e na Ásia com uma admirável eloquência, foram impotentes para modificar os costumes que se obstinavam em impor o jugo da mentira. Uma nova religião se estabelecera, mas o aspecto geral da sociedade permaneceu o mesmo: a revolução religiosa não se operou senão na superfície.

De fato, por toda parte, o paganismo revelava sua presença. Não era mais a religião poderosa que reinava outrora sobre a sociedade; que ditava as leis, fundava instituições e se confundia com a própria alma do império. No entanto, seu peso se fazia ainda sentir sobre os costumes, seu jugo, sobre as ideias, de tal modo que, por hábito, os cidadãos a obedeciam e sufragavam seus rituais, por ocasião da prática de atos públicos ou privados, revestidos de solenidade. Ainda que desarmada e proscrita, podia-se vê-la em todo lugar e a todo momento, ora exibindo a face descoberta, ora usurpando o nome e as insígnias do cristianismo, mas sempre com o mesmo propósito: deturpar o ensinamento cristão por meio do emprego generalizado da superstição. "É de causar espanto a facilidade com a qual a idolatria introduzia no santuário do verdadeiro Deus seu espírito supersticioso, sua moral relaxada e seu gosto pela desordem".[2015]

A força do paganismo residia principalmente nas festas que se davam ao povo, às quais concorriam também numerosos cristãos. Quando era mister combater essas bizarrices do calendário pagão, os chefes da Igreja tinham por adversários, indistintamente, os pagãos e os cristãos, tal era o atrativo desses espetáculos religiosos, que excitavam a sensualidade e confundiam, na mesma orgia generalizada, a devoção religiosa com os arroubos da luxúria. Uma luta então se desencadeava, luta na qual o princípio religioso frequentemente se encobria, para só deixar ver o choque de duas civilizações opostas. O que parecia estar em questão, nessas situações, era bem menos o confronto entre o politeísmo e o monoteísmo cristão, do que a disputa acirrada entre os antigos e os novos costumes, entre dois sistemas morais, inimigos eternos, que, após uma guerra de quatro séculos, combatiam ainda com energia e determinação redobradas.

A história eclesiástica do século V contém o relato de uma célebre polêmica, sobre as *Lupercais*, havida entre o pontífice Gelásio I e o partido pagão-cristão, então chefiado por Andrômaco, senador romano.

Gelásio foi eleito papa em março de 492, ou seja, numa época em que alcançava grande repercussão a acusação feita ao cristianismo de ter sido a causa da ruína do império romano. O historiador Zósimo desenvolveu essa tese num livro que nos chegou incompleto e que se assemelha menos a uma narrativa histórica do que a um libelo de acusação dirigido contra o cristianismo.[2016]

Gelásio, indignado por ver que os cristãos se uniam aos pagãos para celebrar as Lupercais e todas as festas de purificação que ordinariamente tinham lugar no mês de fevereiro, quis, em 493, proibir a realização dessas cerimônias pagãs, durante as quais o pudor público era ultrajado. A voz ameaçadora dos insatisfeitos fez-se ouvir em toda Roma: "Se a Itália, diziam estes, está entregue ao flagelo das epidemias, isso se deve à animosidade do deus *Februus*, que não é mais adorado. E ainda por cima, querem proibir a celebração das *Lupercais*".

[2015] A. Beugnot, *op. cit.*, Tomo 2, p. 254.
[2016] História, V.

Andrômaco publicou a defesa das Lupercais, que infelizmente se perdeu. Aliás, teria sido bem interessante compará-la com a defesa que Símaco produziu, mais de cem anos antes, em favor da permanência do altar da Vitória na sala do senado, ainda que as situações de ambos os senadores fossem diferentes num ponto essencial, posto que Andrômaco não parece ter exercido a defesa da festa pagã em nome dos pagãos, como o fizera Símaco, mas em nome de alguns cristãos, desejosos que estavam de celebrá-la. Possuímos ainda a resposta de Gelásio, a qual basta para situar a posição da Igreja em relação àqueles falsos cristãos, todos eles campeões obstinados e inconsequentes da desordem moral.

A despeito de sua indignação, o bispo de Roma admitiu que os pagãos festejassem as Lupercais.

> Quando vemos um bispo tão esclarecido como Gelásio respeitar a liberdade dos pagãos e reconhecer seu direito de impiedade, não podemos senão admirar esta religião que, elevada ao poder supremo, combateu, só com a arma da persuasão, seus poderosos adversários da véspera, os mesmos que tinham exercido contra ela, quando eram fortes, o terror de todos os suplícios.[2017]

Não é para crer que algumas leis repressoras pudessem efetivamente paralisar a ação poderosa que, sobre uma nação corrompida, exerce a religião, dentre todas a mais hábil em lisonjear as más inclinações do coração humano. Era muito, mas não era tudo, destruir ídolos e reprimir sacrifícios, posto que os sentimentos, que antes comunicavam tanta força a esses simulacros, viviam ainda no seio da sociedade, protestando a todo momento contra a qualificação de cristã que o poder político lhe conferia.

> Quando se pensa que, malgrado algumas concessões, a ruína do paganismo não se operou senão por graus e insensivelmente; que durante mais de dois séculos foi preciso travar duros combates contra um erro que, sem cessar derrotado, se reerguia incessantemente, pode-se compreender que o espírito moderador dos chefes da Igreja era a expressão da verdadeira sabedoria.[2018]

Acuado em Roma, o espírito pagão abandonou a cidade eterna e se transportou para as províncias, onde a ignorância lhe prometia um reino de longa duração, no exercício do qual renunciou a todos os grandes ideais que anteriormente tinham sustentado e enobrecido sua existência. Fato é que rasgou sua carta de nobreza e se aviltou a fim de poder ser compreendido pelas populações grosseiras, ignorantes e selvagens, no seio da qual se resignou a viver abatido, envilecido, digno de piedade, ou melhor, de desprezo. Contudo, o paganismo encontrou sempre meios de estorvar a propagação e a afirmação das doutrinas cristãs: *inquietare victoriam suprema victis solatia*.[2019] Essa tem sido a estratégia do paganismo ao longo dos tempos, relativamente à luta milenar travada com o cristianismo: fingir-se de morto para, metamorfoseando-se incessantemente, mostrar-se verdadeiro, justo e santo, a fim de ferir melhor a verdade, a justiça e a santidade.

[2017] A. Beugnot, *op. cit.*, Tomo 2, p. 279.
[2018] A. Beugnot, *op. cit.*, Tomo 2, p. 262.
[2019] "Inquietar o vencedor é o supremo consolo do vencido".

Não por outras razões, a luta iniciada em Roma, ainda no século I d.C., não tem data certa para acabar. O adversário do cristianismo, embora vencido e destronado, segue de pé, amealhando prosélitos e empunhando armas com as quais confia poder subjugar a força inimiga, ora com guerra declarada, ora com pequenas escaramuças, mas, em qualquer caso, com o apoio da capacidade humana de forjar ideias que não guardam correspondência nem com a realidade social nem com as exigências fundamentais da pessoa humana, de que é exemplo, como se verá, a construção puramente teórica que está na base do laicismo.

Quando se diz, portanto, que o paganismo foi vencido, não se quer dizer com isso que sua derrota equivalha à sua extinção, nem que todos os vestígios da antiga religião foram totalmente apagados. Da mesma forma, quando dizemos que o cristianismo criou sua própria civilização não queremos afirmar que uma civilização inteiramente nova se estabeleceu, de uma vez por todas, no Ocidente europeu, aí dominando sem resistências, de modo que nada, além dos anais históricos, lembrasse mais as ideias, as crenças, os valores e os costumes que haviam imperado naquela parte do mundo. Não é assim que funciona a sociedade humana, pois é de sua essência modificar-se e transformar-se incessantemente, ora mudando de aspecto com lentidão, ora com surpreendente rapidez. Frequentemente ela se acha numa situação tão extraordinária que julga haver rompido com seu passado. Entretanto, em meio a essas sucessivas metamorfoses, a sociedade conserva sempre a lembrança do que ela foi anteriormente, lembrança que é tão forte, que se produz com tanta frequência e tanta energia, que se é levado a questionar se o que influiu vivamente nos costumes de uma sociedade, em qualquer época, pode ser algum dia esquecido.

As crenças religiosas e a linguagem são os dois princípios da civilização que mais resistem à ação do tempo e à mudança das ideias. Eles podem ser modificados, alterados e corrompidos, mas não há notícia que tenham sido, em qualquer parte, destruídos de um modo absoluto.[2020]

Se toda civilização lega à outra, que a sucedeu, uma parte de seus elementos, nenhuma deixou uma herança mais vocacionada à sobrevivência do que a romana, precisamente porque seus dois elementos constitutivos fundamentais, a língua e a idolatria, lograram enraizar-se profundamente no pensamento e nos costumes das populações do império. – Quanto à idolatria, o cristianismo não negligenciou nada que estivesse a seu alcance para que a cristandade a repudiasse, sem, contudo, obter total êxito, visto que esse legado maldito foi, e continua sendo até hoje, uma fonte inesgotável de ideias absurdas, de práticas ridículas e de erros perigosos, que surgindo recorrentemente ao longo dos séculos com o cariz da novidade, levam a humanidade a dramáticas situações de impasse, quando não a leva, o que é pior, às carnificinas das guerras, tudo fruto da adoração de ídolos que as sucessivas gerações loucamente sobrepõem à cruz do Salvador.

Identificar as manifestações ou sinais indicativos do paganismo no decurso da civilização cristã, descrevê-los, explicá-los, ligá-los entre si, constitui um trabalho fatigante e difícil, haja vista a variada gama de situações que os comportam e as múltiplas combinações de interesses sociais e individuais que aparentam satisfazer. De qualquer forma, pode-se afirmar, *grosso modo*, que esses fenômenos se caracterizam pela exaltação aparente do homem, paralelamente à depreciação da noção de divindade; pela supervalorização do elemento sensual em detrimento

---

[2020] "É difícil precisar o momento em que as divindades deixaram de ser invocadas no império romano. Frequentemente, eu quis crer que havia chegado o momento de concluir as buscas; tudo parecia confirmar que o paganismo não existia mais. Subitamente, um fato isolado, uma voz que ecoava, um protesto individual, uma tentativa louca e imprevista me anunciavam que o pensamento pagão ainda fermentava no fundo de algumas almas. Uma religião não morre em dia e hora fixos. Se ela deve morrer, se esta é a decisão do destino, ela consome pouco a pouco suas forças numa luta malograda e sempre cada vez mais sem sentido". A. Beugnot, *op. cit.*, Tomo 2, p. 302.

do espiritual, bem como pela primazia dada às soluções práticas imediatistas em desfavor das consequencialistas. Revestido dessas características, o paganismo se apresenta, a olhos incautos, sempre como a resposta mais moderna e eficaz para os problemas cruciais da humanidade, tal como o homicida, levando um punhal sob a capa, que abriga também a vítima, a surpreende e a fere, simulando ajudá-la.

Dessas múltiplas manifestações da idolatria pagã, ocupar-nos-emos somente de uma, do laicismo. Como todas as demais, ele também fruto da imaginação febril de um punhado de cabeças que, por má-fé ou por ignorância, têm por nula ou insignificante a contribuição dada pelo cristianismo à civilização ocidental, julgando, por conseguinte, poder apagá-la, malgrado a sua magnitude, da vida e das instituições sociais, como quem apaga da memória uma lembrança incômoda ou uma reminiscência inútil. Fenômeno bizarro e factício, o laicismo parece se impor, dando-se ares de imparcialidade e tolerância, à generalidade dos homens, notadamente dos que se tomam por sábios e eruditos, mas cuja sabedoria e erudição, parece-nos evidente, foram cultivadas à margem de conhecimentos históricos, porque se assim não fosse, renunciariam a sentar premissas embasadoras de suas excêntricas doutrinas, tão divorciadas das conclusões irretorquíveis da história.

Com esse propósito, ou seja, de recuperar o valor e a autoridade do conhecimento histórico, damos continuidade ao presente estudo, com a análise da consolidação do cristianismo no Ocidente e de sua hegemônica contribuição para a implantação e desenvolvimento da civilização que, por antonomásia e merecimento, leva o seu nome.

8.5. A Consolidação do Cristianismo

Até aqui descrevemos os elementos humanos e espirituais das duas forças oponentes, seus prós e contras, impondo-se agora analisá-las em sua relação com os povos bárbaros, cujo concurso, como veremos, fez pender o prato da balança em favor do cristianismo.

Com efeito, o furor dos bárbaros se dirigia indistintamente tanto contra o novo culto como contra o antigo. As consequências dessa fúria bárbara, no entanto, eram bem diversas: uma igreja pilhada, saqueada, destruída, era reerguida tão pronto cessava a onda de destruição; um templo pagão, porém, permanecia no estado em que o havia deixado a devastação dos bárbaros, ou seja, nenhuma mão vinha retirar o entulho, para reconstruir, sobre as velhas fundações, um novo templo. Os templos de Eleusis, incendiados por Alarico, por exemplo, permaneceram em ruínas, enquanto poucos anos bastaram aos cristãos de Roma para apagar de suas igrejas os vestígios da passagem dos godos.

Quando se considera a situação político-religiosa do quinto século e se vê a multidão de nações bárbaras invasoras levando para os territórios conquistados

> [...] as imagens de Thor, de Odim, de Frigga e de Freya, e opô-las à de Cristo, se é tentado a crer que a luta entre dois sistemas religiosos completamente diferentes e que nunca tinham tido, um com outro, nenhum ponto de contato, iria começar com violência. No entanto, reconheceu-se logo a erronia dessa previsão, que prenunciava lutas entre as duas religiões, pois o culto dos bárbaros não opunha ao cristianismo senão uma débil resistência, que provinha da só força do hábito.[2021]

[2021] A. Beugnot, *op. cit.*, Tomo 2, p. 307.

À indiferença que os bárbaros mostraram, no começo das invasões, pela religião do Cristo, sucedeu logo um sentimento oposto. O cristianismo, armado de um ardente proselitismo, não fez grandes sacrifícios para se apoderar de seu espírito e assim despertá-los para a missão que ambos tinham que enfrentar juntos: a construção de uma nova civilização, que combinava a força dos primeiros com o projeto renovador do segundo. De todos os autores cristãos, apenas Salviano conseguiu entrever o papel dos bárbaros nos planos da providência; só ele compreendeu que a invasão do império, destruindo a civilização romana, faria nascer uma nova sociedade, cujo primeiro fundamento seria o cristianismo, verdade que era demasiadamente crua para que os romanos do quinto século a acolhessem.[2022]

Sob outro aspecto, é lícito afirmar que a semente espiritual, lançada por Santo Ambrósio, Santo Agostinho e outros escritores cristãos, não teria dado fruto se tivessem faltado os conservadores e transmissores que, mantendo-se dentro do espírito comum daqueles doutores da Igreja, tomaram sobre si a missão de entregá-la, pura e sem adulteração, às futuras gerações. Nunca foi tão indispensável a necessidade de se conservar a autenticidade da tradição cristã, como na época que se iniciou no século V e findou no século VIII. Em nenhum outro período foi tão grande o perigo de que essa tradição desaparecesse, juntamente aos restos da cultura antiga, como nos últimos anos do século V. A bem da verdade, o perigo não teria sido conjurado se a cristandade, naquela ocasião, não tivesse se encarnado numa entidade organizada, tal como era, de fato e de direito, a Igreja católico-romana. O primeiro requisito de toda organização é possuir um laço de união entre os membros e uma autoridade dirigente, cuja transmissão descanse em normas solidamente estabelecidas. Essa condição básica era preenchida pela Igreja, com sua figura suprema, o papa de Roma, o qual constituía, em meio ao caos que se seguiu à queda do império, a autoridade suprema, única capaz de se fazer respeitar no mundo ocidental, onde nem as tempestades generalizadas lograram diminuí-la, nem o poder deturpá-la, muito ao contrário: saiu de todas as provações fortalecida e acrescentada. A urgente necessidade de encontrar um ponto de apoio, capaz de manter-se firme no centro daqueles avatares, obrigou os romanos a fazer todo o possível para a conservação e robustecimento da autoridade papal.[2023] Acrescente-se a isso o dado incontestável de que a transmissão dessa autoridade aos sucessores de Pedro descansa no fato histórico da presença deste em Roma: fato que hoje em dia é admitido inclusive por eruditos protestantes.[2024] De modo que o primado do papa tem uma fundamentação interna, não sendo de modo algum o resultado exclusivo de uma evolução iniciada pela atividade evangelizadora de São Pedro na capital do império romano, mas é a expressão desta suprema verdade: a "plenitude dos tempos", que acompanhou a encarnação do Salvador e acumulou as circunstâncias históricas destinadas a favorecer a expansão da doutrina cristã.[2025] E dentre estas, talvez uma das mais importantes, era a constituição de Roma como sede do cristianismo, uma vez que nenhuma outra cidade do mundo podia competir em importância com a cidade eterna. Já Horácio tinha expressado essa ideia em seus versos imortais:

> *Alme sol, curru nitido diem qui*
> *Promis et celas alisque et idem*
> *Nasceris; possis nihil urbe Roma*
> *Visere majus.*[2026]

[2022] A. Beugnot, *op. cit.*, Tomo 2, p. 126-127.
[2023] G. Schnürer, *op. cit.*, Tomo 1, p. 131.
[2024] G. Schnürer, *op. cit.*, Tomo 1, p. 132.
[2025] G. Schnürer, *op. cit.*, Tomo 1, p. 132.
[2026] "Ó sol nutridor que, sobre teu carro radiante, fazes nascer e findar o dia, que renasce, ao mesmo tempo diferente e semelhante, possas jamais ver algo maior que a cidade de Roma". Chante Séculaire, 10-13, p. 193, Oeuvres Complètes, Paris, 1950.

Caso São Pedro, hipoteticamente, tivesse se resignado a ser bispo de Antioquia, o cristianismo não teria podido beneficiar-se das muitas vantagens que só Roma poderia oferecer, seja pela sua situação geográfica, seja como instância superior das decisões políticas, vantagens que tanto favoreceram o progresso e a expansão da comunidade cristã do Ocidente, como também graças às quais gestaram-se as forças necessárias à preservação da unidade da Igreja, face às tendências centrífugas liberadas pelas invasões dos bárbaros.[2027]

A evolução dos acontecimentos manifestava, inclusive a olhos incapazes de enxergar o sentido interno das coisas, a nova direção que a história empreendia, ao afirmar-se progressivamente uma autoridade que foi pouco a pouco assumindo a representação, não somente de Roma, mas de toda a civilização ocidental. Por outro lado, o bispo de Roma adquiriu, a partir da proclamação do cristianismo como religião do Estado, uma significativa influência nos assuntos temporais, que excedia à exercida, já com grande prestígio, pelos demais bispos, mediante seu poder jurisdicional nos litígios civis entre clérigos e leigos, que muito frequentemente ambas as partes, de comum acordo, submetiam à jurisdição episcopal.[2028]

> "De todas as partes, esclarece Schnürer, faziam-se gestões para que o papa controlasse a burocracia e a administração da justiça, ambas viciosas, tarefa que os

---

[2027] No final do século VI, o papa Gelásio manifestava o mesmo ponto de vista: "o Cristo conduziu o príncipe dos apóstolos a Roma, senhora dos povos. Ele enviou, para a cidade superior a todas as outras, Pedro, que era o primeiro e superior a todos os apóstolos". Tratactus II, *Apud* Schnürer, *op. cit.*, Tomo 1, p. 132.

[2028] Pode-se afirmar, com absoluta segurança, que o princípio da individualização das penas, como fundamento do direito estatal de punir, teve início com a jurisdição dos bispos na alta idade média. Vejamos o que sobre o tema nos ensina Albert du Boys: "A *ordália* ou prova é uma instituição pagã e remonta à mais alta antiguidade. os grandes culpados, na religião de Odin como na de Teutates ou de Júpiter, deviam ser sacrificados aos deuses. Mas quando os crimes não deixavam vestígios, eram às divindades que se dirigiam os juízes, por meio das *ordálias*. A elas se remetia um julgamento cuja falibilidade humana não ousava-se responsabilizar. A divindade tinha, portanto, a responsabilidade de julgar o acusado e de aceitar ou recusar a vítima que lhe era oferecida. Quando a religião do Evangelho sucedeu o paganismo germânico, ela encontrou a ordem judiciária repousando sobre práticas deste gênero. Antes de promover imediatamente uma revolução radical nos costumes e nas leis, pareceu-lhe mais conveniente servir-se destes costumes e destes ritos bárbaros, para dar-lhes uma coloração inteiramente cristã. Houve bispos, portanto, que instituíram, como complemento necessário da administração da justiça nesta época, espécies de liturgias para consagrar as *ordálias* ou provas, muito particularmente aquelas relativas à água fria e fervente, assim como ao ferro quente. Acontecia frequentemente que em presença de preces solenes e de cerimônias envolventes, reais de um acusado, sentindo o sangue gelar em suas veias, deixasse escapar a confissão de um crime, visto que, numa época de fé fervorosa, o criminoso mais endurecido não ousaria se aproximar da mesa santa após a grave e severa alocução do padre oficiante. Quando o acusado era um homem livre, um guerreiro da raça conquistadora, sua palavra bastava para inocentá-lo. Mas à acusação de um homem livre, o que podia opor um servo pobre ou uma mulher fraca? A quem, portanto, podiam recorrer o fraco e o indefeso para robustecer sua contestação? Recorriam à Igreja, lançando-se em seus braços e suplicando-lhe: 'socorrei-nos, boa mãe! Sem vós, estamos perdidos. Não há meios de provar nossa inocência, de demonstrar nosso bom direito. A calúnia vai nos esmagar, apoiada na força e na violência'. Ante tal grito de desespero, a Igreja recusaria seu socorro? Ela não interpor-se-ia entre o caluniador e a vítima? Seu manto maternal não iria cobrir o pobre oprimido? No estado social tão imperfeito e tão desordenado desta época, onde se achavam reunidas tanta barbárie e tanta fé, a intervenção sacerdotal era um elemento necessário cuja ausência teria conduzido a uma espantosa opressão das classes fracas e pobres. Dissemos que esta intervenção já existia, em um certo grau, no culto ordínico; longe de suprimi-la, a Igreja não fez senão aperfeiçoá-la e estendê-la, pelo que, em nome da humanidade, deve-se cumprimentá-la e bendizê-la. Compreende-se, portanto, que, ao lado da tendência do clero nacional em favorecer as provas, em virtude de uma necessidade social mais próxima dele e mais vivamente sentida, uma outra tendência mais severa devesse se manifestar contra elas no centro da cristandade, na Igreja de Roma, esta guardiã inflexível da pureza do dogma, esta mãe e senhora de todas as Igrejas. Os papas foram em geral contrários a estas concessões de seus missionários e dos bispos aos costumes e às instituições dos povos semi-bárbaros. São Gregório Magno condenou-os expressamente. O que há de certo é que vários outros pontífices romanos, seus sucessores, renovaram esta condenação com grande veemência e a confirmaram através dos concílios celebrados nos séculos XI, XII e XIII. Este movimento se difundiu por todas as igrejas católicas, cujos bispos ingleses, por exemplo, terminaram por exigir a abolição das provas que seus predecessores haviam tolerado e mesmo algumas vezes encorajado. Assim é que o rei Henrique III, para acalmar os escrúpulos de seu clero, determinou a suspensão das ordálias no terceiro ano de seu reinado. A Igreja luta, também, contra a generalização do *campus*, que acompanha o desenvolvimento do espírito guerreiro e que ameaça invadir o processo penal. Somente o direito canônico não se deixa invadir pelo *campus*, de forma que os membros do clero, as corporações ou comunidades eclesiásticas obtêm, relativamente às mulheres e às crianças, a autorização para se fazerem defender em campo fechado, seja por um preposto, seja por seus tutores ou seja ainda por campeões designados e pagos para substituí-los". Histoire du Droit Criminel des Peuples Modernes, p. 226-244, Paris, 1854.

bispos de Roma cumpriam com grande valimento para os pobres da cidade, já que a manutenção dos necessitados foi quase que inteiramente encomendada ao Pontífice, a cuja disposição foram colocadas numerosas parcelas de terras cultivadas para este fim, muitas delas nas proximidades de Roma e as demais no resto da Itália e em muitas outras partes".[2029]

A correspondência dos Papas dessa época, que só fragmentariamente chegou até nós, dá testemunho da abundância de requerimentos que o papado recebia e também dos múltiplos aspectos de sua atividade como guardião supremo da fé e dos costumes. Ainda que não faltassem oposições e desobediências, a sucessão dos atos de expresso reconhecimento do primado romano vai se oferecendo à consideração geral com frequência cada vez maior. Santo Ambrósio escrevia: "Onde está Pedro, aí está a Igreja"[2030], e de um sermão de Santo Agostinho, pôde extrair-se o célebre aforismo: "*Roma locuta, causa finita*".[2031]

Outra razão esclarecedora do prestígio da autoridade papal reside na debilidade do poder político estabelecido. De fato, o ano de 410 fora para Roma o princípio do fim, embora já houvesse se dissipado, em grande parte, o terror que Alarico inspirara na cidade. Roma já não oferecia condições favoráveis quer para o exercício de uma profissão, quer para o cultivo sossegado das artes e das ciências. Não era possível, em suma, achar-se segurança em seu seio.

"Esta debilidade do poder político moveu os romanos do Ocidente a buscar no papado a autoridade moral e religiosa que lhes proporcionasse, ao menos, o laço espiritual capaz de uni-los todos entre si. Naqueles dias de perigo, buscaram nos bispos de Roma um auxílio e uma proteção, mesmo que fossem de ordem puramente moral. Na cidade, os cidadãos se agrupavam em torno do Papa, cuja autoridade era a única que não vacilava, que não desmoronava, mas que, ao contrário, crescia a cada dia mais. O pontificado era a única dignidade que conservava um prestígio digno do nome de Roma; seus portadores tinham, aos olhos dos romanos, a vantagem de ser homens saídos de suas próprias filas, homens de sua raça".[2032]

Naqueles pontífices oriundos do clero romano podia sobreviver a antiga prudência mostrada por Roma no governo e direção dos povos, juntamente a seu sentido prático e rigoroso espírito jurídico, aliados agora aos elevados ideais sobre os quais repousava o poder espiritual.

Ao número desses pontífices pertenceu Leão I: o primeiro a quem, como prova de admiração e de gratidão, foi dado o nome de *Grande*, expressivo da magnitude do papado na antiguidade cristã. Não é justo ver em Leão I o fundador do primado romano, como também não o é fixar em sua época a origem deste último. A verdade é que o primado de Roma, cujo fundamento se encontra nas próprias palavras do Salvador, foi se desenvolvendo pouco a pouco sob a ação concorrente das circunstâncias favoráveis, aparecendo em toda sua plenitude ante a história nos dias de Leão I.[2033]

[2029] G. Schnürer, *op. cit.*, Tomo 1, p. 134.
[2030] Comentários aos Salmos, XL, 30.
[2031] Sermão CXXXI, 10.
[2032] G. Schnürer, *op. cit.*, Tomo 1, p. 140.
[2033] G. Schnürer, *op. cit.*, Tomo 1, p. 140.

A grandeza de Leão I não se resumia apenas a brilhar pelas palavras, mas também a pontificar pela ação.

Com uma linguagem clara e substanciosa, Leão I, num discurso dirigido à cidade de Roma, expressou um sentimento que o povo percebeu como sendo de esperança e consolação, relativamente aos dias que estavam por vir. O sermão foi pronunciado no dia 29 de junho, festa dos Apóstolos São Pedro e São Paulo:

> Estes são os dois santos, por obra dos quais te foi comunicado o Evangelho, e graças aos quais tu, após teres sido mestra no erro, te converteste em discípula da verdade [...] A divina providência dirigiu os destinos do império romano. Uma multiplicidade de Estados foram unidos em um só império e vinculados entre si, de maneira que se deixasse caminho livre para a predicação do cristianismo [...], por força do qual a luz da Verdade, que começou a brilhar para a salvação de todos os povos, pôde derramar-se com maior eficácia, partindo da cabeça, através de todo o corpo do mundo [...].[2034]

Tal era o espírito adequado para manter não só a unidade da fé e o rumo da Igreja Universal, em meio às vicissitudes políticas, mas também

> [...] para estabelecer um laço de união que abarcasse integralmente todo o império romano do Ocidente no crítico momento em que suas distintas partes ameaçavam desarticular-se. Roma devia converter-se no novo centro espiritual, do qual necessitava a nova comunidade ocidental: a ela recorriam todos buscando exemplos e diretrizes em matéria concernente à união dos povos: matéria que já não era mais temporal, mas exclusivamente eclesiástica.[2035]

A grandeza de Leão I, porém, não se resumia apenas a brilhar pelas palavras, mas também a pontificar pela ação. Por duas vezes, ao menos, a intercessão do grande papa valeu aos habitantes da cidade eterna, quando não a conservação da cidade, pelo menos a salvação de muitas vidas. Numa delas, ocorreu o fato, ressumante de intrepidez, que proporcionou ao pontífice um merecido testemunho de gratidão de seus contemporâneos, cuja imaginação não tardou em revesti-lo com a roupagem da lenda. Falamos de sua oportuna intervenção, precisamente no momento em que Átila se avizinhava de Roma, com vista a invadi-la e a saqueá-la.

Átila havia se convertido no terror de toda a Europa. Ninguém parecia capaz de vencê-lo: nem a diplomacia bizantina, nem a força dos povos germânicos. Transformado em "flagelo de Deus", ameaçava a todos, sem distinção, ora com a destruição completa, ora com o cativeiro. O imperador morrera legando aos seus sucessores um império enfraquecido e uma cidade desmoralizada, de modo que correspondia ao papa, única autoridade de fato, encontrar a solução adequada para um problema que a reclamava com urgência, pois Átila acabava de destruir Pávia e Milão e se punha a caminho de Roma. À vista do perigo eminente, o imperador Valentiniano III, aconselhado pelo senado, decidiu que uma embaixada fosse enviada ao inimigo, em ordem a

---

[2034] *Apud* G. Schnürer, *op. cit.*, Tomo 1, p. 141.
[2035] G. Schnürer, *op. cit.*, Tomo 1, p. 143.

fazê-lo retroceder, ainda que fosse à custa de grandes concessões. Como chefe da embaixada foi escolhido o homem ao qual se reconhecia a maior autoridade e se tributava o maior respeito: o papa Leão I. Acompanhado de dois adjuntos, o pontífice encontrou Átila em seu acampamento, próximo de Mântua. Não se sabe ao certo as gestões que Leão fez para demovê-lo de sua intenção, conquanto constitua um fato histórico a retirada pacífica do caudilho dos hunos, convencido certamente da justeza dos argumentos do papa.

> Não faltam indícios de que Átila agiu movido por medo de que, atacando Roma, lhe ocorresse o mesmo que ao rei visigodo Alarico, morto repentinamente pouco depois de ter-se apoderado da Urbe. É bem possível que Leão I lhe sugerisse tal pensamento, ao fazer alusão aos Príncipes dos Apóstolos, os quais poderiam fazer cair sobre a sua cabeça o castigo divino, no caso de uma agressão à cidade eterna. O certo é que, após ter ouvido o papa, Átila abandonou a Itália, enquanto Leão I era triunfalmente recebido em Roma como libertador.[2036]

Outro fato histórico que merece registro, talvez mais como prova da importância da Igreja na época, do que propriamente pelas suas consequências, já que não se podia piorar uma situação que era deplorável sob todos os aspectos, foi a intercessão salvadora do papa em favor de Roma, cujos males logrou, ainda que em parte, abreviar.

Dois anos depois de terem sobrevivido a Átila, os romanos foram tomados de um pavor ainda maior e mais justificado: Genserico estava às portas de Roma. O rei vândalo vinha da África com as suas hostes ávidas de butim, as quais irromperam na capital do império, agora órfã de imperador e de exército. Leão I foi o único que corajosamente saiu ao seu encontro, rodeado de seus presbíteros, tendo em mente o propósito de arrancar de Genserico a promessa de que seus homens abster-se-iam de carnificinas e incêndios.

> "Contudo, esta pilhagem de Roma foi muito mais atroz que a de Alarico, que só havia durado três dias. Os vândalos saquearam a Urbe durante duas semanas, desde o dia 15 ao dia 29 de junho de 455. É provável que Leão I fosse o responsável pela suspensão da rapina neste último dia, como também, por sua intercessão, as basílicas de ambos Apóstolos e a de Latrão (Igreja catedral do bispo de Roma) ficaram isentas do saque. Enquanto a imperatriz Eudóxia, juntamente com numerosos cativos e incalculável butim, era levada para a África, o papa permanecia em Roma, conservando intactos os tesouros de suas principais Igrejas. Agora, os romanos davam-se conta do que significavam, para eles, o pontífice e as tumbas apostólicas: as únicas que, sob os escombros da cidade, puderam sobreviver à catástrofe. A coragem com que, em duas ocasiões, o papa interveio em favor da cidade desventurada, quando já nenhum imperador era capaz de protegê-la, aumentou consideravelmente o prestígio do papado em toda cristandade. Aliás, eram bem raros os pagãos que, naquela época, detratavam o cristianismo. Não era mais o tempo de Alarico, em que Agostinho se achou no dever de tomar a pluma para defender a doutrina cristã contra os que a acusa-

---

[2036] G. Schnürer, *op. cit.*, Tomo 1, p. 146.

vam de ter causado a ruína de Roma: se algo significava Roma, então, devia ser unicamente como cidade dos papas, sucessores de Pedro".[2037]

Forçoso é reconhecer que a regeneração dos costumes era particularmente difícil naquele período de transtornos contínuos e crescente agitação em todo o império do Ocidente. Mal era escolhido um imperador, era logo morto ou deposto. Assim é que o assassinato de Valentiniano III foi instigado por Máximo, o qual foi morto, pouco tempo depois, por uma multidão enfurecida. A morte de Valentiniano III abre o sombrio e último período da história romana no ocidente, no qual se realizou a passagem do governo dos césares ao dos chefes bárbaros, reis da Itália. Três homens, de raça germânica, são seus heróis: o suevo Ricimério, o hérulo Odoacro e o ostrogodo Teodorico. O primeiro preparou essa revolução, o segundo a executou e o terceiro a tornou definitiva pelo estabelecimento da monarquia hereditária na família dos Amales.

Em Roma mesmo, os próprios cidadãos não se deram conta de que o desaparecimento do último imperador, Rômulo Augusto, encerrava um grande período histórico. Acreditava-se que a realeza do chefe militar germânico era algo passageiro, conquanto existisse também gente lúcida, como Sidônio Apolinário, cristão convertido, que se convencera de que, por ocasião do segundo saque de Roma, por Genserico, no milésimo ducentésimo sétimo ano de sua fundação, soara para a cidade das sete colinas a hora fatal.

> *O destino decretou que, desde o seu nascimento, Roma haveria de crescer em meio ao infortúnio.*[2038]

De qualquer forma, a Itália continuou submetida, ainda por algum tempo, à administração romana. Na Espanha e nas Gálias, regiões onde os bárbaros haviam se estabelecido há mais tempo, as coisas ocorreram de forma diversa. Começava-se a aceitar a dominação dos germanos, pelo que não se rechaçava a perspectiva de uma convivência com eles. Prova disso nos dão dois clérigos que, obedecendo à mesma inspiração que outrora movera Santo Agostinho, puseram-se a escrever para os cristãos em geral, a fim de livrá-los do extravio na fé e do paganismo nos costumes.

O primeiro é o hispânico Orósio, presbítero na Lusitânia. Grande viajor, visitou duas vezes Santo Agostinho em Hipona, sendo que, na segunda dessas visitas, recebeu o encargo do santo bispo de desenvolver o tema, porquanto somente esboçado, da Cidade de Deus. Tratava-se de demonstrar para os cristãos, os mesmos que as calamidades do tempo poderiam levá-los a duvidar da solicitude divina para com o gênero humano, que os antigos haviam conhecido também grandes males: males, muitas vezes, piores que os de seu tempo. Guiado por esse objetivo, Orósio escreveu sua obra histórica, intitulada *Sete Livros de História contra os Pagãos*, composta nos anos 417-418, época em que os Visigodos estendiam e consolidavam sua dominação na Espanha, e que constituiu o primeiro intento de se compor uma história universal de cunho cristão. Nela, Orósio não deixa de enaltecer a unidade da civilização, unidade lograda pelo império romano, graças ao qual pôde, no curso de suas viagens, ser compreendido em todas as partes e estreitar os vínculos de amizade nas regiões mais diversas. O que a seus olhos tem real valor é a unidade cultural da comunidade romano-cristã, visto que, dirigindo-se como "romano e cristão a romanos e cristãos, foi assim que encontrou portas abertas em todas as partes".[2039]

[2037] G. Schnürer, *op. cit.*, Tomo 1, p. 146-147.
[2038] Panegírico de Avito, Exórdio, p. 53, Paris, 1960.
[2039] *Op. cit.*, V, 1.

> Aos romanos me dirijo como romano; aos cristãos, como cristãos; aos homens, como homem. Dirijo-me ao Estado, invocando a lei; à consciência, invocando a religião; à natureza, invocando a comunidade. Ao passar por cada país, me beneficio dele como de uma pátria, dado que a pátria verdadeira, a pátria que eu amo, não se encontra neste mundo.[2040]

Vê-se, pois, o valor que Orósio atribuía à comunidade de civilização que tem seu fundamento no cristianismo.

> É certo, diz Schnürer, que Orósio via os bárbaros com olhos distintos dos demais escritores. Se se deu ao trabalho de compilar o que era bom e dulcificar o que era mal, de tudo quanto se dizia dos bárbaros, sem dúvida o fez com vistas a tranquilizar seus contemporâneos. Os bárbaros não são, segundo ele, nem tão ferozes nem tão desumanos como ordinariamente são pintados. Deixa-se ir tranquilamente quem não quer viver com eles; começam a cultivar a terra; tratam como aliados e amigos os romanos sobreviventes, de tal modo que encontramos em seu meio muitos romanos que preferem viver com os bárbaros em liberdade e em pobreza, a permanecerem com seus compatriotas, submetidos à opressão do pagamento de impostos.[2041]

Tudo bem considerado, pode-se afirmar que a missão dos romanos, na visão de Orósio, seria a de difundir o cristianismo entre os povos que costumavam guerrear contra eles; imaginava também o autor a constituição de uma comunidade de civilização e uma sociedade de povos cristãos, às quais designava com o nome de România.[2042] Temos aqui outra prova concludente da grandeza de alma que o cristianismo é capaz de suscitar nos homens, bem assim de como a religião do Cristo era a única força que se achava em condições de ajudar Roma a sair sã e salva dos tempos ingratos que acompanharam a queda do império, bem como a garantir a continuação de sua função civilizadora. "O autor desta primeira crônica universal teve o mérito de ser também o primeiro que interpretou acertadamente os sintomas da época e que soube pressentir o futuro".[2043]

Outro autor do século V que viveu e escreveu por entre distúrbios sociais e calamidades humanas foi Salviano. Sua obra, *O Governo de Deus*, destinava-se aos cristãos, a fim de exortá-los a aceitar as agruras do tempo como um merecido castigo divino.

Já Orósio, em algumas passagens de sua obra, havia insinuado que não há razão para se queixar das calamidades, pois estas são castigos merecidos, infligidos aos homens por injustiças cometidas. Salviano vai deduzir consequências desse pensamento, não para confortar seus contemporâneos, mas para inquietá-los, visto que os ímpios não admitiam que a divina Providência socorresse os bons e castigasse os maus. Era essa uma concepção que abria de par em par as portas para o relaxamento moral, pois era voz corrente que "de nada serve viver bem e piedosamente, já que Deus não se preocupa com os homens". Salviano, servindo-se de sua pena implacável, passou

---

[2040] *Op. cit.*, V, 2.
[2041] *Op. cit.*, Tomo 1, p. 152.
[2042] *Op. cit.*, III, 20, 11; VII, 43,5.
[2043] G. Schnürer, *op. cit.*, Tomo 1, p. 152.

a refutar asperamente semelhante aberração: os cristãos romanos murmuram contra Deus, porque os deixa cair em poder dos bárbaros; mas, pensando bem, não merecem eles tal destino? Para refutar as objeções falsas e insensatas, nosso autor pinta um quadro espantoso da imoralidade e da injustiça que, herdadas do paganismo, continuavam reinando entre os romanos cristãos.

> Foi-nos ensinada a religião, dizia, de modo que não podemos alegar ignorância que nos escuse. A paz e a riqueza de outros tempos desapareceram. Tudo o que outrora existia nos foi arrebatado ou se transformou em coisa pior; somente as taras aumentaram. Nada nos restou da paz e do bem-estar de recuadas épocas, exceto os crimes, que não criam prosperidade.[2044]

Em outro lugar, é ainda mais amargo:

> Haverá algo mais humilhante e mais miserável? E nós, cuja vida é tão triste, podemos crer que ainda vivemos? Por cima de tudo, caímos no ridículo: ao ouro que pagamos chamamos mimo. Dizemos que se chama donativo o que não é senão o preço de nossa existência, tão amarga e vergonhosa. Todos os cativos, uma vez resgatados, recobram a liberdade; nós temos que nos resgatar indefinidamente, para não sermos livres nunca.[2045]

Ao fazer a comparação dos romanos com os bárbaros diz sem rodeios: "No que toca à lei divina, não há dúvida de que somos melhores que eles; mas, no que concerne à vida prática, é doloroso admitir que somos piores".[2046] Salviano aceitou, pois, o fato de que os germanos assumissem o poder, vendo nisso uma sentença do tribunal divino.

> A providência cedeu a Espanha e a África aos vândalos, porque estes destroem os antros de dissipação. As cidades romanas da África, particularmente Cartago, estavam cheias de impureza e de imoralidade: os vândalos as purificaram.[2047]

Uma leitura isenta da obra de Salviano põe em evidência

> [...] que a população romana carecia já das energias necessárias para fazer frente aos germânicos, considerando que era moral a força que lhe faltava, enquanto que os bárbaros da época possuíam ainda intacto o vigor moral próprio dos povos primitivos, não influenciados por uma civilização refinada: o que os destinava a atuar como elemento rejuvenescedor no seio da população romana, com a ajuda, não desprezível, da Igreja. Sua descrição nos faz ver que a Igreja teria sido condenada à impotência, em sua luta contra a decadência da sociedade romana,

---

[2044] *Op. cit.*, VI, 18.
[2045] *Op. cit.*, VI, 98.
[2046] *Op. cit.*, IV, 13.
[2047] *Op. cit.*, VII, 11.

se a queda do império, o desaparecimento de uma estrutura social corrompida e a abolição de um regime econômico iníquo, por uma parte; e por outra, o aparecimento do cenário histórico de forças portadoras de sangue novo, não tivessem permitido pouco a pouco a configuração de novas formas sociais.[2048]

A propósito dos cristãos, Salviano parece não poder conter suas diatribes:

> A própria Igreja, que deveria ser em tudo apaziguadora da cólera de Deus, não há de atrair forçosamente a ira divina sobre nós? Excetuando uns poucos que fogem do mal, o que vem a ser toda a comunidade cristã, senão a sentina de todos os vícios? [...] Quase todo o povo fiel caiu nesta depravação moral, de modo que, entre os cristãos, ser menos vicioso, chegou a constituir, de certo modo, uma espécie de santidade.[2049]

A bem da verdade, um importante fenômeno social escapou aos olhos argutos de Salviano: o afluxo em massa de pagãos ao seio da Igreja. Esse imenso contingente era só nominalmente cristão, talvez por sobrevivência, mas certamente porque muitos pagãos não queriam, ficando à margem da Igreja, ser confundidos com bárbaros incultos. Assim é que, nos tempos de Salviano, já não havia pagãos à margem da Igreja: haviam penetrado nela, conservando sua mentalidade de antanho, suas concupiscências e sua sede de mando, sua corrupção moral e sua vil cobiça. Pertenciam à Igreja, porque esta havia chegado a confundir-se com o mundo romano. A resistência contra os germânicos invasores do império e dominadores de seu território, fez afluir ao seio da Igreja as massas romanizadas. Os libertinos, os amos cruéis, os funcionários prevaricadores e os comerciantes desonestos, uma vez incorporados à Igreja, constituíram para esta um fardo pesadíssimo e um prejuízo inevitável para seu espírito e para os valores de que era portadora.[2050]

Não era dessa forma que a Igreja desejava acolher os que até ontem lhe professavam eterna aversão. De qualquer forma, em consequência desse movimento geral de ingresso na Igreja, muitos fiéis zelosos da pureza da doutrina e da honra cristãs, se sentiram cada vez mais inclinados a fugir do mundo e a viver afastados da corrupção geral, ou como monges, no seio de comunidades espirituais, ou na erma solidão, como os anacoretas.

Foi assim que se difundiu o monacato católico, num tempo de anarquia e escuridão que se seguiu à queda do império. Foram os monges, ensina Schnürer, os primeiros a trabalhar pela renovação da sociedade cristã. Entre eles se encontravam os operários mais indicados para levar a cabo essa tarefa: os que tinham a visão mais clara do fim a alcançar e a abnegação necessária para entregar-se a tal trabalho.[2051] Eram os mais indicados, sobretudo, porque tinham sempre presente a lição de Santo Agostinho, segundo a qual é a vontade humana o motor que Deus emprega para a criação de um novo mundo. Esse era o espírito que movia a Igreja, em geral, e os monges, em par-

---

[2048] G. Schnürer, *op. cit.*, Tomo 1, p. 157.

[2049] *Op. cit.*, III, 9.

[2050] "Após a queda de Roma, populações inteiras passaram para as fileiras cristãs; mas passaram levando consigo a bagagem de crenças insensatas e de práticas supersticiosas. A Igreja não podia recusar essa adesão em massa dos pagãos, nem intimá-los a abandonar imediatamente todos os seus antigos erros: ela fez, pois, concessões às circunstâncias, concessões que não eram completamente voluntárias". A. Beugnot, *op. cit.*, Tomo 2, p. 264.

[2051] *Op. cit.*, Tomo 1, p. 164.

ticular, na direção de uma civilização superior, para cuja construção se requeria a adesão completa do corpo e da alma, a exemplo do que fizera São Martinho que, ao morrer e em poucas palavras, logrou expressar o sentido da vida monástica: "*Domine si populo tuo adhuc sum necessarios, non recuso laborem*". (Senhor se teu povo ainda necessita de mim, não recusarei o trabalho).

Mas, quem talvez utilizou as palavras mais adequadas, as figuras mais significativas, os adjetivos mais enérgicos e os verbos mais a propósito para descrever a saga dos monges católicos; quem, embora descrente, empregou o vigor do seu talento para enaltecer o imenso serviço que esses homens de Deus prestaram à civilização; quem, por fim, se serviu de uma técnica literária plena de grandeza, sublimidade e exuberância, única proporcionada a um tema tão grande, tão sublime e tão exuberante, para demonstrar o quanto pode realizar o amor desinteressado, não foi um papa, nem um doutor da Igreja, muito menos um sacerdote, foi, nada mais, nada menos que um ateu, mas um ateu honesto e sábio, cuja caridade intelectual era inconciliável com partidarismos no relato histórico, esses mesmos que alardeiam hoje os arautos do laicismo, a ponto de negarem o papel que a Igreja teve e tem na evolução da civilização ocidental: H. Taine. Ouçamos o precioso relato do autor francês:

> Das três classes superpostas, a mais antiga e a mais profunda era a obra do clero: durante duzentos anos ou mais, ela havia trabalhado como arquiteta e como operária, inicialmente só, depois, quase sozinha. No começo, durante os quatro primeiros séculos, ela tinha construído a religião e a Igreja: pesemos estas duas palavras para sentirmos o peso de ambas. De uma parte, num mundo baseado na conquista, duro e frio como uma máquina de bronze, condenado por sua própria estrutura a destruir nos indivíduos a coragem de agir e a vontade de viver, ela havia anunciado "a boa nova", prometido o "reino de Deus", pregado a resignação terna aos desígnios do Pai celeste, inspirado a paciência, a doçura, a humildade, a abnegação, a caridade, havia aberto as únicas vias pelas quais o homem sufocado no ergástulo romano podia ainda respirar e admirar o dia: eis a religião. De outra parte, num Estado que pouco a pouco se despovoava, se dissolvia e fatalmente se tornaria uma presa, ela havia formado uma sociedade viva, guiada por disciplina e por leis, congregada em torno de um fim e de uma doutrina, sustentada pelo devotamento dos chefes e pela obediência dos fiéis, única capaz de subsistir sob a torrente de bárbaros que o império em ruína deixava entrar por todas as suas brechas: eis a Igreja.
>
> Sobre estas duas primeiras fundações, ela continua a construir, e a partir da invasão, durante mais de quinhentos anos, ela salva o que ainda poderia ser salvo da cultura humana. Ela enfrenta os bárbaros ou os ganha logo após terem franqueado as fronteiras do império. Serviço enorme; julguemo-lo por um só fato: na Grã-Bretanha, latinizada como a Gália, mas cujos conquistadores permaneceram pagãos por um século e meio, artes, indústrias, sociedade, língua, tudo foi destruído; de um povo inteiro, massacrado ou fugitivo, não restaram senão escravos, tanto assim que é preciso adivinhar seus vestígios; reduzidos à condição de bestas de carga, eles desapareceram da história. Tal teria sido a sorte da Europa, se o clero não tivesse seduzido prontamente a alimária feroz, à qual pertencia o continente europeu.

Diante do bispo de capa dourada, diante do monge, vestido de peles, magro, mais sujo e mais encardido que um camaleão, o germano convertido se amedronta como que diante de um bruxo. Nas horas de calma, após a caça ou a bebedeira, a suspeita vaga de um *além* misterioso e grandioso, o sentimento vago de uma justiça desconhecida, o rudimento de consciência que já tinha em suas florestas além do Reno, manifestam-se nele por alarmes súbitos, em meias-visões ameaçadoras. No momento de violar um santuário, ele se pergunta se não vai tombar na entrada, atacado de vertigem e curvada a espinha. Convencido por sua agitação interior, ele se detém, poupa a terra, a aldeia, a cidade que vive sob a proteção do sacerdote. Se o ardor bestial das cóleras ou das cobiças primitivas arrastaram-no para o assassinato ou para o roubo, mais tarde, refreadas estas, nos dias de infortúnio ou de doença, aconselhado por sua concubina ou sua mulher, arrepende-se e restitui o dobro, o décuplo e o cêntuplo, prodigalizando as doações e as imunidades.

Assim, sobre todo o território, o clero guarda e expande seus asilos para os vencidos e para os oprimidos. Por outro lado, entre os chefes de longos cabelos, ao lado de reis vestidos de peles, o bispo mitrado e o abade de cabeça tonsurada tomam assento nas assembleias; eles são os únicos que sabem escrever, que sabem discorrer. Secretários, conselheiros, teólogos, eles participam dos éditos, dirigem o governo, trabalham para botar ordem na desordem imensa, para impor a lei mais razoável e mais humana, para restabelecer ou manter a piedade, a instrução, a justiça, a propriedade e, sobretudo, o casamento. À sua influência, certamente, se deve a polícia, tal qual a concebemos, intermitente, incompleta, que impediu que a Europa se transformasse numa anarquia mongol. Até o fim do século XII, se o clero pesa sobre os príncipes, é, sobretudo, por ter refreado neles e abaixo deles os apetites brutais, as rebeliões da carne e do sangue, as recaídas e os acessos de selvageria que devastavam a sociedade. Entretanto, nas suas igrejas e nos seus conventos, ele conservava as antigas aquisições do gênero humano, a língua latina, a literatura e a teologia cristãs, boa parte da literatura e das ciências pagãs, a arquitetura, a escultura, a pintura, as artes e as indústrias que servem ao culto, as indústrias mais preciosas que dão ao homem o pão, a vestimenta e a habitação, sobretudo a melhor de todas as aquisições humanas e a mais contrária ao humor vagabundo do bárbaro saqueador e preguiçoso, a saber, o hábito e o gosto pelo trabalho. Nos campos despovoados pelo fisco romano, pela revolta dos Bagaudos, pela invasão dos germanos, pelas incursões dos salteadores, o monge beneditino constrói sua choupana entre as sarças e os espinhos. Em volta dela, grandes espaços, outrora cultivados, não são mais que áridos desertos. Com seus companheiros, ele lavra e constrói; ele domestica os animais semi-selvagens, estabelece uma granja, um moinho, uma forja e fábricas de sapatos e de vestuário. Conforme sua regra, cada dia ele lê durante duas horas; e durante sete, trabalha manualmente; não come e não bebe senão o estritamente necessário. Com seu trabalho inteligente, voluntário, executado conscientemente e realizado em vista do futuro ele produz mais que o laico. Com seu regime sóbrio, contido, econômico, ele consome menos que o laico.

Aí onde o laico desfalecia, ele se sustenta e até mesmo prospera. Ele acolhe os miseráveis, os alimenta, os ocupa e os casa; mendigos, vagabundos, camponeses fugitivos se aglomeram em torno do altar. Gradativamente seu acampamento se torna uma aldeia, depois, um burgo: o homem trabalha desde que possa contar com sua colheita e se torna pai de família logo que se encontre em condições de alimentar seus filhos. Assim se formam novos centros de agricultura e indústria que se tornaram também novos centros de população.

Ao pão do corpo ajuntai o da alma, não menos necessário; pois, com os alimentos, era preciso ainda dar ao homem a vontade de viver ou, ao menos, a resignação que o faz tolerar a vida, como também o sonho, tocante ou poético, que o indeniza pela felicidade ausente. Até o meado do século XIII, o clero foi o seu único provedor. Por suas inumeráveis lendas de santos, por suas catedrais e suas estruturas, por suas estátuas e suas expressões, por seus ofícios e seu sentido ainda transparente, ele tornou possível "o reino de Deus" e pôs o mundo ideal no fim do mundo real, como um magnífico pavilhão de ouro na extremidade de um mastro torpe.[2052]

8.6. O Elemento Bárbaro e a Civilização Cristã

A renovação moral da civilização incluía a recepção do elemento bárbaro na composição da nova ordem social, que tinha no cristianismo seu fundamento espiritual. Não obstante sua importância na economia interna da sociedade nascente, o bárbaro, de que se cuida aqui, não era este ou aquele povo indistintamente considerado, ou melhor, o termo bárbaro não correspondia a um conceito genérico, cuja extensão devesse compreender todas as nações não romanizadas ou não civilizadas. O povo chamado a dividir com o cristianismo o protagonismo dessa transformação social, que deu lugar à civilização cristã ocidental, deveria satisfazer um requisito básico e inafastável: professar o catolicismo.

No entanto, uma dificuldade quase que invencível se apresentava então, uma vez que o arianismo havia se difundido a tal ponto entre os reis e a nobreza bárbaras, que pouco ou quase nada representava o catolicismo no seio dos povos germânicos. Catolicismo ou arianismo, duas alternativas, de cuja escolha iria depender ou o florescimento da civilização ocidental, com o primeiro, ou, com o segundo, sua decadência e extinção. Examinemos as razões dessa verdade histórica.

"A luta entre o arianismo germânico e o catolicismo romano, ensina Schnürer, constitui a primeira fase do esforço histórico por proporcionar uma base sólida à cultura ocidental. É um conflito que coincide cronologicamente com a oposição entre os germânicos dominadores e os romanos submetidos, mas que não se limita a um mero confronto de raças, senão que o ultrapassa, desaguando na questão da possibilidade ou impossibilidade de fusão de romanos e germanos num só povo. Achando-se estes últimos em minoria em quase todas as partes, o

---

[2052] H. Taine, Les Origines de la France Contemporaine, Tomo 1, p. 3-8, Paris, 1922.

> lógico seria supor que, mais cedo ou mais tarde, seriam absorvidos pela maioria romana. O processo de absorção foi paralisado pela oposição religiosa; mal superada esta última, a fusão teve lugar. [...] Muitos germânicos, radicados em suas terras de origem e outros que haviam emigrado para a Grã-Bretanha, estiveram a ponto de se filiar ao arianismo. Se isto houvesse acontecido, o provável é que germanos e romanos não tivessem jamais chegado a uma fusão no seio de uma só civilização, já que a comunidade de civilização não pode ser implantada se não for sobre a base de uma religião comum. Em tal caso, a civilização ocidental não teria chegado a existir".[2053]

Com efeito, após ter desaparecido por completo do Ocidente, durante o reinado de Teodósio I, o arianismo ressurgiu na mesma região como religião dos bárbaros. Propagou-se com rapidez extraordinária, por meio dos visigodos, entre as tribos dos godos submetidas ao domínio dos hunos, assim como entre os ostrogodos, os gépidos, os hérulos e os vândalos dos Carpatos. Arianas eram também as populações germânicas que entraram em contato com os romanos residentes na Nórica, todos eles protegidos por São Severino, de sorte que quando Odoacro se dirigiu à Itália para pôr termo ao império romano do Ocidente, levava consigo soldados de religião ariana.

Grande apogeu alcançou a Igreja ariana, na África com os vândalos e nas Gálias com os visigodos, entre os quais se estabeleceu como religião nacional, com seus bispos e sacerdotes, chegando a lograr ali uma situação privilegiada como Igreja oficial e instrumento de política estatal. Por tudo isso, o arianismo era chamado "religião dos godos", enquanto o catolicismo era conhecido como a religião dos romanos. Os católicos eram indistintamente chamados *romani* ou *christiani*. Quando à diferença de raça veio somar-se a divergência de credos, exacerbou-se, além da conta, a oposição entre romanos e germanos ou, o que vem dar no mesmo, entre católicos e arianos, oposição que chegou ao seu paroxismo no século V.

Neste ponto, convém que se diga alguma coisa sobre a noção fundamental e característica do arianismo, que o distinguia e contrapunha ao catolicismo, ou seja, a negação da divindade de Jesus.

> "Frente à doutrina católica da consubstancialidade das três pessoas em um só Deus, os germanos arianos sustentavam que Jesus Cristo não é Deus, mas uma criatura. Esta doutrina arrancava do diadema das verdades cristãs a mais valiosa de suas jóias e, ao mesmo tempo, abria mão da pedra fundamental necessária para a edificação de uma cultura cristã. A missão da cultura consiste em desenvolver, de maneira cada vez mais perfeita e harmônica, as diversas faculdades do espírito humano, subordinando as inclinações inferiores às superiores. Esta missão não pode ser cumprida se se prescinde da religião, mas, qualquer que seja esta, deve ser capaz de apoderar-se do homem de forma duradoura. Uma religião que não pode oferecer como estímulo o exemplo do homem-Deus, tampouco poderá, a longo prazo, impressionar os homens de maneira profunda. Acaso pode existir algo mais apropriado que a figura do divino redentor para fazer-nos compreender, tão claramente, o amor de Deus pela humanidade, seu sacrifício, sua misericórdia e a gravidade do pecado? A fé no Deus feito homem

---

[2053] *Op. cit.*, Tomo 1, p. 212.

e morto para nos salvar pode suscitar a todo instante uma abnegação heróica. Se Jesus era unicamente homem, ainda que fosse um herói, falta à nossa abnegação razão de ser e só nos resta, no melhor dos casos, a admiração pela sua pessoa, ao mesmo tempo em que desaparece a ideia da morte redentora. Deus se converte, assim, num conceito afastado do homem e sua operatividade, em relação a este último, se reduz à do imperativo categórico de Kant, do qual não há notícia que tenha inflamado jamais os corações nem arrastado as almas. De fato, o arianismo nada mais era que uma forma de racionalismo que pretendia fazer concessões à razão às expensas da fé, subvertendo, assim, os próprios fundamentos da doutrina cristã e paralisando de antemão sua força civilizadora. [...] O segredo da cultura cristã consiste em que, graças à fé, possui um remédio capaz de curar todas as feridas, uma fonte da juventude onde a humanidade pode beber constantemente novas energias criadoras. A fé em Cristo, como filho de Deus, não assegura aos homens a manutenção de um elevado nível ético, nem é tampouco garantia de indefectibilidade para todos os povos e Estados cristãos. No entanto, lhes concede a possibilidade de levantar-se depois de qualquer queda moral, como também, desaparecendo um povo, de salvar suas melhores forças para enxertá-las em outro novo. Por isso, não é de admirar que, na idade média, quando a autoridade da Igreja se estendia sobre toda a Europa, houvesse períodos de decaimento. Tais desfalecimentos não provam nada contra a capacidade civilizadora da fé cristã, da mesma forma que o desaparecimento dos vestígios de vida nas plantas durante o inverno, tampouco prova nada contra a fertilidade da terra. Ao revés, a renovação que se segue a cada uma das épocas de decadência é uma prova palmar do poder moral da fé cristã, do mesmo modo que a primavera nos traz cada ano, em meio à alegria das cores, uma nova demonstração da fecundidade da natureza. Acaso pode-se crer que a regeneração moral teria sido possível dentro do paganismo?"[2054]

Nem dentro do paganismo, pensamos, nem fora dele, com o arianismo. Sua doutrina e seus sacerdotes foram incapazes de elevar a moralidade das populações germânicas, como também de mantê-las num nível moral equivalente ao que tinham antes da queda do império, quando ainda viviam no paganismo e, junto a uma inocência espontânea, conservavam intactas as tradições tribais. Todos os povos arianos nos oferecem o mesmo e triste espetáculo da decadência moral: cada geração é pior que a precedente, quer se trate de visigodos ou vândalos, quer de ostrogodos, burgúndios ou lombardos. Tudo isso prova a esterilidade do arianismo e sua carência de força moral. Onde estavam, se é que existiram, os líderes arianos capazes de produzir nas massas a regeneração dos costumes, de guiá-las em busca de um ideal, de agrupá-las em seu redor e arrastá-las até os cumes da perfeição? Em vão procuramos santos arianos.

Entre o clero ariano, nenhuma personalidade destacada chama nossa atenção. A Igreja católica daquele tempo, ao contrário, oferece abundantes exemplos de santos ascetas, de monges piedosos, de confessores heróicos, de moralistas desprendidos, cheios de energia espiritual e de fervor religioso. Basta recordar

---

[2054] G. Schnürer, *op. cit.*, Tomo 1, p. 231-233.

alguns nomes, os quais já mereceram menção anteriormente: Salviano, Severino, Bento com seus monges, Avito de Viena, Martinho de Braga, Eugênio de Cartago, Leandro de Sevilha... Outros muitos podem somar-se a eles: Epifânio de Pávia, Cesário de Arles, Fulgêncio de Ruspe e as santas virgens Escolástica, Cesária, Ingunda... Foi precisamente quando os monastérios empreenderam, no seio da sociedade romanizada, a luta pela renovação moral da cristandade.[2055]

Em relação à organização eclesiástica, o arianismo era bem inferior à Igreja católica, cuja característica principal é a sua internacionalidade, sua universalidade, consoante à abrangência da missão que está chamada a desempenhar. Sua organização não conhece fronteiras e tem no coração de seu organismo pluriestruturado um centro de imputação e de comando constituído pelos sucessores de São Pedro. As Igrejas arianas também tinham uma hierarquia, de modo que cada uma possuía um bispo detentor de jurisdição plena sobre sua comunidade, em razão da qual não prestavam acatamento a um superior hierárquico, nem se submetiam, em matéria disciplinar ou doutrinária, à decisão inapelável de um guia supremo. As Igrejas eram separadas umas das outras, gozavam de total autonomia e se apresentavam como Igrejas nacionais ou estatais, a tal ponto confundida com o poder político, que o rei dispunha de poder eclesiástico absoluto: convocava os concílios, encarregava-os da administração da justiça secular e nomeava ou depunha os bispos como se fossem simples funcionários. "Ligada deste modo aos destinos do Estado ou da tribo, tal Igreja não gozava do menor ascendente sobre seus fiéis e não devia senão desaparecer junto com o organismo temporal do qual formava parte".[2056]

O arianismo era inferior ao catolicismo também do ponto de vista científico. O clero católico monopolizava a educação e pontificava no trato da atividade intelectual. Exceto Ulfila, que traduziu a Bíblia, nenhum autor se celebrizou, nem sequer mereceu um registro histórico, dentre os bárbaros que professavam o arianismo.

> O exemplo daquele bispo, que poderia ter suscitado uma atividade literária em língua gótica, não foi seguido. Fora a Bíblia de Ulfila, o único exemplar que restou da literatura dos godos, e que chegou até nós, é a tradução de um comentário de São João, originariamente composto em latim, cuja versão gótica se encerra em oito folhas.[2057]

Se comparamos o clero ariano com as personalidades mais notáveis do episcopado católico, damo-nos conta de que a acusação de ignorância, lançada contra os sacerdotes godos, não era só fruto da parcialidade e da paixão. Nas fileiras do clero romano e católico, abundavam sobremaneira no tempo das grandes invasões, as igrejas e os mosteiros passaram a constituir o único refúgio acessível à cultura. Desejosos de cultivar as letras, os melhores elementos da sociedade romanizada punham-se ao serviço da Igreja ou admitiam de bom grado sua influência. Não podiam encontrar em nenhum lugar um campo mais propício para o cultivo dos valores supremos da cultura. Sidônio Apolinário é o protótipo daqueles romanos ilustres que, entrando no serviço da Igreja, consagraram a ela sua erudição.

[2055] G. Schnürer, *op. cit.*, Tomo 1, p. 234.
[2056] G. Schnürer, *op. cit.*, Tomo 1, p. 235.
[2057] G. Schnürer, *op. cit.*, Tomo 1, p. 235-236.

O amor que o clero católico nutria pelo cultivo da literatura revela-se na obra de São Jerônimo, *De viris illustribus*, continuada por Genádio, Isidoro de Sevilha e Santo Idelfonso, onde consta um catálogo de escritores ilustres, cujas obras ajudaram a edificar a educação de seu tempo. Com algumas exceções, dentre as quais devem-se contar Boécio e Cassiodoro, todos os escritores do século VI foram monges ou sacerdotes da Igreja católica. Citemos um por todos: Santo Isidoro de Sevilha.

Isidoro, escritor infatigável, cujas obras constituem uma das maiores e mais belas manifestações do espírito humano, possuía uma cultura enciclopédica. Sua vasta produção incluía uma obra prima: *Etimologias*, que era encontrada em quase todas as bibliotecas medievais, pois bem medieval era seu tema, vale dizer, era uma enciclopédia de conhecimentos humanos, bem ao gosto dos eruditos da época, que se compraziam com definições e explicações simbólicas dos fenômenos físicos. Em vista disso, Isidoro coligiu textos de escritores contemporâneos, proporcionando assim à idade média não só o contato com obras que mais tarde se perderiam, como também a possibilidade de conhecer o essencial delas, sem que se precisasse lê-las necessariamente. Não se tratava de uma obra original, mas de um gênero de livro que mais era procurado na época, na qual era urgente catalogar os conhecimentos essenciais, a fim de preservá-los até que chegasse um tempo em que os homens do Ocidente dispusessem do ócio e da compreensão suficientes para retornar às fontes e inspirar-se nelas.

Toda a cultura da idade média adquiria assim o caráter de um movimento de renovação, de um lento renascimento da antiguidade. Por essa razão, os renascentistas de séculos posteriores foram injustos ao menosprezar os seus predecessores: estes últimos foram os degraus que permitiram aos primeiros alcançar o plano superior em que se moviam, dando frequentemente prova de um pensamento mais original do que tinham aqueles que buscaram sua glória na imitação pura e simples da antiguidade. No início, a Igreja foi a única que tomou sob sua proteção os restos da ciência antiga, alcançando assim uma situação privilegiada nas origens da idade média, como exclusiva dispensadora da cultura, do ensino e da formação intelectual. Tão exclusiva, que, ao terminar a idade média, produziu-se uma grave crise, ocasião em que foi necessário recordar aos seus representantes que a missão primordial da Igreja era outra.

Por todas essas razões, não estava destinada ao arianismo a glória da transmissão da cultura e a da criação da civilização ocidental. A um povo eleito e a outra religião caberia a singular parceria, à qual devemos todas as conquistas institucionais que ainda hoje plasmam as realidades social, política, econômica, moral, artística e cultural da humanidade.

A despeito dessa evidência, houve tentativas abertas ou veladas de unificação das nações bárbaras, em substituição ao extinto império romano, logo após a morte de seu último imperador Rômulo Augusto. Teodorico, rei dos ostrogodos e ariano de religião, tinha em mente esse plano, quando, à frente de seu numeroso exército, pôs fim à usurpação de Odoacro e usurpou ele próprio toda a Itália.[2058] Como dono do mais civilizado país do Ocidente, Teodorico desejava conquistar uma espécie de soberania suprema sobre a totalidade do território do antigo império latino, transformado numa nova comunidade, por meio da união, mas sob sua liderança, de todos os reis das nações que o ocupavam. Tencionava fazê-lo com a ajuda do arianismo, pois eram arianos, ou estavam a ponto de sê-lo, os francos, os burgúndios, os visigodos, os vândalos e todos os povos situados ao norte dos Alpes: hérulos, turíngios, batavos e alamanos. O laço de

---

[2058] W. Wilmers, *op. cit.*, Tomo 2, p. 11-12.

união consistiria em alianças pessoais de parentesco entre os respectivos reis e na comunhão do mesmo credo religioso.

Imbuído da ideia de estabelecer, sob seu comando, uma comunidade de povos bárbaros, Teodorico deu em casamento ao rei Erminafredo da Turíngia sua sobrinha Amalaberga, que levava consigo uma carta de apresentação, da lavra de Cassiodoro; guiado por idêntico propósito o rei Ostrogodo deu sua filha, Ariagna, em casamento ao príncipe herdeiro da Burgúndia, Sigismundo, e ao rei burgúndio Gundobaudo, um relógio de sol e uma clepsidra, presente que foi entregue pessoalmente por Boécio; o próprio Boécio foi encarregado de entregar, em nome de seu rei, uma cítara ao rei franco Clóvis, com cuja irmã havia casado Teodorico; este casou outra de suas filhas com o rei visigodo Alarico II e sua irmã com o rei vândalo Trasimundo.

Toda essa rede de vínculos de parentesco parecia indicar que o império romano do Ocidente iria ressurgir por obra e graça do rei bárbaro da Itália, que tinha seu palácio real em Ravena. Afinal, o que mais se poderia esperar de uma liderança ariana que se legitimava sobre a base de uma aliança de reis bárbaros que professavam o arianismo? Mas, Teodorico se enganou rotundamente. É certo que desejava liderar uma nova comunidade de povos, mantendo, porém, a rígida divisão que não abria mão entre bárbaros e romanos e católicos e arianos. Essa cisão, longe de se limitar à esfera religiosa, invadiu também o terreno político e social. Os germanos conquistadores representavam o arianismo, ao passo que os romanos submetidos professavam o catolicismo, de modo que a divergência religiosa impediu a fusão dos dois povos, única base sólida sobre a qual poderia edificar-se um Estado cuja população era, em sua imensa maioria, de educação romana.

A despeito de sua ambição política, que se materializava no projeto unificador das nações ocidentais, Teodorico tratou de consolidar na Itália a separação entre os dois setores da população, não somente mantendo a diversidade de confissão religiosa, mas também assinalando a cada um dos grupos étnicos uma categoria social distinta. Os mesmos fatos, com idênticas consequências, ocorreram também entre os burgúndios e entre os visigodos: menos porque esses povos fossem ciosos de sua superioridade sobre os católicos romanos, mais, sobretudo, em razão da incapacidade do arianismo de patrocinar a fusão pela absorção do catolicismo.

Desse modo, Teodorico conseguiu reforçar o obstáculo que se opunha à reconciliação completa: reconciliação que, por outra parte, era um dos objetivos capitais de sua política. Teodorico não mereceu, na verdade, ser chamado de "grande", a se julgar por sua clarividência política. Nisso foi muito inferior ao rei merovingio Clóvis, que erigiu seu reino sobre o único fundamento adequado: a união de francos e galo-romanos numa fé religiosa comum (o catolicismo). Foi essa medida que valeu ao reino dos francos a hegemonia entre os Estados germânicos. Se Teodorico tivesse seguido o mesmo caminho, talvez merecesse ser chamado de "Grande". Se ele e seus godos tivessem abraçado a fé católica, é provável que os acontecimentos tivessem tomado outro rumo no Ocidente e teria sido muito difícil para os bizantinos reconquistar a Itália.[2059]

O povo franco foi o único que se decidiu, sem vacilar, pela fé católica, quando se defrontou com o problema vital de qual das confissões cristãs teria que abraçar em lugar do paganismo. Não tardou em se dar conta das vantagens políticas que essa decisão lhe concedia relativamente às demais raças germânicas estabelecidas no território do antigo império, entre a população romanizada. Graças à sua conversão ao catolicismo, os francos ignoraram os violentos antagonismos religiosos que devastaram e debilitaram os demais países dominados pelos germânicos,

---

[2059] G. Schnürer, *op. cit.*, Tomo 2, p. 210.

ao mesmo tempo que seu Estado ganhou força interior, graças à unidade que rapidamente aí se conquistou entre bárbaros e romanos. Essa posição vantajosa, a aproveitaram os francos para tornar efetiva sua superioridade política exterior, convertendo-se no povo propagador do catolicismo, que, para proteger os interesses da Igreja católica, interveio repetidas vezes na política interior de outros Estados. Assim, os francos fizeram seu o papel preponderante que até então correspondera aos ostrogodos, protetores do arianismo, com o que inauguraram uma nova era, que lhes foi sumamente afortunada.

Mas, como foi derrubada a barreira religiosa, cujo desaparecimento tanto contribuiu para que a Gália se convertesse em uma nação homogênia? Ali, como nos demais países dominados pelos germânicos, a atitude do monarca foi decisiva. Clóvis havia se casado com Clotilde, uma princesa católica da casa real burgúndia, sobrinha do rei Gondebaudo. Logo Clotilde procurou trazer o marido para fé que ela professava. Seus esforços não foram imediatamente coroados de êxito: a morte do primeiro filho, que Clotilde tinha batizado, produziu uma certa desconfiança no espírito de Clóvis, desconfiança que o levou a atribuir o infortúnio à impotência, ou, ao menos, à indiferença do Deus cristão. Clotilde, porém, não se deu por vencida. Com o apoio do bispo de Reims, São Remígio, continuou o trabalho de conversão do marido, até que um dia sobreveio um acontecimento que apresenta grande analogia com as circunstâncias que, segundo a tradição, rodearam a conversão de Constantino.

O fato ocorreu em 496, no vale do Reno, por ocasião de uma batalha travada contra os alamanos. Iniciada com vantagem para estes, a luta renhida caminhava para o fim, a indicar uma irremediável derrota dos francos. Clóvis se viu perdido e suplicou então a ajuda do Deus de sua fiel esposa: "Jesus Cristo, de quem Clotilde diz que és filho de Deus vivo, vem em meu socorro. Se me concederes a vitória sobre o inimigo, acreditarei em Ti e me farei batizar". A sorte das armas então mudou de lado, de modo que Clóvis triunfou sobre o exército do rei Alamano, que pereceu na batalha. O rei franco cumpriu sua promessa e juntamente com mais de três mil guerreiros, afirma A. Fliche, foi batizado, oportunidade em que todos "prometeram adorar o que haviam queimado e queimar o que haviam adorado".[2060]

Grande foi a repercussão e o regozijo pela conversão de Clóvis, em quem Gregório de Tours, via um novo Constantino. Em terras burgúndias São Avito de Viena saúda nos francos a espada de Deus e proclama, em alta voz, que cada vitória de Clóvis é uma vitória da Igreja.[2061]

É bem provável que Clóvis tivesse se dado conta da grande importância que a religião católica tinha do ponto de vista político, fato que ele próprio pôde constatar observando o prestígio social do episcopado católico, ao qual ofereceu seu apoio e sua aliança desde o princípio. Sabia muito bem que a religião desempenharia um papel preponderante na já inevitável guerra contra os visigodos arianos (contra quem os francos disputavam o domínio da Gália meridional), dado que estes eram hostis aos católicos que constituíam a totalidade da população romanizada daquelas províncias. Apesar de tudo, seria inexato atribuir a conversão de Clóvis unicamente a motivos interesseiros. O monarca se convenceu da veracidade da religião cristã e da fé católica por razões doutrinárias e dogmáticas, que tanto São Remígio como sua esposa incessantemente lhe predicavam.

[2060] La Chrétienté Médiévale, p. 33, Paris, 1929.
[2061] Augustin Fliche, *op. cit.*, p. 33.

Muita coisa, porém, tinha que ser feita para combater, na região, o arianismo sustentado pelos visigodos e burgúndios. Clóvis sabia que podia contar com um amigo em cada um dos bispos da Gália, além do que estava convencido de que a população galo-romana, colocada ante a alternativa de escolher entre os burgúndios, os visigodos e os francos católicos, se decidiria por estes últimos. Um por um foram caindo os reinos bárbaros que ocupavam a Gália ou faziam fronteira com ela: alamanos, turíngios, bávaros e visigodos, cederam terreno ao poderio dos francos.

É bem verdade que os visigodos, vendo a ascensão dos francos na Gália, fizeram uma última e desesperada tentativa de conquistar a população romano-católica, por meio da compilação das leis que, para esta, se achavam em vigor no reino visigótico. Uma comissão de juristas romanos, nomeada pelo rei Alarico II, compôs um corpo de leis, agrupando textos tomados das fontes jurídicas romanas. Essa foi a origem da *Lex romana Visigothorum*, chamada também de *Breviário de Alarico* ou de *Aniano*, ministro que dirigiu pessoalmente os trabalhos. A compilação assim lograda obteve a aprovação de uma assembleia de bispos e de proprietários romanos, após a qual o rei Alarico conferiu força legal ao texto, promulgando-o no ano 506.

A Igreja visigótica, assim como, mais tarde, os reis merovíngios consideraram o Breviário de Alarico, como Direito aplicável à população romana, de tal modo que o direito romano, sob essa forma, subsistiu na França, Inglaterra e Alemanha até o século XII. Esse *corpus* jurídico interessa à história do Direito romano, por achar-se inspirado em códigos anteriores à recopilação realizada sob o imperador Justiano (527-565), e cujo texto continha: 1. O código teodosiano (16 livros); 2. As novelas dos imperadores Teodósio, Valentiniano, Marciano, Majoriano e Severo; 3. As Institutas de Gaio; 4. Os cinco livros do jurisconsulto Paulo, intitulados *Receptae sententiae*; 5. O código gregoriano (treze livros); 6. O código hermogeniano (2 títulos); por fim, 7. Uma passagem da obra de Papiniano, intitulada *Liber responsorum*. A só existência dessa monumental obra jurídica é a prova mais palpável e mais concludente da perpetuidade do direito romano, em defesa da qual forneceu Savigny argumentos intransponíveis em sua erudita obra a *História do Direito Romano na Idade Média*.[2062]

A despeito de sua iniciativa bem intencionada, os visigodos não lograram cooptar a simpatia da população católica do seu reino, nem mesmo pela autorização concedida ao bispo de Arles para que celebrasse um sínodo no reino visigótico. Eram medidas demasiado tardias. Clóvis já havia conquistado toda a população católica, ao fazer a seguinte proclamação: "Não posso consentir por mais tempo que os arianos continuem dominando uma parte das Gálias. Marchemos contra eles com a ajuda de Deus e, após tê-los vencido, estabeleçamos nossa dominação sobre o país".[2063]

Graças à unidade da fé, o reino franco se converteu no mais poderoso e no mais homogêneo de todos os Estados situados em território do antigo império do Ocidente. Seu rápido progresso se devia, principalmente, à sua adesão à fé ortodoxa. Os próprios interessados reconheciam, com seu orgulho ingênuo, a parte que correspondia ao catolicismo no êxito de sua política e de suas armas. Ufano de uma especial proteção divina, o povo franco reconhecia que Deus lhes tinha concedido a situação privilegiada que, outrora, havia desfrutado Roma, porque suas mãos não

---

[2062] A continuidade do direito romano, depois da queda do império até o Renascença, tal é a ideia fundamental da obra de Savigny. A ideia contrária havia prevalecido por longo tempo: acreditava-se que o direito romano tinha sucumbido com o império, para ressuscitar no século XII com a descoberta de um manuscrito das Pandetas, encontrado em Amalfi. Foi o erro que Savigny quis dissipar. Os dois primeiros volumes da aludida obra são inteiramente consagrados à investigação da trajetória do direito romano do V ao XII século, de forma a provar, refazendo sua história, que esse direito jamais cessou de existir. Conf. F.C. von Savigny, Histoire du Droit Romain au Moyen Age, Tomos 1, 2, Paris, 1830.

[2063] Gregório de Tours, Histoire des Francs, Tomo 1, II, 37, p. 129, Paris, 1975.

estavam manchadas com o sangue dos mártires, ao contrário, haviam depositado, em relicários de ouro e pedras preciosas, os corpos dos santos martirizados pelos romanos. A lei sálica, promulgada no século VI (época da conversão do povo franco ao cristianismo), celebrava a fé religiosa dos francos, para quem Cristo era o rei dos exércitos: "Viva Cristo, assim rezava seu texto, que ama os francos! Guarde ele seu reino, sacie seus governantes da luz de sua graça, proteja seu exército, conserve os fundamentos da sua fé, lhes conceda alegria e tempo próspero, ele, que é o Rei dos reis, Jesus Cristo".

Por outro lado, os cristãos não eram mais objeto do desprezo público: eram agora governantes. Sua alegria por ter conseguido o poder temporal, graças ao favor divino, fez brotar um frescor na exteriorização de sua fé, que dominou toda a idade média. Não era mais uma mentalidade envelhecida, cheia de prudência e atenta a todas as vicissitudes de uma época decadente, mas o ânimo de um povo jovem e orgulhoso de sua força, cujo alcance superestimava, não mais acabrunhado nem pela cultura, nem pela erudição, mas que constituía a juventude da nova civilização ocidental, que uma lenta formação e a consciência precisa de suas possibilidades levariam à sabedoria.[2064]

> Como outrora, com a conversão de Constantino, a alegria começou sendo unânime em todos os meios católicos do reino franco. A Igreja aceitou, de bom grado, a proteção dos reis, ao comprovar o respeito que estes professavam pelos santos, como também pelo zelo deles no combate à heresia. O Estado favorecia solicitamente o ministério dos prelados, tanto no domínio religioso quanto no cultural, pois estava inteiramente convencido de que o clero católico representava a força capaz de criar uma civilização superior. O que mais robusteceu a atividade episcopal no reino católico dos francos foi a ação comum dos prelados no seio da antiga organização hierárquica metropolitana. Os cento e vinte e cinco bispos, distribuídos entre onze metropolitanos, constituíam um poder frente ao qual se tornou impotente a força da Igreja ariana. Este poder se manifestava, sobretudo, nos numerosos concílios então celebrados na região. Geralmente, nestes concílios, o rei não tomava parte das deliberações durante o século VI, só vindo a fazê-lo no VII, quando decaiu assombrosamente o nível moral da dinastia franca, arrastando consigo boa parte do episcopado católico.[2065]

Mas estamos ainda no século VI, época em que os concílios eram convocados e presididos por membros da Igreja, a menos que um relevante motivo político atraísse o concurso do braço secular. De qualquer modo, na grande maioria das vezes, além da apreciação de questões eclesiásticas, as reuniões conciliares deliberavam sobre temas relacionados à vida religiosa e moral do povo, sobre a preservação da paz pública, como também, provocado pelo rei, sobre importantes assuntos do Estado.

> Jamais será demasiado proclamar a real importância da ação civilizadora das decisões conciliares, sobretudo se levarmos em conta as circunstâncias da época. Os bispos eram então os homens mais instruídos do país; representavam

---

[2064] G. Schnürer, *op. cit.*, Tomo 2, p. 261-262.
[2065] G. Schnürer, *op. cit.*, Tomo 2, p. 267.

a única autoridade moral verdadeiramente prestigiosa, assim como eram os únicos representantes da cultura. Após a queda do império romano e a formação de várias nações, o destino da civilização ocidental achava-se sob grave ameaça. Era induvidoso que um novo foco de cultura estava se formando; mas, não era menos certo que o principal elemento civilizador era constituído pela Igreja católica, cujos pastores pertenciam à população romanizada, ou seja, à classe ilustrada. Era impossível edificar-se uma nova civilização, tomando-se como ponto de partida exclusivamente a aristocracia dos francos. Os concílios desempenhavam naquela época a função de um parlamento moderno, no seio dos quais era levada a sério a missão indelegável, confiada à Igreja católica, de elevar o nível da civilização.[2066]

Sobre o despertar da Igreja no século VI, são memoráveis as palavras de M. Guizot. Ei-las:

> Não intervindo nas questões relativas ao dogma, ou seja, no governo intelectual da Igreja, as leis bárbaras lhe permitiam aceder à fonte mais fecunda de poder. Ela soube se fartar aí abundantemente. No Oriente, os laicos tinham assento nos debates teológicos e se beneficiavam disso. No Ocidente, só o clero se dirigia os espíritos e somente ele os possuía; somente ele falava aos povos, somente ele os reunia em torno de certas ideias que se tornavam leis. Foi precisamente por isso que a Igreja reconquistou o poder e pôde reparar os estragos que a invasão lhe havia feito padecer. Já no final da época que nos ocupa, é possível perceber tudo isso. A Igreja se ergue realmente dos golpes que lhe assestaram a desordem do tempo e a brutalidade dos bárbaros. Ela fez reconhecer e consagrar seu direito de asilo; ela adquiriu sobre os juízes laicos de uma ordem inferior uma espécie de direito de supervisão e de revisão. As consequências de sua jurisdição sobre todos os pecados se desenvolvem. Pelos testamentos e os casamentos, ela penetra cada vez mais na ordem civil. Juízes eclesiásticos se associavam a juízes laicos, todas as vezes que um membro do clero era parte no processo. Enfim, a presença dos bispos, seja junto dos reis, seja na assembleia dos grandes, seja na hierarquia dos proprietários, lhes assegura uma participação poderosa na ordem política; e se o soberano temporal se envolve nos negócios da Igreja, a Igreja, por sua vez, interfere mais e mais nos assuntos do mundo, através de sua ação e de seu poder.[2067]

De fato, em razão de sua vasta obra social, sem paralelo na história, a Igreja aparece, no período merovíngio, como orientadora, consoladora, mestra e nutriz daquela humanidade vacilante e sofrida, ao mesmo tempo vítima e testemunha dos descalabros perpetrados pela aristocracia franca, dos quais temos notícias por meio dos relatos de Gregório de Tours. Esse historiador, sempre veraz e autêntico, depois de narrar as perseguições sofridas pelas igrejas durante as lutas entre os irmãos Sigeberto e Chilperico, conclui dizendo: "Houve, por esta época, mais lamentações nas Igrejas do que nos dias da perseguição de Diocleciano".[2068]

[2066] G. Schnürer, *op. cit.*, Tomo 2, p. 266.
[2067] Histoire de la Civilisation en France, Tomo 1, p. 325-326, Paris, 1862.
[2068] *Op. cit.*, Tomo 1, IV, 47, p. 236.

Clóvis havia morrido, deixando sucessores ávidos de poder e de riquezas, para obtenção dos quais não hesitavam em promover rapinas e cometer assassinatos, tão grande era a disputa pelo controle do poder político entre os herdeiros do grande rei dos francos. Mesmo assim, nesse clima de incerteza e violência, a Igreja não descurava sua atividade beneficente e missionária. Educava os jovens, instruía os camponeses, acolhia os pobres, melhorava a situação dos escravos, suavizava a dos servos, protegia as viúvas e os órfãos, amparava as mães solteiras, consolava os presos, combatia a usura, promovia a educação e o ensino, regulamentou o matrimônio, concedeu direito de asilo aos perseguidos. Essa imensa obra social não teria sido possível, se a Igreja não permanecesse unida ao longo dos tempos; se a sua unidade, graças a qual se mantinham intactos os dogmas, não garantisse também a perenidade de sua atividade missionária, pastoral e assistencial; se a sua unidade, enfim, não garantisse a reposição de membros que, animados por propósitos mundanos, se mostravam incompatíveis com ela.

> "Singular fenômeno, diz Guizot. É justamente no momento em que o império romano se fragmenta e desaparece, que a Igreja se congrega e se forma definitivamente. A unidade política perece, a unidade religiosa se eleva. Não sei quantos povos, diversos de origem, de costumes, de linguagem, de destino, se precipitam na cena; tudo se torna local, parcial; toda ideia estendida, toda instituição geral, toda grande combinação, desaparecem; e é neste momento que a Igreja cristã proclama, altissonante, a unidade de sua doutrina, a universalidade de seu direito. Fato glorioso e poderoso, que prestou, do século V ao XIII, imensos serviços à humanidade. Sozinha, a unidade da Igreja manteve algum elo de ligação entre países e povos que propendiam para a separação; sob sua influência, algumas noções gerais, alguns sentimentos de uma vasta simpatia continuaram a se desenvolver; e, do seio da mais espantosa confusão política que o mundo jamais conheceu, se elevou a ideia mais abrangente e mais pura, que, talvez, nunca tenha congregado os homens: a ideia de sociedade espiritual".[2069]

Entretanto, a decadência da dinastia franca pressagiava a da Igreja, sua antiga parceira. Nada caracteriza melhor a decadência dessa dinastia, que uma suposta profecia que correu de boca em boca no século VII. Segundo ela, a mãe de Clóvis tivera uma visão, na qual o destino de seus descendentes aparecia simbolizado por diferentes animais. Primeiramente, um leão que representava seu filho Clóvis; em seguida a este, leopardos e rinocerontes; depois, ursos e lobos ferozes; e, finalmente, cães que se despedaçavam uns aos outros, enquanto, em torno deles, o povo se agitava em querelas intestinas.

Junto aos abusos da violência, advertimos um tremendo desregramento nos prazeres ilícitos. Todas as classes sociais estavam entregues ao alcoolismo. A santidade do matrimônio era continuamente pisoteada. Quão distante nos soam as louvações entoadas, noutros tempos, por Salviano em relação à castidade dos germanos! As gentes corriam, sem o menor escrúpulo, atrás dos prazeres, das honrarias, do poder e do dinheiro. Nessa caça apaixonada, a vida alheia valia bem pouca coisa, tanto como os preceitos da moral cristã, as obrigações da fidelidade e a santidade dos juramentos. Bispos, sacerdotes e mulheres foram igualmente arrastados por essa

---

[2069] *Op. cit.*, Tomo 1, p. 306-307.

decadência dos costumes. Um exemplo, tomado de um prelado, é suficiente para caracterizar a condição moral do clero na época que nos ocupa. Cautino, bispo de Clermont, era geralmente detestado em razão da vida que levava. Embriagava-se de tal modo que nem quatro homens podiam transportá-lo. Como um sacerdote se negasse a ceder-lhe seus bens, o bispo fez que o encerrassem vivo numa cripta junto a um cadáver. Gregório de Tours nos descreve a maneira pela qual o sacerdote logrou escapar de uma morte tão espantosa, acrescentando, a propósito de Cautino, o seguinte:

> Nada havia nele de santo nem de respeitável. Não possuía um só livro, nem eclesiástico nem mundano. Era, ao contrário, muito estimado pelos judeus, não porque se dedicasse à salvação deles, como deveria corresponder a um pastor, mas porque lhes comprava mercadorias, geralmente a preços mais altos que seu valor verdadeiro.[2070]

Para se chegar a uma conclusão mais acertada acerca da real situação do clero na época em questão, convém que se examine o nível de moralidade em que os prelados se moviam, mas não sem antes perquirirmos as causas desse decaimento moral.

Quando o cristianismo se difundiu pelos campos, os bispos municipais não foram mais suficientes para dar conta de uma área tão extensa. Então, apareceram os bispos dos campos, bispos móveis, ambulantes, *episcopi vagi*, considerados ora como delegados, ora como iguais, verdadeiros rivais dos bispos das cidades, que estes, no início, se esforçaram por submetê-los; depois, por aboli-los.

Afinal, os bispos urbanos venceram os rivais: os campos, uma vez cristianizados, seus bispos deixaram de ser suficientes, de modo que se tornou urgente a criação de uma instituição mais fixa, mais regular, menos contestada pelos outros bispos. Assim se formaram as paróquias. Cada aglomeração cristã um pouco considerável se tornou uma paróquia e teve por chefe religioso um sacerdote, subordinado natural do bispo da cidade vizinha, de quem recebia e em nome de quem exercia todos os seus poderes.

Outrossim, a reunião de todas as paróquias aglomeradas em torno de uma cidade, numa circunscrição variável, formou a diocese, cuja direção estava afeta a um arquidiácono.

Todas as dioceses compreendidas numa província civil formavam a província eclesiástica, sob a direção de um metropolitano ou arcebispo, vale dizer, de um bispo da metrópole provincial. Do mesmo modo como se tinham constituído as paróquias em dioceses, e as dioceses em províncias, a reunião destas últimas deu lugar às Igrejas nacionais, cuja cabeça era o patriarca. A instituição se consolidou no império do Oriente, na Síria, na Palestina e no Egito; houve um patriarca em Antioquia, em Jerusalém, em Alexandria e em Constantinopla. O patriarca era, em relação aos metropolitanos, o que eram estes em relação aos bispos, a exemplo, *mutatis mutandis*, do que se passava na hierarquia da organização política.

Não houve uma nação sequer, após a invasão, que não tivesse tido o propósito de constituir uma Igreja nacional e, consequentemente, de se dar um patriarca. Mas a tentativa não podia prosperar. As Gálias, em particular, estavam divididas em vários reinos e estes em numerosos

---

[2070] *Op. cit.*, Tomo 1, IV, 12, p. 190.

herdeiros de antigos monarcas. Os bispos de um reino não queriam reconhecer a autoridade de um primado estrangeiro, no que eram acompanhados pelo detentor do poder político. O bispo de Roma, aliás, que já exercia uma grande influência até mesmo em regiões onde sua supremacia não era reconhecida, combatia com ardor a instituição de patriarcas. Nas Gálias, a estratégia papal consistia em fazer passar, de um metropolitano a outro, a primazia hierárquica, como também que ela se fixasse por longo tempo numa determinada sede. Com isso, o papa favorecia as pretensões ora do metropolitano de Viena, ora do metropolitano de Arles, depois do de Lion, mais tarde do de Sens, de forma que, nessa mobilidade incessante da ordem religiosa e civil, a instituição não pôde jamais adquirir nem força nem fixidez.

Assim é que as causas que a fizeram fracassar, elas mesmas produziram efeitos paralelos, mas nem por isso menos importantes: assim como impediram a instauração do sistema patriarcal, elas também enfraqueceram e arruinaram o sistema arquiepiscopal. Do VI ao VIII século, os metropolitanos foram caindo, um por um, a ponto de não restarem senão vestígios de suas funções no período carolíngio.

> Assim, diz Guizot, desapareceu a causa que tinha feito de tal ou tal bispo um metropolitano, de modo que esta palavra se tornou uma mentira e um grande perigo para o poder que ela exprimia. Enfim, era da natureza da instituição que ela fosse atacada, por um lado, pelos bispos, que não admitiam ter um superior; por outro, pelo bispo de Roma, que não queria rivais.[2071]

Foi, com efeito, precisamente o que aconteceu. Os bispos preferiam ter como metropolitano geral o bispo de Roma, afastado e preocupado em mantê-los, do que ter que prestar contas a um igual e estrangeiro.

Era, de fato, nos bispos e nos padres que residia, nessa época, o governo da igreja: eles eram seus únicos membros ativos e suficientemente dotados de poder. Mas quais eram suas relações e como estava partilhado o poder entre eles?

O fato geral, corrente e incontestável, era a dominação exclusiva e, pode-se dizer, despótica dos bispos, paralelamente à insubmissão radical do baixo clero. A indicação das causas desse fenômeno permitirá uma exata compreensão do risco que corria a Igreja, não em virtude de um ataque vindo de fora, mas em razão de uma conjura que a minava por dentro. Ei-las: a) Inicialmente, a extinção dos metropolitanos deixou os bispos sem superiores. Com o chefe da província eclesiástica caiu também o sínodo provincial que ele convocava e presidia. Essas assembleias, legítimas superioras dos bispos, para onde eram encaminhados os feitos que não podiam ser julgados isoladamente por estes, tornaram-se raras e pouco ativas, de maneira que os bispos se tornaram praticamente independentes; b) Ademais, o sistema de eleições episcopais mudou. A eleição pelo clero e pelo povo, conquanto legal e frequente na época que nos ocupa, era, porém, bem mais incerta e bem menos real. Uma força estranha, a realeza, malgrado os protestos contínuos da Igreja, interferia na eleição dos bispos, ora nomeando-os diretamente, ora confirmando, o que se tornou regra, uma escolha já feita. Os laços que uniam os bispos a seus padres enfraqueceram-se cada vez mais. Era quase unicamente pela eleição que o clero ainda influía sobre o episcopado, de sorte que essa influência foi, se não suprimida, ao menos esclerosada e contestada; c) Quando o clero elegia os

---

[2071] *Op. cit.*, Tomo 1, p. 345-346.

bispos, os tirava do seu seio, ou seja, os escolhia dentre os homens conhecidos e acreditados na diocese. Mais tarde, no final do século VI, muitos bispos recebiam seus títulos dos reis; a maior parte deles vinha de fora, desconhecidos, sem afeição e sem crédito junto ao clero que tinha que governar. Ainda que recrutados na diocese, os nomeados eram aí desprovidos de consideração; nada mais que intrigantes que, por vias vergonhosas ou mesmo por dinheiro, haviam conquistado a preferência real. Assim, o poder episcopal, que nenhum poder superior podia conter, se libertava igualmente da influência de seu povo; d) Os bispos eram os únicos administradores dos bens da Igreja. Esses bens eram de duas espécies: bens de raiz, cada dia mais consideráveis, visto que era sob essa forma que se faziam doações à Igreja; e as oferendas dos fiéis, arrecadadas nas próprias igrejas. A bem da verdade, não é para crer que esses bens pertencessem à Igreja ou à paróquia, da qual provinham: o produto de todos os imóveis e de todas as oferendas, arrecadadas nas Igrejas, formavam uma expressiva massa patrimonial da qual o bispo podia dispor livremente; e) O progresso da importância política dos bispos militou em provento de sua dominação religiosa. Os bispos integravam as assembleias nacionais; rodeavam e aconselhavam os reis. Como os padres poderiam lutar vantajosamente contra superiores tão prestigiados e fortalecidos? f) O próprio clero declinava. Não somente perdia seu poder, mas também sua posição, prova evidente do envilecimento de sua função. Ocorria, frequentemente, que os clérigos não apenas injuriavam seus bispos e os maltratavam, mas, algumas vezes, chegavam a matá-los. Gregório de Tours nos informa que os sicários, todos disfarçados de mendigos e armados com punhais envenenados, os quais foram enviados por Fredegunda contra Childeberto, filho de Brunilda, eram sacerdotes.[2072]

Os fatos aqui citados bastam para deixar cumprida, por parte do historiador, a triste obrigação de não omitir os aspectos sombrios do quadro. Perguntamo-nos horrorizados como era possível que semelhantes personagens puderam introduzir-se no clero de uma Igreja que, apesar de tudo, nos oferece nesta mesma época provas abundantes do desempenho de uma atividade tão beneficente. No começo do século VIII, a Igreja havia caído numa desordem quase igual àquela da sociedade civil. Sem superiores e sem inferiores a temer, desembaraçados da supervisão dos metropolitanos como dos concílios, assim como da influência dos sacerdotes, uma multidão de bispos se entregou aos mais escandalosos excessos. Donos das riquezas sempre crescentes da Igreja, contados no número dos grandes proprietários, dos quais compartilhavam os interesses e os costumes, os bispos abandonavam seu caráter eclesiástico para levar uma vida laica: possuíam cães e falcões de caça; andavam cercados de criados armados; faziam guerras e expedições contra seus vizinhos, expedições de violência e de pilhagem.[2073]

Por outro lado, o estado intelectual da Gália, nessa mesma época, não distava muito da situação espiritual geral. Do VI ao VIII século, não havia mais literatura profana; a revelar a tendência do tempo para o cultivo exclusivo das letras sagradas. O clero, em geral, somente estudava ou escrevia, sendo certo que, estudando ou escrevendo, não tinha em mente senão motivos religiosos. O caráter geral da época era, pois, a concentração do esforço intelectual no domínio religioso, fato cuja evidência se apoia ou na situação das escolas que ainda subsistiam ou nos temas das obras que chegaram até nós.

No quarto e no quinto séculos existiam ainda as escolas civis, com professores civis, instituídas pelo poder civil, que ensinavam as ciências profanas. No fim do século VI tudo mudou: não existiam mais as escolas civis, somente as eclesiásticas subsistiam, de modo que no lugar

---

[2072] M. Guizot, *op. cit.*, Tomo 1, p. 346-351.
[2073] M. Guizot, *op. cit.*, Tomo 1, p. 358.

daquelas erigiram-se escolas ditas catedrais ou episcopais, porque cada bispado possuía a sua. Ao lado destas, havia também alguns outros estabelecimentos de ensino de natureza e origem duvidosas, restos, talvez, de alguma escola civil que se perpetuou, metamorfoseando-se. Os exercícios intelectuais eram ministrados pelos sacerdotes e consistiam em lições dirigidas ou aos membros da congregação ou aos jovens educandos, após as quais seguiam-se os debates sobre os temas das aulas, método que se revelou um poderoso meio de desenvolvimento intelectual e de ensino.[2074]

À mudança de método veio somar-se a alteração do objeto das disciplinas ensinadas, de modo que a retórica, a dialética, a gramática, a geometria, a astrologia, etc., não eram ensinadas senão em conformidade com os princípios da teologia. Esta constituía, por assim dizer, a base incomovível sobre a qual repousavam todas as demais ciências, a tal ponto que tudo se prestava a ser comentário de livros sagrados, comentário histórico, filosófico, alegórico e moral.

> Uma revolução mais importante ainda, e menos perceptível, aí se manifesta, alerta Guizot: não somente a literatura se torna inteiramente religiosa, mas, mesmo religiosa, ela cessa de ser literária; não há mais literatura propriamente dita. Nos belos tempos da Grécia e de Roma, como também da Gália até a queda do império romano, estudava-se, escrevia-se, pelo só prazer de estudar, de saber, para proporcionar a si e aos outros o inefável prazer intelectual. A influência das letras sobre a sociedade, sobre a vida real, não era senão indireta; não era o fim imediato dos escritores; numa palavra, a ciência, a literatura, eram essencialmente desinteressadas, votadas à busca da verdade e do belo, satisfeitas por encontrá-los, desfrutá-los. Não pretendiam nada mais que isso.[2075]

Muita coisa havia mudado nesses tempos difíceis. Não era mais o momento propício para o diletantismo, para o emprego ocioso do tempo. Urgia salvar a humanidade civilizada, forjando-se uma nova civilização. Ninguém melhor do que a Igreja conhecia o alcance dessa afirmação, por isso que de ninguém mais do que dela se exigiu o cumprimento da imensa tarefa de vantajosamente lutar contra a barbárie das almas, infinitamente mais nociva que a rudeza dos costumes.

Nesse período de penúria e de desordem,

> [...] não se estuda mais por estudar nem se escreve mais por escrever. Os escritos, os estudos tomam um caráter e um fim práticos. Quem se dedica a uns e outros, fá-lo em ordem a agir diretamente sobre os homens, a regular suas ações, a governar suas vidas, a converter os que não creem e a reformar os que creem, mas não praticam. A ciência e a eloquência são meios de ação, de governo. Não há mais literatura desinteressada, nem literatura verdadeira. O caráter puramente especulativo da filosofia, da poesia, das letras, das artes, desapareceu; não é mais o belo que se procura; se acaso é encontrado, antes que desfrutá-lo, é seu aspecto prático que é explorado. A aplicação positiva, a influência sobre os homens, a autoridade moral, eis aí o fim, o resultado de todos os trabalhos do espírito, de todo desenvolvimento intelectual.[2076]

[2074] M. Guizot, *op. cit.*, Tomo 2, p. 2-3.
[2075] *Op. cit.*, Tomo 2, p. 5-6.
[2076] M. Guizot, *op. cit.*, Tomo 2, p. 6.

Por todas essas razões, mais precisamente por uma interpretação errônea do caráter de uma época, concluiu-se que aquele era um tempo de apatia e de esterilidade intelectual, um tempo dedicado à luta desordenada das forças materiais, no qual a inteligência se embotou e perdeu poder.

Essa conclusão, porém, não corresponde à verdade. É certo que daquela mesma época não restou nem filosofia, nem poesia, nem literatura propriamente dita. Contudo, não se pode inferir desse vazio filosófico, poético e literário, a total inexistência de atividade intelectual, muito ao contrário, havia muita e extremamente variada, só que não dirigida aos mesmos fins perseguidos em outras épocas. Era uma atividade dirigida exclusivamente à aplicação, atividade de circunstância, que não se endereçava ao futuro, que não tinha o objetivo de legar-lhe monumentos literários destinados a seduzi-lo ou a instruí-lo. O presente, suas necessidades, seu destino, os interesses e a vida dos contemporâneos, eis aí o círculo em que se encerrava, em que se esgotava a literatura dessa época.[2077]

Apesar de considerado estéril, o período que nos ocupa surpreende pela produção expressiva de textos escritos, é verdade que sem brilho e despida do propósito de agradar, mas, por outro lado, reveladora de um intenso movimento espiritual, assim como de uma fecundidade demasiado rara, comparativamente a outras épocas históricas. Consistia em sermões, instruções, exortações, homilias e conferências sobre assuntos religiosos.

> Jamais nenhuma revolução política, adverte Guizot, jamais a liberdade de imprensa, produziram mais panfletos. As três quartas partes, que digo eu?, os 99/100 talvez destas pequenas obras se perderam; no entanto, nos resta ainda um número prodigioso; elas formam uma verdadeira e rica literatura.[2078]

Nesse caos, nesse mundo absurdo, abismado no torvelinho de paixões desenfreadas, em que a cobiça utilizava ora a violência, ora o veneno para triunfar, em que a criatura humana, prostrada de dor e sofrimento, já não enxergava a morte como a velha inimiga, a Igreja se fez presente, consciente de seu protagonismo, convencida de que o papel principal, naquela tragédia cruenta, lhe pertencia, não para alterar-lhe o roteiro, pois o destino tinha que se cumprir, mas para suavizar a situação dos desventurados personagens dela, vítimas propiciatórias com cujas lágrimas haveriam de ser escritas as mais belas páginas da nova civilização.

Um dos meios pelos quais a Igreja interveio naquele cenário de desolação foi a elevação moral dos abatidos por meio das lendas. Sobre o papel dessas narrativas, relativamente ao reerguimento do estado moral da sociedade e do homem, eis o douto depoimento de Guizot:

> O espetáculo dos acontecimentos cotidianos revoltava e oprimia todos os instintos morais do homem; todas as coisas estavam abandonadas ao acaso, à força: quase em parte alguma, no mundo exterior, se encontrava o império da regra, a ideia do dever, o respeito do direito, que fazem a segurança da vida e o repouso da alma. Eram encontrados nas lendas. Quem quer que dê uma olhadela, de uma parte, nas crônicas da sociedade civil, de outra, na vida dos santos; quem quer que, na história de Gregório de Tours apenas, compare as tradições civis

---

[2077] M. Guizot, *op. cit.*, Tomo 2, p. 7.
[2078] *Op. cit.*, Tomo 2, p. 7-8.

e as tradições religiosas, ficará pasmado com a diferença: numas, a moral não aparece, por assim dizer, senão a despeito dos homens e a seu talante; apenas os interesses e as paixões reinam: sente-se como que mergulhado em seu caos e em suas trevas; nas outras, no meio de um dilúvio de fábulas absurdas, a moral desponta com um grande império: se a vê, se a sente; o sol da inteligência brilha sobre o mundo, no seio do qual se vive.[2079]

Tomemos dois exemplos tirados da saga dos santos, domínio no qual as fábulas, as lendas e os contos fantásticos, extraíram, pela mão da Igreja, o alimento restaurador de uma humanidade espiritual e moralmente abatida.

Viu que se aproximava um homem que outrora, enquanto o santo ainda levava uma vida mundana, fora vendido por ele como escravo. Ao vê-lo mais de perto, tomou-se de um incontrolável desespero, em razão do mal que havia feito no passado àquele homem. Voltando-se então para este, ajoelhado lhe disse: eu que te vendi, amarrado com cordas, não te lembras? Eu te conjuro, flagela meu corpo com açoites, raspa minha cabeça como se faz com ladrões e, com as mãos e pés atados, lança-me na prisão, como mereço. Se fizeres como te peço, talvez Deus me conceda o perdão! O homem, a princípio, recusou-se a fazê-lo. Depois, vencido pela insistência do santo, e muito constrangido, fez tudo o que este lhe pedira, inclusive levá-lo à prisão pública. O homem de Deus aí permaneceu vários dias, deplorando dia e noite os atos de uma vida mundana, os quais tinha sempre diante dos olhos do espírito, como um pesado fardo.[2080]

Como este amigo de Deus retornasse a pé de um certo lugar, chamado Cayeux, ao seu mosteiro, na estação de inverno, aconteceu que, por causa do excessivo rigor do frio, ele se deteve, para se aquecer, na morada de um certo padre. Este e seus companheiros, que deveriam ter tratado com grande respeito um tal hóspede, começaram, porém, a manifestar, em relação ao juiz do lugar, um comportamento inconveniente e desonesto. Fiel ao seu costume de colocar sobre as feridas infectadas o salutar remédio da palavra divina, o santo tentou dissuadi-los daquele propósito, dizendo: Meus filhos, não vistes no Evangelho que no dia do juízo, nós teremos de prestar contas de toda palavra vã? Mas eles, desprezando a sua advertência, se abandonaram decididamente ao propósito grosseiro e desonesto, pois a boca fala do que está cheio o coração. Então o santo disse aos demais: eu quis, por causa do frio, aquecer meu corpo fatigado; mas, os vossos culpáveis discursos me fazem partir, gemendo ainda de frio.[2081]

Assim como a mãe extremosa embala o filho, acalentando-o e instruindo-o, com histórias inocentes, a Igreja também consolava, exortava e instruía aquela gente simples, desamparada e rebaixada ao nível da dependência infantil, com fábulas e lendas, proporcionadas ao estágio de

---

[2079] *Op. cit.*, Tomo 2, p. 31.
[2080] Vida de São Baião, *Apud* M. Guizot, *op. cit.*, Tomo 2, p. 32.
[2081] Vida de São Valério, *Apud* M. Guizot, *op. cit.*, Tomo 2, p. 34.

sua inteligência e da sua sensibilidade moral. É certo que os costumes e a linguagem desse tempo denunciavam uma profunda desordem social e penúria cultural, conquanto não se possa afirmar que o respeito, o gosto pela circunspeção e pela pureza estivessem ausentes, de modo que, quando se dava o ensejo, muitos literatos, seguramente, tinham prazer em satisfazê-lo, pelo emprego de temas que, invariavelmente, lhes subministrava a lenda.

> Aí se apresentava a imagem de um estado moral muito superior, sob todos os aspectos, ao da sociedade exterior, da vida comum; a alma humana aí podia repousar e se refazer do espetáculo dos crimes e dos vícios que a assaltavam por todos os lados. Talvez não procurasse por si mesma este refrigério; mas se o encontrava, o desfrutava avidamente. Aí está, sem dúvida alguma, a primeira e a mais poderosa causa da popularidade desta literatura.[2082]

Passemos agora ao que, com alguma reserva, denominamos de literatura profana. Tudo leva a crer, com essa designação, ou que seus autores ou que seu tema não são religiosos. Verifiquemos o alcance dessa afirmação. Havia dois prosadores e dois poetas: os prosadores eram Fredegário e Gregório de Tours; os poetas eram Santo Avito e Venâncio Fortunato. Desses quatro homens, três eram bispos: Gregório de Tours, Avito e Venâncio Fortunato. Todos os três foram canonizados; o quarto, Fredegário, era provavelmente monge. Quanto às obras, a de Fredegário é uma simples crônica; a de Gregório de Tours tem o título de *História Eclesiástica dos Francos*; os poemas de Avito versam sobre a criação, sobre o pecado original, sobre a expulsão do paraíso, o dilúvio, a passagem do mar Vermelho e o elogio da virgindade; quanto às de Fortunato, ainda que algumas tratem de temas mundanos, a maior parte se relaciona a acontecimentos ou a assuntos religiosos, como as consagrações das basílicas, as louvações de santos ou de bispos, as festas da Igreja, etc., de forma que, a julgar pela aparência, os assuntos tanto como os autores podem ser contemplados nos verbetes de qualquer dicionário de literatura sagrada. De qualquer modo, uns e outros estão ligados também à literatura profana, da qual ostentam o caráter e, portanto, merecem justificadamente ser chamados de laicos.

A grande obra de Gregório de Tours, o mais célebre autor de seu tempo, é a *História Eclesiástica dos Francos*. O próprio título do livro é notável e sugestivo, pois indica seu caráter, a um só tempo, civil e religioso: o autor não quis escrever uma história da Igreja apenas; nem somente uma história dos francos, pois julgava que os destinos dos laicos e do clero não deviam ser separados.

> Eu relatarei confusamente, diz ele, e sem nenhuma ordem que não seja aquela do tempo, as virtudes dos santos e os desastres dos povos. Não creio que seja visto como uma insensatez mesclar no relato, não para a facilidade do escritor, mas para se conformar à marcha dos acontecimentos, as ditas dos bem-aventurados com as calamidades dos miseráveis... Eusébio, Severo, Jerônimo e Orósio misturaram igualmente, em suas crônicas, as guerras dos reis e as virtudes dos mártires.[2083]

[2082] M. Guizot, *op. cit.*, Tomo 2, p. 34-35.
[2083] Gregório de Tours, *op. cit.*, Tomo 1, p. 72-73.

O autor, por outro lado, repudia vivamente toda a tradição pagã, com sua mitologia, com seus equívocos e sua ciência profana. Leia-se:

> Para que os que leem não duvidem da minha fé, desejo confessar que sou católico.[2084]
>
> A cultura das letras e das artes liberais perecem, perecendo até mesmo nas cidades da Gália, no meio de boas e más ações que aí se cometeram, enquanto os bárbaros se entregavam à sua ferocidade e os reis, ao seu furor... Muitos homens gemiam também, dizendo: infelizes! O estudo das letras perece entre nós e não se acha ninguém que possa narrar os fatos do presente. Vendo isto, julguei a propósito conservar, ainda que em linguagem inculta, a memória das coisas passadas, a fim de que delas conheça a humanidade futura.[2085]

Com efeito, o autor não deplora o decaimento dos estudos liberais, nem a vertiginosa queda das ciências, da gramática e da dialética. Não há aí nada de cristão, ou melhor, os cristãos não devem pensar muito nisso. Era a decadência da literatura que Gregório lamentava, a antiga literatura que ele desejava imitar tanto quanto lhe permitisse o seu fraco talento. Era isso o que admirava e o que desejava continuar.

A grande figura de Gregório de Tours domina toda a época da segunda geração dos descendentes de Clóvis, ocasião em que se travaram as lutas sangrentas entre os filhos de Clotário, cujo quadro nos legaram os imortais relatos contidos na *História Eclesiástica dos Francos*.

> Contristado e algumas vezes desencorajado ao excesso pelos horrores dos quais foi testemunha e analista, sua alma permaneceu sempre superior à sua fortuna e mesmo ao seu talento. Sem perder de vista o respeito profundo que as tradições de sua família e suas predileções romanas lhe inspiravam pelo poder soberano, Gregório jamais hesitou em resistir, quando se fazia necessário, aos netos de Clóvis e, sobretudo, a Chilperico, a quem chamava de Herodes e de Nero de seu século. Tirano atroz e ridículo, que sonhava, entre todos seus crimes, em aumentar o número das letras do alfabeto e de reduzir o das pessoas da Trindade.[2086]

Gregório trabalhou o melhor que pôde, observa Montalembert, não para a instauração da unidade monárquica, coisa que não se pensava então, mas para a união dos príncipes da raça merovíngia, único meio de consolidar e de justificar a dominação franca nas Gálias. A história da França inspirou poucas páginas mais belas que a do preâmbulo de seu quinto livro, no qual, se dirigindo a todos os príncipes sem freio na ferocidade como na indolência, exclama:

> Estou cansado de narrar todas as vicissitudes das guerras civis que devastam a nação e o reino dos francos. Que fazeis vós, ó reis? Que quereis vós? Que pro-

---

[2084] Gregório de Tours, *op. cit.*, Tomo 1, I, p. 33.
[2085] Gregório de Tours, *op. cit.*, Tomo 1, prefácio, p. 81.
[2086] C. de Montalembert, Les Moines D'Occident, Tomo 2, p. 332, Paris, 1892.

curais vós? O que vos falta? Vós habitais mansões de prazeres, vossos celeiros estão entupidos de vinho, de trigo, de alho, e vossos cofres, de ouro e de dinheiro. Uma só coisa vos falta, a graça de Deus, porque vós não desejais a paz. Por que sempre tomar ou cobiçar o bem alheio?... Se a guerra civil constitui para vós um prazer, ó rei, dedicai-vos, pois, àquela que o Apóstolo nos diz encontrar-se no coração do homem, à guerra do espírito contra a carne: fazei que vossos vícios se submetam às vossas virtudes; então, libertado, podereis servir livremente o Cristo, que é vosso chefe, após terdes sido o servo cativo do mal.[2087]

Fredegário continuou a obra de Gregório de Tours, da qual a sua era bem inferior. Trata-se de uma crônica geral, dividida em cinco livros, que começa com a criação do mundo. Somente o quinto livro tem uma relativa importância: é aquele onde a narrativa de Gregório de Tours é retomada e dirigida até o ano de 641. Essa continuação mesmo não apresenta muito interesse senão pelos ensinamentos que contém e, principalmente, porque talvez seja a única narrativa existente sobre a mesma época. De qualquer modo, a obra não tem, de resto, nenhum valor literário, nem satisfaz sequer um requisito que se poderia esperar de um gênero de obra como essa: não projeta nenhuma luz sobre o estado da sociedade e dos costumes. O próprio Fredegário estava consciente tanto da mediocridade de seu trabalho, quanto da decadência intelectual de seu tempo:

Não se pode abeberar, senão com grande esforço, em fontes esgotadas. Agora o mundo envelhece e o fio cortante do tempo se embota em nós: nenhum homem deste tempo é igual aos oradores do passado e nem se atreve a sê-lo.[2088]

"A distância é grande, com efeito, entre Gregório de Tours e Fredegário. Num, sente-se ainda a influência e como que o sopro da literatura latina; se reconhecem alguns traços, algumas veleidades de um certo gosto de ciência e de elegância no espírito e nos costumes. Em Fredegário, toda lembrança do mundo romano desapareceu; é um monge bárbaro, ignorante, grosseiro, cujo pensamento está encerrado, como sua vida, nos muros de seu mosteiro".[2089]

Grande autor dessa época, e o mais destacado de todos os poetas cristãos do sexto ao oitavo séculos, foi Santo Avito, bispo de Viena. À frente de seu bispado, teve uma participação importante na luta contra o arianismo. Apesar de sua ortodoxia, não foi como bispo que seu nome alcançou celebridade, mas como poeta e poeta de excelente qualidade. Ainda que se tenha perdido muito do que Avito escreveu, resta-nos dele um grande número de obras: uma centena de cartas, algumas homilias, alguns fragmentos teológicos, por fim, seus poemas. Destes, escreveu seis, todos em versos hexâmetros, a saber: 1) Sobre a criação, em trezentos e vinte e cinco versos; 2) Sobre o pecado original, em quatrocentos e vinte e três versos; 3) Sobre a expulsão do paraíso, em quatrocentos e trinta e cinco versos; 4) Sobre o dilúvio, em seiscentos e cinquenta e oito versos; 5) Sobre a passagem do mar vermelho, em setecentos e dezenove versos; e 6) Sobre a virgindade, em seiscentos e seis versos. Os três primeiros, a criação, o pecado original

---

[2087] Gregório de Tours, *op. cit.*, Tomo 1, V, p. 245.
[2088] *Apud* Guizot, *op. cit.*, Tomo 2, p. 57.
[2089] M. Guizot, *op. cit.*, Tomo 2, p. 57

e a expulsão do paraíso, malgrado ostentem títulos próprios, devem ser considerados como três cantos de um mesmo poema, cujo nome, para designá-lo fielmente, poderia ser o *Paraíso perdido*.

> Não é só pelo tema e pelo nome que esta obra evoca o poema de Milton; as semelhanças são abismantes nas partes da concepção geral e em alguns dos detalhes mais importantes. Isto não quer dizer, porém, que Milton teve conhecimento dos poemas de Santo Avito: nada, sem dúvida, prova o contrário. O que é certo é que eles foram publicados no começo do século VI, e a erudição ao mesmo tempo clássica e teológica de Milton era grande. Mas, pouco importa à sua glória que ele os tivesse ou não conhecido; Milton era daqueles que imitam quando lhes agrada, pois eles inventam quando querem, e inventam até mesmo quando imitam. De qualquer modo, a analogia entre os dois poemas é um fato literário bastante curioso, sendo lícito afirmar que o de Santo Avito merece a honra de ser comparado de perto ao de Milton.[2090]

Das muitas semelhanças entre os dois poemas, tomemos apenas uma, concernente à descrição do paraíso, do Jardim do Éden, da qual pode-se deduzir, relativamente ao relato descritivo, uma certa superioridade de Avito sobre Milton. Eis, respectivamente, os textos dos dois poetas:

> Além da Índia, lá onde começa o mundo, onde se juntam, diz-se, os confins da terra e do céu, está um asilo elevado, inacessível aos mortais e fechado por barreiras eternas, depois que o autor do primeiro crime dali foi expulso após sua queda, e que os culpados se viram igualmente banidos da venturosa estadia... Nenhuma alternância das estações arrasta para lá o rigoroso frio; o sol do verão, naquele lugar, não sucede aos glaciais do inverno. Enquanto que, em outras partes, o círculo do ano nos traz o sufocante calor ou as alvas nevascas nos campos, o favor do céu lá mantém uma eterna primavera; o tumultuoso Auster lá não chega e as nuvens fogem de um céu sempre puro e eternamente sereno. O sol não precisa que as chuvas venham refrescá-lo, onde as plantas florescem pela força de seu próprio viço. A terra é sempre verdosa, assim como sua superfície, sobre a qual desliza uma fresca brisa, resplandecente de beleza. A erva não abandona nunca as colinas, as árvores jamais perdem as folhas; e ainda que elas se cubram continuamente de flores, seus galhos recobram forças, por meio de sua própria seiva. Os frutos, que não temos senão uma vez por ano, lá amadurecem todos os meses. O sol não empana o brilho do lírio; nenhum toque macula as violetas; a rosa conserva sempre sua cor e sua forma graciosa. O bálsamo odorífero lá emana dos fecundos ramos. Se por acaso uma brisa leve se eleva, a bela floresta, nutrida com seu sopro, agita com um doce murmúrio suas folhas e flores, as quais deixam escapar, enviando ao longe, os perfumes mais suaves. Uma nascente cristalina brota de uma fonte, através de cujas águas, facilmente, o olho alcança o fundo; a prata mais polida não ostenta um tal brilho; o cristal de gelo não atrai tanta luz. As esmeraldas cintilam nas

---
[2090] M. Guizot, *op. cit.*, Tomo 2, p. 59-60.

suas margens e todas as pedras preciosas, que a vaidade mundana aprecia, estão espalhadas como cascalhos, esmaltando os campos com as mais variadas cores, cujos matizes, entremesclados, compõem um riquíssimo diadema natural.[2091]

Eis agora o relato de Milton, fragmento extraído do quarto livro de seu poema, e que corresponde à passagem, antes transcrita, de Avito sobre o Jardim do Éden:

> A campestre e feliz estadia oferecia mil aspectos variados dos bosques cujas árvores preciosas esparziam a goma e o bálsamo, e outras das quais pendia com graça o fruto de casca dourada, dum gosto delicioso: se as fábulas de Hespérides eram verdadeiras, o eram justamente neste lugar. Os bosques estavam entremeados de pradarias e de planícies unidas; os rebanhos pastavam na relva tenra; colinas estavam cobertas de palmeiras; o seio fecundo de um vale bem irrigado prodigalizava seus tesouros de flores de todas as cores e de rosas sem espinhos. Noutra parte, viam-se grutas sombrias e esconderijos profundos, que ofereciam um fresco asilo; a vinha trepadeira exibia, por cima, suas uvas purpúreas, cobrindo-as com seu luxo gracioso: riachos deslizavam com um doce murmúrio ao longo das colinas e se dispersavam nos campos ou se reuniam num lago, cujo cristal servia de espelho às suas margens coroadas de mirtos. Os pássaros se punham a cantar; os leves sopros da primavera, carregados do perfume dos campos e das sarças, murmuravam sob as folhas, trêmulas, enquanto Pan, unido numa amável dança com as Graças e as Horas, levava consigo a eterna primavera.[2092]

Os três outros poemas de Santo Avito, o Dilúvio, a Passagem do mar vermelho e o Elogio da virgindade, são bem inferiores ao poema do Paraíso: entretanto, se encontram em todos eles fragmentos notáveis, dignos de uma pena clássica e erudita.

Entre os autores de seu tempo, Venâncio Fortunato ocupa uma posição excepcional, tanto do ponto de vista religioso, quanto do literário. Nasceu na Itália, perto de Treviso, e em Ravena recebeu uma educação esmerada. Antes da invasão lombarda abandonou a terra natal, dirigindo-se à Gália. Acometido de grave enfermidade na vista, obteve a cura por meio da intercessão de São Martinho, cuja tumba, em Tours, pretendeu honrar com orações de ação de graças. No caminho para essa cidade, se deteve largamente na corte do rei Sigeberto da Austrásia, onde conheceu poderosos personagens laicos e eclesiásticos, os quais conquistou com seus poemas de circunstâncias, panegíricos, comemorações e ações de graças, a demonstrar uma habilidade poética que nenhum poeta do reino franco poderia igualar. Depois de permanecer em Tours por algum tempo, rumou para Poitiers, onde o reteve seu santo relacionamento com Santa Radegunda. No ano 600 foi elevado a titular da sede episcopal dessa cidade. Escreveu uma biografia da santa princesa turíngia, que constitui uma das mais belas páginas hagiográficas da época. Os acontecimentos do mosteiro local, como também as narrativas da própria Radegunda, lhe proporcionaram assunto para muitos poemas de graciosa versificação, entre os quais despontam o

---

[2091] *Apud* Guizot, *op. cit.*, Tomo 2, p. 62
[2092] *Apud* Guizot, *op. cit.*, Tomo 2, p. 63.

consagrado à queda do reino turíngio, assim como os dois hinos da paixão: *Vexilla regis prodeunt* e *Pange lingua gloriosi proelium certaminis*.

    Se Fortunato, como último dos poetas romanos, levou consigo para a Gália a antiga arte da versificação, é evidente que recebeu em troca, do reino franco, a profunda influência da piedade fervorosa, florescente no meio cristão gaulês, graças à qual pôde elevar-se muito acima da superficial poesia de circunstâncias, cujas maneiras, aduladoras e insípidas, encontramos em muitos de seus primeiros poemas. À exceção destes últimos, principalmente em seus versos tardios, há nos poemetos laicos e religiosos bastante imaginação, espírito e movimento. Eis um exemplo digno de citação: os lamentos de Galsuinta, mãe de Brunilda, ao se despedir da filha para não vê-la jamais:

> Espanha, tão vasta para os que te habitam e tão augusta para uma mãe; terra do sol, transformada em prisão para mim; ainda que em teu seio vivam numerosos povos, depois que minha filha te deixou, quão estreita te tornaste. Sem ti, minha filha, viverei aqui como estrangeira e errante, e na minha terra, ao mesmo tempo, como cidadã e exilada. Eu pergunto: que enxergarão estes olhos que procuram em toda parte minha filha? Tu me farás sofrer todas as vezes que uma criança brincar no meu colo; opresso meu coração ficará quando outra vier me abraçar. Que uma outra corra, pare, chore, entre, saia, teu adorado rosto estará sempre à minha frente. Eu pergunto: que venturosa mão penteará teus cabelos? Quem, quando eu não estiver mais ao teu lado, acariciará teu lindo rosto? Quem te aquecerá no extremado frio? Quem te levará no colo e te envolverá com beijos? Ah! Aí mesmo onde estarás sem mim, tu não terás uma mãe. Adeus.[2093]

    A essa decadência da literatura, correspondiam a desordem na sociedade e os desmandos do governo. A crise era inevitável. Tudo preparava, tudo anunciava a necessidade de uma reforma cuja realização, pouco depois do advento dos carolíngios, foi ensaiada pelo poder civil. Mas a Igreja já a continha em germe: ao lado do clero secular se desenvolveu uma outra ordem, regrada por outros princípios, animada de um outro espírito, que parecia destinada a prevenir a derrocada da sociedade e a capitulação da Igreja. Aos monges caberia a realização dessa tarefa.

[2093] Fortunato, *Carmina*, VI, 7.